JN437290

무역결제와 신용장론

김석민 · 김덕권 공저

도서출판 두남

머리말

우리나라는 2011년 12월 5일에 무역규모가 연간 1조 달러를 달성하여 세계에서 단 8개 국가뿐인 "무역 1조 달러 클럽"에 대한민국의 이름을 올렸으며, 무역경쟁력은 우리 경제의 글로벌 리더십을 발휘할 수 있는 원동력이 되었다. 특히 최근에 활발하게 전개되고 있는 FTA(자유무역협정)는 우리의 경제영토를 전 세계로 확장하는 계기가 되고 있다.

본서는 무역결제실무이해와 무역자격증취득이라는 일거양득의 목적으로 기획되었으며 무역결제방식의 핵심적 주요 내용에 대한 다양한 사례의 정확한 해설을 제시하여 학생들과 무역실무자들이 쉽게 이해하도록 구성하였으며 그 특징은 다음과 같다.

첫째, 본서에서는 무역결제방식과 관련된 최근 사례들을 해당되는 각 주제별 내용 바로 뒤에 위치시켜 서술하였기 때문에 빠르고 쉽게 터득할 수 있도록 기술하였다.

둘째, 무역결제는 무역의 흐름 중에서 위험발생비중 및 빈도가 가장 높기 때문에 사고가 발생하기 전에 예방이 매우 중요하므로 각 결제방식별 위험관리에 관하여 상세하게 해설하였다.

셋째, 무역거래에서 하자없는 서류의 작성은 아무리 강조해도 지나치지 않다. 따라서 신용장의 정확한 영문내용 독해를 위한 한글해설을 첨가하였고, 서류별로 해당되는 국제규칙을 해설하여 올바르게 실무를 수행할 수 있는 서류작성기법의 가이드북 역할을 제공하고 있다.

본서의 구성은 전체 5부로 서술되어 있다.

제1부 무역결제 개요와 위험관리에서는 무역결제방식별 개요와 각 방식별 위험관리 기법을 해설하고,

제2부 무신용장 결제방식에서는 송금결제방식과 추심결제방식을 기술하고,

제3부 신용장 결제방식에서는 특성, 한계성, 기능, 국제규칙과 실무절차, 신용장 독해, 신용장의 종류를 서술하고 있으며,

제4부 신용장 실무에서는 수입자와 수출자로 구분하여 실무절차를 해설하고, 신용장 네고실무와 무하자 서류작성 및 검토 실무에 관하여 실제 거래사례를 활용하여 쉽게 설

명하고,

제5부 국제팩터링과 포페이팅 결제방식에서는 각 결제방식별로 서술하였다.

본서의 내용 구성을 무역결제실무의 특성에 맞추어 이론과 실천적인 면을 적절하게 조화시켜 독자의 이해에 중점을 두고자 노력하였으나 저자의 천학비재로 인한 부족함을 느끼며, 충실한 교재의 완성을 위하여 향후 더욱 알찬 내용을 연구하여 계속적으로 보완·수정할 것을 약속드린다.

본서는 학계 및 무역실무계에서 활동하는 여러 관계자들의 연구업적을 바탕으로 완성되었기 때문에 그 분들에게 진심으로 감사를 드리는 바이다.

마지막으로, 쉽지 않은 출판 여건에서도 본서의 출간을 허락하여 주신 도서출판 두남의 관계자 그리고 출판사 편집진 여러분에게 깊은 감사의 뜻을 드린다.

2016년 2월

저자 드림

차 례

제 3 부 신용장 결제방식

제 5 부 국제팩터링과 포페이팅 결제방식

제 1 부

무역결제 개요와 위험관리

제 1 장

무역결제방식 개요와 위험관리기법

제 1 절 무역결제방식별 개요

1. 송금(Remittance) 결제방식

송금 결제방식은 수입상이 계약물품을 인수하기 전이나 인수 후 또는 인수와 동시에 송금수표(D/D; Demand Draft), 우편송금(M/T; Mail Transfer), 전신송금(T/T; Telegraphic Transfer), 현금, 수표(Banker's Check, Personal Check 등) 등의 송금방법으로 수출업자에게 수입하는 대금을 송금하여 수입대금을 결제하는 방식이다.

송금방식은 결제방식 중에서 위험이 가장 크게 존재하는 방식이므로 소액거래나 샘플거래, 본·지사간의 거래, 거래상대방과 신용이 아주 두터운 사이에 주로 활용된다.

(1) 사전송금 결제방식

사전 송금 방식(advance remittance before shipment)은 수입상이 계약상품의 선적 전(before shipment)에 수출상에게 무역대금 전액 또는 일부금액을 미리 송금(advance remittance)하여 지급하고 수출상은 계약서의 선적기일 이내에 계약상품을 선적하는 방식이다.

이 경우에 수입상이 사전(선적 전)에 송금하는 금액에 해당하는 부분이 사전송금방식이 되고, 수입상은 물품인도를 받기 전에 대금을 송금하기 때문에 계약상품을 수출상이 선적하지 않거나 계약과 다른 물품을 선적할 때 발생되는 상업위험(mercantile risk : 수출상으로부터 약정된 선적기일 내에 계약 물품을 인수할 수 있는지의 여부에 대한 위험)이 존재한다.

수입상의 상업위험을 회피할 수 있는 방안으로 수입보험(import insurance)과 보증신용장(stand-by credit) 또는 은행보증서(bank guarantee) 등을 활용할 수 있다.

(2) 사후송금 결제방식

사후송금방식(later remittance after shipment)은 수출상이 무역대금 전액 또는 일부금액을 받기 전에 수입상에게 상품과 선적서류를 발송하고, 수입상은 상품을 수령한 후에 물품대금을 수출상에게 송금하여 결제하는 방식이다.

이 경우에 수출상이 사후(선적 후)에 받는 금액에 해당하는 부분이 사후송금방식이 되고, 수출상은 무역대금을 받기 전에 상품을 미리 선적하기 때문에 계약상품을 받은 수입상이 대금을 지급하지 않을 때 발생되는 신용위험(mercantile risk : 수입상으로부터 수출대금을 확실하게 회수할 수 없는 위험)이 존재한다.

수출상의 신용위험을 회피할 수 있는 방안으로 수출보험(export insurance)과 보증신용장(stand-by credit) 또는 은행보증서(bank guarantee) 등을 활용할 수 있다.

2. 추심(Collection) 결제방식

추심결제방식은 수출상이 먼저 매매계약서에 일치한 물품을 출발지에서 도착지로 선적한 후에, 계약서에 명시된 선적서류(shipping documents)에 수입상을 지급인(Drawee)으로 기재하여 발행한 환어음(Bill of Exchange, Draft)을 첨부하여, 이를 수출상의 거래은행(추심의뢰은행, Remitting Bank)에 추심(Collection)을 의뢰하면 이 은행이 수입상의 거래은행(추심은행, Collecting Bank)으로 서류를 송부하고, 서류를 수취한 수입상의 거래은행은 서류와 환어음을 지급인인 수입상에게 인도하고, 대금을 받아서 수출상의 거래은행으로 대금을 결제하는 방식이다.

(1) D/P 결제방식

지급인도방식(Documents against Payment; D/P)은 무신용장 at sight(일람지급) 방식이다. 실무절차를 요약하면 다음과 같다.

① 수출상이 수입상과의 매매계약에 따라 상품을 먼저 선적하고 관련선적서류(상업송장, 선하증권, 보험서류 등)가 첨부된 일람지급화환어음(documentary sight bill, 선적서류가 첨부된 환어음)에 수입상을 지급인(drawee)으로 기재하여 발행하고 자신(수출상)이 거래하는 은행(추심의뢰은행 : remitting bank)에 추심(collection)을 의뢰한다.

② 추심의뢰은행은 선적서류가 첨부된 일람지급화환어음을 수입상의 거래은행(추심은행 : collecting bank)으로 보낸다.

③ 수입상의 거래은행(추심은행)은 환어음의 지급인인 수입상으로부터 대금을 지급받은 후에 선적서류를 수입상에게 인도하며, 지급받은 대금은 추심을 의뢰해 온 은행으로 송금하여 결제하는 방법이다.

D/P 결제방식에서 수출상은 상품을 선적한 후에 대금을 받기 때문에 신용위험(대금회수불능위험)이 있고, 수입상은 상품의 진위여부를 확인하기 전에 추심은행에 대금을 결제하기 때문에 상업위험(정확한 계약물품을 인수하는지에 관한 위험)이 존재한다.

D/P 결제방식에서 수출상은 위험회피방안으로 수출보험(export insurance), 보증신용장(stand-by credit), 은행보증서(bank guarantee) 등을 활용할 수 있고, 수입상은 수입보험(import insurance), 보증신용장(stand-by credit), 은행보증서(bank guarantee) 등을 활용할 수 있다.

(2) D/A 결제방식

인수인도방식(Documents against Acceptance, D/A)은 무신용장 기한부(usance) 방식이다. 실무절차를 요약하면 다음과 같다.

① 수출상이 상품을 먼저 선적한 후 상업송장, 선하증권, 보험서류 등의 약정한 선적서류를 첨부한 기한부 환어음(documentary usance bill)에 수입상을 지급인으로 기재하여 발행하고 자신의 거래은행에 추심을 의뢰한다.

② 수출상의 거래은행(추심의뢰은행)은 선적서류가 첨부된 환어음을 수입상의 거래은행(추심은행)으로 송부하면 추심을 의뢰받은 은행은 해당 환어음의 지급인인 수입상으로부터 환어음의 인수(Acceptance) 서명을 받으며 서류를 인도한다.

③ 환어음의 만기일에 수입상으로부터 대금을 지급받아 추심을 의뢰한 은행으로 송금하여 결제하는 방식이다.

D/A 결제방식에서 수출상은 상품을 선적한 후에 대금을 받기 때문에 신용위험(대금회수불능위험)이 있고, 수입상은 위험이 없다.

D/A 결제방식에서 수출상은 위험회피방안으로 수출보험(export insurance), 보증신용장(stand-by credit), 은행보증서(bank guarantee) 등을 활용할 수 있다.

3. 화환신용장(Documentary Credit) 결제방식

신용장이란 신용장 개설의뢰인(Applicant, 수입상)의 요청과 지시에 의하여 신용장의 개설은행이 발행하고 신용장에서 약정한 내용의 제조건과 일치하는 서류제시(Complying Presentation)와의 상환으로 신용장 개설은행(Issuing Bank)이 수익자(Beneficiary, 수출상) 또는 그 지시인에게 대금을 지급할 것을 약속하는 개설은행의 조건부 지급 확약서(Conditional bank undertaking of payment)이다.

신용장거래의 특성을 요약하면 다음과 같다.

① 수출상은 신용장의 조건에 일치하는 서류를 수출상이 제시하여야 대금지급을 받

는다.

② 수입상의 파산이나 지급불능에 따른 수출상의 대금회수불능위험은 없으며 개설은행이 대금지급의 결정적/최종적인 지급책임의무를 부담한다.

③ 개설은행이 대금지급을 확약하는 지급확약서"(Undertaking of Payment)이다.

신용장거래에서 수출상은 신용장에 기재된 조건에 일치하는 서류를 제시하지 않은 경우에 개설은행이 조건불일치를 이유로 신용장의 대금 지급을 거절하는 위험이 존재한다. 이러한 위험을 회피하기 위한 수단으로 수출보험(export insurance), 보증서(bank guarantee)가 있다.

한편 수입상은 개설은행에 대금을 지급하고 선적서류로 상품을 확인하기 때문에 만약 수출상이 수입상이 원하는 계약서상의 품질에 적합하지 않은 상품을 선적하였음에도 불구하고 신용장의 조건에 일치하는 서류를 제시하는 경우에는 개설은행은 신용장의 대금을 지급해야만 하고 수입상은 개설은행에 대금을 지급할 의무가 있게 된다.

이 경우에 수입상의 입장에서는 자신이 원하는 품질의 상품을 인수한다는 보장이 없는 위험이 존재한다.

수입상이 이러한 위험을 회피할 수 있는 방법은 선적전 검사증명서(PSI, Pre Shipment Inspection) 조항을 신용장상에 삽입하는 방법, 법원에 지급금지명령(Injunction)을 신청하는 방법, 은행보증서(bank guarantee)를 활용하는 방법 등이 있을 수 있다.

4. 국제팩터링(International Factoring) 결제방식

(1) 수출팩터링금융

사후송금방식(T/T 또는 Open Account 방식) 외상수출거래에 의해서 발생된 수출채권을 수출기업으로부터 수출팩터은행이 매입하는 수출금융 상품이다.

무소구권조건(Without Recourse, 무상환청구권조건) 방식 또는 소구권조건(With Recourse, 상환청구권조건) 방식으로 매입할 것인지의 여부는 수출팩터은행과 수출기업의 거래약정 내용에 따라서 결정된다.

무소구권조건(무상환청구권조건)이란, 수입국에서 만기일에 수출대금을 상환하지 못할 경우에도 매입은행이 수출자에게 이미 지급했던 매입대금을 청구하지 않는 조건으로, 수출기업은 수출대금 회수 위험을 제거함과 동시에 재무구조를 개선시키는 효과를 얻을 수 있다.

수출팩터링금융은 지원방식에 따라 수출팩터은행이 직접 해외수입자의 신용위험을 인수하는 직접방식(One-Factor System)과 국외팩토링회사와 연계하여 지원하는 제휴방식(Two-Factor System)으로 구분된다.

(2) 수입팩터링금융

수입팩터은행이 국제팩터링연맹(Factors Chain International, FCI) 산하 국외팩터링회사와 제휴하여 사후송금방식(T/T 또는 Open Account 방식) 외상수출거래에 의해서 발생된 국내 수입자의 신용위험을 인수함으로써 국내 수입자가 해외 수출자로부터 원부자재를 원활하게 수입할 수 있도록 지원하는 제도이다.

5. 포페이팅(Forfaiting) 결제방식

포페이팅(Forfaiting)이란 해외 수입국의 은행에서 개설한 기한부신용장 또는 보증한 환어음 및 선적서류를 포페이터은행(Forfaiter)이 수출자로부터 상환청구권이 없는 무소구권(without recourse)조건으로 매입하는 수출금융이다.

무소구권조건(무상환청구권조건)이란, 수입국의 은행이 환어음 만기일에 수출대금을 상환하지 못할 경우에도 매입은행은 수출자에게 이미 지급했던 매입대금을 청구하지 않는 조건으로, 수출기업은 수출대금 회수 위험을 제거하는 효과를 얻을 수 있다.

제 2 절 무역결제방식별 위험관리기법

1. 송금결제방식 위험관리기법

(1) 사전송금결제방식 위험관리기법

수입상이 선적 전에 수출상에게 일정금액을 먼저 송금하기 때문에 선 송금된 부분에 해당하는 금액만큼 위험에 노출된다.

이러한 위험을 회피하기 위한 방안으로는 수입보험, 대리인 활용, 보증서 등을 선택하여 활용할 수 있다.

① 수입보험 활용 방안

국내수입기업이 선급금 지급조건 수입거래에서 비상위험 또는 신용위험으로 인해 선급금을 회수할 수 없게 된 경우에 발생하는 손실을 보상하는 보험이다.

한국무역보험공사의 수입보험을 활용하기 위해서는 상품의 HS Code를 정확하게 인식하고 수입상품 및 관계당사자 신용등급 등 이용요건에 대하여 문의하여야 한다.

② 대리인 활용 방안

수입상이 확실하게 신뢰할 수 있는 대리인(수출국가에 위치함)을 활용하여 수출상이 상품을 선적하기 이전에 수입상의 대리인이 수출국가에서 직접 상품을 점검하고(선적전검사, Pre-shipment Inspection, PSI) 이상이 없을 경우에 대리인을 통하여 대금을 지급하는 방안을 활용할 수 있다.

또 다른 방법으로는 수입상 기업에서 상품에 관한 지식이 있는 전문 직원을 수출국가에 출장을 보내어 수출상이 선적하기 전에 수입상의 직원이 직접 상품을 점검하고 이상이 없는 경우에 대금을 지급하는 방안이 있을 수 있다.

③ 보증서 활용 방안

국내수입기업이 선급금 지급조건 수입거래에서 수출상이 선적을 하지 않아서 선급금을 회수할 수 없게 된 경우에 발생하는 손실금액을 수출상의 거래은행이 지급하는 보증서인 선급금환급보증서(Advance Payment Guarantee or Advance Payment Bond)를 활용하는 방안이다.

이 방안은 수입상이 수출상에게 선급금환급보증서(A/P Bond) 발행을 요청하여 수출상이 자신의 거래은행에서 보증서를 발행하며, 개설의뢰인(Applicant)이 수출상이 되고, 보증서의 수혜자(Beneficiary)는 수입상이 되어 수출상 측의 은행이 발행하는 것이다.

(2) 사후송금결제방식 위험관리기법

수출상이 무역대금을 받기 전에 수입상에게 일정금액에 해당하는 상품을 먼저 송부하기 때문에 미리 선적된 부분에 해당하는 상품금액만큼 위험에 노출된다.

이러한 위험을 회피하기 위한 방안으로는 수출보험, 대리인 활용, 보증서 등을 선택하여 활용할 수 있다.

① 수출보험 활용 방안

수출자가 수출계약을 체결하고 물품을 수출한 후, 수입자(L/C 거래의 경우 개설은행)로부터 수출대금을 받을 수 없게 된 때에 입게 되는 손실을 보상하는 보험이다.

한국무역보험공사의 수출보험을 활용하기 위해서는 수입상과 수출상의 신용등급 등 이용요건에 대하여 수출보험가입 여부를 문의하여야 한다.

② 대리인 활용 방안

수출상이 확실하게 신뢰할 수 있는 대리인(수입국가에 위치함)을 선정하고 수출상이 상품을 선적한 후에 수출상의 대리인에게 서류(선하증권 포함)를 송부하여 수입국가에서 수출상의 대리인이 직접 상품을 인수한 후에 상품을 수입상에게 인도하면 수입상은 상품을 점검하고 이상이 없을 경우에 수출상의 대리인을 통하여 대금을 지급하는 방안을 활용할 수 있다.

또 다른 방법으로는 수출상 기업에서 무역실무에 관한 지식이 있는 전문 직원이 서류(선하증권 포함)를 지참하여 수입국가에 출장을 가서 수출상이 선적하여 도착한 상품을 수입국가에서 수출상의 직원이 상품을 인수한 후에 수입상에게 인도하고 수입상은 상품을 점검하고 이상이 없는 경우에 대금을 지급하는 방안이 있을 수 있다.

③ 보증서 활용 방안

국내수출기업이 사후송금 지급조건 수출거래에서 수입상이 만기에 대금지급을 하지 않아서 상품도 회수할 수 없게 된 경우에 발생하는 손실금액을 수입상의 거래은행이 지급하는 보증서인 지급보증서(Payment Guarantee or Payment Bond)를 활용하는 방안이다.

이 방안은 수출상이 수입상에게 지급보증서(P Bond) 발행을 요청하여 수입상이 자신의 거래은행에서 보증서를 발행하며, 개설의뢰인(Applicant)이 수입상이 되고, 보증서의 수혜자(Beneficiary)는 수출상이 되어 수입상 측의 은행이 발행하는 것이다.

2. 추심결제방식 위험관리기법

(1) 수출상의 위험관리기법

추심결제방법은 수출상이 무역대금을 받기 전에 수입상에게 일정금액에 해당하는 상품을 먼저 송부하기 때문에 미리 선적된 부분에 해당하는 상품금액만큼 위험에 노출된다.

이러한 위험을 회피하기 위한 방안으로는 수출보험, 보증서 등을 선택하여 활용할 수 있다.

① 수출보험 활용 방안

수출자가 수출계약을 체결하고 물품을 수출한 후, 수입자로부터 수출대금을 받을 수 없게 된 때에 입게 되는 손실을 보상하는 보험이다.

한국무역보험공사의 수출보험을 활용하기 위해서는 수입상과 수출상의 신용등급 등 이용요건에 대하여 수출보험가입 여부를 문의하여야 한다.

② 보증서 활용 방안

국내수출기업이 선적후 지급조건 수출거래에서 수입상이 만기에 대금지급을 하지 않아서 상품도 회수할 수 없게 된 경우에 발생하는 손실금액을 수입상의 거래은행이 지급하는 보증서인 지급보증서(Payment Guarantee or Payment Bond)를 활용하는 방안이다.

이 방안은 수출상이 수입상에게 지급보증서(P Bond) 발행을 요청하여 수입상이 자신의 거래은행에서 보증서를 발행하며, 개설의뢰인(Applicant)이 수입상이 되고, 보증서의 수혜자(Beneficiary)는 수출상이 되어 수입상 측의 은행이 발행하는 것이다.

(2) 수입상의 위험관리기법

추심결제방법에서 수입상은 지급인도방법인 D/P(Documents against Payment)에서 환어음에 "At sight"로 기재되어 있기 때문에 수입상이 대금지급을 함과 동시에 서류가 인도된다.

따라서 수입자는 대금을 지급하기 전에는 품질 확인이 안 된다. 이러한 위험을 회피하기 위한 방법으로는 수입상이 확실하게 신뢰할 수 있는 검사기관 또는 대리인(수출국가에 위치함)을 활용하여 수출상이 상품을 선적하기 이전에 검사기관 또는 대리인이 수출국가에서 직접 상품을 점검하는(선적전검사, Pre-shipment Inspection, PSI) 방안을 활용할 수 있다.

또 다른 방법으로는 수입상 기업에서 상품 지식이 있는 전문 직원을 수출국가에 출장을 보내어 수출상이 선적하기 전에 수입상의 직원이 직접 상품을 점검하는 방안이 있을 수 있다.

한편, D/A 결제방식에서는 환어음에 예컨대 "At 90 days after sight"로 기재되어, 수입상에게 서류가 인도된 후 90일 후에 대금지급이 이루어지는 기한부 거래이므로 수입자는 위험이 없다.

3. 신용장결제방식 위험관리기법

(1) 수출상의 위험관리기법

신용장거래에서도 수출상이 무역대금을 받기 전에 수입상에게 일정금액에 해당하는 상품을 먼저 송부하기 때문에 미리 선적된 부분에 해당하는 상품금액만큼 위험에 노출된다.

송금결제방식 및 추심결제방식에서는 수입상이 수출상에게 대금지급의 책임을 부담하기 때문에 수입상의 파산, 대금지급능력상실 등의 경우 수출상은 대금미회수 위험이 존재한다.

송금 및 추심방식과는 달리 신용장결제방식에서는 개설은행이 대금지급의 책임을 부담하기 때문에 수입상의 파산, 대금지급능력상실 등의 경우라 하더라도 수출상이 신용장의 조건에 일치하는 서류를 제시하면 개설은행이 대금지급을 이행하기 때문에 수출상의 대금미회수 위험은 존재하지 않는다.

신용장거래에서 가장 중요한 것은 신용장에서 요구하는 여러 조건과 제시되는 서류의 기재내용이 일치해야 개설은행이 대금지급의 의무를 부담한다는 조건일치성 사실이다.

조건일치서류를 제시(Complying presentation)하면 개설은행은 자신이 파산하여 대금지급능력을 상실하지 않는다면 수익자(Beneficiary, 수출상)에게 신용장 금액을 지급하게 된다.

그러나 수출상은 신용장거래에서도 대금미회수위험(신용위험, 비상위험)이 발생할 수 있다.

신용위험은 개설은행에게 책임이 있는 사유로 인하여 수익자가 손실을 입게 될 위험이며, 비상위험은 수입국의 전쟁, 혁명, 내란, 폭동 등 정치적 사태로 인하여 손실이 발생할 위험이다.

이러한 위험을 회피하기 위한 방안으로는 수출보험, 보증서 등을 선택하여 활용할 수 있다.

① 수출보험 활용 방안

수출자가 수출계약을 체결하고 물품을 수출한 후, 신용장 개설은행으로부터 수출대금을 받을 수 없게 된 때에 입게 되는 손실을 보상하는 보험이다.

그러나 수출자는 수출보험보상의 면책사항에 유의하여야 한다.

예컨대, 신용장과 서류의 기재내용이 불일치하는 하자의 귀책사유가 수출상으로부터 기인하여 발생한 경우 개설은행으로부터 대금지급거절을 당한 신용장거래에서 보험공사는 보험금지급을 거절할 가능성이 매우 높다.

② 보증서 활용 방안

국내수출기업이 선적후 지급조건 수출거래에서 수입상이 만기에 대금지급을 하지 않아서 상품도 회수할 수 없게 된 경우에 발생하는 손실금액을 수입상의 거래은행이 지급하는 보증서인 지급보증서(Payment Guarantee or Payment Bond)를 활용하는 방안이다.

이 방안은 수출상이 수입상에게 지급보증서(Payment Bond) 발행을 요청하여 수입상이 자신의 거래은행에서 보증서를 발행하게 되며, 개설의뢰인(Applicant)이 수입상이 되고, 보증서의 수혜자(Beneficiary)는 수출상이 되어 수입상 측의 은행이 발행하는 것이다.

이 방안은 위험회피방안의 하나로 그 활용이 가능할 수는 있지만, 실제 거래에서 수입상은 자신의 거래은행을 통하여 신용장 또는 보증서 중에서 한 가지를 선택하여 수출자의 대금미회수위험을 해결하는 방안으로 제공하고 있다.

신용장거래에서 신용장방식에 중복하여 은행보증서까지 첨가하여 발행하는 것은 높은 은행수수료의 이중적인 부담도 있을 수 있다.

(2) 수입상의 위험관리기법

신용장 거래는 오직 서류상의 거래이기 때문에 수출자가 이러한 추상성을 악용하여 매매계약서와 다른 저질품이나 전혀 다른 상품을 선적하고 서류만 신용장 조건대로 작성하여 제시하더라도 개설은행은 대금을 지급하여야 하고 수입자는 개설은행에 반드시 대금지급을 하여야 하므로 수입자 입장에서는 자기가 원하는 상품이 정확하게 입수될 것이라는 확실한 보장이 없다.

수입상의 위험을 회피하기 위한 방안으로 PSI, Injunction 등을 활용할 수 있다.

① 선적전 검사증명서 활용 방안

수입자가 신용장에 "선적전 검사증명서(PSI, Pre-Shipment Inspection)"를 요구하여 이러한 위험을 방지할 수 있다.

② 지급금지명령 활용 방안

법원의 지급금지명령(Injunction : 우리나라의 가처분에 해당하는 것, 신용장거래에서 수입상의 신청에 의하여 신용장개설은행에 대금지급을 금지하는 법원의 결정)을 활용하면 신용장거래에서 수출상의 불량물품 선적시에 수입상이 대처할 수 있는 방안이 될 수도 있다.

제 2 장

무역보험과 보증서

제 1 절 무역보험

1. 수출보험(단기수출보험 개요, www.ksure.or.kr)

(1) 개요

수출자가 수출계약을 체결하고 물품을 수출한 후, 수입자(L/C 거래의 경우 개설은행)로부터 수출대금을 받을 수 없게 된 때에 입게 되는 손실을 보상하는 보험이다.

(2) 상품특성

대금미회수위험(신용위험, 비상위험)을 담보하기 위한 보험이다.

신용위험이란 수입자에게 책임이 있는 사유로 인하여 수출자가 손실을 입게 될 위험(buyer's risk)을 의미한다.

비상위험은 수입국의 전쟁, 혁명, 내란, 폭동 등 정치적 사태로 인하여 손실이 발생할 위험을 의미한다.

(3) 거래구조

① 수출자는 수입자와 수출계약을 체결한다.

② 수출자는 보험공사에 보험한도를 요청하고, 보험공사는 수출자에게 보험한도를 책정한다.

③ 수출자는 수입자 앞으로 물품을 선적하여 송부한 후에 보험공사로 수출통지를 한다.

④ 수입자가 대금 미지급시 보험공사는 보험금을 지급한다.

(4) 대상거래

결제기간 2년 이내의 ① 일반수출 ② 위탁가공무역 ③ 중계무역 ④ 재판매 거래 등이 대상이며, 수출은 수출보험의 성격상 손실의 발생이 있어야 하므로 유상수출에 한정되며, 무상수출은 제외된다.

① **일반수출** : 국내에서 외국으로의 수출을 말하며, 국내에서 자체 생산하거나 국내 제조업체로부터 구매한 물품을 수출하는 방식

② **위탁가공무역** : 해외에 진출한 국내기업의 현지법인이 생산·가공한 물품 또는 제3국 기업에 위탁하여 동 국가에서 가공한 물품을 제3국에서 수입국으로 직접 수출하는 거래

③ **중계무역** : 수출을 목적으로 물품을 수입하여 국내에서 통관하지 않고 제3국으로 수출하는 거래

④ **재판매** : 수출자가 해외지사(현지법인 포함)에 물품을 수출하고, 동 해외지사가 당해 물품을 현지 또는 제3국에 재판매하는 거래

(5) 이용요건 및 보험증권 유효기간

① 이용요건

- 수출자 : 국내에 주소를 둔 수출기업으로 무역보험공사 수출자 신용등급 F급 이상
- 수입자 : 무역보험공사 국별인수방침 인수제한국에 소재하지 않는 수입자로, 보험공사 수입자 신용등급 F급 이상

② 보험증권 유효기간

최종 수출일로부터 1년(수출실적 없을 경우 한도책정일로부터 1년)

(6) 보험료

보험료는 평균 2.74% 수준이며, 기간이 짧을수록 수입자의 신용등급이 우수할수록 저렴하다.

중소중견기업 및 우수고객에 대해서는 보험료 우대 혜택을 제공한다.

2. 수입보험(수입자용 개요, www.ksure.or.kr)

(1) 수입보험 개요

수입보험(수입자용)은 국내수입기업이 선급금 지급조건 수입거래에서 비상위험 또는

신용위험으로 인해 선급금을 회수할 수 없게 된 경우에 발생하는 손실을 보상하는 보험이다(2010년 7월 6일 도입).

(2) 거래 구조

① 국내수입기업은 보험공사에 해외수출자 신용조사 의뢰 및 보험을 청약한다.
② 보험공사는 국내수입기업에게 보험증권을 발급한다.
③ 국내수입기업은 해외수출자에게 선급금을 지급한다.
④ 국내수입기업은 보험공사에 선급금 지급통지 및 보험료를 납부한다.
⑤ 보험공사는 국내수입기업에게 보험관계 성립을 통지한다.
⑥ 해외 수출자가 국내수입기업에게 수출을 미이행한다.
⑦ 국내수입기업은 해외 수출자에게 선급금 환급을 요청하고, 해외수출자가 미환급시 보험공사가 보험금을 지급한다.

(3) 대상 거래

아래 물품을 선급금 지급 후 2년 이내에 선적하여야 하는 수입거래(중계무역 제외)

- **주요자원** : 철, 동, 아연, 석탄, 원유 등
- **시설재** : – 관세법 제95조 제1항 제1호의 오염물질 배출방지·처리물품 및 제2호의 폐기물처리 물품
  – 관세법 제95조 제1항 제3호의 공장자동화 물품
  – 관세법 제90조 제1항 제4호의 산업기술연구·개발용 물품
- **첨단제품** : 산업발전법 제5조의 "첨단제품"(기술은 제외 / 산업통상자원부 발급 '첨단제품 확인서' 필요)
- **외화획득용 원료** : 대외무역관리규정의 "외화획득용 원료" → 외화획득에 제공되는 물품을 생산하는데 필요한 원자재 또는 부자재

(4) 이용 요건 및 보험증권 유효기간

① 이용 요건

- 보험계약자(수입자) : 무역보험공사(K-sure) 신용등급 F급 이상
- 수입계약상대방 : 무역보험공사(K-sure) 신용등급 F급 이상

② 보험증권 유효기간

별도의 중단통보가 없는 한 기한의 제한 없이 회전방식으로 운영한다.

단, 한도책정 후 최종 선급금지급일로부터 1년이 경과된 경우에는 한도가 소멸된다.

(5) 보험료

① 보험료율

1년 기준으로 0.36%(A등급) ~ 1.26%(F등급) 수준이며, 신용등급 및 거래기간에 따라 차등 부과한다.

② 보험기간

선급금 지급일 ~ 선급금환급기일

③ 보험료 납부

선급금 지급일 다음달 25일까지 납부하면 된다.

제 2 절 보증서

1. 보증신용장

보증신용장(standby credit)은 금융의 담보 또는 채무이행의 보증을 목적으로 발행되는 무화환신용장(clean credit, 선적서류가 첨부되지 않는 신용장)으로 보증신용장개설은행이 상대방(수익자, Beneficiary)으로 하여금 특정인에게 금융지원 또는 채무보증 등을 이행하도록 하고, 특정인(개설의뢰인, Applicant)이 만기에 채무의 상환을 하지 않을 경우에 수익자(Beneficiary)에게 지급을 대신 이행하겠다는 내용을 기재한 약속증서로 특수한 무화환신용장(clean credit)을 의미한다. 보증신용장은 주로 무역외거래 및 자본거래 등에 대한 보증수단으로 사용된다는 점에서 화환신용장(documentary credit)과 차이가 있다.

2. 은행보증서

은행보증서(Bank Guarantee)는 보증서에 기재되어 있는 조건에 일치하는 채권자(신용장 수익자) 측의 청구에 대하여 무조건 지급을 약속하고 있는 은행이 발행하는 '독립적 보증(Demand Guarantee)' 또는 '요구불(청구불) 보증'을 의미한다.

'독립적 보증'은 일반 보증과는 달리 주채무자의 채무불이행시 보충적으로 2차적 책임을 지는 것이 아니고, 주채무자와는 독립된 1차적 책임을 부담하는 보증을 말한다.

제 3 장

무역결제방식별 안전성과 위험관리

제 1 절 무역결제방식별 안전성과 선호도

다음의 표에서는 무역대금결제방식의 종류별로 안전성과 선호도를 나타내고 있다.

수출업자 Credit Risk (결제위험)	⇦ POWER ⇨ (Selling) (Purchasing)	수입업자 Mercantile Risk (상품위험)
낮은 안전성		높은 안전성 (선호도) Buyer's Market
↓	⑧ 선적후 송금 결제방식(Later Remittance) T/T 30(60, 90, 120, 180 등) days • 선적통지 기한부 결제방식(Open Account) OA 30(60, 90, 120, 180 등) days • COD(Cash On Delivery) • CAD(Cash Against Documents) *수출상: 수출보험/Payment Bond 활용	↑
	⑦ 추심거래 결제방식(Bills for Collection) • D/A(Document against Acceptance) • D/P(Documents against Payment) *수출상: 수출보험/Payment Bond 활용	
	⑥ 화환신용장 결제방식(Documentary Letter of Credit) ⑤ 보증신용장(Standby Credit) ④ 은행보증서(Bank Guarantee)	
	③ 국제팩터링(Int'l Factoring), 무소구권인 경우	
	② 포페이팅(Forfaiting), 무소구권인 경우	
	① 선적전 송금 결제방식(Advance Remittance) • 선송금방식(T/T in advanced, CWO) *수입상: 수입보험/Advance Payment Bond 활용	
높은 안전성 Seller's Market	* Risk와 Cost를 감소하는 결제방식으로 선택	낮은 안전성 (선호도)

* 무역결제방식 선택시 결정요인(bargaining power)
  ① 상호간의 신뢰도 ② 상대의 신용도 ③ 상대적인 거래 성립 능력 ④ 제3자에 의해 부여된 조건
  ⑤ 수출/수입 규제(각 해당 국가별) ⑥ 국가위험도 ⑦ 상품의 특성

[그림 3-1] 대금결제방식별 안전성과 선호도

8가지 결제방식별 종류 중에서 수출업자에게 유리한 순서대로 나열한다면 ① 선적전 송금 결제방식(Advance Payment)부터 시작하여 수출업자에게 가장 불리한 결제방식은 ⑧ 선적후 송금 결제방식(Later Remittance)으로 분류할 수 있다. 한편 수입업자에게 유리한 순서는 반대가 될 것이다.

제 2 절 무역거래의 위험관리방안 요약

1. 수출보험(Export Insurance)과 수입보험(Import Insurance)의 활용

① 송금방식에서 수출자의 대금미회수 위험관리방안으로 수출보험을 활용할 수 있다.
② 송금방식에서 수입자의 선송금된 금액의 미회수 위험관리방안으로 수입보험을 활용할 수 있다.
③ 추심방식에서 수출자의 대금미회수 위험관리방안으로 수출보험을 활용할 수 있다.
④ 신용장방식에서 수출자의 대금미회수 위험관리방안으로 수출보험을 활용할 수 있다.

2. 앞의 표의 ④ 은행보증서(Bank Guarantee) 및 ⑤ 보증신용장 (Standby Credit)의 활용

계약에 의해 정해진 방법으로 이행되지 않았을 때를 대비하여, 손실을 방지하기 위하여 2차적으로 보장할 목적으로 사용되는 은행보증서 및 보증신용장을 말한다.

① 수출상의 대금미회수위험을 회피하기 위하여 수입상 거래은행이 발행하는 은행보증서 또는 보증신용장의 여러 종류 중에서 지급보증서(Payment Bond) 또는 상업보증서(Commercial Bond)를 활용할 수 있다.
② 수입상의 선지급부분에 대한 위험을 관리하기 위하여 수출상 거래은행이 발행하는 은행보증서 또는 보증신용장의 여러 종류 중에서 선급금환급보증서(Advance Payment Bond) 등을 활용할 수 있다.

제 2 부

무신용장 결제방식

제 4 장

송금결제방식

제 1 절 송금결제방식의 개요와 특징

1. 송금결제방식의 개요

송금(Remittance) 결제방식은 수입상이 계약물품을 인수하기 전이나 인수 후 또는 인수와 동시에 송금수표(D/D; Demand Draft), 우편송금(M/T; Mail Transfer), 전신송금(T/T; Telegraphic Transfer), 현금, 수표(Banker's Check, Personal Check 등) 등의 방법으로 수출업자에게 송금하여 수입대금을 결제하는 방식이다.

송금방식은 결제방식 중에서 위험이 가장 크게 존재하는 방식이므로 소액거래나 샘플거래, 본·지사간의 거래, 거래상대방과 신용이 아주 두터운 사이에 활용된다.

(1) 송금수표방식

수입상이 물품의 대금에 상당하는 현금을 은행에 입금하고 요구불 지급조건의 송금수표(Demand Draft : D/D)를 은행으로부터 발행을 받아 이를 수출상 앞으로 직접 우송하는 방식이다.

주로 개인적으로 소액을 송금하고 물품을 인수하는 경우에 많이 이용하였으며 현재는 거의 이용되지 않는 방식이다.

(2) 우편송금방식

수입상의 요청에 따라 송금은행이 송금수표 대신에 지급은행에 대하여 일정한 금액을 지급하여 줄 것을 위탁하는 지급지시서(Payment order)에 해당하는 우편환(Mail Transfer : M/T)을 발행하여 이를 송금은행이 직접 지급은행 앞으로 우송하는 방식이다. 현재는 거의 이용되지 않는다.

(3) 전신송금방식

수입상의 요청에 따라 송금은행이 지급은행에 대하여 일정한 금액을 지급하여 줄 것을 위탁하는 지급지시서를 우편환으로 발행하는 대신에 전신환(Telegraphic Transfer : T/T)의 형식으로 발행하여 이를 송금은행이 직접 지급은행 앞으로 송신하는 방식을 말한다.

T/T를 "wire transfer"라고도 부른다.

현재 송금방식에서는 대부분 전신송금(T/T Remittance)에 의한 방법을 활용하고 있다.

2. 송금결제방식의 특징

① 환어음을 사용하지 않는다. 따라서 어음법(Law)이 적용되지 않는다.

② 적용되는 국제규칙(International Rule)이 없다.

③ 서류 및 대금결제는 수출·입자간의 개인적 책임하에 직접 처리한다. 대금결제는 수입지의 은행을 통하여 수출업자에게 송금되고 서류는 은행을 경유하지 않고 직접 수출업자가 수입업자에게 송부한다.

④ 결제방식 중에서 위험이 가장 크기 때문에 소액·샘플거래, 본·지사간 거래, 신용을 믿을 수 있는 거래선 사이에 사용되는 결제방식이다.

⑤ 결제방식 중에서 가장 낮은 은행 수수료를 부담하고, 무역거래 전체과정의 흐름이 신속하게 이루어진다.

⑥ 신용장결제방식의 네고와 은행의 서류심사 등에 따르는 절차상의 번거로움을 없애줄 뿐만 아니라 환가료 등의 비용절감 효과를 거둘 수 있다.

⑦ 거래내용이 제3자(은행 등)에게 노출되지 않고 수출입업자인 당사자만이 그 내용을 알 수 있어 영업 비밀을 지킬 수 있다.

제2절 송금결제방식의 종류

1. 사전송금결제방식

(1) 사전송금방식의 의의

사전 송금 방식(advance remittance before shipment)은 수입상이 계약상품의 선적 전(before shipment)에 수출상에게 무역대금 전액을 미리 송금(advance remittance)하여 지급하고 수출상은 계약서의 약정기일 이내에 계약상품을 선적하는 방식이다.

사전 송금 방식은 송금 횟수에 따라 일시선불 및 분할선불로 구분할 수 있다.

사전 송금 방식은 수출상의 입장에서는 대금결제에 대한 신용위험(credit risk, 대금결제위험)은 제거할 수 있으나, 수입업자로서는 물품인도를 받기 전에 대금을 송금하여 주기 때문에 계약상품을 수출업자가 선적하지 않거나 계약과 다른 물품을 선적할 때 발생되는 상업위험(mercantile risk, 상품위험)을 배제할 수 없는 처지에 놓이게 되며, 선송금(先送金)에 따르는 자금비용부담이 발생하기 때문에 수입업자에게는 상대적으로 불리한 결제방식이라고 할 수 있다.

그러므로 이러한 방식은 국제무역거래에서는 소액의 견본거래(sample) 및 시험용품의 거래, 수입상의 입장에서 물품을 적기에 확보하려는 경우(수출상의 신용을 신뢰하는 경우), 본사와 해외지사간의 무역거래 등에서 발생한다.

사전송금방식을 선송금방식(Advance Payment) 또는 선지급방식(Payment in Advance or Cash in Advance)이라고도 하며 수입상이 수출상 앞으로 물품을 주문하면서 미리 대금을 송금한다는 의미로 주문지급(注文支給 : Cash With Order : CWO)이라고도 하며 "T/T in Advanced", "Prior to Ship" 등으로도 부른다.

사전송금방식이 비록 수입상에게 일방적으로 불리한 방식임에도 불구하고 실무에서 빈번하게 활용되는 이유는 다음과 같은 경우에 해당된다.

① 결제금액이 작아 상품(견본·시험상품 등) 인수의 위험이 적다고 판단되는 경우
② 수출상의 지명도·신용도가 높아 물품을 받는 데 염려가 없다고 판단되는 경우
③ 고정거래선, 본·지사간의 경우처럼 수출상에 대한 상당한 신뢰가 있는 경우
④ 물품의 품귀현상으로 인하여 미리 송금하지 않으면 안 되는 경우 등

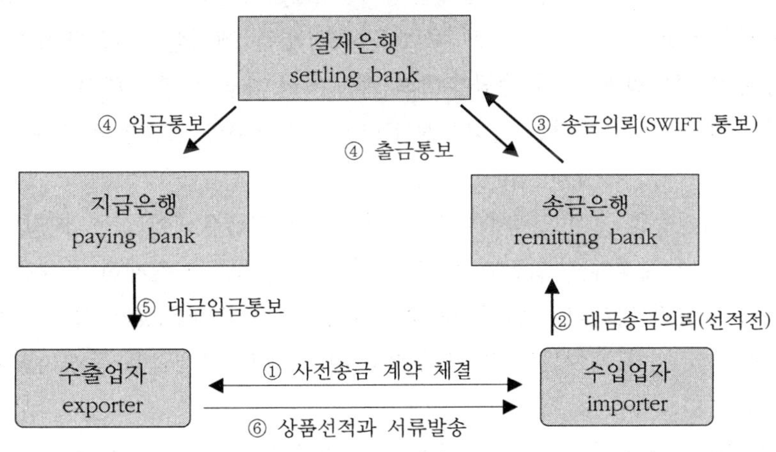

[그림 4-1] 사전송금방식 흐름도

* 사전송금방식 실무 유의점

1) 국가간 시차, 은행간 영업시간 차이로 실제 입금은 예정보다 지연될 수 있다.

2) 결제은행의 결제수수료, 지급은행의 지급수수료 등이 공제된 잔액이 입금될 수 있다.

3) 수출상이 수입상에게 은행계좌번호를 통보할 때 E-Mail 등의 내용이 해킹되어 은행계좌번호를 변경시킬 수 있으므로 반드시 확인·점검하는 절차(팩스나 전화)를 통하여 은행계좌번호를 정확하게 확인해야 한다.

(2) 매매계약서의 기재요령

매매계약서의 "Terms of Payment(대금지급조건)" 난에 다음과 같이 기재하며, 대금송금을 받을 은행의 명칭과 정확한 계좌번호를 계약서에 기재하거나 별도로 통보하여 알려준다.

① By T/T in advance within 10 days after the date of Sales Contract.

② T/T remittance in advance on Sept. 5, 2015.

③ By T/T remittance before shipment in favor of supplier.

④ T/T in advance in favor of supplier.

⑤ T/T(Telegraph Transfer) remittance after receiving firm offer sheet.

(3) 환거래은행의 의미

앞의 사전송금방식 흐름도에서 송금은행과 지급은행은 예치환거래은행(depositary correspondent bank, Depo Bank, 서로 상대방의 은행거래계정을 가지고 있는 경우)의 관계가 아니기 때문에 제3의 결제은행(Settling Bank)이 등장한다. 결제은행은 송금은행과 지급은행의 은행계정을 모두 보유하고 있는 예치환거래은행이며 송금은행으로부터 송금지시를 받게 되면 송금은행의 계좌에서 대금을 출금하여 지급은행의 계좌에 입금하고 양 은행에 이러한 출금통보(Debit Advice)와 입금통보(Credit Advice)를 한다.

따라서 앞의 사전송금 흐름도에서 만약 송금은행과 지급은행이 상호 예치환거래은행인 경우에는 서로의 계정에서 입금과 출금을 처리하여 대금을 결제하기 때문에 결제은행은 당연히 등장하지 않는다. 대부분의 무역거래에서는 결제은행이 개입하게 되며 결제은행은 일반적으로 대금결제통화의 종류별로 각 국가의 국제금융 중심지역에 위치하고 있다.

결제은행은 대금결제의 행위에 대한 수수료로 결제수수료(Reimbursement Charge, Reim charge)를 수취한다.

① Correspondent Agreement(환거래계약)

외국환 은행이 외국에 있는 타 은행과 환거래의 서비스를 상호 교환하여 이행하기로 한 약정을 말하며, 그러한 약정을 체결한 은행을 코레스은행(Correspondent bank)이라 한다. 이러한 계약은 통상 두 종류로 구분되는데, 상대 거래은행에 외화당좌 예금계정(current account)을 가지고 이 계정으로 외화의 대차결제를 할 수 있는 예치환거래은행(depositary correspondent bank, Depo Bank)과 예금계정을 가지지 않고 신용장의 통지나 환어음(draft)의 추심(collection) 등 단순한 업무만을 서로 취급하는 무예치환거래은행(non-depositary correspondent bank, Non-depo Bank)이 있다.

② SWIFT

"Society for Worldwide Inter-bank Financial Telecommunication"의 약어이며 전 세계적으로 통용되는 금융기관간 메시지 연계 서비스망으로, 지급결제, Foreign Exchange, Money Market, 무역금융, 유가증권 업무 등에 관한 메시지 서비스를 제공한다.

장점으로는 ① 안전성(Security), ② 신속성(Timeliness), ③ 저렴한 비용(Low Cost), ④ 업무의 표준화(Standardized Formats, 송신하는 Message Type이 표준화되어 있음) 등이 있다.

2. 사후송금결제방식

(1) 사후송금방식의 의의

사후송금방식(later remittance after shipment)은 수출상이 대금을 받기 전에 수입상에게 상품과 선적서류를 발송하고, 수입상은 상품을 수령한 후에 물품대금을 수출상에게 송금하여 결제하는 방식이다. 이 방식은 송금시점에 따라 선적서류지급조건, 상품인도지급조건, 외상지급조건 등으로 구분할 수 있다.

사후송금방식은 신용사회가 형성되어 있는 유럽지역을 중심으로 시작되어 현재는 전 세계적으로 활용되고 있는 보편화된 결제방식으로 수출상이 먼저 상품을 선적하여 수입상에게 인도시키고 일정기일이 경과한 후에 수입상이 자신의 거래은행을 통하여 수출상의 계정에 입금시킨다는 외상거래라는 의미로 "Telegraphic Transfer (T/T 일정기간)", "Open Account (O/A 일정기간)"라고도 하며, 일정기간이 경과한 후에 지급하는 후지급(後支給)이라는 의미로 "Deferred Payment"라고도 부른다.

이 방식은 수입상의 입장에서는 계약물품을 인수한 후에 무역대금을 송금하여 결제하기 때문에 상업위험(Mercantile Risk, 상품위험)의 부담은 제거할 수 있지만, 수출상의 입장에서 보면, 계약물품을 먼저 선적하기 때문에 대금결제에 대한 신용위험(Credit Risk, 대금결제위험)을 배제할 수 없는 부담을 지게 된다.

송금방식의 무역결제방법은 사후송금방식과 사전송금방식의 양자 모두가 수출상과 수입상간에 대립되는 이해관계를 충족시켜주지 못한다는 결점을 안고 있는 결제방식이다.

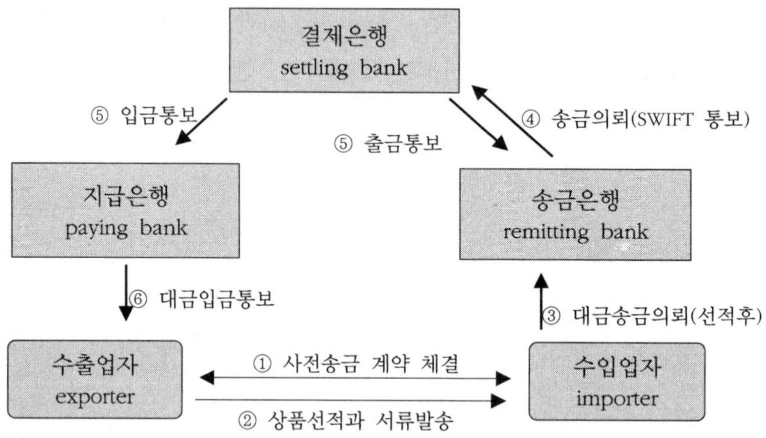

[그림 4-2] 사후송금방식 흐름도

* 사후송금방식 실무 유의점

1) 국가간 시차, 은행간 영업시간 차이로 실제 입금은 예정보다 지연될 수 있다.
2) 결제은행의 결제수수료, 지급은행의 지급수수료 등이 공제된 잔액이 입금될 수 있다.
3) 수출상이 수입상에게 은행계좌번호를 통보할 때 E-Mail 등의 내용이 해킹되어 은행계좌번호를 변경시킬 수 있으므로 반드시 확인·점검하는 절차(팩스나 전화)를 통하여 은행계좌번호를 정확하게 확인해야 한다.

(2) 매매계약서 기재요령

사후송금방식에서 매매계약서의 "Terms of Payment" 난에 다음과 같이 기재하며, 대금송금을 받을 은행의 명칭과 정확한 계좌번호를 계약서에 기재하거나 별도로 통보하여 알려준다.

① By T/T(Telegraph Transfer) within 10days after the date of B/L.
② T/T in favor of supplier upon receipt a non-negotiable copy of clean on-board B/L consigned to the buyer.
③ Buyer shall remit by wire transfer within 10days after the date of B/L issuance.
④ Buyer shall remit by T/T payment within 10days after the shipment.
⑤ Buyer shall remit by wire transfer within 60days after the date of

arrival at buyer's warehouse in Moscow.

(3) 사후송금방식의 종류

사후송금방식은 그 성격에 따라서 여러 가지의 다른 용어로 표현되고 있는데, "Telegraphic Transfer(T/T)", "Open Account(O/A)", "Cash On Delivery(COD)", "Cash Against Documents(CAD)", "European D/P" 등이 있다.

3. O/A(Open Account) 결제방식

(1) O/A 결제방식의 의의

Open Account(선적통지부 사후결제방식) 방식에 의한 수출은 사후송금방식 수출(예컨대 통상적으로 30일에서 180일 동안)의 일종으로서,

① 수출상이 수입상과 기본 수출입계약을 체결한 후 계약서의 "Terms of Payment" 난에 "Open Account 60 days"라고 기재하고 대금송금을 받을 은행의 명칭과 정확한 계좌번호를 기재하며, 동 범위 내에서 매 건별로 구매계약서나 구매주문서(Purchase Order)에 따라 물품을 선적한다.

② 수출상이 물품을 선적한 후에 선적서류 원본을 수입상에게 직접 송부하면, 수입상은 물품매매계약서상의 결제조건에 따라 선적일 기준으로 일정기간이 경과한 후(또는 일정기일)에 수출상이 지정한 은행의 계좌(Account)로 대금을 송금하여 결제하는 방법을 의미한다.

대금결제는 예컨대 선적일을 기준으로 일정기간 후(예 : at 60 days after B/L date)에 수출상이 지정한 은행(구좌) 앞으로 수입상이 송금하여 결제하는 방식이다.

선적통지부 사후결제방식(Open Account, O/A)에서는 수출업체가 수출품 선적을 완료하고 해외의 수입자에게 선적사실을 통지함과 동시에 채권이 발생하는 거래를 의미하며 '선적통지 조건부 사후송금 결제방식'의 거래형태이다.

이 방식은 신용사회풍토가 정착된 서유럽과 북미에서 시작되어 현재는 널리 사용되는 방법이다. 최근에는 우리나라에서도 그 사용 비중이 점증하고 있는 추세에 있다. 선적통지 결제방식 거래에서는 수출자가 수입자의 사업 능력과 성실성을 믿어야만 거래의 성립이 가능하다.

O/A거래는 수출상은 그 대금결제를 단지 수입상의 신용에만 전적으로 의존하게 되므로 대금회수와 관련한 불확실성을 피할 수 없게 된다. O/A거래는 일종의 국제간 외상판매방식의 형태이기 때문에 주로 본·지사간이나 신용이 확실한 고정거래선과 같이 대금회수의 위험이 없는 경우에 한하여 제한적으로 활용되고 있다.

O/A결제방식은 수출업자가 일반적인 결제방식에 비해서 높은 금액을 요구할 가능성이 있고, 수입상의 신용도가 낮아지면, 수출업자가 O/A 거래의 위험성으로 인하여 거래를 거절한다.

(2) O/A 방식의 장점

O/A 거래가 비록 결제위험이 높은 것은 사실이지만 다음과 같은 장점이 있다.

① 거래가 매우 단순하며 서류의 작성·심사에 따른 불필요한 수고와 은행수수료 등의 비용을 절감할 수 있다.

② 수입상의 입장에서는 대금의 결제이전에 미리 상품의 품질 등을 점검할 수 있다는 점과 대금결제의 유예를 통한 현금유동성 확보측면에서 유리하다.

③ 일반적인 사후송금방식 수출의 경우에는 선적서류 또는 수출물품이 수입상에게 '인도'(Delivery)되어야만 수출채권이 성립하여 대금결제가 이루어지는 데 반해, O/A 방식은 수출업체가 물품을 선적한 후 선적사실을 '통지'함과 동시에 수출채권이 확정된다는 점에서 분명한 차이가 있다. 이러한 특성에 의거하여 수출상은 선적완료 후 즉시 당해 외상수출채권을 거래은행에 매각함으로써 조기에 수출대금을 현금화 할 수도 있게 되는데, 실무에서는 이를 흔히 'O/A NEGO'라 부르고 있다.

(3) 신용장 및 추심방식과의 차이점

신용장방식 수출은 화환신용장 및 수출업자가 발행한 환어음을 매개로 대금이 결제되고, 추심방식(D/P 및 D/A) 수출은 수출상이 발행한 환어음의 추심으로 대금이 결제되나, O/A 방식 수출은 수출채권을 표시하는 환어음이 없이 수출입업자간의 신용에 의하여 대금이 결제된다.

(4) COD 및 CAD 방식과의 차이점

COD 및 CAD 방식 수출과는 사후송금방식 수출이라는 점에서 동일하나 COD 및 CAD 방식은 선적서류 또는 수출물품이 수입상에게 인도되어야만 외화채권으로서 성립되어 대금결제가 이루어지나, O/A 방식 수출은 B/L 발급일(또는 선적일)로부터 일정기간 이내에 수출대금 결제가 이루어지도록 약정하고 있어 수출상이 선적하고 선적완료 사실을 해외수입업자에게 통보하는 시점에서 외화채권이 성립되며 약정한 기간 내에 동 대금이 결제되는데 외국환은행은 이 외화채권을 매입(O/A NEGO)할 수도 있다.

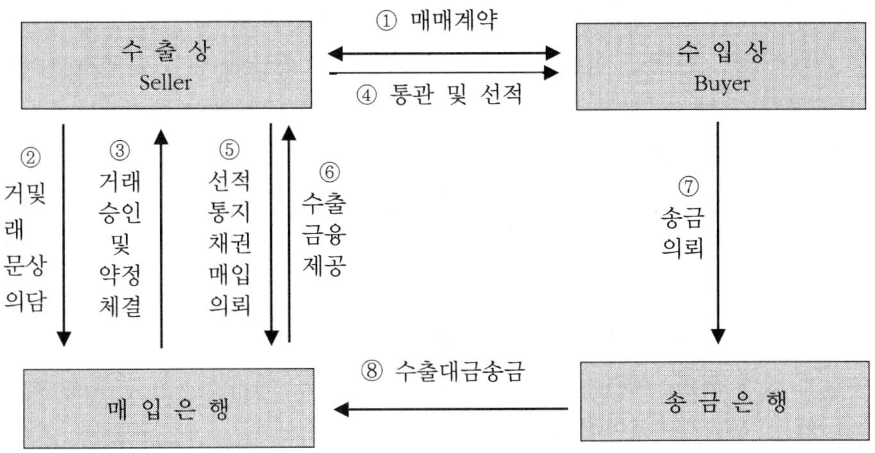

[그림 4-3] O/A 결제방식 흐름도

(5) 외상수출채권(OA, Open Account) 매입

'OA(Open Account)'거래라 함은, 수출상이 물품의 선적을 완료하고 해외의 수입상에게 동 사실을 통지함과 동시에 채권이 발생하는'선적통지조건의 기한부 사후송금 결제방식'의 거래를 말한다.

일반적인 사후송금방식의 거래에서는 선적서류 또는 물품이 수입상에게 인도된 후에야 수출채권이 성립하여 대금결제가 이루어진다는 점에서, 양자는 분명한 차이를 보이고 있다.

OA 거래의 이러한 특성으로 인하여, 수출상은 선적완료 후 선하증권(B/L) 등 선적서류를 직접 수입상에게 보낸 뒤 당해 약정은행에 선적서류 사본을 제출하고 외상채권을 거래은행에 매각함으로써 조기에 현금화할 수 있게 되는데, 실무에서는 이러한 수출금융을 지칭하여 'OA NEGO'라 부르고 있다. 이 거래는 L/C거래 등에 비해 선적서류 취급 등의 시간과 금융비용을 대폭 줄일 수 있는 장점이 있으나, 은행 측에서는 대출 행위이기 때문에 신용도가 좋은 일부 기업에 한해 허용하고 있다.

1) OA NEGO의 특성

OA 거래는 송금방식의 일종이므로 추심의 수단인 환어음이 발행되지 않으며, 선적서류의 원본은 수출상에 의해 직접 수입상 앞으로 송부되어 진다는 특징이 있다. OA 거래의 이러한 특성으로 미루어 볼 때, OA NEGO는 화환어음이나 선적서류 자체를 매입하는 거래가 될 수 없으며, 신용장이나 선하증권 등에 의해 담보되지 않는 순수한 외상수출채권(지명채권)만을 매입하는 거래임을 알 수 있을 것이다.

그러나 이와는 달리 '수출(화)환어음 매입'이라 통칭되는 L/C NEGO 및 D/P·D/A

NEGO는, 신용장 또는 선하증권 등에 의하여 담보되는 화환어음(및/또는 선적서류)을 매입하는 것으로서, 은행은 선하증권 등을 통하여 수출화물에 대한 물권적 지배권(처분권)을 보유하게 된다. 이것이 OA NEGO와 수출환어음매입의 차이점이다.

OA 거래에 의한 외상수출채권을 매입하는 은행은 신용장거래와 같이 개설은행을 통하여 대금의 결제를 보장받는 것도 아니고, 그렇다고 하여 D/P 등과 같이 추심은행을 통하여 물품(운송서류)에 대한 통제가 가능한 것도 아니다. 은행은 오로지 수입상의 신용에만 그 대금결제를 의존하여야 하며, 선적서류에 의한 담보권의 행사조차 불가능하다. 따라서 은행은 재무상태나 신용도가 견실한 우량기업들에 한하여 OA NEGO를 허용할 수밖에 없게 되며, 이것이 바로 OA NEGO가 일부 대기업들을 위주로 제한적으로 활용되고 있는 가장 큰 원인이 된다.

OA NEGO의 의미를 풀어보면 '선적통지조건의 기한부 사후송금방식 수출거래에 의한 외상채권의 매입'이라 정의해 볼 수 있을 것이다. 그러나 이러한 OA NEGO의 법률적 성격을 살펴보면, OA NEGO란 수출상을 채권의 양도인으로 하고 매입은행을 채권의 양수인으로 하는 '환매조건부 채권양도'로 규정할 수 있게 된다. 즉 OA NEGO란 수출상이 매입은행에 대하여 지명채권을 양도하는 것이며, 만일 수입상이 대금지급을 거절하게 되면 수출상은 매입은행에 대하여 당해 외상수출채권의 환매채무를 이행하여야 하는 거래인 것이다.

2) OA NEGO 업무의 개요

OA 거래란, 수출입상 간에 일정기간 동안의 계속 거래와 관련한 기본매매계약을 체결한 후, 수입상이 매 건별로 구매주문서(Purchase Order)에 의하여 선적을 지시하면, 수출상은 그러한 지시에 따라 물품을 선적한 후 선적서류 원본을 수입상에게 송부하며, 이에 따라 수입상은 선적일을 기준으로 일정기간이 경과한 시점(기본매매 계약서상의 결제조건에 의하여 정해지는 만기일)에 수출상이 지정한 계좌로 그 대금을 송금하여 결제하는 방식을 말한다.

'OA 결제방식'으로 수출을 하고 'OA NEGO'를 통하여 그 대금을 조기에 회수하고자 하는 자는, 먼저 거래은행과 당해 외상수출채권의 양수도(OA NEGO)에 관한 상담을 통하여 거래승인을 얻은 후, 이에 관한 여신(한도)거래약정을 체결하여야 한다. 또한 당해 채권의 양도에 관한 수입상의 서면동의를 얻는 등 필요한 절차를 마치고 그에 관한 서류를 은행에 제출하여야 하며, 수입상으로 하여금 외상수출채권의 만기일에 매입은행이 지정한 계좌로 관리번호(매입 Ref. No.)를 명시하여 입금하도록 조치하여야 한다.

은행은 수출상의 OA NEGO 상담이 접수되면 수출입상의 신용도는 물론, Cash flow 및 (환매)채무의 상환능력, 담보의 제공여부, 수익성 및 기여도 등을 종합적으로 분석하여 당해 여신거래의 타당성 여부를 검토하게 되며, 소정의 조건이 충족되면 대출

전결권자의 승인을 얻어 약정을 체결하게 된다. OA NEGO는 '동일인 한도대출'에 포함하여 운용되며, 기타의 매입외환 계정(D/P·D/A NEGO 등)과는 구분하여 별도로 운용하는 것이 원칙이나, 은행에 따라서는 D/A 매입외환 한도에 통합하여 운용하는 경우도 있다.

은행의 입장에서 'OA NEGO'는 갈수록 늘어가는 송금방식 거래를 활용한 대체수익원 창출이라는 의미를 갖는 반면에, 채권회수불능에 따른 신용위험에 직접적으로 노출되는 고위험 상품이다.

3) 매입은행의 업무처리 절차

OA NEGO와 관련한 은행의 업무처리 절차를 살펴보면 다음과 같다.

① '은행여신거래기본약관'을 교부하고, '여신거래약정서', '외국환거래약정서', '백지어음' 등 관련 채권서류 및 부대서류를 징구한 후, 신청사와 개별 또는 한도거래 약정을 체결한다.

② 매입은행이 채권의 매입에 따른 권리를 행사할 수 있기 위해서는 수입상의 사전동의(또는 사후통지) 절차가 필요하므로, 수출상으로 하여금 'OA 수출채권은 모두 은행에 양도될 것이므로 동 은행으로 대금을 송금하라'는 내용이 포함된 'Standing Payment Instruction'을 작성하도록 하여, 수입상의 서면동의를 받도록 한 후 이를 징구한다.

③ 수출채권의 존재 여부를 확인할 수 있는 증빙서류를 매 건별로 징구하여, 이를 검토한 후 매입을 실행한다.

☞ 건별 매입 실행시 징구서류 :
외상수출채권 매입의뢰서, 수출신고필증, 건별 계약서(Purchase Order 등), 계약서에서 요구하는 선적서류의 사본(B/L, Invoice, Packing List 등) OA 거래에서는 환어음을 발행하지 않으므로 NEGO시 환어음은 징구하지 않으며, 또한 선적서류의 원본은 은행을 통하지 않고 수출상이 직접 수입상에게 송부한다.

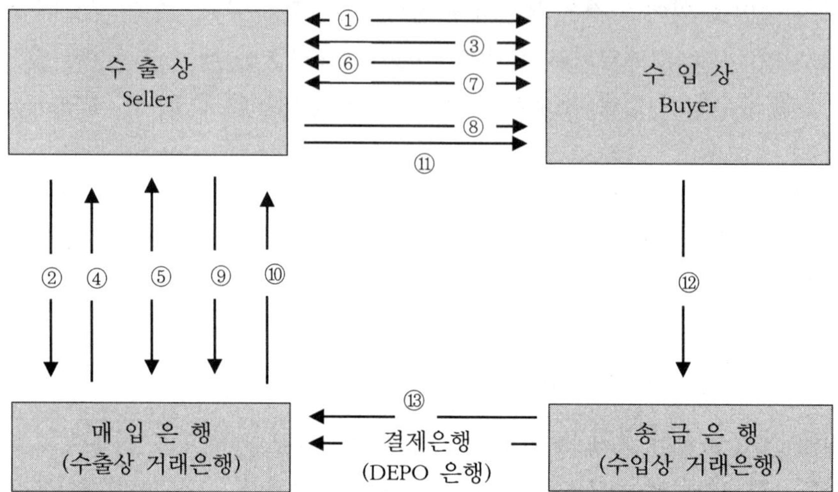

[그림 4-4] 선적통지부(외상수출채권) 결제방식(OA, Open Account)의 NEGO 흐름도

① OA 결제방식에 의한 수출입 거래 제안 및 협의
② OA NEGO 관련 거래상담
③ OA 거래 관련 기본매매계약(General Agreement) 체결
④ OA NEGO 승인(신청인 및 거래 상대방에 대한 신용분석 결과를 토대로 한도금액 배정)
⑤ OA NEGO 관련 한도거래약정 체결
⑥ 포괄적 채권양도에 따른 "Standing Payment Instruction" 송부 및 동의서 회송
⑦ 매 건별 선적지시(Purchase Order) 및 물품선적
⑧ 선적사실 통지 및 선적서류원본 송부
⑨ 외상수출채권 매입(OA NEGO) 의뢰(채권의 존재 여부를 증빙하는 선적서류 사본 등 제시)
⑩ 매입대금 지급실행(OA NEGO 실행)
⑪ 건별 채권의 양도사실 통지(양도채권의 금액, 만기일, 매입은행의 관리번호 등)
⑫ 만기일에 송금 의뢰(지시된 결제계좌로 매입은행의 Ref. No.를 명시하여 송금 의뢰)
⑬ 송금결제(매입대금의 회수 및 해당 건의 거래종결). 수입상 거래은행의 계좌를 보유하고 있는 예치환거래은행(Depositary Correspondent Bank, Depo Bank)으로 송금은행이 차기(Debit) 지시하면 결제은행(Settling Bank)은 송금은행(Depo Bank)의 계좌에서 출금하여 매입은행의 계좌로 입금(Credit) 통지함

4. 혼합결제(Mixed Payment)방식

사전지급, 동시지급, 사후지급 중 2가지 이상을 혼합한 결제방식을 말한다.

실무에서 자주 사용되는 송금결제방식중의 하나가 결제방법을 혼합하여 활용하는 것이다.

예컨대 ① 대금의 50%는 사전송금방식(cash in advance)으로 결제하고 ② 나머지 50%는 사후송금방식 또는 일람지급 환어음(at sight bill of exchange)을 사용하는 추심(collection)방식(또는 신용장방식)을 혼합하여 활용할 수 있다.

예 pay 25% cash before shipment, the balance 75% L/C(25% T/T 선금, 75% L/C)

혼합방식은 사전지급, 동시지급 및 사후지급을 혼합한 결제조건으로 수입상이 수출품 선적 이전에 대금의 일부를 지급하고 선적 이후에 잔액을 송금하는 방식이다.

잔액 송금시점에 따라서 선적서류지급, 상품인도지급, 외상지급으로 구분할 수 있다. 대표적인 것으로는 대금을 일시에 결제하지 않고 계약시, 선적시, 도착시 등으로, 또는 공정에 따라 분할해서 지급하는 누진지급방식이 있다.

누진지급방식(progressive payment base, installment payment)은, 예를 들면, ① 매수인이 주문과 동시에 대금의 1/3, ② 선적 완료후 1/3, ③ 잔액은 화물도착 후에 지급하는 방식이다. 선박, 증기기관 및 기계, 설비류 등의 수출에 이용되는 결제방식으로 미국에서는 'Rate Payment'라고 한다.

'Progressive Payment'라는 결제 조건은 생산공정의 진척도에 따라 대금을 분할로 결제하는 방식으로 분할 지급이라고 할 수 있다. 이는 선지급 방식에서 파생된 결제 방식으로 물품의 구입을 위한 주문을 하면서 일부를 결제하고 나머지 선적시, 도착시 등으로 나누어서 결제하는 방식이다. 보통 큰 금액이나 주문에 의한 생산이 이루어졌을 때에 쓰이는 방식이다. 수입업체의 경우에는 분할 지급을 할 수 있다면 당연히 유리할 수 있으나 상대방의 동의가 필요하다.

혼합결제방식에서 사전지급부분은 수입상의 상품위험(Mercantile Risk)이 존재하고, 사후지급부분은 수출상의 대금결제위험(Credit Risk)이 존재하게 된다. 수출상은 가능하면 많은 부분을 미리 지급받으려 하고, 수입상은 그와 반대의 현상을 보이게 된다.

따라서 수출상은 사후지급부분에 대하여는 수출보험(export insurance) 또는 보증서(Payment Bond, Commercial Bond) 등으로 위험을 관리하며, 수입상은 사전지급부분에 대하여 수입보험(import insurance) 또는 보증서(Advance Payment Bond) 등으로 위험을 관리할 수 있다.

5. 동시결제방식

동시 결제방식(Concurrent Payment)은 선적이후에 상품대금이 결제되기 때문에 사후송금방식의 일종으로 볼 수 있으며 수출상이 상품을 인도하여 수입상이 계약상품과의 일치여부를 확인한 후 대금이 결제되는 방식으로, 대금교환의 대상에 따라 현품인도 결제방식(COD)과 서류상환 결제방식(CAD)으로 구분된다.

(1) 현품인도 결제방식(COD, Cash On Delivery)

현품인도 결제방식(CAD)은 수출상이 상품을 선적하고 선적서류(상업송장, 선하증권, 보험서류 등)를 자신의 지사나 대리인(주로 수입업자의 국가에 소재함) 또는 거래은행에게 송부하여 현품이 목적지에 도착하면 그 지사나 대리인이 화물을 수입 통관하여 수취하여 보관하였다가 수입상이 직접 현품을 검사한 후 이상여부를 확인하여 상품을 인수하면서 대금을 결제하는 방식이다.

선하증권(B/L, Bill of Lading)상 수하인(consignee)이 수입국가에 있는 수출자 지사나 대리인 또는 그들의 지시식으로 발행되는 것이 일반적이며, 대금의 결제와 동시에 B/L의 배서양도에 의해 물품을 인도하게 된다. 즉 COD 방식은 물품의 인도와 동시에 대금이 결제되는 '동시결제방식'이라고 볼 수 있다. 그러나 수출상의 입상에서 보면 물품의 선적 후에 대금의 결제가 이루어지는 것이므로 사후송금방식으로 분류할 수 있다.

COD 방식에서는 화물에 대한 통제권을 수출상의 지사나 대리인이 보유하고 있다는 점에서는 수출상의 위험부담이 없어 보이기도 하지만 이미 화물 자체가 수입업자가 소재하고 있는 지역으로 송부되었다는 측면에서 수출상은 불리하고 수입상에게는 유리한 결제방식이다.

이 방식은 상품의 가격이 고가이며 동일한 상품일지라도 상품의 색상, 가공방법, 순도 등에 따라서 가격의 차이가 현저하게 드러나는 보석, 귀금속 등 고가품 거래시 직접 물품의 검사를 하기 전에는 품질 등을 정확히 파악하기 어려운 경우의 거래에도 활용될 수도 있다.

최근에는 기업의 국제화에 따라서 해외지점(사무소, 지점, 현지법인 등)을 활용할 수 있기 때문에 일반적인 상품거래에도 자주 활용되고 있다.

이 방식은 수입상이 상품대금을 지급하기 전에 상품의 품질을 검사할 수 있다는 장점이 있다.

COD 방식의 거래에서는 수출상이 자신의 지사나 대리점이 상품의 수하인으로 기재된 서류(선화증권 등)를 송부하여 수입상이 대금을 지급하지 않고는 물품의 인수를 하지 못하게 함으로써 수출대금 미회수의 위험을 방지하고 있으며, 만약에 대금의 결제가 이루어지지 않을 경우에는 물품이 반송될 수 있도록 할 수 있다.

COD 방식에서 물품인도시기는 수입업자가 정한 장소 또는 계약 시 합의한 장소에서 물품을 인도한 때이며 대금지급장소는 물품인도장소이다.

통상적으로 COD는 상품을 항공기로 운송할 때 많이 사용되는 방법이며 경우에 따라서는 특사배달(DHL, Federal Express, EMS 등) 또는 항공회사와 제휴하여 수입업자에게 물품을 인도하면서 대금을 회수한다. 항공운송인을 이용하여 선적을 이행하는 경우에 이들이 경쟁력을 얻기 위하여 운송인끼리 국제적인 협조를 하여 신속한 발송을 하고 있으며 상품을 수입자에게 인도하면서 대금을 회수하여 주는 서비스까지도 담당하고 있다. 그러나 이 방식에서도 수입업자가 대금지급을 거절할 수 있으며 이러한 경우에 수출업자에게는 큰 영향을 미치게 된다.

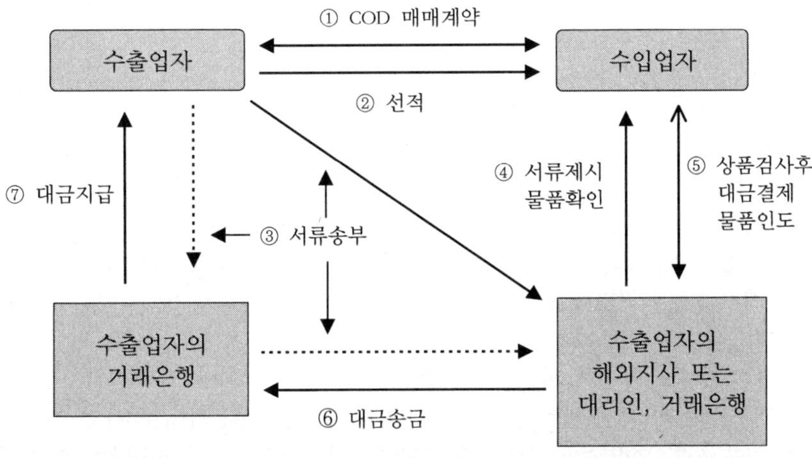

[그림 4-5] 현품인도 결제방식(COD : Cash On Delivery)

흐름도에서 ③ 서류송부의 방법에는 두 가지가 있는데, 하나는 수출업자가 직접 수입업자의 소재지에 있는 자신의 해외지사 또는 대리인, 거래은행 앞으로 서류를 송부하는 방법과 다른 하나는 수출업자가 자기의 거래은행을 통하여 수입업자 거주지의 은행에 서류를 추심의뢰하는 방법이 있다.

COD 거래조건에서는 수출업자는 선적서류를 작성할 때, 수화인(consignee)을 수입업자의 거래은행으로 하고 착화통지처((notify party)를 수입업자로 하여 수입업자가 대금을 지급하지 않고는 운송인으로부터 물품을 인수하지 못하도록 하여야 한다.

사례 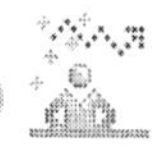 COD 결제방식 거래의 유의점

중국에 소재하고 있는 중소업체로부터 12만 달러 상당의 기계를 구매할 의사가 있다는 제의를 받은 국내 A기업의 중국 지사장은 적극적인 활동을 통하여 거래를 성사시키고 대금결제는 구매자의 공장까지 운송을 마친 후 현장에서 현금결제를 받기로 한 COD조건으로 하였다.

통관상의 문제는 중국의 관례대로 약간의 편법을 동원하여 해결하고 내륙지방에 소재하고 있는 구매자의 공장까지 운송을 무사히 완료하였다. 그러나 구매자는 현금 전액을 준비하지 못하였으니 그 중에서 일부만을 지불하고 잔액을 후일에 지불하겠다는 의사를 전하면서 사정하였다.

그러나 본사와의 첫 번째 중국거래를 성사시킨 중국 지사장 입장에서는 한국의 본사와 의견을 교환하기로 하고 물품을 일단 구매자의 창고에 입고시킨 후 본사의 회신을 기대하고 있었다.

본사에서는 만일 대금을 전액 수취할 수 없다면 중국지사 소재지로 반송하라는 지시가 전달되어 중국의 구매자에게 반송할 것을 요구하자, 수입절차상의 적법하지 못한 내용을 알고 있다면서 반송을 위하여는 상품검역국의 허가가 필요하다고 주장하면서 임의로 반송허가를 신청하였던 것이다. 그리고 상품검역국에서는 수입서류일체를 요구하게 되어 하자가 있는 수입서류를 제출할 수 없게 된 지사장은 구매자에게 항의하였으나 소용이 없었으며 사실상 물품은 이미 압류당한 것과 마찬가지였다.

결국 구매자에게는 적기에 물품을 인도하지 못한 것에 대하여 배상금을 지불하고 상품검역국에도 사무처리에 대한 상당한 대가를 지불하고 물품을 반송하여 다행히도 중국지사에서 다른 구매자에게 처분할 수 있었다. 그러나 그 대가로 이미 적지 않은 비용이 지출되었다. 이러한 사례는 무역관행에 따른 편법을 동원하여 수출입 관련업무를 처리하는 것은 후일 오히려 구매자에게 빌미를 제공하여 준다는 위험이 있으며 적법한 거래절차를 준수하는 것이 수출대금회수에 얼마나 중요한 것인지를 알려주며, COD방식의 거래에 있어서 물품을 선적하여 해외의 현장에 도착한 후에 구매자가 대금지불과 관련하여 당초의 약속과 다른 의사를 표현하는 경우에 곤란한 상황에 처하게 된다는 유의점을 알려주고 있다.

(2) 서류상환 결제방식(CAD, Cash Against Documents)

서류상환 결제방식(CAD)은 수출상이 상품을 선적하고 선적서류(상업송장, 선하증권, 보험서류 등)를 수입업자의 지사나 대리인(주로 수출상의 국가에 소재함)에게 제시하거나 또는 해외의 수입상에게 직접 서류를 송부하여, 당해 서류와 상환으로 대금의 결제가 이루어지도록 하는 방식이다.

통상 수입자의 지사나 대리인 등이 수출국 내에서 물품의 제조과정을 점검하고, 수출물품에 대한 '선적전 검사'(PSI : Pre-Shipment Inspection)를 한 후 지급한다. 대개의 경우 수입상(또는 대리인)이 선적서류를 접수하는 즉시 서류와 상환으로 대금의 결

제가 이루어지는 것이 일반적이나, 수출입상간의 약정에 의하여 일정기간 경과 후에 대금의 송금이 이루어지기도 한다.

이 방식에서 수입업자의 대리인은 수입업자의 이익을 대신하여 상품을 구매하는 것인데 수출상이 선적을 완료한 상태에서 수입상이 대리인에게 지시하여 서류인수를 거절하게 되면 수출상은 대금회수가 곤란하므로 계약 전에 상대방의 신용상태를 철저하게 확인하여야 한다.

COD와 CAD 방식은 모두 사후송금방식에 해당되며 BWT방식의 거래도 사후송금방식으로 구분할 수 있다. BWT는 보세창고인도거래(Bonded Warehouse Transaction)를 의미하며 수출업자 측에서 상대방 수입국의 보세창고에 입고시킨 후에 수입지에 있는 수출상의 대리인(지사)이 견본품을 가지고 현지판매활동을 통하여 수입상을 결정하고 수요에 따라서 보세창고에서 출고하여 통관한 후에 판매하는 방식의 거래를 의미한다. 이러한 거래의 특징은 수출상이 자신의 책임과 비용으로 해외의 현지까지 물품을 운반하고 현지 보세창고에 물품을 장치한 후에 매매계약이 성립된다는 것이다. 수입상의 입장에서는 필요한 물품을 현지에서 확인할 수 있으며 신속하게 수입할 수 있어 시간과 노력이 절감된다. 수출상의 입장에서는 수출대금의 회수가 늦어지고 상품이 판매되지 않을 경우에는 손실을 감수해야 한다. 이러한 BWT조건의 거래에서는 상품을 미리 수출지에 반출해야 하므로 선하증권(B/L)의 발급일자가 신용장개설일자 이전이 되기 때문에 이러한 거래에서 신용장방식으로 이용할 때에는 신용장상에 "Stale B/L is acceptable" 또는 "Documents presented later than 21 days after the date of shipment is acceptable"이라는 특수조항의 부여가 필요하다. 왜냐하면 신용장통일규칙(제6차 개정 UCP 600 제14조 c항)에서는 운송서류의 원본은 선적일자로부터 21일이 경과되어 은행에 제시된 서류는 지체선화증권(Stale B/L)이라고 간주하여 이를 수리하지 않는다는 규정이 명시되어 있기 때문이다.

CAD와 D/P의 차이점

CAD방식의 경우 운송서류가 외국환은행을 통하는 경우 환어음을 발행하지 않으므로 D/P방식과 유사하여 이를 '유럽식 D/P방식'이라고 한다. 그러나, 두 거래방식의 근본적인 차이는 환어음의 발행 여부에 있다. 즉, D/P는 환어음을 발행하여 동 어음과 선적서류의 추심은 반드시 추심의뢰은행과 추심은행(제시은행)을 통하여 송부하고 대금결제도 관계은행을 통하여 이루어지지만, CAD는 환어음을 발행하지 않으며 선적서류를 은행을 통하지 않고 수입자에게 직접 발송한 후 동 서류의 대금을 외국환은행을 통한 송금에 의하여 영수된다.

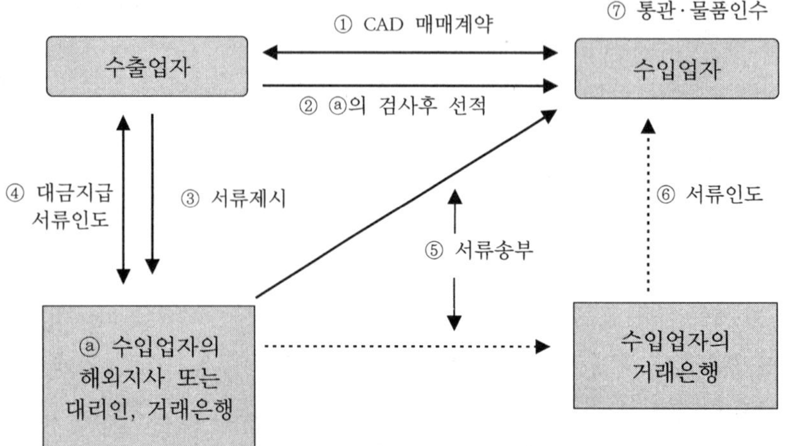

[그림 4-6] 서류상환 결제방식(CAD : Cash Against Documents)

① CAD 흐름도에서 ⑤ 서류송부의 방법에는 두 가지가 있을 수 있다. 하나는 수출업자의 소재지에 있는 수입업자의 해외지사 또는 대리인, 거래은행이 직접 수입업자에게 송부하는 방법이고, 다른 하나는 수입업자의 거래은행으로 서류를 송부하는 방법이 있다.

② CAD 방식의 거래에서 수출업자가 선적을 완료한 상태에서 수입업자가 자신의 해외지사 또는 대리인에게 지시하여 서류의 인수를 거절하게 되는 경우에는 수출업자는 이미 발송한 물품을 회수하여야 하는 등의 곤란한 상황에 처하게 된다.

③ COD 방식과 CAD 방식의 거래가 수출입업자간의 직접적인 거래의 형태에서 벗어나 외국환은행을 통하여 이루어지는 경우에는 그 구분이 불명확하지만 실제적으로 거래의 대상이 되는 객체가 상품현물이라면 COD 방식으로 간주하며, 그 대상객체가 서류이면 CAD 방식으로 간주하면 된다. CAD 방식 거래시 선적서류를 외국환은행을 통하여 송부하면 형식적으로 D/P방식과 유사하다. 그러나 추심 결제방식인 D/P와의 차이점은 D/P거래는 어음결제 방식으로서 환어음을 발행하여 "추심에 관한 통일규칙(URC)"에 의거 환어음을 추심하여 대금을 영수하고, 일반적으로 COD와 CAD 방식의 거래에서는 수출업자가 환어음을 발행하지 않는 송금방식의 거래이며, 서류가 은행을 경유하지 않고서도 직접 송부가 가능하기 때문에 매입(Negotiation)이나 수출금융을 수혜받을 수 없다는 차이가 있다.

[표 4-1] 송금 결제방식에서 무역업자의 이해관계

구분	수출업자	수입업자
check in advance (수표 송금방식)	분실수표 또는 도난수표인 경우 물품회수 불가능(banker's check, personal check)	대금 사전지급 후 수출업자가 물품을 인도하지 않는 경우 대금회수와 물품수령이 불가능
cash in advance (사전 송금방식)	위험 없음(T/T in advanced)	대금지급 후 수출업자가 물품을 인도하지 않는 경우 대금회수와 물품수령이 불가능
COD	수입업자가 물품을 수령하지 않는 경우 대금수령과 물품회수가 불확실	위험 없음
CAD	대금수령이 보장되지 않음	본인의 직접적인 품질확인이 안됨
open account (선적통지부 사후송금방식)	수입업자가 대금을 지급하지 않으면 물품회수가 보장되지 않음	위험 없음

사례  **'CAD 30DAYS' 방식과 'T/T 30DAYS' 방식**

A사는 CAD 30DAYS 방식으로 싱가포르 업체에 전자제품을 수출하고 있는데, 지난번 싱가포르 업체가 결제를 한 달이나 지연시켰기 때문에, A사는 클레임을 제기하고 향후거래에 대해서는 사전 송금방식에 의해 결제할 것을 제의하였지만, 바이어는 'T/T 30DAYS'로 하자고 제의해 왔다.

해설 A사의 경우와 같이 'CAD 30DAYS' 방식과 'T/T 30DAYS' 방식은 둘 다 30일 후에 수출대금을 계약된 외화로 송금받는 사후송금방식을 말한다.

CAD방식과 D/P 거래의 차이점은 D/P 방식은 어음결제방식으로 환어음을 발행하여 그 환어음을 추심하여 대금을 영수하고, CAD 방식은 수출자가 환어음을 발행하지 않는 송금방식으로서 수입자는 수출자가 직접 송부한 선적서류를 받은 후 외국환은행을 통하여 물품대금을 송금하여 대금을 결제한다는 점에서 차이가 있다.

오히려 'CAD 30DAYS'나 'T/T 30DAYS'는 외상거래라는 점에서는 D/A (Documents Against Acceptance, 인수인도조건) 방식과 유사한 기한부 지급 거래방식으로 보아야 한다. D/A 거래방식은 수출자가 기한부 환어음을 발행하여 추심은행을 통하여 수입자에게 제시하면, 수입자는 어음 전면에 "ACCEPTED"라는 인수(Acceptance) 표시와 함께 서명하고 환어음을 인수하고, 추심은행은 수입자에게 선적서류를 인도하며, 추심은행은 어음의 지급만기일에 어음지급인(수입자)으로부터 대금을 지급받아 추심의뢰은행에 송금하면 수출자가 추심의뢰은행(수출자의 거래은행)으로부터 대금을 영수하는 거래방식으로 외상거래에 의한 추심방식이다.

6. European D/P

변형된 CAD 방식의 결제방법으로 선적서류가 은행으로 송부되는 경우를 의미한다.

수출상이 물품을 선적한 후에 해외의 수입상 거래은행으로 당해 선적서류를 송부하여 수입상에게 제시하도록 하며, 수입상은 본인의 거래은행을 통하여 선적서류를 수령함과 동시에 결제대금을 송금하는 형태의 거래를 말한다. 이 방식은 D/P 방식과 같은 결제 안전성을 유지하면서도 환어음 발행에 따르는 불필요한 인지세 부담을 제거하고자 유럽지역에서 주로 사용되고 있는 방법이기 때문에 '유럽식 D/P'라고 부른다. 수출상이 본인의 거래은행을 통하여 대금을 추심하지 않고 직접 해외의 수입상 거래은행으로 서류를 송부하는 것이 일반적인 거래형태이며, 환어음이 발행되지 않는다는 점에서 D/P 방식과 차이점이 있다.

7. 송금결제방식의 위험관리기법

(1) 매매계약서 작성시 권리·의무의 구체적인 내용을 모두 기재한다

송금방식은 환어음을 사용하지 않기 때문에 어음법을 적용시킬 수 없는 거래이다. 송금방식거래에 적용되는 국제규칙도 존재하지 않으며, 대금지급과 관련하여 은행의 지급확약도 없기 때문에 오직 매매계약서를 근거로 하여 거래가 성립되어진다. 그러므로 송금방식의 거래를 하는 경우에는 특히 매매계약서를 체결할 때 당사자의 권리·의무 내용을 더욱 구체적으로 확실하게 작성할 필요가 있다.

수출입업자간의 클레임(claim)·불평(complaint)·분쟁(dispute)의 발생을 예방하고, 이를 해결할 수 있는 관련조항들을 계약서에 반드시 상세하게 기재한다.

① 클레임 금액 및 클레임 제기 기한을 계약서에 명시한다. 상품의 품질이나 수량이 문제가 되는 경우에는 매수인은 상세한 검사보고서를 제시하여야 한다는 내용도 명시한다.

② 각종 불가항력사태를 열거한 목록과 목록에 나타나지 않는 경우의 사태를 대비한 안전장치로 구성되어 있는 불가항력(Force Majeure) 조항을 계약서에 명시한다.

③ 클레임 해결에 관하여 소송에 의한 방법은 시간과 비용이 많이 소요되므로 무역분쟁은 일반적으로 중재에 의하여 해결되며 이를 위하여 계약서의 중재(Arbitration) 조항에 중재지, 중재기관 등의 중재에 관한 사항을 합의하여 명시한다.

"All disputes in relation to this contract shall be finally settled by arbitration under the Arbitration Rules of the Korean Commercial Arbitration Board"(이 계약과 관련하여 발생하는 모든 분쟁은 대한상사중재원의 중재규칙에 따라 중재로 최종 해결한다.)

④ 무역조건의 해석기준 및 준거법(Trade Terms and Governing Law)을 명시한다.
⑤ 계약위반, 보상(Breach, Indemnity)에 관한 구체적인 내용을 합의하여 명시한다.
⑥ 인도지연(Late Delivery)에 따른 지체보상금 산정 및 청구의 내용을 명시한다.

[표 4-2] 영문무역계약서 조항의 일반적 구성형식(물품매매계약서)

구분	계약서 조항	내용 요약
전문	계약서 제목	거래내용의 대표적 제목(Title of agreement)(실무상 생략되는 경우가 있음)
	일자와 당사자	계약체결지/체결일자/당사자 표시(당사자의 정확한 명칭과 주소)
	설명조항	계약체결의 목적/의도/경과 등 주된 계약의 내용을 표시
	약인조항	당사자간에 교환되는 대가(물품인도 약속/대금지급 약속) 관계표시
본문	정의조항	특정 용어/문구의 의미, 내용, 범위 등을 구체적으로 확정
	실질조항	거래의 실질적 내용, 조건 등을 규정 • 물품 확정, 품질/수량기준 및 허용오차 범위 합의, 결제통화/가격변동 조항, • 수량/품질 검사조항(검사완료/합격기준), 대금결제조건(결제지연이자), 보증조항, • 주문의 절차, 방법, 시기(최소주문물량), 물품의 인도조건(시기, 유예기간, 포장, 표시, 위험의 분담, 선박수배 등), 보험조건, 사후서비스 조항 등
	일반조항	계약의 유지/관리를 위한 일반사항 • 계약기간 및 종료, 불가항력조항, 계약의 양도, 재판관할지정, 준거법, 분쟁해결조항(중재조항), 계약위반 등에 관한 손해배상액 예정조항, 완전합의조항, 분리가능조항, 통지조항, 비포기조항, 제조물배상책임조항, 비밀유지조항, 계약해지 사유/효과, 계약의 수정/변경 조항 등
말문	말미문언	계약의 적법/정당한 체결/성립을 선언
	서명란	협의내용에 대한 현실적 동의 표시
	부속서류(첨부물)	본문에서 표시하기 부적합한 부분을 표시

(2) 사후지급 송금 결제방식에서 수출자의 실무적 유의사항

물품의 선적이나 인도후 지급 또는 서류의 인수 후 일정기간 뒤에 결제가 이루어지는 방식인 사후송금방식 거래인 기한부지급(deferred payment), 현품인도 결제방식(COD, cash on delivery), 서류상환 결제방식(CAD, cash against documents), 선적통지부 결제방식(open account, 외상거래, 상호계정방식, 청산거래방식), 혼합 방식(Mixed Payment)에서 사후송금방식에 해당하는 부분 등에 대하여는 다음과 같이 실무적으로 대금지급에 관한 대응방안에 유의하여 처리하여야 한다.

① 수출자는 수입자에 대한 신용조사를 이행하여 신뢰성에 대한 여부를 검토하여야 한다.

② 수출자는 수출대금의 회수에 이상이 없도록 하기 위한 조치를 마련하여야 한다. 수출보험에 가입하는 방법(http://www.ksure.or.kr, 한국무역보험공사로 연락해서 보험가입이 가능한 수입상인지의 여부를 확인)이 가장 안전한 대안이며 또는 차선책으로 대리인을 선정하여 거래하는 방식인 COD 및 CAD 거래로 유도하여 단순한 송금방식보다는 유리한 방법을 선택하도록 한다.
③ 수입상이 신용조사가 불가능하여 수출보험대상이 아닌 경우, 또한 대리인을 선정하여 거래하기가 불가능한 경우에는 수출대금의 회수가 보장되는 화환신용장(Documentary Credit)방식 또는 보증서(Stand-by Credit or Bank Guarantee. Payment Bond/Commercial Bond)방식의 거래를 선택하여야 한다.
④ 수출상은 새로운 시장의 개척에 대한 과잉의욕 또는 수출거래에서 발생될 이익에 치중하여 거래하는 자세 등에 대하여 신중하게 판단하여 결제방식을 선택해야 한다. 상품의 공급과잉 현상으로 국제상품시장이 바이어시장(buyer's market)으로 바뀜에 따라서 해외바이어의 사후송금 결제방식 요구가 증가하고 있어서 결제방식의 선택에 유의해야 한다.
⑤ 송금방식에 대한 수출금융수단으로 '수출팩터링' 및 'O/A(Open Account) 매입'이 이용되고 있으나 취급기관인 금융권의 해외리스크 평가 및 관리능력 미흡으로 활성화되지 못하고 있다.

(3) 사전지급 송금 결제방식에서 수입자의 실무적 유의사항

수입상이 계약상품의 선적 전(before shipment)에 수출상에게 무역대금 전액(또는 일부금액)을 미리 송금(advance remittance)하여 지급하고 수출상은 계약서의 약정기일 이내에 계약상품을 선적하는 방식에서 수입상은 선지급한 부분에 대하여 회수불가능의 위험이 존재한다. 사전송금방식을 단순송금방식(Advance Payment) 또는 선지급방식(Payment in Advance or Cash in Advance)이라고도 하며 수입상이 수출상 앞으로 물품을 주문하면서 미리 대금을 송금한다는 의미로 주문지급(注文支給 : Cash With Order : CWO)이라고도 하며 "T/T in Advanced", "Prior to Ship" 등으로도 부른다.

사전송금방식은 수입상에게 일방적으로 불리한 방식이므로 사전송금방식에 해당하는 금액 등에 대하여는 다음과 같이 실무적으로 대금회수에 관한 대응방안에 유의하여 처리하여야 한다.

① 수입자는 수출자에 대한 신용조사를 이행하여 신뢰성에 대한 여부를 검토하여야 한다.
② 수입자는 선지급한 대금의 회수에 이상이 없도록 하기 위한 조치를 마련하여야 한다. 수입보험에 가입하는 방법(http://www.ksure.or.kr, 한국무역보험공사)이 가장 안전한 대안(현재 수입보험은 해당 상품의 HS 조회를 통하여 보험가입이 가

능한 품목인지 여부를 한국무역보험공사에 확인해야 함)이며 또는 차선책으로 대리인을 선정하여 거래하는 방식인 COD 및 CAD 거래로 유도하여 단순송금방식보다는 유리한 방법을 선택하도록 한다.

③ 수출상에 대한 신용조사가 불가능하거나 수입보험대상이 아닌 경우, 또한 대리인을 선정하여 거래하기가 불가능한 경우에는 선지급한 대금의 회수가 보장되는 보증신용장(Stand-by Credit)방식 또는 보증서(Bank Guarantee)방식으로 거래를 보완하여야 한다.

8. 송금결제방식 분쟁 사례 요약

유형	내용 요약과 대책방안(※)	비고
위조 수표	• 신용장방식과 위조수표(banker's check, personal check)의 혼합결제 • 수표의 위험성(서명위조, 배서위조, 도난·분실), 샘플전문사취(국제입찰빙자) • 후진국 buyer와 수표소지자의 결탁·공모 후에 지급거절 ※ 수표는 거래은행에 추심하여 대금을 수취한 후에 선적할 것	코트디브와르, 나이지리아, 파키스탄, 스리랑카
결제방식 변경	• L/C결제방식→송금방식으로 전환, T/T(선지급)방식→D/A방식으로 전환, 최초에는 정상적인 결제 거래 후에 주문물량 대폭 확대하면서 외상거래로 변경한 후 대금지급거절 ※ 수입상 신용조사, 수출보험 또는 보증서, L/C	토고, 이집트, 중동 칠레, 중국, 인도
위조서류 /허위사실	• 위조신용평가서, 위조신용장개설신청서, 현지거래관행(예: 선송금)을 내세우며 선적서류를 요청, 위조송금증명서 • 현지은행·발주기관 명의의 위조공문, 허위은행법규 인용 당국의 수입허가·정부조달계획(낙찰) 빙자 송금요청, 수입독점권제공에 따른 독점계약금 요구 ※ 수입상 신용조사, 수출보험 또는 보증서, L/C	토고, 베넹 페루, 중동 아프리카
일부 선수금	• 일부 선수금으로 지급하고 나머지(위조송금증명서)는 미지급, 선적서류사본 위조 통관. • 선수금 지불로 선적을 유도한 후 물품도착시 가격인하 ※ 수입상 신용조사, 수출보험, 보증서, L/C방식으로 유도	페루 그리스 아프리카
선생산후 할인	• 선적기일 촉박(빠른 납기)을 독촉하면서, 주문 선생산후 가격할인 요구하며 제품인수거절 • 특정브랜드 부착 요구(※ '제3자 전매가능 문구'를 계약서에 삽입) ※ 최종 L/C 개설 확인 요망, 수입상의 신용조사, 수출보험, 보증서	이집트 미국교포
신규회사 설립	• 외상거래로 수입한 후 신규회사를 설립하여 대금지불 거절 ※ 수입상 신용조사, 수출보험, 보증서, L/C방식으로 유도	러시아
차액 미지급	• 높은 관세율의 수입관세 회피목적으로 under-value후 차액미지급 • T/T(사후송금)와 L/C 결합된 결제방식으로 T/T부분 미지급, 중개인 판매대금사취 ※ under-value한 차액의 확실한 회수방법 강구후 거래 ※ under-value한 차액을 계약이행선수금으로 미리 받고, 나머지는 L/C, 보증서 등의 확실한 결제방식을 선택하여 위험을 최소화함	사우디, 인도 중국, 중남미

제 5 장

추심결제방식

제 1 절 추심방식의 개요와 특성

1. 추심결제방식의 개요

① 수출상이 먼저 매매계약서에 일치한 물품을 출발지에서 도착지로 선적한 후에,
② 계약서에 명시된 선적서류(shipping documents)에 수입상을 지급인(Drawee)으로 기재하여 발행한 환어음(Bill of Exchange, Draft)을 첨부하여,
③ 이를 수출상의 거래은행(추심의뢰은행, Remitting Bank)에 추심(Collection)을 의뢰하면 이 은행이 수입상의 거래은행(추심은행, Collecting Bank)으로 서류를 송부하고,
④ 서류를 수취한 수입상의 거래은행은 서류와 환어음을 지급인인 수입상에게 인도하고, 대금을 받아서 수출상의 거래은행으로 대금을 결제하는 방식이다.

추심결제방식에는 환어음의 지급인인 수입상이 선적서류를 영수함과 동시에 대금을 결제하는 일람지급(At sight)의 지급인도방식(D/P; Documents against Payment)과 환어음의 지급인(수입상)이 환어음의 앞면에 인수(Acceptance)의 뜻만 표시한 후에 선적서류를 영수하고 일정기간이 경과한 후(환어음의 만기일)에 대금을 결제하는 기한부거래(Usance, 예: At 60 days after sight)인 인수인도방식(D/A; Documents against Acceptance)의 두 가지가 있다.

2. 추심결제방식의 특성

추심방식(collection) 특징은 다음과 같다.
① 환어음을 사용하기 때문에 각 국가의 어음법이 적용된다.
② 국제규칙(URC, Uniform Rules for Collection, 추심통일규칙)이 적용된다.

③ 서류와 대금을 관계은행(추심은행, 추심의뢰은행, 제시은행)을 통하여 송부한다.
④ 본·지사간 거래, 신용이 아주 두터운 거래선 사이에 사용되고 은행의 지급확약이 없다.
⑤ 신용장거래보다 낮은 은행수수료를 부담한다.
⑥ 환어음의 지급인(Drawee) 난에는 수입상이 기재된다.

첫째, 추심방식은 환어음이 발행되고 거래은행을 통하여 그 대금을 추심한다는 점에서 송금방식과 구별이 된다. 송금방식에서는 채무자인 수입상이 수출상에게 그 대금을 송금하여 줌으로써 대금의 결제가 이루어지는 반면에, 추심결제방식은 채권자인 수출상이 환어음을 발행하여 거래은행을 통하여 추심함으로써 그 대금을 회수하는 방법이다.

둘째, 국제상업회의소(ICC)가 제정한 "추심에 관한 통일 규칙"(Uniform Rules for Collections, 1995 Revision ICC Publication No. 522 : URC 522)의 적용을 받게 된다.

따라서 D/P·D/A거래의 정확한 이해를 위하여 "추심에 관한 통일규칙"을 숙지하여야 한다. 본 규칙을 적용하기 위해서는 추심지시서에 다음과 같은 문언을 삽입하여야 한다.

"This collection is subject to Uniform Rules for Collections, 1995 Revision ICC Publication No. 522" 또는 "This collection is subject to URC 522"

셋째, 추심거래에서는 수출상이 서류를 반드시 관계은행을 통하여 수입상에게 송부하고, 수입상도 대금지급을 반드시 관계은행을 통하여 보낸다. 그러나 추심거래에 관여하는 은행들은 위임사무의 처리를 위한 중개인 또는 보조자의 역할을 담당하게 될 뿐이다. 즉, 지급책임은 오로지 수입상에게 있다.

넷째, 추심결제방식은 은행의 지급확약이 없으며 수출입상간의 신용에 의해서만 이루어지는 거래이다. 은행은 단순한 심부름꾼(원칙적으로 은행이 단순하게 환어음과 서류만을 송부한다는 의미)에 지나지 않으므로 대금결제는 매매당사자간의 계약에 의하여 이루어진다.

다섯째, 수입상의 입장에서 보면 물품이나 선적서류를 검사한 후 또는 물품을 전매한 후 대금을 지급하기 때문에 유리하다고 볼 수 있으나, 수출상의 입장에서 보면 D/P의 경우는 대금의 영수가 보장되지 않을 수 있고, D/A의 경우는 대금영수 및 물품회수가 보장되지 않을 수 있는 위험이 있다.

3. 효용성

첫째, 비용의 절감방안으로 활용된다. 신용장거래에서는 신용장개설수수료, 통지수수료, 은행간의 코레스비용, 인수수수료 등이 소요되는데 비하여 D/P, D/A 거래에서는 이러한 비용부담이 없다. 오랫동안 거래하여 서로 신뢰할 수 있는 사이에는 추심방식이나 송금방식의 거래를 하여도 문제가 없는 경우에 비용절감을 위하여 이 거래가 활용된다.

둘째, 세계적인 무역환경에서 경쟁의 격화로 인하여 판매자시장(Seller's Market)에서 구매자시장(Buyer's Market)으로 전환되어, 수출상이 대금결제상의 불리함을 감수하고 수입상의 요구에 따라서 D/P, D/A 거래 및 송금방식의 거래를 하는 경우가 있을 수 있다.

셋째, 기업의 국제화로 인하여 다수의 국제기업들이 세계 도처에 지사·현지법인·사무소 등을 설치하여 본·지사간 무역거래가 상당히 증가하였고, 본·지사간 무역거래에서는 절차가 복잡하고 비용이 많이 소요되는 신용장방식을 활용할 필요가 없으므로 추심방식이나 송금방식의 거래가 성립된다.

4. 추심결제방식의 위험

(1) D/P 결제방식

환어음에 "At sight"로 기재되어 수입상이 대금지급을 함과 동시에 서류가 인도된다.

수출자는 대금수취에 대한 보장이 없으며, 수입자는 대금을 지급하기 전에는 품질 확인이 안 된다.

(2) D/A 결제방식

환어음에 예컨대 "At 90 days after sight"로 기재되어, 수입상에게 서류가 인도된 후 90일 후에 대금지급이 이루어지는 기한부 거래이다.

수출자는 대금수취에 대한 보장이 없으며, 수입자는 위험이 없다.

5. D/P·D/A 거래의 당사자

추심결제방식의 관계당사자는 다음과 같다(추심에 관한 통일규칙 : URC : Uniform Rules for Collections, 1995 Revision ICC Publication No. 522. 제3조).

(1) **추심의뢰인**(principal) : 물품을 선적하고 거래은행에 추심을 지시하는 수출상(seller, exporter)을 말하며, 어음발행인(drawer), 송하인(consignor)으로도 부른다.

(2) **추심의뢰은행**(remitting bank) : 추심의뢰인으로부터 추심을 지시받은 수출국의 은행으로 수입국 은행에 추심을 의뢰하는 은행이다.

(3) **추심은행**(collecting bank) : 수출국의 추심의뢰은행이 요청한 추심의뢰서(collect

order)와 서류를 받아 지급인에게 추심하여 대금을 송부하는 수입국의 은행을 의미한다.

지급인이 자기은행의 고객이면 직접 제시를 하고, 그렇지 않으면 지급인의 거래은행(제시은행)으로 송부한다.

(4) **제시은행**(presenting bank) : 추심은행으로부터 서류를 송부받아 지급인에게 제시를 하는 수입국의 은행을 의미한다. 추심의뢰은행으로부터 추심의뢰를 받은 추심은행은 수입자와의 거래관계 등으로 인하여 직접 수입자에 대한 서류의 제시가 곤란한 경우에는 다른 추심은행(제시은행)으로 추심서류를 송달하여 다시 추심의뢰하게 된다(대개의 경우는 추심은행이 수입상의 거래은행이 되도록 추심은행을 선정한다. 즉, 조속한 추심을 위하여 최초의 추심은행이 제시은행이 되도록 하는 것이다).

추심당사자는 아니지만 지급인(drawee)은 추심의뢰서에 따라 제시은행으로부터 지급 또는 인수를 위한 제시를 받고 만기일에 대금을 지급하는 자를 말하며 추심의뢰서에 따라 제시를 받아야 할 수입상(buyer, importer)을 의미한다.

6. 추심에 관여하는 은행의 의무와 면책

(1) 추심에 관여하는 은행의 의무

추심에 관여하는 은행은 선량한 수임자로서 신의성실의 원칙에 따라서 상당한 주의를 가지고, 또한 현지의 관례와 법률에 따라서 행동하고 업무취급에 있어서 상당한 주의를 하여야 한다(Uniform Rules for Collection, URC 522 제9조).

(2) 물품의 인수·보관의무의 면책

물품은 은행의 사전동의 없이 은행의 주소로 직접 발송되거나 은행 또는 은행의 지시인에게 탁송되어서는 아니 된다. 그럼에도 불구하고 물품이 은행은 사전동의 없이 지급인에게 지급인도, 인수인도, 또는 기타의 조건으로 인도하기 위하여 직접 발송되거나, 은행 또는 은행의 지시인에게 탁송되는 경우에는 그 은행은 물품을 인수하여야 할 의무를 지지 아니하며 그 물품은 물품을 발송하는 당사자의 위험과 책임으로 남는다.

추심은행은 화환추심과 관련된 물품의 보관이나 보험가입 등에 대하여 특별한 지시를 받은 경우라 하더라도 이에 따를 의무가 없다. 만약 추심은행이 물품의 보전을 위한 조치를 취하였더라도 그 결과에 대하여는 책임을 지지 아니하며, 다만 그 조치 내용을 추심의뢰은행 앞으로 통지하여야 한다. 이러한 추심은행의 물품보전 조치와 관련하여 발생하는 비용은 추심의뢰은행의 부담이다. 추심의뢰은행의 지시에 의하여 행동함으로써 추심은행에 발생한 모든 손해와 비용은 추심의뢰은행이 부담한다(URC 522 제10조).

(3) 추심을 위한 제3당사자 이용에 대한 면책

추심의뢰은행이 추심의뢰인의 지시를 이행하기 위하여 다른 은행의 서비스를 이용하는 은행은 그 추심의뢰인의 비용과 위험부담으로 이를 행한다.

은행이 전달한 지시가 이행되지 않는 경우에 그 은행은 의무나 책임을 지지 아니하며, 그 은행 자신이 그러한 다른 은행의 선택을 주도한 경우에도 그러하다.

다른 당사자에게 서비스를 이행하도록 지시하는 당사자는 외국 법률과 관행에 의해 부과되는 모든 의무와 책임을 져야하며, 또 이에 대하여 지시받은 당사자에게 보상하여야 한다(URC 522 제11조).

(4) 접수된 서류에 대한 면책

추심은행은 접수된 서류가 추심지시서에 열거된 것과 외관상 일치하는지를 확인하여야 하며, 또 누락되거나 열거된 것과 다른 서류에 대하여 지체 없이 전신으로, 이것이 가능하지 않은 경우에는 다른 신속한 수단으로 추심지시서를 송부한 당사자에게 통지해야 한다. 추심은행은 서류의 내용에 대하여는 심사할 의무가 없으며, 추심지시서에 기재된 서류의 종류 및 통수가 맞는지의 여부만을 확인하고 접수된 대로 제시하면 된다. 그 이외의 사항은 면책이다(URC 522 제12조).

(5) 서류의 효력에 대한 면책

은행은 서류의 형식, 충분성, 정확성, 진정성, 허위성 또는 법적 효력에 대하여, 서류에 규정되거나 첨가된 일반적 조건 및/또는 특정조건에 대하여 어떠한 의무나 책임도 지지 아니한다. 또한 은행은 서류에 의해 표시되는 물품의 명세, 수량, 무게, 품질, 상태, 포장, 인도, 가치, 또는 존재에 대하여, 또는 물품의 송화인, 운송인, 운송주선인, 수화인, 또는 보험자, 또는 다른 모든 당사자의 신의성실, 작위 및 또는 부작위, 지급능력, 이행 또는 신용상태에 대하여 어떠한 의무나 책임도 지지 아니한다(URC 522 제13조).

(6) 송달중의 지연·멸실·번역의 오류에 대한 면책

은행은 모든 통보, 서신, 또는 서류의 송달중의 지연 및/또는 멸실로 인하여 발생하는 결과와 모든 전신의 송달중에 발생하는 지연, 훼손 기타의 오류, 또는 전문용어의 번역이나 해석상의 오류에 대하여 어떠한 의무나 책임을 지지 않는다(URC 522 제14조).

(7) 불가항력적 사항에 대한 면책

은행은 천재, 소요, 폭동, 반란, 전쟁 또는 기타 불가항력의 사유와 동맹파업, 직장폐쇄로 인해 발생하는 결과에 대하여 의무 또는 책임을 지지 아니한다(URC 522 제15조).

7. 환어음

(1) 의의

환어음(draft: bill of exchange)이란 국제거래상의 채권자인 어음의 발행인(drawer)이 채무자인 지급인(drawee)에게 일정한 금액(a certain sum)을 수취인(payee) 또는 그 지시인(orderer) 또는 소지인(bearer)에게 일정한 기일 내에 일정한 장소에서 무조건적으로(unconditionally) 지급할 것을 위탁(order)하는 요식유가증권(要式有價證券 : formal instrument)이며 유통증권(流通證券 : negotiable instrument)이다.

국제간 환어음의 유통에는 적어도 2개국이 개입되며, 각 나라마다 어음 유통력 강화와 공신력 유지를 위해 강력한 규정을 정하고 있는데, 환어음의 효력은 원칙적으로 행위지의 법률에 의하여 처리하게 되어 있다.

예컨대, 한국에서 어음을 발행하고, 일본에서 배서(Endorsement)하고 미국에서 인수를 하였다면, 발행에 관하여는 한국법, 배서는 일본법, 인수는 미국법에 의하여 결정되는 것이다. 그러므로 만일 한국에서 발행된 어음이 한국법에서는 무효일지라도 일본에서 합법적으로 배서되고 미국에서 합법적으로 유통될 수 있으면 그 어음은 유효한 것이다.

무역거래에서 신용장방식의 거래나 신용장을 수반하지 않는 D/P, D/A 등으로 대표되는 무신용장방식의 거래 모두에서 대금의 결제를 위한 수단으로 환어음이 널리 이용되고 있다. 환어음이 신용장조건에 의하여 운송서류 등과 함께 발행되면 화환어음(Documentary Bill of Exchange)이고, 운송서류 등이 첨부되지 않은 것은 무화환어음(Clean Bill of Exchange)이라 하고 D/P, D/A 계약서에 의하여 발행되는 환어음을 추심어음(Bill of Documentary Collection)이라고 한다.

환어음의 발행 목적은 다음과 같다.

첫째, 대금지급을 환어음의 지급인(Drawee)에 위탁하기 위한 것이며

둘째, 지급 또는 인수 거절된 환어음 대금에 대하여 발행인(수출업자)의 상환책임을 지게 하는 것이다.

환어음을 은행에 제출할 때 통상 2통이 제시된다. 이를 각각 “this first bill of exchange”, “this second bill of exchange”라고 기재하여 동일한 내용을 가진 환어음이 한 조(one set)로 발행된다. 그 중 하나가 결제되면 다른 하나는 자동적으로 효력을 상실한다. 이와 같이 동일한 어음을 2통으로 나누어 발행하는 이유는 선적서류와 함

께 환어음을 송부하는 도중에 분실하거나 지연하는 것을 고려한 것이다.

(2) 환어음의 지급기일

환어음은 대금결제 기간에 따라 일람출급환어음과 기한부환어음으로 구분된다.

1) 일람출급 환어음(sight bill)

어음지급인에게 제시되는 즉시 지급하라는 환어음을 말한다. 지급일이 at sight인 경우 일람은 수입상(어음지급인)이 서류가 첨부된 화환어음을 일람한 날을 의미한다.

2) 기한부환어음(usance bill)

① **일람후정기출급 환어음** : 어음지급인이 환어음을 인수한 후 일정한 기간이 경과하면 그 대금을 지급하라는 환어음을 말한다. 예컨대 지급일이 "at 90 days after sight"인 경우 일람의 기준일은 어음지급인이 어음을 인수한 다음날이다.

예 지급일이 "at 90 days after sight"인 경우 어음지급인이 어음을 인수한 날짜가 4월 10일이면 만기일은 언제인가?
㉠ 4월 11일 ~ 30일 ; 20일간 ㉡ 5월 1일 ~ 31일 ; 31일간
㉢ 6월 1일 ~ 30일 ; 30일간 ㉣ 7월 1일 ~ 9일 ; 9일간
총계는 90일간이 되고, 따라서 7월 9일이 만기일이 된다.

② **발행일자후 정기출급환어음** : 어음지급인이 환어음 또는 선화증권의 발행일자로부터 일정한 기간이 경과하면 그 대금을 지급하는 환어음을 말한다. 어음지급인의 인수일과 관계없이 환어음 또는 선화증권의 발행일 다음날로부터 60일째가 만기일이 된다.

예 지급일이 "at 60 days after the B/L date"인 경우 선화증권의 발행일이 4월 10일이면 만기일은 언제인가?
㉠ 4월 11일 ~ 30일 ; 20일간 ㉡ 5월 1일 ~ 31일 ; 31일간
㉢ 6월 1일 ~ 9일 ; 9일간
총계는 60일간이 되고, 따라서 6월 9일이 만기일이 된다.

③ **확정일출급 환어음** : 환어음에 확정된 장래의 특정일자에 그 대금을 지급하라는 환어음을 말한다. 예컨대 Oct. 30, 2015인 경우 2015년 10월 30일이 만기일이다.

(3) 환어음의 기재사항

① **어음번호** : 특별한 의미는 없고 후일 참고할 필요가 있을 때 사용하기 위하여 기재한다. 기재하지 않아도 무방하다.

② **발행일** : 어음 발행일은 외국환은행이 어음과 함께 제시된 선적서류를 매입한 날짜이며 반드시 신용장의 유효기일 이내이어야 한다.

③ **발행지** : 환어음의 법적 효력은 행위지 법률에 의하므로 발행지를 꼭 표시하여야 한다. 발행지는 도시명까지만 표시해도 되므로 "Busan, Korea"라고 기재하면 된다.

④ **숫자 금액** : 환어음의 금액은 상업송장금액과 일치해야 한다. 그러나 상업송장금액의 100% 이하로 어음을 발행하도록 신용장에서 요구하는 경우에는 그 조건에 따라야 한다. 그러한 경우 신용장에 다음과 같이 명시한다.
"your draft at sight for______% of the invoice value"에서 90% 등과 같이 발행할 수 있는 어음금액을 표시하고 있다. 일반적으로 상업송장금액 전액에 어음을 발행할 경우에는 "100% of invoice value" 또는 "full invoice value" 등과 같이 기재한다.

⑤ 지급 만기일의 표시(결제조건) : 일람출급과 기한부 두 가지로 구분한다. 일람출급인 경우 "at sight"로 표시하며, 기한부인 경우는 "at OO days after sight" 또는 "at OO days after B/L date"와 같이 기재하면 된다.
D/A방식인 경우 기한부와 같이 기재하면 된다. D/P인 경우는 이 난에 "D/P, At Sight"라고 기재하면 된다.

⑥ 수취인(payee) : 환어음 대금의 지급을 받는 자로 환어음에서 pay to 다음에 기재되는 것으로 통상 신용장 방식에서는 매입은행이 기재된다. 추심방식에서는 수출업자가 수취인이 된다.

⑦ 문자금액 : 어음금액을 아라비아 숫자가 아닌 문자로 표시하여야 한다. 예를 들어 미화 19,546불인 경우 "SAY U.S. DOLLARS NINETEEN THOUSAND FIVE HUNDRED FORTY SIX ONLY"라고 기재한다.
이것은 4)의 금액과 동일하다. 만약 서로 차이가 나면 문자로 표시된 금액을 어음금액으로 간주한다. 또한 표시하는 통화의 종류는 완전하게 기재하여야 한다. 즉 반드시 U.S. Dollars(US $), Sterling Pound(Stg £)로 표시하여야 한다.

⑧ Value Received and Charge the Same to Account of ____________ : 이 난은 대가수취문구라고 한다. 어음 발행인이 어음의 대가(對價)를 수취하였으며 당해 환어음을 지급인이 결제하면 그 대금을 ____________에 기재되어 있는 자에게서 대금을 청구하라는 의미이다. 따라서 ____________에는 신용장의 Accountee(대금 결제인), 즉 수입업자가 기재된다. 이 문구는 법적인 필수문구는 아니나 오랜 상관행에 따라 계속 사용하고 있다.

⑨ 계약서 번호 및 신용장 개설은행 : "Drawn under ____________"에는 신용장 개설은행을 기재하며 D/P, D/A 등 무신용장방식의 경우에는 근거가 되는 계약서 번호 등을 기재한다.

⑩ 계약서 번호 및 신용장 번호 : 신용장 번호를 기재한다. D/A, D/P인 경우에는 계약서 번호를 기재한다.

⑪ 계약일자 및 신용장 발행일자 : 신용장상의 발행일자 또는 계약일자를 기재한다. ⑨, ⑩, ⑪의 "Drawn under Kookmin Bank, Yeonsan-dong L/C NO. G/S-571030 Dated Oct. 30, 2014."은 2014년 10월 30일 국민은행 연산동지점에서 발행한 신용장 G/S-571030에 의거하여"라 해석하면 된다.

⑫ 지급인(drawee)과 지급지 : To____________에는 지급인과 지급지를 기재한다. 지급지는 신용장에 달리 명시하지 않으면 도시 명칭만으로도 충분하다. 지급인은 신용장의 개설은행이나 또 다른 제3의 은행(상환은행)이 될 수도 있다. 신용장거래에서 환어음은 반드시 개설은행이나 기타 환어음의 지급인 앞으로 발행하여야 하며 어떠한 경우에도 개설의뢰인 앞으로 발행한 환어음은 인정되지 않는다. 만일 개설의뢰인 앞으로 환어음을 발행한 경우 은행은 이것을 단순한 추가서류로 취급한다. 통상 신용장에 지급인을 지시하는 문구는 "Documentary credit which is available by negotiation of your draft at sight drawn on ________"이며 이 문구 중 ____________에 지급인을 기재하면 된다. 따라서 "on ________"은 "____________를 지급인으로 하여"라고 해석하면 된다. D/P, D/A 방식에서 환어음의 지급인은 수입업자이다.

⑬ 발행인 : 환어음을 발행하는 자는 수출업자 또는 신용장의 수익자 또는 신용장을 양도받은 경우에는 양수인이 되며 반드시 서명날인 하여야 한다. 사용하는 발행인의 서명 날인은 외국환거래약정시 은행에 제출한 서명감과 일치하여야 한다.

[환어음 예시]

BILL OF EXCHANGE

No.______①________ Date :______②______ ③ Busan, Korea
FOR ______________④__________________
AT _____⑤_______SIGHT OF THIS FIRST BILL OF EXCHANGE(+SECOND OF THE SAME TENOR AND DATE BEING UNPAID)
PAY TO________________⑥__________________OR ORDER THE SUM OF
______________________________⑦_______________________________________
VALUE RECEIVED AND CHARGE THE SAME TO ACCOUNT OF ______⑧______
DRAWN UNDER ___________________⑨__________________________________
L/C NO__________⑩_______________ DATED____________⑪_______________
TO_____________⑫______________

⑬

환어음

어음번호_______①__________ 발행일 :______②_______ ③ Busan, Korea
금액[數字]______________④____________________
(동일한 기한 및 일자의 제2환어음이 지급되지 않은 경우) 본 제1환어음이 ⑤ 일람출급(또는 기한부)으로 ⑥ 은행 또는 그 지시인에게
______________________⑦______________________금액[文字]을 지급하십시오.
대가수취 하였으며 어음금액을 ⑧의 계정에서 청구하십시오.
본 어음은 ⑪ 일자 ⑨ 은행이 신용장 번호 ⑩에 의거하여 발행되었습니다.
__________⑫ 앞(지급인)__________

⑬ 발행인

[예시 환어음 샘플, BILL OF EXCHANGE(FIRST)]

① NO. 776677 BILL OF EXCHANGE ② Date : FEB. 01, 2015, Seoul, Korea
③ FOR USD40,826.64
④ AT 180 DAYS AFTER SIGHT OF THIS **FIRST** BILL OF EXCHANGE
(⑤ **SECOND** OF THE SAME TENOR DATE BEING UNPAID)
⑥ PAY TO ⑦ KOOKMIN BANK OR ORDER THE SUM OF
⑧ SAY U.S. DOLLARS FORTY THOUSAND EIGHT HUNDRED TWENTY SIX AND CENTS SIXTY FOUR ONLY
⑨ VALUE RECEIVED AND CHARGE THE SAME TO ACCOUNT OF YOUTH EXPRESS CORPORATION
⑩ DRAWN UNDER YOUTH EXPRESS CORPORATION
⑪ LETTER OF CREDIT NO. D/A26002 ⑫ DATED JAN. 11, 2015
⑬ TO YOUTH EXPRESS CORPORATION
777 IRVING AVE. 1ST FL.
RIDGEWOOD NY 11111, U.S.A

CHUNG CHOON, LTD.
⑭ *JAE SEUNG KIM*
PRESIDENT

[예시] 환어음(번역) 샘플

① 어음번호.________ BILL OF EXCHANGE ② 발행일:__________ Seoul, Korea
③ 금액(숫자) ______________________________
④ 일람출급(또는 기한부)으로 이 제1환어음을
(⑤ 동일한 기한 및 일자의 제2환어음이 지급되지 않은 경우)
⑦ 은행 또는 그 지시인에게 ⑧ 금액(문자)을 ⑥ 지급하십시오
⑨ 대가수취 하였으며 어음금액을 ____________의 계정으로 청구하십시오
본 어음은 ⑫ 일자 ⑪ 신용장(또는 D/A) 번호 ⑩________에 의거하여 발행되었습니다
⑬ 앞(지급인과 지급지)
______________________________ ⑭ 발행인

※ 환어음의 요건(필수 기재사항 8가지)

1) 환어음의 표시(BILL OF EXCHANGE)
2) 일정금액의 무조건지급위탁문구(③과 ⑥)
3) 지급인의 명칭(⑬)
4) 만기의 표시(④)
5) 지급지(⑬)
6) 지급받을 자 또는 지급받을 자를 지시할 자의 명칭(⑦)
7) 발행일과 발행지(②)
8) 발행인의 기명날인 또는 서명(⑭)

(4) 환어음의 인수

추심결제방식(기한부거래인 D/A 방식)에서는 수입상인 지급인이 환어음을 인수하면 만기일에 그 소지인에게 환어음 대금을 지급할 의무가 있다. 신용장 방식에서 어음지급인은 개설은행 또는 제3의 은행이 된다.

환어음의 인수는 지급인이 어음의 앞면에 이 어음을 인수하겠다는 의사를 표시하고 서명날인을 하여야만 된다. 그러나 뒷면에 기재하면 백지배서가 되므로 조심하여야 한다. 인수의 의사는 다음과 같이 한다. 여기서 인수일자를 기재하는 것은 인수의 요건은 아니지만 일람후 정기출급환어음에는 꼭 기재하여야 한다.

〈환어음 인수의 예시〉

Accepted on Oct. 30, 2014
by ABC Company, Busan Korea
서명
직위 및 성명

(5) 환어음의 배서

환어음은 배서함으로써 유통된다. 배서의 방법은 다음과 같다.

① 기명식 배서(special endorsement)

배서인이 피배서인의 이름을 구체적으로 명기하여 서명한다. 기명식 배서가 되어 있는 환어음을 다시 유통시키기 위해서는 다음에 배서할 자, 즉 피배서인의 배서가 있어야 한다. 예를 들어 신용장거래에서 만일 매입은행이 개설은행을 피배서인으로 하여 배서하였다면 개설은행도 그 환어음을 다시 유통하기 위해서는 자신의 배서가 반드시 필요하다.

[기명식 배서의 예시]

Pay to order of 개설은행 매입은행 서명 직위 및 성명

② 백지식 배서(blank endorsement, endorsed in blank)

피배서인에 대하여 아무 것도 기재하지 않고 배서인이 서명한다.

[백지식 배서의 예시]

(blank) Han Co. Ltd. 서명 직위 및 성명

제 2 절 추심결제방식의 종류

1. 지급인도방식(D/P : Documents against Payment)

지급인도방식(Documents against Payment; D/P)이란 신용장이 없는 at sight(일람지급) 방식의 개념으로 수출상이 수입상과의 매매계약에 따라 상품을 선적하고 관련 서류(상업송장, 선하증권, 보험서류 등)가 첨부된 일람지급 화환어음(documentary sight bill)을 수입상을 지급인(drawee)으로 하여 발행하고 자신(수출상)이 거래하는 은행(추심의뢰은행 : remitting bank)에 추심(collection)을 의뢰하여 서류가 첨부된 환어음을 수입상의 거래은행(추심은행 : collecting bank)으로 보낸다. 수입상의 거래은행(추심은행)은 환어음의 지급인인 수입상으로부터 대금을 지급받은 후에 서류를 수입상에게 인도하며 지급받은 대금은 추심을 의뢰해 온 은행으로 송금하여 결제하는 방법이다.

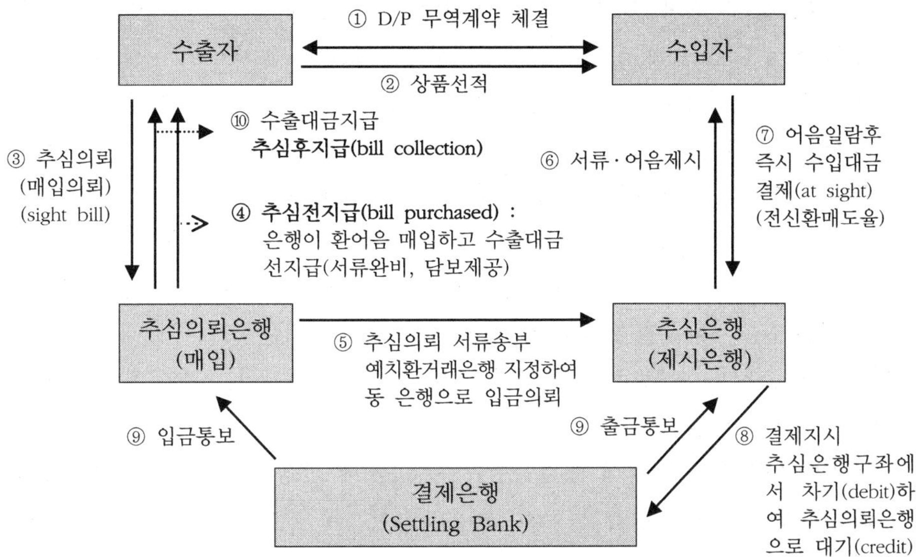

[그림 5-1] 지급인도방식(D/P, Documents against Payment) 거래 흐름도

앞의 흐름도에서는 추심의뢰은행과 추심은행은 무예치환거래은행이기 때문에 양 은행의 계좌를 동시에 보유하고 있는 제3의 은행인 결제은행(Reimbursing Bank)을 통하여 대금이 결제되는 과정을 기준으로 작성되었다. 따라서 추심의뢰은행과 추심은행이 서로 상대방의 계좌를 보유하고 있는 예치환거래은행 관계인 경우에 결제은행은 필요가 없게 된다.

D/P 흐름도의 순서에 따른 상세한 실무적인 설명은 다음과 같다.

① 수출업자와 수입업자는 대금의 지급방식이 D/P조건인 무역계약을 체결한다.

② 수출자는 필요한 경우(수출제한품목에 해당하는 경우)에 수출승인(Export License, E/L)을 받고 수출업자의 보험가입조건인 경우(CIF, CIP조건)에 보험계약을 체결한 후(수입업자가 보험 가입하는 조건인 경우에는 수입업자가 보험계약을 체결함) 소정의 수출절차를 종료한 다음에 계약상품을 선적하고 운송서류를 준비한다.

③~④ 수출업자(Principal)는 D/P계약서에서 요구하고 있는 상업송장, 선하증권(B/L), 보험서류 등 약정한 선적서류와 수입업자를 지급인으로 작성한 일람지급 환어음(sight bill)을 발행하여 거래은행(추심의뢰은행 : Remitting bank)에 추심(또는 추심전매입)을 의뢰한다.

수출업자가 추심(또는 추심전매입)을 의뢰하면 서류에 하자가 없고 수입업자의 지급거절로 인한 부도에 대비하여 채권보전조치를 은행이 취한 경우에는 은행은 추심전매입(B/P; Bill Purchased, D/P Nego)으로 환어음과 서류를 추심전에 매입하고 환가료를 공제한 금액을 선지급한다. 이 때 은행은 선지급한 환어음과 서류의 금액을 받기 위하여 서류를 추심은행(collecting bank)에 송부하여 수입자로부터 대금을 나중에 수취하므로 우편송달기간에 해당하는 이자성격의 환가료(Exchange Commission)를 공제한 「전신환매입률-환가료」로 산출한 금액을 수출업자에게 선지급하게 된다. 상기의 흐름도에서 ④는 추심전지급(D/P Nego)에 해당하는 것이다.

반면에, 추심의뢰은행이 선지급하지 않고 추심절차에 의하여 추심후지급(B/C; Bill Collection)으로 취급하게 되면, 추심의뢰은행은 대금지급을 하지 않은 상태에서 환어음과 서류를 추심은행 앞으로 송부하여 추심은행이 수입업자로부터 대금을 수취한 후 서류를 인도하며 그 대금을 추심의뢰은행으로 보내고 추심의뢰은행은 이를 다시 수출업자에게 지급한다. 추심후지급에서는 수출자에게 지급되는 경우 전신환매입률을 적용한다.

⑤ 추심의뢰은행(또는 추심전 매입은행)은 환어음과 선적서류를 추심은행(collecting bank)에 송부하고 대금을 자신의 해외 예치환거래은행의 계좌 입금시키도록 의뢰한다.

수출상으로부터 추심의뢰 요청을 받은 수출지의 추심의뢰은행(Remitting bank)은 추심에 수반하는 모든 지시를 기재한 추심의뢰서를 작성하여 추심서류와 함께 추심은행에 송달하여 수입자 앞으로 추심하여 줄 것을 요청한다. 이때 추심의뢰은행은 의뢰인이 지시한 경우에는 지정한 추심은행을 이용하며, 지정하지 아니한 경우에는 추심의뢰은행 임의로 선정한 지급지나 인수지 국가에 있는 어떠한 은행으로도 추심은행으로 이용할 수 있다(URC 제5조). 그리고 추심의뢰은행으로부터 추심의뢰를 받은 추심은행은 수입자와의 거래관계 등으로 인하여 직접 수입자에 대한 서류의 제시가 곤란한 경우에는 다른 추심은행(즉, 제시은행, Presenting Bank)으로 추심서류를 송달하여 다시 추심의뢰하게 된다. 대개의 경우는 추심은행이 수입상의 거래은행이 되도록 추심은행을 선정한다. 즉, 조속한 추심을 위하여 최초의 추심은행이 제시은행이 되도록 하는 것이다.

⑥ 추심은행(또는 제시은행)은 환어음과 선적서류를 수령하고 이를 수입업자에게 추심서류 도착통지를 하여 조속한 환어음의 결제를 촉구한다.

⑦ 수입업자는 운송서류에 하자가 없는 경우에 일람출급환어음을 일람(At Sight)한 후에 수입대금을 지급하고 운송서류를 인도 받는다. 이 때 전신환매도율을 적용하여 환산한 금액을 은행에 지급한다. 수입상은 관계 화물을 통관·인수하는 절차를 밟는다.

⑧~⑨ 추심은행은 추심의뢰은행이 지시한 결제은행의 자행계좌에서 차기(debit : 출금)하여 추심의뢰은행의 계좌에 대기(credit : 입금)할 것을 결제은행에 의뢰한다. 결제은행은 추심은행에게 차기(출금)를 통보(debit advice)한다. 결제은행은 추심의뢰은행 앞으로 대기(입금)되었음(credit advice)을 알린다.

⑩ 추심의뢰은행은 자기은행 계좌에 입금된 수출대금을 수출업자에게 지급한다. 이

경우는 이미 설명한 바와 같이 추심후지급(bill collection)의 절차를 통하는 경우에 성립한다.

마지막으로 수입업자는 추심은행으로부터 인도받은 서류를 가지고 필요한 경우에 수입승인을 득하고 소정의 수입신고절차를 필한 후 선하증권을 제시하고 수입물품을 인수하면 거래가 종료된다.

2. D/P Usance(기한부 D/P)

D/P Usance 거래란 추심은행이 Usance 기간 동안 서류를 보관하다가 그 이후에 제시하여 대금의 지급과 상환으로 서류를 인도하는 방식의 거래를 말한다.

D/P 거래에서 수입지의 추심은행(수입자 거래은행)은 추심서류가 도착한 경우 통상의 경우에는 즉시 수입업자에게 서류를 인도하여야 하지만, 선하증권이나 어음의 발행일자후 일정기간에 서류를 인도하여야 하는 경우가 있다. 전자를 'D/P at sight'라 하고 후자를 'D/P usance'라고 한다.

예컨대 결제조건에 대한 표현이 "D/P at 30days after B/L date"라고 되어 있으면 추심은행은 서류가 도착하였더라도 "B/L 일자 후 30일의 날짜"에 서류를 인도하여야 한다. 만약 B/L의 일자가 8월 20일이라면 9월 19일에야 수입자에게 서류를 인도하여야 한다.

'D/P at sight'에서는 추심은행(수입자 거래은행)이 상품이 도착되지 않았더라도 서류를 수입업자에게 인도하여야 하고 수입업자는 대금을 지급하고 서류를 인수하여야 하므로 자금부담이 되는 경우가 있다.

그러나 "D/P at 30days after B/L date"와 같이 기재하여 물품 도착시기에 맞추어 서류를 인도하도록 하면 수입업자가 자금 부담을 면할 수 있으므로 'B/L 일자 후 30일'에 서류를 인도하도록 하는 것이다.

추심은행(수입지에 위치하여 추심서류를 접수하는 은행, 일반적으로 제시은행 역할도 겸하게 됨)은 반드시 'B/L 일자 후 30일'에 인도를 하여야지 그렇지 않으면 이로 인하여 발생하는 문제에 대하여 책임을 부담하여야 하며, 화물이 지정일자 전에 도착하여 어음지급인이 인도를 요구하는 경우라 하더라도 미리 인도하고자 하는 경우에는 반드시 추심의뢰은행(수출자 거래은행)의 용인을 받아야 한다.

그러므로 추심은행은 추심업무(수입결제업무) 처리시 D/P Usance를 D/A로 착오하여 수입상의 결제가 이루어지지 않은 상태에서 서류를 인도하여서는 안 된다.

단순히 'D/P, at 60 days'라고 표시하여 기산일이 명확하지 않은 경우에는 추심의뢰은행에 연락하여 분명한 지시를 받은 후에 취급하여야 한다. 'D/P usance'는 사고발생 또는 분쟁의 소지가 있어 1996년 1월 이후 시행된 "제3차 개정 추심에 관한 통일규칙(Uniform Rules for the Collection, URC 522)"에서는 D/P usance의 사용 관행을 억제하도록 하고 있다.

'D/P usance'가 'D/A'와 다른 점은 'D/A'에서는 서류가 도착하는 즉시 인수하도록 하고 대금결제를 일정기간 후에 지급하는 것이다.

예컨대 "D/A 30days after sight"이면 수입자가 '환어음 및 선적서류를 인수한 날로부터 30일'에 지급하는 것이다. 'D/A'에서는 서류가 도착되는 즉시 수입업자에게 인도가 되지만 'D/P usance'에서는 서류가 도착되는 즉시 서류를 인도할 수 없으며 반드시 일정기간 후에 인도하여야 하며 서류를 인수할 때 수입업자는 수입대금을 지급하여야 한다.

D/P Usance 거래는 D/A 거래에 따른 수출상의 위험부담 및 D/P 거래에 따른 수입상의 불필요한 자금 부담을 동시에 커버할 수 있는 결제방식이라 할 수 있다.

D/P Usance 거래는 선적서류의 내도시점보다 운송화물의 도착기간이 상당일간 늦는다는 점을 감안하여 고안된 결제방식으로서, 해상으로 물품을 운송하는 경우 등에 선적서류가 물품보다 일찍 도착함으로 인해 발생하는 수입상의 불필요한 자금 부담을 배제시키기 위하여 주로 사용된다. Usance 기간은 대개 30일 정도가 일반적이며, 이는 서류 도착일로부터 수입화물이 도착할 때까지의 기간을 의미하는 것으로 수입상은 결국 이 기간 동안 대금지급을 유예받는 효과를 거두게 된다.

추심거래에는 'Free Payment'조건이라는 것이 있는데 견본이나 이삿짐을 송부하면서 화물의 대가와 운송료 등을 D/P조건으로 추심의뢰하였다가 추심의뢰를 해제하고 무상으로 인도하도록 은행에 통고되는 경우를 'Free Payment'조건이라고 하며 "Deliver documents against free of payment"라고 지시하게 된다.

3. 인수인도방식(Documents against Acceptance; D/A)

인수인도방식(D/A)이란 신용장이 없는 기한부(usance) 방식의 추심결제방법이다.

① 수출상이 상품을 선적한 후 상업송장, 선하증권, 보험서류 등의 약정한 선적서류를 첨부한 기한부 환어음(documentary usance bill)에 수입상을 지급인으로 기재하여 발행하고 자신의 거래은행에 추심을 의뢰한다.

② 수출상의 거래은행(추심의뢰은행)은 선적서류가 첨부된 환어음을 수입상의 거래은행(추심은행이면서 동시에 제시은행)으로 송부하면 추심을 의뢰받은 은행은 해당 환어음의 지급인인 수입상으로부터 어음의 인수(Acceptance) 서명을 받으며 서류를 인도하고, 어음의 만기일에 수입상으로부터 대금을 지급받아 추심을 의뢰한 은행으로 송금하여 결제하는 방식이다.

그 흐름은 D/P방식과 유사하며 D/P방식(일람출급 환어음 발행)과 다른 점은 기한부 환어음이 발행되기 때문에 수입업자가 환어음을 인수하는 절차와 어음의 만기일에 대금이 결제된다는 것이다.

D/A방식에서는 수입상이 기한부 환어음을 인수하면서 서류를 인도받는 시점부터 수출상은 화물에 대한 소유권을 상실하기 때문에 수출상은 수입상이 어음의 만기일에 대금을 지급하기만을 기다리고 있어야 한다.

따라서 이러한 방식은 수입업자에게 매우 유리하고 수출상에게는 불리하다. 어음의 지급인인 수입업자가 이러한 D/A 어음을 제시받은 경우 어음의 대전을 지급하지 않고 어음의 인수만으로 서류를 인도받으며 수입업자는 어음기일 이내에 수입상품을 매각 또는 이용하고 그 대전으로 동 어음금액을 결제할 수 있기 때문에 결국은 금융상의 편의를 수혜받게 되는 것이다.

그러나 수출업자에게는 지급인의 어음인수라고 하는 어음상의 권리이외에 물적 담보가 없고 어음의 부도(만기에 대금지급을 거절하는 것)가 발생하는 경우 손해를 회복할 방법이 없기 때문에 위험을 부담하게 된다.

D/P, D/A방식은 신용장 방식에서의 At sight 조건(D/P와 유사) 그리고 Usance 조건(D/A와 유사)와 유사한 거래의 형태를 보이지만 신용장 방식이 개설은행의 지급약정으로 당사자간 매매거래를 결정적으로 뒷받침하는 것에 비하여 계약당사자의 계약만이 근거가 되므로 은행은 다만 선의의 관리자로 단순히 중개역할만을 담당한다.

이상에서 설명한 D/P와 D/A방식은 추심거래인데 추심의 종류에는 화환추심(Documentary Collection)과 무화환추심(Clean Collection)이 있다. 전자는 무역과 관련이 있는 추심방식으로 서류가 첨부되는 추심이며, 후자는 용역거래에 관련되는 추심으로 서류가 첨부되지 않는 추심을 의미한다.

D/P 또는 D/A조건에 따라서 어음의 발행인의 채권보전에 크게 영향을 미치기 때문에 인도하고자 하는 서류가 원본이든 부본이든 간에 D/P 또는 D/A 또는 기타 어떤 서류인가를 확인하여야 한다.

어음이나 추심지시서에는 서류가 D/P인가 D/A인가를 명시하여야 하고 그러한 명시가 없는 추심은 D/P로 간주된다(URC 522 제7조 6항 참조).

D/P로 인정하는 지시나 어음의 조건은 다음과 같은 문언이 표현된다.

① deliver documents against payment ② D/P at sight ③ sight ④ D/P 30 days ⑤ at sight on arrival of vessel ⑥ at sight on arrival of cargo ⑦ D/P 30 day's sight ⑧ D/P, at 30 days after sight ⑨ D/P, at 30 days after B/L date ⑩ D/P, at 30 days after draft's date

그리고 D/A로 간주하는 지시나 어음의 표현은 다음과 같다.

① deliver documents against acceptance ② 60 D/S(days) ③ at 60 days after arrival of steamer(vessel or cargo) ④ D/A 60 days after sight ⑤ 60 days after sight ⑥ at 60 days sight ⑦ 60 days after B/L date ⑧ 60 days after date(or draft) ⑨ D/A, 90 D/S B/L

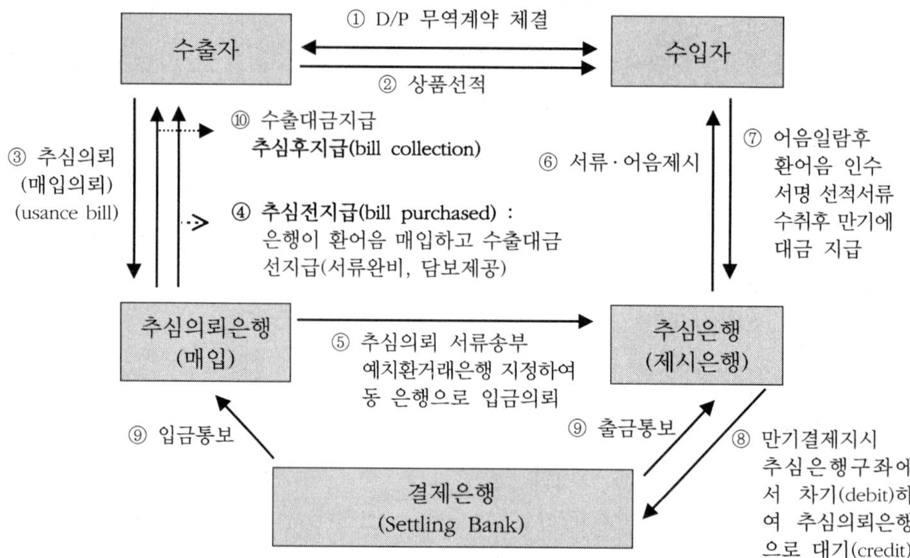

[그림 5-2] 인수인도방식(D/A, Documents against Acceptance) 거래 흐름도

① 수출업자와 수입업자는 대금의 지급방식이 D/A조건(예: At 60 days after sight)인 무역계약을 체결한다.

② 수출자는 필요한 경우에(수출제한품목인 경우) 수출승인(Export License)을 받고 수출업자의 보험부보조건인 경우(CIF 또는 CIP 조건인 경우)에 보험계약을 체결한 후(수입자가 보험을 가입하는 조건인 경우에는 수입업자가 보험계약을 체결함) 소정의 수출절차를 종료한 다음에 계약상품을 선적하고 환어음과 선적서류를 준비한다.

③ 수출업자(Principal)는 D/A계약서에서 요구하고 있는 상업송장, 선하증권(B/L), 보험서류 등 약정한 서류와 수입업자 앞으로 기한부환어음(Usance bill, 예: At 60 days after sight)을 발행하여 거래 외국환은행(추심의뢰은행 : Remitting bank)에 추심(또는 추심전매입)을 의뢰한다.

④ 수출업자가 추심(또는 추심전매입)을 의뢰하면 서류에 하자가 없고 만기에 수입상이 대금을 지급거절하는 부도에 대비한 채권보전조치를 은행이 취한 경우에는 은행은 추심전매입(B/P; Bill Purchased)으로 환어음과 선적서류를 추심전에 매입하고 그 금액을 선지급한다. 이 때 은행은 선지급한 환어음대전을 추심은행에 송부하여 수입자로부터 대금을 나중에 수취하므로 우편송달기간에 해당하는 이자성격의 환가료 및 usance 기간에 해당하는 이자를 공제하여 산출한 금액을 수출업자에게 선지급하게 된다.

반면에, 추심의뢰은행(수출자 거래은행)이 선지급하지 않고 추심절차에 의하여 추심은행(제시은행역할을 겸하게 되는 수입자 거래은행)으로 환어음과 선적서류를 송부하여 수입업자로부터 어음의 만기일에 대금을 수취한 후에 그 대금을 추심의뢰은행으로 보내고 추심의뢰은행은 이를 다시 수출업자에게 지급하는 추심후지급(B/C : Bill Collection)의 경우에는 전신환매입률을 적용한다. 상기의 흐름도에서 ④는 추심전지급에 해당하는 것이다.

⑤ 추심의뢰은행(추심전 매입은행)은 환어음과 선적서류를 추심은행(제시은행을 겸하게 됨)으로 송부하고 usance 기간 이후인 어음의 만기일에 대금을 자신의 해외예치환거래은행의 계좌에 입금시키도록 의뢰한다.

⑥ 추심은행은 환어음과 선적서류를 수령하고 이를 수입업자에게 제시한다.

⑦ 수입업자는 환어음과 선적서류에 하자가 없는 경우에 기한부어음의 앞면에 인수(Acceptance) 서명표시를 하고 선적서류를 인도 받는다. 수입업자는 추심은행(제시은행)으로부터 인도받은 서류를 가지고 필요한 경우에는 수입승인(Import License : I/L)을 득하고 소정의 수입통관절차를 필한 후 선하증권을 제시하고 수입물품을 인수한다.

수입업자는 usance 기간 이후인 어음의 만기일에 수입대금을 지급한다. 이 때 전신환매도율을 적용하여 환산한 금액을 추심은행에 지급한다.

⑧~⑨ usance 기간이 경과한 만기일에 추심은행은 추심의뢰은행이 지시한 결제은행의 자행계좌에서 차기(debit : 출금)하여 추심의뢰은행의 계좌에 대기(credit : 입금)할 것을 결제은행에 의뢰한다. 결제은행은 추심은행에게 차기(출금)를 통보(debit advice)한다. 결제은행은 추심의뢰은행 앞으로 대기(입금)되었음(credit advice)을 알린다.

⑩ 추심의뢰은행은 자기은행 계좌에 입금된 수출대금을 수출업자에게 지급한다. 이 경우는 이미 설명한 바와 같이 추심후지급(bill collection)의 절차를 통하는 경우에 성립한다.

제 3 절 추심결제방식의 위험관리기법

1. 추심방식과 신용장방식의 비교

추심방식인 D/P와 D/A거래가 신용장 거래와 다른 점은 다음과 같다.

첫째, D/P·D/A 거래는 수출업자가 물품을 선적한 후 선적서류를 첨부한 추심 환어음을 발행하여 추심의뢰은행과 추심은행을 통하여 수입업자에게 추심하여야 비로소 대금을 지급받을 수 있기 때문에 원칙적으로는 추심 기간만큼은 대금지급의 지연이 불가피하다.

이에 비해 신용장 방식은 수출업자가 물품을 선적한 후 신용장에서 요구하는 서류를 자신의 거래은행(매입은행)에 제시하는 동시에 대금을 선지급(매입, Negotiation) 받을 수 있다.

둘째, D/P·D/A 거래에서 은행은 수출상의 추심의뢰서에 의거하여 대금 추심 업무만 취급할 뿐 신용장 방식에서와 같이 개설은행 등이 수출상에 대한 지급확약채무를 부담하지 않는다. 따라서 추심 결제방식은 은행이 대금지급을 보장하지 않기 때문에 수입업자의 신용상태가 불량하거나 지급불능이 된 경우 수출업자는 대금 회수 불능의 위험을 피할 수 없다. 이에 비해 신용장 방식은 개설은행이 대금지급을 확약한다.

셋째, D/P·D/A 거래는 선적서류 등이 신용장 방식과 같은 경로로 작성되지만 환어음 지급인과 선하증권상의 수하인(Consignee)은 신용장 방식(환어음 지급인 : 개설은행)과 달리 원칙적으로 수입상이 된다.

넷째, D/P·D/A 거래도 신용장 방식과 같이 은행간 중개에 의하여 대금이 결제되지만 L/C 국제규칙인 "신용장통일규칙"(Uniform Customs and Practice for Documentary Credits, UCP 600)이 적용되는 것이 아니라 "추심에 관한 통일 규칙"(Uniform Rules for Collections, 1995 Revision ICC Publication No. 522 : URC 522)이 적용된다.

다섯째, D/P·D/A 거래에서 추심의뢰은행이나 추심은행은 선적서류의 일치성을 심사해야 할 책임이나 스스로 대금지급의 의무를 부담하지 아니하며 오직 선의의 당사자로서 수출업자의 추심대리인에 불과하다. 이에 비해 신용장 방식은 신용장 조건에 일치하는 서류를 은행이 심사하여야 할 의무가 있으며, 신용장과 요구서류의 일치여부에 따라서 개설은행이 대금지급을 이행하기 때문에 서류심사기준이 되는 신용장통일규칙이 매우 중요한 역할을 하게 된다.

2. 추심방식의 위험관리기법

추심결제방식(D/P·D/A)은 상품을 선적한 후에 수출자가 환어음과 선적서류를 준비하여 해외에 있는 수입자에게 보내어 대금을 받아내는 사후방식(선적후 대금수취방식)이므로 송금방식에서의 사후송금방식과 동일하게 수출자의 신용위험(credit risk, 대금결제위험)이 존재하고 있는 결제방식이다. 따라서 앞에서 설명한 송금방식의 사후송금거래에서의 유의사항과 같은 내용을 검토하여 수출자의 대금회수방안을 강구하여야 한다.

(1) D/P 방식의 위험관리기법

수출자는 선적후에 대금이 결제되는 사후결제방식인 D/P 결제방식(선적 후 환어음과 서류가 수입상에게 제시됨과 동시에 지급하는 At Sight 조건) 등에 대하여는 다음과 같이 실무적으로 대금미회수위험에 관한 대응방안에 유의하여 처리하여야 한다.

① 수출자는 수입자에 대한 신용조사를 이행하여 신뢰성에 대한 여부를 검토하여야 한다.

② 수출자는 수출대금의 회수에 이상이 없도록 하기 위한 조치를 마련하여야 한다. 수출보험에 가입하는 방법(http://www.ksure.or.kr, 한국무역보험공사로 연락해서 보험가입이 가능한 수입상인지의 여부를 확인)이 안전한 대안이 될 수 있다.

③ 수입상이 신용조사가 불가능하여 수출보험대상이 아닌 경우, 수출대금의 회수가 보장되는 화환신용장(Documentary Credit)방식 또는 보증서(Stand-by Credit or Bank Guarantee, Payment Bond/Commercial Bond)방식의 거래를 선택하여야 한다.

④ 수출상은 새로운 시장의 개척에 대한 과잉의욕 또는 수출거래에서 발생될 이익에 치중하여 거래하는 자세 등에 대하여 신중하게 판단해서 결제방식을 선택해야 한다.
상품의 공급과잉 현상으로 국제상품시장이 바이어시장(buyer's market, 무역거래에서 수입상이 주도권을 지니고 있는 시장상황)으로 바뀜에 따라서 해외바이어의 사후(선적후) 결제방식 요구가 증가하고 있어서 결제방식의 선택에 유의하여야 한다.

(2) D/A 방식의 위험관리기법

수출자는 선적후에 대금이 결제되는 사후결제방식인 D/A 결제방식(선적 후 환어음과 서류가 수입상에게 제시되면 환어음을 인수한 후 일정기간이 경과한 만기일에 지급하는 Usance 조건) 등에 대하여는 다음과 같이 실무적으로 대금미회수위험과 상품미회수위험에 관한 대응방안에 유의하여 처리하여야 한다.

① 수출자는 수입자에 대한 신용조사를 이행하여 신뢰성에 대한 여부를 검토하여야 한다.

② 수출자는 수출대금의 회수에 이상이 없도록 하기 위한 조치를 마련하여야 한다. 수출보험에 가입하는 방법(http://www.ksure.or.kr, 한국무역보험공사로 연락해서 보험가입이 가능한 수입상인지의 여부를 확인)이 안전한 대안이 될 수 있다.

③ 수입상이 신용조사가 불가능하여 수출보험대상이 아닌 경우, 수출대금의 회수가 보장되는 화환신용장(Documentary Credit)방식 또는 보증서(Stand-by Credit or Bank Guarantee, Payment Bond/Commercial Bond)방식의 거래를 선택하여야 한다.

④ D/A 결제방식은 예컨대 'At 60 days after sight'인 경우에 D/P 결제방식보다 60일이 경과한 만기일에 대금을 수취하게 되므로 D/P 결제방식보다 더 위험한 결제방식이 될 수 있다.

그러므로 수출상은 새로운 시장의 개척에 대한 과잉의욕 또는 수출거래에서 발생될 이익에 치중하여 거래하는 자세 등에 대하여 신중하게 판단해서 결제방식을 선택해야 한다.

상품의 공급과잉 현상으로 국제상품시장이 바이어시장(buyer's market, 무역거래에서 수입상이 주도권을 지니고 있는 시장상황)으로 바뀜에 따라서 해외바이어의 선적 후 결제방식 요구가 증가하고 있기 때문에 결제방식에 유의하여야 한다.

[표 5-1] 추심방식의 종류와 특성

추심구분	만기분류	환어음기재예시	선적서류인도시기 및 대금지급시기	위험
D/P	At sight	At Sight	대금지급과 동시에 서류인도	• 수출자 : 대금수취 보장 없음 • 수입자 : 지급 전에는 품질 확인이 안 됨
D/P Usance	Usance	D/P, at 90 days after B/L date	B/L date 후 90일에 서류인도와 동시에 대금지급	• 수출자 : 대금수취 보장 없음 • 수입자 : 지급 전에는 품질 확인이 안 됨
D/A	Usance	D/A, at 90 days after sight	서류인도후 90일 후에 대금지급	• 수출자 : 대금수취 보장 없음 • 수입자 : 위험이 없음

[표 5-2] 신용장거래와 D/P, D/A거래의 비교

구분	수입자와 은행과의 관계	은행의 의무	관련화물	국제규칙	은행수수료
신용장 거래	신용장개설시점부터 개설은행의 수입자에 대한 신용공여 행위	개설은행은 신용장에 의하여 수출자에 대한 지급채무부담	신용장 개설시점부터 외환거래약정에 따라 화물이 개설은행에 담보로 제공됨	신용장 통일규칙 (UCP 600)	신용장 개설수수료(보증료 성격이기 때문에 추심수수료에 비하여 높다)
D/P, D/A 거래	일반적으로 수입자에 대한 신용공여행위가 없음	추심은행은 추심수임자로서 추심위임자(추심의뢰은행)에 대하여 선량한 관리자로서의 주의의무 부담	추심대금의 결제 전에 일반적으로 수출자(또는 추심의뢰은행)가 소유권을 가지고 있음	추심에 관한 통일규칙 (URC 522)	추심수수료

[표 5-3] 송금 및 추심결제 방법의 문제점

결제 방법	종류	수출상(Seller)	수입상(Buyer)
선적전 송금결제 방법 (Remittance before shipment)	사전송금방식	유리	경우에 따라 대금회수와 물품인수가 불능
선적후 송금결제 방법 (Remittance after shipment)	COD	대리인의 신용에 따라 대금영수 및 물품회수가 불능	유리
	CAD	대금의 영수가 보장 안 됨	
추심결제 방법(Collection)	D/P	대금의 영수가 보장 안 됨	유리
	D/A	대금영수 및 물품회수가 보장 안 됨	

3. 추심결제방식 분쟁 사례연구

(1) 사례

1) 추심방식에서 수입업자가 지급거절을 한 경우 수출업자는 어떻게 하여야 하는가?

☞ 추심방식에는 수입업자의 지급거절 또는 지급지연의 위험이 존재하고 있다. 따라서 이런 경우를 대비하여 매매계약서를 작성하여 대금지급을 거절할 때 취하여야 할 내용을 구체적으로 삽입하여야 한다. 또한 수출자는 수출보험에 가입하는 방법 또는 보증서(Payment Bond, Commercial Bond)를 활용하는 방법이 있다.

2) 결제조건은 D/P이며 선적조건은 항공운송을 통한 Air Waybill의 발송이다. 그런데 수입업자가 서류가 도착하기 전에 물품을 수령하였다. 이를 대비할 수 있는 방법은?

☞ Air Waybill의 수하인(consignee)난에 수입업자가 기재되어 있으면 물품 도착지 항공회사 지점은 수하인으로 확인되면 Air Waybill이 없어도 물품을 인도한다. 따라서 항공운송을 하는 경우 수출업자는 Air Waybill의 수하인 난에 "Order of 추심은행"이라 기재하여 추심은행 지시식의 Air Waybill을 발급하여야 한다. 이렇게 하면 항공회사는 추심은행의 배서가 되어 있는 Air Waybill을 수입업자가 제시하여야만 물품을 인도한다.

3) D/A방식에서 만기일까지의 이자는 어떻게 하는가?

☞ 일반적으로 수출가격에 특정기간의 이자를 포함한다.

(2) 추심결제방식 분쟁 사례 요약

유형	내용 요약과 대책방안(※)	비고
위조 선적서류	• D/P거래에서 위조선적서류로 상품 사취 ※ 수입상의 신용조사 철저, 수출보험, 보증서, • At Sight L/C방식으로 유도(D/P)	영국
품질불량 구실	• 선적후 품질불량을 구실로 대금결제 거부(D/P, D/A거래에서의 대표적인 Market Claim 사례) ※ 전문신용평가기관 등을 통한 수입상 신용도 점검 ※ At Sight L/C방식으로 유도(D/P) ※ 가능한 한 Usance L/C방식으로 거래유도(D/A)	중국, 베트남
친분관계 이용	• 친분관계 악용후 수입기업 퇴직(덤핑처분후 도주)	중남미 국가
별도회사 설립	• 상호변경후 수입(전 기업명의로 수입)후 처분 도주 ※ 수입상의 신용조사 철저, 수출보험, 보증서	러시아

제 3 부

신용장 결제방식

제 6 장

신용장의 기초지식

제 1 절 신용장의 필요성과 의의

1. 신용장의 필요성

(1) 무신용장 결제방식의 당사자 위험

1) 송금결제방식의 위험

수입상이 수출상에게 송금(Remittance)하여 결제하는 방식으로,

첫째, 사전송금결제방식에서 수출상은 무역대금 미회수 위험부담은 없지만, 수입상은 선적 전에 먼저 지급한 금액에 대하여 물품인수위험 및 선지급한 대금의 미회수 위험이 존재한다.

둘째, 사후송금결제방식에서 수입상은 위험이 없지만, 수출상은 선적 후에 무역대금 미회수 위험부담이 존재한다.

셋째, 혼합결제방식에서 수입상은 일부 선지급한 금액에 대하여 물품인수위험 및 선지급 대금의 미회수 위험이 존재하고, 수출상은 일부 후지급으로 수취할 대금에 대하여 무역대금 미회수 위험부담이 존재한다.

2) 추심결제방식의 위험

수출상이 먼저 선적을 하고 대금을 수입상으로부터 받는 추심(Collection)결제방식에서는,

첫째, D/P(Documents against Payment) 결제방식에서는 수입상이 상품인수거절 및 대금지급을 거절하는 경우에 수출상은 대금 미회수 위험이 존재하고, 수입상은 대금을 먼저 은행에 지급하고 운송서류를 수취하여 상품을 인수하기 때문에 상품불량위험이 존재한다.

둘째, D/A(Documents against Acceptance) 결제방식에서는 수입상이 상품을 인

수한 후 만기일에 대금지급을 거절하면, 수출상은 대금 미회수 위험과 상품 미회수 위험이 존재한다.

(2) 수입상이 지급책임을 부담하는 결제방식의 위험

송금결제방식과 추심결제방식은 수입상이 무역대금지급의 책임을 부담하기 때문에 수출상의 입장에서는 거래시점의 수입상 신용과 향후 거취에 대하여 그다지 안전한 것은 아니다.

실무적으로 사전송금형태는 Seller's Market 상황에서 발생하므로 당해 물품이 희소가치가 있던지 또는 수입상이 반드시 필요한 원자재 수입 등의 거래 등에 활용되므로 범용적인 것은 아니다.

Buyer's Market 상황에서 발생하는 사후결제형태는 수출상이 대금회수에 대한 안전성이 없기 때문에 국제무역에서 안심하고 거래를 이행하기에는 여러 문제점이 존재한다.

이러한 문제는 만약 수입상이 대금을 결제하는 책임의 부담을 대신하여 어느 누군가 공적 책임이 있는 자가 무역대금을 지급하는 시스템이 형성되고 이것을 활용한다면 수출상이 지니게 되는 수입상 개인의 파산, 지급능력부족, 사기 등에 대한 불안감이 해소될 것이며, 수입상이 지니게 되는 인수물품에 대한 불안감도 어느 정도 해결될 것이다.

(3) 신용장 결제방식의 출현

위와 같은 수입상이 무역대금을 결제하는 책임을 부담하는 무역거래의 불완전한 특성을 제거하기 위하여 수입상 대신에 수입상의 거래은행(신용장의 개설은행)이 수출업자 앞으로 "무역대금의 미회수 위험을 제거해 주는 편지"인 "개설은행의 조건부 지급확약서"(conditional bank undertaking of payment)인 신용장(Letter of Credit)을 발행해 주는 제도가 국제무역의 시작과 거의 동시에 생성되어 원거리 국가 간 무역거래의 활성화를 도모하게 되었다.

L/C 방식에서 수출자에 대한 대금지급의 책임자는 수입상이 아니라 개설은행이 되는 것이므로 수입상이 대금지급을 책임지는 것보다는 더욱 안전할 수가 있을 것이다.

환어음을 활용하는 거래인 D/P, D/A 결제방식에서 환어음의 지급인은 수입상이며, L/C 방식에서 사용될 수 있는 환어음의 지급인은 개설은행(또는 개설은행의 예치환거래은행인 결제은행)이 된다.

L/C 방식에서 개설은행이 조건부로 대금지급을 확약한다는 의미는 다음과 같은 특성을 지닌다.

① L/C에 기재된 내용 전체가 조건(terms and conditions)으로 간주될 수 있으며

수출자가 대금지급을 확약받기 위해서는 이러한 L/C의 조건에 일치하게 작성된 서류를 제시하여야 한다.

② 따라서 이러한 여러 가지 조건일치여부 심사를 위하여 L/C거래는 거래의 절차가 매우 복잡하고 비용이 많이 소요되며 은행이 지급책임자가 되고 거래의 흐름이 매우 번잡하다.

③ 송금·추심방식에서는 은행이 지급확약을 위하여 거래에 개입하지는 않기 때문에 수출자 입장에서 대금 미회수 위험이 존재하지만 송금·추심방식에서는 서류의 조건일치여부를 심사하지 않게 되어 거래가 단순·신속하고 L/C거래에 비하여 수수료가 저렴하다는 장점이 있다.

2. 신용장의 의의

일반적으로 신용장(Letter of Credit : L/C)이란 신용장 개설의뢰인(Applicant, 수입상)의 요청과 지시에 의하여 개설은행이 발행하고 신용장에서 약정한 내용의 제조건과 일치하는 서류제시와의 상환으로 신용장 개설은행(Issuing Bank)이 수익자(Beneficiary, 수출상) 또는 그 지시인에게 대금을 지급할 것을 약속하는 개설은행의 조건부 지급 확약서(Conditional bank undertaking of payment)이다.

① "개설은행의"
- 개설은행이 대금지급의 결정적/최종적인 지급책임의무를 부담한다는 의미이다.
- 수입상의 파산이나 지급불능에 따른 수출상의 대금회수불능위험은 없다.
- 개설은행의 지급책임은 신용장이 개설되는 시점부터 부담하게 된다.

② "조건부"
- 신용장에 기재된 조건에 일치하는 서류를 수출상이 제시하여야 한다.
- 신용장의 모든 내용이 조건이다(예 : 날짜관련조건, 서류관련조건, 기타조건 등).
- 조건일치여부는 신용장에 기재된 조건, 신용장통일규칙(UCP 600, Uniform Customs and Practice for Documentary Credits, 2007 Revision, ICC Publication No. 600)과 국제표준은행관행(ISBP 745, International Standard Banking Practice, 2013. 4. Revision, ICC Publication No. 745)에 의하여 판단되어진다.

③ "지급확약서"(Undertaking of Payment) 및 신용장 기재조건에 따른 제시를 의미한다.
- 개설은행이 대금지급을 확약하는 것, 지급보증서(Guarantee of Payment)가 아니다.
- 지급보증은 일차적으로 수입상이 지급의무, 개설은행은 2차적 지급책임의 개념이다.

제 2 절 신용장거래의 특성과 한계성

1. 화환신용장 거래의 특성

(1) 독립성의 원칙(principle of independence)(UCP 600 제4조)

① 신용장은 그 본질상 그것이 근거될 수 있는 매매계약 또는 기타 계약과는 독립된 거래이다(A credit by its nature is a separate transaction from the sale or other contract on which it may be based). 은행은 그러한 계약에 관한 어떠한 참조사항이 신용장에 포함되어 있다 하더라도 그러한 계약과는 아무런 관계가 없으며 또한 이에 구속되지 않는다.
수익자는 어떠한 경우에도 은행상호간 또는 개설의뢰인과 개설은행 간에 존재하는 계약관계를 원용할 수 없다.

② 개설은행은 신용장의 필수부분으로서, 근거계약의 사본(copies of the underlying contract), 견적송장(pro-forma invoice) 등을 포함시키고자 하는 어떠한 시도도 저지하여야 한다.

(2) 추상성의 원칙(principle of abstraction)(UCP 600 제5조)

은행은 서류로 거래하는 것이며 그 서류에 관련될 수 있는 물품, 용역 또는 의무이행으로 거래하는 것은 아니다(Banks deal with documents and not with goods, services or performance to which the documents may relate).

(3) 서류의 유효성에 대한 면책(UCP 600 제34조)

① 은행은 모든 서류의 형식, 충분성(sufficiency), 정확성(accuracy), 진정성(genuineness), 위조성(falsification) 또는 법적 효력(legal effect)에 대하여 또는 그 서류에 명시되거나 또는 이에 부가된 일반조건(general conditions) 또는 특정조건(particular conditions)에 대하여 어떠한 의무나 책임이 없다.

② 은행은 모든 서류에 표시되어 있는 상품, 용역 또는 기타 이행의 명세, 수량, 중량, 품질, 상태, 포장, 인도, 가치 또는 실존여부에 대하여 또는 상품의 송하인, 운송인, 운송주선인, 수하인, 보험자 또는 기타 모든 당사자의 성실성(good faith) 또는 작위(acts) 또는 부작위(omissions), 지급능력(solvency), 이행능력(performance) 또는 신용상태(standing)에 관하여 어떠한 의무나 책임도 부담하지 않는다.

[표 6-1] 신용장거래의 독립·추상성 원칙이 당사자에게 미치는 영향

당사자	장점	단점
개설은행	신용장조건과 일치하는 서류가 제시되면 개설의뢰인에게 상환청구권을 지님	개설의뢰인의 재정상태 악화시 상환지연 또는 손해발생 가능(신용장의 한계성)
개설의뢰인	특별한 이익은 없음	신용장조건과 일치하는 서류의 제시가 있으면 물품의 상태 등을 이유로 지급을 거절할 수 없음
지정은행	지급·연지급·인수·매입을 수권 받은 지정은행은 신용장조건과 일치하는 서류를 제시하면 개설은행으로부터 신용장대금을 상환 받을 수 있음	불리한 점 없음
수익자	신용장조건과 문면상 일치하는 서류를 제시하면 대금지급 확실함	제시한 서류가 신용장조건과 일치하지 않았을 때 대금수취가 불확실함

2. 사기거래배제의 원칙(Fraud Rule)과 지급금지명령(Injunction)

사기거래배제(詐欺去來排除)의 원칙(Fraud Rule)은 신용장의 독립·추상성의 원칙과 상반되는 원칙으로서 비록 서류가 신용장조건에 일치하더라도 위조 또는 사기에 의한 허위 작성된 서류라는 것이 밝혀지면 은행은 이를 수리한 의무가 없으며 지급 거절할 수 있다는 것으로 특별한 경우(사기사실에 대한 명백한 입증, 사기사실에 의하여 피해가 발생하여야 함 등의 경우)에만 인정되는 예외규칙이다.

지급금지명령(Injunction)이란 우리나라의 가처분에 해당하는 것으로 신용장거래에서는 신용장개설은행에 대금지급을 금지하는 법원의 결정을 의미한다.

그러나 이것은 신용장거래가 서류거래라는 대원칙을 훼손하는 것이므로 사기(fraud)와 같은 불법성에 기인한 injunction 적용은 엄격히 제한되어 활용되어야 한다.

만약 개설의뢰인이 법원에 수익자로 하여금 서류의 제시를 못하게 하거나 은행에 지급을 금지하기 위한 가처분(injunction) 을 신청하는 경우, 법원은 가처분을 내리기 전에 명백한 사기의 증거(clear proof of fraud)를 요한다는 판례가 있다.

또한 만약 수익자의 행동이 매매계약을 무효화시킬 정도가 아니라면 의도적인 기망이 있고 외면적인 행위가 부족(lack of colorable basis)하였다고 할지라도 대금의 지급거절을 정당화 할 수 없다는 판례도 있다.

신용장통일규칙의 경우에는 사기나 위조에 관한 규정을 마련하고 있지 않기 때문에 Injunction은 신용장의 본질을 훼손하는 것으로 볼 수 있다.

수입상 보호라는 명문하에 법원이 개설은행에게 지급정지 가처분 명령인 Injunction을 남발한다면 신용장의 기본원리인 독립·추상성은 아무 의미가 없게 되고 위험을 이유로 매입은행이 매입을 거절할 가능성이 있게 될 것이다.

특히 중국, 베트남 등과 같은 일부 국가에서는 수입상이 법원에서 부당하게 injunction 결정을 받아 신용장대금 지급을 회피하는 사례가 있다. 이들 국가의 법원은 선진국과는 달리 injunction 결정을 남발하는 방법을 활용하는 악덕 수입자가 있을 수 있다.

Principle of Injunction(지급금지명령의 원칙)은 미국 통일상법전(UCC, Uniform Commercial Code)에서 서류가 사기적 또는 위조인 경우에 있어 개설은행의 지급거절권이나 지급의무의 범위를, 그리고 개설의뢰인의 지급금지명령 획득가능성을 명문화한 것을 의미한다.

그러나 신용장통일규칙의 경우에는 사기나 위조에 관한 규정을 마련하고 있지 않기 때문에 Principle of Injunction은 신용장의 본질(독립성, 추상성)을 훼손하는 것으로 볼 수 있다. Injunction(법원의 지급금지명령)은 수입상을 보호한다는 취지는 인정하지만, ① 개설은행의 대금지급 이전일 것, ② 수출상의 사기행위에 대한 명백하고 확실한 증거가 존재할 것, ③ 매입은행의 피해가 없을 것 등의 요건을 갖춘 경우에 한정하여 적용되어야 할 것이다.

제시된 서류가 위조·변조되었거나 신용장대금 지급청구가 사기적인 경우에는 일정한 요건하에 발행은행은 지정은행의 대금상환이나 수익자의 지급청구를 거절할 수 있고 또한 거절하도록 제한을 할 수 있다는 것이다. 이를 이른바 사기거래 배제의 원칙(Fraud Rule)이라 하는데, 독립성의 원칙에 대한 예외로서 이를 인정하는 이유는 사기적인 청구를 하는 수익자의 부당이득을 방지하고자 하는데 그 목적이 있다.

3. 화환신용장거래의 한계성

(1) 수출자 입장

① 신용장거래는 서류에 의한 거래이므로 서류만을 근거로 개설은행이 지급을 확약하고 있다.

② 따라서 수입자가 이러한 성질을 악용하여 수출상이 계약내용을 성실하게 이행하였음에도 불구하고 서류상의 사소한 불일치(minor discrepancy)를 트집 잡아 지급을 거절하거나 가격할인을 요구할 수 있다.

③ 한계성 극복 방안

신용장에서 서류의 심사를 위한 국제표준은행관행(ISBP, International Standard Banking Practice)의 각 항목을 활용하여 개설은행의 지급거절통지에 대응한다. ISBP는 2003년 1월 1일부터 시행된 후 사소한 하자로 인한 지급거절위험이 많이 감소되고 있는 추세이다.

(2) 수입자 입장

① 수입자가 요구하는 상품을 반드시 수취할 수 있다는 보장이 없다는 점이다

② 신용장 거래는 오직 서류상의 거래이기 때문에 수출자가 이러한 추상성을 악용하여 매매계약서와 다른 저질품이나 전혀 다른 상품을 선적하고 서류만 신용장 조건대로 작성하여 제시하더라도 개설은행은 대금을 지급하여야 하고 수입자는 개설은행에 반드시 대금지급을 하여야 하므로 수입자 입장에서는 자기가 원하는 상품이 정확하게 입수될 것이라는 확실한 보장이 없다.

③ 한계성 극복 방안

수입자가 신용장에 "선적전 검사증명서(PSI, Pre-Shipment Inspection)"를 요구하여 이러한 위험을 방지할 수 있다.

법원의 지급금지명령(Injunction : 우리나라의 가처분에 해당하는 것, 신용장거래에서 수입상의 신청에 의하여 신용장개설은행에 대금지급을 금지하는 법원의 결정)을 활용하여 신용장거래에서 수출상의 불량물품의 선적시에 수입상이 대처한다.

(3) 개설은행의 조건부 지급확약서

화환신용장은 개설은행의 조건부 지급확약서라는 특성을 지니고 있을 뿐, 수표나 어음과 같은 유통성이 부여된 독립된 지급수단은 아니며 유가증권도 아니고 보증서(Letter of Guarantee)도 아니다.

제 7 장

신용장 기능 및 국제규칙과 실무절차

제 1 절 신용장의 기능과 신용장 국제규칙

1. 화환신용장의 기능과 효용

(1) 화환신용장의 기능

① **대금결제기능**(means of settlement) : 개설은행이 개입하여 신용장 조건과 일치하는 선적서류와 상환으로 상품대전의 지급을 확약한다.

② **신용편의 기능**(credit facility) : 수출상에게는 상품선적 즉시 대금회수를 가능하게 하며 수입상에게는 상품의 도착과 더불어 대금지불을 가능케 하는 금융수단으로서 기능을 하며 개설은행의 공신력을 바탕으로 다음과 같은 각종 신용편의(credit facility)가 창출된다.

※ 수출거래 : 무역금융혜택, 매입편의(Negotiation Facility), 할인편의(Discount Facility)

※ 수입거래 : 지급확약편의(Undertaking of Payment) Facility), 화물 대도편의(Trust Receipt Facility), 인수편의(Acceptance Facility)

(2) 화환신용장의 효용

1) 수익자(Beneficiary, 수출자) 측의 효용

① 취소불능(Irrevocable) 신용장의 경우 수출자는 안심하고 선적할 수 있으며 신용장 조건에 일치하는 한 수출대금의 회수를 보장받을 수 있다.

② 수출자는 상품을 선적한 후 신용장 조건에 일치하는 서류를 은행에 제시하여 수출대금을 선적 후 즉시 회수할 수 있다.

③ 수출자 앞으로 발행된 신용장을 근거로 하여 무역금융상의 필요자금지원이 가능하다.

2) 개설의뢰인(Applicant, 수입자) 측의 효용

① 물품의 대금은 상품이 선적된 후 지급하게 되며, 특히 기한부 신용장일 경우에 수입상품을 먼저 매도하여 판매대전으로 만기일에 결제할 수 있다.
② 수입자는 신용장의 조건(선적전 검사 조건이 있는 경우)대로 계약상품이 선적될 것이라는 확신을 가질 수 있다.
③ 신용장에 선적기일과 유효기일이 명시되어 있으므로 늦어도 언제까지 상품이 수입지에 도착할 것이라는 예측이 가능하다.

2. 신용장통일규칙(UCP)과 국제표준은행관행(ISBP)

(1) 신용장통일규칙의 제정 경위와 법적 성격

신용장거래는 각국의 법률이나 상관습이 서로 다르고 은행간에 사용되는 신용장의 양식이나 내용에 통일성과 일관성이 없기 때문에 국제간의 거래에서 발생되는 분쟁을 해결하는 기준이 없었다. 이와 같은 문제점을 해결하기 위하여 국제적으로 통일된 서식과 해석 기준의 제정논의가 전개되게 되었고, 국제적 민간기구인 국제상업회의소(ICC, International Chamber of Commerce)는 범세계적으로 통용되는 신용장통일규칙을 제정하기에 이르렀다.

국제상업회의소의 계속적인 노력으로 1933년 5월에 이르러 마침내 신규초안이 작성되어서 이를 1933년 오스트리아 빈(Vienna)에서 개최된 ICC 제7차 회의에서 정식으로 채택되면서 신용장통일규칙(UCP, Uniform Customs and Practice for Documentary Credits)이 탄생하게 된 것이다.

1) ICC의 UCP 제정 및 개정 경위

① 제정 : 1933년(ICC 비엔나 본회의), Brochure No.82
② 제1차 개정 : 1951년, Brochure No.151
③ 제2차 개정 : 1962년, Brochure No.222
④ 제3차 개정 : 1974년, Publication No.290
⑤ 제4차 개정 : 1983년, Publication No.400(UCP 400)
⑥ 제5차 개정 : 1993.5.13.(시행: 1994.1.1.), Publication No.500(UCP 500)
⑦ 제6차 개정 : 2006.10.25.(시행: 2007.7.1.), Publication No.600(UCP 600)

신용장통일규칙 개정안(UCP 600)은 2006년 10월 25일 프랑스 파리에서 개최된 국제상업회의소(ICC) 은행위원회에서 확정되어 2007년 7월 1일부터 시행되었다. 제6차 개정 신용장통일규칙은 총39개 조항으로 구성되어 있다.

2) 신용장통일규칙의 법적 성격

UCP가 세계적으로 각 국가의 은행들에 의하여 채택되었지만 각 국가의 국내법으로 수용되었음은 의미하는 것은 아니다. UCP는 국가간의 조약, 협약인 행정협정이 아니며 단지 개별국가의 은행협회가 민간기구인 국제상업회의소(ICC)를 통하여 국제무역거래에서 생성된 국제적인 상관습을 집대성하여 체결한 규칙에 불과하다. 그러므로 가능한 한 이러한 세계적인 통일규칙인 UCP를 채택하여 국제무역거래에 있어서 광범위하게 활용되고 있는 신용장방식의 거래시 UCP를 통일적으로 적용하는 것을 권고하고 있는 형태인 것이다. 이러한 성격은 예를 들면 Incoterms의 경우에도 동일한 특성을 지니고 있어서 이러한 정형거래조건도 역시 무역거래당사자로 하여금 Incoterms를 채택하여 전세계적으로 통일된 규칙하에 무역거래를 원활하게 수행하고자 하는 것이다.

따라서 무역거래의 당사자는 이러한 통일규칙을 준수한다는 내용의 취지를 매매계약서나 신용장상에 정확하게 표기하여야 한다.

통일규칙은 법률의 형태가 아니기 때문에 만약 필요한 경우에 분쟁을 해결하기 위한 적용순서는, ① 각 국가의 법률(Law)에 해당조항이 있다면 이것을 우선 적용하고, ② 그 다음에 당사자가 약정한 계약서의 내용이나 신용장상의 기재내용이 당사자 자치원칙에 근거를 두고 적용되는 것이며, ③ 그 다음에 양 당사자가 채택한 국제규칙(Rule)인 UCP가 적용되며, ④ 만약 법률이나 양 당사자가 계약서 등에 명확하게 약정한 내용도 없으며 또한 양 당사자가 채택한 국제규칙이 없었다면 마지막으로 상관습이 적용되는 것이다.

이와 같은 각국 은행협회간의 규칙이 어떠한 법적 성격을 갖고 있는가에 관하여는 학설이 대립되고 있다. 이러한 주장을 대별하여 보면 다음과 같다.

일반거래약관으로 보는 설과 상관습으로 보는 설 및 이들 양 이론을 절충하여 UCP의 일부규정은 일반거래약관이지만 기타 규정은 상관습이라는 설 등이 있다.

UCP는 신용장거래의 관계당사자간의 권리와 의무 즉, 관계당사자의 법률관계를 보편적으로 규율함으로써 국제적으로 신용장거래의 통일화를 시도한 것이므로 일반거래약관과는 전혀 이질적인 것이다.

한편 절충적인 견해는 신용장통일규칙의 여러 규정 중에서 은행의 책임에 관한 것과 면책약관에 관한 규정은 일반거래약관의 전형적인 것들이라 할 수 있으므로 주장되어진 것이겠으나 UCP를 분할하여 전혀 이질적인 존재인 상관습과 일반거래약관으로 이원화하여 설명하는 것은 문제가 상당히 있는 견해가 될 수 있다.

그러므로 UCP는 그 총체적인 성격으로 보아 상관습법이라고 간주할 수 있는 것이다.

UCP는 개별국가의 은행협회가 ICC를 통하여 체결한 협정이기는 하지만 이미 사실상

국가간에 장기적으로 행하여진 관행을 기초로 하여 합리적 기준에 따라 각국의 의견수렴·검토·수정·개정시안·각국의 최종의견분석·최종개정안 확정 등의 복잡한 과정과 장기간의 연구를 통하여 국제적으로 공통의 기준을 확정한 것이므로 결국 성문화되어진 국제적인 상관습으로 간주함이 타당한 견해라고 간주할 수 있을 것이다.

우리나라의 대법원이 1977년 4월 26일 선고한 76다 956판결에서 신용장통일규칙이 우리나라의 상법 제1조의 상관습법임을 다음과 같이 판시하였다.

"무역거래에 있어서 신용장거래는 수입업자의 의뢰에 의하여 거래은행이 신용장을 개설하여 수출품에 대한 대금지급이 보장되고 또한 수출업자의 거래은행이 신용장의 통지은행이고 또 화환어음 매입은행으로서 수출업자로부터 화환어음을 매입할 때에는 그에 첨부된 선적서류가 신용장조건과 일치되는 여부를 조사 확인하여 매수함으로써 수입업자에 대한 신용장조건과 일치되는 거래를 보장하여 신용장개설은행을 통하여 대금결제가 이루어지는 것이 통례라 할 것이며 그렇기 때문에 화환신용장에 적용되고 당사자를 구속하는 신용장통일규칙이 화환신용장거래를 하는 모든 관계당사자는 서류의 거래를 하는 것이지 상품의 거래를 하는 것이 아니라고 규정하고 있는 것이다."

이러한 대법원판결은 신용장통일규칙이 일반거래약관으로서 신용장거래의 관계당사자의 약정에 의하여 당사자를 구속하는 것이 아니고 그 약정유무에 불구하고 신용장통일규칙은 무역거래의 통례에 따라서 성문화된 관습법이기 때문에 모든 신용장거래에 적용되고 또한 모든 당사자를 구속하는 것이라고 판시한 취지로 보아야 할 것이다.

그러므로 위와 같이 신용장통일규칙을 관습법으로 인정한다면 비록 신용장통일규칙에 성문화되지는 않았더라도 신용장거래에 관하여 당사자간에 널리 통용되고 있는 관행들 역시도 관습법으로서 신용장통일규칙과 마찬가지로 법적 효력을 지니고 있다고 간주하여야 할 것이다.

(2) UCP 600의 구성

UCP 500의 49개 조항을 개정/수정하여 UCP 600에서는 총 39개 조항으로 구성하였다.

[표 7-1] UCP 600의 구성

조문	내용	조문	내용
제1조	신용장통일규칙의 적용범위	제21조	비유통성 해상화물운송장
제2조	정의	제22조	용선계약부 선하증권
제3조	해석	제23조	항공운송서류
제4조	신용장과 원인계약	제24조	도로, 철도 또는 내륙수로 운송서류

조문	내용	조문	내용
제5조	서류와 물품, 서비스 또는 의무이행	제25조	특송배달영수증, 우편영수증 또는 우편증명서
제6조	이용가능성, 유효기일 및 제시장소	제26조	"갑판적재", "송하인의 적재 및 수량 확인" 및 운임에 대한 추가비용
제7조	개설은행의 의무	제27조	무고장 운송서류
제8조	확인은행의 의무	제28조	보험서류 및 부보범위
제9조	신용장 및 조건변경의 통지	제29조	유효기일 또는 최종제시일의 연장
제10조	조건변경	제30조	신용장금액/수량/단가의 허용치
제11조	전송 및 사전통지신용장과 조건변경	제31조	분할어음발행 또는 분할선적
제12조	지정	제32조	할부어음발행 또는 할부선적
제13조	은행간 상환약정	제33조	제시기간
제14조	서류심사의 기준	제34조	서류효력에 관한 면책
제15조	일치하는 제시	제35조	전송 및 번역에 관한 면책
제16조	불일치서류, 권리포기 및 통지	제36조	불가항력
제17조	원본서류 및 사본	제37조	피지시인의 행위에 대한 면책
제18조	상업송장	제38조	양도가능신용장(Transferable credit)
제19조	적어도 두 개 이상의 다른 운송방식을 포괄하는 운송서류(복합운송서류)	제39조	대금의 양도 (Assignment of Proceed)
제20조	선하증권		

* 분쟁발생시 우선순위 적용 기준

☞ 신용장거래에서 서류상의 분쟁이 발생하는 경우, 각 국가의 법률 → 신용장자체의 조건 → UCP → ISBP → ICC Position Papers → ICC Policy Statements → ICC Opinions → DOCDEX Decisions 등의 순서로 판단의 근거를 찾아내어 적용한다.

- DOCDEX

  ICC가 신용장 분쟁을 해결하기 위하여 DOCDEX라고 불려지는 ICC 신용장 분쟁 해결규칙(Rules for Documentary Credit Dispute Resolution Expertise)을 ICC 은행기술 및 실무위원회(ICC Commission on Banking Technique and Practice)에서 개발 제안하여 DOCDEX 분쟁해결시스템을 제정하였다.

사례  [DOCDEX 판정 사례 예시]

ICC DOCDEX Decision No.287

The name of the vessel carrying the goods is SKY PRIDE. The addition "V 819W" or "819W" is a clear indication of the voyage number for that particular vessel.

It is the opinion of the experts that this does not raise any confusion as to on which vessel the goods have been shipped on board.

The reference to UCP 600 sub-article 14(d) (as mentioned by Initiator, negotiating bank) is correct. The addition of the voyage number does not make data conflicting. This is not a discrepancy.

본 교재에는 각 실무 부분에서 해당되는 UCP 조항을 이미 설명하고 있기 때문에 여기에서는 중복되지 않는 UCP 조항만을 해설하기로 한다.

(3) UCP 600 주요 조항 해설

제1조 신용장통일규칙의 적용범위(Application of UCP)

"국제상업회의소 간행물 제600호("UCP")에 의한 2007년 개정, 화환신용장에 관한 통일규칙 및 관행은 신용장 본문에 이 규칙에 따른다고 명백하게 표시하는 경우 모든 화환신용장("신용장") (적용 가능한 범위 내에서 모든 보증신용장을 포함한다)에 적용되는 규칙이다. 이 규칙은 신용장에서 명시적으로 수정되거나 배제되지 아니하는 한 모든 관계당사자를 구속한다(these rules are binding on all parties thereto unless expressly modified or excluded by the credit.)."

해설

예 1 SWIFT로 개설되는 신용장에는 필수적(mandatory)으로 UCP 600이 적용됨을 명시하여야 한다. UCP 600하에서 신용장상에는 '40E Field'에 다음과 같은 문구가 기재된다.

40E/APPLICABLE RULE : UCP LATEST VERSION

"UCP LATEST VERSION"은 "이 신용장은 신용장 개설일자 기준 발효 중인 국제상업회의소(ICC) 신용장통일규칙(UCP)이 적용된다"는 의미이다.

* 'SWIFT 방식 신용장'의 '적용 규칙(Applicable Rules ; Field 40E)'에 대한 설명

CODE 명	CODE의 의미
UCP LATEST VERSION	본 신용장은 발행일에 발효중인 UCP가 적용된다.
EUCP LATEST VERSION	본신용장은 발행일에 발효중인 eUCP가 적용된다.
UCPURR LATEST VERSION	본신용장은 발행일에 발효중인 UCP와 URR이 적용된다.
EUCPURR LATEST VERSION	본신용장은 발행일에 발효중인 eUCP와 URR이 적용된다.
ISP LATEST VERSION	본 신용장은 발행일에 발효중인 ISP가 적용된다.
OTHR	본 신용장은 다른 규칙이 적용된다.

※ OTHR의 경우는'/' 후에 '35 컬럼 이내'에 해당 규칙을 언급한다.
(예: OHTR/SUBJECT TO ENGLISH LAW)

예 2 개설신청인은 자신이 원하지 않는 UCP 600 규칙의 적용을 배제하거나 수정할 수 있다.

① UCP 600 제20조 c항 ii에서는 선화증권을 요구하면서 환적을 금지하더라도 화물이 컨테이너에 선적되고 하나의 동일한 선화증권이 전체 항정(entire carriage)을 커버하면 허용된다고 규정하고 있다. 따라서 화물이 컨테이너에 선적되면 환적이 허용되므로 개설신청인은 이 조항의 적용을 배제하여야만 컨테이너에 선적되더라도 환적을 실제로 금지할 수 있다.

개설신청인이 환적을 금지하는 것을 원할 경우 SWIFT 신용장에 기재하는 예는 다음과 같다.

> 47A : Additional Conditions
> UCP 600 SUB-ARTICLE 20 (C) ii DOES NOT APPLY.

② UCP 600의 규칙을 수정하는 SWIFT 신용장의 기재 예시는 다음과 같다.

UCP 600 제14조 (i)에서 규정하고 있는 "서류는 신용장 발행일 이전 일자를 표시할 수 있으나, 서류의 제시기일보다 늦은 일자를 표시하지 않아야 한다"는 조항을 수정하여 "신용장 발행일 이전 일자를 표시한 서류를 거절한다"는 경우에는 다음과 같이 표시하여야 한다.

> 47A : Additional Conditions
> DOCUMENTS MUST NOT BE DATED EARLIER THAN THE DATE OF ISSUANCE OF THIS CREDIT.

③ 선하증권 발행자

UCP 600 제14조 l항에서 운송서류를 운송인, 선주, 선장 또는 용선자가 아닌 자로 발행할 수 있다고 규정하고 있다. 따라서 운송주선업자도 신용장에서 요구되는 운송서류에 따라 운송인, 선주, 선장, 용선자 또는 이들의 대리인으로서 발행할 수 있다. 따라서 개설의뢰인이 운송주선업자가 운송인 등의 대리인으로서 발행한 운송서류를 지급거절 하려면 제14조 1항의 적용을 배제하여야 한다.

* 관련 UCP 600 제14조 1항
A transport document may be issued by any party other than a carrier, owner, master or charterer provided that the transport document meets the requirements of articles 19, 20, 21, 22, 23 or 24 of these rules.
운송서류가 이 규칙 제19조, 제20조, 제21조, 제22조, 제23조 또는 제24조의 요건을 충족시킨다면 운송인, 선주, 선장 또는 용선자가 아닌 자도 운송서류를 발행할 수 있다.

제2조 정의(Definitions)

① 통지은행(Advising bank)은 개설은행 요청에 따라 신용장을 통지하는 은행을 의미한다.

해설

통지은행은 개설은행의 요청에 따라 신용장을 통지하는 은행을 의미한다. 일반적으로 통지은행은 개설은행의 해외 지점이나 현지법인은행 또는 환거래은행 등이다. 개설은행의 요청을 받은 통지은행이 신용장 및 조건변경을 수익자에게 직접 통지하지 않고 다른 은행을 이용하는 경우가 있는데, 이 경우 이용되는 다른 은행을 '제2통지은행'(Second Advising bank)이라 한다(UCP 600 제9조 참조).

② 개설의뢰인(Applicant)은 신용장이 발행되도록 요청하는 당사자(party)를 의미한다.

해설

당사자(party)라는 표현과 관련하여 Applicant를 기본당사자로 오해하여서는 안된다. 개설의뢰인은 매수인인 수입업자가 되는 것이 원칙이지만, 매수인의 거래처인 제3자가 개설의뢰인이 되는 경우가 있다. 예컨대 영국의 confirming house와 같이 수입업자가 아닌 자가 수입업자의 의뢰에 의하여 개설의뢰인이 되는 경우도 있고, 수입위탁을 행한 제조업자가 개설의뢰인이 되는 경우도 있다.

③ 은행영업일(Banking day)은 이 규칙에 따라 업무가 이루어지는 장소에서 은행이 정상적으로(regularly) 영업을 하는 날을 의미한다.

해설

은행영업일은 UCP 600이 적용되는 행위가 수행되는 장소에서 은행이 정식으로 영업하는 날을 의미한다. 여기서 은행영업일은 1) 은행이 정식으로 영업 중(regularly open) 이어야 하며, 2) 이 규칙에서 요구되는 신용장 개설, 조건변경, 지급, 매입 등의 기능을 수행하면서 영업을 해야 하는 두 가지 원칙이 모두 성립해야 한다. 2)의 원칙은 예컨대 일부 국가에서는 토요일 오전에 은행 영업을 하지만 소매금융 업무(예금, 입금, 인출 등)만을 목적으로 영업을 영위하는 상황을 고려하기 위함이다. 이 경우 은행은 정식으로 '영업'은 하지만 '이 규칙(UCP 600)을 조건으로(subject to these rules)' 영업을 하는 것은 아니다.

④ 수익자(Beneficiary)는 신용장 개설을 통하여 이익을 받는 당사자를 의미한다.

⑤ 일치하는 제시(Complying presentation)란 신용장의 제조건, 적용 가능한 범위 내에서의 UCP 600의 규정 및 국제표준은행관행(international standard banking practice, isbp)에 따른 제시를 의미한다.

해설

Complying presentation이란 신용장 조건, UCP 600의 적용이 가능한 조항과 국제표준은행관행에 따른 제시를 의미하는데, 국제표준은행관행(isbp, 소문자로 표기됨에 유의)이란 ICC에서 발간한 '국제표준은행관행(International Standard Banking Practice for the Examination of Documents under UCP 600 (ISBP – 2013 Revision, ICC Publication No.745)' 책자만을 한정하는 것은 아니다. 이 책자가 국제 관행에 대해 상세하게 다루고는 있지만, 이 책자에 포함되지 못한 국제은행표준관행(ICC Official Opinion, ICC DOCDEX Decisions)도 일치하는 제시에 대한 판단시 사용될 수 있다. 또한, Complying presentation에 대한 구체적인 설명은 UCP 600 제15조를 참조하기 바란다.

⑥ 확인(Confirmation)이란 개설은행의 확약에 추가하여 일치하는 제시에 대하여 결제(honour) 또는 매입(negotiation)하겠다고 확인은행(Confirming bank)이 하는 확약을 의미한다.

해설

UCP 600 제8조 d항 "If a bank is authorized or requested by the issuing bank to confirm a credit.......... "

* SWIFT MT 700 전신문의 'Field 49'의 확인에 대한 개설은행의 지시는 3가지로 구분하고 있다.

ⓐ CONFIRM → 전신문 수신인(통지은행)에 대하여 확인을 요청하는 것. 요청

(Request)은 수익자의 요청이 없어서 수수료를 수익자로부터 징수하지 않더라도 일방적으로 확인을 추가하여 통지해도 된다는 지시이다. 따라서 확인수수료는 당연히 그 요청을 하는 개설은행(개설의뢰인)이 부담한다.

ⓑ MAY ADD → 전신문 수신인(통지은행)은 확인을 할 수 있다는 것. 개설은행이 통지은행에게 확인을 추가하도록 수권하는 경우에는 "MAY ADD"라는 SWIFT Code를 선택한다. 수권(Giving authorization)의 의미는 확인은행에서 수익자로부터 확인에 필요한 제반 수수료를 받고 확인 준비가 되면 확인을 추가할 수 있는 권한을 부여하는 것으로 수익자가 수수료를 지급하지 않거나 확인요청을 하지 않으면 확인을 하지 않아도 된다는 것이다.

ⓒ WITHOUT → 전신문 수신인(통지은행)에 대하여 확인에 대한 수권이나 요청을 하지 않는다는 것을 의미한다.

* 비수권 확인(silent confirmation)이란 수출상 거래은행이 신용장 개설은행의 요청이나 수권없이, 신용장 조건과 일치하는 제시(complying presentation)가 있는 경우에 개설은행의 확약에 추가하여 확정적인 지급확약을 하는 것을 의미한다. 비수권 확인자(silent confirmer)는 개설은행의 수권이나 요청이 없기 때문에 UCP 600에서의 확인은행으로 인정받지 못한다. 따라서 'silent confirmation'을 추가하는 은행은 수익자와 별도로 약정을 체결하여 어떠한 책임을 부담할 것인지를 구체적으로 합의하여야 한다.

⑦ 확인은행(Confirming bank)이란 개설은행의 권한부여(수권, authorization)와 요청(request)에 따라 신용장에 확인을 추가하는 은행을 의미한다.

해설

확인은행은 개설은행과 마찬가지로 수익자에 대하여 상환청구권을 행사할 수 없으며 독립된 별개의 지급·연지급·인수 또는 매입에 대한 추가적인 확약에 대하여 일차적인 책임을 지게 된다.

⑧ 신용장(Credit)이란 그 명칭이나 기술에 관계없이(however named or described) 개설은행이 일치하는 제시에 대하여 결제(honour)(일람 후 지급·인수 후 지급·연지급확약) 하겠다는 확약으로서 취소가 불가능한 모든 약정을 의미한다.

* Letter of Credit = conditional bank's irrevocable undertaking of payment

해설

UCP 500에서 신용장은 취소가능 혹은 취소불능하다고 정의를 하였으나, UCP 600에서는 신용장을 취소불능한 약정이라고 규정하여 취소가능신용장의 적용 자체를 배제하고 있다.

⑨ 결제(Honour)란 다음을 의미한다.

a. 만약 신용장이 일람지급(sight payment)에 의하여 사용될 수 있는 경우 일람출급으로 지급하는 것.

b. 만약 신용장이 연지급(deferred payment)에 의하여 사용될 수 있는 경우 연지급확약을 하고 만기일에 대금을 지급하는 것.

c. 만약 신용장이 인수(acceptance)에 의하여 사용될 수 있는 경우, 수익자가 발행한 환어음("어음")을 인수하고 만기일에 대금을 지급하는 것.

해설

Honour는 매입(negotiation)을 제외한 지급(sight payment), 연지급(deferred payment), 인수(acceptance)를 포함하는 개념으로 사용한다.

신용장 확약은 일람지급, 연지급 약정과 만기 지급, 어음 인수와 만기지급, 매입의 4가지가 있다. 이 중 앞의 세가지 방법을 한 개의 단어로 표시하는 것이 결제(honour)이다. SWIFT 개설 신용장의 '41 Field(available ~ by ~)'에서 by 뒤에 신용장 사용방식은 각각 negotiation(매입), payment(지급), deferred payment(연지급), acceptance(인수)로 표시된다.

결제(honour)는 매입신용장의 매입(negotiation)을 제외한 나머지 세 가지 신용장을 포괄하는 개념이다. 결제에는 매입(negotiation)이 포함되지 않는다는 점에 유의하여야 한다.

신용장을 발행하면서 이용방법을 명시할 때 세 가지 방법을 포괄하는 결제(honour)라는 용어를 사용하거나 4가지 방법 중 하나의 방법을 명시할 수 있다.

⑩ 개설은행(Issuing bank)은 개설의뢰인의 신청에 따르거나 또는 그 자신을 위하여(on its own behalf) 신용장을 개설하는 은행을 의미한다.

해설

개설은행은 개설의뢰인의 신청 또는 그 자신을 위하여 신용장을 개설한 은행을 의미한다.

개설은행은 대부분의 경우 개설의뢰인의 신청에 따라 신용장을 개설한다. 그러나 예외적으로 개설은행이 자신을 위하여 스탠드바이신용장을 개설하는 경우가 있다.

비은행(non-banks) 발행 신용장에 대하여는 2002년 10월 30일 국제상업회의소 은행위원회 정책서(ICC 웹사이트 www.iccwbo.org 참조)에서 비은행 발행 신용장을 인정할 수 있다는 것이 공식 의견이며, 이 의견은 UCP 600에서도 유효하다.

비은행 발행 신용장이 문제가 된 것은 일부 미국 기업이 미국 통일상법전 제5장(Uniform Commercial Code Article 5 Letter of Credit) 규정에 따라 SWIFT MT 700 포맷을 이용하여 발행한 신용장이 통지은행을 통하여 통지되고 있기 때문이다. 그러나 현재는 SWIFT 710(Advice of a third bank's / a nonbank's doc. Credit)을 사용하고 있어 은행 발행 신용장과 구분되도록 하고 있다.

미국 통일상법전(Uniform Commercial Code) 5-102에서는 발행자(issuer)라는 용어를 사용하고 있어서 은행 이외의 자도 신용장을 발행할 수 있도록 되어, 은행 이외의 자가 발행한 신용장을 신용장에 포함시키고 있다. 최근에는 금융기관이 아닌 기업(예 : GM)이 이러한 신용장을 발행하고 있다. 발행 기업 입장에서는 은행에 신용장 발행을 신청하지 않으므로 신용장발행수수료를 지급할 필요가 없어 비용을 절감할 수 있고, 수출자 입장에서는 무신용장거래(D/P, D/A)에 비하여는 거래관계가 명확하므로 기업 발행 신용장을 선호하게 되었다. 특히 미국 대기업은 신용등급(credit rating)이 우리나라 은행보다 높은 경우가 있으므로 수출자 입장에서는 은행 발행 신용장에 비하여 대금미회수의 위험이 적을 것으로 판단할 수 있다.

⑪ 매입(Negotiation)은 일치하는 제시에 대하여 지정은행이, 지정은행에 상환하여야 하는 은행영업일 또는 그 전에 대금을 지급함으로써 또는 대금지급에 동의함으로써 환어음(지정은행이 아닌 은행 앞으로 발행된) 및/또는 서류를 매수(purchase)하는 것을 의미한다.

해설

UCP 500에서 '대가를 지불한다(~the giving of value ~)'라고 다소 포괄/추상적으로 정의하였던 매입(Negotiation)에 대해 구체적으로 '지정은행이 일치하는 제시 하의 (지정 은행 이외의 은행이 지급인인) 환어음 및/또는 서류에 대하여, 사전에 금융을 제공하거나 대금 상환키로 된 은행영업일이나 그 이전에 수익자에게 사전 금융 제공에 동의함으로써 취득(purchase) 하는 것을 의미한다'라고 규정하고 있다. 따라서 지정은행이 자신을 지급인으로 하여 발행된 환어음의 경우에는 매입이 성립되지 않는다.

여기에서 개설은행은 매입을 할 수 없다는 점에 유의하여야 한다. 개설은행이 매입신용장을 개설하였을 때 지정은행은 자금을 선지급하거나 선지급 약속을 함으로써 매입을 할 수 있다. 개설은행은 서류를 받았을 때 일람지급신용장에서는 지급을 하고, 인수신용장에서는 환어음을 인수하고 연지급신용장에서는 연지급약정을 한다.

⑫ 지정은행(Nominated bank)이란 신용장이 사용될 수 있는 은행, 또는 모든 은행에서 사용될 수 있는 신용장의 경우에는 모든 은행을 의미한다.

해설

SWIFT로 개설된 신용장의 '41 Field'의 이용가능 조건에서 만약 'available with ABC Bank by ~)'로 되어 있다면 ABC 은행은 지정은행이 된다. 또한, 'available with any bank by ~)'로 되었다면, 모든 은행이 지정은행이 된다('지정(Nomination)'에 대해서는 제12조 참조).

⑬ 제시(Presentation)란 개설은행 또는 지정은행에게 신용장에 의한 서류를 인도하는 행위 또는 그렇게 인도된 서류 자체를 의미한다.

해설

UCP 600에서 제시는 이 규칙의 용어로서 두 가지 다른 용법으로 사용된다. 그 용어의 의미는 그것이 사용된 문맥에 따라 해석된다. 첫째 의미는 은행에 실제 서류를 인도한다는 것을 의미하는 것으로 사용된다(물리적 제시, physical delivery). 둘째는 은행에 서류가 이미 인도되어 은행이 보유하고 있는 서류를 의미한다.

⑭ 제시인(Presenter)은 제시를 이행하는 수익자, 은행 또는 기타 당사자를 의미한다.

해설

제시인이라는 용어는 실제로 은행에 서류를 제시하는 당사자를 더 명확하게 정의하기 위하여 UCP 600에 도입되었으며, 서류를 제시하는 당사자를 의미한다. 제시인은 수익자, 다른 은행 또는 수익자를 대리하여 행동하는 다른 당사자이다. 제시인이라는 정의는 지급거절 통지에 관련된 제16조에 특히 적절하다. UCP 600 제2조 14항에서는 지정은행에 의한 제시와 비지정은행의 제시를 구분하지 않고 있다. 지정되지 않은 환거래은행은 수익자를 대신하여 제시하는 것이고, 지정에 따라 제시하는 은행은 그 자신을 위하여 제시하는 것이다.

제3조 해석(Interpretations)

① 적용할 수 있는 경우에는, 단수형의 단어는 복수형의 단어를 포함하고, 복수형의 단어는 단수형의 단어를 포함한다. 'documentary credit', 'draft', 'document', 'contract' 등의 단수형태의 단어가 사용된 경우에도 그 단어에는 'documentary credits', 'drafts', 'documents', 'contracts' 등의 복수형태의 단어가 포함되며, 그 반대의 경우에도 동일하게 해석한다.

② 신용장은 취소불능(irrevocable)의 표시가 없는 경우에도 취소불능이다.

해설

UCP 500과는 달리 개설은행이 신용장을 일방적으로 취소 또는 조건변경할 수 있는 취소가능신용장은 신용장으로 인정되지 않게 되었다. 최근에는 취소가능신용장이 실제로 사용되는 경우가 거의 없다는 관행을 반영하여, UCP 600에서는 취소가능신용장을 인정하지 않고 있다.

③ 서류는 자필수기(signed by handwriting), 팩시밀리서명(facsimile signature), 천공서명(perforated signature), 스탬프(stamp), 상징(symbol) 또는 기타 모든 기계적 또는 전자적 인증 방법(any other mechanical or electronic method of authentication)에 의하여 서명될 수 있다.

해설

* signed by handwriting(manually signed) : 서류의 작성자가 손으로 행하는 서명방법이다.
* facsimile signature : 모사전송기(팩스기기, telefax machine)에 의하여 전송된 서명이 아니라, 레이저 프린트기, 인쇄기 등에 의하여 미리 인쇄된 서명을 의미한다. 즉, 서명된 서류를 팩스로 전송 받은 것을 의미하는 것이 아니고, 육필서명(handwriting)을 스캔하고, 저장하여 전자적으로 출력된 것 또는 인쇄기에 의하여 미리 인쇄된 서명을 의미하는 것이다.
* perforated signature : 일정한 형태의 구멍을 뚫어 행하는 서명방법이다.
* stamp : 검인, 고무인(고무도장), 소인 그 자체 또는 이를 찍는 것으로 서명하는 방법. 타인, 압인 등으로 번역되어 사용되기도 한다.
* symbol : 아시아 국가에서 사용되고 있는 관인 또는 도장(chop marks) 등의 방법이다.
* mechanical method of authentication : 예컨대, 타자(typing)는 기계식 서명방법이다.
* electronic method of authentication : DHL receipt 등 특송배달증명서에 표시된 bar code는 전자식 서명으로 간주한다. 그러나 bar code를 복사한 것은 전자식 서명이 아니다.
* authentication : 어떤 메시지가 발신자로부터 온 것임을 그 메시지의 수신자에게 확신시키게 하는 물리적, 전자적, 기타의 방법에 의하여 메시지에 표시하는 것을 의미한다.

④ 공인된(legalized), 사증된(visaed), 증명된(certified) 또는 이와 유사한 서류의 요건은 그 요건을 충족하는 것으로 나타나는 서류상의 모든 서명(signature), 표시(mark), 스탬프stamp) 또는 부전(label)에 의하여 충족될 수 있다.

⑤ 서로 다른 국가에 있는 같은 은행의 지점들(Branches of a bank in different countries)은 독립된 다른 은행(separate banks)으로 간주된다.

해설

A국가에 소재한 B은행이 개설한 신용장에 대하여 C국가에 소재한 B은행에게 서류를 제시하는 것은 개설은행에 대한 제시로 간주하지 않는다.

* A국가에 소재한 B은행이 개설한 신용장에 대하여 C국가에 소재한 B은행이 확인

(Confirmation)을 추가하는 것은 인정되지만 동일한 국가(A)에 소재한 B은행의 다른 지점이 확인을 추가하는 것은 신용장의 확인(Confirmation)으로 간주하지 않는다.

⑥ 서류의 발행인을 기술하기 위하여 사용되는 "일류의(first class)", "저명한(well known)", "자격 있는(qualified)", "독립적인(independent)", "공적인(official)", "능력있는(competent)" 또는 "현지의(local)" 등과 같은 용어는 수익자 이외의 모든 서류발행인이 서류를 발행하는 것을 허용한다.

해설

신용장에서 서류조건으로 "Inspection Certificate issued and signed by first class inspector" 등으로 요구하지 말고, "Inspection Certificate issued and signed by MR. James, President of Trade Co." 등과 같이 구체적인 자격을 요구하여야 한다.

⑦ 서류에 사용되는 것으로 요구되지 아니하는 한, "신속하게(prompt)", "즉시(immediately)" 또는 "가능한 한 빨리(as soon as possible)"와 같은 단어들은 무시된다.
⑧ "~경에(on or about)" 또는 이와 유사한 표현은 사건이 명시된 일자 이전의 5일부터 그 이후의 5일까지의 기간 동안에 발생하는 약정으로서 초일 및 종료일을 포함하는 것으로 해석된다.

해설

예컨대 신용장상에 "On Board date on the Ocean B/L should by on or about June 20, 20XX"라고 기재된 경우에 본선적재일은 June 15, 20XX부터 June 25, 20XX까지의 총 11일간이어야 한다.

⑨ "까지(to)", "까지(until)", "까지(till)", "부터(from)" 및 "사이(between)"라는 단어가 선적기간(period of shipment)을 결정하기 위하여 사용될 때에는 언급된 당해 일자를 포함하고, "이전(before)" 및 "이후(after)"라는 단어는 언급된 당해 일자를 제외한다.
⑩ "부터(from)" 및 "이후(after)"라는 단어가 만기일(maturity date)을 결정하기 위하여 사용될 때에는 언급된 당해 일자를 제외한다.

해설

따라서 "부터(from)"라는 단어는 선적기간의 결정을 위하여 사용된 경우에는 당해 일자를 포함하지만, 환어음의 만기일의 결정을 위하여 사용된 경우에는 당해 일자를 제외하는 것으로 해석한다.

* 여기에서 만기일은 환어음 만기일뿐만 아니라 선적일 후 서류제시기간 만기를 결정하는 것을 포함한다.
* 신용장상 어음조건이 "180 days after shipment date"인 경우와 "180 days from shipment date"인 경우의 만기일은 동일하다.

⑪ 어느 달의 "전반(first half)", "후반(second half)"이라는 용어는 각각 해당 월의 1일부터 15일까지, 그리고 16일부터 말일까지로 하고, 양끝의 일자를 포함하는 것으로 해석된다.

⑫ 어느 달의 "초(beginning)", "중(middle)", "말(end)"이라는 단어는 각각 해당 월의 1일부터 10일, 11일부터 20일, 그리고 21일부터 말일까지로 하고, 양끝의 일자를 포함하는 것으로 해석된다.

해설

⑦, ⑧, ⑪, ⑫의 내용은 UCP 500에서는 선적기간(period of shipment)과 관련하여서만 사용되었지만, UCP 600에서는 모든 일자에 대하여 사용되는 것으로 변경되었다.

* 실무적 유의사항

  "부터(from) 단어 해석의 유의점

  "부터(from)"라는 단어는 선적기간의 결정을 위하여 사용된 경우에는 당해 일자를 포함하지만, 환어음의 만기일의 결정을 위하여 사용된 경우에는 당해 일자를 제외하는 것으로 해석한다.

* 신용장상 어음조건이 "180 days after shipment date"인 경우와 "180 days from shipment date"인 경우의 만기일은 동일하다.

제4조 신용장과 계약(Credits v. Contracts); 독립성

a. 신용장은 그 본질상 그것이 근거될 수 있는 매매계약 또는 기타 계약과는 독립된 거래이다(A credit by its nature is a separate transaction from the sale or other contract on which it may be based). 은행은 그러한 계약에 관한 어떠한 참조사항이 신용장에 포함되어 있다 하더라도 그러한 계약과는 아무런 관계가

없으며 또한 이에 구속되지 않는다.

b. 개설은행은 개설의뢰인이 신용장의 필수부분으로서(as the integral part of the credit), 근거계약의 사본(copies of the underlying contract), 견적송장(proforma invoice) 등을 포함시키고자 하는 어떠한 시도도 저지하여야 한다.

해설

* 실무적 유의사항 : 독립성(Independent Principle 또는 Autonomy)

① 신용장거래는 매매계약 또는 기타의 계약으로부터 별개의 거래이다.

② 수출상이 매매계약과 다른 품질의 상품을 선적한 경우에도 개설은행은 신용장 대금을 지급 거절할 수 없다.

③ 개설은행은 개설은행과 수익자간에 체결된 어떠한 이면계약을 이유로 대금을 지급 거절할 수 없다.

④ 신용장에 상품의 지나친 명세를 삽입하는 것은 원칙적으로 억제하여야 하지만 개설은행과 합의하여 조정할 수는 있다.

제5조 서류와 물품/용역/의무이행(Documents v. Goods, Services or Performance); 추상성

은행은 서류로 거래하는 것이며 그 서류에 관련될 수 있는 물품, 용역 또는 의무이행으로 거래하는 것은 아니다(Banks deal with documents and not with goods, services or performance to which the documents may relate).

* 신용장 조건이 "46a : documents required airwaybill consigned to the applicant"로 되어 있는 경우 물품이 개설의뢰인에게 인도되고 서류가 제시되었을 때 개설은행이 하자를 이유로 지급거절한 경우 수익자는 "물품이 개설의뢰인에게 인도되었기 때문에 개설은행은 지급해야 한다"고 주장할 수 없다.

*** 실무적 유의사항 : 추상성의 원칙**

① 은행은 서류에 근거하여 지급거절 여부를 결정하되, 그 서류가 관계된 물품, 서비스 또는 의무이행과는 관계가 없다.

② L/C 조건이 "46a : documents required airwaybill consigned to the applicant"인 경우 물품이 개설의뢰인에게 인도되고 서류가 제시된 경우에 개설은행이 하자를 이유로 지급거절한 경우 수익자는 물품이 개설의뢰인에게 인도되었기 때문에 개설은행은 대금을 지급해야 한다고 주장할 수 없다.

③ 상품의 무게가 원래의 계약과 다른 경우에도 불구하고 서류가 신용장의 조건과 일치하게 제시된 경우에 개설은행은 서류상에 하자가 없다면 대금을 지급하여야 한다.

제6조 이용가능성, 유효기일 및 제시장소(Availability, Expiry Date and Place for Presentation)

a. 신용장은 그 신용장이 이용될 수 있는 은행을 명시하여야 하며, 또는 그 신용장이 모든 은행에서 사용될 수 있는 지를 명시하여야 한다. 지정은행에서 이용할 수 있는 신용장은 개설은행에서도 이용할 수 있다.

해설

신용장조건이 "41a : Available with... by ... name/address : ABC Bank, Hong Kong by Negotiation"으로 되어 있는 경우 지정은행에서 사용이 가능한 신용장이며, "41d : Available with... by ... name/address : Any Bank by Negotiation"인 경우 어떤 은행에서도 이용할 수 있다.

b. 신용장은 그것이 일람지급(sight payment), 연지급(deferred payment), 인수(acceptance) 또는 매입(negotiation) 등의 4가지 중 어느 것에 의하여 이용될 수 있는지를 명시하여야 한다.

c. 신용장은 개설의뢰인을 지급인으로 하여 발행된 환어음에 의하여 사용되도록 개설되어서는 안 된다.

d. i. 신용장은 제시를 위한 유효기일(expiry date)을 명시하여야 한다. 신용장대금의 결제(honour) 또는 매입을 위하여 명시된 유효기일은 제시를 위한 유효기일(expiry date for presentation)로 간주한다.

ii. 신용장이 사용될 수 있는 은행의 장소는 제시를 위한 장소이다. 어떤 은행에서라도 이용 가능한 신용장에서는 어떤 은행이라도 제시장소가 될 수 있다. 개설은행의 장소 이외의 제시장소는 개설은행의 장소에 추가한 것이다.

e. 제29조 (a)항(신용장의 유효기일 또는 제시를 위한 최종일이 은행의 휴업일에 해당하는 경우)에서 규정된 경우를 제외하고는, 수익자에 의하거나 또는 수익자를 대리하는 제시는 유효기일에 또는 유효기일 이전에 행하여져야 한다.

* 실무적 유의사항

① 신용장은 그것이 일람지급(sight payment), 연지급(deferred payment), 인수(acceptance) 또는 매입(negotiation) 등의 4가지 중 어느 것에 의하여 이용될 수 있는지를 명시하여야 한다.

해설

신용장 사용방법 기재 예시

㉠ 매입신용장(환어음의 사용은 선택적임)

"41d : Available with... by ... : ABC Bank, Hong Kong by

Negotiation"
"41d : Available with... by ... : Any Bank, by Negotiation"
㉡ 지급신용장(환어음의 사용은 선택적임)
"41a : Available with... by ... : ABC Bank, Hong Kong by Payment"
"41a : Available with... by ... : Issuing Bank by Sight Payment"
㉢ 연지급신용장(환어음 요구하지 않음)
"41d : Available with... by ... : ABC Bank, Hong Kong by Deferred Payment"
㉣ 인수신용장(환어음 요구함)
"41d : Available with... by ... : ABC Bank, Hong Kong by Acceptance"

② 신용장은 개설의뢰인을 지급인으로 하여 발행된 환어음에 의하여 사용되도록 개설되어서는 안 된다.

③ 신용장대금의 결제(honour) 또는 매입을 위하여 명시된 유효기일은 제시를 위한 유효기일(expiry date for presentation)로 간주함. 서류를 제시하는 것과 결제(Honour) 또는 매입(Negotiation)을 완료하는 것과는 시간적 차이가 있을 수 있는 것이며, 유효기일까지 결제 또는 매입을 하여야 하는 것은 아니다.

④ 유효기일은 대부분이 수출지에서 종료하도록 표시된 것이 일반적이지만 반드시 그런 것은 아니다. 예컨대, 신용장에 "Expiry date: January 20, 20xx at the counters of ourselves" 또는 "Drafts must be presented at this office not later than March 20, 20xx"라고 기재된 경우에는 유효기일이 종료하는 지점은 개설은행이 되므로 수출지의 매입은행은 서류가 유효기일과 서류제시기일까지 개설은행에 도착되도록 해야 한다. 따라서 수익자(Beneficiary)는 우송일수를 감안하여 미리 수출지의 매입은행에 서류를 제시하여야 한다.

⑤ UCP 500에서는 없던 단어인 "수익자 이외의 제3자에 의한 제시가 가능(a presentation by or on behalf of the beneficiary)"이 추가되어서, 제3자인 비지정은행 또는 수출대행업자(예컨대 Freight Forwarder 등)가 서류를 제시하는 것도 허용하고 있다.

⑥ 수익자가 직접 또는 비지정은행을 경유하여 개설은행에 신용장의 유효기일과 서류제시기일 내에 서류를 제시하는 경우에도, 개설은행은 대금상환의무가 있다.

제7조 개설은행의 의무(Issuing Bank Undertaking)

a. 명시된 서류가 개설은행에 제시되고, 그 서류가 일치하는 제시를 구성하는 한, 신용장이 개설은행에서 일람지급, 연지급, 인수에 의하여 사용되는 경우에는 개설은행은 결제(honour)할 의무가 있다.

ⅰ. ⅱ. ⅲ. ⅳ. ⅴ. 명시된 서류가 지정은행에 제시되고, 그 서류가 일치하는 제시를 구성하는 한, 신용장이 지정은행에서 일람지급, 연지급, 인수 또는 매입에 의하여 사용될 수 있음에도 불구하고 그 지정은행이 일람지급, 연지급, 인수 또는 매입을 이행하지 않은 경우에는 개설은행은 결제(honour)할 의무가 있다.

b. 개설은행은 신용장을 개설하는 시점부터 취소불능으로 결제(honour)할 의무가 있다.

c. 개설은행은 일치하는 제시에 지정은행이 결제(honour) 또는 매입을 하고 그 서류를 개설은행에 발송하는 지정은행에게 신용장대금을 상환할 것을 약정한다. 인수신용장 또는 연지급신용장의 경우에 신용장에 따른 일치하는 제시금액에 대한 상환은 지정은행이 만기일 이전에 선지급하거나 매입하였는지 여부에 관계없이 만기일에 이행되어야 한다. 개설은행의 지정은행에 대한 상환약정은 개설은행의 수익자에 대한 약정의무로부터 독립적이다.

* 특히, 연지급(deferred payment) 신용장의 경우에도 개설은행은 지정은행에 대해 연지급확약(DPU, Deferred Payment of Undertaking)에 대한 사전 지급이나 구매(purchase)에 대해 수권을 주는 것으로 규정하고 있다.

* 실무적 유의사항 : 개설은행의 의무
  ① 개설은행은 서류가 일치하는 제시를 구성하는 한, 신용장이 개설은행에서 일람지급, 연지급, 인수에 의하여 사용되는 경우에는 개설은행은 결제(honour)할 의무가 있다.
  ② 일람지급신용장은 환어음을 요구할 수도 있고, 요구하지 않을 수도 있지만, 연지급신용장은 환어음을 요구하지 않는다.
  ③ 환어음을 인수한 은행이 만기일에 지급을 안 하거나 못하게 되면 최종 지급책임은 개설은행에게 있으므로 개설은행이 지급한다.
  ④ 제시장소를 언급하지 않은 신용장은 유효기일까지 개설은행에 제시하면 된다.
  ⑤ 개설은행은 그 자신이 개설한 신용장에 대하여 매입(negotiation)을 하지 않는다.

제8조 확인은행의 의무(Confirming Bank Undertaking)

a. 명시된 서류가 확인은행 또는 기타 모든 지정은행에 제시되고, 그 서류가 일치하는 제시를 구성하는 한,

ⅰ. 확인은행은 다음 중의 어느 것에 의하여 사용될 수 있는 경우에는, 결제할 의무가 있다.

a) 확인은행에서 일람지급, 연지급 또는 인수에 의하여 사용될 수 있는 경우.

b) 다른 지정은행에서 일람지급에 의하여 사용될 수 있는데, 그 지정은행이 지급하는 않는 경우.

c) 다른 지정은행에서 연지급에 의하여 사용될 수 있는데, 그 지정은행이 연

지급확약을 부담하지 아니한 경우, 또는 그 지정은행이 연지급확약을 부담하였지만 만기일에 대금을 지급하지 않는 경우.

d) 다른 지정은행에서 인수에 의하여 사용될 수 있는데, 그 지정은행이 자행을 지급인으로 하여 발행된 환어음을 인수하지 않거나, 또는 그 지정은행이 자행을 지급인으로 하여 발행된 환어음을 인수하였으나 만기일에 대금을 지급하지 않는 경우.

e) 다른 지정은행에서 매입에 의하여 사용될 수 있는데, 그 지정은행이 매입하지 않는 경우.

ii. 만약 신용장이 확인은행에서 매입에 의하여 사용될 수 있는 경우에는, 소구권(상환청구권)없이(without recourse) 매입하여야 한다.

b. 확인은행은 신용장에 자행의 확인을 추가하는 시점부터 취소불능으로 결제(honour)하거나 매입(negotiation)할 의무를 부담한다.

c. 확인은행은 일치하는 제시에 대하여 결제(honour) 또는 매입을 하고 그 서류를 확인은행에 송부한 다른 지정은행에게 신용장대금을 상환하여야 한다. 인수신용장 또는 연지급신용장의 경우 신용장에 따른 일치하는 제시금액에 대한 상환은 다른 지정은행이 만기일 전에 선지급하거나 매입하였는지의 여부에 관계없이 만기일에 이행되어야 한다. 확인은행의 다른 지정은행에 대한 상환약정은 확인은행의 수익자에 대한 약정으로부터 독립적이다.

d. 만약 어떤 은행이 개설은행으로부터 신용장을 확인하도록 권한을 부여받거나 또는 요청받았으나 이를 이행할 용의가 없는 경우, 그 은행은 지체 없이 개설은행에 그 사실을 통지하여야 하고 신용장을 확인하지 않고 통지할 수 있다.

* silent confirmation(unauthorised confirmation, 비수권 확인)의 경우 UCP 600에는 아무런 규정이 없다. 이것은 개설은행에 의하여 확인을 추가하는 것이 수권되지 않았음에도 불구하고, 어떤 은행이 신용장에 확인을 추가하는 것을 수익자와 합의한 것을 의미하며, 수권되지 않은 확인을 약속하는 은행과 수익자간에 체결된 합의는 개설은행의 신용장의 위임(credit mandate) 및 UCP의 범위를 벗어난 것으로 간주한다.

* 실무적 유의사항 : 확인은행의 의무

① 확인은행은 일람지급, 연지급약정 또는 환어음을 인수하거나 매입할 수 있다.

② 동유럽의 CIS 국가, 남미 일부 국가, 이란, 이라크, 레바논, 아프가니스탄 등 일부국가에 소재하고 있는 은행들이 개설한 신용장은 확인신용장으로 활용하여야 대금지급거절의 위험을 제거할 수 있다.

③ 신용장이 확인은행에서 매입에 의하여 사용될 수 있는 경우에는, 소구권(상환청구권)없이(without recourse) 매입하여야 한다.

④ 개설은행의 요청이 있어도 확인을 요청받은 다른 은행은 확인을 거절할 수 있다.

제9조 신용장 및 조건변경의 통지(Advising of Credits and Amendments)

a. 신용장 및 모든 조건변경은 통지은행을 통하여 수익자에게 통지될 수 있다. 확인은행이 아닌 통지은행은 결제(honour) 또는 매입하겠다는 어떠한 확약없이 신용장 및 모든 조건변경을 통지한다.

b. 신용장 또는 조건변경을 통지함으로써, 통지은행은 그 자신이 신용장 또는 조건변경의 외견상 진정성(apparent authenticity)에 관하여 스스로 충족하였다는 것과 그 통지가 수령된 신용장 또는 조건변경의 제조건을 정확하게 반영하고 있다는 것을 의미한다.

해설

신용장 혹은 조건변경 통지시 '진정성(authenticity) 충족' 뿐 아니라 동 통지가 '수취한 신용장이나 조건변경의 조건을 정확히 반영하고 있다'는 문구를 추가하였다. 이는 통지은행이 수취한 신용장이나 조건변경의 모든 관련 정보를 정확히 반영하여 수익자나 제2통지은행에 전달하는지에 대한 주의 의무를 강화하기 위한 것이며, UCP 500이후에 도입된 'ISP 98(스탠바이 신용장 통일 규칙)' 2.05조의 '스탠바이 혹은 조건변경'의 문구와도 문맥을 같이 한다.

c. 통지은행은 수익자에게 신용장 및 모든 조건변경을 통지하기 위하여 다른 은행("제2통지은행")("second advising bank")의 서비스를 이용할 수 있다.

해설

통지은행이 다른 은행의 서비스를 이용하여 신용장이나 조건변경을 수익자에게 통지하는 '제2통지은행'의 개념을 새로 도입하였다. 제2통지은행도 통지은행과 마찬가지로 신용장 혹은 조건변경 통지시 진정성(authenticity) 충족과 동 통지가 수취한 신용장이나 조건변경의 조건을 정확히 반영해야 한다.

d. 신용장을 통지하기 위하여 통지은행 또는 제2통지은행 서비스를 이용하는 은행은 이에 대한 모든 조건변경은 통지하기 위하여 동일한 은행(the same bank)을 이용하여야 한다.

e. 어떤 은행이 신용장 또는 조건변경을 통지하도록 요청받았으나 그렇게 하지 않기로 결정하는 경우에는, 그 은행은 신용장, 조건변경 또는 통지를 송부해 온 은행에게 지체 없이 그 사실을 통고하여야 한다.

f. 만약 어떤 은행이 신용장 또는 조건변경을 통지하도록 요청받았으나 신용장, 조건

변경 또는 통지의 외견상 진위성에 관하여 스스로 충족시킬 수 없는 경우에는, 그 은행은 그 지시를 송부해 온 것으로 보이는 은행에게 지체없이(without delay) 그 사실을 통고하여야 한다. 그럼에도 불구하고 통지은행 또는 제2통지은행이 그 신용장이나 조건변경을 통지하기로 결정한다면, 그 은행은 수익자 또는 제2통지은행에게 그 신용장, 조건변경 또는 통지서의 외형상 진정성이 충족되지 않았다는 사실을 알려야 한다.

* 실무적 유의사항 : 신용장 및 조건변경의 통지

① 통지은행의 의무는 두 가지 책임, 즉 외견상 진정성(apparent authenticity)과 정확성(accuracy)이다.

② 확인은행이 아닌 통지은행은 결제(honour) 또는 매입하겠다는 어떠한 확약없이(without any undertaking) 신용장 및 모든 조건변경을 통지한다.

③ 신용장을 통지하기 위하여 통지은행 또는 제2통지은행(second advising banks) 서비스를 이용하는 은행은 이에 대한 모든 조건변경을 통지하기 위하여 동일한 은행(the same bank)을 이용하여야 한다.

④ 신용장의 내용 중 일부에 불명확한 내용이 있는 경우 통지은행 또는 지정은행이 개설은행에게 문의하여 해명을 요청한다.

제10조 조건변경(Amendments)

a. 제38조(양도)에서 달리 규정한 경우를 제외하고는, 신용장은 개설은행, 만약 있다면 확인은행 및 수익자의 동의 없이는 조건변경되거나 취소될 수 없다.

b. 개설은행은 그 자신이 조건변경서를 발행한 시점부터 그 조건변경서에 의하여 취소불능의 의무를 부담한다. 확인은행은 그 자신의 확인을 조건변경에까지 확장시킬 수 있으며 그 조건변경을 통지한 시점부터 취소불능의 의무를 부담한다. 그러나 확인은행은 그 자신의 확인을 조건변경에 확장하지 않고 통지하기로 결정할 수 있으며 이러한 경우에는 개설은행에게 지체 없이 그 사실을 통고하여야 하고, 조건변경서를 통지할 때 수익자에게 그 사실을 통고하여야 한다.

c. 수익자는 조건변경에 대하여 승낙 또는 거절의 통고를 이행하여야 한다. 만약 수익자가 그러한 통고를 하지 않는 경우, 신용장 및 아직 승낙되지 않은 조건변경에 일치하는 제시는 수익자가 그러한 조건변경에 대하여 승낙의 통고를 이행하는 것으로 간주한다. 그 순간부터 신용장은 조건변경된다.

d. 조건변경을 통지하는 은행은 조건변경을 송부해 온 은행에게 조건변경의 승낙 또는 거절의 모든 통고를 통지하여야 한다.

e. 조건변경의 부분적 승낙은 허용되지 아니하며 그 조건변경에 대한 거절 통지로 간주된다.

f. 만약 조건변경이 특정 기한 내에 수익자에 의하여 거절되지 아니하는 한 유효하게 된다는 취지의 조건변경서상의 규정은 무시된다.

* 실무적 유의사항

① 수익자가 조건변경서를 받고 장기간 수락여부에 대한 의사표시를 하지 않은 경우 묵시적으로 수락했다고 간주하면 안 된다.

② 확인은행은 조건변경까지 확인을 추가할 의무는 없다.

③ 여러 개의 조건변경이 포함된 하나의 조건변경통지서에서 일부의 조건만 선택적으로 수락할 수 없다. 하나의 조건변경서에 있는 내용 전부를 수락하던지 전부를 거절하여야 한다.

④ 조건변경이 일정 시점 이후에는 자동적으로 유효하다는 사항을 조건변경서에 삽입함으로써 수익자가 조건변경에 대하여 수락 또는 거절할 것을 강제할 목적으로 기재하는 것은 무시된다.

제11조 전송 및 사전통지된 신용장과 조건변경(Teletransmitted and Pre-Advised Credits and Amendments)

a. 진정성이 확인된(authenticated) 신용장 또는 조건변경의 전송은 유효한 신용장(operative credit) 또는 조건변경으로 보며, 추후의 모든 우편확인서(mail confirmation)는 무시된다.

만약 전송에 "상세한 명세는 추후 송부됨(full details to follow)"(또는 이와 유사한 표현)이라고 명기하고 있거나 또는 우편확인서(mail confirmation)를 유효한 신용장 또는 조건변경이라는 것이 명시되어 있는 경우에는, 그 전송은 유효한 신용장 또는 조건변경으로 간주되지 않는다. 이 경우 개설은행은 지체없이 전신과 불일치하지 않은 조건으로 유효한 신용장을 개설하거나 조건변경하여야 한다.

b. 신용장의 개설 또는 조건변경의 예비통지(preliminary advice)("사전통지")는 개설은행이 유효한 신용장 또는 조건변경을 개설할 용의가 있는 경우에만 송부한다. 사전통지(pre-advice)를 보낸 개설은행은 이와 불일치하지 않는 조건으로 지체없이 취소불가능하고 유효한 신용장을 개설하거나 조건변경을 하여야 한다.

* 실무적 유의사항

① 최근에는 SWIFT를 이용하여 대부분의 신용장이 통지되므로, 사전통지신용장(Short Cable)은 이용 빈도가 극히 드물어서 거의 활용하지 않는다.

② 사전통지신용장(Short Cable)을 보낸 개설은행은 반드시 원본신용장을 개설할 의무가 있다.

제12조 지정(Nomination)

a. 확인은행이 아닌 지정은행은 지정의 승낙여부를 명시적으로 합의하고 이를 수익자에게 통보한 경우에만, 결제(honour) 또는 매입할 의무를 부담한다.

b. 개설은행은 어떤 은행이 환어음을 인수하거나 또는 연지급확약을 부담하도록 지정함으로써, 그 지정은행이 대금을 먼저 지급하거나 또는 인수된 환어음을 매수(purchase)하거나, 또는 그 지정은행이 연지급의 의무를 부담하도록 권한을 부여한다.

c. 확인은행이 아닌 지정은행이 서류를 수취하거나 또는 심사 후 서류를 발송하였다는 사실만으로는 그 지정은행에게 결제(honour) 또는 매입에 대한 책임을 부담시키는 것은 아니고, 또한 그것이 결제(honour) 또는 매입을 구성하지도 않는다.

해설

환어음이 발행되지 않는 연지급신용장에 따라 수익자가 제시한 서류를, 지정받은 은행(nominated bank)이 할인해 신용장 대금을 지급할 수 있다는 규정이 신설되었다. UCP 600 제7조 c항 및 제8조 c항과 함께 연지급확약의 할인(discount of deferred payment undertaking)을 명문화한 것이다.

* 실무적 유의사항 : 지정(Nomination)

① 지정(nomination)이란 UCP 500 제10조 d항의 규정에서 유추한다면 “지정은 결제 또는 매입에 대한 수권(an authorization to honour or negotiate)"로 정의할 수 있다.

② 신용장이 통지은행을 매입은행으로 지정하였는데 통지은행이 매입을 거절하는 경우에는 수익자가 서류를 개설은행으로 직접 보내면 된다.

③ 지정은행으로부터 매입제한해제서(Release Letter)를 받아도, 개설은행이 지정하지 않은 은행은 지정은행이 될 수 없다.

④ 연지급신용장도 매입대상이 될 수 있다.

제13조 은행간 대금상환약정(Bank-to-Bank Reimbursement Arrangements)

a. 신용장에서 지정은행(“상환청구은행”)(“claiming bank”)이 다른 당사자(“상환은행”)(“reimbursing bank”)에게 청구하여 대금상환을 받도록 명시하고 있는 경우에는, 그 신용장은 상환이 신용장 개설일에 유효한 “은행간 대금상환에 관한 국제상업회의소 규칙”(ICC Uniform Rules for Bank-to-Bank Reimbursement, URR)에 따르는지 여부를 명시하여야 한다.

* 상환방식 신용장은 “은행간 대금상환에 관한 ICC 규칙(ICC rules for bank

-to-bank reimbursement)"이 신용장에 명기되어야 한다.

b. 만약 신용장에서 상환이 은행간 대금상환에 관한 국제상업회의소 규칙에 따른다고 명시하고 있지 아니한 경우에는, 다음과 같이 적용된다.

 i. 개설은행은 신용장에 명시된 이용가능성에 일치되게 상환수권(Reimbursement Authorization)을 상환은행에 부여하여야 한다. 상환수권은 유효기일의 적용을 받지 않아야 한다.

 ii. 상환청구은행은 신용장의 제조건과의 일치증명서(certificate of compliance)를 상환은행에게 제시하도록 요구받아서는 안 된다.

 iii. 대금상환이 최초의 청구시에 신용장의 제조건에 따라 상환은행에 의하여 이행되지 아니한 경우, 개설은행은 부담된 모든 비용과 이자 손실의 책임을 부담하여야 한다.

 iv. 상환은행의 비용(reimbursing bank's charges)은 개설은행이 부담한다. 그러나 만약 상환비용이 수익자의 부담으로 되는 경우에는, 개설은행은 신용장 및 상환수권서에 그러한 사실을 명시할 책임이 있다. 만약 상환은행의 비용이 수익자의 부담으로 되는 경우에는, 그 비용은 대금이 상환될 때 상환청구은행에 지급하여야 할 금액으로부터 공제되어야 한다. 만약 상환이 이행되지 아니한 경우에는, 상환은행의 비용은 개설은행이 부담하여야 한다.

c. 개설은행은 대금상환이 최초의 청구시에 상환은행에 의하여 이행되지 아니하는 경우에는 상환을 이행하여야 할 자신의 의무로부터 면제되지 아니한다.

해설

상환은행(reimbursement bank)이 있는 상환 방식 신용장 발행시, 동 신용장에는 '신용장에서의 은행간 대금상환에 관한 통일규칙(URR 525)'(Uniform Rules for Bank-to-Bank Reimbursement under Documentary Credits)이 적용되는지를 표시해야 한다.

UCP 500 발효 후에 제정된 URR 525를 신용장 조건에 삽입하는 것에 대해, UCP 600 13조에서는 명시적으로 다루고 있다.

URR이 적용되지 않는 신용장의 경우, UCP 600 제13조 (b)항이 적용된다.

* 실무적 유의사항 : 은행간 상환약정

① 상환수권(Reimbursement Authorization)은 유효기일의 적용을 받지 않아야 한다.

② 상환청구은행은 신용장의 제조건과의 일치증명서(certificate of compliance)를 상환은행에게 제시하도록 요구받아서는 안 된다.

③ 개설은행은 신용장대금의 상환을 위해서 반드시 다른 은행을 상환은행으로 지

정하지 않아도 되고, 개설은행이 상환은행의 역할을 할 수도 있다.

④ 개설은행은 신용장개설과 동시에 상환수권서를 보내야 한다.

⑤ 상환은행(Reimbursing Bank)은 개설은행으로부터 위임 받아 결제 또는 매입은행으로부터 상환청구를 받아 신용장대금을 상환해 주는 개설은행의 예치환거래은행을 말한다(URR 제2조).

제14조 서류심사의 기준(Standard for Examination of Documents)

a. 지정은행, 확인은행 및 개설은행은 서류가 문면상(on their face) 일치하는 제시(신용장의 제조건, 적용 가능한 범위 내에서의 UCP 600의 규정 그리고 isbp에 따른 제시)를 구성하는 일치성을 결정하기 위하여 서류만을 기초로 하여(on the basis of the documents alone) 심사하여야 한다.

해설

'문면상[on their(or its) face]'에 대한 문구는 UCP 600 제14조를 제외하고 모두 삭제되었다. 제14조의 문구도 'on the basis of the documents alone, whether or not they appear on their face to constitute a complying presentation.)(서류가 문면상 일치하는 제시를 구성하는지 여부를 결정하기 위하여 서류만을 기초로 하여)' 정도로 표현하고 있다.

b. 지정은행, 확인은행 및 개설은행에게는 제시가 일치하는지 여부를 결정하기 위하여 서류제시일의 다음 영업일을 기산일로 하여 최장 제5영업일(a maximum of five banking days)이 각자 주어짐. 이 기간은 유효기일 내의 제시일자나 최종제시일 또는 그 이후에 발생하는 시간에 의해서 단축되거나 달리 영향을 받지 않는다.

해설

개설은행과 지정은행의 서류 심사 최대 기간이 서류 접수 다음 날을 기산일로 하여 종전의 7영업일에서 5영업일로 단축되었다. DOCDEX decision No. 215에서는 수백 개의 서류를 심사하는 데는 7영업일이 걸리나 스탠바이 신용장에서의 단순한 채무불이행선언서를 심사하는 데는 몇 시간 정도만 있으면 충분하다고 결정했다.

'reasonable time'이라는 용어를 UCP에서 삭제하고 서류심사기간을 서류 접수일 후 며칠로 할 것인가 하는 데 대해 15개국이 5일, 9개국이 6일, 10개국이 7일에 찬성한 결과 5영업일이 채택되었다. 여기서 주의할 것은 개설은행과 확인은행에 서류심사를 위한 5영업일이 주어지기는 하지만(UCP 600 제14조) 개정 규칙 제15조에서 개설은행 또는 확인은행이 제시가 일치한다고 결정하였을 때는 대금을 지급해야 한다고 규정하고 있다는 점이다.

c. 제19조(복합운송서류), 제20조(선하증권), 제21조(비유통성 해상화물운송장), 제22조(용선계약선하증권), 제23조(항공운송서류), 제24조(도로, 철도 또는 내륙수로운송서류) 또는 제25조(특송화물수령증, 우편수령증)에 따른 하나 또는 그 이상의 운송서류의 원본을 포함하는 제시는 이 규칙에서 규정하고 있는 선적일 후 21일보다 늦지 않게(not later than 21 calendar days after the date of shipment) 수익자에 의하여 또는 대리하여 이행되어야 하며, 어떠한 경우에도 서류제시는 L/C 유효기일 이내에 제시되어야 한다.
d. 신용장, 서류자체 및 국제표준은행관행으로 보아서, 서류의 정보(data)들이 동일해야 할 필요는 없지만(need not be identical), 그 서류나 다른 모든 요구서류 또는 신용장의 자료들과 상충이 있어서는 안 된다(not conflict with).
e. 상업송장 이외의 기타 모든 서류의 물품, 용역 또는 의무이행의 명세는, 만약 기재되는 경우, 신용장상의 명세와 상충되지 아니하는(not conflicting with) 일반용어로(in general terms) 기재될 수 있다.
f. 신용장이 기본서류(운송서류, 보험서류, 상업송장) 이외의 다른 서류의 제시를 요구하면서 그 서류의 발행인 또는 자료내용을 요구하지 않는다면, 은행은 그 내용이 요구된 서류의 기능을 충족하고 신용장상의 자료와 상충되지 않는다면 그 서류를 제시된 대로 수리한다.

해설

이 조항은 서류는 신용장 요구서류로서의 기능을 하고 있는 것으로 나타나야 한다는 것을 규정하고 있다. 신용장거래에서는 서류제목보다는 서류내용을 중요시하므로, 예컨대 검사증명서를 요구하는 경우, 서류제목이 검사증명서라도 물품을 검사하였다는 기재가 없으면 검사증명서로 인정하지 않는다.

g. 신용장에서 요구하지 않았으나 제시된 서류는 무시되고 제시인에게 반환할 수 있다.
h. 신용장이 어떠한 조건을 포함하고 있으면서 그 조건의 일치를 표시하는 서류를 요구하지 않는 경우, 은행은 그러한 조건은 기재되지 않은 것으로 간주하고 이를 무시한다(비서류 조건, Non-documentary conditions의 무시).

해설

비서류적 조건(Non-documentary conditions)

(1) '비서류적 조건(Non-documentary conditions)'이란?

'비서류적 조건(Non-documentary conditions)'이란, 제시되어야 할 서류(Documents)는 명시하지 않은 채, 어떠한 행위만을 준수하도록 요구하고 있는 신용장의 조건(Condition)을 말한다. 이러한 조건은 기재되지 않은 것으로 간주하여 이를 무시(Disregard)할 수 있다(UCP 600 제14조 h항).

예컨대, 상품이 '대한민국 산(Korea Origin)'일 것을 요구하면서 이를 입증할 수 있는 'Certificate of Origin(원산지증명서)'을 요구하지 않았다면, 신용장의 그러한 조건은 비서류적 조건(Non-documentary conditions)에 해당하며, 'UCP 600 제14조 h항'에 의거하여 이를 무시할 수 있게 된다.

☞ 주의 : 그러나, 신용장에서 요구된 상업송장 등의 제 서류상에 만일 'Korea Origin'이 아닌 'China Origin' 등의 문구가 기재되어 있다면, 이는 신용장의 Data와 정면으로 충돌(Conflict)하게 되어 하자가 된다.

(2) 유효기일 및 선적기일도 비서류적 조건에 해당하는가?

신용장의 유효기일, 선적기일, 서류제시기일 등은 이를 증명하는 별도의 서류를 제시하지 않아도 그 효력을 판별할 수 있는 사항이며, 또한 기한을 통제하는 이러한 사항은 'Conditions'가 아닌 'Terms'에 해당하므로 '비서류적 조건(Non-documentary conditions)'에 해당하지 않는다.

(3) 무시해서는 안 될 비서류적 조건

당해 조건이 신용장에 명시된 다른 어떤 서류와 내용상으로 연관(Linkage)되는 경우에는, 비록 비서류적 조건이라 하더라도 그러한 조건을 충족시키도록 하는 것이 바람직하다.

예컨대, 신용장의 'Additional Conditions'란에서 "ABC Line(선박회사)을 통해 선적이 이루어질 것"을 요구하면서도 그와 관련한 별도의 'Certificate'를 요구하지 않았다면 이는 비서류적 조건에 해당하지만, 그렇다고 하여 이를 무시하고 XYZ Line(선박회사)을 통해 선적한다면 이는 하자 여부에 관한 불필요한 논란을 야기시키게 된다.

당해 조건은 B/L을 통하여 충분히 확인 가능한 것이므로, 비서류적 조건이라고 하여 무조건 이를 무시할 것이 아니라, 그러한 조건은 반드시 충족시키도록 권고하는 것이 바람직하다.

(4) 일반적으로 인정되는 유효한 비서류적 조건

개설은행의 기록 또는 통상적인 영업범위 내에서 당해 조건의 충족여부를 결정할 수 있는 성질의 조건은, 설사 비서류적 조건에 해당한다 하더라도 이를 무시해서는 안 된다는 것이 지배적인 견해이다.

〈예시〉 Inspection certificate issued and signed by applicant, whose signature and signing authority must be in conformity with the record held in our file.

개설의뢰인이 서명하여 발행한 검사증명서를 첨부하되, 그 서명은 우리(개설은행)가 보관하고 있는 자료상의 서명과 일치하여야 한다.

예문의 밑줄 친 뒷부분은 비록 비서류적 조건에 해당하지만, 이는 개설은행에서 보관하고 있는 자료를 통하여 조건의 충족여부를 결정할 수 있는 사항이므로, 이를 무시해서는 안 된다는 것이 일반적인 견해이다.

(5) 법원 판례의 경향

'UCP 600 제14조'에서 규정하고 있는 비서류적 조건에 대한 무시 조항에도 불구하고, 각국 법원은 이와 달리 그 유효성을 인정하는 예외적인 판결을 내리는 경우가 종종 있으므로, 비서류적 조건의 처리에 대해서는 각별한 주의를 기울여야 한다.

비서류적 조건의 유효성에 관한 법원의 일반적인 판단 기준은 다음과 같다.

- 당해 비서류적 조건을 삽입하게 된 배경이 정당한가?
- 수익자가 당해 비서류적 조건을 승낙하였는가?
- 당해 비서류적 조건이 수익자 또는 매입은행에 의하여 성취가 가능한 조건인가? 등

대부분의 법원 판례에 있어, '~신용장에 부가된 이와 같은 비서류적 조건은 신용장의 본질에 비추어 바람직하지는 않지만, 사적 자치의 원리에 입각하여 이를 무효라고 할 수는 없다.' 등과 같이 판결이 나고 있으므로, 매입은행의 입장에서는 비록 비서류적 조건에 해당한다 하더라도 이를 함부로 무시해서는 안 된다.

☞ 비서류적 조항이 충족 가능한 조건인 경우에는 당해 조건을 충족하도록 하는 것이 바람직하다.

(6) 비서류적 조건의 올바른 대처 요령

신용장상에 비서류적 조건이 포함되어 있는 경우의 가장 바람직한 처리 방법은, 'UCP'의 관련 조문을 인용하여 사전에 해당 조항을 삭제하는 등의 조건변경을 받고 취급하는 것이다.

만일 그렇지 못한 경우에는, 해당 조항이 신용장상의 정상적인 조건으로 인정 되는지에 대한 판단기준이 모호하므로, 매입은행의 입장에서는 당해 조건이 충족 되었는지의 여부에 대하여 보수적으로 심사하는 것이 안전하다.

만약, 매입은행의 입장에서 당해 조건의 충족 여부를 객관적으로 확인할 수 없는 사항이거나, 또는 수익자가 당해 조건의 성취를 통제할 수 없는 소위 '독소조항'에 해당하는 경우에는, 불필요한 위험을 무릅쓰고 '매입'할 것이 아니라 '추심'으로 전환하여 취급할 것을 강력히 권고한다.

특히, 대금결제와 관련한 특수한 상환제한 문구에 대해서는, 수익자가 이에 대하여 이의를 제기하고 조건변경을 받지 않는 한, 그러한 조건을 승인한 것으로 간주하는 것이 일반적인 판례의 경향이므로 각별히 유의하여야 한다.

〈상환제한의 문구 예시〉 In case final buyer fails to pay merchandise referred to under this L/C within 75 days from the on board date of the B/L, the draft and documents shall not be paid on maturity date.

만약 최종매수인이 선하증권상의 선적일로부터 75일 이내에 이 신용장에 언급되어 있는 상품의 대금을 결제하지 않는 경우에는, 우리도 역시 이 신용장에 근거하여 제시된 어음 및 서류의 대금을 지급하지 않을 것이다.

i. 서류에는 신용장의 개설일자보다 이전의 일자가 기재될 수 있으나, 그 서류의 제시일(date of presentation)보다 늦은 일자가 기재되어서는 안 된다.
j. 서류상에 기재된 수익자 및 개설의뢰인의 주소는 신용장 또는 다른 요구 서류상의 이들 주소와 동일할 필요는 없지만, 신용장에 언급된 각각의 주소와 동일한 국가 내에 있어야 한다.
   수익자 및 개설신청인의 주소의 일부로서 기재된 연락처명세(팩스, 전화, 전자우편 등)가 명기된 경우에 이들 명세는 무시된다. 그러나 개설신청인의 모든 주소 및 연락처명세가 제19조(복합운송서류), 제20조(선하증권), 제21조(비유통성 해상화물운송장), 제22조(용선계약선하증권), 제23조(항공운송서류), 제24조(도로, 철도 또는 내륙수로운송서류) 또는 제25조(특송화물수령증, 우편수령증)에 따라 운송서류상의 수하인(consignee) 또는 착화통지처(notify party) 명세의 일부로서 보이는 경우에는 이러한 주소 및 연락처명세(contact details)는 신용장에 명시된 대로 기재되어야 한다.
k. 어떠한 서류상에 표시된 물품의 선적인(shipper) 또는 송하인(consignor)은 신용장의 수익자일 필요는 없다(제3자 서류(third party document)의 인정 범위 확대).
l. 운송서류가 이 규칙의 제19조(적어도 두 개 이상의 다른 운송방법을 포괄하는 운송서류), 제20조(선하증권), 제21조(비유통 해상화물 운송장), 제22조(용선계약부 선하증권), 제23조(항공운송서류) 또는 제24조(도로, 철도 또는 내수로 운송서류)의 요구조건을 충족시킨다면 그 운송서류는 운송인(carrier), 선주(owner), 선장(master) 또는 용선자(charterer) 이외의 모든 다른 당사자에 의하여 발행될 수 있다.

해설

UCP 600에서는 운송서류를 누가 발행하여야 하는 가에 대한 조건을 언급하고 있지 않다. 이 조항들은 운송인, 운송수단 소유주, 선장 또는 용선자가 운송서류에 어떤 식으로 표시되어야 하는 가에 대하여 설명하고 있고 그러한 서류가 어떤 방식으로 서명되어져야 하는가와 서명인의 자격에 대한 내용을 포함하고 있다. 이 조항은 운송서류는 운송인, 운송수단 소유주, 선장, 또는 용선자 이외의 사람이 발행할 수 있다는 것을 강조하고 있다. 즉 운송주선인(freight forwarder, NVOCC[non vessel owning common carrier])도 운송서류를 발행할 수 있다. 단, 이 경우 운송서류는 UCP 600의 19조에서 24조에 걸친 요구조건을 충족하여야 한다.

* 실무적 유의사항 : 서류의 심사기준

① 어떠한 사실을 확인하는 수익자의 증명서를 신용장에 요구한 경우 수익자가 실제로 이를 이행하지 않고 거짓으로 증명서를 작성하여 매입시킨 경우 개설의뢰인은 개설은행에게 지급거절을 요구할 수 없다.

② 신용장에 서류제시기한이 명기되지 않은 경우에 선적일자로부터 늦어도 21달력일 이내에 제시되어야 한다.

③ 신용장 내용이 복잡하고 조건변경도 자주 발생하고 서류의 종류도 많아 가끔 하자를 발견하는 경우에 수익자에게 가장 유리한 방법은 조건에 일치하도록 고쳐서 재제시하는 것이다.

④ B/L의 선적인 또는 송화인이 신용장의 수익자와 다른 경우 하자가 아니다.

⑤ 심사기간은 서류제시일의 다음 영업일을 기산일로 하여 제5영업일(five banking days) 이내이다.

⑥ 서류에는 신용장의 개설일자보다 이전의 일자가 기재될 수 있으나, 그 서류의 제시일(date of presentation)보다 늦은 일자가 기재되어서는 안 된다.

⑦ UCP 600에서는 수익자와 개설의뢰인의 주소가 각각 신용장에 명시된 주소와 다른 요구된 서류에 명시된 주소와 같을 필요가 없고 단지 같은 국가면 된다. 그러나 개설의뢰인의 주소와 연락주소가 운송서류의 수하인이나 통지처일 경우에는 반드시 신용장과 일치시켜야 한다.

제15조 일치하는 제시(Complying Presentation)

a. 개설은행이 제시가 일치한다고 결정하는 경우에는, 그 개설은행은 결제(honour)하여야 한다.

b. 확인은행이 제시가 일치한다고 결정하는 경우에는, 그 확인은행은 결제(honour) 또는 매입하고 그 서류를 개설은행에 송부하여야 한다.

c. 지정은행이 제시가 일치한다고 결정하고 결제(honour) 또는 매입하는 경우에는, 그 지정은행은 서류를 확인은행 또는 개설은행에게 송부하여야 한다.

* 실무적 유의사항 : 일치하는 제시

① 개설은행은 신용장을 매입(negotiation)하는 방식으로는 사용할 수 없다.

② 신용장대금을 선지급한 매입은행은 소구권을 행사할 수 있지만, 지급신용장에서 대금을 지급한 은행은 소구권을 행사할 수 없다.

제16조 불일치서류, 권리포기(하자용인) 및 통지(Discrepant Documents, Waiver and Notice)

a. 지정에 따라 행동하는 지정은행, 만약 있다면 확인은행 또는 개설은행이 제시가 일치하지 않다고 결정하는 경우에는, 그 은행은 결제(honour) 또는 매입을 거절

할 수 있다.

b. 개설은행은 제시가 일치하지 않는다고 결정하는 경우에는, 개설은행은 그의 독자적 판단으로 개설신청인에게 불일치에 관한 권리포기(waiver)의 여부를 교섭할 수 있다. 그러나 이것은 제14조 (b)항에서 언급된 기간을 연장하지 않는다.

c. 지정에 따라 행동하는 지정은행, 확인은행이 있는 경우의 확인은행 또는 개설은행이 결제(honour) 또는 매입을 거절하기로 결정하는 경우에는, 그 은행은 서류 제시인에게 그것을 1회만 통지하여야 한다.

그 통지에는 다음을 기재하여야 한다.

ⅰ. 은행이 결제(honour) 또는 매입을 거절한다는 것; 그리고

ⅱ. 은행이 결제(honour) 또는 매입을 거절하게 되는 각각의 하자사항; 그리고

ⅲ. a) 은행이 제시인의 추가지시를 기다리며 서류를 보관하고 있다는 것; 또는

b) 개설은행이 개설신청인으로부터 권리포기를 받고 서류를 수리하기로 동의하거나, 또는 권리포기를 승낙하기로 합의하기 이전에 제시인으로부터 추가지시를 받을 때까지, 개설은행이 서류를 보관하고 있다는 것; 또는

c) 은행이 서류를 반환하고 있다는 사실; 또는

d) 은행이 제시인으로부터 사전에 받은 지시에 따라 행동하고 있다는 것

d. 제16조 (c)항에서 요구된 통지는 전신(telecommunication) 또는 그것의 이용이 불가능하다면 기타 신속한 수단으로 서류 제시일 다음 날을 기산일로 하여 5은행영업일의 마감시간까지 이행하여야 한다.

e. 지정에 따라 행동하는 지정은행, 있다면 확인은행 또는 개설은행은 제16조 (c) 항 (iii)호 (a) 또는 (b)에서 요구된 통지를 행한 후, 언제라도 제시인에게 서류를 반환할 수 있다.

f. 만약 개설은행 또는 확인은행이 이 조의 규정에서 정하는 대로 행동하지 않는 경우에는, 그 은행은 서류가 일치하는 제시를 구성하지 아니한다고 주장할 수 없다.

g. 개설은행이 결제(honour)를 거절하거나 또는 확인은행이 결제(honour) 또는 매입을 거절하고 이 조에 따라 그러한 취지를 통지한 경우에는, 그 개설은행은 이미 상환된 대금에 이자를 추가하여 그 상환금액의 반환을 청구할 권리가 있다.

해설

은행의 지급거절시 조치사항

(1) 지급거절 통지는 한 번만 해야 하는 것으로 규정을 개정했다. 이것은 ICC Opinion(R 271)을 반영한 것이다. 즉 첫 번째 지급거절 통지만 유효한 것으로 인정되고 그 이후의 것은 무시된다.

(2) 대금지급 거절통지서 기재사항

1) 은행이 결제 또는 매입을 거절한다는 사실을 기재해야 한다.

2) 하자사항(discrepancies)을 명시해야 함. 한 번에 모든 하자를 전부 표시해야 한다.
3) 서류의 행방에 대하여 다음의 네 가지 방안 중 하나로 명시해야 한다.
   ① 서류 제시자의 추가 지시를 받을 때까지 서류를 보류함(We are holding the documents pending further instructions)
   ② 개설은행은 개설의뢰인으로부터 권리포기를 받거나 또는 추가 지시를 받을 때까지 서류를 보류함(We are holding documents pending the receipt of an acceptable waiver from the applicant or until we receive further instructions)
   ③ 서류를 반환함(We are returning the documents)
   ④ 앞서 받은 지시에 따라 행동함(We are acting in accordance with previous instructions)

[사례연구] 하자 통지의 유효성 여부

아래의 내용으로 하자 통지 받았을 경우 유효한 하자통보인지의 여부

DISCREPANCY

1. DRAFT IS NOT AS PER L/C TERM

2. PACKING LIST IS NOT AS PER L/C TERM

일단 질의 전문은 내보냈고, 하자 사항도 찾았다. 다만 제시기일이 내일이라 보완된 서류가 제시기일 내에 하자 치유가 어려울 것 같다.

상기와 같은 전신문과 같이 무성의한 하자통지도 유효한 하자통지인지 여부

해설

개설은행은 최초의 거절통보에 "제시인이 하자사항을 인지할 수 있도록, 구체적인 내용"으로 알려주어야 한다. 1번과 2번의 문언을 해석하면, "신용장조건을 따르지 않은 환어음", "신용장조건을 따르지 않은 포장명세서"이라는 의미이다.

매입은행이 서류를 심사하고 하자를 발견하여 수익자에게 통보할 때 "포장명세서에 표시된 수량이 신용장의 그것과 상충"하므로 매입을 할 수 없다는 등 구체적인 하자 내용을 알려주어야 수익자는 이것을 정정할 수 있게 된다.

개설은행도 제시인에게 거절통보를 보낼 때는 거절의 근거가 되는 하자사항을 통보하여야 한다. 개설은행이 막연하게 "환어음이 신용장조건을 따르지 않았다"고 말하면 제시인은 무엇을 따르지 않았다는 것인지 다시 물어볼 수밖에 없을 것이고, 그 답변으로 개설은행이 구체적으로 하자사항을 설명하는 전문을 보내는 것은 두 번째 거절통보가 되기 때문에 무효이다. ICC TA는 다음과 같이 결정하였다.

"The manner in which discrepancies are described in the refusal notice is critical. The ICC Banking Commission have previously determined that discrepancies such as "invoice not as pre LC", "Data differs between documents" or similar loose forms of description are not a valid indication of a discrepancy."

따라서 개설은행의 상기 거절통보는 UCP 600 제16조 c항의 요건을 충족하지 않은 결격이므로 무효이다.

제17조 원본서류 및 사본(Original Documents and Copies)

a. 신용장에서 요구하는 서류는 적어도 1통의 원본은 제시되어야 한다.

b. 원본이 아니라는 표시가 없는 서류는 서류발행인의 원본서명(original signature), 표기(mark), 스탬프(stamp), 또는 부전(label)을 기재하고 있는 서류를 원본으로 간주한다.

* 서류 자체에 'Copy', '원본대조필', '원본의 복사본' 등의 표시가 있는 서류는 실서명이 있어도 원본이 아니라고 간주한다.

c. 서류에 다른 명시가 없다면, 은행은 또한 다음과 같은 서류를 원본으로 수리한다.

i. 서류 발행인에 의하여 수기(written), 타이핑(typed), 천공(perforated) 또는 스탬프(stamped)된 것으로 나타나는 경우; 또는

ii. 서류 발행인의 원본용지(original stationery) 상에 기재된 것으로 보이는 경우; 또는

iii. 원본(original)이라는 표시가 그 서류에 적용되지 않는 것으로 보이지 않는다면, 서류가 원본(original)이라고 표시되어 있는 경우

d. 만약 신용장이 서류 사본(copies of documents)의 제시를 요구하는 경우에는, 원본(originals) 또는 사본(copies)이 제시되는 것이 허용된다.

e. 만약 신용장이 "2 통으로(in duplicate)", "2 겹으로(in two folds)" 또는 "2 부로(in two copies)"와 같은 용어를 사용하여 복수의 서류 제시를 요구는 경우에는, 이것은 서류 자체에 다른 명시가 있는 경우를 제외하고는, 적어도 한 통은 원본이고 나머지는 사본 서류가 제시되면 충족된다.

해설

원본은 ① 서류발행인에 의하여 수기, 타자, 천공 또는 스탬프된 것으로 보이는 서류, ② 서류발행인의 원본용지(상호가 미리 인쇄된 용지, stationery)상에 기재된 것으로 보이는 서류, ③ 원본이라는 명기가 되어있는 서류(원본의 명기가 제시된 서류에 적용되는 경우에만 적용됨).

신용장이 서류의 사본의 제시를 요구하는 경우에는 원본 또는 사본의 제시는 허용된다.

"2통(in duplicate)", "2부(in two folds)" 또는 "2통(in two copies)"과 같이 복수의 서류 제시를 요구하는 경우에는, 적어도 한 통은 원본이고 나머지는 사본 서류

가 제시되면 충족된다.

* 사본은 ① 팩스기계로 송부된 서류 ② 발행자 서명이 없는 보통용지로 복사된 서류 ③ 어떤 서류의 실제 사본 또는 원본이 한 통만 발행된 서류의 원본이 아닌 서류 등이다

* 원본 인정 범위의 확대

1999년 7월 12일의 ICC 은행위원회 결정을 반영해 원본 인정 범위를 다음과 같이 확대했다. 서류에 다른 명시가 없다면 은행은 다음 서류를 원본 서류로 인정한다.

① 서류에 서류 발행자의 수기 또는 타이핑, 천공서명 또는 고무인으로 서명한 경우

② 서류가 발행자의 명칭이 미리 인쇄된 용지(original stationery)에 작성된 경우

③ 원본이라는 표시가 있는 경우

* 실무적 유의사항 : 원본서류와 사본

① 신용장에서 원본 또는 사본의 구분 없이 상업송장 3통을 요구하고 있는 경우 원본 1통과 사본 2통을 제시해도 되고, 3통 모두 원본을 제시하면 더 좋다.

② 신용장에서 서류의 서명을 요구하고 있는 경우 서류의 발행인이 실서명을 하지 않고 서명을 고무인에 새겨 스탬프로 찍었다면 하자가 아니다.

③ 복사기로 만들어 자필로 서명한 상업송장은 원본이다.

④ 서류 자체에 'Copy', '원본대조필', '원본의 복사본' 등의 표시가 있는 서류는 실서명이 있어도 원본이 아니라고 간주한다.

⑤ 신용장에서 사본을 요구한 경우 사본 대신에 원본을 제시할 수 있다.

[사례연구 1] 서명을 포함한 photocopy상에 original 스탬프가 찍힌 서류의 원본인정 여부

덴마크 모 인증기관이 발급한 inspection certificate를 요구하고 있는 L/C에서, 부득이한 사정으로 원본 certificate 대신 photocopy 상(서명 포함)에 original 스탬프를 찍은 서류가 제시된다면 과연 원본으로 인정받을 수 있는지 여부?

해설

UCP 600 제17조 c항 iii호의 내용은 다음과 같다.

c. Unless a document indicates otherwise, a bank will also accept a document as original if it:

i. appears to be written, typed, perforated or stamped by the document issuer's hand; or

ii. appears to be on the document issuer's original stationery; or

iii. states that it is original, unless the statement appears not to apply to the document presented.

c. 서류에 다른 명시가 없다면, 은행은 또한 다음과 같은 서류를 원본으로 수리함.

i. 서류 발행인에 의하여 수기(written), 타이핑(typed), 천공(perforated) 또는 스탬프(stamped)된 것으로 나타나는 경우; 또는

ii. 서류 발행인의 원본용지(original stationery) 상에 기재된 것으로 보이는 경우; 또는

iii. 원본(original)이라는 표시가 그 서류에 적용되지 않는 것으로 보이지 않는다면, 서류가 원본(original)이라고 표시되어 있는 경우

따라서 신용장에 "Photocopy of an original document even with original signature or mark is not acceptable"이라는 취지의 조건이 없다면 "Original"이라는 복사가 아닌 실제 마크가 찍힌 Photocopy는 원본으로 간주한다.

그러나 ISBP의 Appendix에서 설명하고 있는 것처럼, " .... a photocopy appears to have been completed by the document issuer's hand marking the photocopy, then ... the resulting document is treated as an original document ...." 즉, 서류의 발행인이 그러한 사본 서류를 완성하고, "Original"이라는 마크를 서류의 발행인이 찍은 것으로 보이면 서류의 원본으로 간주한다.

만일 사본에 찍힌 "Original"이라는 마크가 서류를 발행하지 않은 자가 찍은 것으로 보이면 원본으로 인정되지 않는다.

[사례연구 2] 신용장에서 요구하는 원본의 부수보다 더 많이 발행하여 제시하면?

신용장에서 환어음을 요구하면서 "ONE DRAFT"라고 명시하였다. 통상적인 관행과 은행에 제시하는 환어음의 원본이 2부로 구성된 서식을 한 세트로 작성하여 제시하였는데 지급거절 통보를 받았다. 이것이 하자가 될 수 있는 것인지?

해설

신용장에서 요구되는 서류 중에서 환어음, 선하증권, 보험증권 등은 권리의 양도가 가능한 Negotiable 또는 Assignable document 이므로 원본 전통이 구성된 부수가 중요하다.

신용장에서 "BILL OF LADING IN ONE ORIGINAL" 또는 "INSURANCE POLICY IN DUPLICATE" 등으로 요구하면, "1부로 구성된 원본 선하증권", "2부로 구성된 원본 보험증권"을 발행하여 제시하여야 한다.

환어음도 동일한 경우이다. "ONE DRAFT" 또는 "DRAFT IN ONE ORIGINAL"이라고 요구하면 한 장으로 구성된 원본 환어음을 제시하여야 한다. 우리나라의 환어음법에 환어음을 복본으로 작성해야 한다는 규정은 없다.

제26조 "갑판적재", "송화인의 적재 및 수량확인(내용물 부지약관)"과 운임에 대한 추가비용 ("On Deck", "Shipper's Load and Count", "Said by Shipper to Contain" and Charges Additional to Freight)

a. 운송서류에는 상품이 갑판에 적재되거나(the goods are loaded on deck) 적재될 것(the goods will be loaded on deck)이라는 표시가 없어야 한다. 상품이 갑판에 적재될 수도 있다(the goods may be loaded on deck)는 것을 명기하고 있는 운송서류상의 조항은 수리될 수 있다.

* may는 갑판에 선적되었다는 확실성이 아니기 때문에 거절의 사유가 안 된다.

b. "shipper's load and count(선적인이 적재하고 수량을 계산하였음)"과 "said by shipper to contain(선적인의 내용신고에 따름)"과 같은 조항을 기재하고 있는 운송서류는 수리될 수 있다.

[사례연구] FCL과 LCL선적

LC상에 "SHIPMENT TO BE EFFECTED BY CONTAINER VESSEL"이라는 문구가 있어서 당연히 FCL로 선적해야 한다고 생각했었는데, 이 문구를 언급하고 LCL로 선적해도 하자가 되지 않는 것인지?

그리고 아랫부분에 "B/L SHOWING SHIPPER'S LOAD AND COUNT NOT ACCEPTABLE"이라고 되어있는데, 이것은 FCL로 선적할 때 B/L상에 찍히는 문구로 FCL로는 실지 말라는 의미이어서 LCL로 선적하는 것이 맞는 것인지?

해설

"SHIPMENT TO BE EFFECTED BY CONTAINER VESSEL"은 선적은 컨테이너선박으로 이행되어야 한다는 조건이다. 귀사의 화물만으로 하나의 컨테이너를 Full로 채웠을 때 FCL Cargo라고 하고, 귀사의 화물을 하나의 컨테이너에 모두 채우고 빈 공간이 남는 경우 같은 목적지로 가는 타사의 화물을 함께 채우는 경우를 LCL Cargo라고 한다.

따라서 "SHIPMENT TO BE EFFECTED BY CONTAINER VESSEL"이라는 조건을 FCL이나 LCL하고는 상관이 없으므로 운항선박이 컨테이너 선박이라면 된다.

그런데 "B/L showing shipper's load and count not acceptable"은 선하증권에 "shipper's load and count"라는 문구가 표시되어 있으면 수리되지 않는다는 조건이다.

그런데 운송회사는 상품명세의 앞부분에 "shipper's load and count" 또는 "Said by shipper to contain by the shipper."이라는 문구를 기재하는 것이 정상이다. 따라서 선하증권 상에 이러한 문구를 생략해 줄 수 있는지 사전에 선사에 조회해 보아야 한다. 만일 선사가 안 된다고 하면, 신용장 조건변경을 받아야 한다.

c. 운송서류에는 스탬프 또는 기타의 방법으로 운임에 추가되는 비용을 언급할 수 있다.

해설

운송과 관련하여 운임 이외에 부수적으로 발생하는 비용인 선적비용(Loading Costs), 양륙비용(Unloading Costs), 항만하역노임(Stevedorage), 선창 내 적재비용(Stowage Charge), 화물정리비용(Trimming Charge) 등은 운송관행상 화주가 부담하게 되는 비용이므로 은행은 이러한 추가비용의 표시가 있는 운송서류를 수리한다. 그러나 신용장에서 "Costs additional to the freight charges are not acceptable."이라는 운임추가비용의 금지조항이 있으면 수출상이 제시한 운송서류에는 additional freight cost(추가운임)가 표시되어서는 안 된다.

그러나 이러한 추가적인 운송비용 중에도 신용장에서 금지하고 있다 하더라도 허용되는 추가비용이 있다. ISBP 745 E 27에서는 운송서류에 하역 지연 때문에 발생하거나 물품이 하역된 이후에 부과될 수 있는 다음과 같은 비용들은 추가비용으로 간주하지 않는다.

(1) 체선료(Vessel demurrage) : 선적 또는 하역일수가 약정된 정박기간(Laydays)을 초과하는 경우 용선자에게 지불하는 것으로 하루(1일) 또는 중량톤수 1톤당 얼마를 선주에게 지불하는 비용.
(2) 체화료(Cargo demurrage) : 화주가 허용된 시간(Free Time)을 초과하여 컨테이너를 CY에서 반출해 가지 않을 경우 선박회사에 지불하는 비용.
(3) 컨테이너 반환지연비용(Costs covering the late return of container)

ISBP 745 E 27에서 추가적인 운임으로 보는 비용에는 다음과 같은 것이 있다. 해상운송계약에서 선내 하역인부노임(선내하역임, 船內 荷役賃; stevedorage) 부담조건

① Berth term(Liner term) : 선적시 양하시 모두 선주가 부담, 정기선 개품운송에 많이 사용된다.
② FI(Free In) : 선적시 하주, 양하시 선주가 부담하는 조건이다.
③ FO(Free Out) : 선적시 선주, 양하시 하주가 부담하는 조건이다.
④ FIO(Free In and Out) : 선적 및 양륙시 모두 하주가 부담, 용선계약에 많이 적용된다.
⑤ FIOS(FIO Stowed) : FIO + Stowed(본선내 적부비용) 모두 하주가 부담하는 조건이다.
⑥ FIOST(FIOS Trimmed) : FIOS + Trimming charge(선창내 화물정리비) 모두 하주가 부담하는 조건이다.

* 실무적 유의사항 : 갑판적재, 내용물 부지약관과 운임에 대한 추가비용

① 선하증권에 "The goods are loaded on deck"라는 표시가 있는 경우 신용장에서 허용하지 않으면 수리 거절된다.

② 상품이 갑판에 적재될 수도 있다(the goods may be loaded on deck)는 것을

명기하고 있는 운송서류상의 조항은 수리될 수 있다.

③ "shipper's load and count(선적인이 적재하고 수량을 계산하였음)"과 "said by shipper to contain(선적인의 내용신고에 따름)"과 같은 조항을 기재하고 있는 운송서류는 수리될 수 있다.

④ 운송서류에는 스탬프 또는 기타의 방법으로 운임에 추가되는 비용을 언급할 수 있다.

제27조 무고장 운송서류(Clean Transport Document)

은행은 단지 무고장 운송서류만을 수리한다. 무고장 운송서류는 상품 또는 그 포장의 하자상태를 명백하게 표시하는 조항 또는 단서가 없는 것을 말한다. "무고장(clean)"이라는 단어는 비록 신용장에서 운송서류가 "무고장 본선적재(clean on board)"일 것을 요구하더라도 "무고장(clean)"이라는 단어는 운송서류에 나타날 필요가 없다.

해설

운송서류를 "고장부"로 만들지 않는 부가조항

① Second-hand packaging materials used : 중고 포장재료 사용
② Old packaging materials used : 낡은 포장재료 사용
③ Reconditioned packaging materials : 수리된 포장재료 사용

운송서류를 "고장부"로 만드는 부가조항

① Contents leaking : 내용물 누출
② Used bags in shipment of com-oilseeds : 식용유 선적에서의 "중고 가방"
③ Packaging soiled by contents : 포장이 내용물에 의해서 오염
④ Second handed drums in shipment of fats : 우지(牛脂) 선적에서 중고 "드럼통"
⑤ Packaging broken/holed/torn/damaged : 포장손상
⑥ Some cartons dented in shipment of poultry : 가금(家禽)류 선적에서 "일부 종이상자 훼손"
⑦ Packaging contaminated : 포장오염
⑧ Traces of hooks in shipment of textiles : 직물선적에서 "갈고리 자국"
⑨ Goods damaged/scratched : 상품손상/긁힘
⑩ Paint surface slightly scratched in shipment of motor vehicles : 자동차 선적에서 "도장(塗裝) 칠 훼손"
⑪ Goods chafed/torn/deformed : 상품찰상/찢김/변형
⑫ Slightly rusty in shipment of iron and steel : 철강선적에서 "가벼운 녹슬음"
⑬ Packaging badly dented : 포장이 충격을 받아서 움푹 들어감
⑭ Packaging damaged-contents exposed : 포장손상, 내용물 노출
⑮ Insufficient packaging : 불충분한 포장

* 실무적 유의사항 : 무결함 운송서류

① 신용장에서 'CLEAN'이라는 표시를 B/L상에 하라는 요구를 하고 있어도 'CLEAN'이라는 표시가 없더라도 하자가 아니다.

② 화물에 약간의 결함이 있다는 표시를 하고 있는 B/L은 수리되지 않는다.

제29조 유효기일의 연장 또는 제시를 위한 최종일(Extension of Expiry Date or Last Day for Presentation)의 연장

a. 신용장의 유효기일 또는 제시를 위한 최종일이 제36조(불가항력, Force Majeure)에 언급된 사유 이외의 사유로 제시를 받아야 하는 은행의 휴업일에 해당하는 경우에는, 그 유효기일 또는 제시를 위한 최종일은 경우에 따라 최초의 다음 은행영업일까지 연장된다.

b. 제시가 최초의 다음 은행 영업일에 행해지는 경우에는, 지정은행은 개설은행 또는 확인은행에게 제시가 제29조 (a)항에 따라 연장된 기간 이내에 제시되었다는 설명을 서류송부장(covering letter)에 기재하여야 한다.

[예시문언] "Documents were presented within the time limits extended in accordance with sub-article 29(a) of UCP 600"

c. 선적을 위한 최종일은 제29조 (a)항의 결과로서 연장되지 않는다.

* 실무적 유의사항 : 유효기일 또는 제시기일의 연장

① 신용장에 명시된 유효기일에 조건과 일치하는 서류를 지정은행에 제시하려고 하는데 그 날이 은행의 휴업일인 경우 그 다음의 최초 은행영업일에 제시하면 된다.

② 신용장에 명시된 최종선적기일(Latest date of shipment)까지 상품의 제작과 포장을 완료하고 선적을 하려고 하였지만 그 날이 국가공휴일이라 선적을 할 수가 없어서 그 다음 날에 선적한 경우에는 'Late Shipment'라는 하자사항이 된다.

제30조 신용장 금액, 수량 및 단가의 과부족 허용(Tolerance in Credit Amount, Quantity and Unit Prices)

a. 신용장에 명기된 신용장의 금액 또는 수량 또는 단가와 관련하여 사용되는 "약(about)" 또는 "대략(approximately)"이라는 단어는 그것이 언급하는 금액, 수량 또는 단가의 10%를 초과하지 아니하는 과부족을 허용하는 것으로 해석된다.

b. 만약 신용장이 수량을 포장단위 개수 또는 개개품목의 개수로 명시하지 않고, 어음발행의 총액이 신용장의 금액을 초과하지 않는다면 상품 수량의 5%를 초과하지 아니하는 과부족 편차가 허용된다.

해설

이 규정은 곡물 등의 bulk 화물(석탄이나 석유, 가스, 곡물 등 자연산화 등으로 정확한 수량 측정이 어렵거나 선적시와 하역시 수량에 차이가 날 수 있는 산적화물)의 거래를 원만하게 하고자 하는 의도이다. 그러나 자동적으로 수량의 과부족이 허용된다고 하더라도 환어음 발행금액 또는 청구금액이 신용장 금액을 초과하여서는 안 되며, 이러한 과부족은 수량을 중량단위나 용적단위 또는 길이단위로 표시한 경우에만 적용된다.

* 수량 앞에 Up to 또는 Maximum이 있는 경우에는 최고한도만 정하였으므로 부족편차는 무제한 허용한다(More Case Studies, Case 270).

c. 분할선적이 허용되지 아니하는 경우에도, 만약 신용장에 상품수량이 기재된 경우 전량이 선적되고 신용장에 단가가 기재된 경우 단가가 감액되지 않고 제30조 (b)항이 적용되지 않는다면, 신용장 금액의 5%를 초과하지 아니하는 부족은 허용된다. 이러한 부족은 신용장이 특정한 과부족 편차를 명시하거나 또는 제30조 (a)항에 언급된 표현이 사용된 경우에는 적용되지 않는다.

해설

이 조항은 예컨대 운임, 보험료 등이 확정되지 않은 상태에서 매매계약을 체결하고 신용장이 발행된 경우 선적 후 운임, 보험료가 예상보다 적게 소요되어 신용장금액과 상업송장금액과의 불일치되는 문제를 해소하기 위해 규정하고 있다. 따라서 상기 단서조항이 적용되지 않으면, 단가의 감액없이 상품전량이 선적된 경우, 분할선적이 금지되어 있더라도 신용장 금액의 5% 부족분이 허용된다.

* 실무적 유의사항 : 신용장 금액, 수량 그리고 단가의 허용차

① "약(about)" 또는 "대략(approximately)"이라는 단어는 신용장 금액, 수량, 단가에만 적용하는 것으로 일자, 일수 등에는 적용되지 않는다.

② 분할선적이 금지된 신용장에서 상품의 물량을 5% 적게 선적하고 따라서 서류상의 금액도 신용장금액보다 5% 적게 작성하여 매입시키는 것은 하자가 아니다.

제31조 분할어음발행 또는 분할선적(Partial Drawings or Shipments)

a. 분할어음발행(청구) 또는 분할선적은 허용된다.

b. 동일운송수단으로 동일한 운송구간을 위한 선적을 증명하는 두 세트 이상의 운송서류로 이루어진 제시는, 그 운송서류가 같은 목적지를 표시하고 있다면 비록 이들 서류가 선적일자가 다르고, 적재항과 수탁지 또는 발송지가 다를지라도 분할선적으로 간주되지 않는다. 만약 그 제시가 두 세트 이상의 운송서류로 이루어지는

경우 어느 운송서류에 의하여 증명되는 가장 늦은 최종선적일을 선적일로 본다. 동일한 운송방식 내에서 둘 이상의 운송수단상의 선적을 증명하는 하나 또는 둘 이상의 세트의 운송서류로 이루어진 제시는, 비록 운송수단들이 같은 날짜에 같은 목적지로 향하더라도 분할선적으로 본다.

해설

분할선적으로 간주되지 않는 경우와 간주되는 경우

동일한 항로 상의 동일한 목적지를 향하는 동일한 운송수단으로의 선적임이 확인된 복수의 선적서류가 제시된 경우 선적일, 선적항, 수탁자 및 발송지가 상이하더라도 분할선적으로 간주되지 않는다.

그러나 동일한 우송방법이나, 상이한 운송수단에 의한 선적임이 확인된 복수의 선적서류가 제시된 경우에는 선적일, 선적항, 수탁지 및 발송지가 동일하더라도 분할선적으로 간주된다. 예컨대 인천항에서 일부는 A선박에 선적하고 나머지는 B선박에 같은 일자에 선적되고 하역항이 같은 경우라도 분할선적으로 간주된다. 왜냐하면 각기 다른 선박에 선적되었으므로 같은 날짜에 선적되었더라도 하역항에서 서로 다른 날짜에 도착할 수 있고 수입상 입장에서 각기 다른 선박에서 화물을 받아야 하기 때문이다.

c. 둘 이상의 특송배달수취증, 우편수취증 또는 우편확인서로 이루어진 제시는 만약 그 특송배달수취증, 우편수취증 또는 우편확인서가 같은 특송배달 또는 우편서비스에 의하여 같은 장소, 같은 날짜 그리고 같은 목적지로 스탬프가 찍히거나 서명된 것으로 보이는 경우에는 분할선적으로 보지 않는다.

*** 실무적 유의사항 : 분할청구 또는 분할선적**

① 신용장에 분할선적에 대한 명시가 없는 경우 허용하는 것으로 해석한다.

② 분할선적이 금지되어 있는 신용장에서 선적항과 선적일자는 다르지만 동일한 선박에 선적을 하고 그 선박의 동일한 항차이며 동일한 목적지로 운항하는 경우에는 하자가 아니다.

③ 여러 번에 나누어 선적하고 복수의 선하증권을 발급받은 경우 가장 최근에 선적된 일자로부터 서류제시를 위한 제한기간으로 기산한다.

제32조 할부어음발행 또는 할부선적(Instalment Drawings or Shipments)

신용장에서 일정한 기간 내에 할부에 의한 어음발행(청구) 또는 선적이 신용장에 명시되어 있고 어떠한 할부분이 그 할부분을 위하여 허용된 기간 내에 어음발행 또는 선적되지 못한 경우에는, 그 신용장은 그 할부분과 그 이후의 모든 할부분에 대하여 무효가 된다.

(4) UCP 조항의 실무 활용 사례

1) 매입(Negotiation) 방식의 신용장에서 환어음의 요구가 없을 경우에도 매입이 가능한가?

해설

UCP 600 제2조 정의(Definitions)에서 "매입(Negotiation)은 일치하는 제시에 대하여 지정은행이, 지정은행에 상환하여야 하는 은행영업일 또는 그 전에 대금을 지급함으로써 또는 대금지급에 동의함으로써 환어음(지정은행이 아닌 은행 앞으로 발행된) 및/또는 서류를 매수(purchase)하는 것을 의미한다."라고 규정하고 있으므로 환어음이 없는 매입도 가능하다.

2) 신용장에 다음과 같이 기재된 경우 검사증명서를 발행할 수 있는 당사자는?

46A: Documents Required Certificate of Inspection Issued by an official authority

해설

UCP 600 제3조 해석(Interpretations)에서 "서류의 발행인을 기술하기 위하여 사용되는 '일류의(first class)', '저명한(well known)', '자격 있는(qualified)', '독립적인(independent)', '공적인(official)', '능력있는(competent)' 또는 '현지의(local)' 등과 같은 용어는 수익자 이외의 모든 서류발행인이 서류를 발행하는 것을 허용한다."라고 규정하고 있으므로 상기 예시의 신용장에서는 수익자 이외의 누구라도 검사증명서를 발행할 수 있다.

3) 신용장에서 'Beneficiary must send copy of shipping documents to the applicant within 3 days after B/L Date'를 요구하였고, 수익자는 신용장조건에 일치하는 서류를 제출하였지만 이 조건을 이행하지 않았다면 개설은행은 결제를 거절할 수 있는가?

해설

UCP 600 제14조 서류심사의 기준(Standard for Examination of Documents) h항에서 "신용장이 어떠한 조건을 포함하고 있으면서 그 조건의 일치를 표시하는 서류를 요구하지 않는 경우, 은행은 그러한 조건은 기재되지 않은 것으로 간주하고 이를 무시한다(비서류 조건, Non-documentary conditions의 무시)"라고 규정하고 있기 때문에 개설은행은 결제를 거절할 수 없다.

4) 신용장에서 요구하는 서명은 반드시 자필이어야 하는가?

해설

신용장에서 특별히 자필 서명을 요구하지 않았다면 다양한 서명이 인정된다.

- UCP 600 제3조 해석(Interpretations)

  서류는 자필수기(signed by handwriting), 팩시밀리서명(facsimile signature), 천공서명(perforated signature), 스탬프(stamp), 상징(symbol) 또는 기타 모든 기계적 또는 전자적 인증 방법(any other mechanical or electronic method of authentication)에 의하여 서명될 수 있다.

5) 지급거절통보서의 유효성 여부

Example
Documents have been presented to Normal Presenting Bank in Seoul who has sent them to Main Nominated Bank in Seoul. Main Nominated Bank received them on 23 January (Friday) and gave their refusal message on 2 February.

SWIFT Output : MT734
Sender : Main Nominated Bank
Seoul
Receiver : Normal Presenting Bank
Seoul
20: Senders TRN
MNB1029384756

21: Presenting Bank Ref
NPB0192837465

32A: Date and Amount of Utilisation
Date: 22 January 2015
Currency: USD

Amount: 280,000.00

77J: Discrepancies
+ Bill of Lading not marked Freight Paid
+ Packing list is not signed as required by LC
+ Packing List shows gross weight 1560KG
whereas Bill of Lading shows 1522KG

77B: Disposal of Documents
Return

Is this a valid refusal message given the facts? If not, for what reason(s)?

해설

5영업일 경과로 지급거절통지는 무효임(1월 30일 까지 지급거절 통보해야 유효함)

UCP 600 제16조 d항

d. 제16조 (c)항에서 요구된 통지는 전신(telecommunication) 또는 그것의 이용이 불가능하다면 기타 신속한 수단으로 서류 제시일 다음 날을 기산일로 하여 5은행영업일의 마감시간까지 이행하여야 함.

(5) 국제표준은행관행(ISBP)

1) ISBP의 제정 경위

① 화환신용장거래는 서류의 기재내용이 신용장상의 내용과 일치하는 지의 심사여부에 따라서 관계은행이 대금을 지급하거나 또는 지급거절이 발생되는 조건부 지급확약서이다.

② "화환신용장 하에서 서류의 심사를 위한 국제표준은행관행"(ISBP 645, International Standard Banking Practice)이 ICC(국제상업회의소)에서 제정되어 2003년 1월 1일부터 시행되었다.

③ ISBP의 제정목적은 신용장거래에서 서류 심사의 기준을 전 세계적으로 통일하여 분쟁을 최소화하려는 것이다.

④ 화환신용장거래에서 "일치하는 제시(Complying Presentation)" 여부를 판단하는 3대 기준은 신용장 자체의 조건, 신용장통일규칙(UCP), 국제표준은행관행(isbp)이다.

⑤ UCP에는 서류는 ISBP에 따라 심사되어야 한다고 명기하고 있으므로 UCP 600을

적용하는 신용장에는 ISBP를 적용한다는 문언을 추가할 필요가 없다.

⑥ 이 세상의 모든 관행을 정리하는 것은 불가능하므로 실무에서 가장 많이 등장하는 관행들을 처음으로 200개의 조항으로 선정하여 문서화하였다.

⑦ 제6차 신용장통일규칙(UCP 600)이 2007년 7월 1일 개정·발효됨에 따라, ISBP 645도 이와 보조를 맞추기 위하여 2007년 7월 1일 ISBP 681로 변경되어 185개의 조항으로 구성되었다.

⑧ 2013년 4월 17일 ICC는 그동안 변화에 대응하여 새로운 국제표준은행관행(ISBP 745, 298개 항)을 채택하였다.

2) 전체 항목의 구성

① ICC(국제상업회의소)에서 2002년 최초 승인된 ISBP 645는 200개 항목으로 구성되었다.

② ISBP 645는 일반원칙, 환어음과 만기일 산정방법, 상업송장, 운송서류, 보험서류와 부보, 원산지증명서 등과 같이 신용장통일규칙에서 실무적으로 자세하게 규정하지 못하는 서류 작성 및 해석에 대한 일종의 지침으로 200개 항목을 선정하였다.

③ UCP 600으로 개정되어서 기존의 ISBP 645에서 동일한 내용으로 UCP 600에서 다루어져 있는 부분은 중복을 피하기 위하여 2007년 7월 1일 발효된 ISBP 681에서는 삭제되어 185개 항목으로 편성되었다.

④ UCP 600하에서 서류심사 시 적용되어야 할 ISBP 681이 있기는 하였으나 최근의 국제표준은행관행을 반영하지 못하는 부분이 존재하여 ISBP 745로 2013년 4월 17일 개정되었다.

⑤ 기존 185개 항(ISBP 681)이 298개 항(ISBP 745)으로 확대됨. 기존에 다루지 않았던 포장명세서, 중량명세서와 수익자증명서를 추가하여 실무적으로 많이 요구되는 이러한 서류에 대하여도 명확한 심사기준을 마련하고, 기타 다른 항목도 보완하여 추가하였다.

[표 7-2] ISBP 745 항목별 구성내용

구분	항목	주요 구성내용
사전적 고려사항	i, ii	적용범위
	iii - vii	신용장개설신청과 조건변경신청, 신용장개설과 조건변경
일반원칙	A1-A41	약어, 증명서, UCP 600 제19조~제25조가 적용되는 운송서류의 사본, 정정과 변경, 서류송부나 통지 등에 관한 특송영수증, 우편영수증 및 우편증명서, 일자, 서류와 공간 또는 박스의 기입 필요성, UCP 600에서 운송조항이 적용되지 않는 서류, UCP 600에서 정의되지 않는 표현, 서류 발행자, 언어, 수리적 계산, 오자

구분	항목	주요 구성내용
		나 오타, 여러 쪽으로 구성된 서류와 부속물, 비서류적 조건과 정보의 저촉, 원본과 사본, 하인, 서명, 서류제목 및 결합서류
환어음과 만기일의 산정	B1-B18	기본요건, 기한, 만기일, 은행영업일, 유예기간, 송금지연, 발행과 서명, 금액, 배서, 정정과 변경, 개설의뢰인을 지급인으로 하는 환어음
송장	C1-C15	송장의 제목, 서류의 발행인, 물품/서비스 또는 의무이행의 명세와 송장과 관련되는 기타 일반적 사항, 할부청구와 할부선적
적어도 두 개 이상의 다른 운송방법을 포괄하는 운송서류(복합운송서류)	D1-D32	UCP 600 제19조 적용, 복합운송서류의 발행/운송인/운송인의 확인 및 서명, 본선적재부기/선적일/수령지/발송지/수탁지/선적항/출발공항, 최종목적지/양륙항 또는 도착공항, 원본복합운송서류, 수하인/지시당사자/선적인/배서/통지처, 환적/분할선적과 복수 세트의 복합운송서류가 제시될 때의 제시기간 결정, 무고장 복합운송서류, 물품명세, 목적지 착하인도대리점의 이름과 주소 표시, 정정과 변경, 운임과 추가비용, 복수의 복합운송서류가 제시되어야 하는 물품의 인도
선하증권	E1-E28	UCP 600 제20조 적용, 선하증권 발행/운송인/운송인의 확인과 서명, 본선적재부기/선적일/사전운송/수령지 및 선적항, 양륙항, 원본 선하증권, 수하인/지시당사자/선적인/배서와 통지처, 환적/분할선적과 복수 세트의 선하증권이 제시되었을 때 제시기간 결정, 무고장 선하증권, 물품명세, 양륙항 착하인도대리점의 이름과 주소 표시, 정정과 변경, 운임과 추가비용, 복수의 선하증권이 제시되어야 하는 물품의 인도
비유통 해상화물운송장	F1-F25	UCP 600 제21조 적용, 비유통 해상화물운송장의 발행/운송인/운송인의 확인과 서명, 본선적재부기/선적일/사전운송/수령지와 선적항, 양륙항, 원본 비유통 해상화물운송장, 수하인/지시당사자/선적인/통지처, 환적/분할선적과 복수 세트의 비유통 해상화물운송장이 제시되었을 때 제시기간 결정, 무고장 비유통 해상화물운송장, 물품명세, 양륙항 착하인도대리점의 이름과 주소 표시, 정정과 변경, 운임과 추가비용
용선계약부 선하증권	G1-G27	UCP 600 제22조 적용, 용선계약부 선하증권 서명, 본선적재부기/선적일/사전운송/수령지/선적항, 양륙항, 원본 용선계약부 선하증권, 수하인/지시당사자/선적인/배서와 통지처, 분할선적과 복수 세트의 용선계약부 선하증권이 제시되었을 때 제시기간의 결정, 무고장 용선선하증권, 물품명세, 정정과 변경, 운임과 추가비용, 복수의 용선선하증이 제시되어야 하는 물품의 인도, 용선계약서
항공운송서류	H1-H27	UCP 600 제23조 적용, 항공운송서류 발행/운송인/운송인의 확인/서명, 운송을 위해 수탁된 물품/선적일과 실제선적일자 요건, 출발공항과 도착공항, 원본, 수하인/지시당사자와 통지처, 환적/분할선적 및 복수의 서류가 제시되었을 때 제시기간의 결정, 무고장 항공운송서류, 물품명세, 정정과 변경, 운임과 추가비용
도로, 철도 또는 내수로 운송서류	J1-J20	UCP 600 제24조 적용, 운송인/운송인의 확인/도로, 철도 또는 내수로 운송서류의 서명, 선적지와 목적지, 도로, 철도 또는 내수로 운송서류의 원본과 부본, 수하인/지시당사자와 통지처, 환적/분할선적 및 복수의 도로, 철도 또는 내수로 운송서류가 제시

구분	항목	주요 구성내용
		될 때의 제시기간 결정, 무고장 도로, 철도 또는 내수로 운송서류, 물품명세, 정정과 변경, 운임과 추가비용
보험서류와 부보범위	K1-K23	UCP 600 제28조 적용, 보험서류 발행인/서명/원본, 일자, 보험금액과 비율, 담보위험, 피보험자와 배서, 보험서류의 일반약관, 보험료
원산지증명서	L1-L8	기본요건 및 기능충족, 발행인, 원산지증명서 내용
포장명세서	M1-M6	기본요건 및 기능충족, 발행인, 포장명세서 내용
중량명세서	N1-N6	기본요건 및 기능충족, 발행인, 중량명세서 내용
수익자의 증명서	P1-P4	기본요건 및 기능충족, 발행인, 수익자 증명서 내용
증명서(분석, 검사, 위생, 검역, 수량, 품질)	Q1-Q11	기본요건 및 기능충족, 발행인, 증명서 내용

* 본 교재에서는 이미 각 실무부분에서 해당되는 ISBP 항목을 삽입하여 해설하고 있으므로 여기에서는 사전적 고려사항과 일반원칙 중에서 핵심적인 내용만을 설명하기로 한다.

(6) ISBP 745 일반원칙 해설

PRELIMINARY CONSIDERATIONS(사전적 고려사항)

Scope of the publication(적용범위)

i. 이 간행물(ISBP Publication No.745)은 UCP 600과 관련하여 해석되어야 하며 단독으로(in isolation) 해석되어서는 안 된다.

ii. 이 간행물(ISBP Publication No.745)에 명시된 관행(practices)은 신용장조건(the terms and conditions of the credit)이나 그 조건변경(the amendment)이 명확하게 UCP 600의 해당조항은 변경하거나 배제하지 않은 한도 내에서 UCP 600이 어떻게 해석되고 적용되어야 하는지를 강조한다.

해설

개설은행, 확인은행과 지정은행은 신용장조건에 일치하지 않는 서류의 제시에 대하여 그 일치여부를 판단하기 위하여 오직 ISBP에만 의하여 해석해서는 안 되며, 결제(honour) 또는 매입(negotiation)을 거절하려면 UCP 600 또는 신용장 자체 조건에 근거를 두고 결정해야 한다. ISBP 745는 서류의 심사시에 적용하는 신용장의 조건 및 UCP 600을 해석하기 위하여 보충하는 역할을 하고 또한 참고자료로 이용된다.

The credit and amendment application, the issuance of the credit and any amendment thereto
(신용장 개설신청과 조건변경신청, 신용장의 개설과 조건변경)

iii. 신용장조건과 조건변경은 그 신용장과 조건변경에서 그 기초가 되는 매매계약(sale contract)이나 다른 계약(other contract)을 언급하고 있더라도 그러한 기초계약으로부터 독립된다. 매매계약이나 다른 계약을 체결할 때, 당사자들은 계약이 그에 따라 수행되는 신용장개설신청이나 조건변경신청에 미치는 효과를 숙지하여야 한다.

해설

신용장은 본질적으로 매매계약이나 기타의 계약과는 독립된 별개의 거래이다(UCP 600 제4조 a항). 특히 신용장의 조건에서 그 기초적인 거래를 명시적으로 참조하고 있다 하더라도, 이에 영향을 받지 아니한다. 예컨대 신용장에서 물품 명세에 관하여 "…as per details of pro-forma invoice"라는 참조문언이 있을 경우에는, 은행은 견적송장(pro-forma invoice)이 제시서류로서 요구되어 있지 아니하는 한, 그 내용까지 심사할 의무가 없다(ICC Publication 459, Case No.133).

사례  **신용장에 기재된 계약서 명시 예시**

45A. Descriptions of Goods and/or Service
X-RAY EQUIPMENT AND ACCESSORIES, AS PER CONTRACT NO.579

위의 내용이 명시된 신용장거래에서 신용장에 명시된 "CONTRACT NO.579"의 내용의 이행여부와는 상관없이 제시된 서류가 신용장의 제조건과 일치하는 제시에만 결제 의무가 있다.

iv. 서류심사단계에서 발생하는 많은 문제는 각 당사자가 신용장개설신청이나 조건변경신청, 신용장을 개설하거나 조건변경을 할 때에 상세한 주의를 기울임으로써 회피되거나 해결될 수 있다. 개설의뢰인과 수익자는 제시되어야 하는 필요서류(documents required)의 발행인(issuer of documents)과 기재내용(data contents), 그 제시되어야 할 시기(time frame in which they are to be presented)를 신중하게 고려하여야 한다.

해설

신용장의 서류심사에 관한 대부분의 문제들은 매도인과 매수인 간의 기초적인 매매계약서, 개설의뢰인과 개설은행간의 신용장 개설신청서 및 개설은행과 수익자 간에 통지되는 신용장 자체의 세부적인 기재사항에 대한 사전의 신중한 주의만으로도 그 위험을 회피하거나 해결할 수 있을 것이다.

실무적으로 신용장의 개설신청서(application for the documentary letter of credit)를 최초로 작성한 개설의뢰인(수입상)이 개설신청서를 수익자(수출상)에게 먼저 송부하여 그 내용을 상호 점검하는 절차를 취함으로서 신용장의 기재내용이 잘못 명시되어 개설되는 것을 신용장개설은행의 개설 이전에 방지할 수 있을 것이다. 그럼에도 불구하고 만일 이미 개설되어진 신용장에 명시된 조건이 계약내용과 상위한 경우에, 수익자(수출상)는 신용장조건변경을 요구하거나, 신용장에 기재된 조건의 위험을 부담하고 신용장조건을 이행하거나, 계약내용과 다르게 기재된 신용장을 무시하고 선적을 이행하지 않고 계약위반을 사유로 준거법 등 계약서의 기재내용에 따라서 수입상에게 배상을 요구할 수 있을 것이다.

ⅴ. 개설의뢰인(applicant)은 신용장의 개설(issue)이나 조건변경(amend)에 관하여 지시를 모호하게 함으로써 발생하는 위험을 부담한다. 개설은행은 개설의뢰인이 달리 명시적으로 지시하지 않는다면 신용장이나 그 조건변경의 사용을 가능하게 하는 데 필요하거나 바람직한 방향으로 그러한 지시를 보완(supplement)하거나 개선(develop)할 수 있다. 개설은행은 자신이 개설하는 신용장이나 조건변경에 포함되는 조건이 모호하거나(ambiguous) 상충되지(conflicting) 않도록 하여야 한다.

해설

만약 개설신청서에 불명확한 내용으로 인한 분쟁이 발생하면 원칙적으로 개설의뢰인의 책임이다. 개설은행은 신용장개설신청서에 불명료한 부분이 있으면 개설의뢰인과 상의를 하여 신용장 내용을 정확한 문언으로 수정하고 전문적인 용어는 정리하여 신용장을 개설하여야 한다.

사례  **수입신용장 개설시 무역거래조건과 관련한 주요 오류사례**

1. FOB 조건에서 AWB을 요구하는 경우
   ⇒ 해상 운송에만 사용 가능한 조건이므로 B/L이 요구되어야 옳음.
2. 수입신용장에서 'CIF Kimpo Airport'로 표기하는 경우
   ⇒ 해상 운송에만 사용 가능한 조건이므로 Incheon Port 또는 Busan Port 등의 도착지 항구로 표기되어야 옳음.
3. 수입신용장에서 'FOB Busan Port'로 표기하는 경우
   ⇒ 외국 Seller가 운임을 부담하지 않는 조건이므로 외국 출발지의 항구 명칭이 표기되어야 옳음.
4. 수입신용장에서 'CIF New York Port'로 표시하는 경우
   ⇒ 외국 Seller의 운임부담 종료지점인 국내 도착지의 항구 명칭이 표기되어야 옳음.
5. FOB 조건에서 운송서류에 'Freight Prepaid'로 표기하도록 요구하는 경우
   ⇒ Buyer가 운임을 부담하는 조건이므로 'Freight Collect'로 표기하도록 요구되어야 옳으며, Seller가 운임을 부담하는 조건인 CFR 및 CIF 조건에서는 'Freight

Prepaid'로 표기하도록 요구해야 옳음.
6. CIF 조건에서 신용장상에 보험서류의 제시 조항을 명시하지 않는 경우
⇒ Seller가 보험에 가입하여야 하는 조건이므로 반드시 보험서류의 제시 조항이 명기되어야 함.

vi. 개설의뢰인과 개설은행은 UCP 600의 내용을 충분히 숙지하여야 하고, 제3조(해석), 제14조(서류심사의 기준), 제19조(적어도 두 가지 이상의 운송방법을 포괄하는 운송서류), 제20조(선하증권), 제21조(비유통 해상화물운송장), 제23조(항공운송서류), 제24조(도로, 철도 또는 내수로 운송서류), 제28조 (i)항(보험서류와 부보범위), 제30조(신용장 금액, 수량 그리고 단가의 허용치) 및 제31조(분할어음발행 또는 분할선적) 조항들이 예상하지 못한 결과를 초래할 수 있는 방법으로 용어를 규정하고 있음을 인식하여야 한다. 예를 들어, 선하증권의 제시를 요구하면서 환적(transhipment)을 금지시키는 신용장은, 대부분의 경우 환적이 금지되도록 유효하기 위해서는 UCP 600 20조 (c)항 적용을 배제시켜야 한다.

해설

신용장통일규칙상의 서류요건에 관한 조항들은 일반원칙을 규정하는데 목적이 있으나, 이들 규정의 전후에는 "unless otherwise stipulated", "provided that", "however", "even if", "notwithstanding" 등의 특수한 사정을 전제한 경우도 포함하고 있다. 따라서 개설의뢰인과 개설은행은 이들 규정을 충분히 이해하지 아니하면, 기대되지 아니한 반대의 결과를 가져올 수 있다는 점에 유의하여야 한다.

사례 

UCP 600 제20조 c항 ii에서는 선하증권을 요구하면서 환적을 금지하더라도 화물이 컨테이너에 선적되고 하나의 동일한 선하증권이 전체 항정(entire carriage)을 커버하면 허용된다고 규정하고 있다. 따라서 화물이 컨테이너에 선적되면 환적이 허용되므로 개설신청인은 이 조항의 적용을 배제하여야만 컨테이너에 선적되더라도 환적을 실제로 금지할 수 있다.

개설신청인이 환적을 금지하는 것을 원할 경우 SWIFT 신용장에 기재하는 예는 다음과 같다.

47A : Additional Conditions UCP 600 SUB-ARTICLE 20 (C) ii DOES NOT APPLY.

vii. 신용장이나 그 조건변경은 개설의뢰인이 발행하거나 서명 또는 부서(countersigned)

하여야 하는 서류를 제시하도록 요구하여서는 안 된다. 그럼에도 그러한 조건을 내포하는 신용장이 개설되거나 조건변경이 된 경우에 수익자는 그러한 요구조건의 적절성(appropriateness)을 고려하여야 하고 그것을 준수할 수 있는지를 결정하거나 적절한 조건변경(a suitable amendment)을 모색하여야 한다.

해설

신용장은 반드시 소정의 서류가 은행에 제시되고 문면상 그 조건과 일치하는 경우에 개설은행이 지급한다는 확약을 구성한다. 또 UCP는 신용장의 첨부 서류에 대하여는 어떠한 제한도 두고 있지 않다. 따라서 수익자가 수출국가의 물리적인 사정이나 또는 개설의뢰인의 적극적인 협조 없이는 제시기일내의 조달이 어려운 서류, 예컨대 "certificate of receipt signed by the purchaser" 등을 명시한 신용장을 승낙한 경우의 위험은 전적으로 수익자 스스로 부담하여야 한다(ICC Publication 459, Case No.19).

GENERAL PRINCIPLES(일반원칙)

Abbreviations(약어)

A 1. 예를 들어, 'International' 대신에 'Int'l', 'Company' 대신에 'Co.', 'kilograms' 대신에 'kgs'나 'kos' 또는 'kilos', 'Industry' 대신에 'Ind.', 'Limited' 대신에 'Ltd', 'manufacturer' 대신에 'mfr' 혹은 'metric tons' 대신에 'mt'와 같이(그러나 이러한 예시에 한정되지는 않음) 일반적으로 승인되는 약어는 서류에서 원래의 단어 대신에 사용될 수 있으며 그 반대로 사용될 수도 있다. 그 문면에 약어를 내포하는 신용장은 동일한 약어가 나타나거나 동일한 의미를 갖는 다른 약어가 나타나는 서류나 그 약어의 원래 단어가 나타나는 서류 또는 그 반대의 서류를 허용한다.

해설

일반적으로 알려진 약어와 완전한 단어를 바꾸어 사용하는 것은 하자가 아니다. 그러나 서류를 작성할 때나 이를 최초로 심사하는 은행은 신용장에 명시된 단어를 그대로 사용하는 것이 바람직하다. 신용장에서 요구되어진 상업송장의 수하인 명의에 "Limited"를 대신하는 "Ltd."의 약어가 누락된 경우(ICC Publication 632, R. 186), 또는 신용장에서 운송관계서류의 발행인을 "××× S.R.L."이라는 약어로 요구하였으나 이와 다른 약어인 "××× S.P.A."로 제시된 경우(Ibid., R. 116) 등은 불일치한 것으로 본다.

사례

신용장에서 약어를 사용하는 경우에 제시되는 서류에는 ① 신용장에 기재된 약어를 동일하게 기재하거나, ② 동일한 의미를 갖는 다른 약어로 기재하거나, ③ 신용장에 기재된 약어의 원래 단어를 기재해도 된다.

예컨대, 신용장에서 상업송장을 의미하는 약어인 'CI'로 기재된 경우에 제시되는 서류에는 ① 신용장에 기재된 약어인 'CI'를 동일하게 기재하거나, ② 동일한 의미를 갖는 다른 약어인 'C Inv'로 기재하거나, ③ 신용장에 기재된 약어의 원래 단어인 'Commercial Invoice'를 기재해도 된다.

A 2. a. 사선부호(즉 "/")는 상이한 의미를 낳을 수 있으므로 단어 대신에 사용되어서는 안 된다. 그럼에도 사선부호가 사용되었고, 문맥상 그 의미가 불명하다면, 이는 하나 또는 둘 이상의 선택지가 허용된다는 의미를 갖는다. 예컨대, 신용장에 "Red/Black/Blue"라고 명시되고 명확화를 위한 더 이상의 정보가 표시되지 않은 조건은 적색, 흑색 또는 청색의 단색만을 의미하거나 3자의 모든 가능한 조합을 의미한다.

해설

서류의 표현에서 사선부호 "/'는 "and", "or", "of" 등의 여러 가지 의미로 사용될 수 있기 때문에, 그 사용관계가 명백하지 아니하는 한, 이를 어떠한 단어의 대체어로서 사용하지 말 것을 권고하고 있다. 이러한 부호가 사용된 경우에는, 은행은 그 의미에 관하여 판단하지 아니하고 수리할 수 있다.

b. 복수의 선적항이나 양륙항, 복수의 원산지국과 같이 신용장에 일정한 범위의 정보를 표시하면서 쉼표(",")를 사용한다면 상이한 의미를 낳을 수 있으므로 쉼표는 단어 대신에 사용되어서는 안 된다. 그럼에도 쉼표가 사용되었고 문맥상 그 의미가 불분명하다면, 이는 하나 또는 둘 이상의 선택지가 허용된다는 의미를 갖는다. 예컨대, 신용장에서 분할선적을 허용하면서 선적항에 관한 정보를 "Hamburg, Rotterdam, Antwerp"로 명시하고 명확화를 위한 더 이상의 정보가 표시되지 않은 경우에 이는 Hamburg, Rotterdam, Antwerp 중 하나의 항구만을 의미하거나 3자의 모든 가능한 조합을 의미한다.

Certificates, Certifications, Declarations and Statements(증명서, 표명서 및 진술서)

A 3. 신용장에 의하여 증명서(Certificates, Certifications), 표명서(Declarations) 또는 진술서(Statements)가 요구되는 경우에, 이 서류는 서명되어야 한다.

해설

UCP 600과 ISBP 745에서는 증명서(Certificates, Certifications), 표명서(Declarations) 또는 진술서(Statements)의 용어를 구분하지는 않는다. ISBP 745에서는 각 국가 또는 법원에서 의미의 구분없이 동일한 의미를 다른 용어로 사용하는 관행을 반영하고 있다.

A 4. 증명서, 표명서 또는 진술서에 일자가 표시되어야 하는지 여부는 요구된 당해 증명서, 표명서 또는 진술서의 종류, 그에 기재되어야 하는 문구 및 그 서류에 나타나는 문구에 의존한다.

예컨대, 신용장에서 운송인이나 그 대리인에 의하여 서명되고 선박의 선령이 25년 이하(the vessel is no more than 25 years old)라고 기재된 증명서를 요구할 때, 이 증명서는 다음과 같은 경우에 이러한 신용장조건을 충족할 수 있다.

a. 선박이 건조된 일자 또는 연도가 표시되고 그러한 일자 또는 연도가 선적일이나 선적이 완료된 연도보다 25년 이내의 과거 일자 또는 연도인 경우, 또는

b. 발행일이 표시되어야 하는 증명서의 경우에는, 증명서에 신용장에 명시된 문구가 표시되어 있고 이러한 표시가 그 증명서의 발행일을 기준으로 선박의 선령이 25년 이하라고 증명하는 경우

A 5. 증명서, 표명서 또는 진술서가 서명되고 일자가 표시되어야 하는 경우에 그 증명서, 표명서 또는 진술서를 발행하고 그에 서명한 자와 동일한 자가 그러한 증명, 표명 또는 진술을 한 것으로 보이는 때에는 별도의 서명이나 일자표시가 필요 없다.

Copies of transport documents covered by UCP 600 articles 19~25(UCP 600 제19조~25조가 적용되는 운송서류의 사본)

A 6. a. 신용장에서 UCP 600 제19조~제25조의 적용을 받는 운송서류의 사본(copy)을 제시하도록 요구하는 경우에, 각 해당 조항은 적용되지 않는다. 이러한 조항들은 오직 원본(original) 운송서류에만 적용되기 때문이다. 사본 운송서류는 신용장에 명시적으로 명시된 한도 내에서만 심사되어야 하고, 다른 명시가 없다면 UCP 600 제14조 제f항에 따라 심사되어야 한다.

b. 운송서류의 사본(copy)에 나타나는 정보는, 신용장과 당해 서류 및 ISBP의 맥락에서 해석할 때(when read in context), 그 서류 또는 기타 명시된 서류 또는 신용장에 기재된 정보와 동일(identical)할 필요는 없으나 그와 저촉(conflict)되어서는 안 된다.

c. UCP 600 제19조~제25조의 적용을 받는 운송서류의 사본(copy)은 다른 명시가 없는 경우에 적용되는 UCP 600 제14조 제c항에 규정된 달력상 21일(21 calendar days)간의 제시기간이나 신용장에 명시된 제시기간의 제한을 받지 아니하되, 다만 신용장에서 그러한 제시기간의 결정을 위한 기초를 명백하게 명시하는 때에는 그러하지 아니하다. 신용장에 다른 명백한 명시가 없다면, 그 제시는 언제든지 할 수 있으나, 어떠한 경우에도 신용장의 유효기일(expiry date) 이전에 하여야 한다.

Correction and alteration ("correction")(정정과 변경)("정정")

A 7. a. ⅰ. 수익자가 발행하는 서류상 정보의 정정(any correction of data)은, 환어음을 제외하고는(B16항 참조), 인증될(authenticated) 필요가 없다.

ⅱ. 수익자가 발행한 서류가 공증(legalized), 사증(visaed), 공인(certified) 등이 이루어지는 경우에, 정보의 정정은 그 서류에 그러한 공증, 사증, 공인 등을 행한 자 중의 최소한 어느 하나에 의하여 인증되어야 한다. 그러한 인증은 그 이름이 포함된 스탬프를 사용하는 방법에 의하거나 그 서명(signature)이나 약식서명(initials)과 함께 인증자의 이름을 추가하는 방법에 의하여 정정을 인증하는 자의 이름을 표시하여야 한다.

b. ⅰ. 수익자가 발행하는 서류 이외의 서류상 정보의 정정은 발행인이나 그의 대리인 또는 수탁인에 의하여 인증된 것으로 보여야 한다. 그러한 인증은 그 이름이 포함된 스탬프를 사용하는 방법에 의하거나 그 서명이나 약식서명과 함께 인증자의 이름을 추가하는 방법에 의하여 정정을 인증하는 자의 이름을 표시하여야 한다. 대리인이나 수탁인(proxy)에 의한 인증의 경우에, 그 발행인의 대리인 또는 수탁인으로서의 자격이 기재되어야 한다.

ⅱ. 수익자가 발행하는 서류 이외의 서류가 공증, 사증, 공인 등이 이루어지는 경우에, 정보의 정정은, A7(b)(ⅰ)항의 요건에 추가하여, 그 서류에 그러한 공증, 사증 또는 공인 등을 행한 자 중의 최소한 어느 하나에 의하여 인증되어야 한다. 그러한 인증은 그 이름이 포함된 스탬프를 사용하는 방법에 의하거나 그 서명이나 약식서명과 함께 인증자의 이름을 추가하는 방법에 의하여 정정을 인증하는 자의 이름을 표시하여야 한다.

c. 사본서류(copy document)는 어떠한 정보의 정정도 인증될 필요가 없다.

A 8. 수익자가 발행하는 서류 이외의 서류가 둘 이상의 정정을 내포하는 경우에, 각 정정은 각기 별도로 인증되거나 단일의 인증을 하면서 그것이 모든 정정에 적용된다고 표시하여야 한다. 예컨대, XXX가 발행한 서류가 3곳에서 정정되면서 1, 2 및 3이라는 번호가 부여된 경우에, "Correction number 1, 2 and 3 authenticated by XXX"(정정번호 1, 2 및 3번은 XXX에 의하여 인증됨)과 같은 문구 또는 그와 유사한 문구는 XXX의 서명 또는 약식서명이 붙어 있다면 인증에 부과되는 요건을 충족한다.

A 9. 단일한 서류 내에 복수의 글자체(multiple type styles)나 복수의 글자크기(multiple font sizes), 복수의 육필(multiple handwriting, 수기)이 사용된 것은 그 자체만으로는 정정을 의미하지 않는다.

해설

동일한 서류상에 여러 가지의 활자체나 활자크기 또는 수기를 병용하여 작성한 것만으로는 이를 수정이나 변경으로 간주하지 아니한다. 예컨대 물품의 인도수령증(delivery acceptance report)에 신용장번호가 어떠한 인증 없이 수기로 추가되었더라도 이를 하자로 보지 아니한다(ICC Publication 632, R. 142).

Courier receipt, post receipt and certificate of posting in respect of the sending of documents, notices and the like(서류송부나 통지 등에 관한 특송영수증, 우편영수증 및 우편증명서)

A 10. 신용장에서 서류(documents)나 통지(notices) 등을 발송한 증빙서류로서 특송영수증(Courier receipt), 우편영수증(Post receipt) 및 우편증명서(Certificate of posting) 형식의 서류를 제시하도록 요구하는 경우에, 그러한 서류는 오직 신용장에 명시적으로 명시된 범위 내에서만 심사되어야 하며, 그러한 명시가 없다면 UCP 600 제25조가 아닌 UCP 600 제14조 제f항에 따라 심사되어야 한다.

Dates(일자)

A 11. a. 신용장에서 명시적으로 다음과 같이 요구하지 않는 경우에도:

i. 환어음에는 발행일이 표시되어야 한다.

ii. 보험서류에는 K10(b)항과 K11항에 반영되어 있는 발행일이나 보험담보의 효력이 개시되는 일자가 표시되어야 한다. 그리고

iii. UCP 600 제19조~제25조의 적용을 받는 원본 운송서류(original transport documents)는 각기 해당되는 발행일(a date of issuance), 일자가 기재된 본선적재부기(a dated on board notation), 선적일(a date of shipment), 선적을 위한 수령일(a date of receipt for shipment), 발송일(a date of dispatch) 또는 운송일(a date of carriage), 수탁일(a date of taking in charge) 또는 수거일(a date of pick up) 또는 수령일(a date of receipt)이 표시되어야 한다.

b. 환어음(draft)이나 보험서류(insurance document) 또는 원본 운송서류(original transport document) 이외의 서류에 일부(日附)(be dated)가 요구되는 경우에, 이는 그 서류의 발행일을 표시하는 방법이나 그 서류에 당해 제시에서 함께 제시되는 다른 서류에 기재된 일자를 참조하는 방법(예컨대, 운송이나 그 대리인이 발행한 증명서에 "date as per bill of lading number xxx"라고 기재함) 또는 사건의 발생일을 표시하고 있는 첨부된 서류상에 나타나는 일자(예컨대, 검사증명서상에 검사증명일을 표시한 경우에는 별도로 발행일을 표시하지 않아도 됨)로 충족된다.

해설

신용장에서 포장명세서(packing list) 등 기타 서류에 대한 일자를 요구하지 아니한 경우에는, 그 서류에 일자가 없더라도 이는 하자로 보지 아니한다(ICC Publication 535, Case No. 22; Publication 632, R. 147). 기타 서류(other documents)에 일자가 요구되는지의 여부는 당해 서류의 성질과 내용에 달려 있다(Ibid., R. 146). 환어음, 운송서류, 보험서류는 신용장에서 일자표시를 요구하지 않더라도 일자표시를 하여야 한다. 세가지 서류 이외의 서류에 일자표시를 요구하였다면 함께 제시되는 다른 서류의 일자를 참조하라는 표시를 함으로써 일자 표시를 대신할 수 있다(즉, 선적증명서에 선하증권 번호를 인용하면서 선하증권 일자를 발행일자로 한다고 표시).

A 12. a. 분석증명서(certificate of analysis), 검사증명서(inspection certificate) 또는 훈증증명서(fumigation certificate)와 같은 서류(이러한 서류에 한정되지 않음)는 선적일 이후의 발행일이 표시될 수 있다.

b. 신용장에서 선적전에 일어나는 사건을 증빙하는 서류(예컨대 "pre-shipment inspection certificate, 선적전 검사증명서")를 요구하는 경우에, 이 서류는 그 제목이나 내용 또는 발행일에 의하여 해당 사건(예컨대, 선적)이 선적일이나 그 전에 발생한 것으로 표시되어야 한다.

c. 신용장에서 "검사증명서(inspection certificate)"와 같은 서류(이러한 서류에 한정되지 않음)를 요구하는 경우에, 이러한 조건은 선적전검사를 증빙하는 서류를 요구하는 것이 아니며, 선적일 전의 일자로 일부(日附)(be dated)될 필요가 없다.

해설

검사증명서 등 신용장에 요구된 모든 서류는 선적일자 이후에 발행된 것도 무방하지만, 신용장에서 선적전의 사실(예컨대 선적전 검사증명서)을 입증하는 서류를 요구하는 경우에는, 반드시 서류상의 제목이나 내용상 그 사실이 선적일자의 이전이나 당일에 행하여졌다는 것이 나타나 있어야 한다.

예컨대 품질증명서나 식물위생증명서(phytosanitary certificate), 원산지증명서 등은 선적일자 이후의 발행일자를 명시하여도 무방하지만(ICC Publication 632, R. 86; Publication 535, Case No. 22), 선적전 검사증명서나 보험증명서 등은 선적일자의 이전이나 당일까지의 검사일자가 없거나 이때부터의 소급보험에 관한 언급 없이 선적일자 이후의 발행일자만을 명시하면 하자로 본다(ICC Publication 535, Case No. 21; Publication 632, R. 214; UCP 500 제34조 e항). 다만 어떠한 경우에도 서류는 제시일자 이후의 발행일자를 명시하여서는 안 된다. 이는 종전의 ICC 의견에 의하면 상업송장의 발행일자가 그 발송일자 이후로 기재된 경우를 단순한 오·탈자에 의한 사무착오로 보고 수리하도록 하는 입장과는 차이가 있다(ICC Publication 489, Case No. 231).

A 13. 서류의 작성일자(date of preparation)와 그 후의 서명일자(date of signing)를 표시하고 있는 서류는 서명일자에 발행된 것으로 간주한다.

해설

서류가 작성되고 나서 그 후의 일자에 서명된 경우 나중의 서명일자를 서류 발행일자로 간주한다. 예컨대 상업송장의 작성일자(2014년 1월 26일)와 서명일자(2014년 1월 27일)가 서로 다른 경우에는 서명일자인 2014년 1월 27일을 발행일자로 간주한다.

A 14. a. 신용장에서 어떤 일자나 사건의 전후 기간을 표시하는 문구가 사용된 경우에, 다음의 규칙이 적용된다.

i. "(일자 또는 사건) 후 2일 이전에"[not later than 2 days after (date or event)]라는 문구는 최종일자(latest date)를 의미한다. 통지나 서류가 그에 명시된 일자나 사건 전의 일자로 일부(日附, to be dated)되지 않아야 한다면 신용장에서 이를 명시하여야 한다.

예 not later than 2 days after shipment date, May 25, 2013
⇒ 사건발생일(즉 선적일)인 2013년 5월 25일 이후 늦어도 2일 이내이므로, 결국 2013년 5월 27일이 최종일 내지 마감일임을 의미한다.
만약 신용장거래에서 서류제시기간을 선적일 이후 30일부터 선적일 이후 40일까지로 하려는 경우에는 "Presentation should be made after 30 days after shipment date but not later than 40 days after shipment date" 또는 이와 유사한 내용의 조건을 명시하여야 한다.

ii. "(일자 또는 사건)보다 최소한 2일 이전에"[at least 2 days before (date of event)]라는 문구는 당해 행위나 사건이 그러한 일자나 사건보다 2일 이전에 발생하여야 함을 의미한다. 얼마나 빨리 그것이 발생하여야 하는 지에 대한 제한은 없다.

예 Copy of shipping documents should be sent to applicant at least 2 days before shipment date ⇒ 선적일이 5월 25일이라면 선적서류의 사본은 5월 23일 전에 개설의뢰인에게 송부되어야 하며 얼마나 빨리 발생하느냐에 대한 제한은 없기 때문에 선적일 이전에 서류를 송부하여도 된다.

b. i. 기간을 산정할 때에, 일자나 사건과 관련하여 사용된 "내"(within)라는 단어는 그에 지칭된 일자나 사건발생일을 기간의 계산에서 배제한다. 예컨대, "(일자 또는 사건)으로부터 2일 내"[within 2 days of (date or event)]라는 문구는 그러한 일자나 사건발생일부터 2일 전부터 그러한 일자나 사건발생일로부터 2일 후까지 5일간의 기간을 의미한다.

예 within 2 days of May 25, 2013 ⇒ 5월 23일부터 5월 27일 까지 총 5일간의 기간을 의미한다.

ii. 특정한 일자 앞에 있거나 결정이 가능한 일자나 사건을 언급하는 문구 앞에 있는 "내"(within)라는 단어는 그러한 일자나 사건발생일을 포함한다. 예컨대, "5월 14일 내에 제시되어야 한다"("presentation to be made within 14 May")는 문구나 신용장의 유효기일이 5월 14일인 경우에 "신용장의 유효기간 내에 제시되어야 한다"[presentation is to be made within credit validity (or credit expiry)]는 문구는 5월 14일이 은행영업일이라는 전제하에 5월 14일이 제시가 허용되는 기간의 최종일임을 의미한다.

예 presentation is to be made within 14 May ⇒ 제시는 해당일자를 포함하는 5월 14일까지 이루어지면 된다는 의미이다.

A 15. "부터"(from)와 "후"(after)라는 단어는 선적일이나 어떤 사건의 일자 또는 서류의 일자에 연계되어 만기일(maturity date)이나 제시기간(period for presentation)을 결정하는 데 사용된 경우에는 기간을 산정할 때 그에 지칭된 일자를 배제한다. 예컨대, 선적일 후 10일(10 days after the date of shipment) 또는 선적일로부터 10일(10 days from the date of shipment)이라는 문구는 만약 선적일이 5월 4일이라면 5월 14일을 의미한다.

A 16. 의도된 일자를 당해 서류로부터 또는 당해 제시에 포함된 다른 서류로부터 결정할 수만 있다면 일자는 어떤 형태로 표현되어도 무방하다. 예컨대, 2013년 5월 14일은 14 May 13, 14.05.2013, 14.05.13, 2013.05.14, 05.14.13,

130514 등으로 표현될 수 있다. 애매모호함의 위험을 피하기 위하여, 월(the month)은 문자(in words)로 표기하도록 권장된다.

해설

일자는 미국식(MM/DD/YY)이든 영국식(DD/MM/YY)이든 동일한 일자로서 의혹이 없는 한, 서류 상호간의 기재방법이 다르더라도, 신용장조건의 불일치로 볼 수 없다. 다만 오해의 소지가 있을 경우, 은행은 서류상의 다른 내용과 제시를 연결하여 동일한 일자인지를 판단하여야 한다(ICC Publication 632, R. 56).

SWIFT로 개설 및 조건변경되는 신용장은 일자를 표시하는 경우에 'YYYY/MM/DD'의 형태로 표시한다.

Documents and the need for completion of a box, field or space(서류와 공란 또는 박스의 기일 필요성)

A 17. 서류에 정보의 기입을 위한 공란(field or space)이나 박스(box)가 있더라도 그러한 공란 또는 박스가 반드시 기입되어야 하는 것은 아니다. 예컨대, 항공화물운송장(air waybill)에 일반적으로 발견되는 "Accounting Information"이나 "Handling Information"이라는 제목의 공란은 어떠한 사항도 기입되지 않을 수 있다. 공란이나 박스에 서명이 나타나야 한다는 점에 관하여는 A 37항을 참조하라.

해설

서류에 공란이나 박스가 있는 경우에 그런 공란이나 박스가 반드시 기재되어야 하는 것은 아니다. 신용장에서 요구하지 않은 경우에는 그 공란이나 박스는 기재하지 않아도 된다. 이와 관련하여 특히 유의할 내용은 상업송장상의 공란이나 박스에는 신용장이나 UCP 600에서 요구하지 않는 공란이나 박스가 많아서 작성자가 그 항목을 기재할 때 실수로 잘못 기재하는 경우에 상업송장과 선하증권 서류 간 정보저촉으로 하자를 통보받는 경우가 있을 수 있다. 예컨대 국내에서 사용하고 있는 상업송장 양식에 선적항, 최종목적지, 통지처, 선박의 명칭, 본선적재일, 신용장개설은행의 명칭 등의 공란이나 박스는 신용장에서 요구하지 않은 경우에는 기재하지 않아도 하자가 아니며, 이러한 항목을 잘못 기재함으로써 서류상 정보저촉의 사유로 지급거절 통지를 받을 수도 있다.

Documents for which the UCP 600 transport articles do not apply(UCP 600의 운송조항이 적용되지 않는 서류)

A 18. a. 예컨대 인도명세서(Delivery Note), 인도지시서(Delivery Order), 화물수령증(Cargo Receipt), 운송주선인 수취증명서(Forwarder's Certificate of

Receipt), 운송주선인 선적증명서(Forwarder's Certificate of Shipment), 운송주선인 운송증명서(Forwarder's Certificate of Transport), 운송주선인 화물수취증(Forwarder's Cargo Receipt), 본선수취증(Mate's Receipt, 선장수취증) 등과 같이 물품운송과 관련하여 일반적으로 사용되는 서류는 UCP 600 제19조 내지 제25조에 정의된 바의 운송서류에 해당하지 아니한다. 이러한 서류들은 신용장에서 명시적으로 명시하는 한도 내에서만 심사되어야 하고, 그러한 명시가 없다면 UCP 600 제14조 (f)항에 따라 심사되어야 한다.

b. ⅰ. A 18. (a)항에 관련된 서류의 경우에는 선적일 후 일정한 기간 내에 제시되어야 한다는 신용장의 조건이 무시되고, 언제든지 제시되어도 무방하나 반드시 신용장의 유효기일(expiry date) 이전에 제시되어야 한다.

ⅱ. 다른 명시가 없는 경우에 적용되는 UCP 600 제14조 (c)항에 규정된 달력상 21일간의 제시기간은 UCP 600 제19조~제25조의 적용은 받는 하나 또는 둘 이상의 원본 운송서류를 포함하는 제시의 경우에만 적용된다.

c. A 18. (a)항에 관련된 서류에 적용되는 제시기간에 관하여는, 신용장에서 당해 서류의 발행일이나 당해 서류에 기재되는 어떤 일자 후 일정한 기간 내에 제시되어야 한다[예컨대, 신용장에서 화물수령증이라는 명칭의 서류를 제시하도록 요구하는 경우에, "서류는 화물수령증의 발행일 후 10일 이내에 제시되어야 한다"(documents to be presented no later than 10 days after the date of the cargo receipt)]고 명시하여야 한다.

해설

UCP 600 제14조 (c)항에 의하면 서류의 제시는 선적일자 후 신용장에서 명시한 일정기간 안에 제시되어야 하고 그러한 명시가 없는 경우에는 선적일자 후 21일 내에 제시되어야 하는데, 이 규칙을 적용하기 위하여 상기의 서류들에 기재된 일자를 취하지 않는다.

그러므로 이러한 서류들은 UCP 600 제14조 (f)항에 따라서 심사된다. 전술한 유사 운송서류(운송계약을 증명하는 서류도 아니고 UCP 600 제19조~제25조에서 규정한 운송서류가 아닌 운송서류)들은 운송계약의 증거가 될 수 없기 때문에, 이를 운송서류에 포함시키지 아니하고 있다. 이들 서류는 선적일자 이후의 지정된 제시기일 내에 제시할 서류로서 심사하는 것이 아니라(UCP 600 제14조 c항 참조), 다른 서류와 모순되지 아니하는 한 제시된 대로 수리할 기타 서류로서 심사하여야 한다(UCP 600 제14조 f항 참조).

다만 그 제시는 어떠한 경우에도 신용장의 유효기일을 초과할 수 없다. 즉, 전술한 유사 운송서류들을 운송서류로 간주하려면 신용장상에 그러한 취지와 어느 일자를 선적일자로 볼 것인지(발행일자 또는 화물수취일자)를 신용장상에 명시하여야 한다.

Expressions not defined in UCP 600(UCP 600에서 정의되지 않은 표현)

A 19. "선적서류(shipping documents)", "기간경과서류 수리가능(stale documents acceptable)", "제3자서류 수리가능(third party documents acceptable)", "제3자서류 수리불가(third party documents not acceptable)", "수출국(exporting country)", "해운회사(shipping company)" 및 "서류는 제시된 대로 수리가능(documents acceptable as presented)"이라는 표현은 UCP 600에서 정의하지 않았으므로 신용장에 사용하지 말아야 한다. 그럼에도 불구하고 그러한 표현이 사용되고 신용장에서 그 의미를 별도로 규정하지 않았다면 이는 ISBP상 다음과 같은 의미를 갖는다.

a. "선적서류(shipping documents)" – 이는 환어음, 전송보고서(teletransmission reports) 그리고 서류의 발송을 증빙하는 특송영수증(courier receipt), 우편영수증(postal receipt) 및 우편증명서(certificates of posting)를 제외한 신용장에서 요구하는 모든 서류를 의미한다.

b. "기간경과서류 수리가능(stale documents acceptable)" – 이는 신용장의 유효기일 이전에 제시되는 것을 전제로 서류가 선적일 후 달력상 21일 후에도 제시될 수 있다는 의미이다. 이는 또한 신용장에서 제시기간을 "기간경과서류 수리가능"이라는 조건과 함께 명시한 경우에도 적용된다.

c. "제3자서류 수리가능(third party documents acceptable)" – 이는 환어음을 제외하고, 신용장이나 UCP 600에서 발행인이 명기되지 않은 모든 서류는 수익자 이외의 기명된 개인이나 법인체(a named person or entity)에 의하여 발행될 수 있음을 의미한다.

d. "제3자서류 수리불가(third party documents not acceptable)" – 이는 어떠한 의미도 갖지 않으며 무시되어야 한다.

e. "수출국(exporting country)" – 이는 수익자의 주소가 있는 국가, 물품의 원산지국, 운송인이 물품을 수령한 국가, 물품 선적국 또는 물품 발송국 중의 어느 하나를 의미한다.

f. "해운회사(shipping company)" – 이는 운송서류와 관련한 증명서나 표명서의 발행인과 관련하여 사용된 경우에, 운송인이나 선장, 용선계약부 선하증권(a charter party bill of lading)이 제시된다면 선장, 선박소유자 또는 용선자 또는 그러한 각각의 자의 대리인으로 확인되는 자 중의 어느 하나를 의미하여, 이때 그 자가 제시된 서류를 발행 또는 서명하였는지 여부는 불문한다.

g. "서류는 제시된 대로 수리가능(documents acceptable as presented)" – 이는 서류가 신용장의 유효기일 내에 제시되고 청구금액이 신용장에서 허용되는 금액 이내라는 전제하에 신용장에 명시된 서류 중의 어느 하나 또

는 둘 이상의 서류가 제시되어도 무방하다는 의미이다. 그 밖의 서류는 요구되는 부수만큼 서류의 원본 또는 사본이 제시되었는지 여부를 포함하여 당해 신용장이나 UCP 600하에서의 일치여부의 결정을 위하여 심사되지 아니 한다.

해설

예컨대 신용장에서 "수출국가"(exporting country)의 상업회의소가 공인한 원산지증명서를 요구하는 것은 불완전하고 부정확한 지시에 해당하지만, 이러한 경우 원산지증명서는 수익자의 거주지국가, 물품의 원산지국가, 운송인이 수취한 국가, 선적·발송국가 중에 위치한 어느 한 상업회의소가 공인하면 유효한 서류가 된다(ICC Publication 613, R. 377; Publication 632, R. 21)

Issuer of documents(서류의 발행인)

A 20. 신용장에서 어떤 서류가 기명된 개인이나 법인체(a named person or entity)에 의하여 발행되도록 요구하는 경우에, 그 서류가 레터헤드(표제, letterhead)의 사용에 의하여 그렇게 기명된 개인이나 법인체에 의하여 발행된 것으로 보이거나 만약 레터헤드(표제)가 없는 때에는 서류가 그렇게 기명된 개인이나 법인체 또는 그 대리인에 의하여 완성되거나 서명된 것으로 보인다면 이 조건은 충족된다.

해설

신용장에서 서류의 발행인을 지정한 경우, 서류는 특정인의 표제를 사용하는 방법으로 발행되거나, 또는 표제가 없으면 어딘가에 특정인이나 그 대리인이 완성 및/또는 서명한 것으로 나타나 있어야 한다.

예컨대 원산지증명서를 특정국가의 상업회의소가 발행한 것으로 요구한 경우, ① 수익자가 세부사항을 완성하더라도 해당 상업회의소의 표제나 지정된 양식을 사용하고 상업회의소가 서명만을 하거나, 또는 ② 표제 없이 본문에 상업회의소가 이를 완성하고 서명한 증거가 있어야 한다. 이외에 수익자나 기타 당사자의 표제로 발행하여서는 안 된다(ICC Publication 632, R. 151).

그러나 제조업체가 발행한 분석증명서 등이 요구된 경우, 문면상 당해물품의 제조업체로 입증되지 아니한 국영수출입상사가 발행한 증명서는 신용장조건에 불일치한 것으로 보며(ICC Publication 459, Case No. 72), 또 개설의뢰인이 서명한 검사증명서 등이 요구된 경우 개설의뢰인이 파견한 대표자(representative)가 발행한 증명서는 하자로 본다(ICC Publication 489, Case No. 226).

Language(언어)

A 21. a. 신용장에서 제시서류의 언어를 명시한 경우에, 신용장이나 UCP 600에 의하여 요구되는 정보는 그러한 언어로 기재되어야 한다.

b. 신용장에서 제시서류의 언어에 대하여 침묵한 경우에, 서류는 어느 언어로 발행되어도 무방하다.

c. i. 신용장에서 둘 이상의 언어를 허용하는 경우에, 확인은행이나 지정에 따라 행동하는 지정은행은 자신이 신용장에 관여하는 전제조건으로 허용되는 언어의 수를 제한할 수 있으며, 이러한 경우에 서류에 기재되는 정보는 그렇게 허용된 언어로만 기재되어야 한다.

ii. 신용장에서 정보가 둘 이상의 언어로 기재될 수 있다고 허용하고 확인은행이나 지정에 따라 행동하는 지정은행이 자신이 신용장에 관여하는 전제조건으로 허용되는 언어의 수를 제한하지 않은 경우에, 그 은행은 서류에 나타나는 정보가 허용된 어떤 언어로 기재되었더라도 그 서류를 심사하여야 한다.

d. 은행은 신용장에서 요구되었거나 허용된 언어 외의 언어로 기입된 정보는 심사하지 아니 한다.

e. A21 (a)항과 (b)항에도 불구하고, 개인이나 법인체의 이름, 스탬프, 공증표시, 배서 등이나 예컨대 특정한 난의 제목(field heading)(이에 한정되지 않음)과 같이 서류에 나타나는 이미 인쇄된 문구는 신용장에서 요구하는 언어와 다른 언어로 작성될 수 있다.

Mathematical calculations(수리적 계산)

A 22. 제시된 서류가 수리적 계산을 표시하는 경우에, 은행은 단지 금액(amount)이나 수량(quantity), 중량(weight), 포장의 개수(number of packages)와 같은 수치에 관하여 기재된 총계(total)가 신용장이나 명시된 다른 서류와 저촉하는지(conflict with) 여부만을 결정한다.

해설

서류상의 세부적인 숫자의 계산은 은행의 점검대상이 아니다. 은행은 단지 신용장과 기타 요구된 서류에 대한 총액만을 점검하면 된다. 예컨대 수익자가 물품단가 USD100, 개수 100 등의 계산내역을 표시하고 송장 총액은 USD100,000으로 다르게 기재한 경우, 물품단가나 원가계산과 개수 등을 표시하는 것은 과도한 명세(excessive detail)로 분류할 수 있으므로, 은행은 서류상의 상세한 수리적 계산까지 수행할 의무를 지지 아니하며, 단지 은행이 점검할 사항은 신용장에 인용된 가격조건(FOB)으로 표시된 총액의 정도이다(ICC Publication 632, R. 20).

Misspellings or typing errors(오자나 오타)

A 23. 오자(a misspelling)나 오타(typing errors)는 당해 단어나 문장의 의미에 영향을 주지 않는다면 서류의 하자로 되지 않는다. 예컨대, 물품명세에서 "machine" 대신에 "mashine", "fountain pen" 대신에 "fountan pen", "model" 대신에 "modle"이라고 표기되더라도 UCP 600 제14조 제d항하에서 정보의 저촉(conflict)으로 간주되지 않는다. 그러나 예컨대, "model 321" 대신에 "model 123"이라고 기재되면 이는 같은 조항하에서 정보의 저촉(conflict)으로 간주한다.

해설

예컨대 수익자와 개설의뢰인의 명칭과 달리 선화증권의 송화인과 착하통지처에 오자가 있는 경우, 신용장에서 별도의 요구가 없는 한, 이는 "제3자"(third party) 서류로서 수리될 수 있으며(UCP 600 제14조 f항; ICC Publication 459, Case No. 45; Publication 632, R. 140), 또 수익자증명서를 비롯한 서류 상호간의 선박명에 오자가 있는 경우(Ibid., R. 78 and 116), 수익자의 우편번호나 주소에 오자가 있는 경우(Ibid., R. 55), 또는 서류의 제목에 오자가 있는 경우에도 그 서류의 의미와 내용에 영향을 미치지 아니하는 한 수리될 수 있다(Ibid., R. 145). 그러나 상업송장에서 물품명세를 "model 321" 대신에 "model 123"라고 기재하거나, 송장 부본 중의 1통에 중량을 "85.162 MT" 대신에 "88.162 MT"라고 기재한 경우(ICC Publication 489, Case No. 202), 또는 운송서류에서 수신인의 성씨를 "Chan" 대신에 "Chai"로 기재한 경우에는 다른 사람을 지칭할 수 있기 때문에 모두 하자가 될 수 있다(ICC Publication 632, R. 55)

Multiple pages and attachments or riders(복수의 페이지로 이루어진 서류와 첨부서류 또는 부속서류)

A 24. 2페이지 이상으로 이루어진 서류는 각 페이지가 모두 단일한 서류의 일부에 해당하는 것으로 결정가능하여야 한다. 그 서류에서 달리 명시하지 않는다면, 복수의 페이지로 이루어진 서류는 물리적으로 합철되었거나 일련번호가 있거나 내부교차참조번호(internal cross references)가 있는 때에는 그 명칭이나 제목이 어떠하든지 간에 이러한 요건을 충족하고, 비록 일부의 페이지(some of the pages)가 첨부서류(an attachment)나 부속서류(rider)로 간주되더라도 하나의 서류(one document)로서 심사되어야 한다.

해설

서류가 편철, 일련번호 또는 참조번호로 연결되어 있는 지면은 이를 하나의 서류로 심사하여야 한다. 복수의 지면으로 구성되어 있는 경우, 반드시 이들 지면이 동일한 서류의 일부라는 것을 판단할 수 있어야 한다.

예컨대 선화증권이 복수의 지면, 부록 또는 부속물로 구성된 경우, 각 지면에는 반드시 "선화증권 제×××호의 부속물" 또는 "전체 서류의 일부"라는 참조번호나 유사한 문언이 있어야 한다(ICC Publication 632, R. 166). 우리나라에서는 편철된 여러 장의 지면 사이에 당사자의 간인(間印)을 찍어 하나임을 입증하고, 미국이나 일본 등에서는 문자나 문양을 둥근꼴이나 마름모꼴의 금형으로 제본한 여러 장의 용지에 압인하여 동일한 부호를 붙이는 봉인(封印)(seal)의 방법을 사용하고 있다.

A 25. 2페이지 이상으로 이루어진 서류에 서명(signature)이나 배서(endorsement)가 요구되고 신용장이나 그 서류 자체에서 서명이나 배서가 나타나야 하는 위치를 표시하지 않은 경우에, 서명이나 배서는 그 서류의 어느 곳에 위치하더라도 무방하다.

Non-documentary conditions and conflict of data(비서류적 조건과 정보의 저촉)

A 26. 신용장에 그 준수여부를 알 수 있는 서류를 명시하지 않는 조건("non-documentary condition, 비서류적 조건")이 포함된 경우에, 그 조건의 준수는 명시된 서류에 의하여 입증되지 않더라도 무방하다. 그러나 명시된 서류에 담긴 정보는 비서류적 조건과 저촉(conflict)되지 않아야 한다. 예컨대, 신용장에서 "packing in wooden cases(목재상자로 포장함)"라고 명시하면서 그러한 정보가 표시되어야 하는 서류를 명시하지 않은 경우에, 명시된 어떤 서류에서 다른 종류로 포장되었음을 표시하는 기재("예컨대, packing in plastic cases")가 있다면 이는 정보의 저촉(conflict)으로 간주된다.

Originals and copies(원본과 사본)

A 27. 외관상 발행인의 원본 서명(original signature)이나 표식(mark), 스탬프(stamp) 또는 라벨(label)이 부가되어 있는 서류는 그것이 사본(copy)이라고 기재되지 않았다면 원본(original)으로 간주된다. 은행은 발행인의 그러한 서명이나 표식, 스탬프 또는 라벨이 육필(manual)이나 팩시밀리(facsimile) 형식의 방식으로 이루어졌는지 여부를 결정하지 않으며, 동일한 이유에서 그러한 방법에 의한 인증(authentication)이 부가된 서류는 UCP 600 제17조의 요건을 충족한다.

A 28. 둘 이상의 원본으로 발행되는 서류는 "원본"(Original), "부본"(Duplicate),

"제3부본"(Triplicate), "제1원본"(First Original), "제2원본"(Second Original) 등으로 표시될 수 있다. 이러한 표시가 있더라도 그 서류의 원본으로서의 자격을 무효화하지 아니 한다.

해설

2통 이상의 원본으로 발행된 서류는 "원본"(Original), "부본"(Duplicate), "제3부본"(Triplicate) 등으로 표기할 수 있다(ICC Publication 632, R. 160). 각각의 어떠한 표기도 없는 서류는 원본으로서 인정되지 아니한다. 서류가 원본성의 수기나 타자로 작성된 경우에는 "원본"이란 표기가 없어도 원본으로서 인정되며(Ibid., R. 127 and 292; 대판 2002.6.28 선고, 2000다63691), 기타 복사기기·자동기기·전산기기·탄소복사지 등의 방법으로 작성된 경우에는 "원본"이란 표기와 함께 필요한 경우의 서명이 있어야 원본으로서 인정된다.

즉, "원본"이란 표기는 복사기기·자동기기·전산기기·탄소복사지 등의 방법으로 작성된 서류의 경우에만 필요하며(Ibid., R. 127 and 25), 또 이들 방법으로 작성된 서류라고 하더라도 수기에 의한 서명이 있으면 "원본"이란 표기가 없어도 하자가 되지 아니한다(Ibid., R. 102). 서류상에 "원본"이란 표기가 필요한지의 여부는 그 작성방법에 달려 있다(Ibid., R. 292).

그러나 서류가 복본으로 발행된 경우, "부본"(Duplicate), "제3부본"(Triplicate) 등으로 타인되어 있는 원본에 대하여는 이에 "원본"이란 표기가 없다는 이유만으로 서류를 거절할 수 없다(Ibid., R. 126, 131 and 160).

A 29. a. 제시되어야 하는 원본의 부수는 최소한 신용장이나 UCP 600에 의하여 요구되는 부수이어야 한다.

b. 운송서류(transport document)나 보험서류(insurance document) 자체에서 몇 부의 원본이 발행되었는지가 표시된 경우에, H12항과 J7(c)항에 규정된 바를 제외하고는, 그 서류에 기재된 부수의 원본이 제시되어야 한다.

c. 신용장에서 원본 운송서류의 전통(全通)보다 적은 부수(예컨대, 선하증권 원본 3통 중의 2통)를 제시하도록 요구하면서 나머지 원본의 처리에 관하여 어떠한 지시도 하지 않은 경우에, 3통의 원본 선하증권 모두를 제시할 수 있다.

d. 신용장에서 예컨대,

i. "송장"(invoice), "한 통의 송장"(one invoice), "송장 사본 1통"(invoice in 1 copy) 혹은 "송장 사본 1통"(Invoice - 1 copy)의 제시를 요구하는 경우에는, 이는 송장 원본 1부를 요구하는 것으로 이해하여야 한다.

ii. "송장 사본 4통"(invoice in 4 copies), 혹은 "송장 사본 4통"(invoice in 4 fold)의 제시를 요구하는 경우에는, 최소 원본을 한 통 이상으로 하고 나머지 수를 송장의 사본으로 제시하면 충족되는 것으로 한다.

iii. "송장 사진 복사본"(photocopy of invoice), 혹은 "송장 사본"(copy of invoice)의 제시를 요구하는 경우에는, 이는 사진 복사본이나 사본 1부 또는 만약 금지되지 않았다면 송장 원본 1부의 제시에 의하여 충족된다.

iv. "서명된 송장의 사진 복사본"(photocopy of a signed invoice)의 제시를 요구한다면, 이는 외관상 서명된 송장 원본의 사진 복사본 또는 사본 1부(a photocopy or copy of the original invoice that was apparently signed)의 제시에 의하거나 만약 금지되지 않았다면 서명된 원본 송장(signed original invoice)의 제시에 의하여 충족된다.

해설

신용장이 사본서류를 허용하지 아니하는 한, 서류는 반드시 1통 이상의 원본으로 제시되어야 한다. 제시할 원본의 부수는 반드시 신용장이나 UCP에서 요구된 부수 이상 또는 서류상에 기재된 부수 이상이어야 한다. 즉, 신용장에서 서류를 요구하면, 원본서류를 제시하여야 하며(ICC Publication 632, R. 137), 특히 복본의 서류를 요구한 경우 별도의 명시가 없는 한, 1통의 원본과 나머지는 사본으로 제시할 수 있다.

그러나 해상운송서류·복합운송서류 및 보험서류의 경우 서류상에 2통 이상의 원본이 발행된 것으로 기재되어 있으면 원본 전통이 제시되어야 한다(Ibid., R. 215)

예컨대 신용장에서 서류를 "3통"(three copies) 요구한 경우, 1통은 원본으로 하고 나머지는 부본으로 제시하여도 된다는 의미이다(UCP 600 제17조 a항; Ibid., R. 135 and 293). 다만 신용장에서 "송화인용 부본"(copy for the consignor/shipper)이라는 등의 용도를 표시하도록 요구한 경우, 이러한 용도의 표시가 없는 서류는 하자가 된다(Ibid., R. 211).

invoice, one invoice, invoice in 1 copy, invoice - 1 copy	상업송장 원본 1통
invoice in 4 copies invoice in 4 fold	최소한 상업송장 원본 1통과 나머지 부수의 사본
photocopy of invoice copy of invoice	사진 복사본이나 사본 1부의 제시에 의하거나 만약 금지되지 않았다면 상업송장 원본 1부
photocopy of a signed invoice	외관상 서명된 상업송장 원본의 사진 복사본 또는 사본 1부의 제시에 의하거나 만약 금지되지 않았다면 서명된 원본 상업송장

A 30. a. 신용장에서 예컨대, "송장 사진복사본 - 사진복사본 대신에 원본서류는 허용되지 않음"(photocopy of invoice - original document not acceptable in lieu of photocopy) 또는 그와 유사한 문구를 명시하는 방법으로, 원본

서류의 제시를 금지하는 경우에는 단지 송장의 사진복사본이나 사본이라고 표시(mark)된 사본만이 제시되어야 한다.

b. 신용장에서 운송서류 사본(a copy of a transport document)의 제시를 요구하면서 그 서류의 모든 원본서류의 처분을 지시하는 경우에, 그 제시에서는 그러한 서류의 원본이 포함되어서는 아니 된다.

해설

사본 대신에 원본을 수리하지 아니할 경우, 신용장은 반드시 "사진복사본 대신에 원본은 수리불가능함" 등의 표현으로 원본을 금지시켜야 한다. 그렇지 않으면 부본 대신에 원본을 제시하여도 된다. 그러나 신용장에서 원본 운송서류의 처분을 별도로 지시하면서 부본을 요구하는 경우에는 원본을 제시하면 안 된다.

A 31. a. 원본서류는 신용장이나 당해 서류 자체(A37항에 규정된 것 제외) 또는 UCP 600에 의하여 요구되는 경우에 서명되어야 한다.

b. 서류의 사본은 서명되거나 일부(日附)될 필요가 없다.

해설

원본서류에 서명되거나 발행일이 표시되어 있는 경우에도 서류의 사본에는 서명과 발행일이 없어도 된다.

신용장에서 동일한 서류의 원본과 사본을 동시에 제시할 것을 요구하는 경우에도 사본서류에는 원본서류에 기재되어 있는 서명과 발행일이 없어도 된다.

Shipping marks(하인)

A 32. 신용장에서 하인(shipping mark)에 관한 세부사항(details)을 명시한 경우에, 하인을 언급하는 서류에서는 그러한 세부사항이 나타나야 한다. 서류에 표시되는 하인에 담기는 정보는 신용장이나 명시된 다른 서류에 나타나는 정보와 동일한 순서로 배열될 필요가 없다.

해설

하인(shipping mark)의 목적은 상자, 자루 또는 포장용기의 실체 확인을 할 수 있도록 하는 데 있다. 만일 신용장이 하인의 세부사항을 특정하고 있으면, 그 하인을 기재하는 서류(들)는 반드시 그러한 명세를 표시하고 있어야 하지만, 그러나 추가적인 정보는 그것이 신용장조건과 상치되지 않는 한, 수리할 수 있다.

신용장이 하인의 세부사항을 요구한 경우, 하인을 기재하는 모든 서류는 이들 세부사항을 표시하고 있어야 하는 것은 당연하지만, 기타 추가적인 정보와 기재도 그것이 신용장조건과 모순되지 아니하는 한 허용된다.

A 33. 서류에 표시되는 하인은 예컨대, 물품의 종류나 부서지기 쉬우므로 취급에 주의를 요한다는 경고 또는 물품의 순중량(net weight)과 총중량(gross weight) 등과 같이, 통상적으로 "하인(shipping mark)"이라는 인식을 초과하는 정보나 혹은 신용장에 "하인"으로 명시된 정보를 초과하는 정보를 포함할 수 있다.

해설

일부서류가 "하인"이라고 보여지는 것 이상의 정보, 즉 다른 서류에 없는 추가적인 정보를 표시하고 있는 경우 불일치성으로 간주하지 아니한다. 예컨대 선화증권에 하인정보가 3개 있고, 포장명세서에도 이와 동일한 하인정보에 물품의 종류로 추정되는 정보 1개가 더 추가로 삽입되어 있는 경우, 이들 서류는 상호 불일치한 제시로 보지 아니한다(ICC Publication 632, R.147).

A 34. a. 컨테이너화물(containerized goods)에 관한 운송서류는 "하인(shipping mark)" 또는 그와 유사한 제목하에 종종 봉인번호(seal number)와 함께 혹은 봉인번호 없이 단지 컨테이너 번호(container number)만을 표시한다. 그러한 이유 때문에 보다 상세한 표시를 담은 다른 서류와 저촉(conflict)되는 것은 아니다.

b. A 33항과 A 34 (a)항에서 규정하는 추가정보가 일부 서류에 나타나고, 다른 서류에 나타나지 않는 것은 UCP 600 제14조 제d항하에서 정보의 저촉(conflict)으로 간주되지 않는다.

해설

컨테이너 운송서류에 "하인"으로서 컨테이너 번호만 있을 경우, 기타 서류가 상세한 하인을 나타낸다 하더라도 이를 불일치성으로 보지 아니한다. 또 선하증권상의 선적하인에 사각형(square box) 표시가 누락된 경우(ICC Publication 459, Case No. 45), 또는 무포장의 살화물(bulk cargo)에 관한 선하증권상의 선적하인에 "하인 없음"(no marks)과 "번호 없음"(no numbers)의 의미로 "N/M & N/N"라고 기재하고 송장상의 선적하인에는 "N/M, N/N"으로 기재한 경우, 이들 서류는 상호 불일치한 제시로 보지 아니한다(ICC Publication 632, R. 79).

Signatures(서명)

A 35. a. A 31 (a)항에 규정된 서명은 자필서명(handwritten)일 필요가 없다. 팩시밀리서명(facsimile signature)(예컨대, 미리 인쇄되거나 스캔된 서명), 천공서명(perforated signature), 스탬프(stamp), 상징(symbol)(예컨대, 도장, chop)이나 기계적 또는 전자적 인증방법으로 서류에 서명하는 것도 가능하다.

b. 서류는 "서명 및 스탬프되어야 함"("signed and stamped") 또는 그와 유사한 요건은 A 35 (a)항에 규정된 방식에 의한 서명이 있고 그와 함께 서류에 타자나 스탬프 또는 육필에 의한 미리 인쇄되거나 스캔된 서명자의 이름이 기재되어 있으면 충족된다.

c. "이 서류는 전자적으로 인증되었음"("This document has been electronically authenticated") 또는 "이 서류는 전자적 방법으로 제작되었으며 서명이 필요하지 않음"("This document has been produced by electronic means and requires no signature")과 같은 서류상의 기재 또는 그와 유사한 취지의 문구는 그 자체만으로는 UCP 600 제3조의 서명에 관한 요건에 일치하는 전자적 인증방법이 아니다.

d. 특정한 웹사이트(website)(URL)에 접속하여 인증을 확인 또는 획득할 수 있다고 표시하는 서류상의 기재는 UCP 600 제3조의 서명에 관한 요건에 일치하는 전자적 인증방법의 일종이다. 은행은 인증을 확인 또는 획득하기 위하여 그러한 웹사이트에 접속하지 아니 한다.

해설

서명은 수기뿐만 아니라, 모사서명, 천공서명, 타인, 부호(관인 등) 또는 모든 전자방식이나 기계방식의 인증으로 충분하다. 예컨대 복사기기·자동기기·전산기기·탄소복사지 등의 방법으로 작성된 서류에 수기(handwriting)로 서명하거나 또는 이들 방법이나 수기로 작성된 서류에 원거리에서 팩스로 서명을 전송·첨부하는 모사서명(facsimile signature)도 유효하고(ICC Decision(1999. 7. 29) 제3조 3항), 서류(B/L)를 발행하는 회사의 관인(chop)도 서명이 될 수 있다(ICC Publication 632, R. 130). 다만 서명된 서류 전체의 사진 복사본을 제시하는 경우는 원본서류로서의 자격을 상실하고 사본서류로만 인정되며(Ibid., R. 293), 또 서명된 서류 전체를 팩스기기로 전송하는 경우는 원본서명이 결여된 것이다(Ibid., R. 132).

A 36. a. 레터헤드(letterhead) 용지에 기명된 개인 또는 법인의 서명은 달리 기재되지 않았다면 그렇게 기명된 개인 또는 법인의 서명으로 간주된다. 그렇게 기명된 개인 또는 법인은 서명 옆에 반복하여 표기될 필요가 없다.

b. 서명자가 발행인의 지점을 대리하여 서명한다고 표시하는 경우에, 서명은 발행인의 것으로 간주된다.

해설

회사의 표제가 있는 용지상의 서명은 당해 회사의 서명으로 보며, 회사명(name)은 서명에 이어 반복할 필요가 없다. 즉, 특정인의 표제가 있는 서류는 그 특정인의 서명만 있으면 원본을 구성한다. 그러나 신용장이 특정회사의 보험서류 등을 요구한 때 보험중개인의 표제가 있는 용지에 중개인이 보험회사의 대리인으로서 서명한 경우, 이는 대리인의 자격이 명시되어 있어야 수리된다(ICC Publication 632, R. 141 and 213).

A 37. 서류에 서명을 위한 공란(field or space for a signature)이나 박스(box)가 있더라도 그 자체만으로는 그 공란이나 박스에 서명이 되어야 하는 것은 아니다. 예컨대, 일반적으로 발견되는 항공운송장의 "선적인 또는 그 대리인의 서명"(signature of shipper of shipper or their agent)이라는 제목의 난이나 도로운송서류의 "선적인의 서명"(signature of shipper)이라는 제목의 난은 서명을 요하지 않는다. 또한 공란이나 박스에 정보가 기입되어야 하는지에 관하여는 A 17항을 참조하라.

해설

예컨대 신용장에는 서명을 요구하지 아니한 포장명세서 등의 서류에 서명란이 있는 경우, 서류의 본질상 서명을 요하지 아니하는 한, 서류에 서명란이 있다는 단순한 사실만으로 서명을 요구할 수 없다(ICC Publication 632, R. 128).

A 38. "이 서류는 (개인 또는 법인의 이름)의 부서(副署)[또는 서명]가 없다면 효력이 없다"(This document is not valid unless countersigned [or signed] by (name of the person or entity))와 같은 문구나 그와 유사한 취지의 문구를 포함하는 서류의 경우에, 해당되는 공란이나 박스에는 서명 및 서류에 부서하는 개인 또는 법인의 이름이 들어 있어야 한다.

Title of documents and combined documents(서류의 제목과 결합서류)

A 39. 서류는 신용장에서 요구하는 그대로 제목을 가지거나, 유사한 제목을 가지거나 제목이 없어도 무방하다. 서류의 내용은 당해 필요서류의 기능을 충족하는 것으로 보여야 한다. 예컨대, 포장명세서(Packing List)에 관한 요건은 서류가 포장에 관한 세부내용을 담고 있기만 한다면 그 제목이 "포장명세서"(Packing List), "포장노트"(Packing Note) 또는 "포장 및 중량명세서"(Packing and Weight List) 등으로 되어 있거나 제목이 없더라도 충족된다.

해설

서류의 제목은 신용장에서 요구된 제목, 유사한 제목 또는 제목이 없어도 된다. 다만 서류의 내용은 반드시 요구된 기능을 충족하고 있어야 한다. 예컨대 신용장에서 단순히 원산지증명서 "Form A", 위생증명서 "Model 1"등을 요구한 경우, 수익자는 자신의 회사마크가 인쇄된 서식지에 그 내용을 기재하여 발행하여도 무방하다(ICC Publication 489, Case No. 228).

A 40. 신용장에 의하여 요구되는 서류는 각기 별개의 서류로서 제시되어야 한다. 그러나 예컨대, 포장명세서 원본 1부 및 중량명세서 원본 1부를 요구하는 조건은 포장 및 중량의 세부사항을 모두 기재하고 있는 하나의 결합문서인 포장 및 중량명세서(combined packing and weight list) 원본 2부를 제시함으로서 충족된다.

해설

특히 신용장에서 요구된 증명, 신고 또는 기타 동종의 서류는 별도양식으로 제시하거나 다른 서류 내에 통합하여 제시할 수 있다. 그러나 두 서류를 하나의 양식에 통합할 경우 각각의 사용목적에 적합하도록 세부사항을 모두 포함하고, 원본 2통과 필요한 부수의 부본을 제시하여야 한다.

A 41. 신용장에서 두 가지 이상의 기능을 수행하는 하나의 서류를 요구하는 경우에, 이 서류는 단일한 서류를 제시하거나 각각의 기능을 수행하는 복수의 개별서류들을 제시함으로써 충족된다. 예컨대, 품질 및 수량증명서(Certificate of Quality and Quantity)를 요구하는 조건은 단일한 서류를 제시하거나 각기 품질증명서와 수량증명서의 기능을 수행하는 것으로 보이고 신용장에서 요구된 각 원본 및 사본의 부수에 맞는 별도의 품질증명서와 수량증명서(a separate Certificate of Quality and Certificate of Quantity)를 제시함으로서 충족된다.

사례 신용장거래 분쟁사례

구분	유형	내용 요약과 대책방안(※)	비고
L/C 방식	위조 선적서류	• 수출자가 불량상품 선적한 후 B/L 위조, 현지은행에서 대금 네고한 후 잠적 ※ 신용조사 철저, 검사증명서 요구	베트남 등
	사소한 하자	• S/D, E/D, P/D. 바이어 측의 조건변경없이 지급하겠다(구실)는 팩스 송부후 변심한 뒤에 불일치를 이유로 선적서류 인수 거절 ※ L/C 거래에서 수입상의 팩스 등의 서류는 증거가 되지 않는 것에 유의	중국, 홍콩 중남미, 아프리카 중동 등

구분	유형	내용 요약과 대책방안(※)	비고
		• 오타, 약자 등 사소한 하자 지급거절 ※ 사소한 하자는 ISBP A 1조, A 23조를 인용하여 항의	
	위조 신용장	• 유령은행의 위조신용장 ※ 거래은행에 L/C 수령 즉시 개설은행 신용확인	중남미 등
	계약과 품질상위	• 통관상의 어려움, 시장상황 악화, 환율변동, 거래조건이 더 좋은 수출업자의 출현 등의 이유로 바이어가 계약품질과 상이하다는 이유로 대금지급거절 • Injunction(지급금지명령)의 악용 ※ 개설은행에 UCP 600 4조와 5조(독립·추상성의 원칙), 제7조 개설은행의 의무 조항을 인용하여 강력 항의	중국, 베트남 등
	부실은행 신용장	• 후진국가의 신용도가 낮은 부실은행 발행 신용장 ※ 매매계약시 일류은행의 확인(Confirmed L/C)을 요구	캄보디아 중남미 등
	특수조건 악용	• 특수조건의 지시문언에 악의성(독소조항)이 있는 문구 삽입 ※ 해당조항의 삭제 조건변경(Amendment) 요청 ※ 해당조항에 대한 예방조치 후 거래(선적)	중국 중남미 중동
		• 항공수입후 미결제 잠적 ※ consignee는 반드시 개설은행으로 기재할 것	
	1/3 B/L	• 1/3 B/L을 개설의뢰인(수입상)에게 직송(courier receipt 요구)하라는 문구 • B/L의 Consignee : 'To order'→'Applicant'로 요구하는 경우 ※ B/L의 Consignee 난에 "to the order of issuing bank"라고 기재하는 조건을 L/C상에 기재 요청하고 불일치가 없도록 서류작성에 완벽을 도모함	중국, 베트남 등

제 2 절 신용장거래의 관계당사자와 실무절차

1. 신용장거래의 관계당사자

(1) 개설의뢰인(Applicant)

개설의뢰인(Applicant)은 신용장이 발행되도록 요청하는 당사자(party)를 의미한다.

당사자(party)라는 표현과 관련하여 Applicant를 기본당사자로 오해하여서는 안 된다. 개설의뢰인은 매수인인 수입업자가 되는 것이 원칙이지만, 매수인의 거래처인 제3자가 개설의뢰인이 되는 경우가 있다. 예컨대 영국의 confirming house와 같이 수입업자가 아닌 자가 수입업자의 의뢰에 의하여 개설의뢰인이 되는 경우도 있고, 수입위탁을 행한 제조업자가 개설의뢰인이 되는 경우도 있다.

상품매매계약에 따라 수출상에게 신용장을 발행해 주어야 할 의무가 있는 Importer 또는 Buyer를 말하며, 신용장을 개설해 주는 자로서 개설인(opener), 개설은행에 대금을 지급하는 지급인으로서 Drawee, 대금지급의무자로서 Accountee, 화물의 수하인으로서 Consignee, 신용공여자로서 Accreditor라고도 한다.

(2) 수익자(Beneficiary)

수익자(Beneficiary)는 신용장 개설을 통하여 이익을 받는 당사자를 의미한다.

상품매매계약상의 매도인으로서 신용장에 의해 혜택을 받는 당사자를 말하며, 발행신청인의 반대개념으로서 각각 Exporter, Seller, Drawer(발행인), Accounter(대금수령인), Consignor(송화인), Accreditee(신용수령인)라고도 한다. 신용장을 사용하는 의미로 사용자(user)로도 부른다.

(3) 개설은행(Issuing Bank)

개설은행(Issuing bank)은 개설의뢰인의 신청에 따르거나 또는 그 자신을 위하여 (on its own behalf) 신용장을 개설하는 은행을 의미한다.

개설은행은 개설의뢰인의 신청 또는 그 자신을 위하여 신용장을 개설한 은행을 의미한다.

개설은행은 대부분의 경우 개설의뢰인의 신청에 따라 신용장을 개설한다. 그러나 예외적으로 개설은행이 자신을 위하여 스탠드바이신용장을 개설하는 경우가 있다.

수입자의 거래은행으로서 수입상의 요청과 지시에 따라 신용장을 발행하고, 수출상이 발행하는 환어음 등을 지급, 인수, 매입할 것을 확약하는 은행. 신용을 공여한다는 의미로 신용공여은행(grantor or credit writing bank), 신용장을 발행한다는 의미로 opening bank, 또는 establishing bank 등으로 부른다.

비은행(non-banks) 발행 신용장에 대하여는 2002년 10월 30일 국제상업회의소 은행위원회 정책서(ICC 웹사이트 www.iccwbo.org 참조)에서 비은행 발행 신용장을 인정할 수 있다는 것이 공식 의견이며, 이 의견은 UCP 600에서도 유효하다.

비은행 발행 신용장이 문제가 된 것은 일부 미국 기업이 미국 통일상법전 제5장(Uniform Commercial Code Article 5 Letter of Credit) 규정에 따라 SWIFT MT 700 포맷을 이용하여 발행한 신용장이 통지은행을 통하여 통지되고 있기 때문이다. 그러나 현재는 SWIFT 710(Advice of a third bank's / a nonbank's doc. Credit)을 사용하고 있어 은행 발행 신용장과 구분되도록 하고 있다.

미국 통일상법전(Uniform Commercial Code) 5-102에서는 발행자(issuer)라는 용어를 사용하고 있어서 은행 이외의 자도 신용장을 발행할 수 있도록 되어, 은행 이외의 자가 발행한 신용장을 신용장에 포함시키고 있다. 최근에는 금융기관이 아닌 기업(예 : GM)이 이러한 신용장을 발행하고 있다. 발행 기업 입장에서는 은행에 신용장 발행을 신청하지 않으므로 신용장발행수수료를 지급할 필요가 없어 비용을 절감할 수 있고, 수출자 입장에서는 무신용장거래(D/P, D/A)에 비하여는 거래관계가 명확하므로 기업 발행 신용장을 선호하게 되었다. 특히 미국 대기업은 신용등급(credit rating)이 우리나라 은행보다 높은 경우가 있으므로 수출자 입장에서는 은행 발행 신용장에 비하여 대금미회수의 위험이 적을 것으로 판단할 수 있다.

(4) 통지은행(Advising Bank)

통지은행(Advising bank)은 개설은행 요청에 따라 신용장을 통지하는 은행을 의미한다.

통지은행은 개설은행의 요청에 따라 신용장을 통지하는 은행을 의미한다. 일반적으로 통지은행은 개설은행의 해외 지점이나 현지법인은행 또는 환거래은행 등이다. 개설은행의 요청을 받은 통지은행이 신용장 및 조건변경을 수익자에게 직접 통지하지 않고 다른 은행을 이용하는 경우가 있는데, 이 경우 이용되는 다른 은행을 '제2 통지은행'(Second Advising bank)이라 한다(UCP 600 제9조 참조).

수익자 소재지에 있는 신용장발행은행의 본·지점이나 환거래계약체결은행(Correspondent Bank)으로서 수익자에게 신용장을 통지해주는 은행. notifying bank ; transmitting bank라고도 한다.

(5) 확인은행(Confirming Bank)

확인은행(Confirming bank)이란 개설은행의 권한부여(수권, authorization)와 요청(request)에 따라 신용장에 확인을 추가하는 은행을 의미한다.

확인은행은 개설은행과 마찬가지로 수익자에 대하여 상환청구권을 행사할 수 없으며 독립된 별개의 지급·연지급·인수 또는 매입에 대한 추가적인 확약에 대하여 일차적인 책임을 지게 된다.

신용장 개설은행의 대외적 신용도가 낮거나 수입국의 대외지급제한 가능성 등에 대비하여 수출자의 요청에 따라 신용장에 발행은행과 별도의 지급 확약인 확인(confirmation)을 추가하는 은행, 수출상의 입장에서는 발행은행과 확인은행의 두 은행으로부터 각기 독자적인 지급확약을 받게 된다.

(6) 매입은행(Negotiating Bank)

신용장에 근거하여 발행한 환어음 및/또는 서류를 매입하는 은행으로 매입은행은 신용장상에 지정될 수도 지정하지 않을 수도 있다.

할인은행(discounting bank), 재매입은행(renegotiating bank) 등으로도 부른다.

매입(Negotiation)은 일치하는 제시에 대하여 지정은행이, 지정은행에 상환하여야 하는 은행영업일 또는 그 전에 대금을 지급함으로써 또는 대금지급에 동의함으로써 환어음(지정은행이 아닌 은행 앞으로 발행된) 및/또는 서류를 매수(purchase)하는 것을 의미한다.

(7) 지정은행(Nominated bank)

지정은행(Nominated bank)이란 신용장이 사용될 수 있는 은행, 또는 모든 은행에서 사용될 수 있는 신용장의 경우에는 모든 은행을 의미한다.

SWIFT로 개설된 신용장의 '41 Field'의 이용가능 조건에서 만약 'available with ABC Bank by ~)'로 되어 있다면 ABC 은행은 지정은행이 된다. 또한, 'available with any bank by ~)'로 되었다면, 모든 은행이 지정은행이 된다.

(8) 지급은행(Paying Bank)

수익자가 제시한 환어음 및/서류에 대해서 직접 지급을 해주는 은행으로서 신용장 발행은행, 수익자 소재지에 있는 발행은행의 Corres은행, 또는 제3국의 은행이 된다.

(9) 연지급 확약은행(Deferred Payment Undertaking Bank)

연지급 확약은행으로 지정된 은행이 신용장의 제 조건과 일치하는 서류를 수익자가 제시할 때 개설은행의 지시에 따라 수익자에게 만기일을 기재한 연지급 확약서를 발행해주는 은행이다.

(10) 인수은행(Accepting Bank)

기한부신용장(Usance L/C)에 의해 발행된 기한부환어음(usance bill or time bill)을 인수(acceptance)하는 은행으로서 어음의 만기일에 도달하면 지급은행이 된다.

(11) 상환은행(Reimbursing Bank)

신용장발행은행의 지시에 따라 신용장대금을 매입은행 등에게 지급하는 은행을 말하며 대금을 결제한다는 의미에서 결제은행(Settling Bank), 환어음에 대하여 지급을 하는 은행이라는 점에서 어음지급은행(Drawee Bank)이라고도 한다.

(12) 양도은행(Transferring Bank)

신용장의 최초 수익자(first beneficiary)가 제2수익자(second beneficiary)에게 신용장의 모든 권리와 의무를 이전시킬 수 있는 양도가능 신용장(transferable credit)의 양도 절차를 의뢰 받은 은행을 양도은행이라고 한다.

(13) 제시인(Presenter)

제시인(Presenter)은 제시를 이행하는 수익자, 은행 또는 기타 당사자를 의미한다.

제시(Presentation)란 개설은행 또는 지정은행에게 신용장에 의한 서류를 인도하는 행위 또는 그렇게 인도된 서류 자체를 의미한다.

제시인이라는 용어는 실제로 은행에 서류를 제시하는 당사자를 더 명확하게 정의하기 위하여 UCP 600에 도입되었으며, 서류를 제시하는 당사자를 의미한다. 제시인은 수익자, 다른 은행 또는 수익자를 대리하여 행동하는 다른 당사자이다. 제시인이라는 정의는 지급거절 통지에 관련된 UCP 600 제16조에 특히 적절하다. UCP 600 제2조 14항에서는 지정은행에 의한 제시와 비지정은행의 제시를 구분하지 않고 있다. 지정되지 않은 환거래은행은 수익자를 대신하여 제시하는 것이고, 지정에 따라 제시하는 은행은 그 자신을 위하여 제시하는 것이다.

2. 일람지급(At Sight) 화환신용장 거래절차(매입·상환방식)

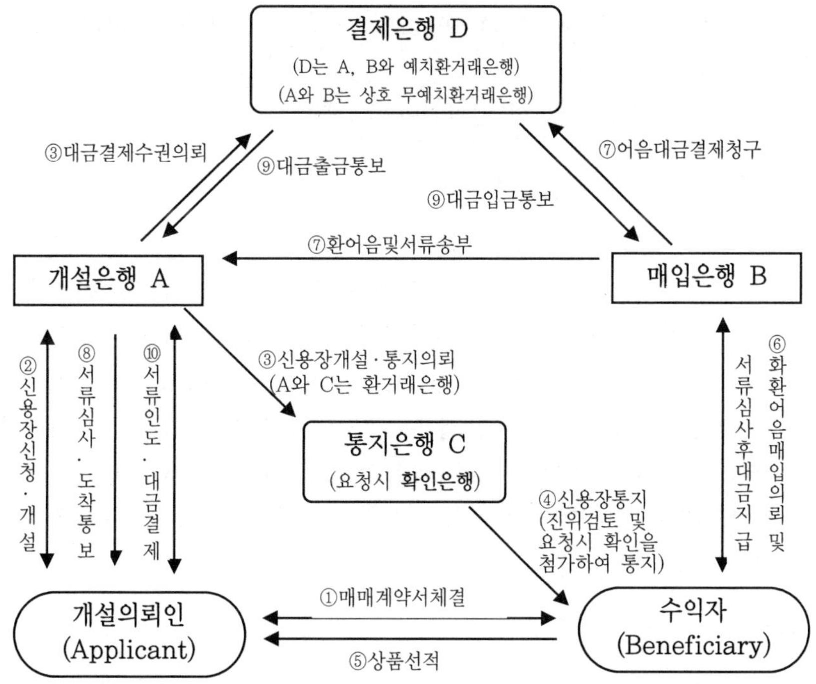

[그림 7-1] 일람지급 화환신용장 거래절차도(매입·상환방식)

① 매매계약서 체결

계약서의 Payment 난에 “Sight Draft for the invoice amount under Transferable Irrevocable L/C”, “By an irrevocable L/C at sight confirmed by THE XXX BANK in Seoul, Korea”, “By an irrevocable L/C at sight opened by XXX Bank, Dubai, U.A.E”, “By an irrevocable letter of credit payable at sight” 등으로 기재한다.

* 신용장으로 결제하도록 합의하는 경우, 일반적으로 매매계약서상에 대금지불은 자유매입 취소불능 신용장(freely negotiable irrevocable letter of credit)을 개설하도록 명시하고, 신용장 개설기한(L/C to be opened within xx days after contract 또는 L/C to be opened by xx date)을 계약서에 명시하는 것이 바람직하다.

  ※ UCP 600(신용장통일규칙 6차 개정) 제4조(독립성 원칙) 및 제5조(추상성 원칙) 참조.

② 신용장신청·개설

㉠ 개설은행은 개설의뢰인의 신용상태 조사한 후 외국환거래 약정서를 체결한다.

㉡ 개설의뢰인의 담보 제공 여부(일부 또는 전체금액)를 체크한다.

㉢ 개설한도약정(credit line)을 부여한다.

㉣ 개설은행은 개설의뢰인이 제시한 개설신청서를 심사한다.

㉤ 개설은행은 개설수수료(term charge), 전신요금(cable charge) 등 관련수수료를 수취한다.

※ UCP 600 제7조(개설은행 의무) 및 제8조(확인은행 의무) 참조.

③ 신용장개설·통지의뢰·대금결제수권의뢰

㉠ 개설은행이 직접 수익자에게 통지하는 방법(신용장의 진위성 문제)과,

㉡ 개설은행이 수익자 소재지의 개설은행의 본·지점이나 환거래은행에 개설사실을 알리고 이들로 하여금 수익자에게 통지하도록 하는 방법이 있다.

통지은행은 신용장의 외견상 진정성(the apparent authenticity)을 검토한다.

개설은행은 결제은행으로 대금결제수권의뢰를 하여 매입은행의 대금청구에 대비한다(참고사항 : ‘T/T Reimbursement is not allowed’).

※ UCP 600 제13조(은행간 상환약정) 및 제11조(전신과 사전통지된 신용장 및 그 조건변경) 참조.

④ 신용장통지

진위검토 및 필요시 확인[confirmation : 1차적으로 지급확약의무를 부담하고 있

는 개설은행의 요청으로 제3의 은행(확인은행)이 2차적으로 신용장에 대하여 추가적으로 지급확약의무를 부담하는 것. 개설은행의 신용도가 낮거나 국가위험도가 높은 지역에 소재하는 개설은행이 발행한 신용장의 경우에 수익자(수출업자)의 보호를 목적으로 발생]을 첨가하여 통지한다(일반적으로 advising bank에서 확인을 추가하게 되면 confirming bank를 겸하게 됨). 수익자는 신용장(master L/C)의 수취 후에 L/C의 내용을 상세하게 점검한다. 예컨대 선적기일이 너무 빠르면 선적기일을 연장하는 등 신용장의 조건변경(Amendment)이 필요하다.

※ UCP 600 제9조(신용장 및 이에 대한 조건변경의 통지) 및 제10조(조건변경) 참조.

⑤ 상품선적

세관수출신고 절차 후 선박회사에 선적의뢰(shipping request, S/R)를 하고 선박회사는 화물을 선적하고 운송한다. 수출업자는 물품의 원자재를 수입(Master 수입신용장을 개설하여 필요한 원자재를 외국에서 수입함) 또는 국내(Local L/C 개설하여 국내에서 원자재를 구매함)에서 조달이 가능하다. 상품의 선적은 신용장상의 최종선적기일(latest shipping date) 이내에 이루어져야 한다.

※ 선적서류관련 UCP 조항(제19조 내지 제25조 및 제26조, 제27조) 참조.

⑥ 선적서류매입의뢰 및 매입은행의 서류심사후 매입(Nego)

신용장의 제조건(terms and conditions)과 제시된 서류의 기재내용의 일치여부를 심사한 후 일치하는 경우에 환가료(exchange commission : 매입은행이 자기자금을 먼저 지급함에 따른 자금부담이자로 서류를 개설은행에 송부하여 대금을 받을 때까지의 기간에 해당하는 이자성격의 금액) 및 취급 수수료(Nego charge)를 공제하고 매입은행이 자기자금으로 수익자에게 대금을 먼저 지급한다(negotiation 방식의 신용장일 경우).

일반적으로 매입은행과 통지은행은 동일한 은행일 경우가 많다.

※ UCP 600 제3조(해석) 및 제14조(서류심사의 기준), 제15조(일치하는 제시), 제33조(제시기간) 등 서류심사 관련 UCP 관련 조항, ISBP(국제표준은행관행, International Standard Banking Practice)의 관련 조항 참조.

※ 매입은행이 네고시에 자기자금을 수익자에게 선지급하는 이유

㉠ 신용장이 지니고 있는 조건부 지급확약의 특성(조건이 일치하는 경우 개설은행이 지급을 확약하고 있는 신용장 자체의 특성)

㉡ 우리나라의 어음법상 환어음의 소구권을 인정하고 있으며, 은행거래약정서에도 소구권에 대한 내용이 통상적으로 기재되어 있기 때문에 매입은행이 선지급한 대금이 개설은행으로부터 지급거절을 당하는 경우에 매입은행은

매입의뢰인인 수출업자에게 네고(Nego)시 기지급한 대금을 상환청구할 권리가 있다.

ⓒ 선하증권의 점유권이 매입은행으로 이전되기 때문에 선적상품에 대한 실질적인 소유권이 매입은행에게 부여된다.

※ 권리를 이전해야 하는 서류의 적절한 배서행위가 필요함
서류를 제시하는 경우 환어음, 선하증권, 보험서류 등은 수익자(beneficiary)가 신용장에서 지시한 대로 정확하게 배서(endorsement)를 하여 매입은행에 제출하여야 한다.

⑦ 서류송부·대금결제청구

매입은행은 매입한 서류를 개설은행 앞으로 송부한다. 그리고 대금청구를 위하여 신용장 상에 기재되어 있는 결제은행 앞으로 결제용 환어음을 송부하여 대금결제 신청을 한다(상환방식·매입방식의 신용장인 경우).

⑧ 서류심사·도착통보

개설은행은 서류를 심사하여 신용장의 조건일치여부를 확인한 후 수입업자에게 서류의 도착을 통지한다. 서류의 일치여부에 따른 지급 또는 부도권한은 서류접수 익일부터 5은행영업일 내에 개설은행이 결정할 수 있으며, 부도통보시에는 하자 내용의 전부를 한꺼번에 통보하여야 한다.

※ UCP 600 제16조(하자있는 서류, 권리포기 및 통지) 및 제14조(서류심사의 기준) 참조.

⑨ 대금결제

개설은행은 서류의 조건일치여부를 심사한 후 하자가 없을 경우에 개설은행의 자기자금으로 먼저 매입은행에게 대금을 결제한다. 개설은행의 대금결제수권을 받은 결제은행(settling bank, reimbursing bank)은 개설은행의 구좌에서 출금하여 매입은행의 구좌로 대금을 입금하고 각각 ⑨ 출금통보(debit advice)와 ⑨ 입금통보(credit advice)를 동시에 한다. 개설은행으로부터 대금을 받지 못할 경우 매입은행은 수익자에게 이미 지급했던 대금의 반환요청(소구권, with recourse right)을 이행할 수 있다. 그러나 개설은행과 확인은행의 경우에는 소구권이 존재하지 않는다.

⑩ 서류인도·대금결제

개설은행은 서류를 수입자에게 인도하면서 대금을 지급받는다. 이때 개설의뢰인이 대금지급을 하지 아니할 경우 서류를 인도하지 않는다(예, 선하증권의 배서, 개설은행의 지시식 → 'the order of issuing bank').

※ 참고사항 : 수입화물선취보증(L/G), 수입화물담보대도(T/R) 제도 활용.

상기 L/C 흐름도 설명의 참고 사항은 다음과 같다.

① 흐름도는 환어음의 결제조건이 'At sight'인 경우이며, 만약 'Usance' 조건이라면 수입업자의 대금결제는 일정기간후인 환어음의 만기일에 이루어진다.

② 개설은행 A와 매입은행 B는 무예치환거래은행(Non Depositary Correspondent Bank)의 관계임. 따라서 이 두 은행이 예치환거래은행(Depositary Correspondent Bank) 관계라면 결제은행 D의 존재 및 역할은 필요하지 않으며, 흐름도에서 '⑦ 환어음 및 서류송부' 절차에 이어서 개설은행 A의 서류심사후 대금결제가 이루어진다.

③ 수입업자 보험가입조건은 FOB 등이며 수출업자 보험가입조건은 CIF, CIP 등이다.

④ 서류는 환어음, 상업송장, 보험서류, 운송서류, 기타서류 등이 있다. 신용장거래는 서류거래이기 때문에 신용장에서 요구하는 제조건과 서류기재내용의 일치를 전제로 하여 개설은행이 대금지급을 확약한다.

⑤ 일반적으로 매입은행과 통지은행은 동일한 은행일 경우가 많으며, 통지은행이 확인(Confirmation)을 첨가하여 통지하게 되면 확인은행(Confirming bank)을 겸하게 된다.

⑥ 수출입승인은 산업통상자원부장관의 권한이지만 수출입관련공고에서 지정한 기관 및 단체가 추천과 승인을 한꺼번에 하도록 위임되어 수출입승인 절차를 일원화하고 있다.

제 8 장

화환신용장 독해와 신용장의 종류

제 1 절 화환신용장 독해

1. 수출실무사례와 계약서 작성

[사례] 태극삼 수출 사례 실무

(1) 수출거래의 사례 거래 내용

수출거래를 가정하고 다음 내용을 참조하여 수출무역거래의 서류검토 사례를 이해한다.

1) 신용장개설의뢰인(수입업자 : 대만의 타이완 소재)
   THH TRADING CO., LTD.
   4F, NO.17, 177-LANE, NANKING WEST RD.
   TAIPEI, TAIWAN ROC
2) 수익자(수출업자 : 우리나라 소재)
   KOREA INSAM COOPERATIVE ASSOCIATION
   77, JONGNO 1.KA, JONG NO GU, SEOUL, KOREA
3) 신용장 개설은행
   BANGKOK BANK PUBLIC CO., TAIPEI P.O. BOX 22419
   121 SUNG CHIANG ROAD TAIPEI, TAIWAN
4) 상품의 명세와 금액
   KOREAN TAE KUK SAM WHICH MADE BY KOREA INSAM COOPERATIVE ASSOCIATION
   CHINESE RAW MEDICINE 5,000 CATTIES
   USD400,000.00

5) 가격조건과 지급방식 : CIF KEELUNG PORT, 취소불능화환신용장
6) Contract Date : DEC. 22, 2014
7) 선적기일 : JAN, 20, 2015 이내
8) 선적서류 : 상업송장, 포장명세서, 선하증권, 보험증권, 수익자증명서 등
9) 선하증권 원본 1부를 수입상 앞으로 선적후 즉시 DHL로 발송할 것
10) 보험가입조건 : ICC (A)

(2) 매매계약서 작성

예시 SALES CONTRACT(매매계약서)

KOREA INSAM COOPERATIVE ASSOCIATION
77, JONGNO 1.KA, JONG NO GU, SEOUL, KOREA
TELEPHONE NO : (02) 711-7653~7, (02) 713-9876~8
FAX NO. : (02) 711-9879

SALES CONTRACT

Messrs : THH TRADING CO., LTD.
4F, NO.17, 177-LANE, NANKING WEST RD..
TAIPEI, TAIWAN ROC

Date : DEC. 22, 2014
SALES CONTRACT NO. KICA777

** ARTICLE : KOREAN TAE KUK SAM WHICH MADE BY
KOREA INSAM COOPERATIVE ASSOCIATION
CHINESE RAW MEDICINE 5,000 CATTIES
** AMOUNT : USD400,000.00
** SHIPPING DATE : WITHIN JAN, 20, 2015
** SHIPMENT FROM ANY KOREAN PORT, KOREA
TO KEELUNG, TAIWAN
** PARTIAL SHIPMENT : ALLOWED
** TRANS SHIPMENT : NOT ALLOWED
** TRADE TERMS : CIF KEELUNG
** PAYMENT TERMS : BY IRREVOCABLE DOCUMENTARY LETTER OF CREDIT
** PACKING : EXPORT STANDARD PACKING
** FINAL INSPECTION : KOREAN NATIONAL AGRICULTURAL COOPERATIVE FEDERATION
INSAM INSPECTION OFFICE

***** **SHIPPING DOCUMENTS** *****
1. SIGNED COMMERCIAL INVOICE IN 5 COPIES
2. PACKING LIST IN 4 COPIES
3. 2/3 SETS OF ORIGINAL CLEAN ON BOARD OCEAN BILL OF LADING AND TWO NON-NEGOTIABLE COPIES MADE OUT TO ORDER OF ISSUING BANK MARKED 'FREIGHT PREPAID' AND NOTIFY APPLICANT
4. INSURANCE POLICY OR CERTIFICATE ISSUED IN DUPLICATE DULY ENDORSED IN BLANK FOR FULL INVOICE VALUE PLUS 10 PERCENT WITH CLAIM PAYABLE IN TAIWAN IN THE SAME CURRENCY AS THE DRAFT COVERING INSTITUTE CARGO CLAUSES (A)
5. BENEFICIARY'S CERTIFICATE STATING THAT ONE ORIGINAL B/L AND ONE COMPLETE SET OF NON-NEGOTIABLE SHIPPING DOCUMENTS HAVE BEEN SENT BY DHL TO APPLICANT DIRECTLY AFTER SHIPMENT.

※ Refer to general terms and conditions on the reverse side hereof which are incorporated herein and make a part of this Contract.

EXPORTER	IMPORTER
JAE SEUNG KIM	WANG Brown
KOREA INSAM COOPERATIVE ASSOCIATION MR. JAE SEUNG, KIM	THH TRADING CO., LTD. AUTHORIZED SIGNATURE

예시 일반 거래 조건 협정서의 예문과 번역문

AGREEMENT ON GENERAL TERMS AND CONDITIONS OF BUSINESS
[일반 거래 조건 협정서]

DEC. 22, 2014.

It is hereby agreed between the sellers, KOREA INSAM COOPERATIVE ASSOCIATION, SEOUL, KOREA and the buyers, THH TRADING CO., LTD., TAIPEI, TAIWAN that all business shall be conducted the following terms and conditions :

[매도인, 한국 서울 소재 한국 인삼협동조합 및 매수인, 대만 타이페이 소재 THH 무역 주식회사는 다음과 같은 제조건으로 모든 거래를 행할 것을 이에 합의한다.]

(1) Business : Business is to be transacted between the sellers and the Buyers as Principals to Principals, on their own account and responsibility for the sale of the Seller's goods.

[(1) 거래 : 거래는 매도인의 상품 판매를 위해 자신들의 계산과 책임으로 본인 대 본인으로서 매도인과 매수인간에 행한다.]

(2) Quality : The Sellers are to supply the Buyers with samples free of charge and the quality of the goods to be shipped should be about equal to that of the samples on which an which an order is given.

[(2) 품질 : 매도인은 매수인에게 무료로 견품을 제공하여야 하며, 선적품의 품질은 주문성립의 근거가 되는 견품의 품질과 대체로 일치하여야 한다.]

(3) Quantity : The minimum quantity for an order is to be standard contents of one package. Assortment of various articles is to be accepted so long as the total quantity exceeds the minimum just explained.

[(3) 수량 : 1회 주문에 대한 최저 수량은 한 상자의 표준 내용물이어야 한다. 각종 품목을 혼합했을 때에는 합계 수량이 단지 설명되어진 최저수량을 초과하는 한 인수한다.]

(4) Prices : Unless otherwise stated in telex or letters, prices are to be quoted in US Dollars on the basis of CIF TAIWAN.

[(4) 가격 : 텔렉스나 서한에 별도 명시가 없는 한, 가격은 CIF TWIWAN 조건에 의하여 미국 달러로 견적되어진다.]

(5) Offer & Acceptance : Firm Offers are to remain effective for forty-eight hours after the time of dispatch, and acceptance must be made by telecommunication within the time specified.

[(5) 청약 및 승낙 : 확정 청약은 발송 시각이후 48시간동안 유효하며, 승낙은 명시된 시각에 위성 통신(원거리 통신)으로 이루어져야 한다.]

(6) Orders : Except in cases where firm offers are accepted all orders are to be subject to the Seller's final confirmation.

[(6) 주문 : 확정 청약이 승낙되는 경우를 제외하고 모든 주문은 매도인의 최종 확인을 조건으로 한다.]

(7) Discount : A special discount of 3 percent from the contract price is to be accorded on an order exceeding total amount of US$ 500,000 in price.

[(7) 할인 : 가격이 총액 미화 50만 달러를 초과할 때는 계약금에서 3%의 특별 할인을 부여한다.]

(8) Packing : Proper export wooden case packing is to be carried out, each case bearing the mark AI with port mark, running case number, and the country of origin.

[(8) 포장 : 적합한 수출용 목재상자로 포장하여야 하며, 각 상자에는 항구명, 상자 일련번호 및 원산지 표 시와 AI 표시를 한다.]

(9) Shipment : Shipment is to be made within the time stipulated in each contract, except in circumstances beyond the Seller's control. The date of bills of lading shall be taken as conclusive proof of the date of shipment. Unless expressly agreed upon, the port of shipment be at the Sellers' option.

[(9) 선적 : 선적은 매도인의 불가항력인 경우를 제외하고 각 계약서에 정해진 기일 이내에 이행하여야 한다. 선하증권의 일자는 선적일자의 최종적 증거로 간주한다. 명시적 합의가 없는 한 선적항은 매도인이 선택한다.]

(10) Force Majeure : The Sellers shall not be responsible for the delay in shipment due directly or indirectly to force majeure, such as war, strikes, riots, civil commotions, hostilities, lockouts, blockades, mobilization, requisition of vessels, prohibition of exports, fires, floods, earthquakes and tempests. In the event of any of these accidents or contingencies which prevent shipment within the stipulated period, the Sellers shall submit documents proving its occurrence or existence without delay.

[(10) 불가항력 : 매도인은 전쟁, 파업, 폭동, 소요, 교전, 폐쇄, 봉쇄, 군사동원, 선박 징발, 수출 금지, 화재, 홍수, 지진, 폭풍우와 같은 불가항력에 직접 또는 간접으로 기인하는 선적지연에 대해서는 책임을 지지 아니한다. 명시되어진 기간 내에 선적이 이루어지지 않는 어떠한 사고나 우발 사고가 있는 경우에, 매도인은 그 발생 또는 존재를 증명하는 서류를 지체 없이 제출하여야 한다.]

(11) Insurance : All shipment are to be covered by the Seller

[(11) 보험 : 모든 선적품은 매도인이 부보하여야 한다.]

(12) Letter of Credit : Banker's Irrevocable Letter of Credit shall be opened in favor of the Sellers within 7 days upon contract and be maintained at least fifteen days after expiry date of shipment for negotiation of the relative draft.

[(12) 신용장 : 은행의 취소 불능 신용장은 계약서 작성 후 7일 이내에 매도인을 수익자로 하여 개설되어야 하며, 관련 환어음의 네고를 위해서 선적기일 이후 적어도 15일간 유효기일이 지속되어야 한다.]

(13) Payment : Draft is to be drawn at sight under Irrevocable Letter of Credit for the full invoice value, with full sets of shipping documents, namely, Bill of Lading, Insurance Policy or Certificate, Commercial Invoice and other documents which each contract requires.

[(13) 결제 : 환어음은 선적서류 전통, 예컨대, 선하증권, 보험증권, 상업 송장, 기타 각 계약에서 요구하는 서류를 첨부하여 송장금액 전액에 대해 취소불능 신용장에 의거 일람출급 환어음으로 발행되어야 한다.]

(14) Claims : Any claim exceeding 10 per cent of the invoice amount is to be cabled within 10 days from the date of final discharge of goods at destination. Any claim beyond the amicable adjustment between the Sellers and the Buyers is to be settled by arbitration in Seoul, Korea.

[(14) 손해배상청구 : 송장금액의 10%를 초과하는 모든 손해배상청구는 목적지에 상품의 최종양륙일자로부터 10일 이내에 타전되어야 한다. 매도인 및 매수인간에 원만히 조정할 수 없는 손해배상청구는 대한민국 서울에서 중재로 해결되어야 한다.]

This Agreement shall be valid on and after DEC. 22, 2014.

[본 협정서는 2014년 12월 22일부터 발효한다.]

2. 화환신용장 독해

(1) SWIFT

1) SWIFT의 정의

SWIFT(Society for Worldwide Inter-bank Financial Tele-communication)는 전 세계적으로 통용되는 금융기관간 메시지 연계 서비스망으로, 지불결제, Foreign Exchange, Money Market, 무역금융, 유가증권 등에 관한 메시지 서비스를 제공하며, 1973년 15개국 230개 은행이 창립하여 우리나라는 1992년 3월부터 정식으로 이용하기 시작하였음. 1973.3월에 설립된 국제은행간 비영리법인 또는 통신망자체를 지칭, 현재 벨기에 브뤼셀에 본부를 두고 있다.

2) SWIFT의 장점

가. 안전성(Security)

① SWIFT로부터 수령한 LOG-IN KEY 및 SELECT KEY를 입력하여야만 SWIFT 망과의 접속이 가능하다.

② 환거래은행간 교환된 AUTHENTICATION KEY에 의거 전문내용이 진위여부가 자동으로 확인된다.

나. 신속성(Timeliness)

전문발송 후 30초 이내에 수신자에게 전문 전달이 가능하다.

다. 저렴한 비용(Low Cost)

TELEX를 통한 전문 송수신보다 통신비용이 저렴하다.

라. 업무의 표준화(Standardized Formats)

전문내용이 표준화되어 있어 기계에 의한 판독이 가능하여 전산에 의한 업무의 자동처리가 가능하며 전문내용 파악이 용이하다.

3) SWIFT 관련 업무

가. 고객송금 및 은행 간 자금이체
나. 추심 및 신용장관련 업무
다. CREDIT/DEBIT CONFIRMATION 및 STATEMENTS 통보
라. FOREIGN EXCHANGE 거래 및 STATEMENTS 통보
마. TRAVELLER'S CHEQUE 관련 업무 등

(2) SWIFT 신용장

전 세계적으로 통용되는 금융기관간 메시지 연계 서비스망인 SWIFT를 이용한 신용장 발행 시 규칙적용은 Message Type(약칭 MT700)을 이용하고, 적용규칙(Applicable Rules)은 MT700의 FIELD '40E'에 다음과 같이 표시한다.

40E/APPLICABLE RULE : UCP LATEST VERSION

위의 내용에 관한 정확한 해석은 "이 신용장은 신용장 개설일자 기준 발효중인 국제상업회의소(ICC) 신용장통일규칙(UCP)이 적용된다"는 의미이다. 편의상 SWIFT로 송수신되는 신용장을 SWIFT 신용장이라 부른다.

(3) TELEX 신용장 또는 우편(Mail) 신용장

현재에는 대부분의 신용장이 SWIFT로 송수신되고 있기 때문에 TELEX 신용장 또는 우편(Mail) 신용장은 거의 활용되지 않고 있다.

만약 TELEX 신용장 또는 우편(Mail) 신용장의 경우에는 UCP 600 적용문구는 다음과 같이 표시된다.

① THIS DOCUMENTARY CREDIT IS SUBJECT TO THE VERSION OF THE ICC UNIFORM CUSTOMS AND PRACTICE FOR DOCUMENTARY CREDITS, INTERNATIONAL CHAMBER OF COMMERCE, PARIS, FRANCE, WHICH IS IN EFFECT ON THE DATE OF ISSUE"

② THIS DOCUMENTARY CREDIT IS SUBJECT TO UNIFORM CUSTOMS AND PRACTICE FOR DOCUMENTARY CREDIT, 2007 REVISION, ICC PUBLICATION NO.600"

(4) 화환신용장의 SWIFT Field별 독해

예시 **화환신용장(수출, 매입방식, 일람지급, 1/3 B/L조항) 독해**

KOREA EXCHANGE BANK ORIGINAL

Head Office : 181, 2-ka Ulchi-ro, chung-ku, Seoul, 100-793, Korea TEL : (02)729-8525

(CPO BOX 2924, CABLE : KOEXBANK, TLX NO : 23141-5) SWIFT : KOEXKRSE

ADVICE OF ISSUE OF A DOCUMENTARY CREDIT [화환 신용장 개설의 통지]

CREDIT NUMBER : FAHGLCST500563T　　OUR ADVICE NUMBER : A-0668-512-25107

ADVISING DEPT/BR : BUSINESS DEPT　　ADVISED ON : 2014-12-27

ISSUING BANK : BKKBTWTP　　ISSUED ON : 2014-12-26

BANGKOK BANK PUBLIC CO., TAIPEI P.O. BOX 22419
121 SUNG CHIANG ROAD TAIPEI, TAIWAN

Gentlemen :

At the request of the Issuing bank, and without any engagement or responsibility on our part, we are pleased to inform you that we have received the following AUTHENTICATED teletransmission dated 2014. 12. 26.

------------------------------ Message Text -----------------------------------

700 ISSUE OF A DOCUMENTARY CREDIT [화환신용장의 개설]

*** 27 : Sequence of total [신용장 페이지 총수] : 1/1 [1페이지 중의 1페이지]

*** 40A : Form of Documentary Credit [신용장 형태] : IRREVOCABLE [취소불능 신용장]

*** 20 : Documentary Credit Number [신용장 번호] : FAHGLCST500563T

*** 31C : Date of Issue [신용장 개설일] : 2014-12-26 [2014년 12월 26일]

*** 40E : Applicable Rules [적용규칙] : UCP LATEST VERSION [개설일자 현재 최신판 UCP]

*** 31D : Date and Place of Expiry [유효기일과 종료장소] : 2015-01-30 S. KOREA[2015년 1월 30일 한국]

*** 50 : APPLICANT [개설의뢰인(수입상)] :

THH TRADING CO., LTD.
4F, NO.17, 177-LANE, NANKING WEST RD.
TAIPEI, TAIWAN ROC

*** 59 : BENEFICIARY[수익자(수출상)] : KOREA INSAM COOPERATIVE ASSOCIATION

77, JONGNO 1.KA, JONG NO GU, SEOUL, KOREA

*** 32B : CURRENCY CODE, AMOUNT [통화 종류 및 금액] : USD ********400,000.00

*** 39A : PERCENTAGE CREDIT AMOUNT TOLERANCE [신용장 금액 과부족 용인 비율] : 0/0

*** 41D : AVAILABLE WITH... BY... [신용장 사용은행과 사용방법] :
ANY BANK IN S. KOREA BY NEGOTIATION [한국의 모든 은행에서 매입방식으로 사용]

*** 42C : DRAFTS AT...[환어음의 지급기일] : SIGHT [일람지급]

42A : DRAWEE [환어음 지급인] : ISSUING BANK [개설은행]

*** 43P : PARTIAL SHIPMENTS [분할선적] : PERMITTED [허용됨]

*** 43T : TRANSSHIPMENT [환적] : PROHIBITED [불허용됨]

*** 44E : PORT OF LOADING/AIRPORT OF DEPARTURE : [선적항/출발공항]
ANY PORT IN KOREA [한국의 모든 항구]

*** 44F : PORT OF DISCHARGE/AIRPORT OF DESTINATION [양륙항/목적공항] :
KEELUNG, TAIWAN [대만, 킬룽]

*** 44C : LATEST DATE OF SHIPMENT [최종 선적 기일] : 2015-01-20 [2015년 1월 20일]

*** 45A : DESCRIPTION OF GOODS AND/OR SERVICE [상품 또는 서비스 명세] :

5,000 CATTIES OF CHINESE RAW MEDICINE
PRICE TERM : CIF KEELUNG
HS CODE :1211.20.0000

*** 46A : DOCUMENTS REQUIRED [요구서류] :

1. SIGNED COMMERCIAL INVOICE IN 5 COPIES INDICATING THIS CREDIT NUMBER
[이 신용장의 번호가 기재되고 서명된 상업송장 5부]

2. PACKING LIST IN 4 COPIES [포장명세서 4부]

3. 2/3 SETS OF ORIGINAL CLEAN ON BOARD OCEAN BILL OF LADING AND TWO NON-NEGOTIABLE COPIES MADE OUT TO ORDER OF BANGKOK BANK PUBLIC CO., LTD., TAIPEI BRANCH MARKED 'FREIGHT PREPAID' AND NOTIFY APPLICANT AND INDICATING THIS CREDIT NUMBER.
[BANGKOK BANK PUBLIC CO., LTD., TAIPEI 지점의 지시식인 비유통성 선하증권 부본 2부 포함하여 무결함 본선적재 해양선하증권 원본 2/3 SET, 선하증권에는 '운임선불'로 표시되어 있 어야 하며 통지처의 주소는 개설의뢰인으로, 그리고 이 신용장의 번호를 기재한다.]

4. INSURANCE POLICY OR CERTIFICATE ISSUED IN DUPLICATE DULY ENDORSED IN BLANK FOR FULL INVOICE VALUE PLUS 10 PERCENT WITH CLAIM PAYABLE IN TAIWAN IN THE SAME CURRENCY AS THE DRAFT COVERING INSTITUTE CARGO CLAUSES (A) [ICC (A)조건으로 보험에 가입되고 환어음의 통화와 동일한 통화로 대만에서 보 험금이 지급될 수 있으며 상업송장금액의 110%에 대하여 부보되며 백지배서가 되어있는 보험증 권 또는 보험증명서 2통]

5. BENEFICIARY'S CERTIFICATE STATING THAT ONE ORIGINAL B/L AND ONE

COMPLETE SET OF NON-NEGOTIABLE SHIPPING DOCUMENTS HAVE BEEN SENT BY DHL TO APPLICANT DIRECTLY AFTER SHIPMENT.
[1통의 원본 선하증권과 비유통성 선적서류의 완전한 세트 1통이 선적 후 직접 개설의뢰인에게 DHL로 발송되었다고 기재된 수익자증명서]

*** 47A : ADDITIONAL CONDITIONS [부가조건] :
SHIPMENT MUST BE CONTAINERIZED CY TO CY TERMS KEELUNG
[선적은 KEELUNG 항까지 컨테이너운송으로 CY(CONTAINER YARD) TO CY TERMS (CY/CY(FCL / FCL : door to door) 운송(1인 수출업자→1인 수입업자)이어야 한다]

*** 71B : CHARGES :
ALL BANKING CHARGES OUTSIDE TAIWAN ROC INCLUDING L/C ADVISING FEE, REIMBURSEMENT COMMISSION AND DISCREPANCY CHARGE ARE FOR BENEFICIARY'S ACCOUNT [L/C 통지수수료를 포함하여 대만 이외에서 발생하는 모든 은행수수료, 결제수수료 및 하자수수료는 수익자의 부담으로 한다]

*** 48 : PERIOD FOR PRESENTATION [서류제시 기한] :
WITHIN 10 DAYS AFTER B/L DATE BUT NOT LATER THAN CREDIT VALIDITY
[선하증권의 일자후 10일 이내에, 단 신용장 유효기간 이내이어야 한다.]

*** 49 : CONFIRMATION INSTRUCTION [확인 지시] : WITH OUT [확인 필요없음]

*** 78 : INSTRUCTION TO THE PAYING/ACCEPTING/NEGOTIATING BANK :
[지급/인수/매입 은행에 대한 지시사항]
+THE AMOUNT OF EACH DRAWING MUST BE ENDORSED ON THE REVERSE HEREOF.
[각 어음발행금액은 이 신용장의 뒷면에 기재되어야 한다]
+ALL DOCUMENTS TO BE FORWARDED BY COURIER SERVICE TO ISSUING BANK.
(ADD : 121, SUNG CHIANG ROAD, TAIPEI 104, TAIWAN TEL : 886-2-25073666)
[모든 서류들은 개설은행 앞으로 택배송업자에 의하여 송부되어야 한다]
+UPON RECEIPT OF DOCUMENTS WHICH ARE IN CONFORMITY WITH THE TERMS AND CONDITIONS OF THIS CREDIT, WE SHALL REMIT THE PROCEEDS TO YOU AS PER YOUR INSTRUCTION. [이 신용장의 제조건에 일치하는 서류를 수취하면, 당행은 귀행의 지시에 따라서 대금을 송금할 것이다]

Please note that we reserve the right to make such corrections to this advice as may be necessary upon receipt of the cable confirmation and assume no responsibility for any errors and/or omissions in the transmission and/or translation of the teletransmission, and for any forgery and/or alteration on the credit. If the credit is available by negotiation, each presentation must be noted on the reverse of this advice by the bank where the credit is available.

THIS ADVICE IS SUBJECT THE UNIFORM CUSTOMS AND PRACTICE FOR DOCUMENTARY CREDITS (1993 REVISION, ICC PUBLICATION NO.600)

Yours very truly

BAIK Tae Heum

Authorized Signature

앞의 화환신용장을 SWIFT FIELD의 기재사항 조건별로 신용장의 상단 부분부터 순차적 독해를 통하여 실무적으로 설명하면 다음과 같다.

1) 통지은행의 통지안내 문구

통지은행은 KOREA EXCHANGE BANK이며 이 통신문은 ADVICE OF ISSUE OF A DOCUMENTARY CREDIT [화환 신용장 개설의 통지]이며 신용장번호, 통지은행의 참조번호, 통지은행의 부서, 통지일자, 개설은행의 명칭, 개설일자 등의 내용을 담고 있으며 통지안내 문구를 표시하고 있다.

KOREA EXCHANGE BANK ORIGINAL

Head Office : 181, 2-ka Ulchi-ro, chung-ku, Seoul, 100-793, Korea TEL : (02)729-8525
(CPO BOX 2924, CABLE : KOEXBANK, TLX NO : 23141-5) SWIFT : KOEXKRSE

ADVICE OF ISSUE OF A DOCUMENTARY CREDIT [화환 신용장 개설의 통지]

CREDIT NUMBER : FAHGLCST500563T

OUR ADVICE NUMBER : A-0668-512-25107

ADVISING DEPT/BR : BUSINESS DEPT

ADVISED ON : 2014-12-27

ISSUED ON : 2014-12-26

ISSUING BANK : BKKBTWTP
BANGKOK BANK PUBLIC CO., TAIPEI P.O. BOX 22419
121 SUNG CHIANG ROAD TAIPEI, TAIWAN

Gentlemen :

At the request of the Issuing bank, and without any engagement or responsibility on our part, we are pleased to inform you that we have received the following AUTHENTICATED teletransmission dated 2014. 12. 26.

2) 총 페이지 표시 조건

27 : Sequence of total [신용장 페이지 총수] : 1/1 [1페이지 중의 1페이지]

신용장의 전체 페이지 쪽 중에서 몇 페이지에 해당하고 있는 지를 표시한다. 여러 페이지 중에서 순서가 이어져서 표시되어 있어야 한다. 한 페이지라도 누락된 경우에는 개설은행에 조회하여 전체 페이지를 전부 수신해야 한다.

예 1/4: 총 4 쪽으로 구성된 SWIFT 전신문의 1 쪽이다.

3) 신용장의 형태와 신용장 번호 조건

40A : Form of Documentary Credit [신용장 형태] : IRREVOCABLE [취소불능 신용장]

20 : Documentary Credit Number [신용장 번호] : FAHGLCST500563T

신용장의 형태 란에 반드시 취소불능(IRREVOCABLE)이라고 표시되어 있는지 여부를 점검하여야 한다. 개설은행이 부여하는 신용장의 번호가 복잡하게 구성된 경우 특히 신용장에서 “모든 서류에 신용장번호를 기재할 것”이라고 조건이 있는 경우에는 이 신용장의 고유한 번호가 반드시 일치하도록 서류에 명확하게 표시하여야 한다.

예 IRREVOCABLE: 취소불능신용장
REVOCABLE: 취소가능신용장
IRREVOCABLE TRANSFERABLE: 취소불능 및 양도가능신용장

[관련규칙] UCP 600 Article 2 Definitions(정의)

Credit means any arrangement, however named or described, that is irrevocable and thereby constitutes a definite undertaking of the issuing bank to honour a complying presentation.

신용장(Credit)이란 그 명칭이나 기술에 관계없이(however named or described) 개설은행이 일치하는 제시에 대하여 결제(honour)(일람 후 지급·인수 후 지급·연지급 확약) 하겠다는 확약으로서 취소가 불가능한 모든 약정을 의미한다.

* Letter of Credit = conditional bank's irrevocable undertaking of payment
* UCP 500에서 신용장은 취소가능 혹은 취소불능하다고 정의를 하였으나, UCP 600에서는 신용장을 취소불능한 약정이라고 규정하여 취소가능신용장의 적용 자체를 배제하고 있다.
* 신용장 해석과 관련된 규정적용의 우선 순위
  ① 매매당사국의 국내강행법규(어음법 또는 섭외사법 등)
  ② 당사자간의 특약(신용장상의 기재내용)
  ③ 신용장통일규칙(UCP), 국제표준은행관행(ISBP)
  ④ 국제상관행 등의 순서에 따라 해석된다.
* 신용장해석 우선 적용순위 : ① Law(법률) ② 신용장 자체의 조건 ③ UCP 600 ④ ISBP 745 ⑤ ICC Position Paper ⑥ ICC Policy Statements ⑦ ICC Opinion ⑧ ICC DOCDEX Decisions
* ICC DOCDEX(Documentary Instruments Dispute Resolution Expertise) : ICC 화환신용장분쟁해결전문가 자문기구

23 Reference to Pre-Advice

사전통지를 보냈던 신용장인 경우 “PREADV” 라고 표시하고 “/” 를 한 다음 그 사전통지와 관련된 참조사항을 표시한다.

예 PREADV/140919 : 2014년 9월 19일자로 송부했던 사전통지문의 원본 신용장을 의미한다.

4) 개설일자, 신용장통일규칙 준수 문언, 유효기일과 종료장소 조건

31C : Date of Issue [신용장 개설일] : 2014-12-26 [2014년 12월 26일]

40E : Applicable Rules [적용규칙] : UCP LATEST VERSION [개설일자 현재 최신판 UCP]

31D : Date and Place of Expiry [유효기일과 종료장소] : 2015-01-30 S. KOREA [2015년 1월 30일 한국]

40E : Applicable Rules [적용규칙] : 신용장의 적용규칙을 표시한다.

예 UCP LATEST VERSION: 현행 UCP를 적용함
EUCP LATEST VERSION: 현행 eUCP를 적용함.
UCPURR LATEST VERSION: 현행 UCP와 URR 적용함.
EUCPURR LATEST VERSION: eUCP와 URR 적용함.
ISP LATEST VERSION: 현행 ISP를 적용함.
OTHR: 기타 규칙을 적용함.

31D : Date and Place of Expiry [유효기일과 종료장소] :
개설일자와 관련된 아무런 표시가 없는 경우 SWIFT 전문이 발송된 일자를 개설일자로 간주한다.
유효기일과 종료장소는 서류가 제시되어야 하는 마지막 일자와 장소를 표시한다.

[관련규칙] UCP 600 제6조 이용가능성, 유효기일 및 제시장소(Availability, Expiry Date and Place for Presentation)

d. i . 신용장은 제시를 위한 유효기일(expiry date)을 명시하여야 한다. 신용장대금의 결제(honour) 또는 매입을 위하여 명시된 유효기일은 제시를 위한 유효기일(expiry date for presentation)로 간주한다.

ii . 신용장이 사용될 수 있는 은행의 장소는 제시를 위한 장소이다. 어떤 은행에서라도 이용 가능한 신용장에서는 어떤 은행이라도 제시장소가 될 수 있다. 개설은행의 장소 이외의 제시장소는 개설은행의 장소에 추가한 것이다.

[관련규칙] UCP 600 제29조 유효기일의 연장 또는 제시를 위한 최종일(Extension of Expiry Date or Last Day for Presentation)의 연장

a. 신용장의 유효기일 또는 제시를 위한 최종일이 제36조(불가항력, Force Majeure)에 언급된 사유 이외의 사유로 제시를 받아야 하는 은행의 휴업일에 해당하는 경우에는, 그 유효기일 또는 제시를 위한 최종일은 경우에 따라 최초의 다음 은행영

업일까지 연장된다.

b. 제시가 최초의 다음 은행 영업일에 행해지는 경우에는, 지정은행은 개설은행 또는 확인은행에게 제시가 제29조 (a)항에 따라 연장된 기간 이내에 제시되었다는 설명을 서류송부장(covering letter)에 기재하여야 한다.

[예시문언] "Documents were presented within the time limits extended in accordance with sub-article 29(a) of UCP 600"

c. 선적을 위한 최종일은 제29조 (a)항의 결과로서 연장되지 않는다.

5) 개설의뢰인, 수익자 조건

50 : APPLICANT [개설의뢰인(수입상)] :
THH TRADING CO., LTD.
4F, NO.17, 177-LANE, NANKING WEST RD.
TAIPEI, TAIWAN ROC

59 : BENEFICIARY[수익자(수출상)] :
KOREA INSAM COOPERATIVE ASSOCIATION
77, JONGNO 1.KA, JONG NO GU, SEOUL, KOREA

50 Applicant : 개설의뢰인을 표시한다.

59 Beneficiary : 수익자를 표시한다.

51a Applicant Bank : 신용장의 개설을 의뢰하는 개설의뢰인의 은행이 있는 경우 개설의뢰인의 은행을 표시한다.

6) 통화종류와 금액, 금액 과부족 용인조건

32B : CURRENCY CODE, AMOUNT [통화 종류 및 금액] : USD ********400,000.00

39A : PERCENTAGE CREDIT AMOUNT TOLERANCE [신용장 금액 과부족 용인 비율] : 0/0

신용장 금액의 과부족 편차를 표시한다.

예 10/5: 표시된 금액을 기준으로 상한은 10% 하한은 5% 까지 허용한다.

39B : Maximum Credit Amount
"UP TO", "MAXIMUM" 또는 "NOT EXCEEDING" 중에서 한 문언을 사용하여 신용장 금액을 표시하는 Field이다.

39C : Additional Amounts Covered

수익자가 사용할 수 있는 추가의 금액이다. 예를 들어, 보험료, 운임, 이자 등을 표시하는 Field이다.

[관련규칙] UCP 600 제30조 신용장 금액, 수량 및 단가의 과부족 허용(Tolerance in Credit Amount, Quantity and Unit Prices)

a. 신용장에 명기된 신용장의 금액 또는 수량 또는 단가와 관련하여 사용되는 "약(about)" 또는 "대략(approximately)"이라는 단어는 그것이 언급하는 금액, 수량 또는 단가의 10%를 초과하지 아니하는 과부족을 허용하는 것으로 해석된다.

b. 만약 신용장이 수량을 포장단위 개수 또는 개개품목의 개수로 명시하지 않고, 어음발행의 총액이 신용장의 금액을 초과하지 않는다면 상품 수량의 5%를 초과하지 아니하는 과부족 편차가 허용된다.

  * 이 규정은 곡물 등의 bulk 화물(석탄이나 석유, 가스, 곡물 등 자연산화 등으로 정확한 수량 측정이 어렵거나 선적시와 하역시 수량에 차이가 날 수 있는 산적화물)의 거래를 원만하게 하고자 하는 의도이다. 그러나 자동적으로 수량의 과부족이 허용된다고 하더라도 환어음 발행금액 또는 청구금액이 신용장 금액을 초과하여서는 안 되며, 이러한 과부족은 수량을 중량단위나 용적단위 또는 길이단위로 표시한 경우에만 적용된다.

  * 수량 앞에 Up to 또는 Maximum이 있는 경우에는 최고한도만 정하였으므로 부족편차는 무제한 허용한다(More Case Studies, Case 270).

c. 분할선적이 허용되지 아니하는 경우에도, 만약 신용장에 상품수량이 기재된 경우 전량이 선적되고 신용장에 단가가 기재된 경우 단가가 감액되지 않고 제30조 (b)항이 적용되지 않는다면, 신용장 금액의 5%를 초과하지 아니하는 부족은 허용된다. 이러한 부족은 신용장이 특정한 과부족 편차를 명시하거나 또는 제30조 (a)항에 언급된 표현이 사용된 경우에는 적용되지 않는다.

  * UCP 600 제30조 c 조항은 예컨대 운임, 보험료 등이 확정되지 않은 상태에서 매매계약을 체결하고 신용장이 발행된 경우 선적 후 운임, 보험료가 예상보다 적게 소요되어 신용장금액과 상업송장금액과의 불일치되는 문제를 해소하기 위해 규정함. 따라서 상기 단서조항이 적용되지 않으면, 단가의 감액없이 상품전량이 선적된 경우, 분할선적이 금지되어 있더라도 신용장 금액의 5% 부족분이 허용된다.

7) 신용장 사용은행과 사용방법의 명시조건

41D : AVAILABLE WITH ... BY ... [신용장 사용은행과 사용방법] :

ANY BANK IN S. KOREA BY NEGOTIATION [한국의 모든 은행에서 매

입방식으로 사용]

"WITH" 다음에는 신용장을 사용할 수 있는 은행명을 "BY" 다음에는 신용장의 사용 방법을 표시한다.

예 AVAILABLE WITH HSBC KRSE BY NEGOTIATION : HSBC은행 서울지점에서 매입으로 사용이 가능하다.
BY NEGOTIATION : 환어음/서류의 매입으로 사용가능
BY PAYMENT : 일람지급으로 사용가능
BY DEF PAYMENT : 환어음 없는 연지급 약정으로 사용가능
BY ACCEPTANCE : 기한부지급 환어음의 인수로 사용가능
BY MIXED PAYMENT : 혼합방식으로 사용가능

[관련규칙] UCP 600 제6조 이용가능성, 유효기일 및 제시장소(Availability, Expiry Date and Place for Presentation)

a. 신용장은 그 신용장이 이용될 수 있는 은행을 명시하여야 하며, 또는 그 신용장이 모든 은행에서 사용될 수 있는 지를 명시하여야 한다. 지정은행에서 이용할 수 있는 신용장은 개설은행에서도 이용할 수 있다.
   * 신용장조건이 "41a : Available with... by ... name/address : ABC Bank, Hong Kong by Negotiation"으로 되어 있는 경우 지정은행에서 사용이 가능한 신용장이며, "41d : Available with... by ... name/address : Any Bank by Negotiation"인 경우 어떤 은행에서도 이용할 수 있다.
b. 신용장은 그것이 일람지급(sight payment), 연지급(deferred payment), 인수(acceptance) 또는 매입(negotiation) 등의 4가지 중 어느 것에 의하여 이용될 수 있는지를 명시하여야 함.

[신용장 사용방법 기재 예시]

① 매입신용장(환어음의 사용은 선택적임)
"41d : Available with ... by ... : ABC Bank, Hong Kong by Negotiation"
"41d : Available with ... by ... : Any Bank, by Negotiation"

② 지급신용장(환어음의 사용은 선택적임)
"41a : Available with ... by ... : ABC Bank, Hong Kong by Payment"
"41a : Available with ... by ... : Issuing Bank by Sight Payment"

③ 연지급신용장(환어음을 요구하지 않음)
"41d : Available with ... by ... : ABC Bank, Hong Kong by Deferred Payment"

④ 인수신용장(환어음을 요구함)

"41d : Available with ... by ... : ABC Bank, Hong Kong by Acceptance"

8) 환어음 지급기일과 지급인 조건

42C : DRAFTS AT... [환어음의 지급기일] : SIGHT [일람지급]

42A : DRAWEE [환어음 지급은행] : ISSUING BANK [개설은행]

42C : DRAFTS AT : 환어음의 기간을 표시한다.

42a : DRAWEE : 환어음의 지급인을 표시한다.

42M : MIXED PAYMENT DETAILS : 혼합지급으로 사용이 가능한 경우 그것들의 결정에 필요한 지급일자, 금액 그리고/또는 방법을 표시한다.

42P : DEFERRED PAYMENT DETAILS : 기한부지급으로 사용이 가능한 경우 그것의 결정에 필요한 지급일자 또는 결정방법을 표시한다.

[관련규칙] UCP 600 제6조 이용가능성, 유효기일 및 제시장소(Availability, Expiry Date and Place for Presentation)

c. A credit must not be issued available by a draft drawn on the applicant.

c. 신용장은 개설의뢰인을 지급인으로 하여 발행된 환어음에 의하여 사용되도록 개설되어서는 안 된다.

* 개설은행은 필요서류의 하나로서 개설신청인을 지급인으로 하는 환어음을 요구할 수는 있다. 다만 그러한 경우에는 개설은행은 환어음의 내용에 대한 요구사항을 표시해야 한다.

9) 분할선적과 환적 조건

43P : PARTIAL SHIPMENTS [분할선적] : PERMITTED [허용됨]

43T : TRANSSHIPMENT [환적] : PROHIBITED [금지됨]

[관련규칙] UCP 600 제31조 분할어음발행 또는 분할선적(Partial Drawings or Shipments)

a. 분할어음발행(청구) 또는 분할선적은 허용된다.

b. 동일운송수단으로 동일한 운송구간을 위한 선적을 증명하는 두 세트 이상의 운송서류로 이루어진 제시는, 그 운송서류가 같은 목적지를 표시하고 있다면 비록 이들 서류가 선적일자가 다르고, 적재항과 수탁지 또는 발송지가 다를지라도 분할선적으로 간주되지 않는다. 만약 그 제시가 두 세트 이상의 운송서류로 이루어지는

경우 어느 운송서류에 의하여 증명되는 가장 늦은 최종선적일(the latest date of shipment)을 선적일로 본다.
동일한 운송방식 내에서 둘 이상의 운송수단상의 선적을 증명하는 하나 또는 둘 이상의 세트의 운송서류로 이루어진 제시는, 비록 운송수단들이 같은 날짜에 같은 목적지로 향하더라도 분할선적으로 본다.

해설

분할선적으로 간주되지 않는 경우와 간주되는 경우

동일한 항로 상의 동일한 목적지를 향하는 동일한 운송수단으로의 선적임이 확인된 복수의 선적서류가 제시된 경우 선적일, 선적항, 수탁자 및 발송지가 상이하더라도 분할선적으로 간주되지 않는다.

그러나 동일한 우송방법이나, 상이한 운송수단에 의한 선적임이 확인된 복수의 선적서류가 제시된 경우에는 선적일, 선적항, 수탁지 및 발송지가 동일하더라도 분할선적으로 간주된다. 예컨대 인천항에서 일부는 A선박에 선적하고 나머지는 B선박에 같은 일자에 선적되고 하역항이 같은 경우라도 분할선적으로 간주된다. 왜냐하면 각기 다른 선박에 선적되었으므로 같은 날짜에 선적되었더라도 하역항에서 서로 다른 날짜에 도착할 수 있고 수입상 입장에서 각기 다른 선박에서 화물을 받아야 하기 때문이다.

c. 둘 이상의 특송배달수취증, 우편수취증 또는 우편확인서로 이루어진 제시는 만약 그 특송배달수취증, 우편수취증 또는 우편확인서가 같은 특송배달 또는 우편서비스에 의하여 같은 장소, 같은 날짜 그리고 같은 목적지로 스탬프가 찍히거나 서명된 것으로 보이는 경우에는 분할선적으로 보지 않는다.

10) 선적항(출발공항), 하역항(목적공항) 조건

44E : PORT OF LOADING/AIRPORT OF DEPARTURE : [선적항/출발공항]
ANY PORT IN KOREA [한국의 모든 항구]

44F : PORT OF DISCHARGE/AIRPORT OF DESTINATION [하역항/목적공항] :
KEELUNG, TAIWAN [대만, 킬룽]

SWIFT Field 44를 A, E, F, B로 세분화하여 각 운송서류의 종류별로 다른 Field를 사용하도록 하였다. 이전까지는 운송서류의 종류와 관계없이 하나의 Field를 사용하여, 요구하는 운송서류의 종류로서는 표시할 수 없는 운송구간을 기재하는 경우가 있었다. 예를 들어, Marine Bill of Lading을 요구하면서,

44A : (Loading on Board/Dispatch/Taking in Charge at/from...) Daegu, Korea

44B : (For Transportation to...) Beijing, China 와 같이 기재하여 분쟁을 만드는 경우가 간혹 있었다.

44A : Place of Taking in Charge/Dispatch from.../Place of Receipt
운송서류에 표시되어야 하는 (복합운송서류의 경우) 수탁지, (도로, 철도, 내륙수로 운송서류, 또는 택배, 속배서비스서류의 경우) 수취지, 발송지 또는 선적지를 표시한다.

44E : Port of Loading/ Airport of Departure
운송서류에 표시되어야 하는 선적항 또는 출발공항을 표시한다.

44F : Port of Discharge/ Airport of Destination
운송서류에 표시되어야 하는 양륙항 또는 목적공항을 표시한다.

44B : Place of Final Destination/ For Transportation to.../ Place of Delivery
운송서류에 표시되어야 하는 최종목적지 또는 인도장소를 표시한다.

11) 최종선적기일과 상품의 명세 조건

44C : LATEST DATE OF SHIPMENT [최종 선적 기일] : 2015-01-20 [2015년 1월 20일]

45A : DESCRIPTION OF GOODS AND/OR SERVICE [상품 또는 서비스 명세] :
5,000 CATTIES OF CHINESE RAW MEDICINE
PRICE TERM : CIF KEELUNG
HS CODE :1211.20.0000

[관련규칙] UCP 600 제29조 유효기일의 연장 또는 제시를 위한 최종일(Extension of Expiry Date or Last Day for Presentation)의 연장

c. The latest date for shipment will not be extended as a result of sub-article 29 (a).

c. 선적을 위한 최종일은 제29조 (a)항의 결과로서 연장되지 않는다.

* 유효기일이나 제시기일이 은행의 휴업일일 경우 휴업일 다음 첫 영업일로 자동 연장되지만, 선적기일은 은행휴업일로 인해 자동 연장되지 않는다.

[관련규칙] UCP 600 제18조 상업송장(Commercial Invoice)

c. The description of the goods, services or performance in a commercial invoice must correspond with that appearing in the credit.

c. 상업송장상의 상품, 서비스 또는 의무이행의 명세는 신용장에 나타나는 것과 일치하여야 한다.

12) 요구서류 조건(상업송장과 포장명세서)

46A : DOCUMENTS REQUIRED [요구서류] :

1. SIGNED COMMERCIAL INVOICE IN 5 COPIES INDICATING THIS CREDIT NUMBER [이 신용장의 번호가 기재되고 서명된 상업송장 5부]
2. PACKING LIST IN 4 COPIES [포장명세서 4부]

[관련규칙] ISBP 745 C 1. a.

C 1. a. 신용장에서 더 이상의 명시없이 "송장"(invoice)을 요구하는 경우에는, 이는 모든 종류의 제시된 송장(상업송장, 세관송장, 세무송장, 최종송장, 영사송장 등)(commercial invoice, customs invoice, tax invoice, final invoice, consular invoice, etc.)에 의하여 충족될 수 있다. 그러나 "임시적 송장"(provisional invoice), "견적송장"(pro-forma invoice), 또는 이와 유사한 표현으로 확인된 송장은 신용장에서 특별히 허용되지 아니하는 한, 수리되지 아니한다.

b. 신용장이 "상업송장"(commercial invoice)의 제시를 요구하는 때에는, "송장"(invoice)이란 제목의 서류를 제시함으로써 충족되며 그러한 서류가 세금의 목적(for tax purposes)으로 발행되었다는 기재를 담고 있더라도 무방하다.

C 2. a. 송장은 수익자 혹은 신용장이 양도된 경우에는 제2수익자(the second beneficiary)가 발행한 것으로 보여야 한다.

b. 수익자나 제2수익자의 이름이 변경되었고 신용장에서는 이전의 이름이 거명되어 있는 경우에, 송장은 "이전에 (수익자 또는 제2수익자의 이름)라고 알려진"["formerly known as (name of the beneficiary or second beneficiary)"]이라는 문구 또는 그와 유사한 취지의 문구를 표시한다면 새로운 실체(entity)의 이름으로 발행될 수 있다.

C 3. 송장에 나타나는 물품, 서비스 또는 의무이행에 관한 명세는 신용장에 나타나는 명세에 상응하여야(correspond with) 한다. 경상(鏡像, 거울, mirror image)과 같은 기재가 요구되는 것은 아니다. 예컨대 물품의 세부사항은 송장 내의 여러 곳에 산재할 수 있으며, 단지 그것들을 통합하여 읽을 때, 물품명세가 신용장의 그것에 상응하는 것(corresponding to that in the credit)으로 충분하다.

C 4. 송장상의 물품, 서비스 또는 의무이행에 관한 명세는 실제로 선적되거나 인도 또는 제공된 것을 반영하여야 한다. 예컨대, 신용장의 물품명세에서 "10대의 트럭과 5대의 트랙터(10 trucks and 5 tractors)"가 선적되어야 한다고 표시하고 있고 실제로 단지 4대의 트럭이 선적된 경우에, 신용장에서 분할선적을

금지하지 않았다면, 송장에서는 트럭 4대의 선적만을 표시할 수 있다. 송장에서 실제로 선적된 것(트럭 4대)을 표시할 때에는 신용장에 명시된 물품명세, 즉, 트럭 10대와 트랙터 5대도 함께 기재할 수 있다.

C 5. 송장 상 물품, 서비스 또는 의무이행에 관한 명세가 신용장에 명시된 그것과 상응하는(correspond with) 것으로 나타난다면 그 송장에서는 물품, 서비스 또는 의무이행에 관한 추가적 정보(additional data)를 표시하고 있어도 무방하되, 다만 그러한 추가적 정보가 물품, 서비스 또는 의무이행의 상이한 성질, 분류 또는 정보를 언급하지 않아야 한다.

예컨대, 신용장에서 "Suede Shoes"의 선적을 요구하는데 송장에서 물품을 "Imitations Suede Shoes"라고 명시하거나, 신용장에서 "Hydraulic Drilling Rig"를 요구하는데 송장에서 물품을 "Second Hand Hydraulic Drilling Rig" 라고 명시하는 경우에, 이러한 명세는 물품의 성질이나 분류 또는 종류를 변경하는 것이 된다.

13) 요구서류 조건(선하증권)

3. 2/3 SETS OF ORIGINAL CLEAN ON BOARD OCEAN BILL OF LADING AND TWO NON-NEGOTIABLE COPIES MADE OUT TO ORDER OF BANGKOK BANK PUBLIC CO., LTD., TAIPEI BRANCH MARKED 'FREIGHT PREPAID' AND NOTIFY APPLICANT AND INDICATING THIS CREDIT NUMBER.

[BANGKOK BANK PUBLIC CO., LTD., TAIPEI 지점의 지시식인 비유통성 선하증권 부본 2부 포함하여 무결함 본선적재 해양선하증권 원본 2/3 SET, 선하증권에는 '운임선불'로 표시되어 있어야 하며 통지처의 주소는 개설의뢰인으로, 그리고 이 신용장의 번호를 기재한다.]

* L/C의 B/L 조건 검토

신용장에서 통상 명시되는 B/L 조항은 다음과 같이 검토한다.

(예문) Full set of clean on board ocean Bills of Lading made out to our order marked "freight prepaid" and notify applicant.

① Full set : 통상 3통이 발행된다. 그러나 B/L의 'Number of original B/L' 난에서 재확인해야 한다. 그 난에 'Number of original B/L : 2(two)'라고 기재된 경우 Full set는 2통이 될 것이고 은행에 제시되는 선하증권 원본은 2통을 제시하여야 한다.

② Clean : B/L의 "... received/shipped in apparent good order and conditions unless otherwise specifically stated herein ..."이라는 문언이

있고 물품이나 포장에 결함이 있다는 별도의 부기가 없으면 Clean B/L이다.

③ On board : 'Shipped ...'라는 문언으로 시작되는 B/L의 문구가 있거나 'Received ...'로 시작되는 문구의 B/L 서식인 경우 별도의 "On board notation"을 부기하고 일자가 찍혀 있어야 한다.

④ Made out to our order : B/L의 Consignee 난에 'To order of (개설은행명)'로 기재되어야 한다.

⑤ Marked 'freight prepaid' : B/L에 'Freight Prepaid'라는 표시가 있어야 한다.

⑥ Marked notify applicant : B/L의 Notify party 난에 개설의뢰인의 명의가 기재된다.

해설

B/L의 Consignee 난의 기재 요령

① Made out to order : B/L의 Consignee 난에 'To order'로 기재되어야 한다. 네고서류를 제시할 경우 B/L 뒷면에 Shipper가 배서를 해서 제시하여야 한다.

② Made out to order of shipper : B/L의 Consignee 난에 'To order of shipper'로 기재되어야 한다. 네고서류를 제시할 경우 B/L 뒷면에 Shipper가 배서를 해서 제시하여야 한다.

③ Made out to our order : B/L의 Consignee 난에 'To order of (개설은행 명칭)'으로 기재되어야 한다. 네고서류를 제시할 경우 B/L 뒷면에 Shipper가 배서를 하면 안 된다. 소유권자인 개설은행만이 배서권을 지니고 있다.

④ Made out to order of (issuing bank) : B/L의 Consignee 난에 'To order of (개설은행 명칭)'으로 기재되어야 한다. 네고서류를 제시할 경우 B/L 뒷면에 Shipper가 배서를 하면 안 된다. 소유권자인 개설은행만이 배서권을 지니고 있다.

본선적재 여부에 따른 선하증권 분류

① Shipped B/L(선적선하증권)
화물을 지정된 선박의 본선에 선적한 후에 발행된 선하증권이다. 증권의 전문이 "Shipped on board by the carrier ~ " 또는 "Shipped on board in apparent good order and condition ~ " 등으로 기재된다. 신용장이 항구간(port to port) 선적을 커버하는 선하증권을 요구하는 경우, 이와 같이 화물이 선적되었거나 또는 본선적재된 상태에서 발급된 선하증권이 제시되어야 한다. 선하증권의 발급일자가 선적일자로 간주된다.

② Received B/L(수취선하증권)
화물을 단순히 수취한 상태에서 발행된 선하증권이다. 증권의 전문이 "Received by the carrier from the shipper in apparent good order and condition ~ " 등으로 기재된다. 지정선박의 사정 또는 항만 물류 폭주에 의한 선적 지연 시에 송화인의 화환어음에 의한 금융편의를 제공할 목적으로 요구하는 경우가 있으나, 화물이 반드시 선적된다는 보장이 없으므로 은행은 신용장에서 달리

허용하는 명시(Received B/L acceptable)가 없으면 수리하지 않는다.

③ On board B/L(본선적재 선하증권)

선박회사가 수취선하증권의 양식을 이용하여 본선적재부기(on board notation)를 따로 표시하는 선하증권이다. 선적선하증권(Shipped B/L)과 법적인 효력이 동일하다.

본선적재부기는 ① 본선적재의 뜻과, ② 본선적재일이 그 구성요소가 되며, 운송인 또는 그 대리인의 정식 또는 약식서명이라는 요건이 삭제되었다. 본선적재 부기상의 일자를 선적일자로 간주한다. 그러나 다음과 같은 경우 본선적재부기에 선박명 또는 선박명과 선적항이 추가로 표시되어야 한다.

- 선하증권에 선박과 관련하여 "intended vessel(예정된 선박)" 또는 이와 유사한 조건의 표시가 포함된 경우 물품이 "예정된 선박"으로 기명된 선박에 적재된 경우라 하더라도 물품이 적재된 선박의 명칭을 기재하여야 한다.
- 선하증권이 선적항과 다른 수취 또는 수탁장소를 표시하고 있는 경우 물품이 선하증권에 지정된 선박에 적재되었다 하더라도 신용장에 명시된 선적항과 물품이 적재된 선박명칭을 표시하여야 한다.

14) 요구서류 조건(보험서류)

4. INSURANCE POLICY OR CERTIFICATE ISSUED IN DUPLICATE DULY ENDORSED IN BLANK FOR FULL INVOICE VALUE PLUS 10 PERCENT WITH CLAIM PAYABLE IN TAIWAN IN THE SAME CURRENCY AS THE DRAFT COVERING INSTITUTE CARGO CLAUSES (A) [ICC (A)조건으로 보험에 가입되고 환어음의 통화와 동일한 통화로 대만에서 보험금이 지급될 수 있으며 상업송장금액의 110%에 대하여 부보되며 백지배서가 되어있는 보험증권 또는 보험증명서 2통]

15) 요구서류 조건(수익자증명서)

5. BENEFICIARY'S CERTIFICATE STATING THAT ONE ORIGINAL B/L AND ONE COMPLETE SET OF NON-NEGOTIABLE SHIPPING DOCUMENTS HAVE BEEN SENT BY DHL TO APPLICANT DIRECTLY AFTER SHIPMENT.

[1통의 원본 선하증권과 비유통성 선적서류의 완전한 세트 1통이 선적 후 직접 개설의뢰인에게 DHL로 발송되었다고 기재된 수익자증명서]

16) 부가조건

47A : ADDITIONAL CONDITIONS [부가조건] :

SHIPMENT MUST BE CONTAINERIZED CY TO CY TERMS KEELUNG [선적은 KEELUNG 항까지 컨테이너운송으로 CY(CONTAINER YARD) TO

CY TERMS (CY/CY(FCL / FCL : door to door) 운송(1인 수출업자→1인 수입업자)이어야 한다]

17) 비용부담의 주체 조건

71B : CHARGES :

ALL BANKING CHARGES OUTSIDE TAIWAN ROC INCLUDING L/C ADVISING FEE, REIMBURSEMENT COMMISSION AND DISCREPANCY CHARGE ARE FOR BENEFICIARY'S ACCOUNT [L/C 통지수수료를 포함한 대만 이외에서 발생하는 모든 은행수수료, 결제수수료 및 하자수수료는 수익자의 부담으로 한다]

수수료가 수익자 측의 부담인 경우에 한하여 표시한다. 명시가 없는 경우 매입수수료와 양도수수료를 제외한 모든 수수료는 개설의뢰인의 부담으로 간주한다.

AGENT : Agent's commission

TELECHAR : Teletransmission charges

COMM : Our commission

CORCOM : Our Correspondent's commission

DISC : Commercial discount

INSUR : Insurance premium

POST : Our postage

STAMP : Stamp duty

WAREHOUS : Wharfing and warehouse

18) 서류의 제시기한 조건

48 : PERIOD FOR PRESENTATION [서류제시 기한] :

WITHIN 10 DAYS AFTER B/L DATE BUT NOT LATER THAN CREDIT VALIDITY

[선하증권의 발행일자후 10일 이내에, 단 신용장 유효기간 이내이어야 한다.]

선적 후 서류가 지급, 연지급, 인수 또는 매입을 위하여 제시되어야 하는 제한기간을 표시한다.

19) 신용장의 확인에 관한 조건

49 : CONFIRMATION INSTRUCTION [확인지시] : WITH OUT [확인요청 없음]

SWIFT 전신문 수신은행 앞 확인에 대한 지시사항이다.

* SWIFT MT 700 전신문의 'Field 49'의 확인에 대한 개설은행의 지시는 3가지로 구분하고 있다.

CONFIRM → 전신문 수신인(통지은행)에 대하여 확인을 요청하는 것

MAY ADD → 전신문 수신인(통지은행)은 확인을 할 수 있다고 허용하는 것

WITHOUT → 전신문 수신인(통지은행)에 대하여 확인을 요청하지 않는다는 것

* 비수권 확인(silent confirmation)이란 수출상 거래은행이 신용장 개설은행의 요청이나 수권없이, 신용장 조건과 일치하는 제시(complying presentation)가 있는 경우에 개설은행의 확약에 추가하여 확정적인 지급확약을 하는 것을 의미한다. 비수권 확인자(silent confirmer)는 개설은행의 수권이나 요청이 없기 때문에 UCP 600에서의 확인은행으로 인정받지 못한다.

53a : Reimbursing Bank

개설은행에 의하여 상환을 이행하도록 수권 받은 상환은행명을 표시한다.

20) 지급/인수/매입은행에 대한 지시사항 조건

78 : INSTRUCTION TO THE PAYING/ACCEPTING/NEGOTIATING BANK :

[지급/인수/매입 은행에 대한 지시사항]

+THE AMOUNT OF EACH DRAWING MUST BE ENDORSED ON THE REVERSE HEREOF. [각 어음발행금액은 이 신용장의 뒷면에 배서되어야 한다]

+ALL DOCUMENTS TO BE FORWARDED BY COURIER SERVICE TO ISSUING BANK. (ADD : 121, SUNG CHIANG ROAD, TAIPEI 104, TAIWAN TEL : 886-2-25073666)

[모든 서류들은 개설은행 앞으로 택배송업자에 의하여 송부되어야 한다]

+UPON RECEIPT OF DOCUMENTS WHICH ARE IN CONFORMITY WITH THE TERMS AND CONDITIONS OF THIS CREDIT, WE SHALL REMIT THE PROCEEDS TO YOU AS PER YOUR INSTRUCTION. [이 신용장의 제조건에 일치하는 서류를 수취하면, 당행은 귀행의 지시에 따라서 대금을 송금할 것이다]

57a "Advise Through" Bank

수익자에게 통지하기 위하여 경유해야 하는 은행 명칭을 표시한다.

72 Sender to Receiver Information

필요한 경우 발신은행이 수신은행에게 제공하는 정보사항을 기술한다.

PHONBEN : 수익자에게 전화로 통지하시오.

TELEBEN : 수익자에게 가장 효과적인 전신으로 통지하시오.

21) 통지은행의 안내 문구

Please note that we reserve the right to make such corrections to this advice as may be necessary upon receipt of the cable confirmation and assume no responsibility for any errors and/or omissions in the transmission and/or translation of the teletransmission, and for any forgery and/or alteration on the credit.

If the credit is available by negotiation, each presentation must be noted on the reverse of this advice by the bank where the credit is available.

THIS ADVICE IS SUBJECT THE UNIFORM CUSTOMS AND PRACTICE FOR DOCUMENTARY CREDITS(2007 REVISION, ICC PUBLICATION NO.600)

3. 신용장 요구서류 작성 및 검토실무

(1) 환어음(Bill of Exchange, Draft)

예시 환어음(Bill of Exchange) Sample(second)

NO.① 1345 **BILL OF EXCHANGE** ② Date: DEC. 30. 2014 Seoul, Korea
FOR ③ USD 400,000.00
AT ④__________ SIGHT OF THIS **SECOND** BILL OF EXCHANGE
(⑤ FIRST OF THE SAME TENOR AND DATE BEING UNPAID)
⑥ PAY TO **KOOKMIN BANK** OR ORDER THE SUM OF
⑦ US DOLLARS FOUR HUNDRED THOUSAND ONLY
⑭ VALUE RECEIVED AND CHARGE THE SAME TO ACCOUNT OF
⑧ THH TRADING CO., LTD. 4F, NO.17, 177-LANE, NANKING WEST RD. TAIPEI, TAIWAN ROC
DRAWN UNDER ⑨ BANGKOK BANK PUBLIC CO., TAIPEI P.O. BOX 22419 121 SUNG CHIANG ROAD. TAIPEI, TAIWAN
LETTER OF CREDIT NO.⑩ FAHGLCST500563T DATED ⑪ 2014 / 12/ 26
TO ⑫ BANGKOK BANK PUBLIC CO., TAIPEI. P.O. BOX 22419
121 SUNG CHIANG ROAD TAIPEI, TAIWAN

⑬ J Y Kim
KOREA INSAM COOPERATIVE ASSOCIATION

예시 환어음(번역) 샘플

어음번호.①______ **BILL OF EXCHANGE** ② 발행일:________ Seoul, Korea
금액(숫자) ③____________________
(⑤ 동일한 기한 및 일자의 제2환어음이 지급되지 않은 경우) ④ 일람출급(또는 기한부)으로
⑥ 은행 또는 그 지시인에게 ⑦ 금액(문자)을 지급하십시오
⑭ 대가수취 하였으며 어음금액을 ⑧의 계정에서 청구하십시오
본 어음은 ⑪ 일자 ⑨ 은행이 신용장 번호 ⑩에 의거하여 발행되었습니다
⑫ 앞(지급인)

⑬ 발행인

(2) 상업송장(COMMERCIAL INVOICE)

예시 상업송장(COMMERCIAL INVOICE) Sample

COMMERCIAL INVOICE

① Shipper/Exporter KOREA INSAM COOPERATIVE ASSOCIATION 77, JONGNO 1.KA, JONG NO GU, SEOUL, KOREA		⑧ No.& date of invoice KICA0512292 DEC. 29TH. 2014 ⑨ No.& date of L/C FAHGLCST500563T DEC. 26. 2014		
② Buyer/Applicant THH TRADING CO., LTD. 4F, NO.17, 177-LANE, NANKING WEST RD. TAIPEI, TAIWAN ROC		⑩ L/C issuing bank BKKBTWTP BANGKOK BANK PUBLIC CO., TAIPEI ⑪ Remarks : COUNTRY OF ORIGIN REPUBLIC OF KOREA		
③ Notify party SAME AS ABOVE				
④ Port of loading PUSAN, KOREA	⑤ Final destination KEELUNG, TAIWAN			
⑥ Carrier HYUNDAI SPRINTER 017S	⑦ Sailing on or about DEC. 30. 2014			

⑫ Marks and numbers of pkgs	⑬ Description of goods	⑭ Quantity/unit	⑮ Unit-price	Amount
KICA C/T NO. 01-60 MADE IN KOREA	CHINESE RAW MEDICINE PRICE TERM : CIF KEELUNG HS CODE :1211.20.0000	5,000 CATTIES		USD400,000

P.O. BOX : C.P.O. BOX 7778
HOME PAGE : WWW.SEVENLUCK.CO.KR
TELEX CODE : KICA K23456
TELEPHONE NO : (02) 711-7653~7, (02) 713-9876~8
FAX NO. : (02) 711-9879

Signed by *Jae-Seung Kim*
JAE-SEUNG KIM/PRESIDENT

(3) 포장명세서(PACKING LIST)

예시 포장명세서(PACKING LIST) Sample

PACKING LIST

① Shipper/Exporter KOREA INSAM COOPERATIVE ASSOCIATION 77, JONGNO 1.KA, JONG NO GU, SEOUL, KOREA		⑧ No.& date of invoice KICA0512292 DEC. 29TH. 2014
② Buyer/Applicant THH TRADING CO., LTD. 4F, NO.17, 177-LANE, NANKING WEST RD. TAIPEI, TAIWAN ROC		⑨ Remarks : COUNTRY OF ORIGIN REPUBLIC OF KOREA
③ Notify party SAME AS ABOVE		
④ Port of loading PUSAN, KOREA	⑤ Final destination KEELUNG, TAIWAN	
⑥ Carrier HYUNDAI SPRINTER 017S	⑦ Sailing on or about DEC. 30. 2014	

⑩ Marks and numbers of pkgs	⑪ Description of goods	⑫ Quantity	⑬ Net Weight	⑭ Gross Weight	⑮ Measurem
KICA C/T NO. 01-60 MADE IN KOREA	CHINESE RAW MEDICINE 5,000 CATTIES PRICE TERM : CIF KEELUNG HS CODE :1211.20.0000 TOTAL : 60 (CT)	5,000 CATTIES	2,000KGS	2,200KGS	12.840 CBM

P.O. BOX : C.P.O. BOX 7778
HOME PAGE : WWW.SEVENLUCK.CO.KR
TELEX CODE : KICA K23456
TELEPHONE NO : (02) 711-7653~7, (02) 713-9876~8
FAX NO. : (02) 711-9879

Signed by Jae-Seung Kim
JAE-SEUNG KIM/PRESIDENT

(4) 선하증권(Bill of Lading)

※ ① Shipped B/L : “Loaded on board …”, “Laden on board …”, “Loaded …”

※ ② Shipment date is DEC. 30. 2014

※ ③ If an on board date is stated DEC. 31. 2014,
Shipment date is deemed to be DEC. 31. 2014

예시 선적선하증권(Shipped Bill of Lading) Sample

CONSIGNOR/SHIPPER/EXPORTER
KOREA INSAM COOPERATIVE ASSOCIATION
77, JONGNO 1.KA, JONG NO GU, SEOUL, KOREA
TELEPHONE NO : (02) 711-7653~7
FAX NO. : (02) 711-9879

BILL OF LADING

B/L NO. LOGITWT177720070

CONSIGNEE
TO ORDER OF BANGKOK BANK PUBLIC CO., LTD., TAIPEI BRANCH

HEUNG A SHIPPING CO., LTD.

↑※ ①

Shipped on board the vessel named herein apparent good order and condition (unless otherwise indicated) the goods or packages specified herein and to be discharged at the above mentioned port of discharge or as near thereto as the vessel may safely get and be always afloat.

The weight, measure, marks, numbers, quality, contents and value, being particulars furnished by the Shipper, are not checked by the Carrier on loading. The Shipper, Consignee and the Holder of this Bill of Lading hereby expressly accept and agree to all printed, written or stamped provisions, exceptions and conditions of this Bill of Lading, including those on the back hereof. One of th Bills of Lading duly endorsed must be surrendered in exchange for the goods or delivery order.

In witness whereof, the Carrier or his Agents has signed Bills of Lading all of this tenor and date, one of which being accomplished, the others to stand void.

Shippers are requested to note particularly the exceptions and conditions of this Bill of Lading with reference to the validity of the insurance upon their goods.

(TERMS OF BILL OF LADING CONTINUED ON BACK HEREOF)

NOTIFY PARTY
THH TRADING CO., LTD.
4F, NO.17, 177-LANE, NANKING WEST RD.
TAIPEI, TAIWAN ROC

PRE-CARRIAGE BY	PLACE OF RECEIPT

VESSEL/VOYAGE NO.
HYUNDAI SPRINTER 017S

PORT OF LOADING	PLACE OF DISCHARGE	PLACE OF DELIVERY	FINAL DESTINATION
PUSAN PORT	KEELUNG PORT, TAIWAN	KEELUNG PORT, TAIWAN	

PARTICULARS FURNISHED BY CONSIGNOR/SHIPPER

CONTAINER NO. SEAL NO.	NO. OF CONTAINER OR PKGS.	KIND OF PACKAGES : DESCRIPTION OF GOODS	GROSS WEIGHT	MEASUREMENT
KICA C/T NO. 01-60 MADE IN KOREA CY/CY	60 C/T	SHIPPER'S LOAD & COUNT SAID TO CONTAIN CHINESE RAW MEDICINE 5,000 CATTIES PRICE TERM : CIF KEELUNG HS CODE :1211.20.0000 L/C NO : FAHGLCST500563T “FREIGHT PREPAID”	2,400.000 KGS	12,840 CBM **ORIGINAL**

TOTAL NUMBER OF CONTAINERS OR PKGS

FREIGHT CHARGES	RATE	UNIT	PREPAID	COLLECT
FREIGHT PREPAID AS ARRANGED.				

FREIGHT PAYABLE AT	NUMBER OF ORIGINAL B/L	PLACE AND DATE OF ISSUE
SEOUL, KOREA	THREE(3)	SEOUL, KOREA DEC. 30. 2014 ⇒ ※ ②

LADEN ON BOARD
⇒ ※ ③

SIGNATURE
swayayay
HEUNG-A SHIPPING CO., LTD.
ACTING AS A CARRIER

예시 선하증권(Received Bill of Lading + On Board Notation) Sample

CONSIGNOR/SHIPPER/EXPORTER KOREA INSAM COOPERATIVE ASSOCIATION 77, JONGNO 1.KA, JONG NO GU, SEOUL, KOREA TELEPHONE NO : (02) 711-7653 ~ 7 FAX NO. : (02) 711-9879		**COMBINED TRANSPORT BILL OF LADING** **B/L NO. LOGITWT1969910050**	
CONSIGNEE TO ORDER OF BANGKOK BANK PUBLIC CO., LTD., TAIPEI BRANCH		**Logipia OOO** **LOGIPIA CO., LTD.** 17th Fl., Daekyung Bldg., 120. 2ka, Taepyung Ro. Chung-ku, SEOUL, KOREA [100-102] TEL: 82-2-727-3201-6 FAX: 82-2-727-3309/3319 For delivery of goods please apply to : JARDINE LOGISTICS SERVICES(TAIWAN) LTD. 5TH FLOOR, WORLD TRADE BUILDING 50, HSIN SHENG SOUTH ROAD SECTION 1, TAIPEI 100, TAIWAN R.O.C. ATTN) Jaces Lee TEL) 886-2-2322-3142 FAX) 886-2-2394-2248	
NOTIFY PARTY THH TRADING CO., LTD. 4F, NO.17, 177-LANE, NANKING WEST RD. TAIPEI, TAIWAN ROC			
PRE-CARRIAGE BY	**PLACE OF RECEIPT**		
VESSEL/VOYAGE NO. HYUNDAI SPRINTER 017S			
PORT OF LOADING PUSAN PORT	**PLACE OF DISCHARGE** KEELUNG PORT, TAIWAN	**PLACE OF DELIVERY** KEELUNG PORT, TAIWAN	**FINAL DESTINATION**

PARTICULARS FURNISHED BY CONSIGNOR/SHIPPER

CONTAINER NO. SEAL NO.	NO. OF CONTAINER OR PKGS.	KIND OF PACKAGES : DESCRIPTION OF GOODS	GROSS WEIGHT	MEASUREMENT
KICA C/T NO. 01-60 MADE IN KOREA CY/CY	60 C/T	SHIPPER'S LOAD & COUNT SAID TO CONTAIN CHINESE RAW MEDICINE 5,000 CATTIES PRICE TERM : CIF KEELUNG HS CODE :1211.20.0000 L/C NO : FAHGLCST500563T "FREIGHT PREPAID"	2,400.000 KGS 은 행 C NON	12,840 CBM 보 관 용 OPY NEGOTIABLE

TOTAL NUMBER OF CONTAINERS OR PKGS	**ON BOARD DATE :** DEC. 30. 2014

FREIGHT CHARGES	RATE	UNIT	PREPAID	COLLECT
FREIGHT PREPAID AS ARRANGED.				

FREIGHT PAYABLE AT	NUMBER OF ORIGINAL B/L	PLACE AND DATE OF ISSUE
SEOUL, KOREA	THREE(3)	SEOUL, KOREA DEC. 30. 2014

* ← **Received** by the Carrier. the Goods Specified herein in apparent good order and condition unless otherwise stated, to be transported to such place as agreed. authorized or permitted herein and subject to all the terms and conditions appearing on the front and reverse of this Combined Transport Bill of Loading(hereinafter called the 'K B/L') to which the Merchant agrees by accepting this K B/. notwithstanding any local privileges. customs or any other agreements between the parties. The particulars of the Goods provided herein were stated by the shipper and the weight. measurements. quantity, condition, contents and value of the Goods are unknown the Carrier. In witness whereof three(3) original K B/L(s) have been signed unless otherwise stated herein. If two or more original K B/L(s) have been issued and either one(1) has been surrendered. all the other(s) shall be null and void. If required by the Carrier one(1) duly endorsed original K B/L must be surrendered in exchange for the Goods or delivery order.	**SIGNATURE** swayayay **LOGIPIA CO., LTD.** **ACTING AS A CARRIER**

(5) 보험증권(Insurance Policy)

예시 보험증권(Insurance Policy) Sample

SAMSUNG FIRE & MARINE INSURANCE CO. LTD.

SAMSUNG INSURANCE BUILDING C.P.O BOX 469
87. EULJIRO 1 GA, CHOONG-KU FAX : 02-758-7815
SEOUL, KOREA

Marine Cargo Insurance Policy

Policy No. OEA77700744500

Assured(s), etc
KOREA INSAM COOPERATIVE ASSOCIATION

Claim, if any, payable at/in
INTERTEX TESTING SERVICES(TAIWAN)
P.O.BOX 67-649
TEL : (886) - 2 - 5981284, FAX : (886) - 2 - 5962749

Ref No.
INVOICE NO. : KICA0512292
L/C NO. : L/C NO : FAHGLCST500563T

Amount insured hereunder

USD EXCH : @1,007.40000
*********************** 440,000.00**
CARGO : USD ********** 440,000.00**
< USD ******* 400,000.00 × 110.00 % >**

Survey should approved by :
INTERTEX TESTING SERVICES(TAIWAN)
P.O.BOX 67-649
TEL : (886) - 2 - 5981284, FAX : (886) - 2 - 5962749

Conditions: Subject to the following Clauses as per back hereof

- * INSTITUTE CARGO CLAUSE(A)
- * CLAIM PAYABLE IN TAIWAN IN THE SAME CURRENCY AS THE DRAFT
- * THE APPOINTED SETTING AGENT IN TAIWAN

Local Vessel or Conveyance	**From(interior port or place of loading)**
Ship or Vessel called the HYUNDAI SPRINTER 017S	**Sailing on or about** DEC. 30, 2009
at and from BUSAN, KOREA	**transhipped at**
arrived at KEELUNG PORT, TAIWAN	**thence to**

SUBJECT TO THE FOLLOWING CLAUSE AS PER BACK HEREOF.
Institute Cargo Clauses specified above
On-Deck Clause
Special Replacement Clause(applying to machinery)
Institute Extended Radioactive Contamination Clause
Termination of Transit Clause(Terrorism)
Institute Chemical, Biological, Bio-Chemical Electromagnetic Weapons and Cyber Attack Exclusion Clause
Transit Termination Clause(30days)(A)/(B)
(applicable only for cargoes imported to Korea)

Subject-matter Insured

CHINESE RAW MEDICINE 5,000 CATTIES
HS CODE :1211.20.0000

Marks and Numbers as per Invoice No. specified above

Place and Date signed in
SEOUL, KOREA ON DEC. 30. 2014

No. of Policies Issued
DUPLICATE

□ *For the use only with the New Marine Policy Form*

Notwithstanding anything contained herein or attached hereto to the contrary, this insurance is understood and agreed to be subject to English law and practice only as to liability for and settlement of any and all claims.

This insurance does not cover any loss or damage to the property which at the time of the happening of such loss or damage is insured by or would but for the existence of this Policy be insured by any fire or other insurance policy or policies except in respect of any excess beyond the amount which would have been payable under the fire or other insurance policy or policies had this insurance not been effected.

We SAMSUNG *Insurance Company* hereby agree, in consideration of the payment to us by or on behalf of the Assured of the premium as arranged, to insure against loss damage liability or expense to the extent and in the manner herein provided.

In witness whereof, I the Undersigned of SAMSUNG *Insurance Company* on behalf of the said company have subscribed My Name in the place specified as above to the policies, the issued numbers thereof being specified as above, of the same tenor and date, one of which being accomplished, the others to be void, as of the specified as above.

□ *For the use only with the Old Marine Policy Form*

1. Warranted free of capture, seizure, arrest restraint or detainment, and the consequences thereof or of any attempt thereat ; also from the consequences of hostilities or warlike operations, whether there be a declaration of war or not; but this warranty shall not exclude collision, contact with any fixed or floating object(other than a mine or torpedo), stranding, heavy weather or fire unless caused directly(and independently of the nature of the voyage or service which the vessel concerned or, in the case of a collision, and other vessel involved therein, is performing) by a hostile act by or against a belligerent power ; and for the purpose of this warranty "power" includes any authority maintaining naval, military or air forces in association with a power.

Further warranted free from the consequences of civil war, revolution, rebellion, insurrection, or civil strife arising therefrom, or piracy.

2. Warranted free of loss or damage
(a) Caused by strikers, locked workmen, or persons taking part in labour disturbances, riots or civil commotions.
(b) resulting from strikes, lock-outs, labour disturbances, riots or civil commotions.

3. (a) Should the risks excluded by Clause 1(F.C. & S. Clause) be reinstated in this Policy by deletion of the said Clause, or should the risks or any of them mentioned in that clause or the risks of mines, torpedoes, bombs or other engines of war be insured under this Policy, Clause (b) below shall become operative and anything contained in this contract which is inconsistent with Clause (b) or which affords more extensive protection against the aforesaid risks than that afforded by the Institute War Clauses relevant to the particular form of transit covered by this insurance is null and void.
(b) This policy is warranted free of any claim based upon loss of, or frustration of, the insured voyage or adventure caused by arrests restraints or detainments of Kings Princes Peoples Usurpers or Persons attempting to usurp power.

This insurance does not cover any loss or damage to the property which at the time of the happening of such loss or damage is insured by or would but for the existence of this Policy be insured by any fore or other insurance policy or policies except in respect of any excess beyond the amount which would have been payable under the fire or other insurance policies had this insurance not been effected.

The descriptions to be inserted in the following clauses are shown as above. *Be it known that* as well in his or their own Name, as for and in the Name and Names of all and every other Person or Persons to whom the may, or shall appertain, in part or in all, doth make Assurance, and cause himself or themselves and them and every of Assured, lost or not lost, at and from _____ upon any kind of Goods and Merchandises, in the good Ship or Vessel whereof is Master, for this present Voyage, ____ ____ or whosoever else shall go for Master in the said Ship, or by what s Name or Names the said ship, or the Master thereof, is or shall be named or called, beginning the Adventure upon the said Merchandises from the loading thereof aboard the said ship, or the Master thereof, is or shall be named or called, beginning the upon the said Goods and merchandises from the loading thereof aboard the said ship as above, and shall so continue and endur abode there, upon the said Ship. & c: and further, until the said Ship, with all her Goods and Merchandises whatsoever, shall b ___ and upon the Goods and Merchandises until the same be there discharged and safely landed: and it shall be lawful for th & c., in this Voyage to proceed and sail to and touch and stay at any Ports or Places whatsoever without Prejudice to this Ass said Goods and Merchandises. & c., for so much as concerns the Assured by Agreement between the Assured and Assurers in are and shall be valued at _____ TOUCHING the Adventures and Perils which the said Company are contented to bear and d themselves in this voyage, they are, of the Seas, Men-of-war, Fire, Enemies, Pirates, Rovers, Thieves, Jettisons, Letters o Countermart, Suprisals, Takings at Seas, Arrests, Restraints and Detainments of all Kings. Princes and People, of what Nation, C Quality soever, Barratry of the Master and Mariners, and of all other Perils, Losses and Misfortunes that have or shall come Detriment or Damage of the said Goods and Merchandises. or any part thereof: and in case of any Loss or Misfortune, it sha to the Assured, his or their Factors, Servants and Assigns, to sue, labour and travel for, in and about the Defence. Safeguard a of the said Goods and Merchandises, or any part thereof, without Prejudice to this Assurance: to the charges whereof the sa will contribute. And it is especially declared and agreed that no acts of the Assurer or Assured in recovering, saving, or pr property assured, shall be considered as a waiver or acceptance of abandonment. And it is agreed that this writing or Policy o shall be of as much Force and Effect as the surest Writing or Policy of Assurance made in London. And so the said C contented, and do hereby promise and bind Themselves to the Assured, his or their Executors, Administrators or Assigns, Performance of the Premises: confessing themselves paid the Consideration due unto them for this Assurance, at and after as arranged ____ Percent.

N.B.-Corn, Fish, Salt, Fruit, Flour and Seed are warranted free from Average, unless general, or the Ship be stranded: Sug Hemp, Flax, Hides and Skins are warranted free from Average, under Five Pounds per cent; and all other Goods, also th Freight, are warranted free from Average, under Three Pounds percent, unless general, or the Ship be stranded, sunk or burnt.

All questions of liability arising under this policy are to be governed by the laws and customs of England.

IN WITNESS whereof, I the Undersigned of the SAMSUNG *Insurance Company* on behalf of the said Companies have sub Name in the place specified as above to the Policies, the issued numbers thereof being specified as above, of the same tenor a of which being
accomplished, the others to be void, as of the date specified as above.

※ In the event of loss or damage arising under this Policy. no claims will be limited unless a survey has been held with the approval of this Company's they or Agents specified in this Policy.

In case of loss or damage, please follow the "IMPORTANT" clause printed on the back hereof.

For SAMSUNG FIRE & MARINE INSURANCE CO. LTD.

CHUNG CHUNG PARK

AUTHOTIZED SIGNATURE

(6) 수익자 증명서

예시 수익자증명서(BENEFICIARY'S CERTIFICATE) Sample

KOREA INSAM COOPERATIVE ASSOCIATION

77, JONGNO 1.KA, JONG NO GU, SEOUL, KOREA
TELEPHONE NO : (02) 711-7653~7, (02) 713-9876~8
FAX NO. : (02) 711-9879

THH TRADING CO., LTD.
4F, NO.17, 177-LANE, NANKING WEST RD.
TAIPEI, TAIWAN ROC
YOUR REF : WANG WILLIAM   OUR REF : JS, KIM   Date : DEC. 30TH, 2014.

BENEFICIARY'S CERTIFICATE

L/C NO. : FAHGLCST500563T
KOREA INSAM COOPERATIVE ASSOCIATION HEREBY CONFIRM THAT WE HAVE SENT ONE ORIGINAL B/L AND ONE COMPLETE SET OF NON-NEGOTIABLE SHIPPING DOCUMENTS HAVE BEEN SENT BY DHL TO APPLICANT DIRECTLY AFTER SHIPMENT.

Yours sincerely
KOREA INSAM COOPERATIVE ASSOCIATION
JAE-SEUNG KIM
JAE-SEUNG KIM/PRESIDENT

(7) 수출신고필증

수 출 신 고 필 증

(갑 지)

※ 처리기간 : 즉시

제출번호 11441-05-055411	신고번호	신고일자	신고구분 H	C/S구분
신 고 자 미래관세사무소 김신용	030-15-12-0000100	2014/12/30	일반P/L신고	A

수출대행자 (통관고유부호)	(주) 한국인삼협동조합 수출자 구분 A	거래구분 11 일반형태	종류 A 일반수출	결제방법 LS 일람지급신용장
수출화주 (통관고유부호)	(주) 한국인삼협동조합	목적국 TAI TAIWAN	적재항 PUS 부산항	선박회사 (항공사)
(주소)	서울시 종로구 종로 1가 77번지	선박명(항공편)	출항예정일자	적재예정보세구역
(대표자)	김재승 (소재지)	운송형태 10 FC	검사희망일 2014/12/30	
(사업자등록번호)	227-82-66678	물품소재지 626 (국보) 양산 CY 경남 양산시		

제 조 자	주식회사 한국인삼협동조합	L/C번호	물품상태 N
(통관고유번호)	한국인삼-5-93-1-01-7		
제조장소	123 산업단지부호 999	사전임시개청통보여부 A	반송사유
구 매 자	THH TRADING CO., LTD.	환급신청인 2 (1 : 수출대행자/수출화주, 2 : 제조자)	
(구매자부호)	FRSOCIET 00006C	자동간이정액환급 NO	

·품명 ·규격 (란번호/총란수 : 001/001)

품명	PROPYLENE	상표명 NO
거래품명	PROPYLENE	

모델 · 규격	성분	수량	단가(USD)	금액(USD)
CHINESE RAW MEDICINE		5,000 (U)		400,000

세번부호	1211.20-1210	순중량	2,000(KG)	수량		신고가격 (FOB)	$368,322 ₩371,051,556
송품장번호		수입신고번호		원산지 KR-A-B		포장갯수(종류)	60(CT)
수출요건확인 (발급서류명)							

총중량	2,200(KG)	총포장갯수	60(CT)	총신고가격 (FOB)	$368,322 ₩371,051,556
운임(₩)	29,123,457	보험료(₩)	2,788,987	결제금액	CIF-USD-400,000
수입화물관리번호			컨테이너번호		N

※신고인기재란 선적기간 : 2014-12-30 - 2015-01-29	세관기재란

운송(신고)인 기간 부터 까지	적재의무기한	2015/01/29	담당자	김세관	신고수리일자	2014/12/30

Page : 1/1

(1) 수출신고수리일로부터 30일 이내에 적재하지 아니한 때에는 수출신고수리가 취소됨과 아울러 과태료가 부과될 수 있으므로 적재사실을 확인하시기 바랍니다.(관세법 제251조, 제277조) 또한 휴대탁송 반출시에는 반드시 출국심사(부두, 초소, 공항) 세관공무원에게 제시하여 확인을 받으시기 바랍니다.
(2) 수출신고필증의 진위여부는 관세청인터넷포탈에 조회하여 확인하시기 바랍니다.(http://portal.customs.go.kr)

신용장 핵심 내용 이해 연습문제

다음 신용장을 읽고 물음에 맞는 것은 O, 틀린 것은 ×로 표시하시오.

**** ISSUE OF A DOCUMENTARY CREDIT ***
Issuing Bank : FUJI BANK, LTD., OSAKA BRANCH
Advising Bank : KOOKMIN BANK., SEOUL(HEAD OFFICE)
Form of Doc. Credit *40A : IRREVOCABLE TRANSFERABLE
Doc. Credit Number *20 : LC 0664/801869
Date of Issue 31C : 2015.03.26
Applicable Rules 40E : UCP LATEST VERSION
Date and Place of Expiry 31D : 2015.06.25 Place NEGOTIATING BANK'S COUNTER
Applicant *50 : XYZ CO., LTD
Beneficiary *59 : ABC CO., LTD
Amount *32B : Currency USD Amount 889,492.24-
Available with/by *41D : ANY BANK BY NEGOTIATION
Drafts at………. 42C : SIGHT FOR 100.00 PERCENT INVOICE VALUE
Drawee 42A : THE FUJI BANK, LTD., NEW YORK BRANCH, NEW YORK., U.S.A.
Partial Shipments 43P : ALLOWED
Transshipment 43T : PROHIBITED
Port of Loading/Airport of Departure 44E : CHINA PORT
Port of Discharge/Airport of Destination 44F : JAPAN PORT
Latest Date of Ship 44C : 2015.06.10
Charges 71B : ALL BANKING CHARGES OUTSIDE JAPAN ARE FOR ACCOUNT OF BENEFICIARY.
Presentation Period 48 : DOCUMENTS TO BE PRESENTED WITHIN 15DAYS AFTER THE DATE OF SHIPMENT BUT WITHIN VALIDITY OF THIS CREDIT
Confirmation *49 : WITHOUT
Reimbursing Bank 53A : THE FUJI BANK, LTD., NEW YORK BRANCH, NEW YORK., U.S.A.
Descript. of Goods 45A : SUMMER BAG 1,121,680PCS AT 0.793 USD889,492.24- CIF JAPAN
Documents required 46A :
+ SIGNED COMMERCIAL INVOICE 3 COPIES
+ FULL SET CLEAN ON BOARD B/L MADE OUT TO ORDER OF SHIPPER AND ENDORSED IN BLANK MARKED FREIGHT PREPAID NOTIFY APPLICANT
+ MARINE INSURANCE POLICY/CERTIFICATE IN DUPLICATE ENDORSED IN BLANK FOR 110 PERCENT OF THE INVOICE VALUE INCLUDING ALL RISKS
+ PACKING LIST IN 3 COPIES

Additional Condition 47A :
+ T.T. REIMBURSEMENT IS NOT ACCEPTABLE
+ THIS CREDIT IS TRANSFERABLE WE AUTHORIZE ADVISING BANK AS A TRANSFERRING BANK

1. 분할선적과 환적이 모두 허용되었다. (　　)

2. 이 신용장은 취소불능, 일람불, 양도가능 및 매입제한 신용장으로 양도은행과 매입은행은 통지은행으로 제한되어 있다. (　　)

3. 위 신용장에 의한 환어음은 지급만기일을 일람출급조건으로 하고, 어음상의 지급인은 "THE FUJI BANK, LTD., NEW YORK BRANCH, NEW YORK., U.S.A."로 작성하여야 한다. (　　)

4. 만약 신용장상의 "Expiry Date"란에 "APR. 01. 2015 at the counter of ourselves" 라고 되어 있다면 유효기일이 종료하는 지점은 수출지의 매입은행이 된다. (　　)

5. 선적일자가 2015년 6월 5일로 된 선하증권이 제시된 경우 보험서류에 별도의 표기가 없는 한 보험서류의 일자는 최소한 2015년 6월 5일이거나 또는 그 이전이어야 한다. (　　)

6. 신용장에서 요구하는 물품을 2015년 6월 5일 선적하였다면 수출환어음 매입을 위해 서류제시를 하여야 할 최종일자는 2015년 6월 25일까지이다. (　　)

7. 수출환어음매입시 수출자가 갖추어야 할 서류로는 환어음, 상업송장, 선하증권, 보험증권, 포장명세서 및 검사증명서 등이다. (　　)

8. 매입은행이 FUJI BANK NEW YORK BRANCH 앞 전신으로 자금을 청구할 수 없다.(　　)

9. 무역가격조건은 FOB조건이며, 수출자가 부보한 후 보험증권을 수출환어음매입시 매입은행에 기타 선적서류와 함께 제시하여야 한다. (　　)

10. 해상선하증권은 전통 제시되어야 하며, 운임지급의 표기는 "Freight Prepaid" 즉, 운임이 지급되었다는 표기를 하여야 한다. (　　)

정답 및 해설

1. ×(분할선적은 허용, 환적은 불허)　*2.* ×(매입제한 신용장 → 자유매입 신용장)
3. O　*4.* ×(수출지의 매입은행 → 개설은행 선적서류 도착일 기준임)
5. O　*6.* ×(2015년 6월 20일까지이다)　*7.* ×(검사증명서는 요구하지 않음)
8. O　*9.* ×(무역가격조건은 CIF조건임)　*10.* O

[표 8-1] 수출대금의 결제방법 비교

구분	종류	당사자간 이해관계 비교	
		수출상	수입상
송금방식	사전송금방식	위험없음	상품 및 대금회수불능 위험
	사후송금방식	대금 및 상품회수불능위험	위험없음 (상품품질 확인가능)
	COD, CAD		
	Open Account		
추심방식	D/P	대금 회수불능 위험	지급전 상품내용 확인은 불가
	D/A	대금 및 상품회수불능 위험	인수전 상품내용 확인 불가능
신용장방식	At Sight	신용장 조건 충족시 개설은행의 신용에 의해 대금회수는 안전함	지급(인수)전 상품내용 확인 불가능
	Usance		

[표 8-2] 결제방식의 비교(Comparison of various methods of payment)

결제방식	매수인 상품 수취	통상적 지급시기	수출자의 위험	수입자의 위험
Cash In Advance	대금지급 후	상품 선적 전	매우 낮음	최대-계약상품의 선적은 수출자에게 전적으로 의존함
Advised Letter of Credit * Confirmed * Unconfirmed	대금지급 후	선적시 선적서류가 구비된 때	매우 낮음	검사보고서 요구시 수량과 품질 확인가능
Documentary Collection, Sight Draft, Documents against Payment	대금지급 후	환어음과 선적서류의 제시시	환어음 지급거절시, 상품의 반환 및 처분시 손실발생	선적 전에 상품을 검사하면 품질과 수량 확인가능
Documentary Collection, Time Draft, Documents against Acceptance	대금지급 전	환어음 만기일	만기일에 수입자의 환어음 지급에 의존함	최소-대금지급 전에 상품의 품질과 수량 확인가능
Consignment	대금지급 전, 수출자는 상품이 판매될 때까지 소유권을 유지함	판매후; 수출자에게 재고 및 창고비용이 발생함	해외 자회사를 통하지 않으면 상당한 위험이 존재	매우 낮음
Open Account	대금지급 전	합의한 시기	대금지급은 전적으로 수입자에게 의존함-최대위험	매우 낮음

주요 용어 의미

- **Cash in advance** : You receive cash from the buyer before shipping.
- **Advised letter of credit** : Before you ship you receive your buyer's bank's written conditional obligation to pay you, usually upon presentation of conforming shipping documents to the buyer's bank after shipment.
- **Confirmed letter of credit** : Before you ship you receive your buyer's bank's written conditional obligation to pay you, which is further "guaranteed" by an another bank(confirming bank) acceptable to you. To be paid you usually present your conforming shipping documents to the confirming bank.
- **Sight draft or time draft(Documentary collections)** : You ship, then use your bank as agent to forward shipping documents to your buyer through his bank. The buyer's bank must obtain payment/promise of payment from the buyer before releasing shipping documents.
- **CAD(Cash against documents)** : You ship then forward your shipping documents to an agent named by your buyer (may be a bank) who pays you when authorized by your buyer.
- **Consignmen** t: with payment for goods to be made after they have been sold.
- **Open account** : You ship, then forward your shipping documents directly to your buyer and await payment.

[표 8-3] 수출대금회수 불능위험에 대한 안전장치

구분	수출보험	수출채권의 불소구조건부 매각	
		CONFIRMED L/C NEGO	FORFAITING
내용 및 효과	수출업자의 귀책사유가 아닌 보험사고(즉 대금회수불능)가 발생할 경우 손실 금액의 약 90%를 보상	Confirming Bank가 선적서류를 매입(Nego)한 경우 만기에 Unpaid/Delayed Payment시 수출업자에게 소구권을 행사하지 못함	미래 만기채권을 상환청구권 면제 (Without-Recourse) 조건으로 채권을 매입하는 전문 금융기관(Forfaiter)에 매각하고 대금수령. 수출업자는 만기에 대금지급불능 또는 지급지연에 따르는 위험의 100% 회피
장점	① 선적서류의 인수거절(Non-Acceptance)도 부보가능 ② Sight L/C도 부보대상 ③ D/A, D/P거래도 수입상의 신용이 양호하면 부보가능	외환사정이 열악한 국가의 은행(또는 선진국일지라도 신용이 미약한 시설, 소규모, 지방은행)이 은행이 발행한 신용장을 국제적으로 신용있는 은행이 Confirming하고 Nego(매입)한 경우 수출업자의 대금회수불능 위험이 소멸됨	① 만기에 대금 지급불능 또는 지급지연에 따르는 위험의 100% 회피 ② 장기/단기 금리를 고정시켜 수입/수출업자 모두에게 금융비용을 확정할 수 있음 ③ 다른 나라 제품을 수입하여 수출하는 중계무역의 경우에도 이용가능
단점	① 수입업자의 신용조사에 일정 기간이 소요됨 ② 보험사고가 수출업자의 귀책사유로 판명될 경우 보험 혜택을 받을 수 없음	① 확인(Confirmation)은 확인은행이 신용장 개설은행의 대금지급을 보증하는 여신행위. 따라서 해당 L/C 개설은행에 대한 여신한도를 보유하고 있는 확인은행을 찾기가 쉽지 않음	신용장 거래일 경우 Usance Credit만 가능

구분	수출보험	수출채권의 불소구조건부 매각	
		CONFIRMED L/C NEGO	FORFAITING
	③ 보험사고시 평가금액의 70~95%만 보상되고 사고 발생후 보상까지 일정한 기일이 소요됨 ④ 해당국가, 기간 및 한도가 책정되어 있어 외환사정이 열악한 국가에 대한 보험한도는 항상 부족함	② 1년 이상의 장기거래의 경우 Nego은행은 매 6개월마다 변동 금리를 적용하므로 이자율의 변동에 따르는 위험을 부담 ③ 보통 Sight Credit 또는 1년이내 Usance Credit 만 Confirmation이 가능함 ④ 수수료(Confirmation Charge)가 비쌈	
취급기관	한국무역보험공사	국내외국환은행 및 외국계은행	HSBC Forfaiting Asia Pte Ltd. BOC, ICBC 등 국내외국환은행

4. 무역기업의 결제방식별 활용사례

(1) A사

① 수출시장 구성

인도 60%, 사우디 30%, 아르헨티나 10%임. 수출대상국가 3개국 바이어들 모두 자국내 우량 대기업으로 수출대금 미회수 가능성은 매우 낮은 상황이다.

- 바이어의 신용도는 높은 편이나 country risk로 인하여 현재까지는 대부분 신용장방식으로 유지하고 있는 상태이다. 2013년도 결제방식은 신용장방식이 100%이었으나 2014년에는 신용장방식 90%, 송금방식(T/T) 10%이다.
- 전체수출의 10%를 차지하는 아르헨티나 바이어가 2014년 들어 송금방식을 요청함에 따라 이를 받아들였다(결제조건은 선수금 30%, 상품 도착시 70%인 혼합방식임).
- 인도(수출의 60%), 사우디(수출의 30%)는 기존의 Usance L/C 방식을 유지하고 있다.

② 향후 결제방식의 변화

신용장방식 비중을 낮추고 송금방식 비중 확대를 예상하고 있다.

- 인도 및 사우디 바이어들이 특별히 결제방식 변경을 요청하지 않은데다 country risk 등으로 인하여 지금까지는 신용장방식을 유지하고 있다.
- 그러나 사우디의 경우 바이어가 국영기업체이기 때문에 수출대금을 회수하지 못할 가능성은 낮은 상황이다. 따라서 바이어가 신용장방식에서 송금방식으로 결제방식 변경을 요청해 올 경우 이를 받아들일 용의가 있다.

(2) B사

① 수출시장 구성

2000년대에는 추심방식(D/A) 75.3%, 송금방식 21.8%이었으나 2014년에는 추심방식이 전무하고 송금방식이 95.4%를 차지하고 있다. 지난 기간동안 추심방식에서 송금방식으로 결제방식이 크게 변화하였다.

- 수출물량의 대부분이 본·지사간 거래이며 2000년대에 추심방식이 큰 비중을 차지한 것은 국내외 금리차(국내금리와 해외금리간의 차이)가 있어서 선(先) 네고를 통하여 미리 수출대금을 회수하는 금융을 이용할 수 있었기 때문이다. 그러나 2014년에는 거래비용의 부담, 국내외 금리차의 축소, 기존의 거래관행에 대한 개선노력 등이 나타나면서 추심방식에서 송금방식으로 결제방식이 크게 변화하였다. 본·지사간 거래에서 과거에 우리 기업들은 특별한 이유가 없이 추심방식을 관행적으로 활용하였으나 시간이 경과하면서 거래비용, 거래절차의 간편성 등의 면에서 유리한 송금방식으로 선호하게 되었다.

② 향후 결제방식의 변화

- 본·지사간 이외의 거래는 리스크를 감안하여 신용장방식을 유지하고 있다.
- 향후 해외시장개척에 따라 해외 신규업체와의 거래에는 신용장방식을 활용할 것이다.

(3) C사

① 수출시장 구성

2014년말 현재 수출결제방식의 98%가 T/T방식이며 나머지 2%가 신용장방식이다. 신용장방식 2%는 인도 수출건으로 최근 거래를 시작하여 리스크관리차원에서 선택하였다.

- 과거에는 신용장방식 비중이 60~70%이었으나 2000년대 들어서면서부터 신용장방식에서 송금방식으로 크게 전환되었으며 여기에는 다음과 같은 요인들이 상호작용하였다.

  첫째, 제품의 특성상 시장수요에 빠르게 대응해야 하기 때문에 신용장방식보다는 절차가 신속하고 간편한 송금방식이 더욱 적합하기 때문이다.

  둘째, 바이어들이 모두 신용도가 높은 세계적인 기업이기 때문에 송금방식이더라도 대금 미회수 가능성이 낮기 때문이다.

  셋째, 경쟁사인 선진기업(일본, 독일 등)들은 동 기업보다 앞서 송금방식을 선택하였기 때문에, 동 기업이 기존의 해외시장에 진출하기 위해서는 송금방식을 선택할 수밖에 없었다.

② 향후 결제방식의 변화

동사가 과거 재무상태가 양호하지 않았을 때에는 자금융통(선네고)을 위하여 신용장방식을 선호하였으나 수년간 재무상태가 양호해지면서 후불방식인 송금방식을 선택하게 되었다.

동사는 향후 여타 신용상태가 양호한 유수기업 등으로 거래선을 확대할 생각이며 이 경우 결제방식 또한 송금방식을 선택할 것이다.

(4) D사

동사의 수출시장은 미국이 전체 수출물량의 80%를 차지하고 있고 일본 10%, 기타지역 10% 등으로 구성되어 있다.

- 결제방식은 동사 설립초기부터 송금방식(T/T)을 선택하고 있으며 이유는 다음과 같다.

  첫째, 전자부품은 제품의 시장특성상 인도기간이 짧고 빈번하게 거래되기 때문에 처리기간이 상당히 소요되는 신용장방식은 적합하지 않다.

  둘째, 수출제품 시장이 바이어중심 시장(buyer's market)이다 보니 바이어의 요구로 송금방식을 따를 수밖에 없기 때문이다.

  셋째, 주요 바이어들이 세계적인 기업으로 신용도가 높아서 송금방식이더라도 수출대금 미회수가능성이 낮기 때문이다. 이들 해외 바이어들은 매달 한번 정도 한국에 체류하는 등 동사와 교류가 빈번하고 교분도 매우 두터운 상황이다.

  넷째, 결제기간은 제품 선적후 1~1.5개월이기 때문에 후지급이라 하더라도 자금압박을 별로 받지 않는다. 국내 하청기업에 대하여는 1~2개월 어음을 발행하고 나중에 해외바이어로부터 수출대금을 받을 후 결제하기 때문에 자금상의 애로사항이 거의 없다.

이처럼 선진국과 개도국간 결제방식의 차이는 국가리스크 및 거래관계의 지속기간 등에 기인하는 것으로 나타났다.

품목별로는 반도체, 영상기기, 자동차부품 등 시장수요 특성상 소량으로, 빈번히, 신속하게 거래되는 품목 거래시 신용장방식에서 송금 결제방식으로 크게 바뀌었다.

철강금속, 섬유류, 화공품 등 전통 수출품목들은 신용장방식 비중(40% 이상)이 높은 수준이다. 이들 품목들이 다른 품목들에 비하여 상대적으로 거래단위당 Lot가 크고 자주 거래되지 않기 때문이다.

반면, 전기전자, 광산물(금 및 석유제품) 등은 신용장방식이 낮은 반면 송금방식이 높은 수준을 시현하고 있다. 전기전자 제품은 거래단위당 Lot가 작고 소량으로 빈번하게 거래되기 때문이고, 금 등 광산물은 국제관행상 현금거래 위주로 이루어지기 때문에 각각 송금방식이 높은 비중을 보이고 있다.

농수산물, 생활용품 등 과거 신용장방식 비중이 높았던 품목들이 신용장방식에서 송금방식으로 결제방식이 크게 바뀌었다.

주요 수출품목의 결제방식을 살펴보면 다음과 같다.

① 전통 주력수출품목들은 신용장방식 비중이 높은 반면 IT 관련품목들은 송금방식 비중이 높다. 철강판, 합성수지, 자동차 등은 거래단위당 Lot가 크고 빈번하게 거래되지 않는 특성 때문에 신용장방식이 50% 이상을 차지하고 있다.

② 반면 반도체, 컴퓨터, 무선통신기기 등은 시장수요 특성상 소량으로 빈번히, 신속하게 거래되기 때문에 송금방식 비중이 50~70%에 달하고 있다.

수출결제방식이 신용장방식에서 송금방식으로 크게 바뀐 이유는 다음과 같이 정리할 수 있다.

첫째, 대기업의 경우 과거 해외바이어와 직거래가 많았으나 최근 들면서 해외법인간의 Stock 거래가 증가하였기 때문이다.

둘째, 상품의 공급과잉으로 국제상품시장이 바이어시장(buyer's market)으로 바뀜에 따라서 해외바이어의 송금방식 요구가 증가하였다.

셋째, 수출상품 구조가 경박단소형의 정보통신(IT) 관련 제품 중심으로 바뀜에 따라 절차, 비용면에서 유리한 송금방식이 선호되기 때문이다.

넷째, 거래관계가 상당기간 지속됨에 따라 국내 수출기업과 해외 바이어간의 신용도가 제고되었다.

다섯째, 국내외 금리차 축소에 따라 신용장 거래의 이점(금융측면에서의 네고와 무역금융의 제공)이 사라졌기 때문이다.

수출결제방식이 송금방식 중심의 이른바 선진국형으로 바뀌고 있으나 대금 미회수 위험이 증가할 우려가 있는 문제점을 안고 있기 때문에 적절한 대응방안이 필요하다.

송금방식은 대부분이 물품 인도후 대금을 받는 후지급방식이기 때문에 수출자의 경우 대금회수의 불안정이 존재하고 있다. 따라서 수출기업들은 안정적인 수출활동을 위하여 바이어 신용조사 강화, 수출보험 활용 등의 보완책이 뒤따라야 한다.

① 송금방식에 대한 수출보험요율을 정책적으로 인하하는 정책적인 지원이 필요하다. 현재 송금방식 보험요율이 추심방식, L/C방식에 비하여 높은 실정이다.

② 송금방식에 대한 수출금융수단의 육성과 발전이 필요하다.
현재 송금방식에 대한 수출금융수단으로 '수출팩토링' 및 'O/A(Open Account) 수출환어음매입'이 이용되고 있으나 취급기관인 금융권의 해외리스크 평가 및 관리 능력 미흡으로 활성화되지 못하고 있다.

제 2 절 신용장의 종류

다음의 "수출신용장 통지서" 예시는 해외에 소재하고 있는 신용장 개설은행에서 SWIFT 시스템을 통하여 국내의 'THE GOOD LUCK BANK(가상으로 설정한 은행)'로 통지된 원본신용장(Master Letter of Credit)을 통지은행에서 무역자동화 시스템을 이용하여 수출업자인 수익자에게 통지한 내용이다. 이 신용장을 모델로 하여 신용장의 종류에 대하여 이해하기로 하겠다. 따라서 특별한 형식의 신용장을 제외하고는 이 신용장의 모든 내용을 원용하여 설명할 것이며 신용장의 종류에 따라서 신용장 상에 다르게 표현되는 문구만을 제시하여 해설하기로 한다.

아래에 예시한 신용장은 ① 일람출급신용장 ② 자유매입신용장 ③ 양도가능신용장 ④ 송금신용장 ⑤ 화환신용장 ⑥ 상업신용장 ⑦ 무확인신용장 등의 성격이 포함된 ⑧ 수출신용장이라고 할 수 있다. 따라서 이 장에서 설명하고 있는 다양한 신용장의 종류는 이와 같이 신용장의 모든 내용이 다른 것이 아니며 신용장의 종류에 따라서 신용장 상에 표시되는 문구가 일부 적합한 표현으로 다르게 명시될 뿐이어서 신용장의 종류 구분에 따라서 적절하게 활용하면 실무적으로 정확하게 신용장의 내용을 파악하고 수출입 업무를 이행할 수 있다.

예시 신용장의 종류 설명 표본

수 출 신 용 장 통 지 서
(Export Documentary Credit Advice)

Except so far as otherwise expressly stated, this documentary credit is subject to the "Uniform Customs and Practice for documentary credits" (2007 Revision) International Chamber of Commerce (Publication No. 600)

문서/전자문서 번호 : ADV 700 – 0090 – 009688

--------------------〈 일 반 정 보 〉------------------

통지일자 : 2014 / 09 / 05
통지번호 : A190180903224
개설(전문발신)은행 :
GOOLJPJTXXX THE GOOD LUCK BANK, TOKYO, JAPAN
통지(전문수신)은행 :
GOOLKRSEXXX THE GOOD LUCK BANK SEOUL, KOREA, 02-259-8172

THIS ADVICE CONSTITUTES A DOCUMENTARY CREDIT ISSUED

BY THE ABOVE MENTIONED BANK AND MUST BE PRESENTED WITH THE DOCUMENTS / DRAFTS FOR NEGOTIATION / PAYMENT / ACCEPTANCE. PLEASE NOTE THAT WE ASSUME NO RESPONSIBILITY FOR ANY ERRORS AND/OR OMISSIONS IN THE TELETRANSMISSION AND/OR TRANSLATOR OF THE MESSAGE

------------------ 〈 스 위 프 트 〉 ------------------

40A Form of Documentary Credit : IRREVOCABLE/TRANSFERABLE
20 Documentary Credit Number : ILC9019800642
31C Date of Issue : 2014 / 09/ 04
40E Applicable Rules : UCP LATEST VERSION
31D Date and Place of Expiry : (date) 2014 / 10/ 05
(place) AT THE NEGOTIATING BANK
50 Applicant : SAMSUNG JAPAN CORPORATION, TOKYO
59 Beneficiary : SAMSUNG ELECTRONICS CO, LTD., KOREA
32B Currency Code, Amount : JPY 234,739,120.00
39A Percentage Credit Amount Tolerance : 0/0
41D Available With ... By : ANY BANK IN KOREA BY NEGOTIATION
42C Drafts at.. : AT SIGHT
42A Drawee : THE GOOD LUCK BANK, TOKYO, JAPAN
43P Partial Shipments : ALLOWED
43T Trans Shipments : NOT ALLOWED
44E Port of Loading/Airport of Departure : KOREAN PORTS
44F Port of Discharge/Airport of Destination : JAPANESE PORTS
44C Latest Date of Shipment : 2014 / 09 / 25
45A Description of Goods and/or Service : COLOR MONITOR
+ 6546 – 6BN(JP) 1,100PCS AT YEN18,627 YEN20,489,700
+ 6546 – 0BN(JP) 5,500PCS AT YEN17,493 YEN96,211,500
+ 8547 – 3BN(JP) 3,872PCS AT YEN30,485 YEN118,037,920
+ TOTAL AMOUNT : YEN234,739,120
+ FOB KOREA
46A Documents Required
+ FULL SET CLEAN ON BOARD OCEAN BILLS OF LADING, MADE OUT TO THE ORDER OF THE GOOD LUCK BANK TOKYO BRANCH, MARKED FREIGHT COLLECT AND NOTIFY ACCOUNTEE
+ SIGNED COMMERCIAL INVOICE : TRIPLICATE
+ PACKING LIST IN : TRIPLICATE
47A Additional Conditions
+ THIS CREDIT IS TRANSFERABLE AT ADVISING BANK
+ T. T. REIMBURSEMENT NOT ALLOWED
+ A DISCREPANCY FEE OF YEN5,000 WILL BE IMPOSED ON EACH

SET
71B Charges
ALL BANKING CHARGES INCLUDING POSTAGE OUTSIDE JAPAN ARE FOR ACCOUNT OF THE BENEFICIARY
48 Period for Presentation
DOCUMENTS TO BE PRESENTED WITHIN 10 DAYS AFTER THE DATE OF SHIPMENT BUT WITHIN THE VALIDITY OF THE CREDIT
49 Confirmation Instructions : WITHOUT
78 Instruction to the Paying/Accepting/Negotiating Bank :
+ UPON RECEIPT OF YOUR DRAFT(S) AND DOCUMENTS, WE WILL REMIT PROCEEDS OF YOUR NEGOTIATION TO THE ACCOUNT WITH THE BANK DESIGNATED BY YOURSELVES
+ THE AMOUNT OF EACH DRAFTS MUST BE ENDORSED ON THE REVERSE OF THIS CREDIT BY THE NEGOTIATING BANK
+ ALL DOCUMENTS MUST BE FORWARDED DIRECTLY TO US BY AIRMAIL IN ONE LOT
+ WE HEREBY AGREE WITH YOU THAT ALL DRAFTS DRAWN UNDER AND IN COMPLIANCE WITH THE TERMS AND CONDITIONS ON THIS CREDIT SHALL BE DULY HONORED ON DUE PRESENTATION AND ON DELIVERY OF DOCUMENTS TO US AS SPECIFIED

------------------ 〈 전 자 서 명 〉 ------------------

통지은행 : THE GOOD LUCK BANK, SEOUL, KOREA
명 의 인 : 김 행 운
식별부호 : 1362999701
(c)**주 소 :** 8-1, 1-GA, NAMDAEMUN-RO, CHUNG-GU, SEOUL KOREA, REPUBLIC OF KOREA

이 전자문서는 무역업무자동화촉진에 관한 법률 제2조 제 7호, 제 10조 제 1항 및 동법 시행령 제 12조에 의거 발행된 전자문서입니다.

현재까지 '무역자동화 시스템'에 가입하지 않은 중·소규모의 무역업체는 위의 '무역자동화 시스템'을 이용하지 않고 기존의 신용장 통지방법을 그대로 사용하고 있으며 이러한 경우에는 통지은행의 통지문구를 포함하여 SWIFT로 수신한 신용장의 내용을 그대로 통지받고 있다. 따라서 위의 신용장 내용에서 앞부분과 뒷부분(굵은 고딕체 부분의 문자)의 '무역자동화 메시지'는 포함되지 않으며 앞의 부분에 통지은행의 통지내용이 삽입되어 있는 것이 다를 뿐이다.

1. 상업신용장과 클린신용장

국제거래는 무역거래와 무역외거래로 구분되는데, 무역거래, 즉 물품(commodity or goods)의 이동을 수반하는 거래에 수반되는 신용장을 '상업신용장(commercial credit)' 또는 '무역신용장(trade credit)'이라고 하며, 무역외거래(여행·운수·보험·건설·수수료·기술용역대가·기타 서비스 등)의 결제수단 또는 각종 채무의 보증수단으로 사용되는 신용장을 '클린신용장(clean credit)'이라고 한다. 클린신용장은 국제 입찰 참가에 수반되는 입찰보증금(bid bond), 계약이행보증금(performance bond), 선수금 환급보증금(advance payment bond) 등을 차입할 때 동 채무를 보증할 목적으로 사용되는 보증신용장(standby credit)도 이에 해당된다. clean credit의 거래에도 신용장통일규칙이 준용된다. 상업신용장은 대개 환어음과 함께 이를 담보하는 운송증권 및 기타의 여러 가지 서류들을 요구하는 반면에, 클린신용장은 환어음만을 요구하거나 또는 운송증권 이외의 기타 서류들만을 첨부하도록 요구하는 것이 일반적이다.

2. 화환신용장과 무화환신용장

화환신용장(documentary credit)과 무화환신용장(documentary clean credit)은 모두 상품거래에 관한 신용장으로서, 화환신용장은 상품거래에 따른 환어음과 이를 담보하는 운송서류의 제시를 요구하는 신용장이며, 무화환신용장은 환어음을 담보하는 운송서류의 제시를 요구하지 않는 신용장을 의미한다. 그러므로 이를 '담보신용장'과 '무담보신용장'으로 구분하여 부르기도 한다.

무담보 신용장은 선적서류의 첨부 없이 수익자가 발행하는 환어음만으로 개설은행이 지급·인수·매입을 확약하는 신용장이기 때문에 선적서류가 아예 없는 클린 신용장(clean credit)과는 다르다. 즉, 무담보 신용장거래에서는 선적서류가 존재하고 있지만 수익자가 선적서류를 은행에 제시하는 것이 아니라 수입상에게 직접 송부하기 때문에 환어음만을 은행에 제출하는 것이므로 그 본질은 상업신용장에 해당된다. 무담보 신용장은 담보물건인 상품의 권리를 대표하는 선화증권 등 선적서류가 수입상에게 직접 송부되므로 개설은행의 입장에서는 담보(선적화물)가 없는 상태에서 지급확약을 부담하게 되어 위험성이 높다. 따라서 무담보 신용장은 동일한 기업의 본점과 지점간의 거래나 오래된 거래관계로 확립된 신뢰성을 바탕으로 한 당사자들 간에 이용되며, 개설은행이 무담보 신용장을 개설하는 경우에는 개설의뢰인인 수입상에 대하여 신용도를 신뢰하거나, 개설금액에 해당하는 전액담보물(Full margin)을 확보한다. 일반적으로 무역거래에서 신용장상에 선적서류를 수입상에게 직접 송부하도록 기재하고 있는 경우에 수출상은 거래 대금의 수취여부에 대하여 확신을 지닐 수 있는가에 대한 판단을 신중하게 검토하여야 한다. 앞의 클린신용장과 무화환신용장은 모두 운송서류를 요구하지 않는다는 점에서는 유사하지만, 클린신용장은 운송서류가 수반되지 않는 무역외거래에 사용되는 신용장임에 반하여, 무화환신용장은 운송서류가 수반되는 무역거래임에도 불구하고 이를 요구하지 않는 신용장이라는 점에서 양자의 차이가 있다.

3. 단순신용장(차기신용장)·상환신용장·송금신용장

(1) 단순신용장(simple credit)

① 신용장을 지급·인수·매입한 은행에 개설은행이 자신의 명의로 예치된 환계정이 있는 예치환거래은행(depositary correspondent bank)의 관계일 때, 타은행이 신용장에서 요구하는 제조건에 일치한 서류의 제시에 대한 정당한 대금지급에 대하여 개설은행의 예치환계정에서 대체하여 대금을 상환받는 형태의 신용장이다. 예치환거래은행은 통지은행(지급은행)이 서류를 매입할 때 개설은행 명의의 예치금계정에서 차기(debit, 출금)하여 수익자에게 신용장대금을 지급하게 되므로 차기신용장(Debit base credit)이라고도 한다.

② 문언 예시 : "On maturity we shall credit your a/c with ourselves"
"Please debit our account with you"

(2) 상환신용장(reimbursement credit)

① 신용장을 지급·인수·매입한 수출지역의 서류매입은행에 개설은행이 자신의 명의로 예치환계정을 보유하지 않은 무예치환거래은행(non-depositary correspondent bank)의 관계일 때, 개설은행이 별도로 지정한 제3의 은행인 개설은행의 예치환거래은행인 결제은행 또는 상환은행(settling bank or reimbursing bank) 앞으로 환어음을 송부하여 대금을 지급받는 신용장이다. 상환은행(결제은행)은 신용장의 제조건과 일치한다는 증명서 또는 서류를 요구하지 않는다.

② 문언 예시 :
"negotiating bank should forward the draft(s) drawn hereunder in one airmail to the drawee bank together with certificate that all terms of the credit have been complied with and required documents have been forwarded directly to us by separate airmail"
"please send the drafts to XXX bank accompaning with your certificates stating that all documents sent to us have been complied with all terms and conditions of this credit"
"in reimbursement, please draw your own drafts at sight on XXX Bank(drawee bank)"

(3) 송금신용장(remittance credit)

① 신용장개설은행이 상환에 대한 지시가 없이 매입은행이 신용장에 의거 정당한 매입절차를 완료한 후 자신이 상환받기를 원하는 은행을 지정하여 그 은행으로 자금을 송금할 것을 요청하면 개설은행은 이 지시에 따라 지정된 은행으로 매입대금을 송금하는 방식의 신용장이다. 신용장에 수출대금 상환은행이 지정되지 않고 또한 통지은행과 개설은행이 예치환거래 관계가 아닐 때 사용되는 신용장. 송금신용장은 단순신용장이나 상환신용장에 비하여 대금상환이 늦어지는 단점이 있으며 서류상의 사소한 하자를 이유로 입금을 지연시키는 등의 문제 발생 소지가 있다.

② 문언 예시 :

"we will remit the proceeds to your account with the bank designated by you upon receipt of the drafts and documents in order"

"proceeds drawn under this credit will be remitted as per instruction of the negotiating bank upon receipt of the documents in compliance with the terms and conditions of the credit"

"upon receipt of documents in compliance with the terms of the credit, we will remit the proceeds as per your instruction"

4. 일람출급신용장 · 기한부신용장 · 할부지급신용장

(1) 일람출급신용장(sight credit)

① 수익자가 일람출급환어음을 발행하거나, 환어음 없이 선적서류를 직접 개설은행, 확인은행 또는 지정은행에 제시하면 그 선적서류가 신용장의 제조건과 일치하고 있는 한 선적서류와 상환으로 즉시 지급되는 신용장이다.

② 지급신용장의 경우

- 지급표시문언 : "We hereby issue in your favor this documentary credit which is available by sight payment against presentation ~"
- 개설은행의 지급확약문언 : "We hereby engage that payment will be duly made against documents presented in conformity with the terms of this credit."

③ 매입신용장의 경우

일람출급신용장은 환어음의 매입을 허용하여 매입은행을 지정하거나 모든 은행이 환어음을 자유로이 매입할 수 있도록 허용하는 경우도 있다. 무역현장에서 가장 빈번하게 사용되고 있는 신용장은 일람출급환어음의 매입을 허용하는 신용장으로서, 그 매입표시 문언과 은행확약문언은 다음과 같이 기재된다.

• 매입표시문언 : "We hereby establish this documentary credit in your favor available by negotiation of your draft at sight drawn on ~"
• 개설은행의 지급확약문언 : "We hereby engage with drawers and/or bona fide holders that drafts drawn and negotiated in conformity with the terms of this credit will be duly honoured on presentation."

(2) 기한부신용장(usance credit)

① 신용장에 의하여 발행되는 환어음의 지급조건이 기한부어음(usance draft)을 발행할 것을 요구하고 있으며 수익자가 선적서류와 함께 기한부환어음을 제시하면 이 환어음을 인수하고 그 만기일(at maturity)에 지급한다고 약정된 신용장이다. 기한부신용장에서 환어음의 지급인은 우선 제시된 어음을 인수하여 어음상에 'acceptance signature'를 표시하여야 하고 대금의 지급은 어음의 만기일에 도달하여 이행하여야 한다.

② 기한부 매입신용장 : 기한부 환어음을 발행하도록 하되 인수은행이 환어음을 인수하기 전에 제3의 은행이 이를 매입할 수 있도록 허용한 신용장이다.

• 기한부 표시문언 : "We hereby issue this documentary credit in your favor available by negotiation of your draft at 90 days after sight drawn on XX Bank ~"
• 개설은행의 지급확약 문언 : "We hereby engage with drawers and/or bona fide holders that drafts accepted within the terms of this credit will be duly honored at maturity."

③ 기한부 인수신용장 : 환어음의 인수은행과 그 만기일이 지정되어 있으며 기한부환어음을 별도로 발행하도록 하고 있다.

• 기한부 표시문언 : "We hereby issue in your favor this documentary credit available by acceptance of your draft at 90 days after sight drawn on ~)
• 개설은행의 지급확약 문언 : "We hereby engage that drafts drawn in conformity with the terms of this credit will be duly accepted on presentation and duly honoured at maturity."
• 상환지시 문언 : "In reimbursement, please debit our account with you at discount time for discount charge and acceptance commissions and at maturity for the principle under advice to us."

(3) 할부지급신용장(Payment by instalment credit)

기한부신용장의 일종으로, 신용장상에서 지급만기일을 각각 달리 지정한 복수의 기한부환어음을 요구하는 신용장이다. 이때 환어음은 각각의 만기일이 도래하여야 지급되므로 수회에 걸쳐 할부방식으로 대금지급이 이루어지는 것을 의미한다.

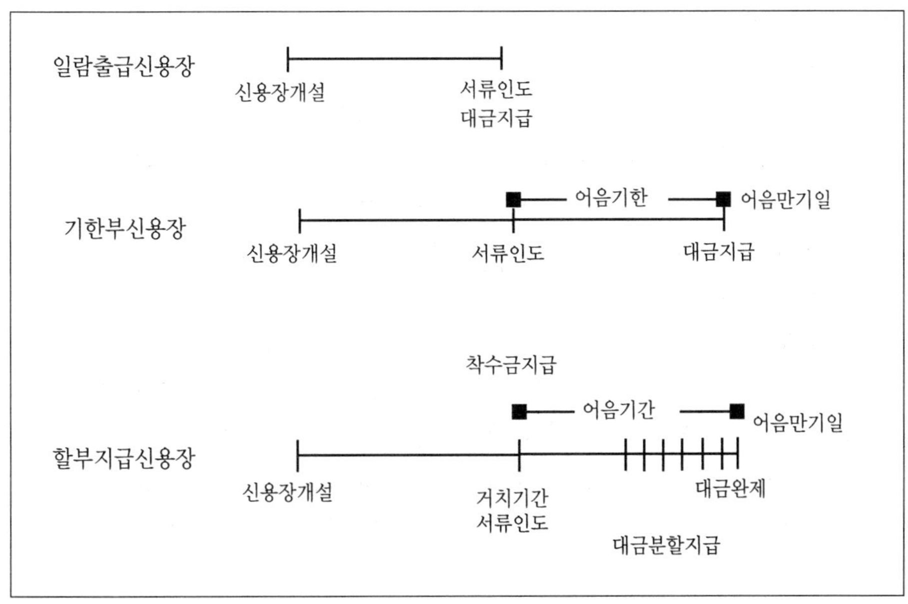

[그림 8-1] 일람출급신용장, 기한부신용장, 할부지급신용장

5. 취소가능신용장과 취소불능신용장

최근에는 취소가능신용장이 실제로 사용되는 경우가 거의 없다는 관행을 반영하여, UCP 600에서는 취소가능신용장을 인정하지 않고 있다.

UCP 600 제3조에서 "신용장은 취소불능이라는 표시가 없는 경우에도 취소불능이다."(A credit is irrevocable even if there is no indication to that effect.)라고 규정하고 있다.

그리고 UCP 600 제2조에서 "신용장이란 그 명칭이나 기술에 관계없이 개설은행이 일치하는 제시에 대하여 결제(일람지급·인수·연지급확약)하겠다는 확약으로서 취소가 불가능한 모든 약정을 의미한다."(Credit means any arrangement, however named or described, that is irrevocable and thereby constitutes a definite undertaking of the issuing bank to honour a complying presentation.)라고 규정하고 있다. 따라서 신용장은 취소가능이 아닌 취소불능의 약정이라는 정의에 주목하여야 한다.

6. 확인신용장과 무확인신용장

(1) 확인신용장(confirmed credit)

① 신용장의 확인(confirmation)이란 개설은행이 1차적으로 지급, 인수 또는 매입을 확약하고 있는 취소불능신용장에 대하여 신용장 개설은행 이외의 은행(일반적으로 개설은행의 예치환거래은행으로 수익자 소재지의 통지은행)인 제3의 은행이 신용장에 의거하여 발행된 환어음 및/또는 서류를 2차적으로 지급, 인수 또는 매입함에 대하여 개설은행과 동일한 확약을 부가하는 것을 의미한다. 확인은행의 2차적인 지급확약은 개설은행의 지급확약에 따른 부차적인 지급확약이 아니라 별도의 독립된 직접적인 지급확약이 되는 것이다.

② L/C SWIFT Field 49 : Confirmation Instructions(확인지시)
각 표시의 의미
- CONFIRM : 전문수신은행이 확인을 요청받은 경우
- MAY ADD : 전문수신은행의 선택에 의해 확인을 추가할 수 있는 경우
- WITHOUT : 전문수신은행이 확인을 요청받지 않은 경우

③ "We confirm the credit and thereby undertake that all drafts drawn and presented as above specified will be dully honored by us"

(2) 무확인신용장(unconfirmed credit)

① 확인이 첨가되지 않은 무확인신용장을 의미한다.

② L/C SWIFT Field 49 "CONFIRMATION INSTRUCTION : WITHOUT"

7. 상환청구가능신용장과 상환청구불능신용장

(1) 상환청구가능신용장(with recourse credit)

① 만약 발행된 환어음 및/또는 서류가 신용장조건과 불일치하게 발행되었을 경우에 신용장의 대금지급인인 개설은행은 지급을 거절할 수 있는데, 이 때 환어음 및/또는 서류의 선의의 소지자(일반적으로 환어음 및/또는 서류의 매입은행)가 환어음 및/또는 서류의 발행인(일반적으로 수익자)에게 선지급된 대금을 상환청구(소구권, 상환청구권)를 할 수 있는 신용장이다.

② 어음발행인에 대한 상환청구권의 보유 유무는 각국의 어음법에 의하여 결정되어지며 우리나라의 경우에 한국 어음법 제9조 "발행인의 책임"에서는 "어음발행인은 어음을 발행함으로 인하여 그 어음의 인수와 지급을 담보하는 것으로 인수나 지급

이 없을 때에는 스스로 지급을 할 의무를 부담한다. 이에 반하여 지급의 무담보는 어떠한 경우에도 허용되지 않으며, 이러한 기재를 하여도 그 기재는 하지 아니한 것으로 본다"라고 규정하고 있어 상환청구가능 또는 상환청구불능에 관계없이 상환청구권을 인정하고 있다.

일반적으로 실무에서는 신용장의 매입은행과 매입신청인(수익자) 간에는 은행거래약정서가 체결되는데 이 약정서에 소구권이 있다는 내용이 삽입되어진다.

③ A은행 서울지점에서 A은행 뉴욕지점이 개설한 신용장을 매입하였는데, A은행 뉴욕지점이 그 신용장에 의거한 수출대금을 상환하지 않는 경우 A은행 서울지점은 수출상에게 소구권을 행사할 수 있다. 이러한 내용은 동일한 국가 안에 있는 동일은행의 본·지점간에는 적용되지 않는다.

(2) 상환청구불능신용장(without recourse credit)

매입은행이 수익자로부터 서류를 매입한 후 대금을 수취하기 위하여 개설은행 앞으로 서류를 송부하였으나 개설은행이 서류상의 하자를 이유로 부도 반환하는 경우에 매입은행이 수익자에게 어음 및/또는 서류의 매입(대금 선지급)에 대한 소구권(溯求權, 상환청구권)을 행사할 수 없는 신용장이다.

신용장거래에서 개설은행이 매입은행이나 수익자에게 지급한 대금과 확인은행이 매입한 대금에 대해서는 상환청구권이 존재하지 않는다.

8. 신용장의 사용방법 기준에 따른 분류

UCP 600 제6조에 의하면 신용장의 유형에 따라 일람지급신용장(sight payment credit), 연지급신용장(deferred payment credit), 인수신용장(acceptance credit), 매입신용장(negotiation credit)으로 구분하고 모든 신용장은 이 중에서 어느 형태로 사용할 것인지를 명백하게 표시하여야 한다.

SWIFT Field "41D : Available With … By …(신용장의 사용방법과 사용은행)"

(1) 매입신용장(negotiation credit)

신용장에 근거하여 수익자가 발행한 환어음 및/또는 서류를 매입(negotiation)하는 방법으로 신용장대금을 지급하도록 명시된 신용장이다. 환어음 및/또는 서류의 발행인 또는 매입의뢰인인 수익자뿐만 아니라 배서인(endorser), 선의의 소지인(bona-fide holder)에 대해서도 개설은행이 지급을 확약하고 있다.

① 서류 매입 의뢰시 일반적으로 환어음을 요구하는 어음부 신용장이 많으므로 환어음상의 배서인(Endorser)에 대한 지급확약이 있다. 그러나 신용장에서 환어음을

요구하지 않는 경우에는 환어음을 제시하지 않는다.

② 매입은행이 개설은행의 무예치 환거래은행인 경우에도 사용한다.

③ 일람출급 또는 기한부신용장으로 사용한다.

④ 어느 은행이나 매입할 수 있는 것이 일반적이고, 예외적으로 지정은행만이 매입할 수 있는 경우가 있다. 신용장상 매입표시 예시는 다음과 같다.

- 자유매입신용장(freely negotiable credit), 일반신용장(general credit), 개방신용장(open credit) : "Available with/by any bank by negotiation"
- 매입제한신용장(negotiation restricted credit), 특정신용장(special credit) : "Available with/by ABC bank by negotiation"

⑤ 신용장 뒷면에 매입사실의 기재를 요구하는 이면기재신용장(notation credit)이다.

⑥ 매입서류가 부도반환되면 매입은행은 수익자에게 소구권을 행사할 수 있다.

⑦ 매입신용장의 개설은행 지급확약문언 예시 : "We hereby agree with the drawer, endorser and bona-fide-holder of drafts drawn under and in compliance with the terms of this credit that such drafts shall be duly honored on presentation of and on delivery of the documents as specified to the drawee bank"("당행은 이 신용장의 조건과 일치하게 발행된 환어음의 발행인, 배서인 및 선의의 소지인에게 그 환어음이 정당하게 제시되고 명시된 대로의 서류를 지급인은행에게 인도하는 즉시 정히 지급될 것임을 이에 확약한다.")

(2) 지급신용장(payment credit)

개설은행이 신용장을 개설할 때 수출지에 소재하고 있는 자기의 예치환거래은행이나 해외 본·지점을 지급은행(일반적으로 통지은행이 겸하고 있음)으로 지정하고 수익자가 지정은행에 직접 서류를 제시하면 지급하겠다고 약정한 신용장이다.

① 원칙적으로 어음을 필요로 하지 않는다.

② 통지은행이 개설은행의 예치환거래은행이나 해외 본·지점일 경우에 통지은행을 지정은행(지급은행)으로 하여 주로 사용된다.

③ 일람지급신용장으로만 사용된다.

④ 원칙적으로 지정은행(nominated bank)인 지급은행만 지급업무를 담당한다.

⑤ 신용장 뒷면에 매입사실 기재를 요구하지 않는 미기재 신용장(non-notation credit)이다.

⑥ 서류가 부도반환 되어도 수익자에게 소구권을 행사할 수 없다.

⑦ 지급신용장의 개설은행의 지급확약문구 : "We hereby issue in your favour this documentary credit which is available by sight payment against presentation of the following documents"

⑧ 지급신용장은 때로는 지급은행으로 지정된 은행을 지급인으로 하는 일람지급환어음의 발행을 요구하는 것도 있다.

⑨ 실무적으로 유럽지역 개설은행들이 우리나라 은행으로 신용장을 송부할 때 어음발행에 따른 인지세를 회피하기 위해 지급신용장으로 개설하고 지급 지정은행을 개설은행 자신으로 명시한 경우가 많은데 이러한 신용장에 근거한 수출환어음 매입은 자유매입신용장에 준하여 직매입으로 처리하는 관행이 있다.

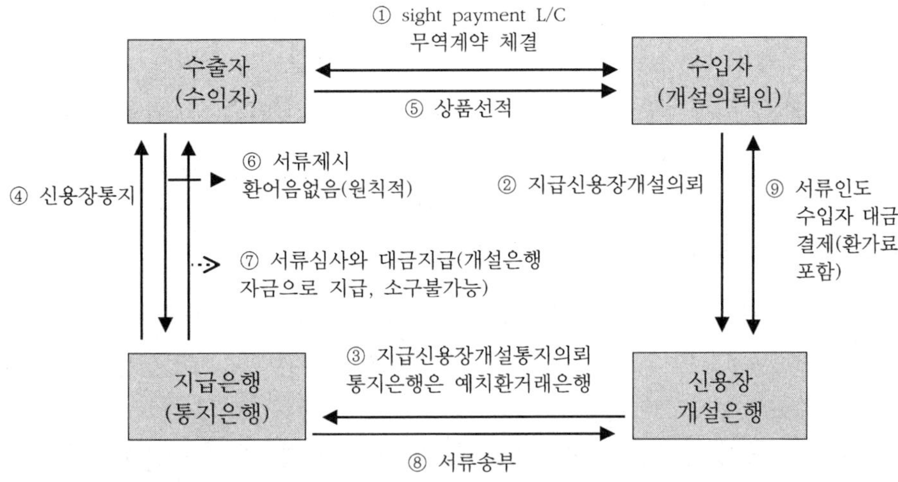

[그림 8-2] 지급신용장(Sight Payment L/C) 거래 절차도

① 수출자와 수입자가 대금결제를 Sight Payment L/C 방식으로 하는 무역계약을 체결한다.

② 수입자는 거래은행에 Sight Payment L/C의 개설을 의뢰한다.

③ 개설은행은 지급신용장을 개설하여 수출지역에 소재하고 있는 해외 본·지점이나 예치환거래은행을 통지은행 및 지급은행으로 선정하고 지급신용장의 개설을 통지한다.

④ 통지은행을 통하여 수출자에게 신용장이 통지되고 추후에 수출자는 신용장 조건에 일치되는 서류를 지급은행에 제시한다.

⑤ 수출자는 세관에 수출신고 절차를 거쳐 선박회사에 선적의뢰를 하여 상품을 선적한 후에 신용장에서 요구하는 서류를 준비한다.

⑥ 신용장의 제조건에 일치하는 서류를 지급은행에 제시한다. 원칙적으로 환어음작성이 생략되지만, 신용장상에 환어음에 관한 명시된 내용이 있을 경우 그에 따르면 된다.

⑦ 지급은행은 서류를 심사한 후 이상이 없으면 개설은행의 구좌에서 차기(출금)하여

수출자에게 지급한다(지급금액 = 신용장금액 × 전신환매입률). 만약 개설은행이 지정한 지급은행이 개설은행의 예치환거래은행이 아닐 경우에는 제3의 결제은행(상환은행)을 결정하고, 결제은행이 개설은행의 구좌에서 차기(Debit : 출금)하여 지급은행의 구좌에 대기(Credit : 입금)하는 과정을 거치게 될 것이다.

⑧ 지급은행은 개설은행에 서류를 송부하고 개설은행은 서류를 심사한 후 수입자에게 제시한다.

⑨ 수입자는 수입대금을 결제하고 서류를 인도받는다. 만약 한국의 수입자가 지급신용장을 개설하여 수입대금을 결제할 경우 선적서류가 개설은행에 도착되기 이전에 개설은행의 본·지점 또는 예치환거래은행의 개설은행 구좌에서 미리 지급되었으므로 환가료를 지급하여야 한다(결제금액 = 신용장금액 × 전신환매도율 + 환가료).

(3) 연지급신용장(deferred payment credit)

신용장상에서 지정한 연지급확약은행에 제조건과 일치하는 서류를 제시하고 신용장에 명시되어 있는 조항에 의하여 결정되는 만기일에 지급된다고 약정하는 기한부신용장이다.

① 무어음신용장이다. 원래 기한부거래에서는 반드시 환어음이 필요하였으나 연지급신용장은 환어음발행의 지시가 없다.

② 대개의 경우 수출지의 연지급은행이 개설은행의 예치환거래은행일 때 사용된다. 이 신용장에서는 일반적으로 수익자가 소재하는 지역의 통지은행이 연지급은행이 되며 통지은행이 개설은행의 예치환거래은행 또는 해외지점일 때 이용된다.

③ 기한부신용장으로만 사용된다.

④ 지정된 연지급은행(일반적으로 통지은행)만이 지급업무를 담당한다.

⑤ 신용장 뒷면에 매입사실 기재를 요구하지 않는 미기재 신용장(non-notation credit)이다.

⑥ 서류가 부도반환 되어도 수익자에게 소구권을 행사할 수 없다.

⑦ 환어음이 첨부되지 않기 때문에 수익자가 서류를 제시할 때 만기일에 지급한다는 확약내용이 기재된 연지급확약서(deferred payment undertaking)를 연지급은행이 발행한다.

⑧ 연지급신용장의 신용장상 예문 :

"Available with/by ABC bank by deferred payment"

"Credit available with xxx bank(the nominated bank) by deferred payment at 90 days after the date of issuance of the transport documents detailed herein"

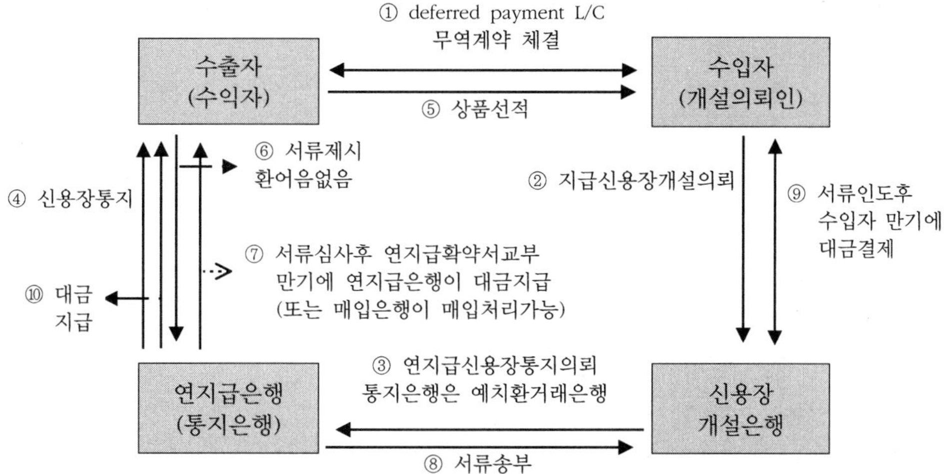

[그림 8-3] 연지급신용장(Deferred Payment Credit) 거래 절차도

① 수출자와 수입자가 대금결제를 Deferred Payment L/C 방식으로 하는 무역계약을 체결한다.
② 수입자는 거래은행에 Deferred Payment L/C의 개설을 의뢰한다.
③ 개설은행은 수출지역에 소재하는 본·지점이나 예치환거래은행을 통지은행 및 연지급은행으로 선정하고 연지급신용장의 개설을 통지한다.
④ 통지은행을 통하여 수출자에게 신용장이 통지되고 추후에 수출자는 신용장 조건에 일치되는 서류를 연지급은행에 제시한다.
⑤ 수출자는 세관에 수출신고 절차를 거쳐 선박회사에 선적의뢰를 하여 상품을 선적한 후에 요구서류를 준비한다.
⑥ 신용장의 제조건에 일치하는 서류를 연지급은행에 제시한다. 환어음작성이 생략된다.
⑦ 연지급은행은 서류를 심사한 후 조건이 일치하는 것을 확인한 후에 수출자에게 연지급확약서(deferred payment undertaking)를 교부한다.
⑧ 연지급은행은 개설은행에 서류를 송부하고 개설은행은 서류심사후 수입자에게 제시한다.
⑨ 수입자는 연지급기간 만료일에 수입대금을 결제한다(결제금액=신용장금액 × 전신환매도율).
⑩ 연지급은행은 연지급기간 만료일에 수출대금을 수출자에게 지급한다. 결제금액 = 신용장금액 × 전신환매입률.

(4) 인수신용장(acceptance credit)

개설은행이 자기의 해외지점이나 예치환거래은행(주로 통지은행)을 인수은행으로 지정하고 그 은행을 지급인으로 수익자가 발행한 기한부 환어음을 인수하는 것을 명시하고 있는 신용장이다.

① 선적서류 제출시 항상 환어음이 필요한 어음부신용장(with draft credit)이다.

② 개설은행이 특정은행을 인수은행(실무적으로는 통지은행이며 개설은행의 예치환거래은행임)으로 지정하고 그 인수은행으로부터 인수편의를 제공받을 때 사용된다. 인수편의(acceptance facility)란 수입상이 기한부 수입을 하고자 하는 경우, 해외에 있는 예치환거래은행(인수은행)이 개설은행을 위하여 환어음의 인수(및 할인)와 신용장대금을 대신 지급하여 주고, 어음의 만기에 개설은행으로부터 그 대금을 회수하는 형태의 신용공여를 말한다.

③ 기한부신용장으로만 사용된다.

④ 지정된 인수은행(일반적으로 통지은행)만이 인수업무를 담당할 수 있다.

⑤ 신용장 뒷면에 매입사실 기재를 요구하지 않는 미기재 신용장(non-notation credit)이다.

⑥ 소구권을 행사할 수 없는 소구불능신용장(without recourse credit)이다.

⑦ 인수신용장은 지급인으로 지정된 은행이 환어음을 인수(acceptance)한다는 것을 명시하고 있는 신용장이다.

⑧ 인수신용장에서 표시되는 문구 예시 : "We hereby issue in your favor irrevocable documentary credit which is available by acceptance of your draft at 30 days after sight drawn on xxx bank"

[표 8-4] 신용장 사용방식 비교(지급·인수·매입·연지급신용장의 비교 정리)

종류		지급기한	지정은행	환어음 제시 여부
매입신용장	일람출급매입	일람출급	자유, 지정	L/C에서 요구시 어음 제시
	기한부매입	기한부	자유, 지정	L/C에서 요구시 어음 제시
지급신용장		일람출급	지정(지급은행)	어음 불제시 (L/C에서 요구시 어음 제시)
연지급신용장		기한부	지정(연지급은행)	어음 불제시
인수신용장		기한부	지정(인수은행)	어음 제시

〈은행인수어음의 인수 예시〉

Accepted on 10th January, 2015 Payable at The Good Luck Bank, Seoul (Authorized Signature)

사례 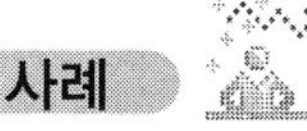 release letter 관련 사례

개설은행은 통지은행을 매입은행으로 지정한 신용장을 개설하였는데, 통지은행은 다음과 같은 내용의 제한해제확인서(release letter)를 수익자에게 주었으며 이것을 근거로 제3의 다른 은행이 매입하였을 경우에 유의할 사항은 어떤 것인가?

"Though this credit is restricted to ourselves, please feel free to negotiate it as open credit"

해설

개설은행이 지급, 인수 또는 매입은행을 지정하였으나 지정된 은행 이외의 은행이 지급, 인수 또는 매입을 한 경우 상환의무가 없는 것이나 지정된 은행이 지급, 인수 또는 매입할 의사가 없는 경우에는 다른 은행이 지급, 인수 또는 매입할 수 있는 것이다. 이와 같이 지급, 인수 또는 매입의 의사가 없음을 표시하는 것을 지정해제 또는 제한해제라고 하는데 지정이나 제한해제는 지정된 은행이 신용장을 통지할 때에 "Freely negotiable by any bank"라고 표시하는 예가 있고 통지 후 다른 은행의 요청에 의하여 해제하는 사례가 있다. 지정은행이 지정을 해제할 때에는 개설은행의 동의를 받아야 한다. 지정, 인수 또는 매입하도록 지정된 은행이외의 은행이 지급, 인수 또는 매입을 한 경우에는 서류를 개설은행에 발송할 때 지정 또는 제한해제통지서를 동봉하여야 한다.

UCP에 나타난 의미를 요약하면 다음과 같다.

첫째, 신용장이 지급 또는 인수로 사용이 가능한 경우에는 반드시 사용 가능한 은행을 지정하여야 하고 매입으로 사용 가능한 것인 경우에는 매입은행을 특정은행으로 지정할 수도 있고 지정하지 아니할 수도 있다.

둘째, 지정받은 은행은 그 지정이 자신의 의사에 반하여 발생한 경우에는 이를 반드시 이행하여 지급, 인수 또는 매입을 해야 할 의무는 없다. 그러나 지정된 은행이 확인은행인 경우 이를 반드시 이행하여 지급, 인수 또는 매입해야 할 의무가 있다.

셋째, 개설은행이 신용장의 사용을 어느 타은행으로 지정하면 그 지정받은 은행에 대해서 상환을 이행할 의무가 있다. 개설은행은 자신이 지정하지 아니한 은행에 대하여(만약 그 은행이 지정은행으로부터 해제확인서를 받았다 할지라도) 상환을 이행할 의무는 없다. 그러나 개설은행은 제시된 서류가 신용장의 조건과 일치하는 경우에는 해제확인서의 유무에 관계없이 그 신용장의 이중사용을 방지하기 위한 조치를 취한 후에 개설은행으로서의 지급이행 의무가 있다.

따라서 지정은행을 경유하지 아니하고 서류를 개설은행으로 직접 제시하는 제3의 은행은 최종적이 지급을 받을 권리는 있지만 개설은행이 위험방지를 취하는데 소요되는 비용 및 그 기간에 해당하는 지급의 지연이 발생할 우려가 있는 것이다.

해설

straight credit과 negotiation credit

매입신용장(negotiation credit)은 전술한 바와 같이 신용장에 의거하여 발행된 환어음이 매입되는 것을 예상하여 이를 허용하며, 어음의 발행인(drawer), 배서인(endorser), 어음의 선의의 소지인(bonafide holder)에 대해서도 지급을 확약하고 있는 신용장을 말한다. 반면에 straight credit은 신용장에 의거하여 발행된 환어음의 매입여부에 대하여는 명시가 없고 신용장조건에 일치하는 서류가 개설은행 또는 개설은행이 지정하는 은행에 제시되면 지급할 것을 확약한 신용장을 말한다. 즉 straight credit은 개설은행에서 신용장의 제조건과 일치하여 발행된 환어음이 개설은행 또는 개설은행이 지정하는 은행에 제시한 경우 이것을 지급하겠다고 확약한 신용장으로 지급신용장, 연지급신용장, 인수신용장이 이에 해당된다. straight credit에서는 매입신용장과는 달리 환어음의 배서인이나 선의의 소지인에 대한 지급확약은 없으며 신용장의 제조건과 일치하는 선적서류와 환어음을 제시하면 지급하겠다는 것을 약정하고 있는 신용장으로 수익자가 자국통화로 환어음을 발행하고 지급은행도 동 통화로 지급되기도 한다. 신용장에 의거하여 발행된 환어음이 매입의 방법으로 사용되면 negotiation credit이고 매입이 예정되어 있지 않고 지급이나 인수에 의하여 사용되는 신용장을 straight credit이라고 한다. ‘straight’의 의미에 대한 해석에는 두 가지가 있다. 첫째는 매입에 대비되는 개념으로 매입형태의 신용장이 아니라는 의미이다. 둘째는 신용장상에 서류를 제시하는 은행을 명시하여 지정한 은행이 있어서 해당은행에서만 신용장의 사용방법에 따라서 이용되는 신용장을 의미한다. 한편, 미국의 MANUFACTURERS HANOVER TRUST COMPANY의 Trade Services Group에서 발간한 Manual에 의하면 straight와 negotiable의 차이점을 다음과 같이 기술하고 있다.

① Straight
This term is used when the obligation of the issuing bank to honor drafts is limited solely to the beneficiary and not to any other endorser, negotiator, or bona fide holder of the drafts.

② Negotiable
This term is used when the obligation of the issuing bank to honor drafts is not only to the beneficiary but extended to any negotiator, endorser, or bona fide holder of the drafts drawn under the credit.

9. 기한부 신용장(Usance Credit)

무역거래에서 Sight(일람불)방식과는 달리 Usance(기한부)방식은 수출자가 일정기간 경과 후에 대금을 지급 받는다. 그런데 Usance 기간을 공여하는 주체는 매도인 또는 매수인이 될 것이다. 왜냐하면 국제매매는 본질적으로 매도인과 매수인의 거래이며 은행은 이 거래를 도와주는 중개자(지원자)의 역할이기 때문이다.

'Usance'라는 의미는 "지급을 유예한다"라는 뜻으로 수입상에게 기한부만큼의 기간 동안 지급을 유예시키는 당사자가 누구인가에 따라서 다음과 같이 분류한다.

(1) Shipper's Usance Credit & Banker's Usance Credit

기한부 신용장거래에서 수출상이 발행하는 환어음은 기한부어음(time draft, term draft)이기 때문에 수입상은 만기일까지 결제대금을 유예받을 수 있는 이익을 향유할 수 있다. 기한부 신용장거래에서 이익을 공여하는 것을 인수금융(acceptance financing)이라고 하며, 인수금융을 관계당사자 중에서 화주(shipper)인 수출업자가 공여하도록 신용장상에 명시하고 있으면 Shipper's Usance Credit이라고 하며, 개설은행이나 인수은행과 같은 은행이 인수금융을 공여하도록 신용장상에 표시하고 있는 것을 Banker's Usance Credit이라고 한다.

Shipper's Usance란 Usance기간 동안 신용공여를 수출자가 수입자에게 하는 것으로 수출입업자간의 계약에 의하여 기간동안의 원리금을 어음만기일에 지급하는 형태이며 일반적으로 Shipper's Usance는 원리금을 신용장 금액에 포함하여 개설하고 있다.

수입자는 운송서류를 인수하고 만기일에 운송서류 송부장에 지시된 대로 수출자에게 대금을 지급하는 점에서 Banker's Usance와 다른 점이다. 원칙적으로 Usance거래에서는 그 형태를 불문하고 이자부담의 주체는 Usance기간만큼 대금지급을 유예받는 수입업자가 되어야 한다. 그러나 Shipper's Usance는 수출업자가 외상을 제공하므로 이자를 별도로 받든지 아니면 수출가격에 포함시키든지 할 것이다. 이자율의 수준은 은행마다 상이하기 때문에 일정한 이자율을 정하기가 곤란하다.

[표 8-5] Shipper's Usance Credit과 Banker's Usance Credit의 비교

구분	Shipper's Usance(Seller's Usance)	Banker's Usance(Buyer's Usance)
Usance 기간 신용공여	• 수출상(화주, Shipper)이 제공 ※ 수출자가 신용을 공여한다는 의미는 수출자가 선적을 하여 수입상이 상품을 수취한 후 신용장에서 정한 일정기간 후에 물품대금을 받는다는 것임	• 은행(수입상이 제공한 것으로 이해함) ① Overseas Banker's Usance : 해외의 어음인수은행이 usance 기간 신용공여 ② Domestic Banker's Usance : 국내은행(신용장 개설은행)이 usance 기간 신용공여
의미	① 수입상이 수출계약에 의하여 원리금을 어음기일에 지급하는 형태. 원리금을 신용장금액에 포함하여 개설하는 것이 일반적임 ② 개설은행을 Drawee(어음지급인)로 기재하고 개설은행에 환어음과 운송서류가 내도하면 수입업자로 하여금 운송서류의 인수여부를 결정토록 하여 동 "인수사실 및 만기일	※ Overseas Banker's Usance(해외 은행 인수) ① 개설은행의 예치환거래은행 또는 해외지점을 어음지급은행(Drawee Bank)으로 하여 어음의 인수 및 지급을 어음인수은행이 담당하도록 하는 형태임 ② 인수은행은 개설은행 앞으로 만기일, 인수수수료 또는 할인료 등이 명시된 인수통지서 송부, 개설은행에 청구함 ③ 인수은행은 매입은행으로부터의 지급청구

구분	Shipper's Usance(Seller's Usance)	Banker's Usance(Buyer's Usance)
	(Maturity)"을 매입은행 앞으로 통지하고 만기일에 대금을 결제하는 형태 ③ 수출상은 만기일에 대금을 영수하거나 은행에 할인(discounting, usance 기간이자를 공제하고 대금을 지급함)을 요청하여 조기에 대금을 수취할 수도 있음	에 대하여 매입은행을 통하여 수출상 앞 어음대금 전액을 일람지급 L/C(at sight L/C)와 동일하게 지급함 ④ 수입상은 usance interest(인수수수료와 할인료)만 선지급하여 원금은 만기일에 개설은행을 통하여 지급하거나(이자 선지급), 원금과 이자를 만기일에 결제(이자 후지급)하게 되는 것 ⑤ 어음을 인수·할인한 인수은행은 자기의 신용으로 어음을 B/A 시장에 매각하거나 만기일까지 보관함 ※ Domestic Banker's Usance(수입국 은행 인수) ① 개설은행 등은 매입은행으로부터 선적서류 및 기한부어음이 도착하면 동 어음을 인수함과 동시에 매입은행 앞 대금을 지급하고 수입상으로부터는 어음의 만기일에 대금을 회수하는 방식 ② 수출상은 매입은행을 통하여 일람(at sight)으로 어음대금 전액을 지급 받게 됨
L/C상 Drawee	개설은행	① Overseas Banker's Usance : 인수은행 ② Domestic Banker's Usance : 개설은행
L/C 기재문언	※ 일람출급 매입 허용 문언이 없음 – 이자가 L/C 금액에 포함된 경우 • "Usance interest is for account of beneficiary" • "Discount charges are for beneficiary's account" • 따라서 수출상은 만기에 대금을 영수하거나 거래은행에 할인을 요청하여 기간이자를 공제한 잔액을 조기에 수취할 수도 있음	※ 일람출급 매입 허용 문언이 있음 • "Usance drafts must be negotiated on at sight basis and Acceptance Commission and discount charges are for buyer's account" • 대금은 수출상 앞 일람(at sight)으로 지급하게 됨. 즉 기간이자를 공제하지 않고 신용장대금 전액을 수취함
비교	① 수출금액 : Banker's Usance는 수출업자가 일람출급으로(At Sight L/C와 동일하게) 어음대금 전액을 지급 받기 때문에 수출금액이 Shipper's usance보다는 수입업자가 부담하는 usance interest만큼 저렴함 ② Banker's Usance에서 환어음의 만기일 표시 : 비록 대금은 수출상 앞 일람(at sight)으로 지급하지만 환어음 작성시에는 신용장조건과 동일하게 기한부로 표시하여야 함. Shipper's usance에서 환어음상 만기일 표시는 신용장 조건과 일치시킴 ③ 매매계약을 체결시 수입자는 Banker's Usance 90 Days를 원하고 수출자는 90일 동안의 이자를 부담하지 않고 At Sight Nego를 하려는 경우 신용장상에 '수출자가 At Sight Basis로 네고가 가능하다'는 문구와 '기한부이자는 수입자가 부담한다'는 문구를 포함하여 개설하도록 하는 경우가 Banker's Usance에 해당하는 것임	

Banker's Usance는 어음인수은행이 Usance기간 동안 신용을 공여하는 형태로서 개설은행이 자기의 거래은행(환거래은행으로서 신용을 공여하는 은행)을 인수은행으로 지정하고 인수은행으로 하여금 수출자가 발행한 기한부어음을 인수 할인하게 하여 어음금액 전액을 매입은행을 통하여 수출자에게 지급하고, 인수수수료와 할인료는 개설은행

에 청구함으로써 수출자는 일람불어음신용장(At Sight L/C)과 마찬가지로 결제대금을 수령하며 수입자는 Usance기간 동안의 이자만 선지급(인수 후 3~4일 정도)하고 원금은 만기일에 개설은행을 통하여 지급하거나(이자선급), 원금과 이자를 만기일에 결제(이자후급)하게 되며 송부되어 온 선적서류를 인수 후 해당 수입화물을 찾고 원금은 만기일에 개설은행을 통하여 지불하는 것을 의미한다.

(2) Shipper's Usance Credit(선적인 인수신용장)

화주인 수출상이 은행의 신용공여를 향유받지 않고 수입상에 대하여 기한부 어음의 만기일까지 지급을 유예하여 주는 것으로 Seller's Usance Credit 또는 무역인수신용장(Trade Acceptance Credit)이라고도 부른다. 수출자가 신용을 공여한다는 의미는 수출자가 선적을 하여 수입상이 상품을 수취한 후 신용장에서 정한 일정기간 후에 물품대금을 받는다는 것을 말한다. 이 방식에서는 수입신용장 개설은행을 지급인(Drawee)으로 하고 개설은행에 수입환어음인 기한부어음과 서류가 도착하면 수입상이 인수하여 인수사실과 만기일은 매입은행 앞으로 통지하고 만기일에 수입대금을 결제한다.

신용장통일규칙에서는 개설의뢰인 앞으로 환어음을 발행하는 것을 금지하고 있어서 환어음의 지급인은 개설은행이 된다. 따라서 개설은행 명칭을 지급인(Drawee) 난에 표시하며 운송서류와 함께 환어음이 송부되어 오면 개설은행은 수입자에게 서류의 수리여부를 확인하게 되는 것이다.

이러한 거래에서 사용되는 신용장에는 일람출급 매입을 허용하는 문언이 없다. 유전스기간의 이자는 수출자가 부담한다.

Shipper's Usance Credit은 수출상과 수입상의 상호계약에 의하여 원리금을 동시에 만기에 지급하는 형태이며 원리금을 신용장금액에 포함하여 개설하고 있는 것이 일반적이다. 어음의 지급인은 개설은행으로 한다. 그리고 이러한 Shipper's Usance의 이자지급문구는 다음과 같다.

i. 이자가 신용장금액에 포함되어 있는 경우
   "Usance interest is for account of beneficiary"

ii. 이자가 신용장금액에 포함되어 있지 않은 경우
   "Usance interest is for account of buyer and the negotiating bank is requested to inform us of the interest up to the maturity at our prevailing rate"

iii. 무역인수신용장에서 환어음의 만기일에 대금을 지급하는 방법은 송금방식 또는 제3은행을 통한 결제방법을 이용하므로 Instructions to the Paying/Accepting/Negotiating Bank 난에 다음의 예시와 같이 기재한다.

   ⓐ 송금방식으로 지급하는 경우

"Interest are for seller's account. In reimbursement, we will remit the proceeds as per negotiating bank instruction at maturity."

ⓑ 제3의 결제은행을 통하여 지급하는 경우

"Interest are for seller's account. In reimbursement, please draw your own drafts at sight on XXX Bank(drawee bank) at maturity"

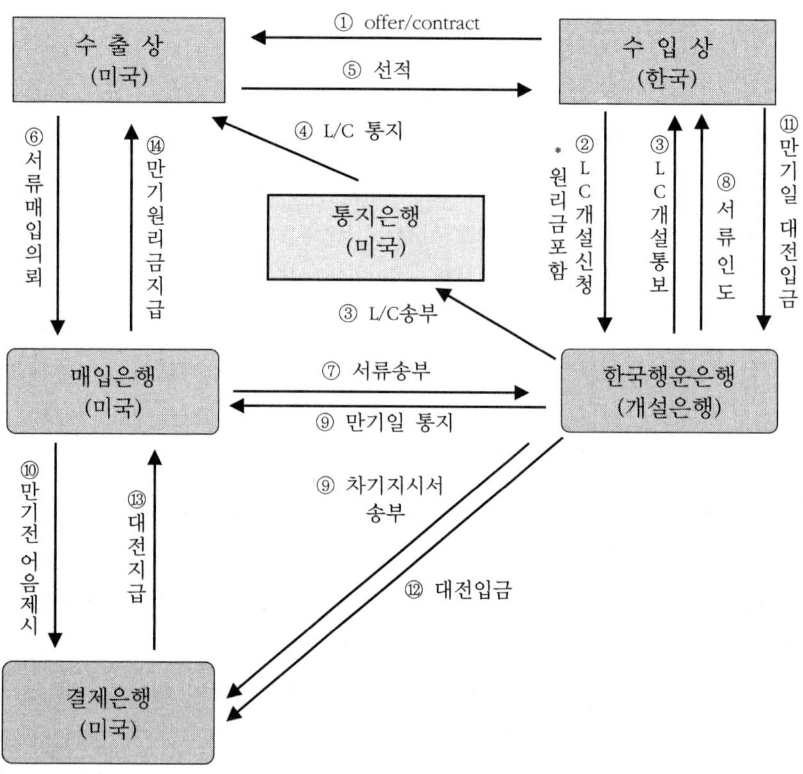

[그림 8-4] Shipper's Usance 흐름도

(3) Banker's Usance Credit

기한부 환어음의 지급을 유예시켜주는 주체가 은행이 되는 것으로 수출상이 발행한 기한부어음을 만기일 이전에 인수은행이 인수 및 할인하여 매입하고, 어음 금액 전액은 매입은행을 통하여 수출상에게 지급하며 인수수수료와 할인료는 개설은행에 청구하여 수출상은 at sight basis와 동일하게 매입대전을 수취하고 수입상의 입장에서는 usance interest(인수수수료와 할인료)만 선지급하여 원금은 만기일에 개설은행을 통하여 지급하거나(이자선급), 원금과 이자를 만기일에 결제(이자후급)하게 되는 것을 banker's usance credit이라고 하며 buyer's usance라고도 부른다. 미국에서는 이와 같은 방식을 banker's acceptance라고 한다. banker's usance credit에서 신용공여를 국내의 개설은행이 담당하는 경우를 Domestic Import Usance Credit(내국 수입 유전스 신용장)이라고 하며, 개설은행이 해외에 있는 자신의 환거래은행을 인수은행으로 지정하고 인수은행으로 하여금 수출상이 발행한 기한부어음을 인수하여 할인 매입하도록 하여 신용공여를 담당하게 하는 것을 Overseas Banker's Acceptance Credit(해외은행 인수 신용장)이라고 한다. 수출업자가 일람불로 대금지급을 받기 때문에 Shipper's usance보다는 수출금액이 수입업자가 부담하는 usance interest만큼은 저렴해야 한다.

1) 내국 수입 유전스(Domestic Import Usance, 국내은행 인수신용장)

내국 수입 유전스(Domestic Import Usance)는 외국환은행이 기한부 수입신용장을 개설하고 동 신용장에 의거하여 외국의 수출상이 발행한 기한부어음을 국내은행(신용장 개설은행)이 인수하여 할인 매입함으로써 어음기간동안 국내의 수입업자에게 신용을 공여하는 방식을 말한다. 인수금융이 국내에서 발생하므로 인수수수료와 할인료가 해외로 유출되지 않는다. 이 방식에서는 해외의 수출상이 일람불어음과 동일하게 선적과 함께 수출대전을 받을 수 있다는 점에서 Overseas banker's usance와 같으나 Overseas banker's usance에서는 기한부어음의 인수가 개설은행에게 신용공여한도를 제공한 해외환거래은행에서 이루어지고 어음의 만기일에 개설은행의 예치금계정에서 차기하는 것이다. 이에 비하여 내국수입유전스는 어음의 지급인을 개설은행으로 지정하여 국내에서 개설은행이 어음을 인수하고 만기일까지 수입상으로 하여금 수입어음의 결제를 유예시켜 주는 신용공여의 형태라는 점에서 다른 것이다. 우리나라가 내국수입 Usance제도를 도입하게 된 주요한 목적은 다음과 같이 설명될 수 있다.

첫째, 종래의 기한부 수입방식이 Shipper's Usance 또는 해외의 인수은행의 신용공여에 의하는 Overseas Banker's Usance 등 무역신용의 해외의존 일변도를 지양하고, 신용공여를 국내은행에 의하도록 함으로써 국내 금융기관의 국제화를 도모하고 무역신용의 비용을 국내은행에 귀속시킴으로써 국내은행의 수익증대를 꾀할 수 있고, 국가적으로 볼 때 무역신용비용(Usance 이자)의 해외지급에 따르는 외화를 절약할 수 있다.

둘째, 국내은행이 인수한 어음을 국내에 유통시켜 단기외화자금 시장의 형성에 기여토록 함으로써 국내 외환시장의 육성에 이바지한다.

셋째, 내국수입 Usance에 의하여 창출된 어음은 국내유통 외에도 해외 B/A 시장에 매각함으로써 외자조달원의 다양화를 도모할 수 있다.

넷째, 보유외환을 효율적으로 이용할 수 있다.

내국수입유전스에 표기되는 신용장상의 특수조항 문구는 다음과 같다.

"Negotiation under this credit may be effected on at sight basis"

"Beneficiary's usance drafts must be negotiated on at sight basis"

"Acceptance Commission and discount charge are for buyer's account"

매입은행 앞으로 지시되는 문언의 예를 들면 다음과 같다(송금방식).

"Acceptance Commission and Discount Charges are for buyer's a/c. Payment under this L/C to be made on at sight basis regardless of drafts tenor. Upon receipt of documents, we will remit the proceeds as per your instruction"

"In reimbursement, upon receipt of the drafts and documents in good order we shall remit the proceeds as per the negotiating bank's instruction"

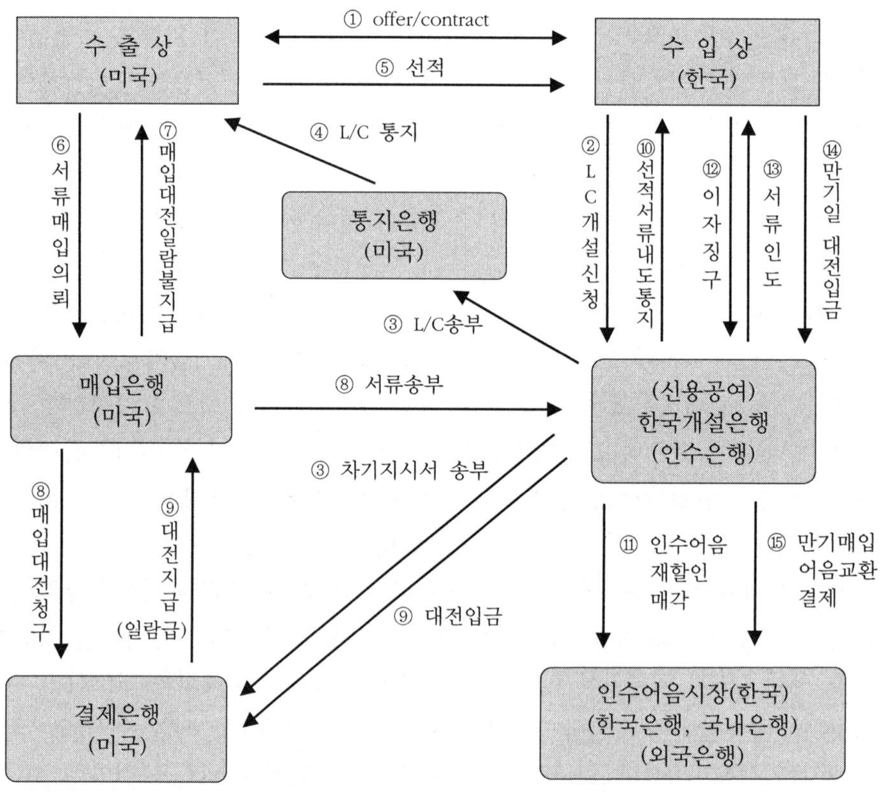

[그림 8-5] 내국 수입 Usance 흐름도

내국수입유산스제도는 해외의 수출상이 일람불어음과 동일하게 선적과 함께 수출대전을 회수할 수 있다는 측면에서는 Banker's Usance 와 같으나 Banker's Usance는 당해 어음의 인수가 L/C 개설은행에게 신용공여한도를 제공한 해외환거래은행에서 발생되고 어음의 만기일에 개설은행의 예치금계정에서 차기(Debit : 출금)하는데 비하여 내국수입유산스는 어음의 지급인을 개설은행으로 지정하여 국내에서 개설은행이 인수하고 어음의 만기일까지 수입상으로 하여금 수입어음의 대금결제를 유예하여 주는 신용공여라는 점에서 다른 것이다. 인수어음은 국내유통으로 인수시장의 활성화에 기여하고 있다.

2) 해외은행 유전스(overseas banker's usance, 해외은행 인수신용장)

은행이 Usance기간동안의 신용을 공여하는 방식으로, 개설은행이 자신의 해외 환거래은행을 인수은행으로 지정하고 인수은행으로 하여금 수출상이 발행한 기한부어음을 인수하여 할인 매입하게 하여 어음금액 전액을 매입은행을 통하여 수출상에게 지급하고 인수수수료(Acceptance Commission)와 할인료(Discount Charge)는 개설은행에 청구토록 하여 수출상은 일람불 신용장(at sight basis credit)과 동일하게 수출대금(Nego대전)을 수취하고, 수입상은 Usance기간에 해당되는 이자만 선지급하고 원금은 만기일에 개설은행을 통하여 지급하거나(이자선급), 원금과 이자를 만기일에 결제(이자후급)하게 되는 것을 해외은행 유전스(overseas banker's usance)라고 한다. 기한부어음을 인수하여 할인한 인수은행은 자신의 신용을 바탕으로 하여 당해 기한부어음을 B/A시장에 매각하거나 만기일까지 보관하게 된다. 그러므로 이러한 방식에서는 어음의 지급인이 해외 인수은행이 되는 것이다. 해외은행인수 신용장은 일람출급조건으로 대금을 지급하므로 매입은행에 대하여는 이러한 사실을 표시하여야 하고, 인수은행에 대하여는 인수이율의 기준을 사전에 협의하여 표시할 수 있다.

ⓐ Instructions to the Negotiating Bank
"Acceptance Commission and Discount charges are for buyer's a/c. Payment under this L/C is to be made on at sight basis regardless of drafts tenor. In reimbursement, Please present beneficiary's drafts to the drawee bank for acceptance."

ⓑ Instructions to the Accepting Bank
"Please accept and discount beneficiary's drafts drawn under and in compliance with the terms of this credit. In reimbursement, please debit our account with you for Acceptance Commission and Discount Charge at sight, and for face amount at maturity under advice to us. Interest should not exceed 6 months LIBOR plus 0.5 pct P.A."

이 방식에서 표기되는 특수조항의 예시는 내국수입유전스의 경우와 동일하다.

매입은행 앞으로 지시되는 사항의 예를 들면 다음과 같다.

"Reimburse yourselves from drawee by forwarding Beneficiary's usance draft on condition that the documents are complied with L/C terms"

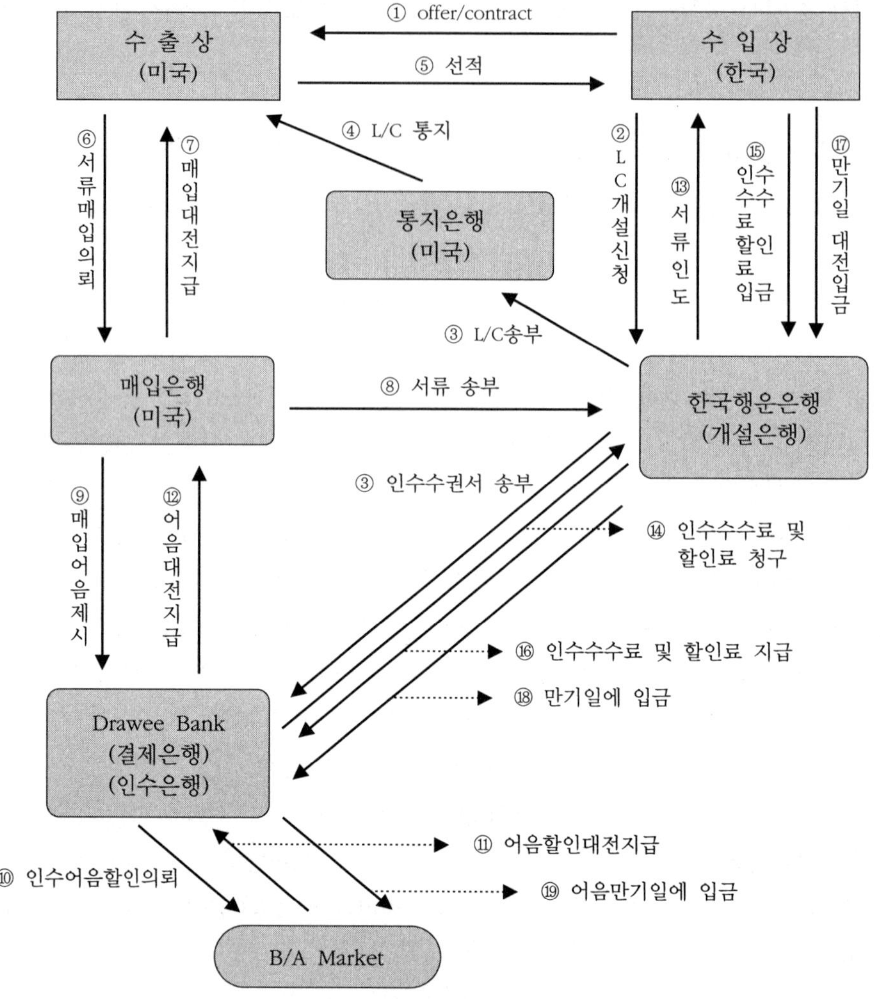

[그림 8-6] 해외 은행 Usance 흐름도

10. 양도가능신용장과 양도불능신용장

양도가능신용장(transferable credit)은 수익자가 신용장 금액의 일부 또는 전부를 제3자에게 양도할 수 있는 신용장으로 신용장상에 "transferable"이라는 단어가 기재되어 있는 신용장을 말한다.

UCP에서는 '양도가능 신용장'(transferable credit)이란 제1수익자가 지급, 연지급약정, 인수 또는 매입하도록 수권된 은행 또는 자유매입신용장의 경우에도 신용장상에 특별히 양도은행으로 수권된 은행에 대하여 신용장의 전부 또는 일부를 제2수익자에게 양도하도록 요청할 수 있는 신용장을 의미한다고 규정하고 있다. 그리고 신용장은 개설은행이 신용장상에 '양도가능'(transferable)이라는 명시를 분명하게 표기한 경우에 한하여 양도될 수 있다고 규정하고 있다. 그러므로 이러한 '양도가능'의 명시가 불명확한 신용장은 당연히 양도불능신용장으로 간주하여야 하며 양도불능신용장(non-transferable credit)은 신용장을 제3자에게 양도할 수 없는 신용장을 의미한다.

신용장의 양도는 국내에서는 물론 국외에 소재하고 있는 제2수익자에게도 양도가 가능하다.

11. 보증신용장과 은행보증서

(1) 보증신용장(standby credit)

보증신용장(standby credit)은 금융의 담보 또는 채무이행의 보증을 목적으로 발행되는 무화환신용장(clean credit)으로 보증신용장개설은행이 상대방으로 하여금 특정인에게 금융지원 또는 채무보증 등을 이행하도록 하고, 특정인이 만기에 채무의 상환을 하지 않을 경우에 지급을 대신 이행하겠다는 내용을 기재한 약속증서로 특수한 무화환신용장(clean credit)을 의미한다. 보증신용장은 주로 무역외거래 및 자본거래 등에 대한 보증수단으로 사용된다는 점에서 화환신용장(documentary credit)과 차이가 있다.

일반적으로 보증신용장은 해외현지법인이나 지점 또는 관련거래선이 자국상사의 영업과 관련하여 현지은행에 현지금융담보의 조건이나 건설, 용역 및 플랜트수출과 관련한 입찰보증, 계약이행보증, 하자보증, 선수금환급보증 등에 대한 지급보증서의 대용으로 국내외국환은행이 해외은행 앞으로 발행하여 사용되고 있다.

보증신용장도 화환신용장과 동일하게 신용장통일규칙(UCP)의 적용을 받지만, UCP는 복잡하고 다양한 형태의 'Standby L/C'에는 적용이 적절하지 않고 또한 완전하게 적용할 수도 없다는 문제점이 있다. 따라서 'Standby L/C'에 관한 별도의 구체적인 국제규칙인 보증신용장통일규칙(ISP 98 : International Standby Practice 1998, ICC Publication No. 590)이 제정되어 적용하고 있다.

(2) 보증서와 은행보증서

보증서(Letter of Guarantee)를 발행한 보증인은 주채무자가 채무를 이행하지 못하는 경우에 한하여 2차적으로 보충적인 책임을 지지만, 보증신용장의 개설은행은 신용장의 조건과 문면상 일치하는 서류의 제시에 대하여 원인계약과는 관계없이 대금을 지급하여야 하는 1차적이고 독립적인 채무를 부담한다.

보증서는 원인계약과의 부종성이 강하여 보증신용장과는 달리 독립·추상성을 인정받지 못하는 것이 일반적이며, 이로 인하여 부당청구 및 지급거부 등과 같은 분쟁발생의 소지를 지니게 된다. 따라서 이러한 단순한 지급보증서의 약점을 보충하기 위하여 주채무의 이행여부와는 관계없이 문면상 보증서 조건에 일치하는 채권자(신용장 수익자) 측의 청구에 대하여 무조건 지급을 약속하는 은행보증서(Bank Guarantee)가 널리 이용되고 있는데, 이를 '독립적 보증(Demand Guarantee)' 또는 '요구불(청구불) 보증'이라고 부른다. '독립적 보증'은 일반 보증과는 달리 주채무자의 채무불이행시 보충적으로 2차적 책임을 지는 것이 아니고, 주채무자와는 독립된 1차적 책임을 부담하는 보증을 말한다. '요구불보증서'는 보증신용장과 그 내용과 성격에서는 동일한 효력이 있으며, 다만 형식적으로 보증서(Letter of Guarantee)의 외형만 가지고 있을 뿐이다. 이러한 '독립적 보증'에 관한 국제규칙으로 ICC에 의해 제정된 '독립적 보증에 관한 통일규칙(URDG 758 : Uniform Rules for Demand Guarantee, ICC Publication No. 758)'이 적용된다.

참고로 일반적인 계약보증에 관한 국제규칙으로는 ICC에 의해 1978년에 제정된 '계약보증에 관한 통일규칙(URCG 325 : Uniform Rules for Contract Guarantee, ICC Publication No. 325)'이 적용된다.

[표 8-6] 화환신용장·보증신용장·은행보증서의 비교

구분	Documentary L/C	Standby L/C	Bank Guarantee
의의	상품거래에 따른 환어음과 이를 담보하는 운송서류의 제시를 요구하는 L/C	금융의 담보 또는 채무이행의 보증을 목적으로 발행되는 Clean L/C	보증서의 외형만 지니고 있을 뿐 Standby L/C와 성격과 내용에서 동일함
용도	상품수출입대금결제용	수출선수금환급보증, 지금융담보보증, 운임지급보증, 보험보증, 입찰보증, 계약이행보증, 선수금환급보증, 유보금환급보증, 하자보증, 대출(물품대금)지급보증 등 다양한 용도	Standby L/C와 유사함
적용규칙	UCP	UCP, ISP98	URDG 758
제시서류	선적서류	불이행진술서(certificate of default)	서면청구서 및 서면진술서
개설(보증)은행지급의무 발생시기	수익자가 L/C 조건에 일치하는 서류를 제시한 경우	개설의뢰인이 수익자와의 채무계약을 정당하게 이행하지 않았다는 확인시	수익자가 보증서에서 요구하는 서류를 유효기일 내에 지급을 청구한 때
SWIFT M/T	MT700	MT700, MT799	MT760

(3) 보증내용에 따른 유형

<table>
<tr><th colspan="2">보증구분</th><th>주요내용</th></tr>
<tr><td colspan="2">입찰보증</td><td>Bid bond(Tender Guarantee), 개설의뢰인이 입찰에 응하여 낙찰될 경우에 계약체결을 보증할 목적</td></tr>
<tr><td colspan="2">계약이행 보증</td><td>Performance bond(Performance Guarantee), 수출입계약 또는 공사계약의 이행을 보증할 목적</td></tr>
<tr><td colspan="2">선수금 환급보증</td><td>Advance payment bond(Repayment Guarantee), 국제계약이 체결된 후에 시공자 또는 수출자에게 계약금액의 일정액에 대하여 운영자금조로 선수금을 지급하게 됨. 수익자로부터 받은 선수금에 대하여 그 계약이행을 보장하거나 또는 계약불이행시 선수금 반환을 보증할 목적</td></tr>
<tr><td colspan="2">유보금 환급보증</td><td>Retention money bond(Retention Guarantee), 계약이행이 완료된 후 하자 등을 담보하기 위하여 일정금액의 유보금을 예치하여야 함. 동 유보금을 선지급하는 대신 하자 발생 등 계약위반 사실이 발생하면 유보금의 환급을 보증할 목적</td></tr>
<tr><td colspan="2">하자보수 유지보증</td><td>Maintenance bond(Warranty Guarantee), 계약이행 후 하자 발생시 물품의 반품 및 보수공사를 요구하게 되는 것에 대한 보증금 대신 은행이 보증서를 발급하는 목적. 공사완공 후 일정기간 동안에 대한 하자보수 책임을 보장하거나 또는 기계·설비 등을 수출한 후 일정기간 내에 고장이나 하자가 발생시 그 보수의 수리 등을 보장할 목적</td></tr>
<tr><td colspan="2">대출(물품대금) 지급보증</td><td>Payment Guarantee, 수출상을 위하여 수입상의 대금지급 의무를 보증할 목적</td></tr>
<tr><td colspan="2" rowspan="5">기타 보증의 종류</td><td>Counter Standby : 수익자가 당해 보증신용장의 조건에 의해 2차적인 다른 신용장 등을 발행함에 있어 부담해야 하는 채무를 담보할 목적</td></tr>
<tr><td>Financial Standby : 차입금 상환의 의무를 입증하는 수단 및 그 대금지급을 보장하기 위한 수단으로 활용할 목적</td></tr>
<tr><td>Insurance Standby : 개설의뢰인의 보험/재보험 의무를 보장하기 위한 목적</td></tr>
<tr><td>Commercial Standby : 계약에 의해 미리 정해진 방법대로 대금이 지급되지 않았을 때는 대비하여 당해 상품 또는 서비스에 대한 개설의뢰인의 대금지급 의무를 보장할 목적으로 활용</td></tr>
<tr><td>Direct Pay : 대금지급의 1차적인 수단, 즉 지급수단의 목적으로 발행되는 보증신용장. 계약불이행 또는 미지급이라는 사건과 연결될 수도 있고 연결되지 않은 상태로 사용될 수도 있음</td></tr>
<tr><td rowspan="4">주요활용사례</td><td>현지금융 관련보증</td><td>우리나라 기업의 해외지점 또는 현지법인이 현지의 금융기관으로부터 영업활동과 관련한 운영자금 및 시설자금을 차입할 경우 또는 수출입거래와 관련한 신용장 개설 등의 보증을 제공받고자 할 때, 국내의 본사기업이 현지법인 등의 그러한 현지금융 채무를 보증할 목적으로 활용</td></tr>
<tr><td>해외건설 관련보증</td><td>우리나라의 기업이 해외에서 수행하는 건설·토목공사 또는 산업설비·플랜트수출, 기타 해외용역사업 등에 따른 입찰보증, 이행보증, 선수금보증, 하자보증 등을 목적으로 활용</td></tr>
<tr><td>수출선수금 환급보증</td><td>선대신용장 또는 사전송금에 의해 미리 수취한 수출선수금과 관련하여, 계약물품을 선적하지 못할 경우 당해 선수금의 반환을 보증하기 위한 목적</td></tr>
<tr><td>상업보증</td><td>사후송금방식의 거래 또는 O/A(Open Account) 거래 등에서 수입상이 물품을 수령하고 대금을 송금하지 않을 경우를 대비하여 수입상의 대금지급 의무 이행을 보장할 목적으로 활용</td></tr>
</table>

(4) 보증의 종류

1) 직접보증(직접발행)

보증서 발행은행이 직접 해외의 수익자에게 보증서를 발행하는 경우로 주로 발행은행과 환거래가 체결되어 있는 수익자의 인근 소재은행을 통하여 통지한다.

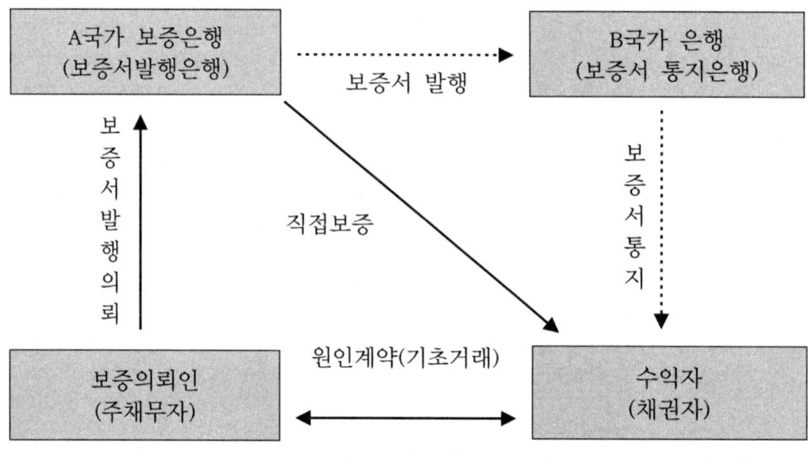

[그림 8-7] 직접보증의 구조

- 보증의뢰인 : 원인계약상의 채무이행을 담보하기 위하여 보증서의 발행을 의뢰하는 자이다. 보증의뢰인은 보통 주채무자 본인이 되는 것이 일반적이나, 주채무자를 위하여 행동하는 제3자가 될 수도 있다.
- 보증인 : 보증의뢰인의 요청에 의하여 보증서를 발행하는 자를 말하며, 일반적으로 은행 등의 금융기관이 된다.
- 수익자 : 보증의 혜택을 받는 자, 원인계약(기초거래)상의 채권자를 말한다.

2) 간접보증(재발행)

- 보증의뢰인 : 직접보증의 경우와 동일한 자를 의미한다.
- 보증의뢰은행(1차 보증인 : 보증의뢰인의 거래은행) : 다른 은행(2차 보증인)이 원인계약(기초거래)상의 채권자를 수익자로 하는 제2차 보증서를 발행할 수 있도록 동 은행을 수익자로 하는 1차 보증서를 발행하는 은행을 말한다. 보증의뢰은행이 발행하는 1차보증서는 다른 은행(2차 보증인)이 제2차 보증서를 발행함에 따른 보증채무를 담보한다.
- 보증서발행은행(2차 보증인 : 수익자의 거래은행 : 보증의뢰은행(1차 보증인)으로부터 받은 1차 보증서에 근거하여 자신 스스로가 보증인이 되어 최종수익자 앞으로

제2차 보증서를 발행하는 수익자의 거래은행을 말한다.

• 수익자 : 직접보증의 경우와 동일한 자를 의미한다.

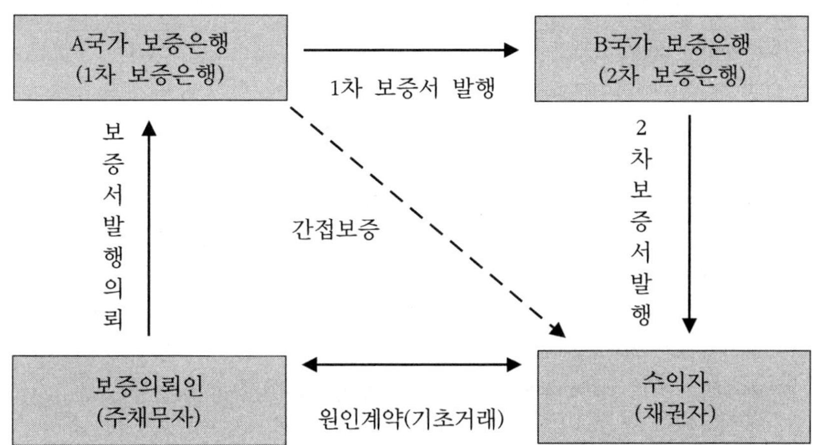

[그림 8-8] 간접보증의 구조

예시 입찰보증용(Bid Bond) Standby L/C

Swift code	Meaning	Example
27	Sequence of total	1/1
40A	Form of documentary credit	IRREVOCABLE STANDBY
20	Documentary credit number	0601078888CLBN
31C	Date of issue	14/02/02
31D	Date and place of expiry	14/08/31 IN ROTTERDAM
50	Applicant	HANDELSMAATSCH SCHRENER AND CO BV
59	Beneficiary	DEFENSE PROCUREMENT AGENCY, MINISTRY OF NATIONAL DEFENSE REPUBLIC OF KOREA, SEOUL
32B	Currency code and amount	USD 15,000,000
41D	Available with/by name, address	CREDIT LYONNAIS BANK NEDERLAND N.V. P.O. BOX 1045 3000 BA ROTTERDAM ATTN. DOC. CREDIT DEPT. BY NEGOTIATION
42C	Draft at	BENEFICIARY'S DRAFT AT SIGHT
42D	Drawee name and address	CREDIT LYONNAIS BANK NEDERLAND N.V. P.O. BOX 1045 3000 BA ROTTERDAM ATTN. DOC. CREDIT DEPT.
45A	Descr. goods and/or services	TERMS : THIS STANDBY LETTER OF CREDIT IS PAYABLE AGAINST DRAFT AT SIGHT ACCOMPANIED BY THE FOLLOWING DOCUMENT: +BENEFICIARY'S WRITTEN STATEMENT STATING THAT APPLICANT HAS FAILED TO PERFORM CONTRACTUAL OBLIGATIONS COVERING CONTRACT NO.KFX-777 +SIGNED COMMERCIAL INVOICE
46A	Documents required	CONDITIONS : +PARTIAL DRAWINGS ALLOWED +ALL BANKING CHARGES OUTSIDE THE NETHERLANDS ARE FOR BENE'S ACCOUNT +DOCUMENTS MUST BE PRESENTED WITHIN THE VALIDITY OF THIS CREDIT
49	Confirmation instructions	WITHOUT
78	Instruction to pay/accept/neg bk	UPON RECEIPT OF CREDIT CONFORM DOCUMENTS AT OUR COUNTERS IN ROTTERDAM, WE SHALL SUPPLY COVER AS PER YOUR INSTRUCTIONS
72	Sender to receiver information	THE STANDBY LETTER OF CREDIT IS SUBJECT TO UCP 2007 REVISION ICC PUBLICATION NO.600

예시 Advance Payment Standby Letter of Credit(선수금환급보증신용장)

Seattle First National Bank

seattle, WA

Korea Trading Co.

Seoul, Korea

May 07, 200X

Dear Sirs

We hereby open our irrevocable standby credit No.7777 for US$100,000(Say US Dollars One Hundred Thousand Only) in your favor for account of America International, Seattle WA. U.S.A. covering your loan for advance payment of US$100,000 plus interest thereon at 4% p.a. under your red clause L/C No. 7890 for US$100,000 to be opened in favor of America International, Seattle WA. for account of Korea Trading Co. for the delivery of Sporting Goods which are fully payable in advance.

In case the accountee fails to repay the advance by shipment until expiry date of relative red clause L/C, we undertake to pry to you the unpaid advance payment amount with interest thereon at the rate of 4% p.a. as of expity date of relative red clause L/C not exceeding total amount of US$100,000 by telegraphic transfer against your written demand to us showing calculation of unpaid advance amount and interest on each remaining principal balance.

This credit shall be valid until October 20, 200X and shall be automatically reduced when the repayments are effected by shipment.

Relative red clause L/C should contain the following clauses :

A) Negotiation under this credit is restricted to Seattle First National Bank.

B) This Credit has been opened under standby L/C No. 7777 issued by Seattle First National Bank. This credit is subject to the International Standby Practices 1998 and subject to the UCP 600.

Sincerely yours,

Seattle First National Bank

SPECIMEN

Authorized Signature

예시 STANDBY LETTER OF CREDIT(Concerning payments due under a lease)

MANUFACTURES HANOVER TRUST COMPANY
TRADE SERVICES, 4 NEW YORK PLAZA
NEW YORK, N.Y. 10004

PLACE AND DATE OF ISSUE: NEW YORK JANUARY 25, 2014
FORM OF DOCUMENTARY CREDIT: IRREVOCABLE
DOCUMENTARY CREDIT NUMBER: G20001
DATE AND PLACE OF EXPIRY: AUGUST 24, 2014
APPLICANT: C. A. JENNIFERS INC.
2888 BROADWAY NEW YORK, N.Y. 10018
BENEFICIARY: A. l. BUILDING CORP.
666 FULTON STREET, BROOKLYN, N.Y. 11200
AMOUNT: 200,000.00, U.S. DOLLAR.
CREDIT AVAILABLE WITH: MANUFACTURERS HANOVER TRUST COMPANY NEW YORK, N. Y. BY PAYMENT AGAINST PRESENTATION OF THE DOCUMENTS DETAILED HEREIN AND YOUR DRAFTS AT SIGHT, DRAWN ON MANUFACTURERS HANOVER TRUST COMPANY, NEW YORK, N.Y.
DOCUMENTS REQUIRED:
BENEFICIARY'S STATEMENT PURPORTEDLY SIGNED BY ONE OF ITS OFFICIALS READING : THE AMOUNT OF THIS DRAWING USD UNDER MANUFACTURERS HANOVER TRUST COMPANY L/C NO. G20001 REPRESENTS A SUM DUE US AS C.A. JENNIFERS INC, HAS DEFAULTED IN PAYMENT OF RENT DUE UNDER THE TERMS OF THE LEASE AGREEMENT DATED JANUARY 1, 2005 BETWEEN A.L. BUILDING CORP. AND C.A. JENNEFERS INC.
ADDITIONAL CONDITIONS:
PLEASE DIRECT ALL CORRESPONDENCE IN CONNECTION WITH THIS LETTER OF CREDIT TO ATTENTION : STANDBY LETTER OF CREDIT DEPARTMENT WE HEREBY ISSUE THIS CREDIT IN YOUR FAVOR. IT IS SUBJECT TO THE UNIFORM CUSTOMS AND PRACTICE FOR DOCUMENTARY CREDITS(2007 REVISION, INTERNATIONAL CHAMBER OF COMMERCE, PARIS FRANCE, PUBLICATION NO. 600) AND ENGAGES US IN ACCORDANCE WITH THE TERMS THEREOF. THE NUMBER AND THE DATE OF THE CREDIT AND THE NAME OF OUR BANK MUST BE QUOTED ON ALL DRAFTS REQUIRED. IF THE CREDIT IS AVAILABLE BY NEGOTIATION, EACH PRESENTATION MUST BE NOTED ON THE REVERSE OF THIS ADVICE BY THE BANK WHERE THE CREDIT IS AVAILABLE.

SPECIMEN
AUTHORIZED SIGNATURE

12. 선대신용장(red clause credit)

선대신용장(先貸信用狀)은 전대신용장(前貸信用狀)이라고도 하며 신용장개설은행이 선적서류의 매입은행에 대하여 당해 신용장조건에 따라서 작성되어진 서류 및 화환어음의 인수와 지급을 확약하는 이외에 신용장의 수익자가 수출에 따른 물품의 생산, 가공 등에 필요한 자금을 선적 전에 미리 융통해 주기 위하여 일정한 조건으로 선지급(advance payment; 수익자 입장에서 선적전에 일정금액을 먼저 수취한다는 의미)할 수 있도록 수권하는 문언을 신용장상에 기재하고 그 선대금액의 지급을 확약하는 신용장을 말한다.

선대신용장은 원래 중국의 모피수집상들에게 수집자금을 융통해 주기 위하여 시작된 것이며 매도인을 전적으로 신뢰하고 있는 상태(본·지사간 또는 대리인 관계 등과 상호간에 상당한 신용이 확립된 경우)가 아니라면 물품의 수취가 보장되지 않기 때문에 자주 이용되지는 않는다. 선대신용장상의 선대허용문언이 예전에는 통상적으로 적색으로 표시되어 'red clause credit'이라고 불리었으나 현재는 이와 같은 적색 표시 관행은 없어지고 수출상의 집화자금에 대한 융자라는 의미에서 'packing credit(집화신용장)'이라고 부르며 수익자가 자금을 선지급받는 신용장이라는 의미에서 'advance payment credit(선수금 신용장)'이라고도 부른다. 이러한 신용장을 수취한 수익자는 선대금액에 해당하는 무화환어음(clean draft)과 영수증(simple receipt)을 가지고 지정은행에서 매입을 의뢰하게 되며 선수금의 상환은 관련 신용장조건과 일치하는 선적서류의 매입을 통하여 이루어진다.

예컨대 우리나라의 수입업자가 외국의 수출업자와 신용장방식으로 수입업무를 진행하는 경우에 수출업자가 신용장 부가조건에 신용장개설시 신용장금액의 30%에 해당하는 금액을 수출업자의 영수증과 환어음을 매입은행에 제출하면 상품의 선적 전에 인출할 수 있는 조건을 명시해 달라는 요청을 받았다면 이러한 신용장이 외국의 수출업자에게 신용장금액의 30%를 선지급하는 선대신용장에 해당하는 것이다. 이러한 경우에 외국의 수출업자는 환어음과 영수증만을 매입은행에 제시하고 신용장금액의 30%를 선지급 받기 때문에 수입업자는 신용장 개설은행에 신용장 전체금액을 예치하거나 또는 최소 30% 이상은 예치해야만 신용장을 개설할 수 있게 된다. 결국 수입업자의 입장에서는 신용장 금액의 30%에 해당하는 금액을 선송금하는 방식과 동일하기 때문에 수출업자가 선금을 수취한 후 계약을 이행하지 않을 경우 수입업자는 일방적으로 손해를 입게 된다. 수출업자의 계약이행을 담보하기 위해서는 ① 수출업자에게 수입업자를 수익자로 하는 보증신용장(Stand-by L/C)을 요구하든지, ② 선지급 조건이 없는 단순 일람지급 화환 신용장으로 유도해야 한다.

선대신용장은 수입상이 수출상의 신용을 믿지 못하면 발행해 주지 않게 되며, 발행해 주더라도 선대하여 주는 조건으로 선대기간중의 이자(interest) 부담은 보통 수익자가 한다. 신용장상에 기재(Additional Conditions)되는 자금선대 표시문언의 예를 들면 다음과 같다.

i. "Advance drawing for 40% of this credit amount is available against beneficiary's simple receipt accompanied by their written undertaking that they will repay the advance payment by shipment in compliance with the terms and conditions of this credit"

ii. "We authorize the negotiating bank to pay the proceeds not exceeding 50 pct of the above mentioned amount to the beneficiary against presentation of the following documents :

㉠ Beneficiary's simple receipt stating that the beneficiary have duly received the proceeds for USD10,000 representing 50 pct advance payment.

㉡ Beneficiary's statement that beneficiary will perform the shipment of 14,000yds of Nylon woven fabric from Chinese port to Busan Korea."

iii. "We authorize the negotiating bank to pay US$1,000,000 to the beneficiary against presentation of the following documents :

㉠ Beneficiary's clean draft drawn at sight on accountee.

㉡ Beneficiary's receipt stating that the beneficiary have duly received US$1,000,000 for the delivery of color T.V. sets from Busan, Korea to New York, U.S.A."

선대신용장하에서는 수익자가 영수증과 확약서를 제출함으로써 선대금의 지급을 받을 수 있다. 영수증과 확약서의 작성 예시를 들면 다음과 같다.

① 영수증 작성 예시

SIMPLE RECEIPT
TO : (개설은행) We have duly received (선대금액) representing 40% advance payment under red clauses credit No. (신용장번호) issued by (개설은행명칭) dated (개설일자)

② 확약서 작성 예시

LETTER OF UNDERTAKING
TO : (개설은행) We hereby undertake you that we will repay, without fail, advance payment for (선대금액) by shipment in accordance with terms of red clause credit No. (신용장번호) issued by (개설은행명칭) dated (개설일자)

13. 회전신용장(revolving credit)

동일한 수출입업체간에 동일한 종류의 상품이 상당한 기간동안에 걸쳐서 계속하여 매매가 이루어질 것으로 예상될 경우에, 거래할 때마다 신용장을 개설하거나 조건을 변경하는 것은 비용이 많이 들고 시간이 소요된다. 그렇다고 거래예상금액을 한꺼번에 발행하면 많은 비용부담이 되기 때문에 너무 과중한 자금부담이 생긴다. 이러한 부담을 경감하기 위하여 일정기간 동안 일정 조건하에서 신용장대금의 결제와 동시에 신용장금액이 자동적으로 갱신되어 다시 사용할 수 있도록 하는 조건으로 개설된 신용장을 의미한다. 회전신용장을 'self-continuing credit'이라고도 하며 장점은 매 거래 시마다 신용장개설에 따른 수수료, 시간, 수고의 절약에 있으며, 신용장회전(revolving)의 방법으로는 다음과 같은 방법이 있다.

첫째, 개설은행으로부터 환어음에 대한 지급통지가 있으면 회전되는 방법

둘째, 환어음이 결제되는 일정한 일수를 정하여 그 기간 내에 지급거절통지가 없으면 회전되는 방법

셋째, 월력(月曆)상의 일정한 기간, 즉 월별이나 격월 등 기간이 경과하면('1개월 후' 등의 방법) 다시 자동적으로 그 금액이 갱생(更生)되어 회전되는 방법

갱신방법에는 누적적 방법(cumulative method)과 비누적적 방법(non-cumulative method)이 있다. 예를 들어 매월 갱신되는 조건의 US$1,000,000의 회전신용장을 개설하였을 경우에 11월에 US$900,000이 사용되었다면 12월에는 전월의 미사용 금액인 US$100,000을 포함하여 US$1,100,000을 사용할 수 있는 것이 누적적 방법이며 이러한 신용장을 누적적 회전신용장(cumulative revolving credit)이라고 한다. 반면에 미사용한 US$100,000은 무효가 되며 원래의 금액인 US$1,000,000만을 다시 사용할 수 있는 것이 비누적적 방법이며 이러한 신용장을 비누적적 회전신용장(non-cumulative revolving credit)이라고 한다.

선적서류의 매입시 누적적인가 비누적적인가가 불분명하면 개설은행에 문의한 후에 매입을 의뢰하여야 한다. 예컨대 비누적적인데 누적적으로 해석하여 매입을 의뢰하면 부도가 발생할 수 있다.

회전신용장이 아닌 일반신용장도 신용장금액의 증액, 선적 및 유효기간의 연장 등의 조건변경 등을 통하여 회전신용장과 같은 효과를 얻을 수 있다.

① 회전문언의 예시 : "This credit is cumulative revolving. The amount of drawing made under this credit become automatically reinstated on payment by us. Draft drawn under this credit must not be exceeded to US$300,000 in any calendar month."(이 신용장은 누적적 회전신용장이다. 이 신용장에 의하여 발행되는 어음금액은 당행이 지급하는 동시에 자동적으로 갱신된다. 이 신용장하에서 발행되는 어음은 매월 300,000불을 초과해서는 안 된다.)

② 누적적 회전 문구의 예시 : “Any shipment not to exceed invoice value of USD99,000. After a draft has been paid under this credit, the credit reverts to its original amount USD99,000. Any unused portion of monthly availment may be used during any subsequent month.”

③ 비누적적 회전신용장의 표시문언의 예시 : “Upon receipt by the beneficiary of notice from the Tokai Bank that a draft has been paid under this credit, a sum equal to the amount of such draft again becomes available under this credit. Notwithstanding anything contained in the foregoing clause, drawings under this credit are limited to US$ 50,000 in any calendar month.”

사례 과부족이 허용된 누적적 회전신용장의 사용가능금액

분할선적이 허용되며 신용장 금액이 ‘about USD10,000.-’이고, 추가적으로 2번 회전이 허용되는, 즉 총금액이 3만불인 누적적 회전신용장(cumulative revolving L/C)이 개설되었다. 수익자가 처음 1만불의 서류를 제시하였고 다음 회차에서 5천불의 서류를 제시하였다면 최종 회차에서 서류를 제시할 수 있는 최대금액은 얼마인가?

해설

비록 UCP에서 회전신용장에 관하여 직접적으로 언급하고 있지는 않으나, 실무적으로는 이와 관련된 국제표준관행에 대한 원칙들이 많이 있다. 회전신용장은 누적방식과 비누적방식이 있으며, 비누적방식의 경우 매 회차당 신용장의 회전금액까지 사용이 가능하며 이전 회차의 미사용 금액은 자동 소멸된다. 본건은 누적적 회전신용장이라 하였으므로 해당 회차의 신용장 금액 및 이전 회차까지의 미사용 금액까지 사용이 가능하다.

본 건의 경우 단위회전금액이 1만불이고 3회전을 허용하였으며, UCP 600 제30조에 의해 ‘about’라는 용어가 사용된 경우 10%의 과부족을 허용하므로 신용장에 의해 지급될 최대금액은 회차당 1.1만불이다. 따라서 첫회차에서 1만불이 지급되었다면 1천불이 이월되어 다음 회차에서는 1.2만불까지 지급이 가능하며, 2회차에서 5천불이 지급되었다면 미사용금액 7천불이 이월되므로 최종회차에서의 지급가능금액은 1.8만불이다.

* 참고사항 : UCP 600 제30조에 의하면 신용장에서 금액, 수량 또는 단가의 표시와 관련하여 ‘about’, ‘circa’, ‘approximately’ 또는 이와 유사한 표현이 사용된다면 사용된 부분에 대하여는 10%의 과부족이 허용된다.

14. 구상무역신용장(compensation trade credit)

구상무역에 의해 수출입물품대금을 그에 상응하는 수입 또는 수출로 매매당사자간에 상계하는 수출입에 사용하는 신용장을 말한다. 구상무역은 두 국가간의 수출입균형을 유지하기 위하여 이용되는 거래방식이다. 우리나라 대외무역법에서는 구상무역을 연계무역으로 개념을 확대하여서 물물교환(barter trade), 구상무역(compensation trade), 대응구매(counter purchase) 등의 형태로 이루어지는 수출입으로 규정하고 있다. 구상무역은 대금결제시의 환의 개재여부에 따라서 무환구상무역(無換求償貿易)과 유환구상무역(有換求償貿易)으로 분류하는데, 전자는 무환방식에 의한 물물교환의 바터무역(barter trade)을 의미하여, 후자는 수출입 국가간의 수출입대금 결제시 선수출 또는 선수입에 상응하는 물품대금을 외화로 수취하거나 지급하는 거래방식을 말한다.

유환구상무역을 위한 신용장은 특수한 신용장으로 동시개설신용장(back to back credit), 기탁신용장(escrow credit), 토마스신용장(TOMAS credit)이 사용된다.

(1) 동시개설신용장(Back to Back Credit)

구상무역을 요청하는 구상무역조건부 무역거래에 근거하여 개설된 신용장을 지칭한다.

백투백 신용장(Back to Back Credit)은 다음과 같은 두 가지의 의미로 사용된다.

그 하나인 원래의 의미는 원 신용장(Master Credit)의 수익자가 원신용장을 견질로 하여 당해 물품의 공급상을 수익자로 하여 다시 국외에 발행되는 제2의 신용장(Baby L/C 또는 Sub L/C)을 뜻한다. 다른 하나는 수출과 수입을 연계하여 수출입의 균형을 기하기 위한 연계무역하에서 사용되어지는 신용장을 말한다. 예컨대 연계무역하에서 어느 일방이 먼저 수입신용장을 개설하는 경우에, 외국의 수출상이 자신의 상품 또는 자국의 상품에 대하여 일정 금액 이상의 '대응수입신용장'을 개설하는 경우에 한하여 당해 수입신용장이 유효하다는 조건을 붙인 신용장을 말한다. 즉, 신용장의 개설과 동시에 신용장의 효력이 발생하는 것이 아니라, 대응수입신용장이 개설되어야 비로소 그 효력을 발생하는 조건부신용장이다.

광의의 Back to Back Credit은 이러한 연계무역에만 국한되지 않고 Packing Credit에 대한 보증신용장, 국내회사의 해외지점이 수입신용장의 개설을 담보로 제공하는 보증신용장, 내국신용장 그리고 해외의 원자재 수출업자에게 개설해 주는 Baby Credit 등을 전제하는 신용장의 의미로 사용될 수도 있다.

A와 B가 구상무역을 하는 경우에 A가 B 앞으로 수입신용장을 개설하면서 동시에 이 신용장에 상응하는 금액의 신용장을 개설하여야만 신용장의 효력이 있다는 조건을 신용장상에 삽입한다. 만약에 B가 대응하는 신용장을 개설하지 않으면 A가 B 앞으로 개설한 신용장은 그 효력이 상실된다. B가 A 앞으로 반대의 신용장을 개설하면 수출과 수

입이 자동적으로 같게 되므로 이 신용장은 구상무역을 이행하는 수단으로 사용되고 있다. 물품이 귀한 2차 대전 중에 미국에서 제조업자가 수출업자에게 요구하게 된 local L/C를 지칭하였기 때문에 back to back credit이라는 용어가 원수출신용장에 근거하여 개설되는 내국신용장(local credit)을 의미하는 것으로 사용되기도 한다.

동시·동액 개설조건의 예시는 다음과 같다.

"This Letter of Credit shall not be available unless and until standard prime banker's irrevocable Letter of Credit in favor of XX Company, Seoul for account of YY Company, New York for an aggregate amount of USD500,000 have been established pursuant to the contract No.111 for the export of the goods described as follows."(이 신용장은 아래와 같은 물품의 수출계약서 제111호에 따라 서울의 XX사를 수익자로 하고 뉴욕의 YY사를 개설의뢰인으로 하는 일류은행의 취소불능 신용장이 총액 50만 달러까지 개설되지 않는 한 그 효력을 갖지 아니한다."

(2) 기탁신용장(Escrow Credit)

기탁신용장(Escrow Credit)은 수입상이 수입신용장을 개설하는 경우에 신용장의 한 조건으로 당해 신용장에 의하여 발행되는 환어음의 매입대금을 수익자에게 지급하지 아니하고 수익자명의로 상호약정에 따라서 수익자명의의 기탁계정(escrow account)에 기탁하여 두었다가, 그 수익자가 원 신용장 발행국으로부터 수입하는 상품의 결제대전에만 사용하도록 명시된 신용장을 말한다. 원래 'escrow'라는 의미는 특정물을 제3자에게 기탁하고 일정조건이 충족된 경우에 상대방에게 교부할 것을 의뢰하는 일종의 신탁행위를 말한다. 기탁신용장은 시간의 차이를 두고 수출신용장과 수입신용장이 발행되지만 동시발행신용장(Back to Back L/C)은 양 매매당사자 간에 두 개의 수입신용장을 원칙적으로 동액을 동시에 개설하는 것이다. 따라서 기탁신용장은 동시발행신용장보다 물품의 선택과 기일이 훨씬 자유롭고 상대국에서 수입하는 상품을 escrow계정에서 결제하다 보면 소액의 미사용 잔액이 남을 수가 있는데, 총 금액의 1% 미만이나 USD1,000 미만 정도의 소액은 현금으로 지급될 수 있다. 그리고 기탁신용장거래에서 수익자 명의의 기탁계정은 약정에 의하여 매입은행, 신용장 발행은행 또는 제3국에 소재하고 있는 환거래은행 중에서 어느 곳이나 계좌를 설치하여 운용할 수 있다.

기탁신용장 기재문구의 예를 들면 다음과 같다.

㉠ "It is further condition of this credit that the proceeds of same remain blocked at your bank in a special account in the name of the beneficiary for account of ABC Co., Ltd. until fulfillment of clause b) above. Please advise the beneficiary of the opening of our letter of credit, adding your confirmation."

㉡ "It is a further condition of this credit that the proceeds of same remain blocked at your bank in a special account in the name of the beneficiary for account of XYZ till fulfillment of irrevocable undertaking of the beneficiary to use the funds of this letter of credit exclusively for the goods mentioned above."(이 신용장의 대금은 위에 언급한 물품에만 사용한다는 수익자의 취소불능한 약정이 이행될 때까지 XYZ의 부담으로 하여 수익자 명의로 개설된 귀행의 특별계정에 이 대금이 예치되어야 하는 것이 이 신용장의 추가조건이다.)

(3) 토마스 신용장(TOMAS Credit)

수출입상 양 당사자간에 서로 같은 금액의 신용장을 개설하는 데 있어서 한 쪽은 먼저 신용장을 개설하고 상대방은 동일한 금액을 일정기간이 지난 후에 신용장을 개설하겠다는 보증서를 제출하여야만 상대방에서 내도된 신용장이 유효한 조건의 신용장을 토마스 신용장(TOMAS Credit)이라고 한다. 이 신용장은 일본과 중국간의 구상무역거래에서 생성된 것으로 'TOMAS'란 용어는 최초로 이러한 방식을 사용하여 중국과 거래를 성사시킨 일본 무역회사의 전신약호에서 유래한 것이다. 특히 선수출 후수입의 경우를 'TOMAS credit'이라고 하며 선수입 후수출의 경우를 'Reverse TOMAS credit'이라고 한다. 이러한 방식의 신용장은 수출국의 수출상품은 확정되었지만 그 대가로 수입할 상품이 결정되지 않은 경우에 이용된다.

15. 기타 신용장

구분	내용
현금L/C (cash credit)	① 수입상 의뢰로 수입상의 거래은행이 수출상이 있는 자기은행의 지점이나 환거래은행 앞으로 미리 일정한 결제자금을 송금하여 예치한 후 그 은행으로 하여금 그 자금을 담보로 수익자 앞으로 L/C를 개설하고 수출지은행이 일정 운송서류 첨부를 조건으로 수출상이 그 은행 앞으로 일람출급어음을 발행한 경우에 당해 어음의 지급을 확약하는 신용장 ② payment on receipt credit : 'cash credit'과 유사하지만 어음이 없이 영수증이 어음을 대신하여 영수증과 상환으로 대금을 지불할 것을 확약하는 신용장
통과L/C (transit credit)	서로간에 환거래은행도 없으며 양 국가의 통화가 서로 태환되지 않는 상태에 있을 때 양국이 각각 거래를 하고 있는 제3국의 은행에서 제3국의 통화로 표시된 신용장을 발행하여 사용하는 신용장. 양 국가의 은행과 동시에 환거래계약을 체결하고 있는 제3국 은행에서 제3국의 통화로 신용장을 개설하고 대금의 결제도 제3국을 통하는 절차를 거치도록 하는 신용장

구분	내용
특혜L/C (Omnibus Credit)	선적서류 미비 등의 이유로 선적 전에 창고증권이나 창고화물수령증(warehouse receipt)을 담보로 환어음 발행하여 대금을 결제받는 특혜를 부여한 신용장
연장L/C (Extended Credit)	수출업자 자금조달 편의를 위하여 개설의뢰인의 요청으로 상품을 선적하기 이전에 수익자가 L/C발행은행 앞으로 무담보어음(clean draft)을 발행하여 수익자의 외국환거래은행(일반적으로 통지은행)이 매입하고 일정한 기간 내에 해당상품과 관련한 일체의 선적서류를 어음매입은행에 제공할 것을 조건으로 부여한 신용장
여백L/C (Marginal Credit)	신용장에 의거하여 발행되는 환어음의 위조를 방지하기 위하여 신용장의 여백에 어음의 용지가 인쇄되어 있는 신용장
공백L/C (Blank Credit)	신용장의 금액은 확정되어 있으나 상품의 명세가 구체적으로 명시되어 있지 않아서 선적물품에 대하여는 백지위임하는 상태로 발행하는 신용장
보세가공 신용장	보세가공을 하는 경우에는 보세가공임(processing fee)에 대해서만 신용장이 개설되는 보세가공신용장(bonded processing credit). 기재 예 : "We hereby issue in your favor our irrevocable credit for US$1,000,000 available by your draft at sight for processing fee of under-mentioned merchandise ~"
기타L/C	어음면에 이자문구를 기재하도록 요구한 이자어음신용장(Interest Bill Credit)과 세 국가간에 삼각무역 결제에 사용되는 삼각무역신용장(Triangle Foreign Trade Credit) 등이 있음
유사 신용장	① 어음매입수권서(Authority to Purchase : A/P) : 수입지 소재 은행이 수입상의 의뢰로 수출상 소재지 자기은행 본·지점 및 환거래은행에 대하여 일정한 조건의 운송서류를 첨부한 수입상 앞 환어음을 수출상으로부터 매입할 것을 지시한 통지서로 어음매입통지서(advice to purchase)라고도 함
	② 어음지급수권서(Authority to Pay : A/P) : 수입상 의뢰로 수입지 소재 은행이 수출지에 있는 자기은행의 본·지점이나 환거래은행에 대하여 수출상이 발행한 일정한 조건의 일람출급어음(sight bill)에 대하여 지급할 것을 지시하는 통지서. 어음매입수권서와 상이한 것은 어음이 수입상 앞으로 발행되는 것이 아니라 통지은행 앞으로 발행되므로 어음의 지급인이 통지은행이 된다는 점
	③ 어음매입지시서(Letter of Instruction : L/I) : 수입지 소재 은행이 수출지에 있는 자기은행의 본·지점 앞으로 수출상이 일정한 조건으로 일정한 금액이내의 환어음을 발행하였을 경우에 당해 어음을 매입하기를 지시하는 것으로 어음매입수권서와 비슷하지만 같은 은행의 본·지점간에만 사용된다는 점이 다름

16. 전액어음발행신용장과 일부어음발행신용장

상업송장 금액의 전부에 대하여 어음을 발행하는 신용장을 전액어음발행신용장(straight draft credit)이라 하고, 처음에는 일부만을 발행하고 잔액에 대하여는 차후에 어음을 발행하는 것을 일부어음발행신용장(partial draft credit)이라고 한다.

신용장에 "~ by negotiation of your draft at sight drawn on ~ for 100% of (or full) invoice value(or cost)"라는 기재가 있거나 아무런 기재가 없을 때에는 전액

어음발행이 인정된다. 일부어음발행신용장에는 "for 90% of invoice value" 등과 같이 상업송장 금액의 일부에 대해서만 어음발행을 허용하고, 잔액의 어음발행 방법에 대하여는 별도로 명시하게 된다. 일부어음발행신용장의 기재 예시는 다음과 같다.

기재예시1

"After payment 90% of invoice value the documents are to be delivered to (Buyer) by (Issuing Bank) to arrange for sampling, weighing and testing of the merchandise. Upon receipt by (Issuing Bank) of written statement from (buyer) stating that the merchandise has been sampled and weighed (Surveyor, XXX) and has been tested by (Inspector XXX), the remaining 10% of invoice value or any part thereof will be paid by (Issuing Bank). Weights by (Surveyor, XXX) and analysis by (Inspector, XXX) will be considered final."

"송장금액의 90%를 지급한 후 (개설은행)은 서류를 (수입상)에게 송부하여 상품을 표본조사, 계량 및 검사하도록 한다. 상품이 (조사인 XXX)에 의하여 표본조사 및 계량되고 (검사인 XXX)에 의하여 검사되었다는 명세서를 (수입상)으로부터 (개설은행)이 받는 즉시, 송장가액의 잔여 10% 또는 일부가 (개설은행)에 의하여 지급될 것이다. (조사인 XXX)에 의한 중량 및 (검사인 XXX)에 의한 분석이 최종적인 것으로 간주된다."

기재예시2

"The final calculation must be effected on the basis of the importer's calculation statement with analysis and weight certificate of end users"

"최종계산은 실수요자의 분석 및 중량증명서가 첨부된 수입상의 계산서에 근거하여 이루어진다."

기재예시3

"The credit conveys no engagement on our part for the payment of the remaining 10% of the invoice value."

"당행은 이 신용장에서 송장금액의 잔여 10%의 지급에 대하여 책임을 지지 않는다."

이와 같은 일부어음발행신용장은 중량이 운송중에 차이가 날 수 있는 양륙중량조건의 상품에 사용된다. 예컨대 광산물이나 유지와 같은 벌크 상품은 기온, 습도 또는 증발 등에 의하여 장소에 따라서 중량이 차이(과부족)를 나타내는 경우가 있다. 선적항인 뉴욕에서 계량하였을 때에는 1,000M/T이었으나 도착항인 부산에서 계량하였을 때에는 900M/T 밖에 되지 않는 경우가 있을 수 있다.

이 경우에 수출상이 '1,000M/T×@USD1,000=USD1,000,000'의 환어음을 발행하여 대금 전액을 회수하였다면, 수입상은 도착항에서의 계산이 '900M/T×@USD1,000=USD900,000'이므로 USD100,000은 반환하라고 요구하게 될 것이다. 그렇게 되면 거래 내용이 복잡하게 된다.

그러므로 최초의 어음발행 금액(initial drawing)은 송장금액의 90% 등으로 제한하고, 나머지는 예시에서와 같이 수입상이 보낸 중량증명서에 의하여 어음을 발행하도록 하는 것이다. 그러나 [기재 예시 3]에서는 개설은행이 잔액의 상환에 대하여는 책임을 지지 않고 있으므로 주의하여야 한다.

일부어음발행신용장에서 가격조건이 CIF인 경우 상업송장, 어음 및 부보금액의 상호 관계는 다음과 같다.

- 상업송장금액 : USD1,000,000
- 어음금액 : USD900,000(=USD1,000,000×90%)
- 부보금액 : USD1,100,000(=USD1,000,000×110%)

기계류 수입시 성능을 확인한 후 검사에 합격하면 잔액을 지불하는 조건으로 신용장을 개설할 수 있으며, 이러한 신용장의 경우 네고시에는 송장금액의 일부만 지급하고 검사를 거친 후 동 결과에 따라 나머지 잔액을 지급한다는 조건이 신용장상에 명시될 수 있으며 이러한 신용장을 일부어음발행 신용장이라고 할 수 있다. 잔액지급방법 및 절차를 신용장에 명시해야 하고, 이를 명시하지 않으면 개설은행은 잔액지급에 개입하지 않기 때문에 당사자간에 직접 송금하여야 한다.

신용장은 일종의 서신이므로 조건을 신용장상에 명시할 경우 어떠한 방식의 거래든 가능한 서류거래이다. 그리고 선수금은 신용장에 의한 결제보다는 송금방식에 의한 결제를 택하고 중도금 및 잔금을 신용장으로 거래하는 것이 업무상 편리하다. 그러나 상업송장에는 선수금, 중도금, 잔액이 모두 기재되어야 한다. 이 신용장의 문언예시는 다음과 같다.

"We hereby issue in your favour this documentary credit which is available by negotiation of your draft at sight drawn ABC Bank for 90% of invoice value...."

17. 기타 특수신용장

할부선적신용장(Installment shipment credit)은 일정한 기간 내에 주기적으로 일정량의 상품을 선적하도록 조건을 부여한 신용장으로 선적에 관한 특수조건 란에 예를

들면,

① "Shipment must be made (effected) in three equal lots during July, August and September. Partial shipment within installments are not allowed.",

② "September and October shipment should be equally divided.",

③ "Half shipment in September and the balance two months after."

등의 문구가 기재된다.

할부지급신용장(Installment payment credit)은 기한부 신용장의 일종이다. 일반적으로 기한부신용장의 경우에는 대금을 만기에 한 번에 지급하게 되지만 할부지급신용장의 경우에는 대금이 선적서류 인도 후 만기까지 분할 지급된다. 예컨대, 일람 후 2년 만기 신용장하에서 어음의 인수일로부터 매 6개월마다 USD100,000씩 네 번에 걸쳐 지급되는 경우이다. 이러한 신용장을 이용하는 경우에는 수입대금의 일정금액을 착수금조로 일람출급조건으로 대금의 일부를 사전지급하고 잔액은 당해 선적서류나 물품을 영수한 후 기한부지급으로 일정기간에 나누어 기한부 환어음을 받아 지급한다. 할부지급신용장은 보통 사전 지급분에 대한 일람출급 신용장과 잔액에 대하여는 기한부조건인 해외인수 신용장이 혼합된 형태로 개설된다.

신용장상의 "[41a] Available with.......By........"에 "Available with (지정은행) by Mixed Payment"로 표기되고 "[42c] Drafts at"에 "5 pct by at sight, 95 pct 180 days after B/L date" 등으로 할부지급조건을 기재하게 된다.

18. 내국신용장(Local Letter of Credit)

내국신용장은 수출용완제품 또는 수출용원자재의 국내공급업체에게 대금결제의 확실성을 보장해 주기 위하여 물품구매자를 개설의뢰인으로 하고 공급자를 수혜자로 하여 외국환은행이 발급하는 국내업자간 지급보증제도를 의미한다.

내국신용장은 융자대상증빙(신용장기준금융) 또는 과거수출실적(실적기준금융)을 보유한 국내 수출업체가 수출물품을 제조·가공하는데 소요되는 수출용원자재 또는 수출용완제품을 국내 다른 업체로부터 원활하게 조달하기 위하여 국내공급업체를 수혜자로 하여 외국환은행인 발행은행이 지급확약한 국내용 신용장이다.

수출신용장을 'Master L/C'라고 하는 반면 내국신용장은 'Local L/C'라고 한다.

수출업체는 내국신용장에 의하여 수출용원자재 또는 완제품을 간편하고 원활하게 조달할 수 있으며, 수익자가 내국신용장에 의하여 공급한 실적은 융자대상수출실적으로 인정된다.

원 신용장(original credit)의 수익자인 수출업자가 수출상품 생산에 필요한 원료 공급자나 협력업체 앞으로 자기가 받은 신용장을 견질로 하여 자기 거래은행으로 하여금 제2의 신용장을 개설해 주게 하는데, 이와 같은 방법으로 개설된 신용장을 내국신용장(local credit)이라고 한다. 이 내국신용장(local credit)을 개설하는 취지는 양도가능신용장(transferable credit)의 경우와 비슷하지만, 'transferable credit'은 원 신용장이 개설될 때 신용장상에 양도가능한(transferable) 것이 표시되어 있는데 반하여, local credit은 일정한 요건을 갖춘 신용장이면 전부 발급될 수 있다. 내국신용장은 수출업자로 하여금 수출상품 또는 수출용 원자재를 국내에서 조달할 수 있게 하는 역할을 해주는 동시에 공급업자에 대해서는 대금지급보증 및 수출지원금융을 융자·지원해 줄뿐만 아니라 무역관리 및 세제면에서 내국신용장에 의한 공급실적을 수출실적으로 인정하여 원 신용장의 경우와 동일한 혜택을 줌으로써 국산원자재의 사용촉진 및 외화가득률 제고 시책으로서 중요한 기능을 갖고 있다. Local Credit은 Domestic Credit, Secondary Credit, Subsidiary Credit 등으로도 불리우고 있다. 내국신용장의 업무흐름은 다음과 같다.

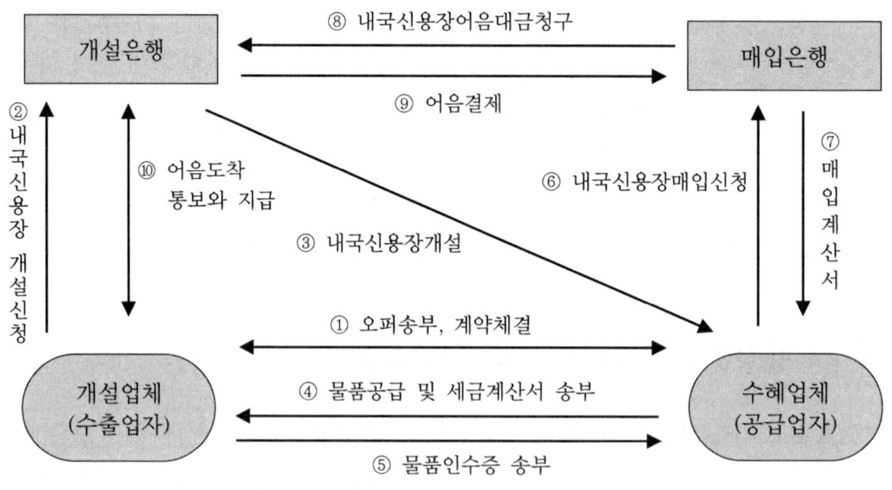

[그림 8-9] 내국신용장 흐름도

내국신용장의 거래당사자는 다음과 같다.

① 개설의뢰인(구매자) : 수출용원자재 또는 수출용완제품을 내국신용장 방식에 따라 구매(또는 임가공 위탁)하고자 하는 업체로서 동 내국신용장 대금의 지급의무를 부담하게 된다. 개설의뢰인의 자격은 원칙적으로 무역금융의 융자대상자, 즉, 수출신용장 등을 보유한 자, 자사제품 수출실적 보유자 및 타사제품 수출실적 보유자에 한한다.

② 수혜자(공급자) : 당해 내국신용장의 공급대상 물품을 제조, 생산(또는 임가공 수탁)하여 개설의뢰인에게 매도하는 업체 또는 유통업자 등이 가능하다.

③ 개설은행(외국환은행) : 개설의뢰인의 신청으로 내국신용장을 개설하는 국내 외국

환은행으로서 개설의뢰인이 거래하는 은행이며, 개설의뢰인에 대한 무역금융 융자취급은행이다.

④ 매입은행 : 내국신용장 수혜자가 물품공급을 완료한 후 동 공급대금을 회수할 목적으로 발행한 환어음을 매입 또는 추심의뢰하는 국내 외국환은행이다.

[표 8-7] 내국신용장의 주요기능

개설의뢰인(구매자)	수혜자(공급자)
1. 수출용 원자재 또는 수출용 완제품을 간편하게 확보·조달할 수 있는 수단	1. 은행의 지급보증으로 물품공급대금 회수보장
	2. 대외무역법상 수출실적 및 융자대상 수출실적
	3. 부가가치세 영세율 적용
2. 내국신용장환어음의 결제자금으로 무역금융(원자재 자금) 이용, 결제 자금 부담 경감	1. 일반수출입 금융의 융자수혜가능
	2. 내수거래에 비하여 물품공급대금의 조기회수
	3. 관세환급가능

19. 구매확인서

구매확인서란 국내에서 물품구매자가 구매하는 원자재(또는 완제품)가 수출물품을 생산하는데 사용될 것이라는 즉, 수출용 원자재(또는 완제품)라는 사실을 외국환은행 또는 KTNET가 증명하는 서류를 말한다. 구매확인서는 ① 수출실적인정(무역금융한도 산정을 위한 수출실적으로는 인정되지 않음), ② 부가가치세 영세율 적용, ③ 관세환급, ④ 외화획득용 원료의 사후관리 등의 용도를 목적으로 발급되며, 실무적으로는 구매확인서보다 용도가 더 다양하고 혜택이 많은 내국신용장을 이용하고 있으나 내국신용장 개설한도가 부족하여 내국신용장을 개설할 수 없는 경우에 구매확인서를 주로 이용하고 있다.

구매확인서는 내국신용장제도와 같이 수출용원자재를 국내에서 조달하도록 하는 방법이나 수출금융 혜택을 받을 수 없는 것이 내국신용장과 다른 점이며, 수출업자(군납업자 및 해외건설업자 포함)가 국내에서 국산원자재, 기초국산원자재 또는 수출물자를 구매하는 경우 수출업자의 신고에 의하여 거래 외국환은행의 장 또는 KTNET가 수출업자 및 공급자 앞으로 발급하는 확인서를 말한다. 구매확인서는 선대신용장방식이나 송금방식에 의한 수출 등 수출 대금이 전액 영수된 거래의 원자재 국내 구매시에 발급되는 것이 특징이며 실제에 있어 금융기관이 그 신용을 보증한 것이 아니기 때문에 운용상 상당한 제약을 받는다.

앞에서 설명한 것과 같이 국내에서 외화획득용 원료 또는 물품을 구매하고자 하는 자는 외국환은행의 장 또는 KTNET에게 무역금융규정에 의한 내국신용장의 개설을 의뢰하거나 구매확인서 또는 수입원자재 구매확인서의 발급을 신청할 수 있다. 즉 구매확인서란 내국신용장에 의하지 아니하고 국내에서 생산된 물품을 외화획득용 원료 또는 물품으로 구매하는 경우에 외국환은행의 장 또는 KTNET가 내국신용장에 준하여 발급하는 증서를 의미하는 것이다.

외국환은행의 장 또는 KTNET는 수출신용장, 수출계약서, 외화매입(예치)증명서, 내국신용장 등에 의하여 구매확인서를 발급할 수 있다. 구매확인서 제도는 내국신용장을 개설할 수 없는 상황하에서 외화획득용 원료 등의 구매를 원활하게 하고자 하는 데 그 목적을 두고 있다. 한편 중소기업자(중견 수출기업을 포함함)가 조달청, 중소기업협동조합, 종합무역상사에 해당하는 자로부터 외화획득용 원료를 구매하고자 할 때에는 수입원자재 구매확인서의 발급을 신청할 수 있다.

수입원자재 구매확인서란 수입된 외화획득용 원료를 생산과정을 거치지 아니한 상태로 국내에서 구매하는 경우에 외국환은행의 장 또는 KTNET가 내국신용장에 준하여 발급하는 증서를 말한다.

완제품 구매확인서에 의하여 물품을 공급하는 경우 수출신고필증상에 동 물품의 공급자가 환급신청인으로 기재되어 있을 때에는 관세환급이 가능하다. '수출신고필증에 환급신청인으로 기재된 자'라 함은 정당하게 환급신청인으로 기재된 자를 말하는 것으로 제조자(수출자와 제조자가 동일한 경우를 포함)를 의미한다. 구매확인서에 의한 공급물품이 완제품이 아닌 경우에는 물품 공급자가 직접 환급을 신청할 수 없으며, 기초원재료납세증명서(기납증), 분할증명서 등을 관할 세관에서 발급받아 환급신청인에게 넘겨주어 환급신청인이 환급을 신청하여야 한다.

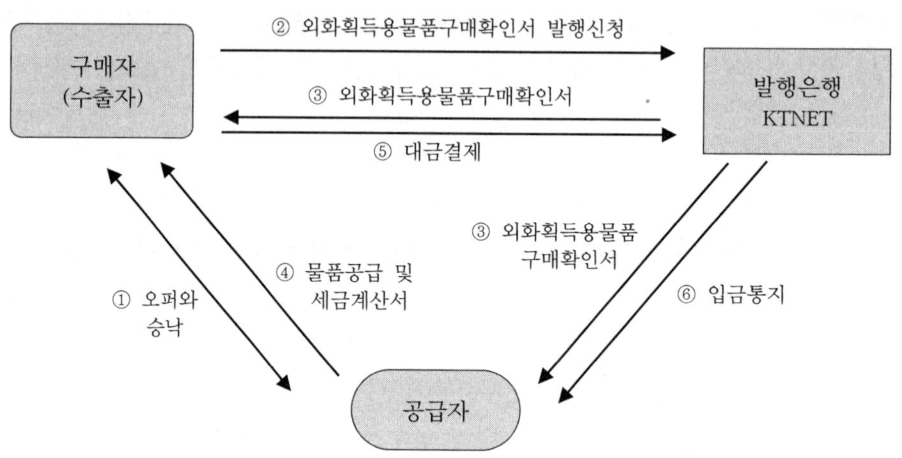

[그림 8-10] 구매확인서 흐름도

[표 8-8] 내국신용장과 구매확인서의 비교

구분	내 국 신 용 장	구 매 확 인 서
관련법규	한국은행 금융중개지원대출 관련 무역금융지원프로그램 운용세칙	대외무역법 (대외무역관리규정)
개설기관	외국환은행	외국환은행 또는 KTNET
개설조건	당해업체 원자재금융 융자한도 내에서 개설	제한없이 발급(개설근거 확인)
수출실적	'무역금융취급세칙' 및 '대외무역관리' 규정상의 수출실적으로 인정	'무역금융취급세칙' 및 '대외무역관리' 규정상의 수출실적으로 인정
부가가치세법상 영세율적용여부	영세율 적용	좌동
지급보증 여부	개설은행이 지급보증	발급기관 또는 발급은행의 지급보증 없음
발급근거	• 수출신용장 • 수출계약서(D/P, D/A 등) • 외화표시 물품공급계약서 • 외화표시 용역공급계약서 • 내국신용장 • 당해 업체의 과거 수출실적	• 수출신용장 • 수출계약서(D/P, D/A 등) • 외화표시물품공급계약서 • 내국신용장 • 외화입금(매입)증명서 • 구매확인서
개설(발급)제한	차수 제한없이 발급 가능 (업체의 무역금융 융자한도내에서 가능)	차수제한없이 순차적으로 발급가능 (거래증빙서류 금액 범위내에서 가능)
공급실적에 의한 무역금융 수혜가능 여부	무역금융 수혜가능	무역금융 수혜대상
관세환급	관세환급가능	좌동
거래대상물품	수출용 원자재 및 수출용완제품	좌동

신용장 실무

제 9 장

수입자의 신용장 실무

제 1 절 수입결제실무

1. 수입 절차(화환신용장 결제방식, FOB 가격조건인 경우)

(1) 수입계약체결

수출상은 물품을 판매하기 위하여 청약(offer)을 의미하는 판매청약(sales offer)으로 물품매도확약서(offer sheet)나 견적송장(proforma invoice)이란 서류를 사용하는 경우가 일반적이다.

수입상은 가장 적합한 seller와 수입계약을 체결하기 위하여 통상적으로 외국 수출상으로부터 확정물품매도확약서(Firm Offer)를 받은 후 이를 승낙(Acceptance)하여 수입계약을 체결한다.

신용장 결제방식으로 계약이 체결되는 경우에는 매매계약서의 "Terms of Payment(지급조건)" 난에 다음과 같은 내용으로 기재된다.

① 일부금액을 선지급받는 경우의 혼합결제방식 예시

"For the convenience of payment settlement, B shall deposit 50% of agreed payment of cargo to the account that A designated in no less than 7 days after the confirmation of the order sheet.

Moreover, B shall establish an L/C for the remaining 50% of the payment in 15 days after the prepayment. Where B withdraws or violates the order sheet for many reasons, the prepayment will be diverted to cancellation charge. If B cannot fully cover the cancellation charge or reimburse damage with prepayment, B shall continue to reimburse until damages are fully paid."

"결제의 편의를 위하여 주문서를 확정한 후 7일 내에 을은 갑이 지정한 계좌에 주문서에 약정한 화물대금의 50%를 선불금으로 입금한다. 또한 선불금을 지급한 후로부터 15일 내에 나머지 50% 대금에 대하여 갑에게 신용장을 개설하여야 한다. 을이 여러 가지 원인으로 주문서를 철회하거나 기타 위약행위를 하였을 경우, 당해 선불금은 위약금으로 처리한다. 선불금으로 위약금을 전부 지불할 수 없거나 갑의 손실을 전액 배상할 수 없을 경우, 을은 전액을 배상할 때까지 갑에게 계속 배상해야 한다."

② 전체금액을 신용장으로 결제하는 경우의 예시

Article 4. Payment(제4조 지급)

"Except otherwise agreed by the parties, all the payment for the Goods shall be made in United States Dollars by an irrevocable letter of credit in favor of the Seller, [confirmed by first class international bank designated by the Seller]."

"당사자간에 달리 합의하지 않는 한, 상품대금은 매도인을 수익자로 하는 미국 달러화로 표시된[매도인이 지정한 국제적인 제1급 은행이 확인한] 취소불능신용장으로 결제하여야 한다."

"The letter of credit shall be established by the Buyer at least [two months] prior to each scheduled shipment date to be stipulated in Exhibit [II] and to be negotiable at sight against draft and to be valid for no less than [thirty (30) days] after the latest date allowed for the shipment."

"신용장은 표 [2]에 기재한 각각의 예정 선적일자보다 최소한 [2개월]전에 개설되어야 하며, 동 신용장은 일람출급 화환어음으로 결제되며, 허용된 최종 선적일로부터 최소한 [30일]동안 유효한 조건이어야 한다."

"The Buyer shall bear all banking expenses associated with the establishing of the letter of credit. Partial shipment, transshipment and partial negotiations of letter of credit shall be permitted and the letter of credit shall be worded accordingly."

"매수인은 신용장 개설과 관련한 은행비용을 부담한다. 분할선적, 환적, 신용장에 의한 부분적인 결제 등이 허용되는 조건이 신용장에 명시되어야 한다."

"Delay by the Buyer in establishing the letter of credit shall extend the time for performance of this Agreement by the Seller to such extent as may be necessary to enable it to make delivery in the exercise of reasonable diligence after such letter of credit has been established."

"매수인이 신용장을 지연하여 개설하는 경우, 이 계약의 이행기간은 신용장개설 후,

합리적으로 노력하여 상품을 인도할 수 있을 만큼 연장된다."

"Should opening the letter of credit be delayed for causes for which the Buyer is liable, Buyer shall pay the Seller amount equal to [two-tenth of one percent(0.2%)] of the amount of relevant letter of credit per each full week as liquidated damages in net cash or sight draft within [three days] from receipt of relevant bill from the Seller."
"매수인의 귀책사유로 신용장의 개설이 지연되는 경우에는, 매수인은 지연되는 1주일마다 관련신용장 금액의 [0.2%]를 예정손해금(위약금)으로서 매도인의 청구를 받은 후 [3일] 이내 현금이나 일람출급 어음으로 매도인에게 지급하여야 한다."

"However, the total amount of liquidated damages shall not be more than [one percent (1%)] of the amount of relevant letter of credit. Should opening of letter of credit be delayed by more than [five (5) full weeks], the Seller may terminate the Agreement without prejudice to the Seller's rights under the Agreement, including claim of said liquidated damages."
"그러나 예정손해금(위약금)은 관련신용장 금액의 [1%]를 초과하지 못한다. 신용장의 개설이 [5주] 이상 지연되는 경우에는 매도인은 위 예정손해금(위약금)의 청구를 포함하여 이 계약에 의한 매도인의 권리를 침해함이 없이 계약을 해제할 수 있다."

해설

수입계약의 실무적 흐름

① 수출상로부터 거래제안서(circular letter, business proposal) 접수
② 수출상에 조회서(inquiry) 송부
③ 수출상으로부터 오퍼(offer) 접수
④ 오퍼내용 검토 후 반대오퍼가 필요 없는 경우에는 승낙서(acceptance)를 송부하여 매매계약서를 작성한다. 만약 오퍼의 내용을 수정할 경우에는 반대오퍼(counter offer)를 제시하며, 주문서(purchase order)를 발송하여 이에 대하여 수출상이 승낙한 경우에도 계약을 체결된다. 최초 거래시 업체 신용조회, 샘플 접수 등의 사전 점검절차 등이 필요하다.

(2) 수입승인(필요시)

수출입공고, 통합공고 등에서 수입이 제한되는 품목인 경우 관련기관의 수입승인(I/L)을 득한다. 한편, 수출입공고, 통합공고 등에 의하여 수입을 제한하지 않는 품목은 수입승인을 받을 필요가 없다.

(3) 수입신용장 개설

- 지급확약의 방식인 L/C 개설을 위하여 신용장개설신청서에 제 조건을 간단, 명료, 정확하게 그리고 수입계약서의 조건(대금결제방법, 선적항, 도착항, 선적기일, 유효기일 등)과 일치되게 작성하여야 한다. 개설은행은 신속한 방법으로 통지은행(수출업체가 거래하는 은행)을 통하여 수익자(수출업자)에게 신용장개설 사실을 통지한다. 수입 L/C 개설을 위하여 거래은행에 수입 L/C 한도를 미리 설정해야하며 신용 또는 담보, 건별 또는 회전한도로 설정여부를 결정한 후 외국환거래약정서, 개설신청서 등을 구비하여 L/C 개설을 신청한다. 신용장개설수수료 및 담보제공에 따른 비용이 발생한다.
- FOB 조건인 경우 보험회사에 신용장 개설신청서 사본을 팩스로 보내어 부보한다. 보험증권 원본이 신용장 개설 당일에 은행의 외환계 창구에 전달될 수 있도록 요청한다. 보험증권 사본과 보험료 청구서를 접수한다. 일반적으로 'All Risks' 조건으로 부보하나 품목별로는 낮은 요율로 부보가 가능하다.
- 신용장사본을 수출업체 또는 수출업체의 국내 대리점에 팩스로 송부한다.
- 신용장사본, 수출업체의 전화번호, 담당자 등의 정보를 포워딩업체에 통보한다.
- 수출업체 또는 수출업체의 국내 대리점에 수시로 연락하여 신용장 조건에 따라 제조 등의 사항이 순조롭게 진행되는지 재확인한다.

(4) 선적서류내도

- 수입화물의 선박명과 도착예정일을 확인한다(수출업체가 발송한 선적서류사본, 선박회사의 도착통지인 Arrival Notice, 은행에 내도한 선적서류 원본).
- 개설은행으로 보내온 선하증권 등 서류가 신용장 제 조건과 일치하는지 여부를 심사한 후 수입자에게 운송서류도착통지서를 송부한다. 근거리 국가의 경우 또는 항공화물의 경우 수입화물이 은행을 통하여 송부되는 선적서류보다 먼저 도착되는 경우에는 먼저 통관이 필요함으로 수입화물선취보증서(Letter of Guarantee : L/G) 또는 항공화물인도승낙서 제도를 활용하여 화물을 인수하는데 L/G 발급시에는 수입보증금을 적립하는 것이 기본원칙이다.

(5) 수입대금결제 및 서류인수

수입상은 개설은행으로 도착된 선적서류를 인수하고 At Sight 조건인 경우 바로 대금을 결제하고 Usance 조건인 경우에는 만기일에 결제하게 된다. 수입상은 자기자금으로 결제하거나(일반재 등) 무역금융규정에 의한 자금을 융자받아(수출용, 외화대출 등) 관련수수료를 납부하고 수입대금을 결제하면서 서류를 인도받는다.

(6) 수입통관

- L/C 개설은행에 수입대금을 지불한 수입자는 당해 수입품이 수입지의 항만 혹은 보세구역(컨테이너 화물의 경우 CY/CFS)에의 도착통지를 받으면 선하증권(B/L) 원본을 선박회사에 제시하여 D/O(Delivery Order, 화물인도지시서)를 발급받는다.
- FOB 조건의 경우 선임을 지불해야 한다. 보세운송이 필요한 업체라면 B/L 제출시에 이를 신청해야 한다.
- 수입신고서를 접수한 후 세관에서는 수입통관시스템(CEDIM, Customs EDI for Import)에 조회하여 C/S결과, 통관검사 및 검사에 특별한 주의를 요하는 사항이 있는지 여부를 확인하여 즉시수리, 심사대상, 물품검사 중 한 가지를 선택하여 수입신고서 처리방법을 결정한다.
- 수입물품을 보세구역이나 타소장치장에 반입한 후에, 세관에 수입신고 후(EDI 신고) 수입신고서 심사 및 검사가 끝나면 지정은행에 관세 등을 납부하고 세관에서 소정의 절차를 거쳐 수입신고필증을 교부받는다.

  * CY(Container Yard, 컨테이너 장치장)
  CFS(Container Freight Station, 소량컨테이너 화물 집화소)
- 수입자가 당해 화물을 운송해 온 선사 혹은 포워더에게 선하증권(B/L) 원본을 제출하면 선사 혹은 포워더는 수입자에게 D/O(Delivery Order, 화물인도지시서)를 발급한다.

해설

수입통관실무(관세사에 의뢰하는 경우)

- B/L 사본, Invoice, Packing List, Offer Sheet, 운임·보험 영수증 등의 통관서류를 관세사에게 전달하여 수입신고토록 한다.
- 관세사로부터 세금내용이 입수되면 통관비용을 관세사 계좌번호로 송금한다. 수입면허가 완료되면 보세창고에서 화물을 반출하고 공장으로 이동하도록 한다. 관세사로부터 수입면장(수입통관필증)을 회수한다(관세, 통관료, 창고료, 운송료가 발생함)

(7) 물품반출

- 수입신고필증 및 D/O(Delivery Order)를 제시하여 화물이 보관되어 있는 보세구역 혹은 CY/CFS에서 물품을 반출한다.
- 수출용원자재로 수입한 원료로 제조, 가공한 물품은 수출한 후 소요량 증명서를 첨부하여 원자재 수입시 이미 납부한 관세를 환급 받을 수 있다.

(8) 무역클레임과 중재

수입자가 수입물품의 변질, 품질불량, 수량부족 등으로 발생된 손해를 청구한다. 무역클레임의 해결방법에는 당사자간의 협상을 통한 화해, 제3자에 의한 알선, 조정, 중재, 소송이 있다.

(9) 기타절차

해상보험계약 체결(FOB, CFR 등의 거래조건시) 등 수입업자의 이익을 위한 절차를 취한다.

해설

수입 실무자 유의점

① 기업의 영업계획과 생산계획을 숙지하여 자재 소요량을 정확하게 파악하여 발주계획을 수립하여야 한다. 수입원자재는 내수구매자재보다는 납기가 더 길기 때문에 외자담당자의 정확한 판단이 필요하다.
② 수입화물들의 서류도착 예정일을 잘 파악하여 적절한 자금계획을 수립하고, 통관업무를 차질없이 수행하여야 한다.
③ 자사의 수출신고필증(수출면장)을 취합한 후 수출에 소요된 원자재의 수량을 계산하여 관세환급을 받을 준비도 하여야 한다.
④ 현재 거래되고 있는 자재보다 거래조건이 양호한 새로운 공급처를 꾸준하게 수배하여야 한다. 원자재에 대한 광범위한 지식과 외국업체와의 중요한 구매계약 체결, 클레임 해결능력 등도 요구된다.

2. 관련 무역용어 해설

① 컨테이너 화물조작장(Container Freight Station: CFS)

컨테이너 화물조작장(CFS)이란 선박회사나 그 대리점이 선적할 화물을 화주로부터 인수하거나 양하된 화물을 화주에게 인도하기 위하여 지정한 장소를 말한다. 즉, 이는 최소한 1개의 컨테이너를 완전히 채울 수 없는 소량의 화물을 다수의 화주로부터 화물을 인수하여 보관·분류하고 컨테이너에 적재하도록 선박회사가 정한 특정의 화물인수장소를 말하며, 이러한 소량의 화물을 'Less than Container Load(LCL) Cargo' 또는 'Container Freight Station(CFS) Cargo'라 하며 이러한 화물을 인수, 인도하고 보관하거나 컨테이너에 적입(Stuffing) 또는 끄집어내는(Unstuffing, Devanning) 작업을 하는 장소를 CFS라고 한다.

② 컨테이너 야드(Container Yard: CY)

컨테이너 야드(CY)란 한 개의 컨테이너에 완전히 채울 수 있는 분량의 화물, 즉 'Full Container Load Cargo(FCL Cargo)'의 경우에 선박회사나 그 대리점이 화주에 의하여 화물이 내재된 컨테이너를 선적하기 위하여 화주로부터 인수하거나 양륙된 컨테이너를 화물이 적재된 상태로 화주에게 인도해 주기 위하여 지정된 장소를 말한다. 이러한 인도 장소를 'Container Yard(CY)'라 하여 'FCL Cargo'를 'CY Cargo'라고 한다. 'CY Cargo'는 육·해·공의 일관협동운송체제로 생산자로부터 소매상에 이르기까지 컨테이너를 중도에서 개폐하는 일이 없이 운송하는 이른바 'Door-to-Door Service'가 된다.

③ Shipping Order(S/O, 선적지시서)

선적지시서란, 화주의 선적신청에 따라서 선사가 현품을 확인한 다음 본선의 선장 앞으로 기재된 화물을 선적하도록 지시한 문서를 말한다.

선적 책임자가 인수한 화물은 선적지시서별로 리스트를 작성하여 본선 적부계획과 선적작업 준비용으로 쓰이며 이것에 의하여 화물을 본선에 적재하고 본선 수취증(M/R)을 작성하여 화주에게 교부한다.

④ Shipping Request(S/R, 선복요청서)

선복요청서란, 화주가 선사에 제출하는 물품운송 신청서를 말한다. 여기에는 선화증권상에 명기되는 각종 화물과 관련된 명세가 기재되고, 이것을 근거로 선화증권과 적화목록(manifest) 등이 작성되므로 정확하게 작성하여야 하며 2통 이상을 작성하여 한 통은 선사의 확인서명을 받아 선복요청의 증거서류로 보관하게 된다.

⑤ Local L/C(내국신용장)

신용장을 수취한 수출업자가 완제품 구매나 해당제품 제조에 필요한 원·부자재 공급을 받기 위해 원 신용장(Master L/C)을 견질 담보로 자기 거래 은행을 개설은행으로 하여 국내의 제조업체를 수혜자로 발행하는 국내용 신용장을 말한다. 한편, 내국신용장을 이용하면 무역금융수혜 뿐만 아니라 은행이 물품공급 대금을 지급확약함으로써 대금 회수의 확실성이 보장되며 내국 신용장에 의한 물품 공급도 수출실적으로 인정되고 관세환급 및 부가가치세 영세율 적용 등 혜택을 받는다.

3. 수입결제의 방법

(1) 송금결제방법

① 사전송금(advance remittance) : 수입상이 물품을 받기 전에 물품대금을 송금하여 결제를 완료하는 방식이다(수입상의 물품 미수취 위험).

② 사후송금(later remittance) : 수입상이 물품을 받은 후에 물품대금을 송금하여 결제를 완료하는 방식이다(수출상의 대금 미회수 위험).
COD, CAD, Open Account, D/P, D/A, 국제팩토링방식 등은 사후방식에 해당한다.

해설

송금결제방식의 특징은 대금결제와 서류(상품)의 인수가 완전히 분리되어 있다. 대금결제는 수입지의 은행을 통하여 수출자에게 송금되어 지급되며, 서류(상품)는 은행을 경유하지 않고 수출자가 수입자에게 직접 송부한다.

(2) D/P, D/A 방법

① D/P(Documents against payment) : 수출상이 선적을 완료한 후에 계약서에서 요구하는 선적서류를 수입지의 은행에 송부하고 선적서류 인도시 수입상에게 대금의 지급을 요구하는 일람지급거래(현금거래)로 대금추심을 하는 결제방법이다.
② D/A(Documents against acceptance) : 수출상이 선적을 완료한 후에 계약서에서 요구하는 선적서류를 수입지의 은행에 송부하고 선적서류 인도시 수입상은 인수(acceptance)의 의사표시만 하고 실제지급은 일정기간 후에 하는 기한부거래(외상거래)로 대금추심을 하는 결제방법이다.

해설

D/P, D/A 거래는 대금결제를 추심에 의하므로 만약 수입상이 대금지급 의무를 이행하지 않으면 대금회수가 곤란하고 대금회수 여부는 전적으로 수입상의 신용도에 달려있다.

(3) 화환신용장(D/C) 방법

송금과 추심방식의 단점을 해결하여 주는 방식이 화환신용장(Documentary credit)으로서 수출자의 대금회수에 안정성이 부여된 방식이다. 수입상의 의뢰에 따라 거래은행이 발행하는 신용장에서 요구한 제 조건과 일치하는 서류가 제시되는 한 개설은행이 수입상과는 독립적으로 수익자(수출자)에게 대금의 결제를 보장하는 '조건부 지급확약서'이다.

(4) 국제팩터링 방법

무신용장방식에 의한 무역거래시 팩터링 회사가 수출상과 수입상의 사이에서 무역대금의 지급확약 및 회수업무를 대행하는 동시에, 수출상의 자금부담을 덜어주기 위하여 수출금액 범위내에서 전도금융을 제공하는 등의 결제방법이다. 소규모 무역업자로 복잡한 거래절차를 피하고 담보부족 등으로 신용장개설에 어려움이 있는 중소기업에게 유리하다.

제 2 절 수입신용장의 개설

1. 신용장 개설의 의의와 절차

(1) 신용장개설의 의의

외국환은행이 수입상을 대신하여 수입화물의 대금지급을 확약하는 것으로 신용장조건과 일치되는 서류가 제시되면 지급(Payment)·연지급(Deferred Payment)·인수(Acceptance)·매입(Negotiation)을 확약하겠다는 증서(화환신용장, Documentary Letter of Credit)를 발행하는 것을 의미한다. 신용장개설은 개설은행에 대하여 1차적 최종적인 지급책임을 부여하는 것으로 지급확약(Undertaking of payment)으로 지급보증(Guarantee of payment)과는 차이가 있다. 지급보증서(Letter of guarantee)에 의한 보증은행은 지급보증서에 의한 2차적 책임으로서 보증의뢰인에게 먼저 청구하여 상환재산이 없을 경우에 지급하는 2차적인 책임에 불과하다.

(2) 개설 절차

① 수입신용장 개설약정서 체결 : 개설의뢰인은 외국환거래약정서에 서명하여 제출하고, 개설은행은 개설의뢰인의 신용상태에 따라 신용장개설한도를 설정하여 한도범위 내에서 개설하며 개설의뢰인은 채권보전에 관한 서류를 제출한다.

② 수입승인서 등의 발급 : 수입물품이 수출입공고, 통합공고, 전략물자·기술수출입 통합공고 등에 의하여 수입이 제한되는 경우에 수입승인서(I/L : Import License)를 발급받는 등 필요한 조치를 취한다.

③ 신용장 발행신청서의 작성 : D/C 발행신청서(Application for irrevocable documentary credit)는 개설의뢰인이 D/C 개설을 신청하는 서류로 신용장의 조건이 기재된 중요한 문서이므로 모든 사항을 완전하고 정확하게 기재한다.

④ 수입계약서 : 개설신청시 양 당사자(수출상과 수입상)의 서명이 있는 물품매도확약서(offer sheet) 또는 수입계약서를 첨부한다.

⑤ 수입물품 검토 : H.S. CODE 분류의 적정여부를 검토하여, HSK(Harmonized System of Korea, 관세·통계통합품목분류표)에 따라 엄격히 품목분류, 수출입

공고, 통합공고 검토, 대북한 교역은 "남북교류협력에 관한 법률"에 의거, 대상품목·거래형태·대금결제방법 등에 대한 통일부장관의 승인을 얻어야 한다.

⑥ 대금결제조건 검토 : 신용장의 결제통화는 원화 및 외화의 사용이 모두 가능하다.

⑦ 보험서류 첨부 : FOB, CFR 등의 가격조건에서는 CIF, CIP 등과는 달리 수입상이 수입물품에 대하여 보험에 가입하여야 하므로, 개설은행은 개설신청시점에서 수입상에게 적하보험에 가입하도록 요구하며 당해 적하보험증권을 배서양도받아 운송중의 상품멸실이나 손상에 대하여 담보력 보전조치를 취한다.

2. 신용장 개설신청서 작성

신용장개설신청서는 신용장 개설의 기초가 되는 중요한 서류이므로, 각종 기재사항은 완전하고 정확하게 작성되어야 한다. 내용의 상호간에 모순이나 오류가 없어야 한다.

(1) 신용장의 취소가능 또는 취소불능 여부

개설신청서에는 신용장이 취소가능인지 또는 취소불능인지의 여부를 표시하고 있어야 한다. 대부분의 국내 은행들은 '취소불능 화환신용장 개설신청서'(APPLICATION FOR IRREVOCABLE DOCUMENTARY CREDIT)라고 기재된 양식을 사용하고 있다.

(2) 신용장의 사용방법

모든 신용장에는 Sight payment(일람지급), Deferred payment(연지급), Acceptance(인수), Negotiation(매입) 중에서 어느 방법으로 사용이 가능한지를 명시하여야 하는데, 우리나라의 수입신용장은 대부분 매입신용장으로 발행되고 있다.

기한부신용장의 경우에는 Shipper's Usance인지, Overseas Banker's Usance인지, Domestic Banker's Usance인지의 여부를 기재한다. 신용장의 사용방법이 어느 것이냐에 따라서 대금상환 지시방법 및 지급확약 문언의 내용 등 신용장의 개설요령이 다르다.

(3) 신용장 금액

신용장 금액과 표시통화는 정확하게 기재하여야 한다. 개설은행과 개설의뢰인간의 신용장개설약정에 의한 한도금액 범위 내에서 개설된다. 특히 신용장금액에 과부족을 허용하는 경우에는 'More' 금액으로 인하여 개설한도금액을 초과하지 않아야 한다.

(4) 환어음에 관한 사항

환어음의 만기는 매매계약서의 그것과 일치하여야 하며 만기에는 일람출급, 일람후정기출급, 일자후정기출급, 확정일 출급 등이 있다. 환어음의 발행한도에 관하여 별도의 명시가 없으면 상업송장 금액의 100%에 대하여 발행할 수 있는 것으로 간주되며, 'for 90% of invoice value' 등의 문구를 기재하게 되면 송장금액의 90%에 대하여만 환어음을 발행하게 된다.

(5) 운송서류에 관한 사항

개설은행에서는 운송서류의 수하인(consignee)은 개설은행으로 지정하도록 하는 경우가 많으며, 선하증권(Bill of Lading)인 경우에는 'Full set'(복본 전통)을 개설은행으로 송부하도록 지시하도록 요구한다. 특히 항공화물운송장(Air waybill)은 권리증권이 아니고 단순한 화물수취증서에 불과하므로, 그 수하인은 반드시 개설은행으로 지정하도록 요구한다. 이는 개설은행의 채권보전을 위한 것이며 수입상의 대금결제시까지 양도담보권의 실익을 확보하기 위함이다. 운송서류의 통지인(Notify party)은 신용장 개설의뢰인 또는 그가 지정하는 자의 명칭과 주소를 기재한다.

가격조건(Incoterms 2010에 의한 Trade Terms)에 따라서 운임지불 여부가 다르므로 가격조건과 운임지급 방법이 상호 모순되지 않는가를 확인하여야 한다. FOB 계열(FOB, FAS, FCA)은 '운임 후지급'(Freight Collect) 조건이고, CFR 계열(CFR, CPT) 및 CIF 계열(CIF, CIP)은 '운임 선지급'(Freight Prepaid) 조건이다. 또한 가격조건에 따라 운송수단(선박/항공기 등) 및 'Port/Airport'에 관한 사항에 차이가 있으므로, 이 또한 모순되지 않는가를 확인하여야 한다.

(6) 보험서류에 관한 사항

수출상의 보험가입의무가 없는 가격조건, 즉 FOB, FAS, FCA, CFR, CPT 등의 조건에서는 신용장에 보험서류의 제시를 요구하지 않는다. 이 경우에는 개설의뢰인이 보험에 가입하여 보험서류를 개설은행에 제시하여야 한다. 그러나 가격조건이 CIF, CIP 등일 경우에는 신용장상에 보험서류의 제시를 요구하기 때문에 수출상이 보험에 가입하여 서류를 제시하는 경우에 보험서류도 함께 제시하여야 한다.

(7) 상품명세

상품명세는 매매계약서(물품매도확약서)상의 명세와 일치하여야 하나, 지나치게 상세한 상품명세 사항까지 포함시키는 행위는 억제되어야 한다.

(8) 선적항과 도착항

선적항과 도착항은 매매계약서상에 표시된 것과 일치하여야 한다. 만일 선적항 및 도착항과 관련하여 'European Ports' 등과 같이 특정항구가 아닌 지리적 구역으로 그 범위를 지정한 경우에는, 해당 지역 내에 있는 실제의 항구명칭으로 표시할 수 있다.

(9) 선적기일과 유효기일

선적기일(Shipping date)에는 선적을 완료하여야 하는 최종일자(Latest date)를 표시하며, 선적기일에 표시되어 있지 않으면 유효기일이 선적기일이 된다.

유효기일(Expiry date)이란 당해 신용장에 근거하여 발행된 환어음 및/또는 선적서류가 지급·연지급·인수·매입을 위하여 지정은행에 제시되어야 하는 최종일을 말하며, 매입이 이루어져야 하는 최종일은 아니다. 유효기일은 납기 및 서류제시기간 등을 고려하여 적정하게 산정되어야 한다.

(10) 서류제시기간

서류제시기간(Period for presentation)이란 서류가 제시되어야 할 선적일 이후의 일정기간(Specified period of time after the date of shipment for presentation of documents)을 말하여, 신용장이 한 통 이상의 운송서류 원본을 요구하는 경우에는 반드시 이를 명시하여야 한다. 이러한 서류제시기간이 명시되지 않은 경우에는 선적 후 21일 이내에 제시되어야 하는 것으로 간주된다.

서류제시기간을 명시하는 이유는, 화물은 기한 내에 도착하였음에도 불구하고 서류의 미도착으로 인해 발생할 수 있는 수입상의 불이익을 보호하기 위함이다. 예컨대 화물의 통관지연으로 인한 판매시기의 실기 및 창고료·화재보험료 등의 추가적인 부담 등으로부터 수입상을 보호할 목적을 지니고 있는 것이다.

따라서 서류제시기간을 명시함에 있어서 "Within 10 days after the date of shipment" 등의 내용으로 구체적으로 지시하지 않고, "Later than 90 days after the date of shipment" 등과 같이 비정상적으로 지시하려는 행위는 억제되어야 한다. 이는 서류제시기간을 지정하도록 하는 본래의 취지를 훼손하고, 일람지급신용장을 기한부신용장으로 변질시키고자 하는 등의 비정상적인 의도를 내포하고 있기 때문이다.

(11) 양도가능 여부

신용장의 권리를 양도가 가능하도록 개설하고자 하는 경우에는 'transferable'이라는 용어를 신용장상에 기재하여야 하며, 'divisible', 'fractionable', 'assignable', 'transmissible' 등과 같은 용어를 사용하여서는 안 된다. 만약 그와 같은 용어를 사용한 경우에는 '양도가능'으로 해석하지 않고 이를 무시하게 된다.

예시 **취소불능 화환신용장 개설신청서**

APPLICATION FOR IRREVOCABLE DOCUMENTARY CREDIT

행운은행 앞 ☑ SWIFT ☐ MAIL

1. Credit Number	M45N9304NS00099	**2. Date**	2015/02/25
3. Advising Bank	THE INTERNATIONAL COMMERCIAL BANK OF CHINA TA AN BRANCH. NO.66, AN-HO RD. SEC.3, TAIPEI, TAIWAN, R.O.C		
4. Confirm	☐ YES ☑ NO	**5. Transferable**	☐ YES ☑ NO
6. Applicant	ABC CO., LTD. 123-45, GURO-DONG, GURO-GU, SEOUL, KOREA T) +82 2 3232 5858, F) +82 2 3232 8282		
7. Beneficiary	ENJOYBABY OVERSEAS LTD. 7F., NO.90, AN-HO RD., SEC.3, TAIPEI, TAIWAN, R.O.C		
8. Amount	USD20,113.50	**9. Expiry date**	2015/06/15
10. Tenor	☑ At sight ☐ Usance : ☐ Banker's (A/C, D/C : 선취 ☐, 후취 ☐) ☐ Shipper's ( ) days after sight		
11. Drawee Bank	☐ YES ☑ NO	**12. T/T Reimbursement**	☐ Allowed ☑ Prohibited

13. ☑ Full set of clean on board ocean bill of lading made out to the order of GOOD LUCK BANK, SEOUL, marked "Freight ☑ collect ☐ prepaid" and "Notify ☑ Applicant ☐"
☐ Airway bills consigned to GOOD LUCK BANK, SEOUL, marked "Freight ☐ collect ☐ prepaid" and "Notify ☐ Applicant ☐ "
14. ☑ Signed commercial invoiced in five folds
15. ☑ Packing list in five folds
16. ☐ Marine ☐ Air Insurance Policy or Certificate endorsed in blank for 110% of invoice value, Covering Institute War Clauses and Institute Cargo Clauses
☐ All risks ☐ W.A. % ☐ W.A.I.O.P ☐ F.P.A ☐
☑ Insurance to be effected by buyer

17. Commodity Descriptions	**Quantity**	**Unit Price**	**Total Amount**
ITEM NO. NE6A PACO RABANNE STROLLER ALUMINIUM & IRON RUBE MIXED WHEELS : EVA TYRE & PLASTIC RIM	235PCS	USD84.10	USD19,763.50
SURCHARGE OF 1×20′			USD350.00
TOTAL			USD20,113.50
HS CODE : 8715.00-0000			

18. Country of origin	CHINA	**19. Price term**	☐ CIF ☐ CFR ☑ FOB H.K (Port name)
20. Shipment	FROM : HONG KONG, CHINA TO : KOREA PORT	**21. Latest shipment date**	2015/05/08
22. Partial Shipment	☐ Allowed ☑ Prohibited	**23. Transhipment**	☐ Allowed ☑ Prohibited

24. Documents must be presented within 15 days after date of shipment but within the expiry date of this credit.
25. All banking charges outside korea and reimbursement charges are for the Account of
☐ Applicant ☑ Beneficiary
26. Shipment must be effected by ____________
27. Other Documents or Other Conditions
·10 PERCENT MORE OR LESS ON BOTH QUANTITY AND CREDIT AMOUNT ARE ACCEPTABLE
·THIRD PARTY DOCUMENT ARE ACCEPTABLE
·SPARE PARTS OR SAMPLES ARE ACCEPTABLE
·SHIPMENT MUST BE CONTAINERIZED AND B/L MUST SHOW 20′CONTAINER SHIPMENT

위와 같이 신용장 발행을 신청함에 있어서 따로 제출한 외국환거래약정서의 해당 조항에 따를 것을 확약하며 아울러 위 수입물품에 관한 모든 권리를 은행에 양도하겠습니다.

행운은행 영업점 사용란				
계	대리	차장	부점장	신청인 : 서울특별시 구로구 구로동 123-45
				주식회사 에이 비 시
				대표이사 김 재 승 (인)

예시 **행운은행 외환 전문 통보 서비스**

Fax : (82)02 3232 8282

DOC ID : 20150303S01076 REF NO : M45N9304NS00099
MIR NO : 1762536452GOODLED847563 MUR NO :
MOR NO : STATUS : SWIFT [90]

TO : ICBCTWTPXXX
INTERNATIONAL COMMERCIAL BANK OF CHINA, THE 100 CHIN LIN ROAD FLOOR 9

: : MT700 ISSUE OF A DOCUMENTARY CREDIT
:27 : Sequence of Total : 1/1
:40A : Form of Documentary Credit : IRREVOCABLE
:20 : Documentary Credit Number : M45N9304NS00099
:31C : Date of Issue : 150302
:40E : Applicable Rules : UCP LATEST VERSION
:31D : Date and Place of Expiry : 150615 AT YOUR COUNTRY
:50 : Applicant : ABC CO., LTD.
123-45, GURO-DONG, GURO-GU, SEOUL, KOREA
T) +82 2 3232 5858, F) +82 2 3232 8282
:59 : Beneficiary : ENJOYBABY OVERSEAS LTD.
7F., NO.90, AN-HO RD., SEC.3, TAIPEI, TAIWAN, R.O.C
:32B : Currency Code, Amount : USD20,113.50
:39A : Percentage Credit Amount Tolerance : 10/10
:41D : Available With .... By .... : ANY BANK BY NEGOTIATION
:42C : Drafts At ..... : BENEFICIARY DRAFTS AT SIGHT
:42A : Drawee : GODLKRSEXXX GOOD LUCK BANK 77, DA-DONG, CHUNG-GU, SEOUL, KOREA
:43P : Partial Shipment : PROHIBITED
:43T : Transshipment : PROHIBITED
:44E : Port of Loading/Airport of Departure : HONG KONG, CHINA
:44F : Port of Discharge/Airport of Destination : KOREA PORT
:44C : Latest Date of Shipment : 150508
:45A : Description of Goods and/or Services
ITEM NO. NE6A PACO RABANNE
STROLLER 235PCS USD84.10 USD19,763.50
ALUMINIUM AND IRON TUBE MIXED
WHEELS : EVA TYRE PLASTIC
SURCHARGE OF 1×20′ USD350.00

TOTAL USD20,113.50
H.S.CODE : 8715.00-0000
COUNTRY OF ORIGIN : CHINA
FOB HK
:46A : Documents Required
+FULL SET OF CLEAN ON BOARD OCEAN BILLS OF LADING MADE

OUT TO THE ORDER OF GOODLUCK BANK, SEOUL
MARKED FREIGHT COLLECT AND NOTIFY APPLICANT
+THIRD PARTY DOCUMENT ARE ACCEPTABLE
+SIGNED COMMERCIAL INVOICE IN FIVE FOLDS
+PACKING LIST IN FIVE FOLDS

:47A : Additional Conditions
+10PERCENT MORE OF LESS ON BOTH QUANTITY AND CREDIT AMOUNT ARE ACCEPTABLE
+THIRD PARTY DOCUMENT ARE ACCEPTABLE
+SPARE PARTS OR SAMPLES ARE ACCEPTABLE
+SHIPMENT MUST BE CONTAINERIZED AND B/L MUST SHOW 20'S CONTAINER SHIPMENT
+UCP(2007 REVISION) ICC PUBLICATION NO.600

:71B : Charges
ALL BANKING CHARGERS OUTSIDE KOREA AND REIMBURSEMENT CHARGE ARE FOR ACCOUNT OF BENEFICIARY

:48 : Period for Presentation
DOCUMENT MUST BE PRESENTED WITHIN 15DAY AFTER THE DATE OF SHIPMENT BUT WITHIN THE VALIDITY OF THIS CREDIT

:49 : Confirmation Instructions
WITHOUT

:78 : Instructions to the Paying/Accepting/Negotiating
+T/T REIMBURSEMENT CLAIM NOT ALLOWED
+UPON RECEIPT OF DOCUMENTS IN ORDER WE SHALL REMIT PROCEEDS TO YOUR DESIGNATING ACCOUNT
+ALL DOCUMENTS MUST BE SENT TO ISSUING BANK(GOODLUCK BANK, 50, DADONG, CHUNG-GU, SEOUL, KOREA) IN ONE LOT (FOR OUR BANK' FILING, PLEASE ATTACH TWO YOUR NEGO COVER LETTER TO ONE LOT DOCUMENT, DO NOT MAKE DOCS TWO LOT)

:57D : "Advice Through" Bank
TA AN BRANCH

-------------------------------------- END OF MESSAGE --------------------------------------

3. 사례연구

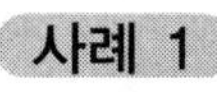

신용장개설시 참고사항

신용장 발행시 상업송장에 과다한 상품 명세를 지양하고, 상업송장의 물품 명세 난에 "~ subject to proforma invoice No.124 dated"라는 표현을 권장하고 있다. 그러한 표현을 권장하는 것은 과도한 서류 작성의 risk를 줄이고 신용장 본연의 목적을 달성하기 위한 의도인지? 그런 표현을 사용하는 경우 신용장 개설인보다는 수익자를 위한 의도인지? 그러한 경우 은행원은 proforma invoice를 체크하여야 하는지? 실제로 수익자가 명시한 상품명세와 작성된 상업송장의 명세가 다른 경우 개설은행이 하자를 주장할 수 있는지?

해설

의무는 아니지만 권장사항이다. 그 이유는 어느 한 당사자를 보호하기 위한 목적이 아니고 신용장 결제방식의 고유의 목적을 달성하기 위한 것이다. ICC는 이 내용의 배경에 대하여, 신용장은 상업계약에 따른 대금을 지급하기 위한 수단이지 경찰관처럼 불법이나 위반행위를 방지하거나 규제하는 수단이 아니기 때문에 지급에 필요한 최소한의 조건과 서류를 요구하여야 한다고 설명하고 있다.

사례 2 기 선적된 제품의 L/C 발행 가능성

현재 선적이 진행 중인 거래선이 기 선적된 물품에 대해서도 L/C를 개설할 수 있는 것인지? T/T base로 진행중이며, 선적이 진행되면서 순차적으로 입금되는 거래조건이다. 그런데 상대측 사정으로 인하여 입금이 지연되고 있는 상황이라, L/C로 거래조건을 전환할 수 있는지, 특히 기 선적되어 입금 기일이 지난 물량에 대해서도 L/C를 발행할 수 있는지? 그리고 만약 기 선적되어 바이어가 인수한 물건에 대해서도 L/C 발행이 가능하다면, 어떠한 조치가 필요한 것인지?

해설

수입상은 이미 선적이 끝난 물품의 대금결제를 위해서 얼마든지 신용장을 개설할 수 있다. 그런데 수입상이 송금으로 결제하기로 계약했다가 신용장으로 바꾸겠다는 이유는 아마도 결제기간을 지연시키고 싶은 경우일 것으로 추측된다.

Buyer의 입장에서 보면, Sight DC(일람지급 화환신용장)를 개설하는 경우 수출자는 서류를 준비하여 매입시켜서 대금을 미리 회수하고 개설은행이 서류를 받아서 결제할 때까지 약 2~3주의 결제지연의 이득이 있을 수 있다. 그런데 수출자는 송금방식으로 입금받는 경우와 비교하여, 최소한 9~10일치에 해당하는 이자(환가료)를 부담해야 한다. 더구나 Usance DC(기한부지급 화환신용장)를 개설하는 경우 귀사는 Usance 기간의 이자와 만기일 지급까지의 위험을 부담해야 한다.

수출자가 신용장방식으로의 전환에 동의하는 경우 반드시 다음의 신용장 조건을 요구하여야 한다. "Stale documents are acceptable." 또는 "Documents presented later than 21 days after the date of shipment are acceptable."

상기의 조건이 신용장에 포함되지 않으면, 이미 선적이 끝난 B/L을 가지고 하자없이 매입시키는 것은 거의 불가능하다.

사례 3

국내 수출상이 하자없이 매입시켜 개설은행으로 송부한 선적서류에 대하여 하자통지가 접수되었다. 매입은행인 국내은행과 수출상은 하자를 인정하고 유효기일과 제시기일의 여유가 있어 하자를 보완한 서류를 추가 송부하였다. DHL회사에 확인한 결과 보완서류는 유효기일과 제시기일이내에 개설은행에 도달되었음을 확인할 수 있었다. 그러나 개설은행은 15일이 지나도록 대금을 지급하지 않고 있다. 이 때 수출상과 매입은행은 어떠한 주장을 할 수 있을까?

해설

UCP 600 제16조 d항에서는 "개설은행은 서류의 수리를 거절하기로 하는 경우 지체없이 그러나 서류를 접수한 다음날로부터 5은행영업일까지 전신 또는 기타 신속한 방법으로 그 결과를 통보하여야 한다"고 규정되어 있는데 이것은 최초에 제시된 서류에 대해서 뿐만 아니라 하자를 보완하여 추가로 제시한 서류에 대해서도 마찬가지로 적용된다(동일견해 사례: ICC470/TA.148).

따라서 위 사안에서 추가로 제시된 서류에 대하여 개설은행이 5일 이내에 하자통보를 하지 않은 한 하자는 완전 유효하게 치유된 것이므로 개설은행은 더 이상 대금지급을 거절할 수 없다.

단 개설은행은 보완된 하자에 대해 이견이 있을 경우에는 정해진 하자통보 시한 내에 하자통보를 할 수 있으며 최초 하자통보 시 모든 하자사항을 열거하여야 하므로 추가 제시된 서류와 무관한 다른 하자를 뒤늦게 통보하여 대금지급을 거절할 수 없다.

사례 4

어느 개설은행이 수입운송서류를 접수한 익일로부터 5 영업일 이내에 3차례에 걸쳐 하자통보를 하였다. 본 사안에서 UCP 제16조의 규정과 관련하여 개설은행은 어떠한 지위에 놓이게 되는가? 또한 개설은행으로서의 실무상 유의사항은?

해설

UCP 제16조 (d)에는 개설은행의 서류 수리 거절시 의무사항에 관해 "개설은행 또는 이들을 대행하는 지정은행이 서류의 수리를 거절하기로 결정하는 경우 지체없이, 그러나 서류를 접수한 다음 날로부터 5 은행 영업일이 되는 날까지 전신 또는 그것이 불가능할 경우에는 기타 신속한 방법으로 그 결과를 통보하여야 한다. 이러한 통보는 서류를 송부하여 온 은행에게 또는 서류를 수익자로부터 직접 받은 경우 수익자에게 보내야 한다."라고 명시하고 있다.

위 사안에서 개설은행은 매입은행 또는 지정은행에게 서류 접수 익일로부터 5 영업일 이내에 3차례에 걸쳐 서류의 하자통보를 한 것으로 보인다. UCP 제16조 (c)와 (d)에 의하면 개설은행은 명백히 모든 하자사항을 명기한 한 번의 하자통보를 하여야 한다.

따라서 첫 번째 하자통보만이 유효하며, 그 후에 통보한 두 차례에 걸친 하자통보는 매입/지정은행에 의해 무시된다. 즉, 이 경우 첫 번째 하자통보 사항이 유효한 것이었다면 개설은행의 지급거절은 정당하며, 반대로 첫 번째 하자통보 사항이 정당성이 없어 유효하지 못하다면 두 차례에 걸친 그 이후의 하자통보사항이 아무리 확실한 것이라 하여도 개설은행은 대금 지급을 거절할 권리를 상실한다. 따라서 개설은행의 입장에서는 실무적으로 한 번에 모든 하자사항을 실수 없이 통보하여야 하므로 신속한 하자사항의 검토 및 통보도 중요하겠으나, 서류를 신중히 검토하여 보다 정확하고 확실한 하자사항을 통보함이 더욱 중요한 일인 것으로 판단된다.

사례 5  신용장의 취소

① 개설의뢰인은 그가 공식적으로 동의하지 않은 신용장의 취소에 의해서 영향을 받는가? ② 개설은행은 신용장 취소에 동의하는 수익자의 권한을 어떻게 확인하는가? 또 수익자를 위하여 취소에 서명하는 사람의 권한을 어떻게 확인하는가?

해설

① UCP에서 개설의뢰인은 그의 동의 없이 신용장이 취소되었을 때 어떠한 권리나 의무도 없다. ② 신용장 취소에 동의하는 자의 권한의 진정성을 통지은행 또는 개설은행이 확인할 의무는 없다. 일반적인 관행에 따르면 된다. 일반적으로 수익자는 원 신용장과 조건변경서를 반환하게 될 것이다.

사례 6  송금신용장에서 개설은행의 송금수수료 징수

송금신용장에서 개설은행이 신용장대금을 매입은행에 송금하면서 송금수수료를 차감한 금액을 송금하였다. 송금수수료는 수익자 부담이 되어야 하는가?

해설

송금신용장에서 매입은행에 송금하는 것은 개설은행의 의무이다. 환어음 발행금액에서 차감해서는 안 된다. 만약 개설은행이 환어음발행금액에서 송금수수료를 차감하려면 그 금액을 신용장에서 명시하고 있어야 한다. 수익자는 그 금액을 보고 신용장에 따라 수출할 것인가를 결정할 것이다.

사례 7  신용장개설과 Surrendered B/L

개설의뢰인이 "Surrendered B/L is acceptable"이라는 조건을 신용장 조건에 삽입시키는 것을 원하는 경우 신용장 조건에 포함시켜도 개설은행은 문제가 없는지?

해설

개설은행은 수입화물에 대한 담보권을 확보할 수 없으므로 여신담당 책임자의 승인이 없으면 허용하지 않는다.

"Surrendered B/L"이라는 명칭의 의미는 "Surrender (=return) to carrier by shipper of original B/Ls is acceptable" 즉, 운송인으로부터 원본 선하증권을 교부받은 화주가 그 원본 선하증권 전부를 발행자인 운송인에게 다시 반환하는 것을 허용한다는 조건이다. 실제로는 운송인이 원본 선하증권을 발행하지 아니하고 'Non-negotiable copy B/L' 즉 부본 한 부만 수출상인 송화인에게 제공한다. 화물이 수입지에 도착하면 송화인은 그 부본을 팩스로 수입상에게 전송하고 수출지의 운송인은 "We confirm that original B/Ls were surrendered to us"라는 취지의 전신을 수입지의 운송대리인에게 송신한다. 수입상이 수입지의 운송대리인에게 팩스로 받은 부본 B/L을 제시하면서 화물의 인도를 요구하면 수입지의 운송대리인은 원본 B/L을 제시하지 않아도 수출상인 송화인이 지명한 본인이라는 것만 확인하고 수입상에게 화물을 인도한다. 이러한 경우 매입은행과 개설은행으로는 원본 선하증권이 제시되지 아니하므로 신용장 거래의 가장 큰 장점인 화물에 대한 담보권을 상실하는 것이다. 그러므로 개설은행으로서는 수입상의 신용도를 고려하여 허용여부를 신중히 결정하게 된다.

사례 8 수입신용장과 개설신청서의 관계

수입업체와 개설은행 간에 다음과 같은 분쟁이 있다.

수입업체가 제출한 수입신용장개설신청서의 "Documents required" 난에 "Copies of all shipping documents (Commercial invoice, B/L, Packing list etc ...) must be sent to Applicant within xx days after the date of shipment."라는 문언이 기재되었다. 개설은행은 이 조건은 서류를 요구하는 조건이 아니므로, Field 47A (additional conditions) 로 옮겨서 동일한 의미의 문구를 삽입하여 개설하고 통지하였다.

해설

(Q1) 만일 수익자가 실질적으로 선적 후 모든 선적서류의 부본을 개설의뢰인에게 송부하지 않았다면 개설은행은 지급을 거절할 수 있는가?

(A1) 이것은 신용장에서 요구하는 서류가 아니고 비서류적조건(Non-documentary condition) 일 뿐이므로 하자가 아니며 따라서 개설은행은 지급을 거절할 근거가 없다(UCP 600 제14조 h항, ICC Position Paper No. 3 참조).

(Q2) 개설의뢰인이 자신들의 수입신용장개설신청서에는 "Document required" 난에 기재하였는데 개설은행이 일방적으로 "Additional conditions" 난으로 옮겨서 개설하였다고 주장하면서 개설은행의 책임을 물을 수 있는가?

(A2) 개설은행에게 책임을 물을 수 없다. 은행들은 업무편의상 수입신용장개설신청서의 형식을 실제로 개설되는 신용장의 형식과 최대한 유사하게 디자인하여서 개설의뢰인이 작성하여 신청하도록 한다. 그런데 은행의 신용장개설에 있어 비전문가인 개설의뢰인이 개설신청서의 부적절한 장소에 특정한 문구를 기재하여 오는 경우, 개설은행은 그러한 개설신청서를 근거로 참고하여 국제관행과 은행표준관행에 부합하는 문언과 격식으로 바꾸어 개설하여야 한다. 즉, 개설신청서의 문언이나 격식을 그대로 (.... in accordance with) 옮겨서 개설하면 안 된다고 정하고 있다.

고객이 작성한 개설신청서의 문장이 서류를 요구하는 내용이 아니면 신용장을 개설할 때는 다른 적절한 Field, 즉 Field 47A 난으로 옮겨서 개설하여야 한다. 예를 들어, 개설의뢰인이 작성한 개설신청서의 "Documents required" 난에 "Expiry date: 20 May 20XX"이라는 문구가 있으면 Field 31D 난으로 옮겨서 개설해야 하며, "Partial shipments allowed"의 문구가 있으면 Field 43P 난으로 옮겨서 국제규칙과 은행간 표준관행에 맞게 개설해야 하는 것과 마찬가지의 논리이다.

사례 9

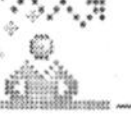

신용장에 포함된 "Third party documents not acceptable"의 의미

우리나라 개설은행에서 수입신용장을 개설했는데 개설의뢰인의 개설신청서에 기재된 "Third party documents not acceptable"이라는 조건을 포함시켜서 개설했다.

그런데 수입상인 개설의뢰인이 결제를 하지 못하는 상황이 발생하여, 개설은행은 서류상의 하자를 찾았는데 그것은 선하증권의 "Shipper/Consignor"가 신용장의 Beneficiary가 아닌 다른 자의 명의로 기재되어 있었다. 그래서 확실한 하자라고 생각하고 "Third party document presented"라는 하자를 지적하면서 MT 733으로 거절통지를 보냈다.

그런데 홍콩의 매입은행은 "제시된 서류에 Third party documents 없다"고 항변하면서 지연이자와 벌칙수수료까지 배상을 요청하면서 즉시 지급하지 않으면 법적소송도 불사하겠다고 하면서 강력하게 항의하고 있어 매우 난감한 지경이라고 한다.

해설

우리나라의 일부 수출입업체들과 은행들까지도 "Third party documents" 또는

"Third party B/L"의 정의를 잘 모르고 수입신용장에 사용하거나 수출신용장에 포함되어 있는 경우 엉뚱한 해석을 하는 경우가 있다.

(1) ISBP 745 A 19번에 의하면, "third party documents acceptable"이라는 문언은 UCP에 정의가 없으므로 신용장에서 사용하지 말아야 한다고 정하고 있다.

(2) 그럼에도 불구하고 어느 신용장에 "third party document acceptable"이란 조건이 있으면, 환어음을 제외한 모든 서류의 발행인이 수익자가 아니어도 수락하겠다는 의미로 본다고 정하고 있다. 즉, "THIRD PARTY DOCUMENT"란 수익자가 발행하지 않은 서류를 지칭한다. 따라서 운송서류, 보험서류를 제외한 나머지 서류들을 수익자가 발행하지 않으면 거절한다는 뜻이 된다.

(3) 만일 개설은행의 의도가 "운송서류의 shipper가 수익자가 아니어도 수락하려는 의도"라면, 이미 UCP 제14조 k항에서 이를 허용하고 있으므로 신용장에서 별도로 명시할 필요가 없다고 규정하고 있다.

제 3 절 신용장 조건변경

1. 개요

(1) 의미

① 조건변경(L/C Amendment)이란 이미 개설된 신용장의 조건을 다른 조건으로 변경하고자 할 때 신용장 관계당사자들의 합의에 따라 원신용장의 내용을 수정하거나 변경, 추가 또는 삭제하는 것이다.

② 신용장 관계당사자 전원(개설은행, 수익자, 확인신용장의 경우 확인은행)의 동의 없이는 그 내용의 변경이나 신용장의 취소가 불가능하다.

(2) 필요서류

① 수입신용장 조건변경 신청서

② 변경된 수입승인서(수입제한 품목인 경우)

③ 조건변경을 합의한 확약서 또는 계약서

④ 기타 증빙서류(CIF에서 FOB 또는 CFR 등으로 Incoterms 조건이 변동되는 경우 보험서류)

(3) 조건변경사항

① 신용장 금액 증감 : 증액은 추가담보 및 지급보증의 추가 요청, 추가개설수수료
② 신용장 기한의 연장 : 선적기일과 유효기일을 연장
③ 환적 및 분할선적
④ 선적항 및 도착항 변경
⑤ 품목변경
⑥ 기타사항
⑦ 신용장의 취소 : 개설의뢰인으로부터 신용장의 취소의뢰를 받은 개설은행은 취소불능신용장의 경우 반드시 통지은행을 경유하여 수익자의 동의를 받아야 하며 통지은행은 수익자의 취소동의를 받으면서 신용장 원본을 회수하여야 한다.

(4) 실무적 검토사항

① 원신용장을 통지하였던 동일한 은행(통지은행)을 통한 조건변경이어야 한다.
② 조건변경의 효력 : 개설은행은 그 변경을 통지한 당시부터 변경신용장에 따른 취소불능의 의무를 부담하고, 수익자는 조건변경을 통지한 은행에 대하여 조건변경에 대한 수락의사를 통보한 시점부터 유효하게 된다.
③ 신용장과 변경된 조건에 일치하는 서류를 제시하면, 이는 조건변경의 수락통보로 간주한다. 수익자가 조건변경에 대한 명시적인 승낙의 통보없이 침묵하면서 있는 것은 수락이 아니다.
④ 비록 전원의 합의가 있더라도 하나의 조건변경서에 대한 일부승낙은 허용되지 아니하며 따라서 이는 여하한 효력도 지니지 못한다.
⑤ 다수에게 분할양도된 L/C의 조건변경은 일부의 제2수익자만 동의한 경우에는 동의한 제2수익자에게만 조건변경 내용이 적용된다.

(5) 유의사항

① 통지은행 변경은 조건변경사항이 아니므로 L/C 취소(당사자 동의) 후 재발행한다.
② 타 수익자 변경은 원신용장을 취소(당사자 동의) 후 새로운 L/C 개설하여야 한다.
③ 가격조건 변경시 운임지급조건, 보험서류와 보험조건도 검토한다.
④ Ocean B/L에서 Air Way Bill로 변경시 Port는 Airport로 변경한다.
⑤ 선적기일을 연장하는 경우 유효기일의 연장 필요성도 검토한다.

예시 **취소불능 화환 신용장 조건변경 신청서**

(APPLICATION FOR AMENDMENT TO IRREVOCABLE DOCUMENTARY CREDIT)

은행 지점 앞 SWIFT : TELEX : ( )CABLE ( ) MAIL

CREDIT NUMBER		DATE	
ADVISING BANK			
APPLICANT			
BENEFICIARY			

( ) AMOUNT INCREASED BY ______________ TOTAL TO ______________

( ) AMOUNT DECREASED BY ______________ TOTAL TO ______________

( ) THE LATEST SHIPMENT DATE IS EXTENDED TO ______________

( ) THE EXPIRY DATE IS EXTENDED TO ______________

( ) COMMODITY DESCRIPTION CHANGED TO

BEFORE	AFTER

( ) OTHERS (IF ANY

ALL OTHER TERMS AND CONDITIONS REMAIN UNCHANGED.

위와 같이 신용장 조건변경을 신청함에 있어서 따로 제출한 외국환거래약정서의 해당 조항에 따를 것을 확약하며 아울러 위 수입물품에 관한 모든 권리를 귀 은행에 양도하겠습니다.

은행 영업점 사용란			
계	대리	차장	부점장

신청인 (인)

인감대조

예시 신용장의 조건변경 SWIFT 전문 예시

```
Sending Date:20150102 Seq. No:00217
   -------------- Amendment to a Documentary Credit ( Outgoing ) ---------------
 F01   LT        : TGLBXXX     SESSION     : 3700 ISN : 28912
                   THE GOOD LUCK BANK, SEOUL
 Destination Bank    : MRITFIHHXXXXX  Message type : 707  Status : ACK
                      MERITA BANK PLC. HELSINKI
 Priority : N     Deliv Mon :
 Banking pri    :                  MUR        :IM201501020281

 Sender's Reference          20 : MO3B9009NS00134
 Receiver's Reference        21 : NONREF
 Date of Issue              31C : 140921
 Date of Amendment           30 :  141229
 Number of Amendment        26E : 02
 Beneficiary ( before Amendment )  59 : /
                                    RAUTE OUU 2 NASTOLLS
                                    FINLAND.
                                    TEL:+367 3 82 39393
                                    FAX:+367 3 826 393938
 New Date of Expiry         31E : 150321
 Latest Date of Shipment    44C : 150228
 Narrative                   79 : +ATTN : L/C ADVISING DEPT
        +ALL OTHER TERMS AND CONDITIONS REMAIN UNCHANGED.
 Sender to Receiver Information  72 : APPLICANT HAS REQUESTED AMENDMENT
                              OF THE ABOVE CREDIT SUBJECT TO BENE'S
                              CONSENT, BEST RGDS.
 Trailer                        : MAC:C4CXXXX
                                  CHK : 3892387283XXXXX
       ------------------------- END OF MESSAGE ---------------------------
```

2. 사례연구

사례 1

A은행 XXX지점은 미국의 수출상 앞으로 단가 USD10.00 수량 5,000PCS 금액 USD50,000의 신용장을 개설하였는데 그 후 단가를 USD8.00로 감액한다는 조건변경 전신문을 발신하였다. 그런데 미국의 수출상은 조건변경서의 내용을 무시하고 원신용장조건대로 서류를 작성하여 개설은행으로 송부하여 왔다. 추측컨대 수출상이 변

경된 단가로는 수지를 맞출 수 없어 조건변경의 내용을 무시하고 선적서류를 제시한 듯하다.

개설은행인 A은행 XXX지점은 수익자가 조건변경의 통지를 받은 후 상당한 기간이 경과하여 매입시점에 이르도록 거절의 의사표시를 하지 않은 것은 그 조건변경에 대한 묵시적 동의를 나타내는 것으로 간주된다고 주장하고 있다.

매입은행은 UCP 600 제10조 a의 "신용장은 개설은행, 확인은행이 있는 경우에는 그 확인은행, 그리고 수익자의 동의가 없으면 변경이나 취소가 될 수 없다"는 규정을 인용, 수익자의 동의가 없는 조건변경은 무효임을 주장하였다.

개설은행인 A은행 XXX지점은 하자통보를 할 예정인데 그 하자통보의 정당성 여부는?

해설

UCP 600 제10조 a에서는 "신용장은 개설은행, 확인은행이 있는 경우에는 그 확인은행, 그리고 수익자의 동의가 없으면 조건변경이나 취소가 될 수 없다"고 하고 있으며 c에서는 "원 신용장의 조건은 수익자가 그 조건변경을 통지해 온 은행에게 조건변경의 수락을 통보할 때까지는 계속 유효하다. 수익자는 조건변경의 수락 또는 거절의 통보를 하여야 하며 수익자가 그러한 통보를 하지 않고 조건변경에 일치한 서류를 개설은행에 제시하면 수익자가 그 조건변경에 대해 수락의 통보를 행하는 것으로 간주되며 그 시점부터 신용장은 조건변경된다"라고 규정하고 있다.

'ICC DOCS 470/371, 470/373'에 의하면 수익자가 조건변경에 대하여 동의여부의 의사표시를 하지 않았다고 하여 자동적으로 조건변경을 수락한 것으로 되는 것은 아니며, 'ICC DOCS 470/536, 233, 564'에서도 조건변경이 일방적으로 이루어지고 수익자가 동의하지 않은 경우 수익자는 변경 전 신용장과 일치되는 서류를 개설은행에 제시하고 지급을 청구할 자격이 있으며 개설은행은 단지 조건변경의 통지가 있었다는 것을 이유로 서류의 수리를 거절할 자격이 없다고 명시하고 있다.

따라서 수익자로부터 조건변경에 대한 수락여부의 통보가 없다 하여 그것이 조건변경의 동의로 해석되는 것이 아니며 수익자는 조건변경에 맞게 서류를 제시하던가(묵시적 동의로 간주됨)아니면 조건변경을 무시하고 원 신용장 조건대로 제시하던가를 선택할 수 있는 것임. 따라서 본 사안의 경우 개설은행은 이를 이유로 하자통보를 할 수 없다.

그러므로 UCP 조항이나 그 해석에 비추어 볼 때 조건변경으로 신용장금액 또는 단가를 인하했다 하여 그 순간부터 개설의뢰인은 지급 금액이 축소되었다거나 개설은행의 지급확약책임의 한도가 감소되는 것이 아니고 최종적으로 수익자의 동의를 받아야 하는 것이다.

사례 2  신용장의 조건변경 효력

스카프 수출업체인 한국의 A상사는 프랑스 수입업체인 B사로부터 개당 단가 USD30의 스카프 10,000pcs, 총액 USD300,000의 수출계약을 체결하였다. A상사는 자신을 수익자로 하여 6월 15자로 개설된 신용장을 수취하고 상품을 제조하였다. 상품의 제조가 거의 완료될 시점에 A상사는 7월 15일자로 작성된 조건변경서(Amendment)의 통지를 받았는데 그 내용은 제품의 단가를 USD25로 감액하라는 내용이었다. A상사는 즉시 수입자(B상사)에게 연락을 취하여 이에 대하여 문의하였다. B상사는 자신의 경쟁업체가 동일한 제품을 USD25로 수입하고 있다면서 B상사가 동일 제품을 USD30에 수입하게 된다면 가격경쟁력이 경쟁회사에 비하여 떨어질 것은 자명한 일이기 때문에 A상사는 변경된 단가에 따라 서류를 작성하여 매입하여야 하고 만약 이를 이행하지 않으면 물품대금의 지급을 거절하겠다고 알려왔다.

수출업체(A상사)는 수입업체(B상사)의 일방적인 단가인하요구를 받아들일 수 없다고 판단하여 조건변경에 대한 수락 및 거절의 의사를 표명하지 않은 채로 신용장의 매입시점에 이르러 원신용장의 단가(USD30)대로 상업송장(Commercial Invoice)을 작성하고 환어음을 발행하여 거래은행에 매입시켰으며 매입은행은 이 서류를 개설은행으로 발송하였다.

개설은행은 서류를 접수한 후 서류의 단가가 개설은행의 7월 15일자 조건변경서의 단가와 상이함을 이유로 대금지급을 거절하였고, 매입은행에게 상환대금의 반환을 요구하였다. 한국의 A상사는 이러한 경우에 개설은행이 A상사의 동의가 없는 일방적인 조건변경서를 이유로 지급거절을 할 수 있는 것인지?

해설

수익자가 조건변경통지서를 수취한 후 이러한 조건변경신청에 대한 수락 또는 거절의 의사를 표시하지 아니하고, 원신용장의 조건과 일치하는 서류를 은행에 제시한다 할지라도, 이는 그 서류를 제시하는 시점이 그 조건변경에 대한 명시적인 거절의사의 표시가 되므로 아무런 문제가 되지 않는다. 반대로 수익자가 조건변경통지서를 수취한 후 조건변경신청에 대한 수락 또는 거절의 의사를 표시하지 아니하고, 매입시점에 이르러 변경된 신용장조건과 일치하는 서류를 제시한다면 그 시점이 그 조건변경에 대한 명시적인 수락시점이 되는 것이다.

비록 수익자가 수락의 의사표시를 표명하지 않는 것을 묵시적 승낙으로 인정하지 않는다 하더라도, 조건변경서를 받은 수익자는 그 조건변경서를 수락 또는 거절하기로 결정한 때는 조건변경서를 통지하였던 통지은행에게 가급적 빨리 조건변경에 대한 수락 또는 거절의 의사를 서명으로 제출하고 이를 접수받은 통지은행은 즉시 그러한 사실을 개설은행에 알림으로써 향후의 분쟁발생가능성을 사전에 제거하는 것이 바람직하다.

상기의 건은 개설은행이 수익자가 조건변경서를 수취하고 이에 대한 수락 혹은 거절의 의사를 표시하지 아니한 경우에 대하여 묵시적인 동의를 한 것으로 오인함으로써 발생한 사건이다. 비록 한국의 수익자 A상사가 조건변경에 대한 수락 혹은 거절의 의사를 즉각적으로 표명하지 아니 하였다 할지라도, 수익자는 매입시점에서 원신용장에 근거하여 서류를 제시하였기 때문에 이는 UCP 600 제10조 c항에 의거하여 그 서류의 제시 시점이 그 조건변경에 대한 명시적인 거절시점이 되는 것이기 때문에 개설은행은 매입서류에 서류상의 하자가 없다면 물품대금을 지급하여야 한다.

사례 3 일방적인 조건변경의 효력 발생

완구제품 수출업체인 국내의 M 통상은 호주의 Buyer로부터 개당 단가 US$8.50의 봉제완구제품 5,000pcs, 총액 US$42,500의 수출계약을 체결하고, 3월 20일자로 개설된 신용장을 수취하여 상품의 제작이 거의 완료된 시점에서 5월 15일자로 된 조건변경서를 통지받았는데 그 내용은 상품의 개당 단가를 US$7로 감액하는 내용이었다. M 통상이 Buyer에게 조회하여 본 결과 자신의 경쟁업체가 똑같은 제품을 US$7로 수입하고 있다고 하면서 변경된 단가로 서류를 작성하여 매입시키지 않으면 지급을 거절하겠다고 통고하여 왔다. M 통상은 변경된 가격으로는 도저히 수지를 맞출 수 없어 조건변경서의 내용을 무시하고 원신용장의 단가로 Invoice를 작성하고 환어음을 발행하여 6월 21일자로 거래은행에 매입시키고 개설은행으로 서류를 발송하였다. 서류를 접수한 개설은행은 자신의 5월 15일자 조건변경서의 단가와 상이함을 이유로 부도를 통보해 오면서 매입은행이 New York 소재 상환은행(Reimbursing Bank)으로부터 받았던 상환대금의 반환(Refund)을 요구하여 왔다. 이러한 경우 개설은행의 지급거절은 정당한 것인가?

해설

수익자가 동의하지 않은 일방적인 조건변경서의 조건불이행을 이유로 개설은행이 지급을 거절하는 것은 부당하다. 따라서 매입은행 측의 강력한 항의를 받은 개설은행은 자신의 과오를 인정하고 원신용장의 단가로 작성된 서류를 인수하고 자신의 주장을 철회하였다.

보충해설

① 상대방의 동의가 없는 모든 조건변경은 무효

개정된 현행 UCP 600에서는 이 문제에 대하여 명확한 규정을 하였다. 즉, 어떠한 조건변경서도 수익자가 명시적으로 수락의 의사표시를 할 때까지는 무효임(UCP 제10조 c항).

과거의 UCP 400에서는 제10조 d항에서 개설은행의 확약은 수익자 및 (확인신용장의 경우) 확인은행 및 수익자의 동의가 있어야 변경이나 취소가 가능하다고 규정하였었는데, 그 해석에 있어 많은 논란이 있었다. 그러나 UCP 600에서는 다음과 같은 의문점들을 모두 명확하게 규정하여 더 이상의 논란을 제거하였다.

② 조건변경서를 받은 수익자가 그 조건변경서를 수락 또는 거절하기로 결정하였다면 이를 누구에게 어떻게 통보하여야 하는가?

☞ 그러한 조건변경서를 통지했던 은행, 즉 통지은행에 서면으로 제출하여 통보하면 된다. 이를 접수받은 통지은행은 즉시 그러한 사실을 개설은행으로 알려야 한다. 특히 조건변경서를 거절한다는 통보를 통지은행에 제출하는 수익자는 후일의 분쟁을 방지하기 위하여 거절통보서의 접수증을 통지은행으로부터 받아서 보관해 두는 것이 바람직하다.

③ 어느 신용장의 1차 조건변경서를 받은 후, 이는 수익자에게 유리한 조건이어서 수락하기로 하였는데 다시 2차 조건변경서가 내도되어 왔을 때 이는 수익자에게 불리한 조건이라고 하여 거절할 수 있는가?

☞ 가능하다. 일련해서 연속되어 오는 조건변경서들 중에서 자기에게 유리한 조건변경서만 골라서 수락하고 불리한 조건변경서는 거절할 수 있다.

④ 어느 하나의 조건변경서에 두 가지 이상의 조건변경사항이 있는데, 자기에게 유리한 조건변경만 골라서 수락하고 불리한 조건변경을 거절할 수 있는가?

☞ 불가능하다. 하나의 조건변경서에 포함된 두 가지 이상의 조건변경사항들은 그들을 모두 수락하던지 모두 거절하던지 양자택일하여야 한다.

⑤ 만일 조건변경서를 받은 수익자가 수락 또는 거절의 의사표시를 않고 있다가 조건변경서의 내용을 무시하고 원신용장의 조건과 일치하는 서류를 지정은행이나 개설은행에 제시한다면 어떻게 되는가?

☞ 원신용장의 조건과 일치하는 서류를 제시하는 시점이, 그 조건변경서의 거절을 명시적으로 표현하는 시점이 된다. 따라서 아무런 문제가 없다. 그러나 이러한 경우 개설은행이나 개설신청인은 원신용장의 조건과 약간만 일치하지 않아도 지급을 거절하고 클레임을 제기할 가능성이 많으므로 서류 작성에 세심한 주의를 기울여야 한다. 그러나 실무에서는, 불리한 조건 변경서를 거절하기로 결정한 수익자는 가급적 빨리 통지은행을 통하여 자기의 거절의사를 개설은행에 알려 두는 것이 후일의 분쟁방지에 도움이 된다.

⑥ 만일 조건변경서를 받은 수익자가 수락 또는 거절의 의사표시를 않고 있다가 조건변경서의 내용을 반영하는 신용장조건과 일치하는 서류를 지정은행이나 개설은행에 제시한다면 어떻게 되는가?

☞ 아무런 문제가 없다. 조건변경서 및 원신용장의 조건과 일치하는 서류를 제시하는 시점이, 그 조건변경서의 수락을 명시적으로 표현하는 시점이 된다.

⑦ 확인신용장에서 조건변경서를 받은 수익자는 그 조건변경서를 수락하였는데 확인은행이 거절한다면 어떻게 되는가?

☞ 수익자는 확인은행의 지급확약에 대한 지급청구권을 잃게 된다. 즉, 확인은행은 조건변경서 및 원신용장의 조건을 일치시킨 서류가 제시되어도 지급, 인수

또는 소구권이 없는 매입에 대한 의무를 지지 않는다. 그러나 어떠한 경우에도 개설은행은 수익자 그리고 지정은행의 매입 등에 대한 지급 의무는 계속해서 존재한다.

⑧ 개설은행이 조건변경서를 보내면서 "72시간 이내에 수락 또는 거절의 의사표시를 하지 않으면 모든 당사자들이 수락한 것으로 간주하겠다."는 내용의 문언이 있었는데 수익자가 그 시간 안에 의사표시를 하지 않았다면 자동으로 수락된 것인가?

☞ 아니다. 개설은행이 수락 또는 거절의 의사표시를 해야 하는 일정한 시간을 일방적으로 지정하는 일은 있을 수 없다. 만일 그러한 문언이 조건변경서에 포함되어 있다면 이를 무시하여도 그만이다. 한편, 실무에서는 가능하면 그 지정된 제한시간 이내에 의사표시를 하는 것이 분쟁을 예방하는데 도움이 된다. 그러나 그 제한시간이 지나치게 짧거나 또는 다른 사정이 있어 그 시간 이내에 의사표시를 하지 못하였어도 수익자는 나중에 얼마든지 이를 거절할 권리가 있다(ICC Pub 489 P.30)(UCP 600 제10조 f항).

제 4 절 신용장 관련 수수료(수입 및 수출)

신용장 관련 수수료는 각 외국환은행에서 정하는 바에 따라 자율적으로 결정하기 때문에 은행별로 다르며, 동일한 은행 내에서도 거래처의 신용도 등에 따라서 다를 수 있다.

(1) 신용장 개설수수료

개설은행의 '신용위험부담'을 커버할 목적으로 징수하는 수수료이며, 수수료 징수기간은 개설일로부터 수입환어음의 결제일(또는 인수일)까지를 원칙으로 한다.

(2) 증액수수료

L/C 증액으로 인한 개설은행의 신용위험부담 증가분을 커버할 목적으로 징수하는 수수료. 증액되는 금액에 대하여 개설수수료와 동일한 방법으로 징수한다.

(3) 기간연장수수료

L/C 유효기일의 연장으로 인하여 개설은행의 지급확약채무기한이 연장됨에 따라 이를 커버할 목적으로 징수하는 수수료이다. 개설수수료와 동일한 방법으로 징수한다.

(4) 기타 조건변경 수수료

L/C 증액 및 기간연장 이외의 기타 조건변경시 징수하는 수수료이다.

기타 조건변경수수료는 'Handling Commission'(취급수수료)이 성격을 지니고 있으며, 정액제의 수수료가 부과된다.

(5) 인수수수료

① 기한부 L/C의 환어음을 '인수'(Acceptance)한다는 것은 L/C 개설에 따른 '미확정 지급확약채무'가 '확정 지급확약채무'로 전환되는 것이며, 더욱이 Banker's Usance 신용장하에서 해외은행이 인수·할인이 이루어진 경우라면 개설은행은 이를 차입금으로 계상하여야 한다.

② 따라서 개설은행은 그에 따른 추가적 리스크 및 비용(대손충당금)을 커버할 목적으로 인수수수료를 징수하게 된다.

③ 인수수수료의 징수기간이 이미 징수한 개설수수료의 징수기간과 중복되는 경우에는 당해 중복기간에 해당하는 개설수수료를 환급한다.

(6) 확인수수료

L/C 확인(confirmation)시 확인은행이 징수하는 수수료이다. 신용장에서 지시하는 당사자(수출상 또는 수입상)가 부담한다.

(7) A/D CHG

Acceptance Commission & Discount Charge : Banker's Usance 신용장하에서 인수은행이 기한부환어음을 '인수'하고 '할인'하는 때에 발생하는 금융비용이다. 인수은행이 개설은행으로 청구하며, 이는 최종적으로 수입상이 부담하게 된다.

(8) 코레스 비용

'Corres Charges'는 신용장의 개설, 통지, 매입, 상환 등과 관련하여 해외의 거래은행이 청구하여 오는 일체의 수수료를 의미한다. 해외은행수수료를 수익자부담으로 명시한 경우에는 개설의뢰인이 지급할 필요는 없지만, 만일 수익자가 지급하지 않는다면 최종적으로는 개설의뢰인이 부담할 책임이 있다.

① Advising Commission : 해외의 통지은행이 L/C 통지시에 징수하는 수수료

② Negotiation Commission : 선적서류를 매입하는 경우에 징수하는 취급수수료. 지급신용장에서는 'Payment Commission(지급수수료)'이 발생한다.

③ Reimbursement Commission : 상환은행이 신용장 대금의 상환업무를 처리할 때 징수하는 취급수수료이다. 금액에 상관없이 건별로 일정액을 부과한다. 신용장에서 지시하는 당사자(수출상 또는 수입상)가 부담한다. Less Charge로 분류하여 청구하기도 한다.

(9) L/G 관련수수료

① L/G 발급수수료 : 수입화물선취보증서의 발급에 따른 은행의 취급수수료이다.
② L/G 보증료 : 수입화물선취보증수의 발급에 따라 은행이 추가적으로 부담하여야 하는 '신용위험부담'(수입화물에 대한 담보권의 상실 및 선박회사에 대한 새로운 보증채무의 발생)을 커버할 목적으로 징수하는 수수료이다.
③ 일반적으로 L/G 보증료는 예를 들면 연리 3%의 요율을 적용하여 징수하고 있으며, L/G 발급금액 전액에 대하여 수입보증금을 적립하는 경우에는 보증료의 징수를 면제한다.

(10) 수입환어음 결제환가료

상환베이스(Reimbursement Base)의 일람지급 수입신용장하에서는 수입상의 대금결제 이전에 개설은행의 예치환계정에서 먼저 대금지급이 이루어지게 된다. 따라서 개설은행은 '자금부담비용'을 커버할 목적으로 징수하는 일정한 기간(통화별 표준결제일수, 표준우편일수)에 대하여 이자조의 수수료를 의미한다.

(11) 수입환어음 대지급금이자

일람지급신용장은 선적서류가 도착한 다음날로부터 5영업일 이내에 대금을 결제하여야 하며, 기한부신용장은 정해진 만기(또는 그 이전)에 그 대금을 결제하여야 한다. 만일 수입상이 결제를 이행하지 못하는 경우에는 개설은행이 이를 대신 지급하여야 하며, 그로 인한 '대지급금'에 대하여는 회수일까지의 기간에 대해 연체이율을 적용한 이자를 징수하게 된다.

(12) 하자수수료

내도된 선적서류가 신용장의 조건과 불일치함에도 불구하고 그러한 환어음 및/또는 서류를 결제하는 경우에 L/C에서 미리 정한 소정의 수수료를 결제금액에서 차감한 후 지급하는 방법으로 수출상으로부터 하자수수료를 징수한다.

(13) 우편료 및 전신료

신용장의 개설·증액·기간연장 및 기타의 조건변경 또는 기타 통신문 등의 발송에 수반되는 우편료 및 전신료의 실비는 개설의뢰인으로부터 징수한다.

(14) 환가료(Exchange Commission, Periodic Interest)

은행이 외화자금부담에 따르는 이자의 성격으로 수취하는 수수료로서 매입한 환어음 및/또는 서류의 우편소요일수에 대한 이자도 해당된다.

(15) 대체료(In Lieu of Exchange Commission)

수출입업자가 외국환은행에 자기명의의 외화계정을 보유하고 있어서 이 계정을 통하여 외화로 대체 입출금이 발생하는 경우에 외국환은행은 외국환매매에 따르는 매매이익의 기회를 상실한다. 대체료는 이처럼 은행의 외환매매이익 감소에 따른 보상성격으로 징수하는 특수한 수수료이다.

(16) 미입금 수수료(Less charge)

매입당시에는 예상하지 않은 은행수수료가 해외은행으로부터 추가로 징수된 경우에 다시 추징하는 수수료를 의미한다.

(17) 지연이자(Delay charge)

수출의 경우에 매입은행이 선적서류를 개설은행에 송부하였으나 우편기일이 경과할 때까지 입금되지 않았을 경우에 발생하며, 수입의 경우에는 개설은행에 서류가 도착한 후 5일이 경과할 때까지 수입상이 그 대금을 지급하지 못하였을 경우에는 6일째 되는 날 개설은행이 이를 대납하고 그 이후 대금의 완납시기까지의 기간에 대한 이자를 수입상에게 부과하는 수수료를 의미한다.

제 5 절 신용장에 의한 선적서류 인도

1. 선적서류 인도의 개요

(1) 의미

① 매입은행으로부터 서류를 송부받은 개설은행은 개설의뢰인에게 서류의 내도사실을 통보(Fax, E-mail)하고 이를 인도하는 것(delivery of shipping documents)이다.
② 절차 : 선적서류 접수 → covering letter의 검토 → 조건일치검토 → 서류도착통지 → 개설의뢰인 수입대금결제(또는 인수) → 선적서류의 개설의뢰인 앞 인도
③ 만약 서류상에 하자가 있는 경우 개설은행은 대금지급을 거절할 수 있으며, 그 사실을 서류접수 익일로부터 5영업일 이내에 매입은행 앞으로 통보한다.

(2) 서류 인도 종류

① 일람지급 거래에서 무하자 선적서류를 인도하는 단순한 선적서류인도
② 선적서류에 하자가 있어서 별도의 취급을 요하는 하자있는 선적서류인도
③ 물품은 도착지에 도착하였으나 선적서류 원본이 개설은행에 내도하지 않은 경우에 취해지는 수입화물선취보증서(shipping letter of guarantee) 발급에 의한 인도
④ 기한부거래 또는 무역금융 공여에 따른 수입화물대도(T/R : Trust Receipt)
⑤ 기한부거래에 따른 인수(acceptance) 후 인도

(3) 서류심사 의무 및 면책

① 서류심사기준

- 은행은 조건일치성 여부의 확인에 상당한 주의를 기울여 심사한다.
- 일치여부는 '신용장통일규칙'(UCP) 및 '국제표준은행관습'(ISBP)에 따라 결정된다.
- 서류 상호간 문면상 불일치는 신용장조건과 일치하지 않는 것으로 간주한다.
- L/C에서 요구하지 않은 서류는 심사하지 않으며, 제출자에게 반려하거나 아무런 책임없이 그대로 인도할 수 있다.
- 서류심사 후 수리/거절 결정기간 : 서류접수 익일로부터 5은행영업일 이내

② 서류의 유효성과 관련한 은행의 면책(의무나 책임을 부담하지 않는 사항)

- 선적서류의 형식, 충분성, 정확성, 진정성, 위조, 법률적 효력

- 서류에 열거되거나 첨가된 일반조건 및 특수조건 및 부가조건
- 서류에 표시되어 있는 상품의 명세, 수량, 중량, 품질, 상태, 포장, 인도가격 또는 그 실존여부
- 서류작성자 등의 행위에 관하여 송하인, 운송인, 운송중개인, 수하인, 보험자 기타 모든 관계자의 성실성, 작위나 부작위, 지급능력, 의무이행 또는 신용상태

(4) 하자서류 처리

내도된 서류의 Covering letter 상에 하자를 표기하고 있거나, 없더라도 선적서류의 심사 결과로 하자 사항이 있는 경우에는 개설의뢰인에게 하자사항을 통지하여 수입상의 선적서류의 수리여부를 확인한다. 신용장에 명시되지 않은 사항은 '신용장통일규칙'(UCP) 및 'ISBP(국제표준은행관행)'에 따라 서류를 심사한다.

(5) 하자서류 처리흐름

① 수입상이 하자서류에 동의한 경우(동의서 징구) 수입어음을 인수 또는 결제하며 수입상 앞 선적서류를 인도한다.

② 지급거절(부도)하기로 결정한 경우 개설은행은 다음의 부도통보 유의사항을 준수하여 상대은행 앞 통보한다.

- L/G(수입화물인도승낙서 포함)를 발행한 경우 하자가 있더라도 수입상 앞 조회는 불필요하며, 부도처리를 할 수 없다.
- 지급거절통보는 서류접수 익일로부터 제5영업일 이내에 지체없이 전신으로, 전신이 불가능한 경우 기타 신속한 방법으로 그 취지를 통지하여야 한다.
- 지급거절의 경우 개설은행이 수리 거절하는 하자사항을 모두 명시하여야 한다. 처음에 발견하지 못했던 하자를 나중에 발견하고 통지하는 것은 허용되지 않는다.
- 지급거절 통지를 할 때 개설은행은 당해 서류의 행방 즉, 선적서류 송부은행에 선적서류의 처분지시를 기다리며 개설은행이 보관하고 있다든지 또는 제시인에게 반송하고 있다는 사실을 명시하여야 한다.

③ 상환방식에서 신용장대금이 선차기된 경우 매입은행 앞 원금(이자)반환 요청한다.

④ 개설의뢰인 요청에 의한 부당한 지급거절 처리는 금지된다(개설은행 책임문제).

(6) 수입결제 및 서류인도

① 개설의뢰인이 수입대금을 결제하거나 기한부환어음의 인수의사를 표시하면, 개설은행은 개설의뢰인에게 운송서류를 포함한 모든 수입선적서류를 인도한다.

② B/L은 필요한 배서 등을 하고, AWB은 consignee가 개설은행인 경우에는 항공수

입화물인도승낙서를 발행한다.

③ 선적서류수령증(Receipt of Shipping Documents)을 개설은행이 징구한다.

④ 만일 기한 내에 결제가 안 되는 경우 개설은행은 그 익일에 대지급 처리하여야 하며, 대지급일로부터 결제일까지에 대하여 연체이자(수입환어음 대지급금 이자)를 징수한다.
   - Sight L/C : 서류도착일 익일로부터 6영업일에 대지급 처리
   - Usance L/C : 만기일의 익영업일에 대지급 처리

(7) 인수수수료

① 기한부신용장의 수입환어음을 개설은행이 인수시 인수일로부터 만기일까지 징수한다.

② 인수수수료와 중복되는 개설수수료는 환급한다.

③ 내국수입유산스의 경우 인수수수료는 면제하고 대신 대출이자를 징수한다.

④ L/G를 발행한 경우 L/G 보증서 발행일을 인수일로 간주한다.

(8) 수입어음 결제수수료

① D/P·D/A 결제

② 송금방식 신용장의 결제

③ 신용장에서 지정한 결제은행이 아닌 매입은행이 따로 지정한 은행으로의 결제 등에 해당하는 수입환어음 결제시에는 건당 일정금액의 결제수수료와 전신수수료를 징수하며, 수수료 부담자가 수익자 조건인 경우 결제금액에서 차감한다.

(9) 수입어음 결제 환가료

상환베이스(Reimbursement Base)의 일람지급신용장인 경우 개설은행의 예치금계정에서 선차기된 수입환어음의 결제시 다음과 같이 수입어음결제환가료를 징수한다(단, 신용장개설시에 수입보증금 전액을 적립한 경우에는 면제함).

① 선적서류 도착일로부터 3일(도착일 포함) 이내에 결제하는 경우 : 표준추심일수에 해당하는 환가료

② 선적서류 도착일로부터 4일 이후 대지급전일 이내에 결제하는 경우 : 제①호의 환가료 + 4일째 되는 날(공휴일인 경우 그 날을 포함)로부터 결제일 전일까지의 기간에 대한 환가료

③ 수입어음결제환가료는 상환베이스의 일람지급신용장하에서만 발생되며, 송금베이스의 신용장 및 기한부신용장에서는 발생하지 않음.

(10) 하자 수수료

① Discrepancy fee는 수입선적서류상의 하자로 인한 추가적인 업무부담 및 위험에 대한 보상조로 징수하는 수수료이다.

② 징수시기

- 하자매입 여부를 조회한 후 수입상의 동의에 의하여 매입은행이 매입하여 서류를 송부하는 경우
- 하자있는 서류가 접수되어 수입자의 동의 후 결제시
- 서류에 하자가 있어 추심방식으로 내도하여 수입자의 동의 및 결제시

(11) 신용장 대금지급

① 상환베이스(Reimbursement Base) 신용장인 경우, 개설은행은 매입은행이 상환은행 앞으로 자금을 청구하도록 지시하고, 상환은행에게는 매입은행의 요구에 따라 대금을 상환해 주도록 지시(Reimbursement Authorization)하게 된다. 이미 신용장의 개설시에 지시된 사항이므로 결제시에는 별다른 조치가 필요 없다.

② 송금베이스(Remittance Base) 신용장에서는 개설의뢰인의 결제가 이루어지는 즉시 개설은행은 매입은행이 지정한 계좌로 송금이 될 수 있도록 조치하여야 한다. 계좌정보의 오류 및 송금지연 등으로 인한 문제가 발생하지 않도록 유의한다. 송금베이스방식에서는 개설은행의 예치금계정에서 먼저 자금이 인출되는 것이 아니고, 개설은행은 개설의뢰인으로부터 대금을 받아서 지급하는 것이기 때문에 개설은행의 자금부담이 발생하지 않으므로 '수입환어음 결제환가료'는 발생되지 않는다.

2. 개설은행의 지급거절 서류 처리

(1) 서류의 처분권

개설은행이 선적서류에 대해 매입은행 또는 서류송부은행으로 지급거절의 통보를 한 경우 개설은행이 보유하고 있는 서류에 대한 소유권 또는 처분권은 전적으로 서류 송부은행 또는 매입은행에 귀속된다. 따라서 서류에 대한 처분은 반드시 매입은행 또는 서류송부은행의 지시에 따라야 한다.

(2) 서류의 재작성 송부시 처리

개설은행의 지급거절 통보에 대하여 서류송부은행이 하자없는 서류를 재작성, 송부하여 오거나 하자없는 서류와 교체를 요청하면 개설은행은 이에 따라야 하며 정정이 가능

한 하자사항은 정정되어 다시 제시될 수 있다. 그러나 이 경우에도 서류는 반드시 신용장의 유효기일 및 서류 제시기간 내에 서류제시 장소에 다시 제시되어야만 수리가 가능하며, 이 때 개설은행은 추가적인 하자를 들어 다시 부도 처리할 수는 없다. 왜냐하면 최초로 지급거절을 통보할 때에 모든 하자사항들을 통보하여야 하기 때문이다.

(3) 부도 처리된 수입선적서류 반송

개설은행은 매입은행으로부터 수입선적서류의 반송요청이 있는 경우에는 그 사본을 비치하고 신속하게 수입선적서류의 원본을 반송 조치한다.

제 6 절 수입화물선취보증서(L/G)

1. 개요

(1) 의미

① 수입화물선취보증서(Letter of Guarantee, L/G)란 운송서류의 도착 전에 수입자가 먼저 도착한 수입물품을 인도 받음에 따라 발생하는 모든 문제에 대하여 L/G 발행은행이 책임을 지고 차후 운송서류 원본이 도착하면 이를 운송회사에 제출할 것을 보증하는 L/G 발행은행의 보증서를 말한다. 따라서 수입상은 B/L 원본 없이 화물을 인수할 수 있는 편리한 제도이다.

② 수출입지역간의 항해 일정이 짧거나 항공운송인 경우, 또는 수출자의 운송서류 매입지연에 따라 서류송달의 지연이 빈번하게 발생하게 된다.

③ 수입상은 통관지연에 따르는 창고료 및 보험료 등 부담을 경감시키고 수입물품을 적당한 시기에 판매할 수 있다.

④ L/G 발행은 수입상에 대한 L/G 발행은행의 여신 행위의 일종이다. 따라서 신청인에 대한 채권보전상황, 신청인의 신용도 등을 검토하여 은행이 발급한다.

⑤ 'Shipside Bond(SSB)', 'Shipping L/G'라고도 한다.

(2) 유의사항

L/G 발급 후 향후 내도하는 서류에 하자가 있어도 개설은행은 대금지급을 거절할 수 없으며 그 이유는 다음과 같다.

① 개설은행이 서류하자로 인한 하자통보를 할 때 서류의 행방 즉 제시인의 처분을 기

다리면서 보관하고 있다거나 또는 서류를 반송하고 있다는 것을 기재하여야 한다.

② 또한 개설은행이 서류송부자의 처분을 위하여 서류를 보관하거나 반송하지 못한 경우 클레임을 주장하지 못한다.

③ L/G 발급 후에는 운송서류가 개설은행에 내도되면 지체없이 선박회사로 운송서류의 원본을 송부하여 L/G를 회수하여야만 은행의 보증채무가 사라지는 것이므로 서류에 하자가 있다고 하여 클레임 제기 및 서류 반송을 할 수 없는 것이다.

해설

만약 개설은행이 L/G 발급후 서류상의 불일치로 하자통보를 하게 되면,

① 수출상은 동 서류의 반환을 요청하면서 선박회사 앞으로는 운송서류 원본 없이 수입상에게 물품을 인도한 것에 대하여 소송을 제기하게 되고,

② 선박회사는 개설은행이 발급해 준 L/G를 근거로 개설은행을 상대로 손해배상을 요구할 것이다.

③ 그리고 개설은행은 이미 하자통보시 운송서류를 매입은행 앞으로 반환하여 L/G를 회수할 수가 없으므로 개설은행이 선박회사 앞 손해배상을 하게 될 수 있다.

수입상에게는 매우 편리한 제도이나 L/G 위조사건 발생시 운송회사들이 막대한 피해를 볼 수도 있음. L/G위조를 방지할 목적으로 L/G 발급내역을 은행에서 팩시밀리로 해당 선박회사에 확인하여 주는 'L/G 확인업무'가 1990년 7월부터 시행되었다.

(3) 업무처리흐름

① L/G 발급 신청(서류 : 수입화물선취보증 신청서 또는 항공수입화물 인도승낙(신청)서, 선화증권 사본 또는 항공화물운송장 사본, 상업송장 사본 등)

② L/C 방식 : 신용장 개설시 개설은행이 채권보전조치를 취한 경우에는 L/G 발행시에 별도의 채권보전조치가 추가적으로 요구하지 않는다.

③ D/P, D/A 방식 : L/G 발행은 새로운 지급보증, 즉 선박회사에 대한 L/G 발행은행의 채무가 발생하기 때문에 채권보전조치를 요구한다.

④ L/G의 발행단위는 B/L 또는 AWB 단위로 발행한다. 무신용장방식으로 추심은행이 분할 결제를 허용하는 경우와 BWT(Bonded Warehouse Transaction, 보세창고도 수입거래)인 경우에는 분할발급이 가능하다.

(4) 수수료

① L/G 발급시에는 수입어음 결제대금조의 수입보증금 적립을 요구한다.

- 일람지급 : L/G 발행시 적립

• 기한부지급 : 예정만기일(L/G 발행일에 기한부지급기간을 가산한 날).
다만, 확정만기일이 예정만기일 이전인 경우에는 확정만기일에 적립한다.

② L/G 발행 수수료 : 건당 1만원 정도

2. 사례연구

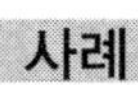

L/G 발행 후 지급거절

매입은행이 수출업제가 제시한 선적서류를 매입하고 신용장 개설은행에 서류를 송부하였으나 신용장 개설은행은 B/L의 일자가 신용장상의 최종선적기일(latest shipping date)을 경과하였다는 하자사항을 이유로 지급거절을 통지하여 왔다. 그러나 국내의 수출업자를 통하여 조회한 결과 이미 수입업자는 신용장의 개설은행으로부터 수입화물선취보증서(L/G)를 발급받아 수입화물을 찾아갔다는 사실을 확인받고 매입은행은 개설은행에 대하여 지급거절의 부당성을 통보하였다.

해설

이 경우에 개설은행의 지급거절은 잘못이기 때문에 수출업자는 당연히 대금결제를 받을 수 있다. 왜냐하면 개설은행이 선적서류를 임의처분하게 되면 당해 지급·인수·연지급 약정 또는 매입이 신용장 조건과 일치하게 이루어지지 않았다고 부도처리할 수 없다. 특히 이 사례에서와 같이 개설은행이 L/G에 의하여 선적서류를 수입업자에게 인도해 주었다면 이러한 행위 자체가 추후에 서류상의 하자를 이유로 지급거절 등의 클레임을 제기하는 권리를 포기하는 것이 된다. UCP 600 제16조 d, e항에 따르면 신용장 개설은행이 접수한 선적서류가 신용장조건과 불일치함을 이유로 클레임을 제기하고자 하는 경우에는 그 사유를 명기하여 지체없이 전신통지 등의 신속한 수단으로 서류발송은행에 통고하여야 하며 동 서류의 처분에 대해서는 서류발송은행(매입은행)의 의사에 맡겨야 한다.

만일 개설은행이 이와 같은 자기의 의무와 책임을 다하지 않거나 당해 서류를 임의로 처분하게 되면 그 후에 당해 서류가 신용장 내용과 일치하지 않았다는 클레임을 제기하는 권리를 상실하게 된다.

예시 **수입화물선취보증신청서**

• 선박회사명 :

• 보증서 번호 :

• 발행일자 :

행운은행 앞

선명/항차번호		신용장번호		발행일
선적항		송장금액		
양하항(또는 인도장소)		화물명세		
선화증권번호	발행일			
송화인				
수화인		포장개수	하인 및 번호	
인수예정자				

본인은 위 신용장 등에 의한 관계 선적서류가 귀행에 도착하기 전에 수입화물을 인도받기 위해 수입화물선취보증을 신청하며 본인이 따로 제출한 수입화물선취보증서(LETTER OF GUARANTEE)에 귀행이 서명함에 있어 다음 사항에 따를 것을 확약합니다.

1. 귀행이 수입화물 선취보증서에 서명함으로써 발생하는 위험과 책임 및 비용은 모두 본인이 부담하겠습니다.
2. 본인은 위 수입화물에 대하여는 귀행에 소유권이 있음을 확인하며, 귀행이 수입화물 선취보증서에 따른 보증채무를 이행하여야 할 것이 예상될 경우 또는 본인에 대하여 은행 여신거래기본약관 제7조 각 항의 사유가 발생한 경우에는, 귀행의 청구를 받는 즉시 위 수입화물을 귀행에 인도하겠으며 수입화물의 인도가 불가능할 경우에는 위 수입화물에 상당하는 대금으로 상환하겠습니다.
3. 본인은 위 수입화물에 관한 관계 선적서류를 제3자에게 담보로 제공하지 않았음을 확인하며, 또한 귀행의 서면 동의없이 이를 담보로 제공하지 않겠습니다.
4. 본인은 위 수입화물에 관한 관계 선적서류가 도착할 때에는 신용장 조건과의 불일치 등 어떠한 흠에도 불구하고 이들 서류를 반드시 인수하겠습니다.

년 월 일

신청인 (인)

주 소

※ 첨부서류 명세

ㅁ 선화증권 ㅁ 상업송장 ㅁ 기타 ( )

담 당	책임자	결재권자

예시 수입화물선취보증서(영문)

LETTER OF GUARANTEE

TO ______________________ L/G No. ______________

(Shipping Company) Date ______________

Vessel Name/Voyage No.		L/C No.	Date of Issue
Port of Loading		Invoice Value	
Port of Discharge(or Place of Delivery)		Description Cargo	
Bill of Lading No.	Date of Issue		
Shipper			
Consignee		No. of Packages	Marks & Nos.
Party to be Delivered			

Whereas you have issued a Bill of Lading covering the above shipment and the above cargo has been arrived at the above port of discharge(or the above place of delivery), we hereby request you to give delivery of the said cargo to the above mentioned party without production of the original Bill of Lading.

In consideration of your complying with our above request, we hereby agree as follows:

1. To indemnify you, your servants and agents and to hold all of you harmless in respect of liability, loss, damage or expenses which you may sustain by reason of delivering the cargo in accordance with our request, provided that the undersigned Bank shall be exempt from liability for freight, demurrage or expenses in respect of the contract of carriage.

2. As soon as the original Bill of Lading corresponding to the above cargo comes into our possession, we shall surrender the same to you, whereupon our liability hereunder shall cease.

3. The liability of each and every person under this guarantee shall be joint and several and shall not be conditional upon your proceeding first against any person, whether or not such person is party to or liable under this guarantee.

4. This guarantee shall be governed by and construed in accordance with Korean law and jurisdiction of the competent court in Korea.

Should the Bill of Lading holder file a claim or bring a lawsuit against you, you shall notify the undersigned Bank as soon as possible

Yours faithfully,

For and on behalf of
[Name of Requestor]

____

Authorized Signature

For and on behalf of
[Name of Bank]

____

Authorized Signature

예시 **수입화물선취보증서(한글)**

수입화물선취보증서

수신 ______________________ L/G 번호 ______________________
(선박회사명) 발행일자 ______________________

선명/항차번호		L/C 번호	발행일
선적항		송장금액	
양하항(또는 인도장소)		화물명세	
선화증권번호	발행일		
송하인			
수하인		포장개수	하인 및 번호
인수예정자			

귀사가 상기 선적화물에 관한 선하증권을 발행하였고 상기화물이 상기 양하항(또는 인도장소)에 도착하였기에, 우리는 선하증권 원본을 제시함이 없이 상기 당사자에게 상기화물을 인도해 줄 것을 귀사에게 요청합니다.

귀사가 상기와 같이 당사의 요청에 따를 경우 우리는 아래와 같이 합의합니다.

1. 귀사와 귀사가 지정한 고용인, 대리점 모두는 당사의 요청에 의하여 화물을 인도함으로써 발생할지도 모를 채무, 손실, 손해, 또는 비용에 대하여 면책한다. 다만, 은행은 운송계약과 관련하여 발생하는 채무, 운임, 체선료, 기타비용은 책임을 지지 않는다.

2. 상기화물의 선하증권 원본을 입수하는 대로 귀사에게 전달하겠으며, 이때 당사의 책임은 종료된다.

3. 본 보증서상 하기 서명자 각각 모두가 단독 및 연대책임이 있으며, 귀사가 하기 서명자 중 어떤 사람에게 먼저 소송을 제기하였을 때 해당인(피고인)이 당사이든 아니든 책임이 있든 없든 그것은 조건부가 아니다.

4. 이 보증서의 준거법 및 관할법원은 한국법 및 한국법원으로 한다.

선하증권 소지인이 분쟁 또는 소송을 제기하는 경우에는 가능한 빨리 은행에 통보하여야 한다.

화 주 은 행

______________________ ______________________
(서 명) (서 명)

예시 **항공화물 운송장에 의한 수입물품 인도승낙(신청)서**

항공화물 운송장에 의한 수입물품 인도승낙(신청)서

주식회사 은행 앞

운 송 회 사 명		
송 하 인		
신용장(계약서) 번호		
운 송 장 번 호		(발급일 :)
상 업 송 장	번 호	
	금 액	

본인은 위 내용의 수입과 관련된 항공화물인도승낙을 신청함에 있어 다음 사항에 따를 것을 확약합니다.

1. 은행이 수입물품 인도승낙서를 발급함으로써 발생하는 위험과 책임 및 비용은 모두 본인이 부담하겠습니다.

2. 본인은 위 수입물품에 대하여 은행에 소유권이 있는 것으로 확인하고, 담보권 실행을 위하여 은행이 요구한 경우에는 수입물품을 지체없이 은행 도는 은행이 지정한 자에게 인도하겠으며 수입물품의 인도가 불가능한 경우에는 위 수입물품에 상당하는 대금으로 상환하겠습니다.

3. 본인은 은행의 서면동의 없이는 수입물품 및 관련서류를 담보로 제공하지 않겠습니다.

4. 본인은 위 수입물품에 관한 항공화물 운송서류가 도착할 때 신용장 조건과의 불일치 등 어떠한 하자에도 불구하고 반드시 지급 또는 인수하겠습니다.

년 월 일

본 인 :
주 소 : ㊞

________________ 앞 발급번호 :

상기 신청내용과 같이 수입물품을 인도할 것을 승낙합니다.

년 월 일

승락권자 은행장 ㊞

* 첨부서류 명세
□ 항공화물운송장 □ 상업송장 □ 포장명세서 □ 원산지증명서
□ 검사증명서 □ 기타 ( )

제 7 절 수입화물대도(T/R)

1. 개요

(1) 의미

① 수입화물대도(Trust Receipt : T/R) 또는 운송서류대도란 개설은행이 수입화물에 대한 담보권과 소유권을 유지하면서 수입업자가 수입대금을 결제하기 전에 수입화물을 처분할 수 있도록 하는 제도이다. 즉 T/R이란 수입업자가 수입대금결제를 하지 않은 상태에서 개설은행이 수입화물을 인도하여 줌으로써 수입업자로 하여금 적기에 화물을 처분하여 약정기일에 수입대금을 결제할 수 있도록 편의를 제공하는 것이다.

② 이러한 대도행위가 이루어지려면 위탁자인 은행은 수탁자인 수입업자를 전적으로 신뢰하는 경우라야 가능하게 된다. 화물을 인수받은 수입업자는 그 화물을 신속하게 처분하여 대금을 은행에 변제해야 하므로 그 화물을 타인에게 판매할 수 있는 자이어야 하며, 그것을 다시 다른 사람에게 담보로 제공해서는 안 된다.

(2) T/R의 활용

① 일람지급신용장에 의한 수출용 원자재 수입대금의 무역금융 결제시
무역금융을 활용하여 수입대금을 결제하는 경우에는 비록 신용장에 의한 채무가 종결되었다 하더라도, 무역어음대출로 인한 또 다른 신용공여가 지속적으로 이루어지게 된다. 따라서 융자금의 상환시까지 수입상이 부담하여야 하는 무역금융 채무의 담보조로 T/R 약정을 체결하게 된다.

② 일람지급신용장에 의한 내수용 일반재 수입대금의 T/R Loan 결제시
내수용 일반재 수입의 경우에는 무역금융의 혜택을 받을 수 없는데, 개설은행은 별도의 수입결제자금대출을 통하여 수입상이 기한의 혜택을 받을 수 있도록 하여 기한부 신용장과 동일한 효과를 거두게 할 수 있다. 이 경우 신용장에 의한 개설은행의 지급확약채무는 수입결제자금대출로 전환되며, 대출채권의 담보조로 T/R을 활용한다.

③ 기한부신용장에 의한 수입화물 인도시

- Shipper's Usance Credit : 개설은행은 수입환어음을 인수함으로써 어음발행인(수출상)에 대하여 만기에 대금을 지급할 의무를 부담하게 된다. 따라서 개설은행이 개설의뢰인에게 선적서류를 인도할 때 인수보증채무에 대한 담보조로 T/R을 활용한다.

• Overseas Banker's Usance Credit : 신용장에 근거하여 발행된 기한부환어음을 해외의 은행이 인수·할인하여 그 대금을 지급하여 개설은행에 여신을 공여하게 되고, 한편 개설은행은 이러한 채무를 부담하면서 개설의뢰인(수입상)에 대해 만기일까지 대금결제를 유예하여 줌으로써 또 다른 신용을 공여하게 된다. 개설은행은 당해 환어음의 만기일에 해외의 인수은행에 대해 그 대금을 지급하여야 할 채무를 부담하게 되며, 따라서 선적서류를 인도할 때에는 그에 대한 담보조로 T/R을 활용한다.
• Domestic Banker's Usance Credit : 이 경우에도 개설의뢰인이 개설은행으로부터 선적서류를 인도받을 때에는 개설은행의 환어음 인수 및 할인에 대한 채무의 담보조로 T/R을 활용한다.

④ 수입화물선취보증서에 의한 수입화물 인도시

L/G에 의해 수입대금의 결제 이전에 먼저 화물을 인도받기 위해서는 그에 대한 담보조로 수입보증금을 적립하여야 하는 것이 원칙이다. 수입보증금의 적립을 면제하는 경우에 개설은행은 보증채무를 담보받을 수 없게 되어 그 담보조로 T/R을 활용한다.

(3) 제출서류

① 수입화물대도신청서
② 선하증권 사본
③ 상업송장 사본
④ 포장명세서 사본
⑤ 기타 필요서류(L/C개설시 양도담보계약서가 미비된 경우 양도담보계약서 등)

2. L/G와 T/R의 비교

수입신용장을 개설한 경우를 전제로 이들을 요약하여 설명하면 다음과 같다.

구분	Shipping L/G	T/R
명칭	수입화물선취(보증서)	화물대도(증서)
발행인	수입신용장개설은행	수입상
수신인	선장/운송인/선박회사	신용장개설은행
용도	원본선하증권의 제시 없이 화물을 수입상에게 인도함으로서 발생할 수 있는 운송인 등의 손해를 수입상이 배상하기로 하는 약정의 이행을 은행이 보증함.	수입상이 대금을 지급하기 전에 은행에게 소유권이 있는 물품을 임대하는 형식으로 인도받으면서 관련 물품의 소유권은 은행에게 있음을 확인함.

예시 수입화물대도(T/R) 신청서

수입화물대도(T/R) 신청서 앞	계	대리	차장	부점장

본인은 아래 신용장 등에 의하여 도착된 수입화물을 대도 신청함에 있어서 은행여신거래 기본약관, 따로 제출한 수입거래약정서 및 양도담보 계약서의 모든 조항에 따를 것을 확약합니다.

① 선하증권 기타	번호 : 발행일 : 발행인 :
② 대도 (T/R)금액	금액 : US$ (원화 :)
③ 신용장 등	번호 : 금액 : US$ 발행인 :
⑦ 물품 명세	물품명 : 수량 : 단가 : 금액 : US$ 화물표시 및 번호 :
	선적항 : 도착항 : 도착(예정)일 : 선명 :

⑧ 선적서류	선하 증권	항공화물 운송장등	상업 송장	보험 서류	포장 명세서	원산지 증명서	중량용적 증명서	검사 증명서	기 타
통수									

년 월 일

인감대조

신청인 (인)

주소

제 8 절 인수(Acceptance)

1. 의미

① 인수(Acceptance)란 기한부 환어음의 지급인(drawee)이 만기일에 그 대금을 정히 지급할 것임을 약속하는 행위이며, 이러한 인수행위에 의하여 지급인(인수인)은 어음소지인에 대한 주된 채무자로서 만기에 환어음 대금을 지급하여야 할 법적인 의무를 부담하게 된다.

② 신용장거래에서 환어음의 지급인이 되는 자는, ① 개설은행 ② 제3은행(지정은행)이 될 수 있으며, 'Overseas Banker's Usance' L/C에서는 제3은행이 지급인(인수인)이 되며, 'Shipper's Usance' 및 'Domestic Banker's Usance' L/C에서는 개설은행이 어음의 지급인(인수인)이 된다.

③ 신용장통일규칙에서는 개설의뢰인을 지급인(인수인)으로 하는 환어음을 발행하도록 개설되어서는 안 되며, 만약 개설의뢰인을 지급인으로 하는 환어음을 요구하는 경우, 인수를 요하는 환어음이 아닌 기타의 추가적인 부수서류로 간주한다고 규정하고 있다.

2. 인수방법

① 지급인이 어음에 인수의 뜻을 기재하고 '기명날인' 또는 '서명'하는 것을 원칙으로 하되, 어음의 표면에 지급인이 단순히 기명날인 또는 서명만 하는 경우도 인정한다.

② 인수의 표시 : 어음의 인수는 어음의 앞면에 표시하는 것을 관습으로 하는데, 이는 만일 뒷면에 표시하면 배서와 혼동될 우려가 있기 때문이다.

Accepted on (인수일자) Payable at (지급지) (인수인의 기명날인 또는 서명) Authorized Signature

③ 그러나 신용장거래에서 환어음의 지급인(인수인)이 개설은행 또는 해외의 인수은행이 되기 때문에 실무적으로는 인수와 관련한 이러한 요식행위가 발생하지 않으며, 매입은행 앞으로 '인수통지서'(Acceptance Advice, A/A)를 송신하는 것으로 대신한다.

④ D/A 거래에서는 L/C거래와 달리 수입상이 환어음의 지급인(인수인)이 되며, 추

심은행(수입상 거래은행)은 수입상의 '인수'(Acceptance)가 이루어 진 후에 선적서류를 교부하여야 하므로, 선적서류의 인도 전에 환어음 인수에 관한 요식행위가 반드시 성립되어야 한다. 만일 만기에 수입상의 결제가 이루어지지 않은 경우, 추심은행은 당해 인수된 환어음을 추심의뢰은행(수출상 거래은행) 앞으로 송부하여야 하는데, 환어음의 인수가 이루어지지 않았다면 추심은행은 손해배상 책임을 부담하게 된다.

3. 기한부 어음의 만기일 산정

① 일람후정기출급 : 어음지급인이 어음을 인수한 날로부터 만기가 기산되는 어음만기일이다.

- 일수인 경우 초일은 산입하지 않음. "At 60 days after sight"일 때 어음지급인이 7월 7일에 인수한 경우, 어음의 기산일은 7월 8일이 되고, 만기일은 9월 5일이 된다.
- 월수에 의한 경우 월의 대소에 불구하고 지급할 달의 대응일을 만기일로 하며, 대응일이 없을 경우에는 해당 월의 말일을 만기일로 한다. 어음의 인수일이 12월 30일이고, 어음의 기한(Tenor)이 "At 2 month after sight"이면, 2월 30일이 만기가 되어야 하는데 그 날이 없기 때문에 평년에는 2월 28일, 윤년에는 2월 29일이 만기가 된다.

② 일자후 정기출급 : 선적일 또는 환어음의 발행일자 등과 같이 특정한 일자를 기준으로 하여 만기일이 계산되는 어음이다. "At 60 days after B/L date" 또는 "At 1 month after draft's date" 등으로 표시된다. 인수일과 관계없이 지정된 일자의 다음날이 환어음 만기의 기산일이 된다.

- 환어음의 만기와 관련하여 'From' 용어를 사용한 경우, 이를 'After'와 동일한 의미로 해석하여야 하며, 따라서 해당 일자를 제외하고 그 다음날로부터 만기를 산정한다.
- 환어음의 기한과 관련하여 사용되는 'B/L date'는 선화증권의 발행일자가 아닌 '본선적재일자'(On board date)를 의미하는 것으로 해석한다.

③ 확정일 출급 : 만기일이 "At September 07, 20XX"과 같이 특정한 일자로 확정한다.

4. 인수의 통지

국제표준은행관행(ISBP)에 따르면, 제시된 서류가 신용장의 조건에 일치하거나 또는 비록 일치하지 않는 경우라도 지급거절통지(하자통보)가 이루어지지 않은 경우에는, 개설은행이 서류를 접수한 그 익일을 환어음 만기의 기산일로 하여 만기를 산정하여야 한다(ISBP 745 B 5).

그러나 실무적으로는 대개 개설은행이 개설의뢰인에게 인수수수료를 징수하고 서류를 인도하는 그 익일로부터 기산하여 만기일을 산정하고 있다.

[ISBP 745 B 5] 예컨대 "일람후 60일 출급(at 60 days sight)"으로 발행된 환어음의 경우에, 만기일은 다음과 같이 결정된다.

a. 일치하는 제시인 경우에, 환어음의 지급은행, 즉 개설은행, 확인은행 또는 지정에 따라 행동하는 지정은행("지급은행, drawee bank")에 제시된 일자의 다음 날부터 60일(60 days after the day of presentation)이 되는 일자가 만기일이다.

b. 불일치한 제시인 경우에,

  i. 지급은행이 거절통지(notice of refusal)를 하지 않았다면, 그 은행에 제시된 일자의 다음 날부터 60일이 되는 일자가 만기일이다.

  ii. 지급은행이 개설은행이고 또한 거절통지를 하였다면, 개설은행이 개설의뢰인의 권리포기(waiver of applicant)를 수락한 날의 다음 날부터 60일이 되는 일자가 만기일이다.

  iii. 지급은행이 개설은행이 아니고 또한 거절통지를 하였다면, 개설은행의 서류수리통지일(the date of the acceptance advice of the issuing bank)의 다음 날부터 60일이 되는 일자가 만기일이다. 그러한 지급은행이 개설은행의 서류수리통지(the acceptance advice)에 따라 행동하기를 거절한다면, 그 지급기일에 결제의무를 부담하는 자는 개설은행이다.

c. 지급은행은 제시인에게 만기일을 통지하거나 확인해 주어야 한다.

해설

"일람후 정기출급"(at ×× days after sight) 환어음의 만기일은 ① 지급인은행이 서류를 이의 없이 수리할 경우 그 수령일자를 기준으로 계산하고, ② 불일치한 서류를 거절통고한 후 다시 승인할 경우 환어음의 인수일자를 기준으로 계산하여야 하며, 이때의 인수서명은 개설은행이 개설의뢰인의 용인을 수용한 일자보다 늦지 않아야 한다. 예컨대 확인은행 앞 일람후 120일 출급의 환어음이 요구된 경우, 서류에 하자가 없는 한 환어음의 만기일은 확인은행의 창구에서 서류가 제시된 후 120일 기준으로 결정되어야 한다(ICC Publication 632, R. 281 and 263).

지급은행은 환어음의 지급제시 또는 인수제시를 받으면, 반드시 제시인에게 그 만기일을 통지하여야 한다. 상기의 환어음 기한과 만기일의 계산기준은 환어음의 사용 없이 연지급 확약서만으로 지급기일을 연장하는 연지급 신용장(deferred payment credit)의 경우에도 마찬가지로 적용된다.

만기일이 확정되면 개설은행은 반드시 매입은행 등 앞으로 '인수통지서'(Advice of Acceptance)를 발송하여야 하며, 인수통지서는 인수일자·금액·만기일 및 대금지급에 관한 사항 등을 포함하고 있어야 한다. 대금지급을 송금베이스로 하는 경우, 예컨대 신용장상에 "We will make payment as per your instruction to be received at maturity"라고 기재한 경우에는 만기에 그 대금이 지급될 수 있도록 결제은행 앞으로 별도의 조치를 취하여야 한다. 그러나 대금지급을 상환베이스로 하는 경우, 예컨대 신용장상의 상환지시문구로 "Please reimburse yourselves by sending reimbursement claim ABC Bank at maturity"라고 기재한 경우에는 매입은행 등이 만기에 직접 ABC 은행으로 상환청구를 하게 된다.

제 10 장

수출자의 신용장 실무

제 1 절 신용장 통지

1. 의미

① 개설은행이 발행한 신용장을 통지은행 등을 통하여 수익자(Beneficiary)에게 전화, E-Mail, FAX, EDI 등의 방법으로 신속하게 알리는 것이다. EDI로 통지된 신용장의 진위성은 통지은행의 전자서명에 의하여 증명된다.

② 개설은행이 수익자에게 직접 통지할 수도 있으나 신용장의 진위성이 문제가 되어 무역금융 등의 융자취급이나 수출환어음 매입이 거절되는 등 수익자에게 불리한 점이 많으므로 수출지의 은행(통지은행)을 통해서 통지하는 것이 일반적이다.

③ SWIFT System의 진위여부에 대한 자동적 검증기능, 환거래은행간 미리 입력된 S.A.K(Swift Authenticator Key) 또는 B.K.E(Bilateral Key Exchange) 등의 SWIFT Key를 통해 신용장의 진위성 여부가 확인된다.

④ 우편신용장은 서명 확인, Telex방식의 신용장은 전신암호문(Test Key)을 대조한다.

⑤ 통지은행이 진위성을 입증하기 위한 책임까지 부담하는 것은 아니므로 상당한 주의를 하였음에도 불구하고 진위성을 발견하지 못한 경우에는 통지은행은 면책된다.

2. 통지은행 의무

① UCP 600 제9조 b항 "통지은행은 신용장 또는 조건변경을 통지함으로써 신용장 또는 그 조건변경에 대한 외견상의 진정성(the apparent authenticity)이 충족된다는 점과 그 통지가 송부받은 신용장 또는 그 조건변경의 제조건을 정확하게 반영하고 있다는 것을 표명한다."

② 진위성을 확인할 수 없는 경우 통지은행의 L/C상 면책문언 기재 통지예시
"We assume no responsibility regarding advising this credit, since we have no-correspondent relationship with the Issuing Bank and therefore cannot check the apparent authenticity of this credit."

③ 개설은행에 의하여 지정된 통지은행이 반드시 개설은행의 지시에 따라야 하는 것은 아니며, 통지여부는 통지를 요청받은 은행의 권한이다(직접적인 책임과 의무의 당사자가 아님).

④ 어떤 은행이 신용장 또는 조건변경을 통지하도록 요청받았으나 그렇게 하지 않기로 결정하는 경우에는, 그 은행은 신용장, 조건변경 또는 통지를 송부해 온 은행에게 지체 없이 그 사실을 통고하여야 한다.

3. 유의사항

① L/C 실물 매수 점검(통지은행 및 수익자), 통지 누락 부분의 발생에 유의한다. 사전예고 L/C(Short Cable, Pre-Advice)는 이후에 송부되는 유효한 L/C인 우편확인장(mail confirmation) 또는 정식전보(full cable)의 주요내용의 사전통지에 불과하다.

② SWIFT Network로 개설되는 신용장에는 SWIFT Handbook(chapter 4, MT 700과 701)에 의해 신용장통일규칙이 자동적으로 적용되는 것으로 간주한다.

③ 원본신용장의 통지은행과 조건변경서의 통지은행은 같아야 한다.

4. 조건변경, 취소통지

① 통지은행은 조건변경통지서의 진위여부를 점검하여야 하며 조건변경이나 취소는 관계당사자 전원(수익자, 발행은행, 확인신용장의 경우 확인은행)의 동의가 필요하다.

② 양도가능 취소불능 신용장이 개설된 경우에는 개설은행, 확인신용장의 경우 확인은행, 제1수익자, 제2수익자 전원의 합의가 있어야 조건변경 또는 취소가 가능하다.

③ 개설은행은 확인은행이나 제2수익자의 일부 또는 전부가 양도가능 취소불능 신용장의 변경 또는 취소에 합의하지 아니한 때에는 먼저 개설된 원신용장의 제조건에 따라 권리와 의무를 부담한다.

5. L/C 분실

① 수익자는 "신용장 분실신고서 및 재발행요청서"를 통지은행에 제출한다.

② 통지은행은 "신용장분실통지서(Caution Notice)"를 국내의 각 외국환은행으로 통보하고 개설은행 앞 분실사실 통보 및 재발행에 대한 수권을 받은 후 재교부한다. "This advice supersedes the original instrument dated XXX issued by XXX which has been reported lost"

6. 신용장의 통지방법

(1) 우편신용장(Mail Credit) 통지

① 예비통지(Pre-Advice/Short Cable)가 없는 우편신용장(Mail Credit) : 개설은행의 '서명감'을 통하여 당해 신용장의 진위성 점검 후 통지한다.

② 예비통지가 있는 우편신용장의 통지

- 예비통지서 : 신용장 개설에 대한 정보를 미리 제공하여 수출자로 하여금 선적준비를 하도록 하는 사전예고로 유효한 신용장증서가 아니다. 따라서 전신문에 "Full details to follow(세부사항 추후 통지)", 또는 "The mail confirmation is to be the operative credit instrument(우편확인서가 유효한 신용장증서가 됨)" 또는 이와 유사한 문언이 명시되어야 한다. 그 후 우편확인서가 도착되면 서명감에 의하여 서명의 진위성을 확인한 후 통지한다.

(2) 전신신용장(Teletransmission Credit) 통지

① 정식전문(Full Cable)에 의한 신용장의 통지 : 신용장 내용의 전체가 텔렉스(TELEX : Teletypewriter exchange) 또는 전보(Cablegram) 등에 의해 전송되어 개설된 신용장으로 전신암호(Test Key)로 진위 여부 확인 후 통지한다.

② 전신약호(Cypher Code)에 의한 신용장 통지 : 전신비용의 절약을 위하여 신용장의 양식을 미리 정하고 "Private Code word"를 교환한 후 필요한 내용만을 송신하여 신용장을 개설·통지하는 방법이다. 현재 저렴한 SWIFT방식의 활성화로 이 방식은 사용하지 않는다.

③ 유사신용장(Similar Credit)에 의한 신용장 통지 : 이전에 개설된 바 있는 유사한 조건의 다른 신용장을 참조토록 하는 매우 간단한 지시에 의하여 신용장을 개설·통지하는 방법이다.(Similar to our credit No. XXX dated XXX except XXX) 유사신용장에 의한 개설 및 통지는 해석상의 오해나 잘못된 적용 등으로 인하여 분쟁발생의 소지가 높고, 이미 개설된 신용장의 조건변경이 있었던 경우에는 당사자들에게 많은 혼란을 야기하게 되므로 사용하지 않는 것이 바람직하다.

④ SWIFT에 의한 신용장 통지 : 세계적으로 표준화된 SWIFT 고유의 화환신용장 개설 FORMAT인 "MT 700"을 사용하여 SWIFT System을 통한 방법이다.

최근에는 우편 및 텔렉스 등에 의한 신용장의 통지가 극히 일부의 예외적인 경우에만 제한적으로 활용되며 거의 모든 신용장이 SWIFT에 의하여 개설되고 있다.

(3) 유의사항

① 지정신용장과 매입제한신용장의 통지
특정은행(통지은행)을 지급·연지급·인수·매입은행으로 지정하는 것은 개설은행의 의사이므로 지정받은 은행이 확인은행(Confirming bank)이 아닌 한 지급 또는 연지급의 약정, 환어음의 인수 또는 매입을 한다는 어떠한 확약이 성립되는 것은 아니므로 지정된 통지은행은 지급·연지급·인수·매입의 의무는 없다.

② 불완전·불명료한 지시가 있는 신용장의 통지
L/C 통지/조건변경과 관련 불완전·불명료한 지시를 받은 경우, 통지은행은 그러한 L/C를 아무런 책임 없이 수익자에게 단순한 참고(Information Only)로만 사전 통지한다.
사전통지서에 "단순히 참고사항으로만 제공되는 것이며 통지은행은 아무런 책임을 지지 않는다(Information only and without the responsibility of the advising bank)"는 뜻의 내용을 분명하게 표시하여야 하며 통지은행은 이러한 내용을 개설은행에 통보하고 필요한 정보를 제공하도록 요청하여야 한다.

③ 환거래가 없는 은행이 발행한 신용장의 통지
환거래가 없는 은행(Non-Correspondent Bank)이 개설하는 등의 사유로 신용장의 진위 여부를 확인할 수 없는 경우에도 불구하고 신용장을 통지하기로 결정한 경우에는 다음과 같은 면책문언을 통지은행이 표시한다.
"Please note that the signature on this signature on this credit is not verified and that we assume no liability or responsibility for consequence arising from advising this credit"

제2절 신용장 수령시 점검사항

1. L/C 진위 재확인

① 수익자는 독자적으로 L/C 진위성을 재점검한다.

② 운송서류의 수하인(Consignee)이 신용장의 개설은행이 아닌 수입상 또는 제3자로 되어 있는 경우에는 신용장의 진위확인을 보다 철저하게 하고, 그 이유의 타당

성에 대하여 면밀하게 살펴보아야 한다.

③ 운송서류의 원본 중 1통 이상을 수입상 또는 제3자에게 직송하도록 되어 있는 경우에는 일단 의구심을 갖고 통지은행과 함께 진위 여부에 대한 확인을 보다 철저히 하여야 한다.

2. 위조 및 변조 신용장 처리시 유의사항

최근에 발견되는 위조신용장은 화환신용장형태가 아닌 Standby L/C 및 유사 Guarantee의 형식을 취하고 있다. 위조 및 변조 신용장은 몇 가지 특징을 지니고 있는데,

첫째로 대부분 금액이 USD1천만 달러 이상의 거액이며,

둘째로 무역실무 경험이 일천한 신규업체나 소규모의 개인기업에게 직접 전달되고 있고,

셋째로 정상적인 SWIFT 메시지타입(MT760)이 아닌 조잡한 우편신용장으로 전달되고 있다는 것이다.

이러한 신용장은 국내에 대규모의 투자를 하겠다거나 혹은 저리의 대출금 제공 목적이라는 등 사기성이 다분한 내용이 많으므로 반드시 은행을 통한 SWIFT MT760 등 정상적인 신용장을 수입자에게 요청하여 취급하여야 한다.

3. 개설은행 신용도 검토

① 선적이나 매입시점에서 개설은행이 파산/지급불능상태에 빠지는 경우도 있을 수 있으며, 개설의뢰인의 파산에 따라 고의로 지급을 거절하게 될 가능성이 있다.

② 개설은행이 소재하고 있는 국가의 외환사정 악화 또는 정치적 불안이 고조되고 있는 경우에는 국내에 소재한 개설은행의 환거래은행(대개 통지은행)과 접촉하여 확인(Confirmation)을 추가한 확인신용장을 받은 후 수출을 이행하는 것이 안전하다.

③ Swift로 개설된 신용장의 Confirm Instructions(49 Field) 난에 “Confirm”이라는 표시가 있는 경우에는 신용장에 확인을 추가하도록 요청(Request)한 것이며, “May Add”로 표시된 경우에는 확인을 수권(Giving authorization)한다는 의미이다.

4. L/C 내용 검토

① 신용장통일규칙 준거문언의 유무와 지급확약문언의 유무 등을 우선 확인한다.

② 매매계약서의 내용과 조건이 부합되는지 여부를 검토한다.

③ 신용장의 선적기한이 계약서상의 그것들과 일치하는지 여부 및 선적이나 서류의 작성과 제시를 위한 충분한 시간적 여유가 있는지를 검토한다.

5. 이행불능 조건검토

다음과 같은 신용장의 조건들이 있는 경우 조건변경을 통하여 그 대응방안을 강구해야 한다.

① L/C에 지정된 기관이 국내에 없거나 서류송달기한이 너무 촉박한 경우
② 수출물품 생산에 사용될 원자재를 수입상이 지정한 외국산 원자재를 사용하도록 한 신용장은 원자재의 통관 시일을 감안하여 신용장상의 물품 선적시기를 검토함
③ 신용장상의 기재내용이 상호 모순되는 경우
④ 매수인 측에 의하여 악용의 여지를 남기고 있는 조건들에 유의하여야 함

6. 불완전/불명료 조건검토

① 불완전하거나 불명료한 경우에는 반드시 통지은행을 통하여 개설은행에게 통보하고 완전하고 정확한 정보를 제공해 주도록 요청한다.
② 개설의뢰인은 신용장의 개설 또는 조건변경을 위한 지시에서 모든 불명료함의 위험을 부담한다.
③ 서류심사단계에서 야기되는 대다수의 문제들은 관련거래명세, 신용장 개설신청 그리고 신용장개설에 신중한 주의를 기울임으로써 회피하거나 해결될 수 있다. 서류검토시 발생하는 문제를 줄이기 위하여 기초거래의 내용과 신용장 개설신청서 및 신용장 개설시 신중을 기하여야 한다.

7. 수정요구 방법

① 통지은행에 조회하여 확인한 후에 정정할 점이 있으면 지체없이 직접 매수인(개설의뢰인)에게 요청하든지 또는 통지은행을 통하여 정정을 요구한다.
② 매매계약과 불일치로 인한 조건들은 개설의뢰인에게 직접 전신으로 송부하여 요구하는 것이 좋으며, 신용장 자체의 모순이나 필수요건의 누락 또는 개설은행의 실책으로 간주되는 사항들은 통지은행을 통하여 개설은행으로 요청하는 편이 보다 효과적이다.

8. 신용장상의 독소조항 검토

독소조항(함정문구)이란 ① 수익자의 의지만으로는 그 이행이 불가능한 조건 ② 수익자와 매입은행의 입장에서 통제할 수 없는 조건(Uncontrollable Condition) ③ 개설은행의 대금지급 책임을 면책시키는 조항 ④ 대금결제를 제약하는 특수 상환 조항 등 ⑤ 신용장의 본질에 치명적인 제약을 첨가하는 비서류적 조건 및 충족하기 어려운 조건 등이다.

이와 같은 독소조항은 수출상 측에서 Credit Risk(신용위험)에 노출될 가능성이 많은 조건이며, 신용장의 특성을 훼손시키는 조건들이다.

독소조항은 수입상 또는 개설은행의 철저한 계산속에 의도적으로 신용장에 삽입되어 평상시에는 정상적으로 결제하다가 경기 또는 시장 상황이 불리하게 변하는 등 유사 시 대금지급 거절 사유로 악용되어지는 이중성을 지니고 있다. 또는 처음부터 사기거래에 악용하기 위해 삽입하는 경우도 있다.

이러한 조건부(불완전) 신용장(Conditional L/C, Inoperative L/C, Incomplete L/C)은 은행 측에서는 추심 후 지급이 원칙이다. 불가피하게 추심 전 매입 시에는 하자매입에 준하여 처리하고 있는데 매우 위험한 업무처리방법이어서 은행에서는 해당업체의 신용상태 파악, 별도의 채권 보전책을 강구한 이후에 업무를 처리하고 있다.

수익자 측에서는 이러한 조건들은 신용장 수령시 철저하게 검토하여 개설은행으로부터 해당 조건을 삭제한다는 조건변경서를 받은 후에 거래를 이행하여야 한다.

조건변경을 행하지 않은 경우의 위험은 수익자가 부담하여야 한다.

독소조항은 일반적으로 SWIFT MT 700(화환신용장의 개설) “47A : Additional Conditions”에 기재된다. 그러나 “46A : Documents Required”에 기재되는 경우도 있으니 유의하여야 한다.

수입업자가 악용(惡用)할 수 있는 특수조건(독소조항, 함정문구)의 예시는 다음과 같다.

① “Bill of Lading showing shippers load and count not acceptable” : 선하증권상에 “화주의 적입 및 계량이라고 기재된 서류”는 인수하지 않는다는 조건으로 수출업자가 불리하게 될 가능성이 있다.

② “60% of invoice value available at sight and remainder to be negotiated upon receipt of notice from drawee that they satisfied with merchandise” : 전체금액의 일부는 일람불로 지급하고 나머지는 물품검사 후에 지급하겠다는 조건이다. 신용장 독립·추상성 원칙에 위배되며, 수입업자가 나머지 결제금액을 미루며 가격할인을 요구할 수도 있다.

③ “L/C will be operative when the applicant obtain I/L from the authorities” : 수입업자가 당국의 수입승인을 획득한 경우에 신용장이 유효하다는 조건으로 대금결제에 불리하다.

④ “Our acceptance for the documents could be cancelled if were a claim from the applicant after installation of the system” : 수입업자로부터 클레임이 제기될 경우에는 개설은행의 서류인수가 취소될 수도 있다는 조건으로 수입업자의 대금지급거절 가능성이 있다.

⑤ “We will pay the proceeds upon receipt of the principal from the ultimate buyer/final applicant” : 신용장개설은행이 수입업자로부터 대금을 수취한 후에 결제하겠다는 조건으로 수입업자가 대금을 지급하지 않을 수 있는 불리한 조항이다.

⑥ “Commercial Invoices must appear on their face to be signed by the Application or their agent” : 상업송장에 수입업자나 그 대리인의 서명을 요구하는 조건으로 수출업자가 서류를 준비하지 못하게 될 불리한 조건이다.

⑦ “Payment will be made only on realization of export proceed against L/C No.123” : 대금지급이 다른 신용장(No.123) 거래와 연계시키는 조건으로 수출업자에게 매우 불리한 조건이다.

⑧ “Inspection Certificate approved and signed by buyer’s agent required” : 검사증명서에 특정인의 서명을 요구하도록 하고 서명을 고의적으로 하지 않을 경우에 수출업자의 대금회수가 불가능하게 될 조건이다.

⑨ “Shipment subject to further instruction”, “Shipment must be affected by a vessel which will be advised from buyer by cable before shipment”, “Negotiations under this credit subject to further instruction” : 추가로 선적 또는 매입의 지시가 별도로 있어야만 선적이나 매입이 가능하다는 조건으로 추후 수입업자가 선적유보 또는 매입유보를 의도하는 경우에 수출업자는 대금회수가 불가능할 수도 있다.

⑩ “The name of Vessel will be indicated”, “The name of the ship will be notified” : 선박의 명칭이 추후에 지정될 것이라는 조건으로 수출업자의 선적이행에 문제가 발생할 수도 있다.

⑪ “Bene’s certificate certifying that one set of shipping documents including 1/3 set of original B/L have been sent to top fashion(shanghai) Co., Ltd. by courier within three days after shipment” : 원본 B/L의 1/3 세트가 포함된 선적서류의 한 세트가 선적 후 3일 이내에 직송업체에 의하여 수입지(수입상 또는 제3자)로 보내졌음을 증명하는 수익자증명서를 요구하는 조건으로 수입상이 임의로 물품을 찾아갈 수 있으므로 유의하여야 한다.

⑫ “Payment of drafts drawn hereunder will be made only after the realization of the re-export proceeds program” : 수입상의 재수출대금 수취를 전제조건으로 개설은행이 대금지급을 확약한다는 조건으로 수출상에게 대단히 위험한 조

건이다.

⑬ "Certificate of Origin must be legalized by a Consulate in Korea" : 국내에 XX국가의 영사가 주재하지 않는데도 영사의 공인된 원산지증명서를 요구하는 조건으로 수출업자의 서류준비에 문제가 발생한다.

⑭ "Claims for reimbursement will be made on the L/C Applicant" : 신용장통일규칙 준수문언이 있더라도 개설은행의 지급확약을 수입상에게 전가하고 있기 때문에 신용장의 본질을 훼손할 수 있는 내용이다.

⑮ "Upon receipt of bill of lading at issuing bank, this L/C will then be operative with responsibility, subject to provision of cover by applicant." : 개설은행 앞 선적서류가 접수되면 이 신용장은 유효하게 되며, 개설신청인이 결제대금을 납부한 경우에만 대금을 지급할 것이라는 내용이다. 개설신청인이 납부한 금액이내에서만 결제를 하겠다는 불완전한 약속을 하고 있는 것이다. 따라서 수익자의 입장에서 이러한 거래는 "추심에 관한 통일규칙"에 의한 추심거래보다 유리한 점이 없는 것이다. 비록 신용장이 취소불능조건으로 개설되었다 하여도 실제로는 취소가능이나 또는 단지 사전통지 신용장으로 간주하여야 하는 것이다. 한편 매입은행은 대금결제에 관한 확약을 확인하기 전에 서류를 취급하고자 하는 경우에는 원칙적으로 서류를 추심방식으로 개설은행 앞 송부하여야 하는 것이다.

⑯ "Certificate of Cargo Receipt signed by the purchaser." 또는 "Certificate of Inspection countersigned by the purchaser." : 수익자가 독자적으로 완성할 수 없는 서류를 요구하는 조건이다.

⑰ "This DC is available for negotiation only after receipt by the beneficiary of further instruction of shipment from us." : 지시를 받은 후 선적하도록 요구하는 조건으로 수출자에게 매우 불리한 조항이다.

⑱ "Negotiation under this DC is subject to our further instruction indicating the detailed reimbursement methods." : 지시를 받은 후 매입하도록 요구하는 조건으로 수출자에게 매우 불리한 조건이다.

⑲ "Sample must be approved by the buyer prior to shipment." : 수입상이 견본품을 승인한 후 선적하도록 요구하는 조건으로 수출자에게 불리하다.

⑳ "This DC will be operative on receipt of qualified agreement to reimburse from ADB." : 국제기구로부터 대금상환수권서를 발급 받아야 유효하다는 조건이 부여된 신용장으로 매우 불리한 조건이다.

㉑ "Draft must be negotiated within 3 days after receipt of Certificate of Inspection from us." : 서류제시기간을 매우 촉박하게 요구하는 조건이다.

㉒ "Shipment to be made from Seoul, Korea." : 해상선하증권을 요구하면서 선적항이 육지로 표시된 신용장으로 신용장의 조건을 충족할 수 없는 내용이다.

㉓ "Drafts are payable upon receipt Inspection Certificate issued by the U.S. Food & Drug Administration." : 도착지에서 검사가 통과하면 지급하는 조건으로 수출자에게는 매우 불리한 조건이 될 수 있다.

㉔ "A SWIFT amendment shall be effected out by the L/C applicant from the issuing bank to the advising bank confirming that the final products have met all specifications and conditions as required by the L/C applicant and is acceptable to the L/C applicant. Beneficiary should submit a duly authenticated copy of such SWIFT amendment together with the documents presented for negotiation." : "L/C Applicant(수입자)가 요구한 대로 최종 제품의 모든 사양과 조건들이 일치하고 수입자가 수락한다는 내용이 확인되어 있는 "SWIFT AMENDMENT"가 수입자에 의하여 개설은행으로부터 통지은행으로 실행되어야 한다. 수익자는 네고시에 제시되는 서류와 함께 이러한 "SWIFT AMENDMENT"의 정당하게 인증되어진 사본을 제시하여야 한다."

상기 신용장조건은 독소조항(신용장 첨부서류에 의하여 네고시에 신용장의 조건성취 여부의 판단이 애매모호할 수밖에 없는 조건)이 존재하고 있는 것으로 판단되어 진다.

물론 상기내용대로 수익자(Bene)는 신용장조건의 내용대로 수입자(Applicant)가 개설은행을 통하여 통지은행으로 송부하여야 할 "L/C Applicant(수입자)가 요구한 대로 최종 제품의 모든 사양과 조건들이 일치하고 수입자가 수락한다는 내용"이 확인되어 있는 "SWIFT AMENDMENT"에 관한 전신문을 수취한 후에 그 사본을 네고시에 신용장 요구서류와 함께 제출하면 신용장의 조건에 일치하는 거래라고 주장할 수 있는 근거가 성립이 되지만, 만약에 수입자(Applicant)가 고의적이든 아니든 간에 그러한 전신문을 송부하지 않는다면 네고시에 당해 서류의 미제시로 하자가 발생하게 되는 수익자(Bene)에게는 매우 불리한 독소조항이라고 판단된다.

이러한 독소조항 외에도 일부 방글라데시 은행의 신용장은 "Master L/C"가 지급되면 자신의 신용장도 지급하겠다는 조건, 일부 중국계 은행들의 신용장은 "수입상의 검사증명서"를 요구하면서 수입상의 서명이 개설은행에서 보유하고 있는 견본서명과 일치하여야 한다는 조건 등이 있다. 이것들은 모두 정상적인 'IRREVOCABLE CREDIT'이라고 간주할 수 없으니 수출자 및 은행이나 무역보험공사는 취급 시 주의하여야 한다.

제 3 절 신용장의 확인

1. 확인의 의의

① 확인(Confirmation)이란 개설은행의 확약에 추가하여 일치하는 제시에 대하여 결제(honour) 또는 매입(negotiation)하겠다고 확인은행(Confirming bank)이 하는 확약을 의미하며, 취소불능(Irrevocable) 신용장에 대한 개설은행 이외의 제3은행(확인은행)의 추가적인 일람지급·연지급·인수·매입을 확약하는 것을 의미한다.

② 개설은행 신용상태에 대한 불안감 또는 수입업자 소재국가의 정치, 경제적 위험이 있는 경우 수출대금회수의 불확실성을 제거하는 이중확약으로 안정적인 장치이다.

③ 확인은 확인은행의 개설은행에 대한 대출이므로 반드시 개설은행의 확인요청에 의하여 추가되어지는 확인은행의 책임과 의무가 독립적으로 부가되는 행위이다.

④ 확인은 지급 또는 인수를 확약하거나 수익자가 발행한 환어음 또는 신용장에 의거하여 제시되어지는 서류를 어음의 발행인이나 선의의 제3자에게 상환청구없이(without recourse) 매입할 것을 확약하는 행위이다.

⑤ 확인을 요청받은 은행은 개설은행의 신용상태가 불확실하면 확인요청 거절이 가능하다.

⑥ 때로는 수익자가 신용장을 통지받은 후 수익자의 청구가 있어 개설은행으로부터 수권(Authorization)을 받아 확인이 되는 경우도 있다.

2. 확인은행의 의무

① 개설은행의 요청에 의하여 제3의 은행이 개설은행이 1차적으로 확약하고 있는 취소불능신용장의 일람지급(At Sight Payment), 연지급(Deferred Payment), 인수(Acceptance) 또는 매입(Negotiation)에 대하여 2차적(독립적 성질임)으로 지급이나 인수를 확약하거나 신용장조건과 일치하는 환어음에 대하여 발행인 또는 선의의 소지인에 대하여 상환청구함이 없이(without recourse) 매입을 확약한다.

② 확인은행은 개설은행의 조건변경에 대하여 확인요청을 거절할 권리가 있다.

③ 조건부 확인 : 기한부지급조건의 신용장, 회전신용장(revolving credit)의 경우처럼 유효기간이 장기간이거나 거래금액이 큰 신용장일 때에는 일정기간에 대하여만 조건부로 확인하거나 또는 일정한 금액이내에서만 확인하는 것이다.

④ 확인은행은 신용장에 확인을 추가하는 시점부터 취소불능으로 결제(honour)하거

나 매입할 의무를 부담한다.

3. 기재예시

① SWIFT MT 700 전신문의 'Field 49'의 확인에 대한 개설은행의 지시는 3가지로 구분하고 있다.

ⓐ CONFIRM → 전신문 수신인(통지은행)에 대하여 확인을 요청하는 것. 요청(Request)은 수익자의 요청이 없어서 수수료를 수익자로부터 징수하지 않더라도 일방적으로 확인을 추가하여 통지해도 된다는 지시이다. 따라서 확인수수료는 당연히 그 요청을 하는 개설은행(개설의뢰인)이 부담한다.

ⓑ MAY ADD → 전신문 수신인(통지은행)은 확인을 할 수 있다는 것. 개설은행이 통지은행에게 확인을 추가하도록 수권하는 경우에는 "MAY ADD"라는 SWIFT Code를 선택한다. 수권(Giving authorization)의 의미는 확인은행에서 수익자로부터 확인에 필요한 제반 수수료를 받고 확인 준비가 되면 확인을 추가할 수 있는 권한을 부여하는 것으로 수익자가 수수료를 지급하지 않거나 확인요청을 하지 않으면 확인을 하지 않아도 된다는 것이다.

ⓒ WITHOUT → 전신문 수신인(통지은행)에 대하여 확인에 대한 수권이나 요청을 하지 않는다는 것을 의미한다.

② 비수권 확인(silent confirmation)이란 수출상 거래은행이 신용장 개설은행의 요청이나 수권없이, 신용장 조건과 일치하는 제시(complying presentation)가 있는 경우에 개설은행의 확약에 추가하여 확정적인 지급확약을 하는 것을 의미한다. 비수권 확인자(silent confirmer)는 개설은행의 수권이나 요청이 없기 때문에 UCP 600에서의 확인은행으로 인정받지 못한다.

4. 실무적 유의사항

① 확인은행은 Documentary Risk(하자 거절 위험), Credit Risk(개설은행 및 소재국가 신용문제, 파산, 지급유예, 지급동결의 위험) 등의 위험 때문에 확인시 각서를 징구하거나 확인통지시 소구권(recourse)이 있다는 문구를 삽입하는 경우도 있다(제한적 소구권).

예시

네팔에서 개설된 신용장에 되어 확인은행은 다음과 같이 확인문구를 confirmation letter상에 표기하였다. "In accordance with the issuing bank's & your request, we have added our confirmation to the above mentioned letter of credit." 그리고 "However, we reserve the right to claim refund in the event of non-payment, non-acceptance by the L/C issuing bank due to any discrepancies to the documents or failure to meet terms of the credit."라는 내용도 포함되어 있었다.

② 확인을 요청받은 은행은 개설은행의 신용상태가 불확실하면 확인을 추가하지 않고 L/C를 수익자에게 통지할 수 있다.
③ 확인은행은 조건변경에 대하여 확인을 추가할 수도 있고 거절할 수도 있으며, 거절하는 경우 그 사실을 지체없이 개설은행과 수익자에게 통지하여야 한다.
④ 확인은행은 일치하는 제시에 대하여 결제(honour) 또는 매입을 하고 그 서류를 확인은행에 송부한 다른 지정은행에 대하여 신용장 대금을 상환할 의무를 부담한다.

5. 확인 수수료

① 확인(증액확인포함)한 날로부터 신용장 유효기일(기한부신용장은 만기일)까지 은행신용등급별로 년 0.3%~3.0%까지 차등 적용
② 신용장금액×요율×월수(절상)/12×매매기준율
③ 신용장상에 "개설은행 또는 수입자부담" 조건인 경우 개설은행 앞 청구하고 수출상 부담인 경우 수출상이 부담한다.

제 4 절 신용장의 양도

1. 의미

① 양도가능신용장(L/C에 "Transferable"이 명시됨)의 권리의 일부나 전부를 원수익자(제1수익자)의 요청에 따라 제3자(제2수익자)에게 양도(Transfer, T/S)하는 것이다.
② 양도가능신용장(Transferable Credit)이란 신용장 자체가 "Transferable"(양도가능)이라고 특정하여 기재하고 있는 신용장을 의미한다. 양도가능신용장은 수익자(first beneficiary)의 요청에 의하여 전부 또는 부분적으로 다른 수익자(second beneficiary)에게 이용하게 할 수 있다.

③ 은행은 자신이 명시적으로 승낙하는 범위와 방법에 의한 경우를 제외하고는 신용장을 양도할 의무가 없다. 양도요청은 개설은행의 일방적인 의사표시로 성립될 수 없으며, 이는 반드시 양도은행(Transferring Bank) 측의 승낙을 득하여야 한다.

④ 양도는 1회에 한하며 제2수익자의 요청으로 제3수익자에게 다시 양도되는 재양도(retransfer)는 금지된다. 단, 양수인이 원수익자에게 양도환원(transfer back)하는 경우 양도취소로 간주하여, 원수익자가 제3자에게 양도가 가능하다.

⑤ 제1수익자는 양도를 요청할 때 제2수익자 앞으로 조건변경을 통지할 것인지에 대하여 취소불능의 조건으로 명확하게 지시하여야 한다.

⑥ 양도가능문구는 신용장상에 "Transferable"이 명시되어야 가능하며, "Divisible, Fractionable, Assignable, Transmissible"과 같은 용어는 신용장의 양도와 아무런 관련이 없으며 이러한 용어가 사용되었더라도 이는 무시한다.

2. 양도의 필요성

① 수익자가 계약물품의 미보유로 신용장의 양도에 의하여 생산자 등이 직접 선적

② 신용장을 수출쿼터 보유자에게 양도하고 수출대행을 의뢰하는 경우

③ 실제공급자에게 양도하여 중간차익의 취득을 목적으로 하는 중계무역의 경우

④ 신용장(back to back L/C, baby L/C, sub L/C 등) 개설비용 절감 목적. 수출지에 있는 수입상의 대리점, 지사가 L/C를 받아서 실수출자에게 1부씩 양도하는 경우

3. 양도취급은행

양도은행이라 함은 신용장을 양도하는 지정은행, 또는 어느 은행에서나 이용할 수 있는 신용장의 경우에는 개설은행으로부터 양도할 수 있는 권한을 특정하여 받아 신용장을 양도하는 은행을 말한다. 개설은행은 양도은행이 될 수 있다.

① 지급(Payment) L/C : 지급은행

② 연지급(Deferred Payment) L/C : 연지급은행

③ 인수(Acceptance) L/C : 인수은행

④ 매입제한(Restricted) L/C : 매입제한은행

⑤ 자유매입(Freely Negotiable) L/C : 신용장에서 양도은행으로 지정된 은행이며 이 경우 "This Credit is transferable at ×× Bank"라는 문구가 있어야 한다.

4. 양도 절차

① 전부 또는 일부 양도신청서(Application for Advice of Total or Partial Transfer)

를 양수자 즉, 제2수익자와 함께 서명한 후(또는 제2수익자와 맺은 계약서나 오퍼를 첨부) 원신용장과 함께 양도 취급은행에 제출한다.

② 양도 취급은행은 동 의뢰서의 내용에 따라 원신용장 원본 뒷면에 양도사실[예 : This credit had been totally(or partially) transferred to ABC Co.(제2수익자) for USD 12,000 by XYZ Bank]을 명기한다.

③ 특히 Partial Transfer인 경우 상품이 종류별로 되어 있거나 수량이 명시되어 있는 경우에는 원신용장의 뒷면에 당해 상품명이나 수량도 기재해야 한다[This credit has partially transferred to (제2수익자명) for (금액) covering (상품명세)].

④ 양도은행은 양도인, 개설은행, 통지은행(양도은행이 통지은행이 아닌 경우)에 'Transfer Advices'의 사본을 교부하고 양수인(제2수익자)에게는 양도통지서 원본과 양도은행이 작성한 양도신용장 원본을 교부한다.

5. 양도수수료

① 양도시 : 건당 약 2만원

② 양도후 조건변경시, 증액 조건변경시 : 건당 약 2만원. 기타 조건변경시 : 건당 약 1만원

③ 양도와 관련한 은행비용과 수수료, 대가 또는 지출금을 포함한 양도은행의 경비(charges)는 다른 합의가 없는 한 원칙적으로 제1수익자가 부담한다(UCP 600 38조 c항 참조).

6. 실무적 유의사항

① UCP 600 제38조에서 신용장을 양도받은 제2수익자가 반드시 양도은행에 서류를 제시하도록 규정하였다. 이는 제2수익자가 양도은행을 거치지 않고 개설은행으로 서류를 직접 송부함으로써 제1수익자가 서류 교체를 통해서 양도차익 등을 얻을 수 있는 기회를 상실하는 상황이 발생하기 때문이다. 만약 신용장금액이 100% 양도되는 무조건 양도인 경우에는 양도시 양도신용장에 "서류는 개설은행으로 직접 송부해야 된다"라는 조항을 명확하게 삽입하여야 한다.

② 분할청구 또는 분할선적이 허용되는 경우에 신용장은 두 사람 이상의 제2수익자에게 분할양도될 수 있다. 양도된 신용장은 제2수익자의 요청에 의하여 그 다음 수익자에게 양도될 수 없으며, 제1수익자는 그 다음 수익자로 보지 않는다.

③ 양도가능 신용장을 SWIFT로 개설하려면 SWIFT Field 40A에 "IRREVOCABLE TRANSFERABLE"로 입력되어야 하며 SWIFT 전송될 때 신용장이 "IRREVOCABLE

AND TRANSFERABLE"하다는 내용을 나타내야 한다.

7. 신용장 양도의 종류

(1) 양도 금액

① 전액양도(total transfer) : 원신용장의 제1수익자가 수취한 신용장금액을 제2수익자에게 전액을 양도하여 주는 것을 의미한다. 양도은행은 원신용장의 배면에 다음과 같은 양도 사실을 기재하고 서명한다. "This Credit in totally transferred to A Co., Ltd. for US$200,000 on April 15, 20XX by XXX Bank XX branch."

② 분할양도(partial transfer) : 원신용장의 최초의 수익자가 수취한 신용장금액중 일부를 하나의 제2수익자에게 양도하거나 원신용장 전체금액을 다수의 제2수익자에게 분할로 양도하여 주는 방법이다. 원신용장의 금액이 US$200,000이라면 그 금액을 A, B, C, D에게 US$50,000씩 분할하여 양도하는 경우에 이들 모두를 제2수익자로 간주하게 된다. "This Credit is partially transferred to A Co., Ltd. for US$50,000 on April 15, 20XX by XXX Bank XX branch."

③ 분할양도는 원신용장에서 분할선적이 허용되는 경우에만 가능하며 분할양도 금액의 합계액은 원신용장 금액을 초과할 수 없다.

(2) 조건변경 여부

① 단순양도 : 원신용장의 조건변경없이 제2수익자가 현지은행에서 NEGO하여 개설은행 앞 직송 후 원신용장 조건에 의거 결제받도록 하는 양도이다. 제1수익자의 송장대체가 필요없고 양도인의 중개 및 알선수수료는 별도로 무역외로 영수한다.

② 조건변경부 양도 : 제1수익자가 중계차익의 확보를 목적으로 신용장의 금액, 단가, 유효기일 등을 감액 또는 기간 단축(수량은 변경할 수 없음)하여 양도하는 것이다.

(3) 조건변경 양도절차

① 수입상(개설은행)으로부터 수령한 원신용장의 내용이 다음과 같은 경우
신용장 금액 : USD10,000, 수량 100개, 단가 USD100

② 제2수익자(생산자) 앞으로 신용장을 금액, 단가 감액 양도
신용장 금액 : USD9,000, 수량 100개, 단가 USD90

③ 제2수익자가 물품생산을 완료한 후 수입상 앞으로 물품을 선적

④ 제2수익자 거래은행(매입은행)을 통하여 양도은행 앞으로 선적서류를 송부.
송장 및 어음은 제1수익자를 수화인(consignee)으로 작성
송장 및 어음 금액 : USD9,000

⑤ 제1수익자는 수입상을 수화인(consignee)으로 기재한 송장 및 어음으로 대체하여 원신용장 개설은행 앞으로 선적서류를 송부한다. 중계차액(USD1,000)의 매입 또는 추심 여부는 양도은행과 협의로 결정한다. 신용장 금액 : USD10,000($9,000은 추심)

⑥ 원신용장 개설은행으로부터 신용장 대금(USD10,000) 입금 통지 받는다.

⑦ 양도은행은 제2수익자 앞 대금(USD9,000) 송금, 중계차액 USD1,000 취득

⑧ Less charge 등은 제2수익자 앞 결제대금에서 공제한다.
* 활용 : 중계무역거래, 해외현지공장 등에 위탁생산한 물품을 외국에 판매하는 거래, 국내 완제품 LOCAL 거래, 국내에서 중계수수료 수취를 목적으로 한 단순양도 거래 등에서 조건변경부 양도의 이용이 가능하다.

(4) 양도지역

① 국내양도 : L/C 제1수익자와 제2수익자가 동일한 국가내에 소재하고 있는 경우

② 국외양도 : L/C의 제1수익자와 제2수익자가 다른 국가에 소재하고 있는 경우를 의미한다. 국외양도는 신용장상에 국외양도에 대한 금지문언이 없어야 하며, 선적항 및 가격조건이 양도되는 국가와 모순되지 않아야 한다.

(5) 양도된 L/C 조건변경

① 제1수익자는 신용장의 양도요청시에 조건변경서의 통지방법에 대하여 명확히 지시하여야 한다. 조건변경서를 제2수익자에게 직접 통지하도록 지시받은 양도은행은 향후에 내도하는 조건변경사항에 대하여 제2수익자에게 직접 통지하여야 한다.

② 다수의 제2수익자에게 양도된 경우 조건변경이 있는 경우에는 조건변경을 수락한 양수인에 대해서만 조건변경의 효력이 발생하며, 조건변경을 수락하지 아니한 양수인에 대하여는 이전의 원신용장이 그대로 유효하게 적용된다. 비록 일부의 양수인이 조건변경사항을 거절한다 해서 조건변경서가 양수인 모두에게 무효가 되는 것은 아니며, 조건변경을 수락한 양수인에 대하여는 당해 조건변경이 유효하게 적용된다.

8. 원신용장의 조건 중 변경가능 항목

(1) 금액 및 단가의 감액

① 제1수익자는 신용장 금액을 감액하여 양도신청 할 수 있다. 또한 신용장이 단가를 표시하는 경우 단가 감액에 의하여 신용장의 금액을 감액 양도요청 할 수 있다.
② 신용장 금액이 US$200,000 단가가 US$200이라면 신용장을 양도할 때 신용장의 금액은 US$180,000로 하고 단가를 US$180으로 감액할 수 있는 것이며 이러한 경우에 그 차액인 US$20,000은 원 수익자의 양도차익이다.

(2) 유효기일, 서류제시기일 및 선적기일의 단축

① 감액된 신용장양도장에 의하여 제2수익자가 작성한 상업송장 및 어음의 금액과 원신용장조건에 일치하게 제1수익자가 작성한 상업송장 및 어음금액의 차액이 제1수익자의 양도차익이며, 그 차익은 송장 대체 및 어음의 대체나 추가발행에 의해서만 취득이 가능하다. 따라서 송장 및 어음의 교체를 위한 시간적 여유를 확보하기 위해서는 유효기일, 서류제시기간 및 선적기일에 대한 단축이 필요하다.
② 원신용장의 기일 : "선적기일 : 20XX. 10. 10, 유효기일 : 10. 30, 서류 제시기간 : 선적일로부터 10일 이내" → 단축된 신용장양도장의 기일 : "S/D : 20XX. 9. 30, E/D : 10. 20, P/D : 선적일로부터 7일 이내" 등으로 단축이 가능하다.

(3) 원신용장 보험가입금액 비율요구

① 원신용장의 금액이 US$200,000이며 보험가입금액이 상업송장금액의 110%에 대하여 보험가입 하도록 되어 있는 경우에 보험가입금액은 US$220,000이 된다.
② US$180,000로 감액하고 상업송장금액의 110%를 보험가입하게 된다면 가입금액은 US$180,000의 110%인 US$198,000이 되기 때문에 원신용장의 조건에 위배된다.
③ 그러므로 신용장 양도장에 US$220,000에 대하여 보험가입을 증액하도록 요구하면 원 신용장조건을 충족하게 될 것이다.

(4) 개설의뢰인 성명 대체

① 신용장을 감액양도하는 경우 제2수익자가 신용장개설의뢰인의 존재를 알게 되면 제2수익자는 제1수익자를 배제하고 직접적인 거래관계를 모색할 가능성이 있다.
② 제1수익자 이해관계 보호를 위하여 원신용장 조건적용 예외사항의 하나로 양도장의 개설의뢰인 난에 신용장개설의뢰인의 성명대신에 제1수익자 자신의 성명을 대

신 표시할 수 있도록 허용하고 있다.

③ 그러나 원신용장이 신용장개설의뢰인의 명의가 상업송장 이외의 다른 서류에 표기되도록 특별히 요구하고 있을 때에는 그러한 요구가 반드시 이행되어야 한다.

④ 제1수익자는 신용장에 명시된 금액을 초과하지 않는 범위 내에서 제2수익자의 송장 및 환어음을 자신의 송장 및 환어음(있는 경우)으로 대체할 권리를 가지고 있으며, 그러한 대체를 하는 경우에, 제1수익자는 자신의 송장과 제2수익자의 송장 사이에 차액이 있다면, 그 차액에 대하여 신용장에 따라 어음을 발행(청구)할 수 있다.

⑤ 제1수익자가 만일 있다면 그 자신의 송장과 환어음을 제시하였으나 첫 요구 시에 그렇게 하지 못한 경우, 또는 제1수익자가 제시한 송장이 제2수익자에 의하여 행해진 제시에는 존재하지 않았던 하자를 발생시키고, 제1수익자가 첫 요구 시에 이를 정정하지 못하였다면, 양도은행은 제1수익자에게 더 이상의 책임을 지지 않고 제2수익자로부터 받은 그대로 서류를 개설은행에 제시할 권리를 지닌다.

⑥ 제1수익자는 제2수익자에 대하여 신용장 유효기일 당일까지 결제(honour) 또는 매입이 신용장이 양도되어진 장소에서 이루어지도록 요구할 수 있다. 이러한 경우에 원수익자는 그러한 뜻을 양도장에 기재하도록 요구하게 되며 예를 들면 다음과 같다. “Please forward us(transferring bank) all draft and documents in two consecutive airmail.”

(5) 신용장 국외양도시 실무적 유의사항

① 원수익자가 중계무역업자일 때 중계차액을 수취할 목적으로 해외에 소재하는 실제조자에게 신용장금액을 감액하거나 선적기일을 단축하는 등 신용장 조건에 변경을 가하여 국외양도한다.

② 양도은행은 지급확약은행이 아니고 원수익자의 요청에 의해 양도 및 서류대체업무만 수행하므로 국외양도장에는 거의 예외 없이 “L/C대금의 입금은 개설은행으로부터 자금결제 후 비로소 이루어질 것임”이라는 문구가 삽입된다.

③ 서류대체 오류로 인한 책임(ICC 의견) : 대체된 환어음과 송장상의 하자가 원인이 되어 개설은행으로부터 지급거절된 경우 양도은행의 책임이 문제될 수 있다.

④ UCP에 허용된 조건 이외의 원신용장 조건을 변경하여 양도하는 경우 : 양도시 변경가능한 조건이외의 기타 조건을 신용장 당사자의 동의 없이 변경한 경우 양도은행의 책임이 문제될 수 있다.

⑤ Switch B/L을 발급 받아 개설은행으로 제시하는 경우 개설은행으로부터 지급거절시 최초 서류제시은행(제2수익자)에게 최초 제시된 B/L원본을 반환할 수 없으므로 지급거절이 불가하여 양도은행의 책임문제가 발생할 수 있다.

9. 신용장양도의 흐름

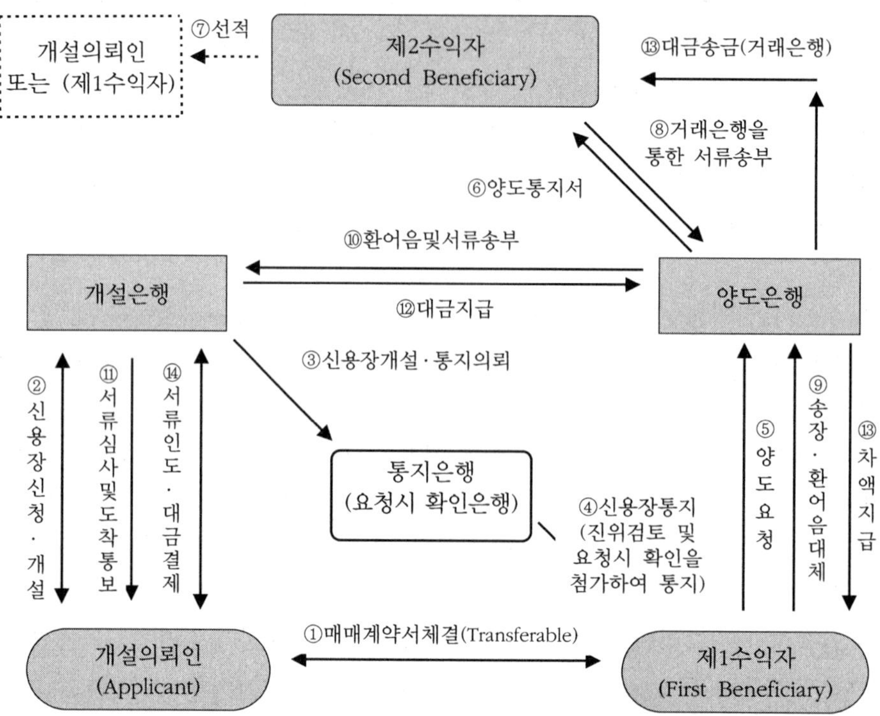

[그림 10-1] 신용장 양도 흐름도

조건변경부 국외 양도시 유의사항은 다음과 같다.

우선적으로 신용장의 국외양도 가능 여부를 점검한다. 양도 가능 문구인 "transferable"이라는 문구가 있어야 하며, 국외양도에 대한 금지조항이 없어야 한다. 선적항·가격조건 등이 양도되는 국가와 모순되지 않아야 하며, 분할선적을 금지하고 있는 경우 분할양도는 할 수 없다.

① 신용장의 유효기일, 금액 감액 등 변경되어진 내용을 기재한다. 유효기일 및 선적기일, 서류제시기일은 우편일수를 감안하여 단축변경(실무적으로 7일 이상의 단축이 필요함)한다.

② 원 신용장의 대금결제 관련내용을 변경한다. 예를 들면, "UPON RECEIPT OF DOCUMENTS AT OUR COUNTERS, WE SHALL FORWARD THE NECESSARY DOCUMENTS TO THE ISSUING BANK. UPON REIMBURSEMENT FROM THE ISSUING BANK, WE SHALL UNDERTAKE TO REIMBURSE YOU IN ACCORDANCE WITH YOUR INSTRUCTION" 등의 내용으로 변경한다.

③ 원 신용장의 서류발송을 1 LOT 및 양도은행으로 변경하여야 한다. 예컨대, "ALL DOCUMENTS MUST BE FORWARDED TO TRANSFERRING BANK IN

ONE LOT BY REGISTERED AIRMAIL/COURIER SERVICE" 등의 내용으로 변경한다.

④ 상품명세와 관련하여 단가가 명시된 경우 신용장 금액 감액에 따라서 반드시 단가도 감액 변경하여야 한다.

⑤ 보험서류와 관련하여 신용장 금액이 감액됨에 따라서 보험가입 비율은 원 신용장 금액을 감안하여 증대가 필요하다. 예컨대, "원 신용장금액 10만불, 보험가입비율 110%"인 경우에는 "양도신용장금액 8만불, 보험가입비율 138%"로 책정하여야 보험가입금액을 11만불로 동일하게 할 수 있는 것이다.

10. 양도신용장과 Back-to-Back 신용장의 비교

(1) 의미와 실무적 유의사항

① 'Back to Back 신용장'(Baby L/C, Sub L/C)이란 그 신용장의 개설은행이 다른 은행이 개설한 원 신용장을 담보로 이용하여 자신의 신용장을 새로이 개설한 것을 의미한다.

② 국내 수출상이 해외지역에서 중계무역에 의한 신용장을 수취한 경우 우선적으로 그 신용장이 양도된 신용장(Transferred L/C)인지 'Back to Back 신용장'인지를 구분하여 각 경우에 대응하여 적절하게 대처한다.

③ 양도은행의 입장에서는 우리나라에 있는 1차 매입은행이나 수출상이 정규적인 거래처가 아니며 최종적인 지급은 타국에 있는 개설은행이 하는 것이기 때문에 제시된 서류가 신용장 조건과 완벽하게 일치하지 않는 한 사전매입에 응하지 않는 것이 관행이다. 그러므로 서류상에 아주 사소한 하자가 있어도 장기간 지급되지 않는 경우가 있다. 양도가능신용장을 양도할 때에는 자신이 개설은행이 아닌 한 자신은 그 신용장에서의 지급, 인수 또는 매입에 대한 책임이나 의무없이 양도요청에 응한다.

④ 'Back to Back 신용장'의 경우에는 양도된 신용장에 비하여 지급이 신속하다. 왜냐하면 해외지역에 있는 'Back to Back 신용장'의 개설은행이 'Back to Back 신용장'의 조건과 일치하는 서류를 수취하면 자신이 우리나라의 매입은행에게 먼저 지급하고, 원신용장의 수익자가 일부 서류를 원신용장의 조건에 일치하도록 교체하여 제시하면 'Back to Back 신용장'의 개설은행은 이를 즉시 매입하기 때문이다.

⑤ 양도된 신용장의 경우에는 양도은행이 제시받은 서류에 하자가 없어도 개설은행으로부터 지급을 받기 전에 다른 국가에 있는 1차 매입은행에게 매입대금을 먼저 지급하지 않는 것이 관행이기 때문에 'Back to Back 신용장'의 경우보다 위험하다.

(2) 유사점

① 모두 중계무역상이 개입한다.
② 모두 원 신용장 수익자인 중계무역상이 서류를 자신의 명의로 교체할 수 있다.
③ 모두 양도 또는 개설시 변경이 가능한 조건 :
  i. 신용장금액 및 단가의 감액
  ii. 유효기일 및 선적기일의 단축
  iii. 서류제시를 위한 제한일수의 단축
  iv. 원 신용장의 보험가입금액을 맞추기 위한 보험가입비율의 증가

(3) 차이점

① 양도된 신용장 거래에서는 하나의 신용장만이 관련되는 반면 Back to Back 신용장거래에서는 두 개의 신용장이 관련된다. 따라서 양도가능신용장에서는 Baby Credit 개설비용이 없지만 Back to Back Credit에서는 Baby Credit 개설비용이 발생한다.
② 양도된 신용장을 취급하기 위해서는 원 신용장(master D/C)에 'transferable'이라는 용어가 있어야 하지만 Back to Back 신용장을 개설하는 데는 필요가 없다.
③ 양도된 신용장의 양도은행은 책임이나 확약 없이 양도하지만 Back to Back 신용장의 개설은행은 자신의 책임하에 지급확약을 하면서 개설한다. 따라서 양도가능신용장에서는 Maker가 상대적으로 대금결제의 불확실성이 있으며, Back to Back Credit에서는 상대적으로 대금결제의 불확실성이 적다.
④ 두 신용장 모두 UCP 600을 준거규칙으로 하지만 양도된 신용장의 업무처리는 특히 UCP 600 제38조의 규칙을 준수한다.
⑤ Back to Back 신용장에서 요구하는 서류들은 원 신용장의 요구 서류들과 약간 다를 수 있지만 양도된 신용장의 요구서류는 UCP 600 제38조에서 허용된 서류들(상업송장 및 환어음) 외에는 원 신용장의 요구서류와 반드시 일치하여야 한다.
⑥ Back to Back 신용장의 개설신청인(중계무역상)은 Back to Back 신용장의 개설은행에 신용장 개설을 위한 여신한도가 있어야 하지만 양도신용장의 양도신청시에는 필요 없다.

제 11 장

매입(Negotiation) 실무

제 1 절 매입실무의 개요

1. 매입의 의미

서류 매입(Negotiation, NEGO, 수출환어음 매입 또는 선적서류 매입) 의미는 다음과 같다.

① "환어음 및/또는 선적서류"의 매입으로 개념을 확대하였다.
UCP 600(제2조) : "매입(Negotiation)은 일치하는 제시에 대하여 지정은행이, 지정은행에 상환하여야 하는 은행영업일 또는 그 전에 대금을 지급함으로써 또는 대금지급에 동의함으로써 환어음(지정은행이 아닌 은행 앞으로 발행된) 및/또는 서류를 매수(purchase)하는 것을 의미한다."

② 추심전 매입 제한대상 : D/P·D/A 방식, 요건에 결함이 있는 신용장, 하자 수출환어음 및 서류 등이다.

③ 매입은행에서 채권보전 조치 여부에 따라서 매입 여부를 결정한다.

2. 네고종류

① 신용장 유무 : L/C NEGO, D/P·D/A NEGO, O/A방식 수출채권 매입

② 하자유무 : 클린(Clean) NEGO, 하자 NEGO(클린환가료율에 1.5%를 가산함)

③ 재매입여부 : 직 네고(Direct NEGO),
리 네고(Re-NEGO)(환가료 적용일수 : Direct NEGO에 3일 가산)

3. 네고특징(L/C방식)

① 매매계약 또는 기타계약과는 관계가 없다(독립성의 원칙).

② 상품거래와 관계가 없는 서류만의 거래이다(추상성의 원칙).
③ 서류가 신용장 조건과 일치하는가를 확인할 뿐이다(은행의 조건부 지급확약서).

4. 네고의 위험

① 국별위험(Country Risk)
② 개설은행의 신용위험
③ 서류의 신용장조건 일치 여부 분쟁위험 : 사소한 하자(minor discrepancy)
④ 서류심사 오류위험

5. 서류심사원칙

① 일치하는 제시(Complying presentation)란 신용장의 제조건, 이 규칙 및 국제표준은행관행(international standard banking practice)의 적용가능한 규정에 따른 제시를 의미한다(UCP 600 제2조).
② 지정은행, 확인은행 및 개설은행은 서류가 문면상(on their face) 일치하는 제시(신용장의 제조건, UCP, isbp의 적용가능한 규정에 따른 제시)를 구성하는 일치성을 결정하기 위하여 서류만을 기초로 하여(on the basis of the documents alone) 심사하고, 심사기간은 서류제시일의 다음 영업일을 기산일로 하여 제5영업일(five banking days) 이내이다(UCP 600 제14조).

6. 은행의 면책(UCP 600 제34조)

① 서류의 형식, 충분성, 정확성, 진정성, 위조 또는 법률적 효력에 대하여 또는 그 서류에 명시된 일반 및 특정조건 또는 부가조항에 대하여 은행은 어떠한 의무나 책임을 부담하지 않는다.
② 서류에 표시되어 있는 상품의 명세, 수량, 중량, 품질, 상태, 포장, 인도, 가치 또는 실존여부에 대하여 또는 상품의 송화인, 운송인, 운송중개인, 수화인, 보험자, 또는 기타 모든 관계자의 성실성이나 작위 및 부작위, 지급능력, 의무이행, 재정상태에 대하여 은행은 아무런 의무나 책임을 지지 않는다.

7. 서류심사 준거규칙

① 기본규칙 : 신용장통일규칙(UCP 600)('성문화된 국제적 상관습 규칙임')
② UCP 600의 보칙 : ISBP 745, ICC Position Paper, ICC Policy Statement,

ICC Opinions, ICC Decisions 등

③ 보충법규 : 대외무역법, 외국환거래, 상법, 어음법 등

8. 하자서류 처리방법

① 수출지에서 정정이 가능한 하자사항 : 하자 정정후 서류제시기간 내 재제시

② 수출지에서 정정이 불가능한 하자 처리방법 : ⓐ Cable Nego, ⓑ Amendment, ⓒ Collection, ⓓ Approval, ⓔ L/G Nego(☞ L/I Nego)

9. 매입관련 수수료

① 매입환가료(At sight, Clean일 경우) : 매입외화금액×연환가료율×(8일/360)

② 매입수수료 : 한 건당 약 20,000원 정도. 은행별로 차등이 있을 수 있음

③ 우편료 : 지역별로 차등이 있음

④ 하자환가료(1.5% 추가), Re-Nego(환가료 일수 3일 추가될 수 있음), Usance 기간(연환가료율이 At sight보다 높음) 추가, Less charge 등

제 2 절 매입의 종류와 특징

1. 신용장 유무 기준

(1) 신용장방식 NEGO

신용장에서 요구하는 환어음 및/또는 서류를 제시받고 매입하는 것을 의미하며 NEGO 실무에서 가장 큰 비중을 차지하는 방식이다.

(2) 무신용장방식 D/P, D/A NEGO

D/P, D/A계약서에 의한 "무신용장 방식 NEGO"를 의미한다. 엄격한 의미로 "추심전지급(bill purchased, 서류를 수입상의 거래은행으로 추심하여 수입상으로부터 대금을 받기 전에 수출상의 거래은행이 환어음과 서류를 구매하여 미리 대금을 선 지급하는 행위)"에 해당한다.

(3) Open Account 방식(O/A방식) 수출채권 매입

수출상과 수입상간의 물품매매계약(무신용장 방식의 Open Account 결제방식)에 따라 수출상은 상품선적과 함께 운송서류 원본을 수입상에게 송부하고, 물품의 선적사실을 통지하는 시점에서 발생한 수입자 앞 「물품대금 청구권」을 은행이 매입하여 수출상에게 수출금융을 일정기간 동안 제공하고, 추후 수입상의 물품결제 대금으로 수출금융을 결제하는 거래를 의미한다.

2. 하자유무 기준(신용장방식)

(1) 클린(Clean) NEGO

신용장 또는 계약서 조건과 일치되는 선적서류를 매입하는 경우를 의미한다.

(2) 하자 NEGO

하자('discrepancy', 신용장조건과 서류의 내용이 불일치하는 결점 또는 흠결)있는 선적서류를 매입하는 경우에, 하자네고는 신용장 개설은행으로부터 부도 반환될 위험과 대금이 지연 입금될 위험이 있으므로 페널티조로 일반환가료율에 1.5%를 가산한 환가료를 징수한다. 매입은행에 각서(Letter of Indemnity)를 제출하게 된다.

3. 재매입여부 기준

(1) 직 네고(Direct NEGO)

선적서류를 매입하여 직접 개설은행으로 송부하는 방식이다.

(2) 리 네고(Re-NEGO)

신용장상 매입은행을 지정하거나 제한한 경우에 1차 은행이 매입한 선적서류를 매입지정은행 또는 매입제한은행으로 재매입(Re-NEGO) 의뢰하는 것을 의미한다.

4. 외국환은행의 매입기준

외국환은행은 서류의 심사결과 신용장 조건과 불일치하거나 서류상호간 모순되는 하자(discrepancy)가 있는 것으로 판명된 경우에는 그 취급이 매우 신중하다.

또한 매입한 환어음 및/서류가 일단 지급거절(부도) 또는 인수거절되면 국내와는 달리 법률이나 상관습의 상위 또는 의사소통의 불편 등으로 인하여 해결이 쉽지 않다.

따라서 외국환은행은 수출환어음 또는 선적서류 매입시 이러한 사고를 미연에 방지하지 위하여 제시된 서류의 심사를 철저히 하는 한편 하자가 발견된 경우에는 별도의 채권보전 조치를 취하고 있다.

네고(매입) 의미에 혼란이 있을 수 있으나 신용장통일규칙에서 네고(매입)란 단순히 서류를 접수하는 행위가 아니고 수출상이 제시한 선적서류가 신용장 조건에 일치하는 여부를 심사하고 대금을 지급하는 것이라고 규정하고 있다.

대금을 지급한다는 것은 은행 결제시스템을 통해 현금으로 지급하거나 계좌에 입금하는 것을 의미한다.

수출환어음 매입절차는 은행별로 다소 다르다.

예컨대, 국내 S은행의 경우 본부부서의 한도승인을 받거나 별도 한도승인없이 신용장 건별매입이 가능한 대상으로 'Banker'지 선정 세계 1,000대 은행이 발행한 신용장에 근거하여 S은행 신용등급기준 BB이상인 거래처가 매입의뢰하는 수출환어음 및/또는 서류 등으로 제한한다.

무신용장방식인 D/P(지급인도), D/A(인수인도), O/A(선적통지결제) 등의 거래방식도 추심전 매입대상이 되지만 채권보전조치를 사전에 취하고 매입에 응한다.

5. 매입의 특징

① NEGO는 매매계약에 근거를 두고 있으나 매매계약과는 관계가 없다.
관련은행들이 매매계약까지 확인하도록 의무화하는 경우 매매계약에 대한 전문성 결여로 그 검토가 어려울 뿐만 아니라 그에 따른 시간과 수고를 감당할 수 없다.

② NEGO는 상품거래와 관계가 없는 서류에 의한 거래이다. 신용장거래를 상품거래와 관련시키면 역시 은행원의 상품에 대한 전문성 결여로 그 업무취급이 곤란할 뿐만 아니라 시간과 수고를 감당할 수 없다. 수출상이 수출의무를 이행했는지의 여부는 오로지 서류의 문면만을 가지고 판단한다.

③ NEGO은행은 선적서류가 신용장 조건과 일치하는가를 확인할 뿐이다.
NEGO은행은 신용장이 매매계약과 달리 개설되었더라도 관여하지 않으며 매매계약에서 요구하는 상품이 선적되지 않았더라도 이에 전혀 관여하지 않는다.

6. 매입의 위험

① 국별위험 (Country Risk)
개설은행에 대해 대금상환청구권이 있는 네고은행이 개설은행에 대금상환을 청구하였을 때 개설은행 소재국의 외환사정 악화로 인한 대외지급정지조치 또는 전

쟁발발로 인해 네고은행이 개설은행으로부터 대금상환을 받지 못할 위험을 의미한다.

② 개설은행의 신용위험

개설은행이 파산하거나 지급불능상태에 빠지는 경우에는 네고은행이 수출상에게 지급한 신용장대금을 개설은행으로부터 상환받을 수 없는 개설은행의 신용위험을 의미한다.

또 최근 어떤 국가의 은행들은 수입상의 신용악화 또는 비상식적인 이유를 들어 네고은행의 상환청구에 불응하는 사례도 있는데 이것도 개설은행과 관련된 신용위험이다.

③ 서류의 신용장조건 일치 여부를 둘러싼 분쟁위험

선적서류가 신용장 조건과 일치하여 네고은행이 이를 매입하고 개설은행으로 송부하였으나 개설은행으로부터 서류가 신용장 조건과 일치하지 않는다는 이유로 대금상환 청구를 거절당하는 사례도 발생할 수 있다.

개설은행은 서류가 신용장 조건과 일치하지 않는 하자(discrepancy)가 있다는 것을 이유로 대금지급을 거절하는 반면에 네고은행은 개설은행이 하자라고 주장하는 부분은 신용장통일규칙상 하자가 아니거나 사소한 하자(minor discrepancy)이기 때문에 개설은행의 대금지급거절이 정당하지 않다고 주장하여 양측 주장이 평행선을 긋는 경우도 있다. 이와 같은 경우, 네고은행이 개설은행으로부터 대금을 상환받으려면 최종적으로 개설은행 소재국의 법원에 소송을 제기할 수밖에 없는데 국제적인 소송이므로 엄청난 시간과 노력과 비용이 소요된다. 2003년 1월 1일부터 국제표준은행관행(ISBP)의 적용으로 사소한 하자의 발생 건수가 많이 감소되고 있다.

④ 서류심사 오류위험

첫째, 개개의 서류가 문면상, 다시 말하면 외견상 신용장 조건을 충족시켜야 할 뿐만 아니라

둘째, 서류 상호간에도 모순이 없어야 서류가 신용장 조건과 일치하는 것으로 된다.

서류가 어느 정도 일치하느냐에 대해서는 엄격한 일치(strict compliance)와 실질적인 일치(substantial compliance)의 서로 다른 두 가지의 기준이 있을 수 있다.

엄격한 일치의 기준에 의하면 글자 한자까지도 완전히 일치하여야 하고, 실질적인 일치를 주장하는 견해는 수입상에게 실제로 해를 끼치지 않는 사소한 불일치는 대금지급거절 사유가 될 수 없다고 보고 있다.

단순한 오기(誤記) 또는 오타(誤打)로서 경미한 것인 경우에는 지급거절사유가 될 수 없다고 판결을 내리는 것이 실질적인 일치에 해당하는 것이라고 볼 수 있다.

신용장통일규칙을 제정한 국제상업회의소에서는 서류의 일치성을 실질적 일치를

의미하는 것으로 해석하고 있으며 조건일치여부는 UCP와 ISBP에 따르도록 조치하고 있다.

그러나, 우리나라의 무역업자와 은행직원은 신용장 조건을 해석할 때 엄격한 일치로 해석하고 사소한 하자도 없도록 서류심사를 철저히 하는 것이 사후에 있을 분쟁을 줄이는 최선의 방법이다.

해설

환어음의 부존재와 매입의 가부

과거에는 매입은 화환어음의 매입을 의미했으나, UCP500(제10조 b항 ii호) 및 UCP 600 제2조에서는 환어음만이 아니라 "환어음 및/또는 선적서류"의 매입으로 개념을 확대했다. 따라서 환어음이 없다는 이유로 매입을 부정하는 것은 옳지 않다. 환어음이 없는 연지급신용장(deferred payment L/C)의 경우에도 대금을 지급할 수 있는 은행이 지정된 때에는 특별한 반대 약정이 없는 한 개설은행의 수권 속에는 연지급신용장의 만기 전에 지정은행이 매입하더라도 만기에 대금을 상환하겠다는 취지가 포함되어 있고(다만 개설은행은 만기 전까지는 대금 상환을 거절할 수 있다), 연지급신용장의 개설에 환어음의 발행이 수반되지 않았더라도 매입이 가능하므로 연지급신용장도 지정은행이 있는 한 매입의 대상이 될 수 있다.

제 3 절 하자서류의 처리방법과 매입실행

1. 서류의 하자

① 신용장거래는 매매계약과는 독립된 별개의 서류상의 거래로서, 신용장 조건과 일치하는 서류와 상환으로 개설은행이 지급확약을 하는 거래이므로 서류의 하자는 수출환어음의 부도 또는 서류 수리거절의 유일한 원인이 되며, 매입대금을 상환받지 못하는 결과를 초래하게 된다.

② 하자 있는 서류가 반드시 지급거절되는 것은 아니지만 신용장 개설의뢰인의 자금사정의 악화 등 신용상태의 변동이나 수입지의 시장상황의 여건변화 등에 따라서 사소한 하자라도 발견되면 이를 이유로 지급 또는 인수거절하는 등 마켓 클레임(Market Claim)을 제기하는 경우도 빈번하게 발생하고 있다.

③ 매입한 선적서류가 일단 지급거절 또는 인수거절이 되면 상대방이 외국에 소재하고 있으므로 국내와는 달리 법률이나 상관습의 상위 또는 의사소통의 불편 등으로 해결이 쉽지 않은 경우가 많다.

④ 따라서 선적서류를 취급하는 수출업체와 매입은행은 이러한 사고를 미연에 방지하기 위하여 신용장에서 요구하는 서류의 조건일치 심사를 철저히 하는 한편, 하자가 발견된 경우에는 신용장 기능을 보충하는 형태의 조치를 취하여야 한다.

2. 하자의 종류

신용장거래에서 흔히 발생하는 하자의 종류는 다음과 같다.

① Late shipment(선적지연)
② Late Presentation(제시기일 경과)
③ Trans shipment(환적)
④ Partial shipment(분할선적)
⑤ Irregular installment shipment(신용장조건에 맞지 않는 할부선적)
⑥ Credit expired(신용장 유효기일 경과)
⑦ Claused (unclean) bills of lading(선하증권상 물품포장의 결함이 있는 것)
⑧ Charter Party Bill of Lading presented(용선계약 선하증권의 제시)
⑨ Shipment made between ports other than those stated in the credit(신용장의 명시와는 다른 항에서 항까지의 선적)
⑩ Received B/L presented(수취선하증권의 제시)
⑪ Goods shipped on deck(화물의 갑판선적)
⑫ Bill of lading(transport document) does not evidence whether freight is paid or not(운임지급 여부의 표시가 없는 선하증권 또는 운송서류)
⑬ Insurance not effected from the date on the transport document(선적일로부터 보험에 가입되지 않음)
⑭ Description of goods on invoice differs from that in the credit(상업송장 상품명세와 신용장의 상품명세 불일치)
⑮ The amounts shown on the invoice and B/E differ(상업송장과 환어음 금액 상위)
⑯ Absence of documents called for in the credit(신용장에서 요구한 서류의 누락)
⑰ Bill of exchange drawn on a wrong party(다른 당사자 앞으로의 환어음 발행)
⑱ Documents inconsistent with each other(서류상호간 불일치)
⑲ Insurance risks not covered as specified in the credit(신용장에 명시한 대로 부보되지 않음)
⑳ Under insured(보험금액 미달)
㉑ Presentation of an insurance document of a type other than that required by the credit(신용장에서 요구하는 형태가 아닌 보험서류 제시)

㉒ No evidence of goods actually "shipped on board"(실질적인 화물의 "본선적재" 무증명)
㉓ Different Consignee(수화인 상위)
㉔ Different notify party(통지처 상위)
㉕ Over drawing(신용장금액 초과발행)
㉖ Absence of signature, where required, on documents presented(제시된 서류에 요구되어진 서명의 누락)
㉗ Short shipment(선적부족)
㉘ Weights differs between documents(서류상호간 중량 불일치)
㉙ Documents not presented in time(운송서류 기간경과 제시)
㉚ Bills of lading(transport document), insurance document or bill of exchange not endorsed correctly(선하증권, 보험서류, 환어음의 부정확한 배서)
㉛ Insurance cover expressed in a currency other than that of credit(신용장상의 통화종류와 다른 통화로 보험에 가입되어진 보험서류)
㉜ The port of discharge on B/L is different from that of L/C(B/L의 양하항이 신용장의 양하항과 상위함)

3. 하자있는 서류의 조치

(1) 수출지에서 정정이 가능한 하자사항

수출지에서 매입신청인(수출자)이나 서류의 발급기관이 정정할 수 있는 하자사항은 정정하여 신용장의 서류제시기한 이내에 제시하도록 한다.

정정이 가능한 서류는 수출자가 작성하는 환어음, 상업송장, 포장명세서 및 기타서류 등이다.

(2) 수출지에서 정정이 불가능한 하자사항

매입의뢰를 받은 매입은행은 하자의 경중, 채권보전을 위한 담보여부, 수출자의 거래실적이나 신용도에 따라서 처리방법을 선택한다.

하자 있는 서류가 반드시 개설은행으로부터 부도(Unpaid, 지급거절)로 통보되는 것은 아니다.

개설은행은 지급여부에 대한 직권이 있다 하더라도 거래선인 수입상(개설의뢰인)과 상의하여 지급거절여부를 결정한다.

예컨대 Late shipment(선적지연), Late Presentation(제시기일 경과), Credit expired(유효기일 경과) 등의 불일치가 있는 경우에 수출상은 수입상에게 이러한 내용에 대하여 서류를 매입의뢰하기 이전에 미리 통지하여 해당 하자사항에 대하여 양해와 동의를 구하게 되고, 수입상은 그 거래를 통하여 이익을 얻을 수 있다고 판단하는 경우에는 하자에도 불구하고 개설은행에게 정상적으로 수입대금을 결제하겠다는 통보를 하는 경우가 많다.

① 전신조회매입(cable negotiation : Cable Nego)

매입은행이 신용장개설은행에 서류의 불일치(discrepancy : 하자) 내용을 매입하기 전에 미리 전신에 의하여 지적하면서 통보하여 동 하자에도 불구하고 매입해도 무방한지에 대한 개설은행의 동의를 입수한 후에 매입하는 방법이다.

불일치하는 내용에도 불구하고 개설은행의 매입에 대한 동의는 그 신용장의 조건변경과 동일한 효력을 지니기 때문에 안전한 매입방법이 되지만 전신으로 매입여부를 조회하는 시점에서 불일치하는 하자사항을 철저하게 심사하여야 한다. 전신조회시 열거하지 못한 하자사항이 추후에 발견이 된다면 지급거절(Unpaid) 사유가 된다.

하자있는 서류의 개설은행 앞 조회에 관한 cable(전신) 예시는 다음과 같다.

"Attention : L/C Department

Refer your L/C No. 123 Dated May 15 Documents For USD200,000.00 Presented.

May we negotiate despite following discrepancies :

1. Late shipment
2. Late presentation
3. Credit expired
4. Partial shipment"

위와 같은 조회를 받은 개설은행의 '매입에 대한 동의(승인)' 전신문 예시는 다음과 같다.

"Attention : L/C Department

Refer your wire Dated June 15 under our credit No. 123 US$200,000.

You may negotiate if otherwise in order"

위와 같이 하자내용에 대하여 개설은행의 동의를 통지받은 후에 매입하는 경우에는 그 내용을 서류송부장(covering letter)의 특별기재사항 난에 기재한다.

"We have negotiated the documents on the strength of your cable reply of June 18, 20XX accepting the following discrepancy : "

② 신용장의 조건변경(L/C Amendment) 후 매입

조건변경 후 매입은 신용장의 수익자가 개설의뢰인에게 하자내용을 통보하여 신용장

의 조건을 제시된 서류의 내용에 일치하도록 변경한 후에 서류를 매입하는 방법으로 시간적으로 여유가 있는 경우에 활용하는 방법으로 가능하면 이 방법을 취하는 것이 가장 안전한 방법이다.

③ 추심(collection) 방식

매입은행이 신용장의 제조건과 불일치하는 서류를 직접 매입하지 않고 개설은행으로 추심의뢰하여 개설은행으로부터 대금지급을 받은 후에 이를 수출업자에게 지급하는 방법이다.

중대한 하자가 있거나 지급거절의 가능성이 많은 경우 또는 환거래계약이 없는 은행(non-correspondent bank)이 발행한 신용장으로서 그 신용상태나 L/C의 진위성이 의심되거나, 매입신청인의 신용상태가 심히 불량하여 채권보전에 문제가 있다고 인정되는 경우 및 기타 수출대금 회수가 어려울 것으로 판단되는 서류는 매입은행에서 추심방식으로 처리하고 있다.

원칙적으로 추심방식 하에서는 개설은행은 신용장방식하의 조건부 지급확약(conditional bank undertaking of payment) 의무를 부담하지 않기 때문에, 수익자(추심방식의 경우 추심의뢰인)는 개설은행(추심방식의 경우 추심은행)에 대해서 대금청구권을 행사할 수 없지만 개설의뢰인이 수익자의 기대에 부응하여 개설은행에게 대금을 지급하게 되는 경우에는 수익자는 개설은행에 대해서 대금청구권을 가지게 된다.

추심방법은 "Approval basis"와 "Collection basis"로 서류를 송부하는 2가지의 경우로 구분할 수 있고 "Collection basis"로 서류를 송부하는 경우에는 신용장통일규칙(UCP)의 적용을 받지 아니하고, 신용장방식의 거래라 할지라도 추심방식으로 간주되어 추심에 관한 통일규칙(Uniform Rules for Collection : URC 522)의 적용을 받게 된다.

추심에 관한 통일규칙의 적용은 신용장통일규칙에 의한 보호를 상실하는 것을 의미한다. 따라서 개설은행은 추심은행의 역할을 담당하게 되며, 명시된 서류의 존재여부를 확인하고 개설의뢰인에게 지급을 위한 제시를 하여 수입자가 수입대금을 지급하는 경우에 이를 매입은행에 송금하는 역할을 담당한다.

따라서 수출자 또는 추심의뢰은행은 개설은행(또는 확인은행)으로 송부하는 하자 있는 서류가 신용장통일규칙(UCP)의 적용을 받을 것인지, 아니면 추심에 관한 통일규칙(URC)의 적용을 받을 것인지의 선택을 명백하게 선택하여 'covering letter'(선적서류 송부의뢰서)에 명시하여야 한다.

④ 승낙(Approval) 방식

정정이 불가능한 중대한 하자사항이고 수익자의 대금상환이 의문시되는 경우 수익자 측과 상의하여 매입은행이 그 서류를 승인방식(approval basis 또는 payment basis)

으로 개설은행에 발송할 수도 있으며 이 방식으로 서류가 송부된 경우에는 신용장통일 규칙 조항에 따라 개설은행의 승낙조건으로 지급을 요구하는 경우이다.

대금결제를 추심(collection)방식으로 선택한 것과 크게 다를 바 없지만 매입은행이 이 서류를 승인방식(approval basis 또는 payment basis)으로 보낸다면 'UCP 600'의 규정에 따른 개설은행의 의무이행을 요구할 수 있으므로 훨씬 유리하다.

예컨대, 'covering letter'에 서류상의 하자로 인하여 'approval basis'로 서류를 송부하면서 "We send you the documents for approval under reference to UCP"와 같은 명시를 하면, 개설은행은 상당한 시간내에 서류를 심사하고 부도여부를 결정하여야 하는 의무를 부담한다.

만일 서류를 승인방식이 아닌 추심방식(collection basis)으로 보낸다면 'URC 522'의 적용을 받게 되고 이런 경우 순수한 추심거래가 되어 버리기 때문에 수출상은 'UCP 600'에 따른 권리를 주장할 수 없게 된다.

⑤ 보증서부매입(Letter of Guarantee Negotiation : L/G Nego)

신용장의 수익자가 신용장의 제조건과의 불일치내용을 확인하고 그러한 불일치내용으로 인하여 매입한 환어음이 지급거절되어 반환되는 경우에 발생되는 비용 및 손해는 수출거래약정서에 따라서 수출환어음 매입대금을 상환하겠다는 내용의 확약서(각서) 또는 보상장(Letter of Guarantee)을 징구하고 매입하는 보증서부 매입방법이다.

보상장 매입(Letter of Indemnity Negotiation, L/I Nego) 혹은 유보조건부(under reverse) 매입으로 부르기도 하며, 불일치하는 내용이 비교적 경미하고 대금의 회수가 확실하다고 판단되는 경우와 매입한 서류가 하자로 인하여 부도반환되었을 경우에 매입대전 및 부대비용의 상환청구에 문제가 없는 것으로 판단되는 경우에 이 방법을 이용한다.

4. 매입의 실행

(1) 매입대금

매입금액에서 환가료·대체료·우편료·무역금융 융자금과 이자·매입수수료 등을 공제한 잔액을 수취한다. 원화로 받는 경우 전신환매입률로 환산한 원화금액을 수취한다.

(2) 환가료(Exchange Commission, Periodic Interest)

매입은행의 외화자금 선지급 부담에 따른 기간이자성격으로 수취하는 수수료로 매입한 수출환어음의 추심소요기간에 해당하는 이자이다.

① 일람지급 수출환어음(At sight L/C, D/P) 매입
- Clean NEGO : 매입금액×연환가료율×환가료적용일수/360×매매기준율
- L/G NEGO(하자매입)인 경우에는 연환가료율에 1.5%를 가산함

② 기한부 수출환어음(Usance L/C, D/A) 매입
매입금액×연환가료율×(일람지급환가료 적용일수+어음기간)/360×매매기준율
※ 예외적용
- Banker's Usance L/C로 이자(할인료)를 수입자가 부담하면서 일람지급조건으로 대금결제가 확실한 경우 At Sight 매입에 준하여 환가료를 적용한다.
- Usance L/C 및 D/A 계약서에 의하여 발행된 환어음이 확정만기일부 수출환어음일 경우 매입일로부터 어음만기일까지에 해당하는 환가료를 적용한다.
- 서류하자로 인하여 확인서를 받고 매입하는 경우 연환가료율에 1.5% 가산한다.

(3) 서류의 발송

① 서류송부장 : 'Covering Letter', 'Covering Schedule', 'Transmittal Letter', 'Documentary Schedule' 이라고도 하며, 서류의 매입과 관련하여 서류의 명세, 상환청구에 관한 내용, Clean 또는 하자매입인 경우, 기타 지시사항을 기재하는 표제서이다.
② 서류송부장은 거래형태 또는 상환청구방법에 따라 송금방식(Remittance Base), 상환방식(Reimbursement Base) 등에 따라 대금결제방법을 기재하게 된다.
③ 발송서류의 횟수
- "All drafts and documents must be forwarded direct to us by two consecutive airmails" : L/C에서 서류를 두 번에 나누어서 보내도록 지시한다.
- "Drafts and documents are to be sent in one lot" : 한 번에 보내도록 지시한다.

(4) 서류의 배서

① 환어음의 배서

매입한 환어음은 개설은행 또는 지급은행 앞으로 발송하여 상환청구를 하는데 환어음에는 다음과 같이 배서한다.

____
Authorized Signature (매입은행 명칭)

② 선하증권·보험서류의 배서

- 선하증권의 수화인(Consignee)이 'to order' 또는 'to order of shipper'로 되어있거나 보험증권의 피보험자(Assured)가 수출상으로 되어있는 경우에 선하증권 및 보험증권에 수출상이 각각 배서한다.
- 선하증권상에 수화인이 매입은행으로 되어있는 경우 다음과 같이 배서한다.

Deliver to the order of ______________ Bank for 매입은행 Authorized Signature

- 보험증권의 피보험자가 매입은행으로 되어 있는 경우 다음과 같이 배서한다.

Claims, if an, Payable to the order of ____________ for 매입은행 Authorized Signature

5. 재매입(Re-Negotiation)

(1) 의미

신용장상에 매입/지급은행 등이 특정은행으로 지정되어 있을 때 지정되지 않은 은행이 서류매입을 한 경우에는 지정된 은행으로 재매입(renegotiation)을 신청하여야 한다.

① 신용장상 매입은행이 타외국환은행으로 제한(Restricted L/C)되어 있는 경우
② 해외지급은행 또는 추심은행이 타외국환은행의 환거래은행인 경우
③ 수출환어음 매입대금을 해외로부터 입금되기 전에 자금화하고자 하는 경우
④ 재매입은행은 동 수출환어음 및/또는 서류가 해외지급은행에서 지급거절될 경우, 재매입의뢰은행(최초매입은행)에 대하여 소구권(Recourse)을 행사하게 된다.

(2) 재매입 대상 신용장

① 매입제한 신용장

Negotiation restricted L/C는 매입제한되는 L/C로 특수문언은 다음과 같다.
"Negotiations under this credit are restricted to N Bank."
"This credit is available only through N Bank."
"Negotiations are restricted to N Bank"
"The Drafts drawn under this credit are negotiable through N Bank."

② 지정신용장(Straight Credit)

- 매입은행을 지정하는 신용장으로 인수신용장(Acceptance L/C), 연지급신용장(Deferred Payment L/C) 및 지급신용장(Payment L/C)이다.
- 유효기일 관련 "at the counter of 지정은행(nominated bank)"으로 기재되거나 "available with 지정은행"이라고 기재되면 지정은행이 매입은행이 된다.
- 다음의 지급확약문언이나 이와 유사한 지급확약문언이 있으면 통지은행이 지정은행이 된다.

  "We hereby engage with beneficiary that drafts drawn under and in compliance with the terms of this credit will be duly honored on delivery of documents as specified, if presented at your office."

  "We agree with you that draft drawn in compliance with the condition of this credit will be duly honored."

(3) 지정은행의 의무

UCP 600 제6조에 명시된 바와 같이 지정은행은 개설은행에 추가하여 신용장이 이용될 수 있는 은행이며 UCP 600 제15조에 따라서 개설은행은 제시된 서류가 일치한다고 판단되었을 경우에는 반드시 결제를 하여야 한다.

매입제한/지정신용장이라고 하더라도 지급, 인수, 매입의 지정은행은 반드시 수익자에 대하여 지급, 인수 또는 매입하여야 할 의무를 부담하는 것은 아니다.

재매입은행은 개설은행의 신용상태 불량으로 자금회수에 문제가 있는 경우에는 재매입을 의뢰받지 않고 매입제한의 해제(Release Letter)를 해 주며, 통지은행이 L/C 통지할 경우 매입제한 또는 지정의 의사가 없다면 "This credit is freely negotiable by any bank"라고 자유매입신용장임을 표시하면 된다.

그러므로 신용장 매입제한이 개설은행 이외의 은행으로 제한되었다 할지라도 개설은행은 직접 제출된 서류에 하자가 없는 한 지급을 하여야 한다. 신용장에서 지정된 은행이 아닌 다른 은행으로부터 서류를 접수받은 경우에도 개설은행은 이를 사유로 지급거절을 할 수 없으며 다른 은행으로부터 제시를 받는 것도 하자사항에 해당하지 않는다.

(4) 실무적 유의사항

수익자 또는 수익자를 대리하여 서류를 제시하는 제3자(수익자의 거래은행 등)는 신용장 조건과 일치하는 서류를 지정은행에 서류제시기일까지 제시하여야 한다.

개설은행은 지정은행에 서류가 제시되었는지 여부를 확인할 권리가 있으며, 이에 따라 개설은행이 매입제한은행 앞 사실 확인 등의 시간이 소요되어 입금이 지연될 가능성이 있으므로 가능하면 지정은행에서 매입해야 불필요한 분쟁을 방지할 수 있다.

비지정은행은 거래 당사자가 아니라 수익자의 신용장대금 추심대리인에 불과하므로 수익자가 서류를 위조한 경우에는 개설은행에 신용장대금 지급을 요구할 수 없다.

6. D/P·D/A 서류의 매입

(1) 의미

① D/P, D/A 거래는 은행의 지급확약이 없는 무신용장방식 거래로, 수출입 당사자 간의 계약서를 근거로 하여 수출자가 계약물품을 선적한 후에 수출환어음 및 선적서류를 구비하여 수출자의 위험과 비용부담으로 거래은행인 추심의뢰은행을 통하여 대금을 추심전에 매입을 의뢰하는 거래이다.

② 수출자는 수출계약서에 의거 관계화물을 선적한 후 운송서류 등을 구비하고 수입자를 지급인으로 하는 일람지급(D/P, At Sight) 혹은 기한부(D/A, Usance) 수출환어음을 발행하여 거래은행인 추심의뢰은행(Remitting Bank)에 추심전 매입을 의뢰함으로써 대금을 회수하게 된다.

③ 추심의뢰은행은 제시된 서류가 계약서상 일치하는지를 확인한 후 은행의 책임하에 매입 여부를 결정하게 되며, 수출자에 대한 대출이므로 주의를 기울인다.

④ D/P, D/A 거래는 '추심에 관한 통일규칙'(URC 522)의 적용을 받는다.

(2) 매입신청

거래약정 여부 및 여신한도 확인 후 다음의 서류를 제출한다.

화환어음추심의뢰서, D/P 또는 D/A 수출계약서 원본, 계약서에서 요구하는 제 서류 및 환어음, 수출승인서(필요한 경우), 기타 필요한 서류(수출신고필증 등)

(3) 계약서 검토

① 계약서가 유효하게 작성되었는지 여부(양 당사자의 서명 유무 등)

② 계약서의 유효기간이 경과되지 않았는지 여부

③ 계약서에서 추심은행을 별도로 지정하고 있지 않는지의 여부

④ 계약서 이면에 매입사실의 표시가 없는지 여부

⑤ 제한품목의 경우 관련 협회 또는 조합의 추천을 받았는지 여부

(4) 운송서류 점검사항

신용장방식에 의한 수출환어음매입시의 검토사항과 유사하지만, 다음과 같은 경우에는 은행에서 추심전 매입을 억제하고 있다.

① 해상보험에 부보되지 않은 건. 단, FOB조건이라도 수입상이 해상보험을 가입하였을 경우나 신용이 확실하여 채권보전이 가능한 경우에는 제외

② 선하증권 1통을 수입상 앞으로 직접 송부하는 경우나 항공화물운송장의 수하인(Consignee)이 수입상으로 되어 있어 환어음의 지급·인수 없이도 화물의 인수가 가능한 건

③ 이미 매입한 D/P·D/A 어음이 인수거절 또는 지급거절 되었거나 미입금된 건이 있는 등 신용상태가 불량한 수입상에게 수출하는 건

(5) 수수료

환가료 등의 수수료 징수에 있어서는 은행별·어음 기간별 등에 따라서 요율 및 징수시기 등에 다소 차이가 있다.

(6) 추심지시서

① 추심의뢰은행(매입은행)은 의뢰인이 추심은행을 지정하였을 때에는 지정된 추심은행 앞으로, 지정하지 않은 때에는 추심의뢰은행이 임의로 선정한 은행(수입상 소재지역의 환거래은행) 앞으로 추심서류를 발송하며, 완전하고 명확한 지시가 기재된 추심지시서(collection instruction)를 첨부하여야 한다(URC522 제4조).

② 추심지시서의 주요내용은 서류인도조건, 추심결과의 통지, 추심대금 송금방법에 대한 지시, 거절증서에 관한 지시(URC522 제24조), 상품보관에 관한 지시, 지급거절 또는 인수거절에 대비한 예비지급인에 관한 지시, 수수료 및 제 비용의 부담자 표시, 이자징수에 관한 지시, 기타 특수한 지시 등이 있다.

(7) 실무적 유의사항

① D/P·D/A거래에서 경우에 따라서는 수입상이 자금사정 또는 시장악화 등을 이유로 또는 아무런 이유없이 지급연기를 요구하거나 화물의 하자를 내세워 대금의 감액을 요구하는 상황이 발생될 우려가 있다.

② 이러한 사태해결을 위하여 수출상과 수입상의 직접·간접의 여러 가지 절충에도 불구하고 전혀 해결의 가망이 없을 경우에 추심의뢰은행(매입은행)은 추심의뢰인에게 매입금액 및 제 비용의 상환을 위하여 소구권을 근거로 청구한다.

7. 선적통지조건부 외상수출채권(Open Account, O/A)의 매입

(1) 의미

① 'O/A(Open Account)' 거래란 수출상이 물품의 선적을 완료하고 해외의 수입상에게 동 사실을 통지함과 동시에 채권이 발생하는 '선적통지조건의 기한부 사후송금 결제방식'의 거래이다.

② 일반적인 사후송금방식거래에서는 선적서류 또는 물품이 수입상에게 인도된 후에야 수출채권이 성립하여 대금결제가 이루어진다는 점에서 차이가 있다.

③ O/A거래의 이러한 특성으로 인하여 수출상은 선적완료 후 즉시 당해 외상수출채권을 거래은행에 매각함으로써 조기에 현금화할 수 있는 것을 O/A 매입이라 한다.

(2) 특성

① O/A는 송금방식의 일종이므로 환어음이 발행되지 않으며 선적서류의 원본은 수출상이 직접 수입상 앞으로 송부한다.

② O/A NEGO는 화환어음이나 선적서류 자체를 매입하는 거래가 될 수 없으며, L/C NEGO 및 D/P·D/A NEGO처럼 신용장이나 선하증권 등에 의해 담보되지 않는 순수한 외상수출채권(지명채권)만을 매입하는 거래이다.

③ O/A 수출채권을 매입하는 은행은 L/C에서 개설은행을 통하여 대금의 결제를 확약받는 것도 아니고, D/P 등과 같이 추심은행을 통하여 물품(운송서류)에 대한 통제가 가능한 것도 아니며, 매입은행은 오로지 수입상의 신용에만 대금결제를 의존하여야 하며, 선적서류에 의한 담보권의 행사조차 불가능하다.

④ 따라서 매입은행은 재무상태나 신용도가 견실한 우량기업들에 한하여 O/A NEGO를 허용할 수밖에 없으며, 이것이 일부 대기업을 위주로 제한적으로 활용되고 있는 가장 큰 원인이 되고, 수입상이 대금지급을 거절하면 수출상은 매입은행에 대하여 당해 외상수출채권의 상환채무를 이행하여야만 한다.

(3) 실무 개요

① 수출입상간에 일정기간 동안의 계속 거래와 관련한 기본매매계약을 체결한 후, 수입상이 매 건별로 구매주문서(Purchase Order)에 의하여 선적을 지시하면, 수출상은 그 지시에 따라 물품을 선적한 후 선적서류 원본을 수입상에게 송부하고, 수입상은 선적일을 기준으로 일정기간이 경과한 시점(기본매매계약서상의 결제조건으로 정해지는 만기일)에 수출상이 지정한 계좌로 대금을 송금하여 결제하는 방식이다.

② 수출상은 거래은행과 'O/A 방식 외상수출채권매입(O/A NEGO)'의 거래승인을 얻은 후, 여신(한도)거래약정을 체결하고 또한 당해 채권의 양도에 관한 수입상의 서면동의를 얻는 등 필요한 절차를 취한다.

③ 수출상은 'O/A NEGO'에 관한 서류인 외상수출채권 매입의뢰서, 수출신고필증, 건별 계약서(Purchase Order 등), 계약서에서 요구하는 선적서류의 사본(B/L, Invoice, Packing List 등)을 매입은행에 제출하여야 하며, 수입상으로 하여금 외상수출채권의 만기일에 매입은행이 지정한 계좌로 입금하도록 조치한다.

(4) 거래 흐름

① 수출상↔수입상 : O/A 결제방식에 의한 수출입거래 제안 및 협의

② 수출상→매입은행 : O/A NEGO 관련 거래상담

③ 수출상↔수입상 : O/A 거래관련 기본매매계약(General Agreement) 체결

④ 매입은행→수출상 : O/A NEGO 승인(수출상 신용을 근거로 한도거래약정)

⑤ 수출상↔수입상 : 포괄적 채권양도에 따른 '수입상의 서면 동의서'(Standing Payment Instruction) 송부(동의서 회송요청)

⑥ 수출상↔수입상 : 매 건별 선적지시(Purchase Order) 및 물품선적

⑦ 수출상→수입상 : 선적사실 통지 및 선적서류 원본 송부

⑧ 수출상→매입은행 : 외상수출채권 매입 의뢰(선적서류 사본 등 필요서류 제시)

⑨ 매입은행→수출상 : 매입대금 지급

⑩ 수출상→수입상 : 채권의 양도사실 통지(양도채권금액, 만기일 등)

⑪ 수입상→송금은행(수입상 거래은행) : 만기일에 송금 의뢰(지시된 매입은행의 결제계좌 명시)

⑫ 송금은행→매입은행(수출상 거래은행) : 대금지급(매입대금의 회수)

제 4 절 무역서류의 중요성과 종류

1. 무역서류의 중요성

무역대금결제는 물품이 아닌 서류(document) 거래에 의하여 이루어지고 있기 때문에 무역거래에서 대금결제를 위하여 가장 중요한 것은 서류의 적격성이다.

신용장거래의 경우에는 신용장 상에 명시된 제조건에 일치하는 서류가 제시되어야 신용장개설은행이 지급을 확약하며 무신용장 거래에서도 매매계약서에서 명시하고 있

는 서류가 제시되어야 대금결제가 순조롭게 이루어진다. 신용장통일규칙(UCP 600)과 국제표준은행관행(ISBP 745)은 각 규칙의 조항에서 각종 서류의 요건 및 은행의 수리 여부결정 기준을 상세하게 규정하고 있다.

서류에 관하여는 일반적으로 '선적서류(shipping documents)'라고 부르고 있으나 신용장 상에서는 'documents'라고 표시하고 있으며 무역대금의 결제에 필요한 서류를 총칭함을 의미하고 있다.

현행 ISBP 745 A 19에서 "Shipping documents는 환어음, 전송보고서, 그리고 서류의 발송을 증빙하는 특송영수증, 우편영수증 및 우편증명서를 제외한 신용장에서 요구하는 모든 서류를 의미한다"라고 규정하고 있다.

신용장은 독립·추상성에 의거한 서류상의 거래이므로 매입·지급·인수·연지급·확인은행 및 개설은행은 수익자가 제시한 서류의 심사만으로 신용장 대금의 지급여부를 결정하게 된다.

SWIFT 신용장의 경우 46A 난의 "documents required(요구서류)" 부분에 제시할 서류를 명시하고 있다.

서류 준비가 끝나면 수익자는 우선 자신의 거래은행인 매입은행에 전화를 걸어 네고할 금액이 얼마인지를 미리 알려주고 매입은행으로 하여금 매입에 대비하여 준비하도록 하는 것이 바람직하다.

2. 무역서류의 종류

(1) 기본서류(basic documents)

1) 상업송장(Commercial Invoice)

상업송장(Commercial Invoice)이란 수출자가 수입자 앞으로 작성해 보내는 선적화물의 계산서 및 내용증명서이며, 유가증권은 아니지만 수출자의 송하명세서, 상품 출하 안내서, 가격 계산서 및 대금청구서, 수입통관시의 과세자료, 선적화물의 계산서 및 내용증명서이다.

수입자의 입장에서는 수입계산서(수입상품 매입서)의 역할을 하는 필수적으로 사용되는 서류이다.

국내 상거래에 이용되는 송장은 단순히 상품의 적요서나 안내장의 역할을 하지만 국제무역의 경우에는 적요서나 안내장의 역할 뿐만 아니라 매매 당사자의 이름과 주소, 발행일자, 주문번호, 계약상품의 규격 및 개수, 포장상태 및 화인 등이 표시된 구체적인 매매계산서인 동시에 대금청구서이다.

따라서 송장은 무역거래상의 필수서류로 모든 신용장에서 요구하고 있으나 유가증권인 선하증권이나 보험증권과 같이 그 자체가 청구권이 있는 서류는 아니다.

송장은 이러한 성격 때문에 어떤 경우에는 그 거래계약의 존재 및 계약이행의 사실을 입증하는 자료가 되며 수입물품의 정확성 및 진실성을 입증하기 위한 세관신고의 증명자료가 되기도 한다.

2) 보험서류(Insurance documents)

보험서류(insurance documents)란 보험회사인 보험자가 무역물품의 운송도중에 발생할 수 있는 해난이나 기타의 사고로 인하여 보험목적물에 손해를 입게 될 경우에 그 손해를 보전할 것을 약속하고 피보험자는 그 대가로 보험료(insurance premium)를 불입할 것을 약정하는 증거서류를 의미한다.

무역가격조건이 CIF 또는 CIP인 경우에는 수출자가 수입자를 위하여 의무적으로 해상보험에 가입해야 하므로 L/C에 개설의뢰인이 요구하는 보험서류의 명세가 기재되며 보험서류에 관한 내용이 L/C조건의 일부를 구성한다.

3) 운송서류(Transport Documents)

국제무역과 관련된 서류 중에서 가장 중요한 역할을 하고 있는 운송서류(transport documents)는 특정한 장소에서 일정한 장소까지 약정물품을 운송하는 증거로 적재(loading on board), 발송(dispatch) 또는 복합운송의 경우에는 수탁(taking in charge)을 표시하고 있는 서류를 지칭한다. 운송서류는 운송수단에 따라서 해상운송서류, 항공운송서류, 육상운송서류 그리고 이들 중에서 두가지 운송방법이 결합되어 이루어지는 복합운송서류와 특사송배달 또는 우편발송서류로 구분할 수 있다.

운송서류(운송회사에서 발행하는 서류)는 제6차 개정 신용장통일규칙(UCP 600)에서는 다음의 7개 종류를 명시하고 있다.

① 복합운송서류(Multimodal Transport Document)(UCP 600 제19조)

종류가 다른 운송수단 중 두 가지 이상의 조합에 의해 성립되는 운송에 대하여 복합운송인이 발행하는 유가증권으로 운송품의 수령을 증명하고 운송계약의 증거가 된다.

복합운송(해상, 항공, 육운 중 2개 이상 이용)에 이용되는 운송서류이다.

② 선하증권(Bill of Lading)(UCP 600 제20조)

선하증권(Bill of Lading: B/L)이란 선박회사와 화주간의 물품운송계약에 따라서 운송물품을 선적할 목적으로 인수한 사실과 그 운송물품을 지정된 목적지까지 운송하여 그 화물을 도착항에서 일정한 조건하에 수화인(Consignee) 또는 그 지시인에게 인도할 것을 약정한 유가증권(document of title)이며 운송계약의 증거(evidence of carriage contract)서류이다.

선하증권은 선박회사가 화주로부터 위탁받은 화물을 목적지의 양륙항까지 운송하여 그 증권의 소지자에게 증권과 상환으로 운송화물을 인도할 것을 약속하는 요식·요인증권이자 제시증권이다.

선하증권은 유가증권이므로 인도나 배서에 의하여 전매될 수 있고 소지인은 선적화물을 소유하고 있는 것과 동일한 효과를 지닌다.

선하증권은 증권상에 기재되어 있는 화물의 권리를 대체하는 유가증권으로 선하증권의 이전은 곧 화물에 대한 권리의 이전을 의미하므로 화물을 처분할 때에는 반드시 관련 선하증권을 소지하고 있어야 한다.

선하증권이 지니고 있는 가장 큰 권리는 당해 물품에 대한 소유권이며, 이외에도 선박회사에 대한 운송중지명령권, 운송화물반환청구권, 손해배상청구권 등을 갖고 있다.

③ 비유통 해상화물운송장(Non-Negotiable Sea Waybill)(UCP 600 제21조)

해상운송에서 사용되는 화물수취증이며 비유통증권이다.

Sea-way Bill은 해상화물 운송의 빈번한 발생과 기간의 단축으로 번거로운 선하증권 대신 이용되는 비유통성 해상화물 운송장을 말한다. 주로 기명식으로 발행되기 때문에 권리증권적인 성격은 지니고 있지 않으며, 보통은 본·지사간의 거래나, 신용이 두터운 거래선 사이에서 주로 이용된다.

L/C에서 비유통성 해상운송장을 요구할 때에는 수하인(consignee)을 지시식(to order of xxx)이 아닌 기명식(to xxx)으로 요구한다. 선장 또는 운송인은 원본 해상화물운송장이 제시되지 않아도 도착지에서 수하인의 신분만 확인되면 화물을 인도한다. 특히 개설은행에 신용장 금액 전액을 담보로 예치하고 수입신용장을 개설하는 경우, 개설은행은 해상화물운송장의 수하인을 수입자의 명의로 기재하도록 허용한다. 개설은행에 원본서류가 도착하기 전이라도 신속하게 화물을 인도받기 위한 목적으로 활용된다.

④ 용선계약부 선하증권(Charter Party Bill of Lading)(UCP 600 제22조)

화물의 적재선박이 다른 선주로부터 빌린 선박(용선)인 경우 발행되는 선하증권이다.

화주가 대량의 화물을 운송하기 위하여 특정한 항로 또는 일정기간동안에 부정기선(tramper)을 사용하는 경우에 선박회사와 화주간에 체결된 용선계약(charter party : C/P)에 의하여 발행되는 선하증권을 용선계약선하증권(charter party B/L)이라고 한다. 용선계약에 의하여 발행되는 선하증권은 증권의 발급자가 선주가 아닌 선박의 임차인이 발행하게 되므로 개품운송계약에 의한 선하증권과는 달리 선주와 용선자 사이의 계약관계에 영향을 받게 되므로 일반적인 선하증권과 같이 완전하지 못하다. 용선자가 용선료를 체불하면 선주가 유치권을 행사할 수도 있으며 이들간에 체결한 특정 계약관계를 선화증권의 소유자가 모르기 때문에 선의의 피해자가 발생할 수도 있다.

선장(master), 선주(owner), 용선인(charterer) 또는 그들의 기명대리인(named

agent)이 발행할 수 있다.(UCP 600 제22조)

용선계약 선하증권을 허용하는 신용장에서 'Charter Party B/L'을 제시하였는데 개설은행은 자신이 보관하고 있는 용선계약서의 조건과 다른 조건으로 선적이 되었다는 이유로 지급을 거절하는 것은 안 된다.

⑤ 항공운송서류(Air Transport Document)(UCP 600 제23조)

항공운송장은 물품을 항공기로 운송하는 경우에 항공회사가 발행하는 운송장으로 "Air Way Bill" 또는 "Air Consignment Note"라고도 함. "국제항공운송에 관한 왈소협약(Warszawa Convention)"에 근거를 두고 있고, 국제항공운송협회(IATA, International Air Transport Association)에서 제정한 서식을 사용한다.

항공회사에서 화물을 인수하는 시점에서 발급하는 운송서류이며, 단순한 탁송증거로서의 역할만 할 뿐 B/L과는 달리 유가증권으로서의 성질을 가지지 못하기 때문에 기명식, 수취식으로만 발행되어 유통불능의 성격을 지닌다.

항공운송에 이용되는 운송서류로서 단순히 화물의 수탁을 증명하는 비유통증권이다.

⑥ 도로, 철도 또는 내수로 운송서류(Road, Rail or Inland Waterway Transport Documents)(UCP 600 제24조)

내륙운송수단에서 이용되는 운송서류이다.

⑦ 특사배달영수증, 우편영수증 또는 우편증명서(Courier Receipt, Post Receipt or Certificate of Posting)(UCP 600 제25조)

개설은행 또는 수입상에게 송부될 소포에 대하여 특사송달업체 및 우체국에서 발행한 수취증이다.

(2) 기타 부속서류

① 포장명세서(Packing List)

상품의 포장 속에 들어있는 상품의 목록을 기술한 서류를 포장명세서라고 하는데, 상업송장의 부속서류로 상업송장의 내용과 일치해야 하며 기재 내용은 수량, 순중량, 총중량, 용적 등에 관한 것이다.

신용장관련 기타 서류 중 운송서류와 함께 가장 요구하는 빈도가 많은 서류이며 규격단위와 상업송장 또는 운송서류상의 규격단위를 틀리지 않게 작성하여야 하며, 예컨대 상업송장에는 'M/T'로, 포장명세서에는 'kg'으로 기재하는 경우가 하자에 해당한다.

② 검사증명서(Inspection Certificate)

수출상품의 완전함을 증명하는 서류로서 보통 수입자의 수출국 주재 대리인이나 제3

의 검사기관이 작성한다.

수입자가 확실한 품질의 상품을 수입하고자 할 때 요구하는 서류이며 검사의 공정성을 기하기 위하여 검사인(inspector)을 수입자가 지정하거나 전문검사기관의 검사증을 첨부하도록 하는 경우가 많다.

수입상이 지정하는 사적검사인이나 공적 검사기관 또는 국제검정기관의 증명으로 발급되는 경우가 많으며 경우에 따라서는 수출상 자신이 작성하는 경우도 있다.

검사증명서는 신용장 상에서 요구하고 있는 검사기관에서 발행되어야 하며 그 내용은 상업송장의 내용과 일치하여야 한다.

③ 원산지증명서(Certificate of Origin)

산업통상자원부 고시 수출물품원산지증명발급규정에 의하면 원산지증명서는 "수출물품이 우리나라에서 재배, 사육, 제조 또는 가공된 것임을 증명하는 문서"를 의미한다.

이러한 원산지증명서는 화환어음의 부대서류로서 수출물품의 원산지를 확인하기 위한 통관 필요서류로서 적성국의 생산물인가를 판별할 목적으로 이용되기도 한다.

또한 수입국의 관세특혜 적용 여부에 따라 특혜원산지증명서와 비특혜원산지증명서로 구분된다.

원산지증명서는 수출입 물품의 실질적 원산지를 증명하는 자료로서, 당해 물품의 원산국 또는 선적국의 정부 및 정부가 인정하는 기관에서 발행한다.

④ 중량, 용적, 품질, 분석증명서
(CERTIFICATE OF WEIGHT, MEASUREMENT, QUALITY, ANALYSIS)

제품의 내용을 증명하는 서류로서 수익자가 직접 작성하는 경우와 제3자가 작성하는 경우가 있음. 이 서류들은 포장명세서와 함께 상업송장을 보조하는 서류로서 상업송장상의 제품의 내용을 증명하고 확인할 목적으로 요구하는 보충서류이다.

중량증명의 경우 L/C에서 검사기관을 별도로 정하지 않고 단순히 중량증명서만을 요구한 때에는 운송인에 의한 서류상의 중량표시 스템프 또는 문자표기를 그 증명으로 갈음할 수 있다.

작성시 유의할 사항은 너무 자세한 내용을 기재하느라고 기본서류(환어음, B/L, 보험증권, 송장)와 상호 모순되는 사항을 노출시키지 말아야 한다는 것이다.

⑤ 위생증명서와 검역증명서

* 위생증명서(health certificate)
식료품, 화장품, 육류, 의약품 등을 수출하는 경우에 수입국에서 규정한 기준에 합격되어야 하며 무균, 무해하다는 것을 증명하는 서류를 위생증명서(health certificate)라고 한다. 예를 들면 미국은 FDA(food and drug administration)에서 규정한

기준에 합치된다는 것을 증명하는 내용을 요구한다.

* 검역증명서(certificate of quarantine)

검역증명서(certificate of quarantine)는 동식물을 수출하는 경우에 전염성 균이 묻어 들어가는 것을 방지하기 위하여 해당 물품을 격리되어진 장소에서 일정기간 동안 장치하여 검역을 실시한 후에 발행되어지는 서류이다.

그 외에도 Phytosanitary or Plant Health Certificate(식물검역증명서), Veterinary or Animal Health Certificate(동물검역증명서), Sanitary Certificate(식품위생증명서), Fumigation Certificate(방역처리증명서) 등이 있다.

⑥ 영사송장(Consular Invoice)

영사송장이란 수입물품가격을 높게 책정함에 따른 외화도피나 낮게 책정함에 따른 관세포탈을 규제하기 위하여 수출국에 주재하는 자국 영사의 확인을 받아야 하는 송장이다.

⑦ 세관송장(Customs Invoice)

세관송장이란 수입지 세관이 수입화물에 대한 ① 관세가격의 기준을 결정할 목적 ② 덤핑유무를 확인하기 위한 목적 ③ 쿼터품목의 통상 기준량의 계산목적 ④ 수입통계의 목적 등으로 사용되는 송장임. 국가별로 세관이 요구하는 양식이 상이하므로 소정의 양식에 따라 작성하여야 한다.

⑧ 수익자 증명서(beneficiary certificate)

수출업자가 수입업자가 요구하는 특정한 서류를 미리 송부하였음을 통지하는 서류이며 이를 통하여 수입업자는 서류를 인수하기 위한 준비절차를 마련하게 된다.

3. 환어음(Bill of Exchange: Draft)

환어음이란 국제거래상의 채권자인 어음의 발행인(drawer)이 채무자인 지급인(drawee)에게 일정한 금액(a certain sum)을 수취인(payee) 또는 그 지시인(orderer) 또는 소지인(bearer)에게 일정한 기일 내에 일정한 장소에서 무조건적으로(unconditionally) 지급할 것을 위탁(order)하는 요식유가증권(要式有價證券 : formal instrument)이며 유통증권(流通證券 : negotiable instrument)이다.

국제무역거래에서 환어음의 사용빈도는 점차 감소되고 있는 경향이 뚜렷하게 나타나고 있다.

위와 같은 서류들 이외에도 수입상의 의사에 따라서 요구되는 서류가 얼마든지 있을 수 있기 때문에 거래방법이나 품목에 따라서 추가되어지는 서류가 있으며 이러한 서류들은 전부 대금결제에 필요한 서류의 일부가 될 수 있다.

제 5 절 서류심사의 기준 및 면책

1. 서류심사의 기준(UCP 600 제14조)

① 지정은행, 확인은행 및 개설은행은 서류가 문면상(on their face) 일치하는 제시(신용장의 제조건, 적용가능한 범위 내용에서의 UCP 규정 그리고 isbp에 따른 제시)를 구성하는 일치성을 결정하기 위하여 서류만을 기초로 하여(on the basis of the documents alone) 심사하고, 심사기간은 서류제시일의 다음 영업일을 기산일로 하여 제5영업일(five banking days) 이내이다. 하나 또는 그 이상의 운송서류의 원본을 포함하는 제시는 이 규칙에서 규정하고 있는 선적일 후 21일보다 늦지 않게 수익자에 의하여 또는 대리하여 이행되어야 하며, 어떠한 경우에도 서류제시는 L/C 유효기일 이내에 제시되어야 한다.

② 서류자체의 자료간의 상충, 기타 모든 서류 상호간의 상충, 또는 신용장의 제조건과의 상충이 있어서는 안 된다(not conflict with).

③ 상업송장 이외의 기타 모든 서류의 물품, 용역 또는 이행의 명세는 신용장상의 명세와 상충되지 아니하는(not conflicting with) 일반용어로(in general terms) 기술될 수 있다.

④ 신용장에서 요구하지 않았으나 제시된 서류는 무시되고 제시인에게 반환할 수 있다.

⑤ 신용장이 제시되어야 하는 서류를 명기하지 않고 조건만을 포함하고 있는 경우에 은행은 그러한 조건은 명기되지 않은 것으로 간주하고 이를 무시한다.

⑥ 서류는 신용장의 개설일자보다 이전의 일자가 기재될 수 있으나, 그 서류의 제시일(date of presentation)보다 늦은 일자가 기재되어서는 안 된다.

⑦ 서류상에 기재된 수익자 및 개설의뢰인의 주소는 신용장 또는 기타 모든 명시된 서류상의 이들 주소와 동일할 필요는 없지만, 신용장에 언급된 각각의 주소와 동일한 국가내에 있어야 하며, 수익자 및 개설신청인의 주소의 일부로서 기재된 연락처명세(팩스, 전화, 전자우편 등)가 명기된 경우에 이들 명세는 무시된다. 그러나 개설신청인의 모든 주소 및 연락처명세가 UCP 600 제19조(복합운송서류), 제20조(선하증권), 제21조(비유통성 해상화물운송장), 제22조(용선계약선하증권), 제23조(항공운송서류), 제24조(도로, 철도 또는 내륙수로운송서류) 또는 제25조(특송화물수령증, 우편수령증)에 따라 운송서류상의 수하인(consignee) 또는 착

화통지처(notify party) 명세의 일부로서 보이는 경우에는 이러한 주소 및 연락처 명세(contact details)는 신용장에 명시된 대로 기재되어야 한다.

⑧ 모든 서류상에 표시된 물품의 선적인(shipper, 송화인) 또는 탁송인(consignor)은 신용장의 수익자일 필요는 없다.

⑨ 운송서류가 UCP 600의 제19조, 제20조, 제21조, 제22조, 제23조 또는 제24조의 요구조건을 충족시킨다면 그 운송서류는 운송인(carrier), 선주(owner), 선장(master) 또는 용선자(charterer) 이외의 모든 당사자에 의하여 발행될 수 있다.

2. 서류심사면책

① UCP 600 제34조 서류의 유효성에 대한 면책

은행은 모든 서류의 형식, 충분성, 정확성, 진정성, 위조성 또는 법적 효력에 대하여 또는 그 서류에 명시되거나 또는 이에 부가된 일반조건(general conditions) 또는 특정조건(particular conditions)에 대하여 어떠한 의무나 책임도 지지 않으며, 또한 은행은 모든 서류에 표시되어 있는 상품, 용역 또는 기타 이행의 명세, 수량, 중량, 품질, 상태, 포장, 인도, 가치 또는 실존여부에 대하여 또는 상품의 송하인, 운송인, 운송주선인, 수하인, 보험자 또는 기타 모든 당사자의 성실성 또는 작위 또는 부작위, 지급능력, 이행능력 또는 신용상태에 관하여 어떠한 의무나 책임도 부담하지 않는다.

② UCP 600 제35조 전달과 번역에 대한 면책

은행은 그러한 통신문의 송달 또는 서신이나 서류의 전달 중에 발생하는 송달지연, 분실, 훼손 또는 기타 오류로 인해 발생하는 결과에 대하여 어떠한 의무나 책임도 부담하지 않는다.

3. 필요서류와 준거법규 및 검토사항

(1) NEGO시 필요 서류

① 수출환어음 매입신청서

② 수출신고필증 사본(무역금융용 자사제품 수출실적증명 등 필요시 징구)

③ 수출신용장 및 그 조건변경서

④ 신용장에서 요구하는 서류(환어음, 운송서류, 상업송장 등)

환어음은 해외은행 송부용 원본 2부를 징구하는데 해당 신용장의 형태가 매입신용장인 경우 환어음을 신용장에서 요구할 때 또는 인수신용장일 경우 필히 제출하며, 지급신용장 및 연지급신용장은 환어음의 제출을 필요로 하지 않는 신용장이지만 신용장에서 특별히 환어음을 요구하는 경우에는 제시한다.

운송서류, 상업송장, 보험서류 등 다른 서류들은 신용장의 서류조건에 나와 있는 요구 부수(통수)대로 각각 원본(original), 부본(copy), 사본(photocopy) 등을 제출하고 은행보관용 사본을 각각 1부씩 제출한다.

⑤ 기타 필요한 서류

⑥ RE-NEGO시에는 위의 서류와는 별도로 RE-NEGO은행 보관용 신용장 및 각각의 선적서류 사본 1부를 추가로 제출한다.

(2) 서류검토 준거법규

① 기본규칙 : 신용장통일규칙(UCP 600)

② UCP 600의 보칙 : ISBP 745, ICC Position Paper, ICC Policy Statement, ICC Opinions, ICC Decisions 등

③ 보충법규 : 대외무역법, 외국환거래법, 무역 및 외환관련 판례, 상법, 어음법 등

(3) 기본 검토사항

① 서류 통수(부수) : 신용장에서 요구하는 통수(부수) 제출 여부

② 서류의 정규성 : 통상적으로 사용되는 동종업계의 형식 구비 여부

i. 발행자, 작성자의 서명 누락 여부

ii. 통상적으로 동종 거래에 사용되는 것과 같은 형식 구비 여부

iii. 증권(운송서류, 보험서류, 환어음)상 권리이전 경로에 대한 형식상 배서의 연속성 여부

④ 각 서류의 신용장 조건 일치 여부

⑤ 서류 상호간 일치 여부 : 서류 상호간 불일치도 하자이다.

(4) 기타 검토사항

① 보충서류를 요구하는 경우 : 신용장에서 상업송장, 운송서류, 보험서류 이외의 서류를 요구할 때 신용장은 그 서류의 발행인과 기재내용을 명시해야 한다. 이러한 명시가 없으면 제시된 대로 수리하며 서류기재내용은 다른 서류들과 모순이 없어야 한다.

② 비서류 조건 : 신용장이 제시되어야 할 서류를 표시하지 않고 준수해야 할 조건만을 기재하고 있으면, 은행은 그러한 조건을 기재하지 않은 것으로 간주하고 이를 무시한다.

(5) 검토시 유의사항

① 신용장 내용을 미리 파악한다.

통지(매입)은행에서 통지한 신용장은 그 사본으로 내용을 미리 파악해 두고, 타 은행에서 통지한 신용장은 수출상 수령 즉시 FAX 등으로 송부받아 그 내용과 조건들을 미리 정확하게 해석해 두면 NEGO 당일 서류 심사 때 차분히 처리할 수 있다.

② 일정한 순서에 따라 검토 : 선적서류 심사 순서를 자신의 스타일에 맞게 고정시켜 항상 일정한 패턴으로 심사할 수 있도록 한다.

[서류점검 순서의 예] : 서류통수 → 각종기일 → 환어음 → 상업송장 → 운송서류 → 보험서류 → 기타서류 → 서류상호간 조건대조

③ Check List의 활용 : 신속·정확성을 기해야 하므로 미리 선적서류별 Check List를 만들어 놓고 상호 체크하면서 심사한다.

제 12 장

무하자 서류작성 및 검토실무

제 1 절 매매계약서와 신용장 수취

1. 실무사례 매매계약서 예시

(1) 매매계약서

예시 매매계약서

CHUNG CHOON COOPERATION
7-777, JONGNO 2 KA, JONG NO GU, SEOUL, KOREA
C.P.O. BOX 777, SEOUL, KOREA
HOME PAGE : WWW.GOODLUCK.CO.KR
TEL : (02) 712-7653~7, (02) 713-9876~8, FAX : (02) 712-9879

SALES CONTRACT

Messrs : YOUTH CONSTRUCTION MATERIALS CO., LTD.
8TH FLR, VIP TOWER, 1-1, UCHISAIWAI-CH
CHIYODAKU, TOKYO 100-0011, JAPAN

Date : July 8, 2014
SALES CONTRACT NO. 345

Gentlemen:
We as seller confirm having sold you as Buyer the following goods on the terms and conditions as stated below and on back hereof.

ITEM	COMMODITY	QUANTITY	UNIT PRICE	AMOUNT
POLY FILM	0.15×2000MM×50M(S)	300 ROLLS	JPY1,107	JPY332,100
	0.20×2000MM×50M(S)	100 ROLLS	JPY1,480	JPY148.000
	0.15×2000MM×50M(W)	1,500 ROLLS	JPY892	JPY1,338,000
	0.20×2000MM×50M(W)	200 ROLLS	JPY1,480	JPY296,000
	0.03×3600MM×100M(W)	100 ROLLS	JPY1,323	JPY132,300
TOTAL		**2,200 ROLLS**		**JPY2,246,400**

Origin : Republic of Korea
Shipment : Not later than July 31, 2014
Shipping port : Korean Port
Destination port : Osaka Port, Japan
Partial shipment : Prohibited
Transhipment : Prohibited

Insurance : Seller to cover the C.I.F. price plus 10% against All Risks including War and SRCC Risks
Payment : By an Irrevocable Documentary Letter of Credit within 10 days after the date of Contract
Packing : Export standard packing
Inspection : Seller's inspection to be final
Document Required : According to Letter of Credit Clauses
Covering : "2,200 Rolls C.I.F. Osaka, Japan as per Contract No.345"
Shipping Mark : No Mark

SELLER	BUYER
CHUNG CHOON COOPERATION	YOUTH CONSTRUCTION MATERIALS CO., LTD.
JAE-SEUNG KIM	SIBATA YOSI
(SIGNED)	(SIGNED)
JAE-SEUNG KIM/PRESIDENT	SIBATA YOSI/PRESIDENT

****** Subject to the general terms of sale set forth on the back hereof.**

(2) 일반거래조건 협정서

예시 **일반거래조건협정의 예문**

Agreement on General Terms and Conditions of Business

This Agreement entered into between CHUNG CHOON COOPERATION (hereinafter called the Sellers), and YOUTH CONSTRUCTION MATERIALS CO., LTD. TOKYO, JAPAN(hereinafter called to as the Buyers) witness as follows:

(1) Business : Both parties act as Principals, and not as Agents.
(1) 거래방식 : 양 당사자는 본인으로서 거래하며 대리인으로서 거래하지 아니 한다.

(2) Goods : Goods in business, their unit to be quoted, and their mode of packing shall be as stated in the Contract List.
(2) 상품 : 취급상품, 견적단위, 포장방법은 계약서에 명시된 바와 같다.

(3) Prices : Unless otherwise specified in telex messages or letters, all prices submitted by either party shall be quoted in Japanese Yen on a CIF Osaka, Japan basis.
(3) 가격 : 텔렉스나 문서로 별도의 명시가 없는 한, 양 당사자의 제시하는 모든 가격은 일본 엔화 표시 일본 오사카도착 운임보험료 포함가격으로 제시한다.

(4) Firm Offers : All offers are to be considered "firm" subject to reply being received within four(4) days from and including the day dispatched. Sundays and official Bank Holidays are excepted.
(4) 확정오퍼 : 모든 오퍼는 발신일을 포함하여 4일 이내에 귀사 회답 접수조건으로 한 확정오퍼로 간주한다. 일요일 및 은행공휴일은 제외한다.

(5) Orders : Any business closed by telex shall be confirmed in writing without delay, and orders thus concluded shall not be cancelled unless by mutual consent.

(5) 주문 : 텔렉스로 체결된 거래는 지체없이 문서로 확인되어야 한다. 이와 같이 체결된 주문은 양자의 동의가 없으면 취소되지 아니 한다.

(6) Payment : Drafts shall be drawn under Irrevocable Letters of Credit at sight. documents attached, for the full invoice value. Bill of Lading, Insurance Policy, Commercial Invoice and other documents which each contract requires.

(6) 결제 : 계약서가 요구하는 서류들과 보험증권, 상업송장, 선하증권이 필요하며, 송장금액 전체에 대하여, 첨부된 서류들과, 일람지급의 취소불능신용장하에서 발행되어진 환어음조건이다.

(7) Shipment : Shipment is to be made within the time stated in each contract, except in circumstances beyond Seller's control. The date of Bill of Lading shall be taken as conclusive proof of the date of shipment.

(7) 선적 : 선적은 매도인의 불가항력의 상황을 제외하고는 각 계약서에 명시된 기간 내에 하여야 한다. 선하증권의 발행일자는 선적일(의 결정적인 증거)로 간주한다.

(8) Marine Insurance : All shipments shall be covered by ICC(ALL RISKS) including War Risks and S.R.C.C. for an amount of 10 (ten) percent in excess of invoice value, If no other conditions are particularly agreed upon. All polices shall be made out in Japanese Yen and claims payable in Japan.

(8) 해상보험 : 다른 조건이 특히 명시되어 있지 않는 한, 모든 적화상품은 송장금액의 110%의 금액에 대하여 전쟁위험 및 동맹파업·소요·폭동 담보약관 부가 ICC(ALL RISKS) 조건으로 보험에 가입한다. 모든 보험증권은 일본 엔화로, 보험금은 일본에서 지급되는 것으로 작성되어야 한다.

(9) Quality : Sellers shall guarantee all shipment to conform to sample, types of descriptions, with regard to quality and condition.

(9) 품질 : 매도인은 품질 및 상태에 관하여 적화상품이 견본, 규격, 설명서와 일치하는 것을 보증하여야 한다.

(10) Force Majeure : The Sellers shall not be responsible for any delay in shipment due directly or indirectly to force majeure, such as fires, floods, earthquakes, tempests, strikes, lockouts, mobilization, war, prohibition of export, and any other contingencies which may prevent shipment within the period stipulate. In the event of any of the aforesaid causes arising, documents proving its occurrence or existence shall be submitted to Buyers without delay.

(10) 불가항력 : 매도인은 직접 또는 간접으로 불가항력에 기인하여 발생한 선적지연에 대해서는 책임을 지지 아니 한다. 불가항력이란 정해진 선적기일의 선적을

방해하는 화재, 홍수, 지진, 태풍, 동맹파업, 공장폐쇄, 동원, 전쟁, 수출금지 및 기타 우발사고를 의미한다. 전술한 원인이 발생한 경우에는 그 발생·존재를 증명하는 서류를 지체없이 매수인에게 제시하여야 한다.

(11) Delayed Shipment : In all cases of force majeure provided in the Article No. 10, the period of shipment stipulated shall be extended for a period of twenty one (21) days. In case shipment within the extended period should still be prevented by a continuance of the causes mentioned in the Article No.10 or the consequences of any of them, It shall be at the Buyer's option either to allow the shipment of late goods or to cancel the order by giving the Sellers the notice of cancellation by cable.

(11) 선적지연 : 제10항에 규정되어 있는 모든 불가항력의 경우에 있어서 정해진 선적기한은 21일간 연기되어야 한다. 이와 같이 연기된 기일 내에 선적이 제10항에 명시되어 있는 원인의 존속 또는 그 결과 때문에 방해받고 있는 경우에는, 매수인은 전신으로 주문취소의 통지를 매도인에게 보냄으로써 지연된 상품의 선적을 허용하는지 또는 주문을 취소하는지에 대한 선택권을 가진다.

(12) Claims : Claims, if any, shall be submitted by cable within fourteen 14 days after arrival of goods at destination. Certificates by recognized surveyors shall be sent by mail without delay.

(12) 클레임 : 만약 클레임이 발생한다면 목적항에 상품이 도착한 후 14일 이내에 제기하여야 한다. 공인검사인의 증명서가 지체없이 우편으로 송부되어야 한다.

(13) Arbitration : All claims which cannot be amicably settled between Sellers and Buyers shall be finally settled by arbitration in Seoul, Korea in accordance with the Commercial Arbitration Rules of the Korea Commercial Arbitration Board and under the Laws of Korea. The award rendered by the arbitrator shall be final and binding upon both parties concerned.

(13) 중재 : 매도인 및 매수인 사이에 원만하게 해결되지 않는 클레임은 한국의 법률을 준거법으로 하여 대한상사중재원의 상사중재규칙에 의거하여 대한민국 서울에서 중재에 의하여 최종적으로 해결되어야 한다. 중재인에 의하여 내려진 중재판정은 최종적이며 관계당사자를 구속한다.

In witness whereof CHUNG CHOON COOPERATION SEOUL, KOREA have hereto set their hands in duplicate on the Eighth day of July, 2014, at Seoul, and YOUTH CONSTRUCTION MATERIALS CO., LTD. TOKYO, JAPAN have hereto set their hands on the Eighth of July, 2014, at Tokyo, and any of the claims in this Agreement shall not be changed or modified unless by mutual consent.

여기에 기재된 증명으로 CHUNG CHOON COOPERATION은 2014년 7월 8일에 정부 2통에 서명하였으며, YOUTH CONSTRUCTION MATERIALS CO., LTD.는 2014년 7월 8일에 정부 2통에 서명하였다. 이 협정서는 양자의 합의가 없으면 변경 또는 수정되지 아니 한다.

2. 화환신용장에 의한 수출사례

사례  화환신용장(수출, 매입신용장, 일람지급, 송금방식, 1/3 B/L조항)

KOREA EXCHANGE BANK ORIGINAL
Head Office : 181, 2-ka Ulchi-ro, chung-ku, Seoul, 100-793, Korea
TEL : (02)729-8525 (CPO BOX 2924, CABLE : KOEXBANK, TLX NO : 23141-5)
SWIFT : KOEXKRSE

ADVICE OF ISSUE OF A DOCUMENTARY CREDIT [화환 신용장 개설의 통지]

CREDIT NUMBER : S-015-2000620 OUR ADVICE NUMBER : A-0668-1107-25107

ADVISING DEPT/BR : BUSINESS DEPT ADVISED ON : 2014-07-13

ISSUING BANK : BOTKJPJTXXX ISSUED ON : 2014-07-12

BANK OF TOKYO-MITSUBISHI UFJ, LTD.,
THE TOKYO

Gentlemen :

At the request of the Issuing bank, and without any engagement or responsibility on our part, we are pleased to inform you that we have received the following AUTHENTICATED teletransmission dated 2014. 07. 13.

---------------------------------- Message Text ----------------------------------

700 ISSUE OF A DOCUMENTARY CREDIT [화환신용장의 개설]

*** 27 : Sequence of total [신용장 페이지 총수] : 1/1 [1페이지 중의 1페이지]

*** 40A : Form of Documentary Credit [화환신용장 형태] : IRREVOCABLE [취소불능 신용장]

*** 20 : Documentary Credit Number [화환신용장 번호] : S-015-2000620

*** 31C : Date of Issue [신용장 개설일] : 2014-07-12 [2014년 7월 12일]

*** 40E : Applicable Rules[적용규칙] : UCP LATEST VERSION [개설일자 현재 최신판 UCP]

*** 31D : Date and Place of Expiry [유효기일과 종료장소] : 2014-08-15 S.KOREA[2014년 8월 15일 한국]

*** 50 : APPLICANT [개설의뢰인(수입상)] :
YOUTH CONSTRUCTION MATERIALS CO., LTD.
8TH FLR, VIP TOWER, 1-1, UCHISAIWAI-CHO
CHIYODAKU, TOKYO 100-0011, JAPAN

*** 59 : BENEFICIARY[수익자(수출상)] : CHUNG CHOON COOPERATION
7-777, JONGNO 2.KA, JONG NO GU, SEOUL, KOREA

*** 32B : CURRENCY CODE, AMOUNT [통화 종류 및 금액] : JPY ********2,246,400.00

*** 39A : PERCENTAGE CREDIT AMOUNT TOLERANCE [신용장 금액 과부족 허용 비율] : 5/5

*** 41D : AVAILABLE WITH ...BY... [신용장 사용은행과 사용방법] :
ANY BANK ON SIGHT BASIS BY NEGOTIATION [모든 은행에서 일람지급 매입으로 사용]

*** 42C : DRAFTS AT...[환어음의 지급기일] : SIGHT [일람지급]

42A : DRAWEE [환어음 지급은행] : ISSUING BANK [개설은행]

*** 43P : PARTIAL SHIPMENTS [분할선적] : PROHIBITED [금지됨]

*** 43T : TRANSSHIPMENT [환적] : PROHIBITED [금지됨]

*** 44E : PORT OF LOADING/AIRPORT OF DEPARTURE : [선적항/출발공항]
ANY PORT IN KOREA [한국의 모든 항구]

*** 44F : PORT OF DISCHARGE/AIRPORT OF DESTINATION : [하역항/목적공항]
OSAKA, JAPAN [일본, 오사카]

*** 44C : LATEST DATE OF SHIPMENT [최종 선적 기일] : 2014-07-31 [2014년 7월 31일]

*** 45A : DESCRIPTION OF GOODS AND/OR SERVICE [상품 또는 서비스 명세] :
POLY FILM
PRICE TERM : CIF OSAKA, JAPAN
HS CODE :3920.10.0000

***46A : DOCUMENTS REQUIRED [요구서류] :

1. SIGNED COMMERCIAL INVOICE IN 5 COPIES INDICATING THIS CREDIT NUMBER [이 신용장의 번호가 기재되고 서명된 상업송장 5부]

2. PACKING LIST IN 4 COPIES [포장명세서 4부]

3. 2/3 SETS OF ORIGINAL CLEAN ON BOARD OCEAN BILL OF LADING AND TWO NON-NEGOTIABLE COPIES MADE OUT TO ORDER OF BANK OF TOKYO MITSUBISHI UFJ, LTD., THE TOKYO MARKED 'FREIGHT PREPAID' AND NOTIFY APPLICANT AND INDICATING THIS CREDIT NUMBER.
[BANK OF TOKYO MITSUBISHI UFJ, LTD., THE TOKYO은행의 지시식인 비유통성 선하증권 부본 2부 포함하여 무결함 본선적재 해양선하증권 원본 2/3 SET, 선하증권에는 '운임선불'로 표시되어 있어야 하며 통지처의 주소는 개설의뢰인으로, 그리고 이 신용장의 번호가 기재되어야 한다.]

4. INSURANCE POLICY OR CERTIFICATE ISSUED IN DUPLICATE DULY ENDORSED IN BLANK FOR FULL INVOICE VALUE PLUS 10 PERCENT WITH CLAIM PAYABLE IN JAPAN IN THE SAME CURRENCY AS THE DRAFT COVERING INSTITUTE CARGO CLAUSES (ALL RISKS) WAR CLAUSES SRCC CLAUSES
[ICC (ALL RISKS) 조건과 WAR CLAUSES SRCC CLAUSES 조건으로 보험에 가입되고 환어음의 통화와 동일한 통화로 일본에서 보험금이 지급될 수 있으며 상업송장금액의 110%에 대하여 부보되고 백지배서가 되어있는 보험증권 또는 보험증명서 2통]

5. BENEFICIARY'S CERTIFICATE STATING THAT ONE ORIGINAL B/L AND ONE COMPLETE SET OF NON-NEGOTIABLE SHIPPING DOCUMENTS HAVE BEEN SENT BY DHL TO APPLICANT DIRECTLY WITHIN 5 DAYS AFTER SHIPMENT.
[1통의 원본 선하증권과 비유통성 선적서류의 완전한 세트 1통이 선적 후 5일 이내에 직접 개설의뢰인에게 DHL로 발송되었다고 기재된 수익자증명서]

*** 71B : CHARGES :
ALL BANKING CHARGES OUTSIDE JAPAN ARE FOR BENEFICIARY'S ACCOUNT
[일본 이외에서 발생하는 모든 은행수수료는 수익자의 부담으로 한다]

*** 48 : PERIOD FOR PRESENTATION [서류제시 기한] :
WITHIN 10 DAYS AFTER B/L DATE BUT NOT LATER THAN CREDIT VALIDITY
[선하증권의 본선적재일자 후 10일 이내에 제시하고, 단 신용장 유효기간 이내이어야 한다.]

*** 49 : CONFIRMATION INSTRUCTION [확인지시] : WITH OUT [확인 요청하지 않음]

*** 78 : INSTRUCTION TO THE PAYING/ACCEPTING/NEGOTIATING BANK :
[지급/인수/매입 은행에 대한 지시사항]
+ REIMBURSEMENT BY TELECOMMUNICATION IS PROHIBITED
[전신에 의한 결제는 금지된다]
+ALL DOCUMENTS TO BE FORWARDED BY COURIER SERVICE TO ISSUING BANK. (ADD : P.O. BOX 191 NIHONBASHI, TOKYO 103-8684 OR 1-3-2 HONGOKU-CHO, NIHONBASHI, CHUO-KU, TOKYO 1-3-0021 IN ONE LOT)
[모든 서류들은 개설은행 앞으로 택배송업자에 의하여 하나의 우편물로 송부되어야 한다. 주소:]
+FOR EACH PRESENTATION OF DISCREPANT DOCUMENTS UNDER THIS CREDIT, A FEE OF JPY5,000.00 SHOULD BE DEDUCTED FROM THE PROCEEDS.
[이 신용장하에서 각각의 불일치서류의 제시에 대하여 5,000엔이 대금에서 공제되어질 것이다]

+ IN REIMBURSEMENT WE SHALL REMIT THE PROCEEDS ACCORDING TO YOUR INSTRUCTION. [당행은 귀행의 지시에 따라서 대금을 송금하여 결제할 것이다]

Please note that we reserve the right to make such corrections to this advice as may be necessary upon receipt of the cable confirmation and assume no responsibility for any errors and/or omissions in the transmission and/or translation of the teletransmission, and for any forgery and/or alteration on the credit.

If the credit is available by negotiation, each presentation must be noted on the reverse of this advice by the bank where the credit is available.

THIS ADVICE IS SUBJECT THE UNIFORM CUSTOMS AND PRACTICE FOR DOCUMENTARY CREDITS (2007 REVISION, ICC PUBLICATION NO.600)

Yours very truly

BAIK Tae Heum

Authorized Signature

3. 매입신청서 작성

(1) 수출환어음 매입신청서의 의미

신용장상의 수익자(Beneficiary)인 수출업체는 신용장에서 요구한 상품의 선적을 완료하고 신용장의 제 조건에 일치하는 환어음과 선적서류를 작성하여 매입은행에 제시하게 된다.

매입은행은 이를 심사한 후 매입하는데 이때 환어음 및/또는 선적서류를 매입은행과의 기 약정한 바에 의해 매입해 줄 것을 매입은행에 의뢰하는 신청서가 수출환어음 매입신청서이다.

수출환어음 매입신청서의 제출은 반드시 매입은행과의 수출화환어음 약정이 선행되어야 하며 이 약정에 의하여 매입은행은 선적서류를 매입한다.

수출환어음 매입신청서를 제출할 때는 신용장 원본과 신용장에서 요구하는 선적서류를 모두 첨부해야 하며 신용장에서 요구한 조건에 일치하는 서류를 제시하여야 한다.

수출환어음(선적서류) 매입신청서는 은행별로 소정의 양식을 사용하므로 거래은행 홈페이지에서 양식을 Down받아 사용한다.

(2) 수출환어음 매입신청서 작성

예시 **매입신청서**

수출환어음 매입(추심)신청서

계	책임자	부점장
CHOI	LEE	KIM

주식회사 국민은행 귀하

◉ 고객기재란

L/C NO. CONTRACT NO	수출구분	신용장		본·지사간 신용장		D/P D/A		본·지사간 D/P, D/A		기타	어음금액		어음기간	
S-015-2000620		O									JPY2,246,400		AT SIGHT	
ENCLOSED	DRAFT	COMM INV	B/L AWB	PKG LIST	INS PLCY	CERT ORGN	INSP CERT	W/M LIST	CUST INV	GSP	BENE CERT	SHIP CERT		
FIRST	2	3	2/3	3	2						2			
SECOND														

◈ 매입대금처리신청명세

명 세		금 액
어음금액(A)		JPY2,246,400
외화차감명세		
외화차감합계(B)		
외화매입금액(A-B)		
매 입 률		
매입대금(C)		
원화차감명세		
원화차감합계(D)		
지 급 액(C-D)		JPY2,246,400

위와 같이 수출환어음(또는 운송서류)의 매입을 신청하오며, 따로 제출한 "외국환거래약정서"의 각 조항에 따를 것을 확약하오니 동 대금을 지급하여 주시기 바랍니다.

2014 년 07 월 24 일

·신청인 : 靑 春 商 社 (인)
·주소 : 서울특별시 종로구 종로2가 7-777
361111 – 1982762 代表理事 金 載 昇

인감대조
CHOI

하자내용, 기타

◈ 서류심사 및 전산인자 란

점번	1777		연동환율번호	0		투자적격여부		1 : 투자부적격
매입일	2014/07/24		청구방식	송금방식		양도구분		0:국내 1:국외
매입번호	07QT-ESP-6-0777		N / A	0	0:미통지 1:통지	재할인여부		1 : 대상
고객번호	1000777888		수출상대국가	JP		포페이팅여부		1 : 대상
매입구분	0	0:매입 1:추심	서류도착국가	JP		보험부보여부		1 : 부보
재매입구분	직매입		상환어음국가			기타번호		
매입종류	AT SIGHT L/C		L/C개설국가	JP		KTNET 번호		
본·지사구분	0		L/C(계약서)번호	S-015-2000620		L/C(계약서)개설일	2014/07/12	
수출형태	01		수출신고번호	131100600351186		기산일	2014/07/24	
결제조건	AT SIGHT		HS코드번호	3920100000		환가료	7,760	
기간	0		통관구분	제조자수출(자사)		적용환가료율	1.55820	
가격조건	CIF		통관금액	19,114.00		환가료 징수일수	8	
대체구분	9		하자코드			추심료	0	
통화코드	JPY		여신한도번호			대체료	0	
매입금액	2,246,400.00		할 증	0	0:비매입 1:매입	기본우편료	8,000	
면제대체금액	2,246,400.00		INTEREST	0.00		상환어음 발송우편료	0	
징수대체금액	0.00		할 인	0	0:비매입 1:매입	T/T청구비용	0	
만기산정기준일			DEDUCT	0.00		N/A 비용	0	
우대환가료율	0.0000		흠결코드			타행의뢰 재매입시		
우대환율	0.00		(예정)만기일	2014/08/02		상대은행 BIC		
매입수수료	20,000		채권보전대상여부 : 비대상			상대은행 REF		

※ 참고는 뒷면에 기재

예시 COVERING LETTER

COVERING LETTER

지점보관용

Kookmin Bank
FOREIGN BUSINESS TEAM
SEOUL, KOREA

Head Office 9-1, 2-Ga
Namdaemun-Ro, Jung-Gu, Seoul, Korea
MAIL ADDRESS : C.P.O BOX 815 SEOUL, KOREA
SWIFT. BIC : CZNBKRSE
TELEX NUMBER : K23481 K26109

MAIL TO : THE BANK OF TOKYO MITSUBISHI UFJ, LTD., P.O.BOX 191 NIHONBASHI, TOKYO 103 8684 OR 1-3-2 HONGOKU-CH0, NIHONBASHI, CHUO-KU, TOKYO 103-0021

OUR REF : 07QTESP60777
DATE : JUL. 24. 2014
BRANCH : TRADE CORPORATE BANKING BR

WE ENCLOSE HEREWITH THE UNDERMENTIONED BILLS AND DOCUMENTS FOR YOUR PAYMENT

1. PARTICULARS OF DRAFT

INVOICE AMOUNT (A)	JPY 2,246,400.00	TENOR	AT SIGHT
(+) INTEREST & COMMISSION (B)		MATURITY DATE	
(-) COMMISSION & CHARGE (C)		L/C / CONTRACT NO.	S-015-2000620
NET AMOUNT (A+B-C)	JPY 2,246,400.00	L/C/CONTRACT ISSUING DATE	JUL. 12. 2014
L/C ISSUING / COLLECTING BANK	BANK OF TOKYO MITSUBISHI JFJ, LTD., THE TOKYO		
BENEFICIARY / DRAWER	CHUNG CHOON CORPORATION		
APPLICANT / DRAWEE	YOUTH CONSTRUCTION MATERIALS CO., LTD.		

2. DOCUMENTS

ENCLOSED	DRAFT	COMM INV	B/L AWB	PKG LIST	INS PLCY	CERT ORGN	INSP CERT	W/M LIST	CUST INV	GSP	BENE CERT	SHIP CERT		
FIRST	2	3	2/3	3	2						2			
SECOND														

3. REIMBURSEMENT INSTRUCTION TO THE REIM BANK / DRAWEE BANK

REIM BANK / DRAWEE BANK	SAME AS ABOVE
- PLEASE REMIT/CREDIT THE PROCEEDS TO OUR A/C(NO. 7654) WITH (SUMITOMO MITSUI BANKING CORPORATION TOKYO)	

4. INSTRUCTION (AS INDICATED BY 'X')

×	IN CASE OF NON-ACCEPTANCE / NON-PAYMENT, PLEASE ADVISE US GIVING REASON BY SWIFT / TELEX
×	PLEASE ADVISE US THE DATE OF ACCEPTANCE WITH MATURITY DATE BY SWIFT / TELEX
	IN CASE ANY IRREGULARITIES ARE MENTIONED HEREIN, IT IS TO BE UNDERSTOOD THAT WE HAVE EFFECTED NEGOTIATION UNDER RESERVE OR AGAINST GUARANTEE
	DOCUMENTS HAVE BEEN PRESENTED FOR APPROVAL AND PAYMENT
	PLEASE DELIVER DOCUMENTS TO DRAWEE AGAINST PAYMENT AT MATURITY DATE
	WE HAVE NEGOTIATED THIS DOCUMENTS AT SIGHT BASIS ACCORDING TO L/C TERMS AND CONDITIONS
	RETAIN THE ACCEPTED DRAFTS(IF ANY) ON BEHALF OF KOOKMIN BANK UNTIL TO BE PAID BY DRAWEE

5. SPECIAL INSTRUCTION / REMARK (AS INDICATED BY 'X')

×	THIS BILL IS SUBJECT TO THE "UNIFORM CUSTOMS & PRACTICE FOR DOCUMENTARY CREDITS" 2007 REVISION ICC PUBLICATION NO.600	
	THIS COLLECTION IS SUBJECT TO THE "UNIFORM RULES FOR COLLECTIONS"(1995) ICC PUBLICATION 522 OR ANY REVISION CURRENTLY IN FORCE	
	WE HAVE NEGOTIATED DOCUMENTS AGAINST A RELEASE LETTER FROM THE RESTRICTED BANK, PLEASE REFER ENCLOSED A COPY OF RELEASE LETTER	
	WE HAVE ALREADY ADVISED OUR NEGOTIATION TO YOU BY SWIFT OR TELEX	
×	WE CERTIFY THAT DOCUMENTS HAVE BEEN COMPLIED WITH L/C TERMS AND CONDITIONS	
×	WE CERTIFY THAT THE AMOUNT OF EACH DRAWING HAS BEEN ENDORSED ON THE REVERSE OF ORIGINAL CREDIT	

THIS IS A COMPUTER GENERATED COVERING LETTER FOR WHICH MANUAL SIGNATURE NOT REQUIRED

4. 신용장조건의 해석기준과 검토

(1) 신용장의 검토

① 취소불능 신용장인가?

신용장에는 취소가능/취소불능의 표시를 하여야 하며, 아무런 표시가 없으면 취소불능신용장으로 간주된다. 취소가능신용장은 개설은행에 의하여 언제든지 그리고 수익자에게 사전통지없이 변경 또는 취소될 수 있기 때문에 수출환어음(선적서류) 추심전매입에 관련된 신용장은 반드시 취소불능신용장이어야 한다.

② 진위성이 확인된 신용장인가?

통지은행에 의해 그 진위성이 식별된 것이어야 한다.

③ 조건부 신용장(Conditional Credit)은 아닌가?

선적지시 또는 매입을 위한 지시가 있어야만 선적 또는 매입이 가능하거나 수입국의 쿼터배정이나 통관검사후 유효해지는 신용장, 상업송장 또는 기타의 서류상에 수입상의 서명을 요구하고 있는 신용장, 국외양도된 신용장으로 양도은행이 개설은행으로부터 대금수령 후 지급하는 조건이나 기타 이와 유사한 'Back－To－Back L/C'인 경우 등 특정조건이 충족되어야 유효해지는 조건부 신용장은 각 매입은행의 내부업무지침에 따라서 추심후 지급으로 처리하거나 하자있는 신용장방식 수출환어음(선적서류) 매입에 의거 처리하고 있다.

④ 개설은행의 신용과 자산상태가 양호한가?

신용장이 비록 취소불능이고 개설은행의 지급확약문언(또는 신용장통일규칙 적용문언)이 기재되어 있다 하더라도 개설은행의 신용이 불량할 경우 대금지급을 기대하기가 어려우므로 개설은행의 신용도를 확인한다. 예컨대 매입은행에서 확인한 결과가 개설은행의 신용등급이 'Ba(무디스)' 또는 'BB(S&P)' 미만인 경우에는 "하자있는 수출환어음"으로 처리한다.

특히, 후진국가 지역과의 L/C거래시 L/C개설은행이 수입상의 대금지급 거절을 이유로 지급확약 의무를 이행하지 않는 사례가 있으므로 주의를 요한다.

⑤ 개설은행의 소재지에 불가항력의 사태가 발생하였거나 발생할 염려가 없는가?

불가항력적 사태는 전쟁, 내란 또는 이에 준하는 상황이나 재정 상태의 악화 등을 의미하는 것으로 이들 사태 발생시 개설은행의 지급의무이행이 곤란해지는 상황이 발생할 수 있다.

⑥ 신용장통일규칙 적용문언이 있는가?

모든 신용장은 신용장통일규칙의 적용을 전제로 하여 운용되며 신용장통일규칙이 적용되지 않는 신용장은 실무지침의 기준이 없기 때문에 신용장으로서 의미가 없다고 할 수 있다.

(2) 신용장 조건의 해석기준

1) 서류의 요구 통수

원본과 부본을 신용장에서 요구하는 대로 제시하여야 한다(ISBP 745 A 29).

① invoice, one invoice, invoice in one copy, Invoice - 1 copy → 송장 원본 1통,

② invoice in 4 copies, invoice in 4 fold → 최소 송장 원본을 한 통 이상으로 하고 나머지 수를 송장의 사본,

③ photocopy of invoice, copy of invoice → 송장의 사진 복사본이나 사본 1부 또는 만약 금지되지 않았다면 송장 원본 1부

④ "서명된 송장의 사진 복사본"(photocopy of a signed invoice)의 제시를 요구한다면, 이는 외관상 서명된 송장 원본의 사진 복사본 또는 사본 1부(a photocopy or copy of the original invoice that was apparently signed)의 제시에 의하거나 만약 금지되지 않았다면 서명된 원본 송장(signed original invoice)의 제시에 의하여 충족된다.

2) 유효기일, 유효기일 종료장소

① 유효기일은 지급, 인수 또는 매입을 위하여 서류를 제시하여야 할 마지막 날을 의미한다. 지정된 은행의 지급, 인수 또는 매입을 위한 최종일을 의미하는 것은 아니다.

② 유효기일이 종료되는 장소 : 유효기일이 종료되는 장소는 지급·인수·매입은행 또는 그 소재지, 개설은행 또는 그 소재지가 된다. 통상적으로는 매입은행의 소재지에서 유효기일이 종료되나 때로는 개설은행에서 또는 그 소재지에서 종료되는 경우가 있으므로 주의하여야 한다.

③ 유효기일의 연장 : 은행의 휴업일이 통상적인 공휴일에 해당하는 경우 그 기간 중에 신용장의 유효기일이 끝날 때는 그 휴업일에 이은 최초 영업일까지 당해 신용장의 유효기일은 자동적으로 연장된다.

3) 서류의 제시기간

① 서류의 제시기간이 명시되지 않은 신용장의 경우 은행은 운송서류의 선적일 후 21일을 경과하여 제시된 운송서류의 원본은 수리 거절한다. 그러나, 어떠한 경우에도 서류는 신용장 유효기일 이전에 제시되어야 한다.

② 예시 : "Documents must be presented within 10 days after the date of shipment"
③ 서류제시기간의 최종일이 은행의 통상적인 휴업일에 해당하는 경우에는 유효기일의 경우와 마찬가지로 휴업일에 이은 최초영업일까지 서류제시기간의 최종일은 자동 연장된다.
④ 선적기일의 연장은 신용장 조건을 변경할 때 선적을 위하여 정해진 최종기일이 특정일자까지 연장되었다는 지시가 명시적으로 표현되어 있어야만 그 특정일자까지 연장이 가능하다.

4) 용어사용

① 'prompt', 'immediately', 'as soon as possible' 또는 이와 유사한 표현을 금지하며 그러한 표현이 사용된 경우 은행은 이를 무시한다.
② 'on or about'의 해석 : 선적기일을 정함에 있어 'on or about' 또는 이와 유사한 표현이 사용된 경우, 동 표현은 명시된 날짜 이전 5일과 동 일자 이후 5일간의 기간(총 11일간) 중에 선적을 이행하도록 요구하는 것으로 해석한다.
③ 신용장에서 선적기간(period of shipment)을 결정하기 위하여 "to", "until", "till", "from", "between"이 사용되면 이는 (기간에) 명시된 일자 혹은 일자들을 포함하고, "before"와 "after"라는 단어는 명시된 일자를 제외한다.
④ "from"과 "after"라는 단어가 만기일(maturity date)을 결정하기 위하여 사용될 때에는 언급된 당해 일자를 제외한다.

5) 분할선적

① 분할선적(Partial shipment) :
 -금지문구 : ㉠ Partial shipments are prohibited.
 ㉡ Partial shipments are not allowed(not permitted).
 ㉢ Part shipments are not allowed.
 ㉣ Pro-rata shipments are not permitted.
 -허용문구 : ㉠ Partial shipments are allowed(permitted).
 ㉡ Shipment in one or more lots is allowed.
② 분할선적에 대한 지시가 없는 경우 : 신용장에 별도의 명시가 없는 한 허용된다.
③ 문면상 동일운송수단으로 그리고 동일항로에 의하여 선적되었음을 표시하는 운송서류는, 상이한 선적일자를 나타내고 있거나 상이한 적재항구, 수탁 또는 발송지를 표시하고 있을지라도 분할선적으로 간주하지 않는다.

6) 환적

① 환적이란 선적항(출발공항), 발송 또는 수탁지로부터 양륙항(목적공항) 또는 목적지까지의 운송도중 어떤 운송수단 또는 선박(항공기)으로부터 동일운송방식 범위내의 다른 운송수단이나 선박(항공기)으로, 또는 어떤 운송방식으로부터 다른 운송방식으로 재적재되는 것을 의미한다.

② 신용장에서 환적이 금지되더라도 전체 해상운송구간을 하나의 동일한 선하증권으로 표시하는 경우 컨테이너에 선적되면서 환적될 것이라는 표시가 있는 선하증권을 수리한다.

③ 전체 운송과정이 하나의 동일한 복합운송서류(항공운송서류 포함)로 커버되는 경우, 환적이 될 것이다 또는 될 수 있다고 명시한 운송서류는 신용장이 비록 환적을 금지하는 경우에도 수리된다.

제 2 절 신용장 요구서류 작성 및 검토실무

1. 환어음(Bill of Exchange, Draft) 작성실무

(1) 의미와 환어음의 당사자

① 환어음(draft: bill of exchange)이란 채권자인 어음의 발행인이 채무자인 지급인에 대하여 일정한 금액을 수취인 또는 그 지시인 또는 소지인에게 일정한 기일 내에 일정한 장소에서 무조건적으로 지급할 것을 위탁하는 요식유가증권이다.
환어음은 채무자가 채권자 앞으로 발행하는 약속어음과는 달리 채권자가 채무자 앞으로 발행하여 결제되는 것이다.
국제무역거래에서 사용되는 환어음은 발행지와 지급지가 서로 다른 국가간에 취결되는 외국환어음이다.
외국환 어음에 따르는 어음 행위의 효력은 원칙적으로 행위지의 법률에 의해 처리하게 되어 있다. 따라서 우리나라에서 발행한 어음행위는 우리나라 어음법이 적용되며 외국에서 발생한 어음행위는 그 나라의 어음 관계법을 따르게 되는 것이다.
환어음은 대금결제 기간에 따라서 일람출급 어음(Sight Bill)과 발행후 일정기간이 경과한 후 지급되는 기한부 어음(USANCE Bill) 등으로 구분할 수 있다.
보통 2통이 발행되는데 그 중 하나가 결제되면 다른 하나는 자동적으로 효력을 상실한다.

② 발행인(drawer) : 환어음을 발행하고 서명하는 자이다(수익자인 수출자나 채권자).

③ 지급인(drawee) : 어음상에 기재된 대금의 지급의무를 지는 자이다(개설/결제은행 또는 수입상).
④ 수취인(payee) : 어음의 지급을 받을 자이다(발행인/매입은행 또는 추심은행).

(2) 필수 기재사항

필수기재사항은 그 중 어느 하나라도 누락되면 어음의 법적 효력이 없다
① 환어음의 표시 : "Bill of Exchange"라는 문구로 sample의 상단 중앙부분이다.
② 일정금액 및 무조건지급위탁문구 : sample의 ⑥ "pay to~the sum of(금액)"이 무조건 지급위탁문구이다. sample에서 ③에 해당하는 것이 숫자금액이며 sample ⑦은 문자금액이다.
③ 지급인의 표시 : sample에서 ⑫에 해당한다('To' 이하에 기재됨).
④ 지급만기일의 표시 : sample에서 ④에 기재된 것은 일람출급 어음이다. ㉠ 일람출급 ㉡ 일람 후 정기출급 ㉢ 일자 후 정기출급 ㉣ 확정일 출급의 네 가지 중에서 하나로 기재된다.
⑤ 지급지 : 어음금액이 지급될 일정지역이다. sample ⑫에 표시된 지급인에 부기(附記)된 "TOKYO"가 지급지이다.
⑥ 수취인(Payee)의 표시 : 환어음금액의 지급을 받을 자 또는 지급을 받을 자를 지시할 자의 명칭으로 sample에서 ⑥의 "pay to~"에 기재된 자이다.
⑦ 발행일과 발행지 : 어음이 발행된 날과 장소로 sample의 ②에 해당한다.
⑧ 발행인 기명날인 또는 서명 : sample의 ⑬에 해당하며 어음 효력은 행위지법 기준이다.

(3) 임의 기재사항

임의기재내용은 어음 자체의 효력에는 아무런 영향을 미치지 않으나 환어음의 성격과 내용을 명확하게 표시하기 위하여 기재하는 것이다.
① 환어음 번호 : sample에서 ①에 해당한다.
② D/A, D/P표시 : D/A, D/P표시가 없을 때에는 D/P로 간주한다.
③ 복본번호 및 무효문구 : 2통으로 발행되며 'First'와 'Second'로 표시한다. 어느 한 통에 대하여 지급이 이루어지면 다른 것은 무효가 된다. sample에서 ⑤에 해당한다.
④ 대가 수취문구 : "value received and charge the same to account of ~"가 그것인데 이 문언은 "어음발행인이 어음의 대가를 영수하였으며 동 대가에 해당하는 어음금액을 ~계정으로부터 징수를 요한다"는 의미로 "account of~"의 공난에는 신용장 발행의뢰인의 명칭이 기재된다. sample의 ⑭에 해당한다.

⑤ 신용장에 관한 문구 : sample의 ⑩에 해당하는 것이다.
⑥ 이자문언 : L/C에서 이자문구 기재를 요구하는 경우 어음 여백에 이를 표시한다.
⑦ 무담보문구(without recourse to drawer) : 어음지급인이 인수 또는 지급불능이 되었을 경우에 발행인에게 상환청구 할 수 있는 조건이 "with recourse"이며, 상환청구 할 수 없는 것이 "without recourse"이다. 우리나라에서는 어음법상으로 지급무담보 문언을 기재하더라도 하등의 효력이 없다.

(4) 환어음 점검사항

① 필수 기재사항 8사항 요건 구비여부
② 어음 발행일이 신용장 유효기일 이내인지 여부
③ 어음금액이 신용장금액이나 잔액의 초과여부 확인. 송장금액과 일치여부확인
④ 지급인의 일치여부
⑤ 기한부어음인 경우 기간 또는 기한 표시의 정확성 여부
⑥ 어음금액에 대한 표시는 문자와 숫자 일치여부
⑦ joint draft란 2건 이상의 신용장에 근거하여 발행된 1건의 어음을 말한다. 타 신용장과 병행 발행한 환어음은 수리가 불가능하다. 그러나 예컨대 "Combined shipments with other credits are acceptable"이라는 문구가 있는 경우에는 병행하여 하나의 어음으로 발행할 수 있다.
⑧ 기타 환어음 기재사항의 정확성 확인

(5) 환어음 작성 예시

예시 환어음, FIRST BILL OF EXCHANGE

NO. ①776677 **BILL OF EXCHANGE** ② Date : JUL. 24, 2014. Seoul, Korea
FOR ③ JPY2,246,400.00
AT ④__________ SIGHT OF THIS **FIRST** BILL OF EXCHANGE
(⑤**SECOND** OF THE SAME TENOR AND DATE BEING UNPAID)
⑥PAY TO KOOKMIN BANK OR ORDER THE SUM OF
⑦SAY JAPANESE YEN TWO MILLION TWO HUNDRED AND FORTY SIX THOUSAND FOUR HUNDRED ONLY
⑭VALUE RECEIVED AND CHARGE THE SAME TO ACCOUNT OF
⑧YOUTH CONSTRUCTION MATERIALS CO., LTD.
DRAWN UNDER ⑨BANK OF TOKYO-MITSUBISHI UFJ, LTD., THE TOKYO
LETTER OF CREDIT NO. ⑩S-015-2000620 DATED ⑪JUL. 12. 2014
TO ⑫BANK OF TOKYO-MITSUBI UFJ
LTD., THE TOKYO

CHUNG CHOON, LTD.
⑬ *Jae Seung Kim*
J. S. KIM. PRESIDENT

예시 환어음, SECOND BILL OF EXCHANGE

O. 776677 **BILL OF EXCHANGE** Date : JUL. 24, 2014. Seoul, Korea

FOR JPY2,246,400.00

AT ______________ SIGHT OF THIS **SECOND** BILL OF EXCHANGE

(**FIRST** OF THE SAME TENOR AND DATE BEING UNPAID)

PAY TO KOOKMIN BANK OR ORDER THE SUM OF

SAY JAPANESE YEN TWO MILLION TWO HUNDRED AND FORTY SIX THOUSAND FOUR HUNDRED ONLY

VALUE RECEIVED AND CHARGE THE SAME TO ACCOUNT OF

YOUTH CONSTRUCTION MATERIALS CO., LTD.

DRAWN UNDER BANK OF TOKYO-MITSUBISHI UFJ, LTD., THE TOKYO

LETTER OF CREDIT NO. S-015-2000620 DATED JUL. 12. 2014

TO BANK OF TOKYO-MITSUBI UFJ

LTD., THE TOKYO

CHUNG CHOON, LTD.

JAE SEUNG KIM

J. S. KIM. PRESIDENT

예시 환어음(번역) 샘플

어음번호.① ______ **BILL OF EXCHANGE** ② 발행일: ________ 발행지 Seoul, Korea

금액(숫자) ③ ______________________________

(⑤ 동일한 기한 및 일자의 제2환어음이 지급되지 않은 경우) ④ 일람출급(또는 기한부)으로

⑥ 은행 또는 그 지시인에게 ⑦ 금액(문자)을 지급하십시오

⑭ 대가수취 하였으며 어음금액을 ⑧의 계정에서 청구하십시오

본 어음은 ⑪ 일자에 ⑨ 개설은행의 신용장 번호 ⑩에 의거하여 발행되었습니다

⑫ 앞(환어음 지급인)

⑬ 환어음 발행인

(6) 환어음 관련 국제규칙 이해(신용장 거래시 기준이 됨)

1) UCP 600의 환어음 내용

* UCP 600 제3조

"부터(from)" 및 "이후(after)"라는 단어가 만기일을 결정하기 위하여 사용될 때에는 언급된 당해 일자를 제외한다.

* "부터(from)"라는 단어는 선적기간의 결정을 위하여 사용된 경우에는 당해 일자를 포함하지만, 환어음의 만기일의 결정을 위하여 사용된 경우에는 당해 일자를 제외하는 것으로 해석한다.

* 신용장상 어음조건이 “180 days after shipment date”인 경우와 “180 days from shipment date”인 경우의 만기일은 동일하다.

2) ISBP 745의 환어음 내용

DRAFTS AND CALCULATION OF MATURITY DATE (환어음과 만기일 산정)

• Tenor (어음기한)

B 2. a. 환어음에 기재되는 기한은 신용장조건(the terms of the credit)과 일치하여야 한다.

b. 신용장에서 환어음의 만기에 관하여 일람출급(sight)이나 일람후정기출급(a certain period after sight) 이외의 만기를 요구하는 경우에, 그 환어음 자체 내에 있는 정보로부터 만기일을 산정하는 것이 가능하여야 한다. 예컨대, 신용장에서 선하증권일자 후 60일(60 days after the bill of lading date)을 만기로 하는 환어음을 요구하고 그 선하증권일자가 2013년 5월 14일인 경우에, 환어음의 만기는 다음과 같은 방법 중의 하나로 그 환어음에 표시되어야 한다.

i. “2013년 5월 14일 선하증권일자 후 60일”(“60 days after bill of lading date 14 May 2013”) 또는

ii. “2013년 5월 14일 후 60일”(“60 days after 14 May 2013”) 또는

iii. “선하증권일자 후 60일”(“60 days after bill of lading date”) 및 환어음 앞면 어느 곳에 “선하증권 일자가 2013년 5월 14일임”이 함께 기재됨. 또는

iv. “환어음의 발행일 후 60일”(“60 days date”)이고 그 환어음의 발행일이 선하증권일자와 동일함. 또는

v. “2013년 7월 13일”(“13 July 2013”). 즉, 이 날이 선하증권일자 후 60일이 되는 날임.

c. 만기가 예컨대 선하증권일자 후 60일로 기재된 경우에, 본선적재일자(on board date)가 선하증권의 발행일자보다 빠르거나 또는 늦더라도 본선적재일자가 선하증권일자로 간주된다.

d. 환어음의 만기일을 결정하는 데 사용된 “부터”(from)와 “후”(after)라는 단어는 당해 서류의 일자나 선적일 또는 신용장에 명시된 사건의 발생일의 다음 날부터 만기일이 기산된다는 것을 의미하며, 예컨대 5월 4일 후 또는 5월 4일부터 10일(10 days after or from 4 May)은 5월 14일을 의미한다.

e. i. 신용장에서 선하증권과 환어음의 발행을 요구하면서 환어음의 만기를 예컨대 선하증권일자 후 또는 선하증권일자로부터 60일(at 60 days after or from the bill of lading date)로 할 것을 요구하고, 또한 제시된 선하증권의 물품이 어느 선박에서 양하되어 다른 선박으로 다시 선적된 것으로 나타나고 또한 둘 이상의 일자가 부여된 본선적재부기가 나타나고 또한 각 선적이 허용된 지리적 영역 또는 범위 내에 있는 항구에서 이루어진 것으로 표시되는 경우에, 본선적재부기상의 여러 일자 중에서 가장 빠른 일자(the earliest of these dates)가 만기일(maturity date)의 산정에 사용되어야 한다.

예컨대, 신용장에서 유럽의 어느 항구에서 선적될 것을 요구하고, 선하증권상 5월 14일에 Dublin에서 "A" 선박에 선적되고 5월 16일에 Rotterdam에서 "B" 선박에 환적된 것으로 나타난다고 할 때, 환어음은 유럽의 어느 항구에서 가장 빠른 본선적재일자(the earliest on board date)인 5월 14일 후 60일이 만기가 되도록 발행되어야 한다.

ii. 신용장에서 선하증권과 환어음의 발행을 요구하면서 환어음의 만기를 예컨대 선하증권일자 후 또는 선하증권일자로부터 60일(at 60 days after or from the bill of lading date)로 할 것을 요구하고, 또한 제시된 선하증권상 물품이 동일한 선박에 허용된 지리적 영역 또는 범위 내에 있는 둘 이상의 항구에서 선적된 것으로 나타나고 또는 둘 이상의 일자가 부여된 본선적재부기가 나타나는 경우에, 본선적재부기상의 여러 일자 중에서 가장 늦은 일자(the latest of these dates)가 만기일의 산정에 사용되어야 한다. 예컨대, 신용장에서 유럽의 어느 항구에서 선적될 것을 요구하고, 선하증권상 물품의 일부가 5월 14일에 Dublin에서 "A" 선박에 선적되고 나머지는 5월 16일에 Rotterdam에서 동일한 선박에 선적된 것으로 나타난다고 할 때, 환어음은 가장 늦은 본선적재일자(the latest on board date)인 5월 16일 후 60일이 만기가 되도록 발행되어야 한다.

iii. 신용장에서 선하증권과 환어음의 발행을 요구하면서 환어음의 만기를 예컨대 선하증권일자 후 또는 선하증권일자로부터 60일로 할 것을 요구하고, 또한 하나의 환어음하에서 두 세트 이상의 선하증권이 제시되는 경우에, 가장 늦은 선하증권의 본선적재일(the on board date of the latest bill of lading)이 만기일의 산정에 사용된다.

• Maturity date(만기일)

B 4. 환어음에서 실제의 일자를 사용하여 만기일을 기재하는 경우에, 그 일자는 신용장조건을 반영하여야 한다.

해설

환어음이 실제의 연월일로 만기일을 기재할 경우, 신용장이 요구하는 만기일의 계산과 일치한 일자이어야 한다. 예컨대 신용장에서 B/L 일자 후 60일 출급(at 60 days after B/L date)의 환어음을 요구한 경우, B/L 일자가 2013년 5월 12일이라고 할 때, 환어음상의 만기일은 그 익일부터 60일이 지난 동년 7월 11일자로 기재되어 있어야 한다.

B 5. 예컨대 "일람후 60일 출급(at 60 days sight)"으로 발행된 환어음의 경우에, 만기일은 다음과 같이 결정된다.

a. 일치하는 제시인 경우에, 환어음의 지급은행, 즉 개설은행, 확인은행 또는 지정에 따라 행동하는 지정은행("지급은행, drawee bank")에 제시된 일자의 다음 날부터 60일(60 days after the day of presentation)이 되는 일자가 만기일이다.

b. 불일치한 제시인 경우에,

i. 지급은행이 거절통지(notice of refusal)를 하지 않았다면, 그 은행에 제시된 일자의 다음 날부터 60일이 되는 일자가 만기일이다.

ii. 지급은행이 개설은행이고 또한 거절통지를 하였다면, 개설은행이 개설의뢰인의 권리포기(waiver of applicant)를 수락한 날의 다음 날부터 60일이 되는 일자가 만기일이다.

iii. 지급은행이 개설은행이 아니고 또한 거절통지를 하였다면, 개설은행의 서류수리통지일(the date of the acceptance advice of the issuing bank)의 다음 날부터 60일이 되는 일자가 만기일이다. 그러한 지급은행이 개설은행의 서류수리통지(the acceptance advice)에 따라 행동하기를 거절한다면, 그 지급기일에 결제의무를 부담하는 자는 개설은행이다.

c. 지급은행은 제시인에게 만기일을 통지하거나 확인해 주어야 한다.

• Drawing and signing(발행과 서명)

B 8. a. 환어음은 수익자(beneficiary)에 의하여 발행되고 서명되어야 하며 발행일이 표시되어야 한다.

b. 수익자가 제2수익자(second beneficiary)의 이름이 변경되었고 신용장에는 이전의 이름이 거명되어 있는 경우에, 환어음은 "이전에 (수익자 또는 제2수익자의 이름)이라고 알려진"이라는 문구 또는 그와 유사한 취지의 문구를 표시한다면 새로운 실체의 이름으로 발행될 수 있다.

• Amounts(금액)

B 13. 환어음은 당해 제시에서 청구하는 금액과 동일한 액수(for the amount demanded under the presentation)로 발행되어야 한다.

B 14. 어음금액이 문자 및 숫자로 표기되는 경우에, 문자로 표기되는 금액과 숫자로 표기되는 금액을 정확하게 반영하여야 하고 신용장에 명시된 통화(currency as stated in the credit)로 표시되어야 한다. 문자로 표기되는 금액은 숫자로 표기되는 금액이 상충하는 경우에, 문자로 표시되는 금액(the amount in words)을 청구금액으로 하여 심사되어야 한다.

• Endorsement(배서)

B 15. 환어음은 필요하다면 배서되어야(to be endorsed) 한다.

• Drafts drawn on the applicant(개설의뢰인을 지급인으로 하는 환어음)

B 18. a. 신용장은 개설의뢰인(applicant)을 지급인으로 하여 발행되는 환어음에 의하여 이용가능 하도록 개설되어서는 아니 된다.

b. 그러나 신용장에서 필요서류의 하나로(as one of the required documents) 개설의뢰인을 지급인으로 하여 발행된 환어음을 제시하도록 요구하는 경우에, 이는 오직 신용장에 명시적으로 명시된 범위 내에서, 그러한 명시가 없다면 UCP 600 제14조 제f항에 따라 심사되어야 한다.

2. 상업송장 서류작성실무

(1) 의미

상업송장(Commercial Invoice)이란 수출자가 수입자 앞으로 작성해 보내는 선적화물의 계산서 및 내용증명서이며. 유가증권은 아니지만 수출자의 송하명세서, 상품 출하안내서, 가격 계산서 및 대금청구서, 수입통관시의 과세자료, 선적화물의 계산서 및 내용증명서이다.

물품의 거래가 원격지간에 행해지는 경우 매도인이 매수인 앞으로 해당물품의 특성과 내용명세를 상세하고 정확하게 작성하여 송부하는 선적화물의 계산서 및 내용명세이다.

수입자의 수입계산서(수입상품 매입서)의 역할을 하는 필수적으로 사용되는 서류이다.

국내 상거래에 이용되는 송장은 단순히 상품의 적요서나 안내장의 역할을 하지만 국제무역의 경우에는 적요서나 안내장의 역할 뿐만 아니라 매매 당사자의 이름과 주소, 발행일자, 주문번호, 계약상품의 규격 및 개수, 포장상태 및 화인 등이 표시된 구체적인 매매계산서인 동시에 대금청구서이다.

따라서 송장은 무역거래상의 필수서류로 모든 신용장에서 요구하고 있으나 유가증권인 선하증권이나 보험증권과 같이 그 자체가 청구권이 있는 서류는 아니다.

송장은 이러한 성격 때문에 어떤 경우에는 그 거래계약의 존재 및 계약이행의 사실을 입증하는 자료가 되며 수입물품의 정확성 및 진실성을 입증하기 위한 세관신고의 증명자료가 되기도 한다.

(2) 기능

① 국제무역에서 상업송장은 구매서 역할을 수행하기 때문에 계약상품의 정확한 규격(Specification of Goods) 및 개수, 포장상태 및 화인(Cargo Marks) 등을 상세하게 표시하여야 한다.

② 상업송장은 CIF나 CFR의 경우 선하증권이나, 보험증권이 계약과 일치되었음을 증명하는 등 특정 거래계약의 존재 및 이행의 사실을 입증하는 증거자료이다.

③ 계약상품의 순단가, 부대비용, 할인료, 지불방식, 지불시기 등을 구체적으로 명기한 매매계약서 역할 및 대금청구서로서 상업송장상의 발행금액은 환어음(Bill of Exchange)의 발행금액과 일치하는 것이 바람직하다.

④ 상업송장은 수입지에서 화물수취 안내서와 수입물품의 진실성 및 정확성을 입증하기 위한 세관신고의 증명자료가 되고 모든 송장은 과세표준액 산정에 가장 중요한 자료가 되므로 수입 통관시 수입업자에게 불이익이 초래되지 않도록 정확히 작성되어야 한다.

(3) 기재내용

① 당사자에 관한 사항 : 송하인(수출자명), 수하인, 통지처
② 날짜에 관한 사항 : 선적일자, 선적예정일, 송장 번호 및 작성일, 신용장개설일
③ 관련서류에 관한 사항 : 신용장 번호 및 개설일자 또는 계약서 번호
④ 지명에 관한 사항 : 선적지, 도착지, 최종목적지, 어음지급지
⑤ 상품에 관한 사항 : 화인(Shipping mark), 상품명, 규격, 단가, 수량, 금액
⑥ 기타사항 : 선박명칭, 가격조건, 발행인의 서명 등

(4) 종류

1) 상업송장(Commercial invoice)

계약상품 선적 후 작성되는 선적송장(shipping invoice), 거래유치를 위한 견적용도의 견적송장(proforma invoice) 등이 있다.

① 견적송장(proforma invoice)

견적송장이란 수출상이 거래를 유발 촉진하기 위한 수단으로 수입상의 요청에 의해 장차 그가 매입할 화물에 대해서 가격의 안내서 용도로 작성하여 발송하는 송장을 의미한다.

② 선적송장(shipping invoice)

실제로 선적된 화물의 내용과 가격을 명시한 서류로서 다음과 같이 구분된다.

- 수출송장(Export Invoice) : 수출상이 자기의 위험과 비용으로 해외의 수입상에게 상품을 송부하여 판매하는 경우 사용되는 송장이다.
- 매입위탁송장(Indent Invoice) : 수입상이 수출상에게 상품매입을 위탁하는 경우 수출상이 수입상의 매입대리인으로서 당해 상품을 선적할 때 작성하는 송장이다.

2) 공용송장(Official invoice)

① 세관송장(Customs invoice)

세관송장이란 수입지 세관이 수입화물에 대한 ① 관세가격의 기준을 결정할 목적 ② 덤핑유무를 확인하기 위한 목적 ③ 쿼터품목의 통상 기준량의 계산목적 ④ 수입통계의 목적 등으로 사용되는 송장이다. 국가별로 세관이 요구하는 양식이 상이하므로 필요한 경우에는 소정의 양식에 따라 작성하여야 한다.

② 영사송장(Consular invoice)

영사송장이란 수입물품가격을 높게 책정함에 따른 외화도피나 낮게 책정함에 따른 관세포탈을 규제하기 위하여 수출국에 주재하는 자국 영사의 확인을 받아야 하는 송장이다.

신용장에서 'visaed'라는 용어가 표시되면 일반송장에 영사가 서명하여야 하며, 'legalized'라는 기재가 있으면 송장 및 선화증권에 영사가 서명하여야 하고, 'notarized'라는 용어가 표시되면 송화인이 작성한 서류에 공증인 또는 상공회의소가 부서하며 영사가 정당하다고 인정하는 서명이 있어야 한다. 영사송장은 모든 국가에서 요구하는 것은 아니고 동남아시아 국가들 일부와 중남미 국가 등에 수출할 경우에 요구되고 있으나 점차 줄어들고 있다.

(5) 실무적 유의사항

① 상업송장의 상품명세

상업송장상의 물품명세는 신용장상의 물품명세와 반드시 일치하여야 한다. 다른 모든 서류의 상품명세는 신용장의 상품명세와 모순되지 아니하는 일반용어로 기술될 수 있다.

상업송장은 신용장과 서류의 엄밀한 일치성 판단의 자료이기 때문에 지급거절의 빌미를 제공하지 않아야 한다.

② 신용장 금액 초과 작성 여부

L/C에 별도 명시가 없는 한, 신용장 금액을 초과하여 작성된 상업송장이 제시된 경우 매입은행은 수리/거절 여부의 선택권을 행사할 수 있다.

예컨대, L/C 가격조건은 FOB이지만 수출자에게 수입자를 대신하여 운임을 지급하는 경우나, 보험을 가입하도록 하고 그 비용을 청구할 수 있는 경우나, 매매계약 당시 미약정이지만 결국 수입자가 부담할 성격의 추가비용 발생시에는 부득이 상업송장 금액이 신용장금액을 초과하게 된다.

이 경우에 지급·인수·매입은행이 비록 상업송장 금액이 신용장금액을 초과하여 작성되었을지라도 그 이유를 인정하고 신용장금액을 초과하는 금액에 대하여 지급·인수·매입을 하지 아니하는 조건으로 상업송장을 수리하였을 경우, 그러한 수리결정은 신용장의 모든 당사자를 구속하게 된다.

따라서 매입은행은 L/C의 허용 범위 내에 해당하는 금액만 매입하고, 초과금액은 서류송부장(Transmittal Letter or Covering Letter)에 그 내용을 명시하여 추심처리한 후 개설은행으로부터 입금이 되면 매입의뢰인에게 지급하여 업무를 처리할 수 있다.

③ 수익자가 개설의뢰인 앞 작성여부

신용장에 별도의 표시가 없는 한 수익자가 신용장 개설의뢰인 앞으로 작성하여야 한다.

④ 서명 여부

L/C에서 "signed commercial invoice in triplicate(서명된 상업송장 3부)"라고 요구한 경우 서명이 필요하며, 이러한 표시가 없을 경우 상업송장에 서명이 없어도 된다.

L/C에서 특별히 수기로 서명할 것(manually signed)을 요구하지 않으면 수기 외에 팩시밀리 서명(printed in facsimile), 점철(perforated), 스탬프, 기호 및 기타 기계적, 전자적 방법을 사용하여 서명할 수 있다.

⑤ 하인(荷印 : shipping marks)

하인이란 수입자가 도착항에서 운송인으로부터 화물을 인도받을 때 물품의 식별을 쉽게 할 수 있도록 포장용기에 표시된 마크를 말하는데 각종 서류에 기재된다. 상업송장상의 하인이 다른 서류의 하인과 일치하는지의 여부를 확인한다.

⑥ 상업송장 발행일자

상업송장 발행일자는 신용장 유효기일 이전의 일자이어야 한다. 유효기일이 은행의 휴업일에 종료되어 자동 연장되는 경우에는 연장된 유효기일이 기재되어 있어도 수리가 가능하며 또한 신용장 개설 이전일자가 상업송장상에 기재되어 있어도 수리가 가능하다.

(6) 상업송장의 체크리스트 내용

① 상업송장의 상품명세는 신용장의 상품명세와 일치하는가? 상품명세에 추가 자료의 보충이 있는 경우 원 상품명세의 내용이 훼손될 염려는 없는가?
② L/C 유효기일 이내에 작성되었으며, L/C에서 요구한 부수대로 제시되었는가?
③ 발행자는 L/C의 수익자이며 수익자의 이름과 주소는 정확한가?
④ 개설신청인 앞으로 발행되었으며 개설신청인의 이름과 주소는 정확한가?
⑤ 화인(Shipping mark)은 운송서류 또는 기타 서류의 것과 일치하는가?
⑥ 신용장이 송장에 서명을 요구한 경우 서명의 누락은 없는가?
⑦ 상업송장의 금액은 신용장금액 범위 내이고 수량, 단가, 가격조건은 신용장의 조건과 일치하는가?
⑧ 상업송장에 특정사안에 대한 증명을 요구하거나 또는 부서(counter-sign)를 요구하는 경우 그에 대한 내용의 기재가 있는가?
⑨ 수량, 중량, 용적은 다른 서류와 일치하는가?(도량형의 단위가 다른 경우 다른 서류와의 일치여부 확인을 위하여 동일한 단위로 환산하여야 함)
⑩ L/C에서 분할 선적이 금지되었으나 송장금액이 신용장금액보다 적은 경우, 전량선적되었거나 과부족 허용범위 이내인가?
⑪ 기타 일반적인 기재사항의 누락은 없으며 운송서류, 보험서류 등 다른 서류의 기재내용과 일치하는가?

(7) 상업송장 관련 UCP 600 제18조 상업송장(Commercial Invoice)

a. 수익자에 의하여 발행한 것으로 나타나야 하며, 개설신청인 앞으로 발행되어야 하고, 신용장과 동일한 통화로 작성되어야 하며, 서명될 필요가 없다.
b. 지정에 따라 행동하는 지정은행, 확인은행 또는 개설은행은 신용장에서 허용된 금액을 초과한 금액으로 발행된 상업송장을 수리할 수 있으며, 이러한 결정은, 문제된 은행이 신용장에서 허용된 금액을 초과한 금액으로 결제(honour)하거나 또는 매입하지 아니 한다면 모든 당사자를 구속한다.

예시

USD200,000으로 개설된 신용장에서 USD210,000의 상업송장이 제시된 경우, 제시은행은 신용장 금액을 초과하여 발행된 상업송장을 수리할 수 있다. 단, 이 경우 지정은행은 초과한 금액에 대해서는 매입하거나 결제하지 않아야 한다. 지정은행은 그러한 서류를 거절할 수도 있지만 만일 인수한 경우에는 모든 당사자를 구속하게 된다.

c. 상업송장상의 상품, 서비스 또는 의무이행의 명세는 신용장에 나타나는 것과 일치하여야 한다.

(8) ISBP 745의 상업송장 내용

• Title of invoice(송장의 제목)

C 1. a. 신용장에서 더 이상의 명시없이 "송장"(invoice)을 요구하는 경우에는, 이는 모든 종류의 제시된 송장(상업송장, 세관송장, 세무송장, 최종송장, 영사송장 등)(commercial invoice, customs invoice, tax invoice, final invoice, consular invoice, etc.)에 의하여 충족될 수 있다. 그러나 "임시적 송장"(provisional invoice), "견적송장"(pro-forma invoice), 또는 이와 유사한 표현으로 확인된 송장은 신용장에서 특별히 허용되지 아니하는 한, 수리되지 아니한다.

해설

"임시적 송장"(provisional invoice)은 예컨대 송장상 수량이 확정되지 않은 송장으로 'about 50 MT'와 같이 수량표시를 'about' 등으로 표시한다. "견적송장"(pro-forma invoice)은 수출상이 당해 물품의 최종가격과 거래조건 등에 대하여 수입상의 확인을 받기 위하여 보내주는 송장을 말한다. 대금을 청구하는 '가격 계산서'의 개념이 아니라 수출상이 작성한 '수출입 계약서'의 일종이다.

b. 신용장이 "상업송장"(commercial invoice)의 제시를 요구하는 때에는, "송장"(invoice)이란 제목의 서류를 제시함으로써 충족되며 그러한 서류가 세금의 목적(for tax purposes)으로 발행되었다는 기재를 담고 있더라도 무방하다.

• Issuer of an invoice(송장의 발행인)

C 2. a. 송장은 수익자(beneficiary) 혹은 신용장이 양도된 경우에는 제2수익자(the second beneficiary)가 발행한 것으로 보여야 한다.

b. 수익자나 제2수익자의 이름이 변경되었고 신용장에서는 이전의 이름이 거명되어 있는 경우에, 송장은 "이전에 (수익자 또는 제2수익자의 이름) 라고 알려진"["formerly known as (name of the beneficiary or second beneficiary)"]이라는 문구 또는 그와 유사한 취지의 문구를 표시한다면 새로운 실체(entity)의 이름으로 발행될 수 있다.

• Description of the goods, services or performance and other general issues related to invoices(물품, 서비스 또는 의무이행에 관한 명세 및 송장에 관한 기타 일반적 사항)

C 3. 송장에 나타나는 물품, 서비스 또는 의무이행에 관한 명세는 신용장에 나타나는 명세에 상응하여야(correspond with) 한다. 경상(鏡像, 거울, mirror image)과 같은 기재가 요구되는 것은 아니다. 예컨대 물품의 세부사항은 송장 내의 여러 곳에 산재할 수 있으며, 단지 그것들을 통합하여 읽을 때, 물품명세가 신용장의 그것에 상응하는 것(corresponding to that in the credit)으로 충분하다.

C 5. 송장 상 물품, 서비스 또는 의무이행에 관한 명세가 신용장에 명시된 그것과 상응하는(correspond with) 것으로 나타난다면 그 송장에서는 물품, 서비스 또는 의무이행에 관한 추가적 정보(additional data)를 표시하고 있어도 무방하되, 다만 그러한 추가적 정보가 물품, 서비스 또는 의무이행의 상이한 성질, 분류 또는 정보를 언급하지 않아야 한다.

예컨대, 신용장에서 "Suede Shoes"의 선적을 요구하는데 송장에서 물품을 "Imitations Suede Shoes"라고 명시하거나, 신용장에서 "Hydraulic Drilling Rig"를 요구하는데 송장에서 물품을 "Second Hand Hydraulic Drilling Rig"라고 명시하는 경우에, 이러한 명세는 물품의 성질이나 분류 또는 종류를 변경하는 것이 된다.

C 6. 송장에서는 다음을 표시하여야 한다.

a. 선적 또는 인도되는 물품이나 제공되는 서비스 또는 의무이행의 금액
b. 신용장에 명시된 경우에, 단가(unit price)
c. 신용장에 나타나는 통화와 동일한 통화
d. 신용장에서 요구되는 할인(discount) 또는 감액(deduction)

C 7. 송장에서는 신용장에 명시되지 않은 선지급(advance payment)이나 할인(discount) 등에 따른 감액(deduction)이 표시될 수 있다.

해설

송장은 반드시 선적된 물품, 서비스 또는 의무이행의 가액을 표시하고 있어야 하고, 물품의 단가(있을 경우)나 통화단위는 신용장과 일치하여야 하며, 또 신용장에 기재된 모든 할인액이나 공제액을 표시하고 있어야 한다. 이밖에 송장에는 신용장에 기재되지 아니한 선지급금의 공제액, 할인액 등도 표시할 수 있다.

예컨대 신용장에서 수출입 선수금에 관한 언급이 없는 경우, 수익자가 30% 선수금의 공제액을 표시하여 상업송장을 발행하거나(ICC Publication 632, R. 224), 또는 신용장에서 CFR 가액만 명시된 경우, 상업송장에 FOB가액과 운임뿐만 아니라, 신용장에 없는 영사비용(consular fee)까지 합산하여 CFR 가액을 표시하는 것은 하자가 아니다(ICC Publication 489, Case No. 259).

다만 상업송장은 신용장금액을 초과하여서는 아니 되며(UCP 600 제18조 b항), 만약 물품대금 이외의 부대비용을 청구하기 위하여 신용장금액을 초과한 송장을 발행하는 경우 그 초과된 송장금액의 수리 여부는 전적으로 은행의 결정에 달려 있고 그 결정은 모든 당사자를 구속한다(Ibid., Case No. 260).

C 8. 신용장에서 정형거래조건(trade term)이 물품명세의 일부로 기재된 경우에, 송장에서는 그 정형거래조건이 표시되어야 하고, 그 정형거래조건의 출처까지 기재된 경우에는 동일한 출처가 송장에 표시되어야 한다. 예컨대, 신용장에서 정형거래조건이 "CIF Singapore Incoterms 2010"로 표시된 경우에, 송장에서 "CIF Singapore" 또는 "CIF Singapore Incoterms"로 표시되어서는 안 된다. 그러나 신용장에서 정형거래조건이 "CIF Singapore" 또는 "CIF Singapore Incoterms"라고 표시된 경우에, 송장에서는 "CIF Singapore Incoterms 2010"이나 다른 개정본(other revision)이 표시될 수 있다.

해설

신용장에서 CIF 등의 정형거래조건(trade term)이 물품 명세나 금액란에 기재된 경우, 송장은 이와 동일한 정형거래조건을 기재하여야 하고 그 준거규칙을 포함하고 있으면 이와 동일한 연도의 규칙을 표시하여야 한다. 또 부과금이나 비용은 신용장에 기재된 정형거래조건에 따른 가액의 범위 내에서 포함되어 있어야 한다.

예컨대 신용장의 물품명세에 "FOB Shanghai"라는 요구가 있는 경우, 이는 계약의 주요부분으로서 당사자를 구속하게 되므로, 상업송장에서 이러한 정형거래 조건을 전혀 표시하지 아니하는 것은 거절사유가 된다(ICC Publication 632, R. 222). 또 본문의 사례와 같이 신용장의 물품명세에 정형거래조건이 "CIF Singapore Incoterms 2010"이란 현재의 규칙(정형거래조건해석에 관한 국제 규칙: 인코텀즈)으로 요구된 경우, 상업송장에서 준거규칙의 연도표시 없이 "CIF Singapore Incoterms"라고만 명시하는 것도 하자가 된다.

그러나 신용장의 물품명세에 정형거래조건이 "CFR Vancouver, WA, USA Port"라고 요구된 경우, 상업송장의 물품명세에 "CFR Vancouver, WA"라고 명시하는 것은 "USA Port"가 누락되었더라도 "WA"가 있기 때문에 동일한 목적항을 전제한 정형거래조건으로서 이를 하자로 보지 아니한다(Ibid., R. 226).

또 신용장의 물품명세에 "FOB Shimonoseki"라고 요구된 경우, 송장의 물품명세에 "FOB Japan"이라고만 명시하면 이는 신용장이 요구하는 특정항구를 지칭하지 아니하므로 하자라고 볼 수 있으나, 이와 함께 제시된 선하증권상에 선적항이 "Shimonoseki, Japan"으로 명시되어 있는 한, 동 송장에 있는 정형거래조건의 기재는 하자가 되지 아니한다는 것이 다수 의견이다(Ibid., R.221).

C 9. 서류발급비용, 운임(freight) 또는 보험비용(insurance costs)과 같은 추가적 수수료(additional charges)나 비용(costs)은 송장에 기재되는 정형거래조건과

함께 나타나는 금액 내에 포함될 수 있다.

C 10. 송장은 서명되거나 일부(日附: 일자를 표시하는 것)될 필요가 없다.

해설

송장은 특별한 요구가 없는 한, 서명이나 일자가 없어도 된다. 환어음·운송서류·보험서류 등은 신용장의 요구가 없더라도 본질적으로 서명과 일자가 필요하지만, 수익자가 직접 개설의뢰인 앞으로 작성하는 송장은 이를 필요로 하지 아니한다. 다만 신용장에서 "signed invoice in 3 copies"와 같이 요구된 경우, 적어도 1통의 송장은 서명된 원본으로 제시되어야 한다.

C 11. 송장에 나타나는 물품의 총량(total quantity) 및 그 물품의 총중량(total weight) 또는 총부피(total measurement)는 다른 서류에 나타나는 같은 정보와 저촉되어서는(conflict with) 안 된다.

해설

송장에 표시된 물품의 수량·중량·용적은 선하증권이나 수량/중량증명서 등의 기타 서류상의 수량과 상호 불일치하여서는 아니 된다.

예컨대 신용장 명세가 "5,000 MT(±5pct)…"로 요구되고 선하증권의 수량이 "4,787.650 MT"로 제시된 경우, 송장의 물품명세 란에 "5,000 MT(±5pct)…"라고 표시하더라도 수량 란에 선하증권과 일치한 "4,787.650 MT"를 표시하는 한, 이를 하자로 보아서는 안 된다(ICC Publication 632, R.231).

그러나 상업송장이 5통 요구된 경우, 물품의 중량표시가 원본 송장을 포함한 4통에는 "85.162 MT", 나머지 1통에는 "88.162 MT"라고 상호 불일치하게 나타나는 것은 하자로 본다(ICC Publication 489, Case No. 202).

C 12. 송장에서는 다음이 표시되지 않아야 한다.

a. 초과선적(다만 UCP 600 제30조 제b항 규정 제외), 또는

b. 신용장에서 요구되지 않은 물품, 서비스 또는 의무이행, 이는 송장이 신용장에서 요구되는 물품, 서비스 또는 의무이행에 추가되는 수량이나 견본 및 광고용품을 포함하고 있다면 그것들이 무료(free of charge)라고 기재된 경우에도 적용된다.

해설

송장은 ① 환어음 금액이 신용장 한도를 초과하지 아니하고 5% 초과 수량을 표시하는 경우가 아닌 한(UCP 600 제30조 b항), 신용장의 수량보다 초과된 선적수량,

② 신용장에 없는 물품명세가 "Cars model T"인 경우, 상업송장의 물품 명세에 "Cars model T"라고 기재하고 동일물품에 관한 세부적인 설명을 추가하는 것은 하자가 아니지만, 기타 신용장에서 요구되지 아니한 견본 "model Y"에 관한 명세를 추가하는 것은 하자로 본다(ICC Publication 459, Case No. 132).

C 13. 신용장에서 요구되는 물품의 수량(quantity)은 +/−5%의 오차범위 내로 송장에 표시될 수 있다. 물품수량의 +/−5%까지 오차가 허용되더라도 신용장금액을 초과하는 금액으로 지급청구를 하는 것은 허용되지 않는다. 물품수량 +/−5% 오차의 허용은 다음의 경우에는 적용되지 않는다.

a. 신용장에서 수량의 초과 또는 부족을 금지하는 경우

b. 신용장에서 포장단위(packing unit)나 개별품목(individual item)의 개수(number)를 명시하는 방법으로 수량을 명시하는 경우

해설

신용장에서 ① 물품수량의 과부족을 금지하거나, 또는 ② 포장단위나 개별품목의 수량표시가 없는 한, 송장에서의 수량표시는 5%의 과부족이 허용된다. 다만 송장에서 5%의 수량초과가 있더라도 환어음 금액은 신용장금액을 초과하여서는 안 된다(UCP 600 제30조 b항). 신용장에서 물품수량과 함께 "up to"나 "maximum" 등의 수량초과만을 금지한 경우, 표시된 숫자에서 5%까지의 수량부족은 허용되는 것으로 본다(ICC Publication 459, Case No. 137: Publication 489, Case No. 270).

C 14. 신용장에 물품의 수량이 명시되지 않았고 분할선적이 금지되지 않은 경우에, 5% 이내에서 신용장 금액보다 적은 금액으로 발행된 송장은 수량 전부를 선적한 것으로 간주되며 분할선적으로 간주되지 않는다.

해설

송장금액은 분할선적이 금지된 경우에도 물품수량이 명시되지 않았다면 송장금액이 신용장금액보다 5% 이내에서 적더라도 송장은 수리가능하다.

신용장에 물품의 수량이 명시되지 않은 경우 송장이 신용장금액보다 5% 이내에서 적은 금액으로 발행되었다면 수량 전체를 커버하는 것으로 간주된다. 만일 신용장에서 5% 이내의 편차조차도 금지하려면 분할청구(partial drawing)를 금지하는 조건을 신용장에 명시해야 한다.

• Instalment drawings or shipments(할부청구와 할부선적)

C 15. a. i. 신용장에서 주어진 기간 내에 할부(instalment)로 청구 또는 선적하는

것으로 명시되었고, 당해 할부청구나 할부선적이 허용된 기간 내에 할부청구나 할부선적이 없었던 경우에, 신용장은 그 할부부분 및 그 후의 할부분에 관하여 더 이상 이용이 허용되지 않는다. 여기의 주어진 기간(given period)이란 각 할부분의 시작일(start date)과 종료일(end date)을 정하는 일련의 일자 또는 시간계획을 말한다. 예컨대, 3월에 차량 100대 및 4월에 차량 100대의 선적으로 요구하는 신용장은 3월 1일과 4월 1일에 각각 시작하고, 3월 31일과 4월 30일에 각각 종료하는 두 기간의 일례이다.

ii. 분할청구(partial drawings)나 분할선적(partial shipments)이 허용된 경우에, 각 할부부분 내에서 수차의 청구나 선적이 허용된다.

b. 신용장에서 수 개의 최종일만을 표시하고 (C 15 (a) (i)항에서 규정하는) "주어진 기간(given period)"을 표시하지 않은 채 청구스케줄을 표시하는 경우에,

i. 이는 UCP 600에서 상정하는 할부스케줄이 아니며, 제32조가 적용되지 않는다. 이러한 경우에 제시는 청구스케줄이나 선적스케줄에 관한 모든 지시가 준수되어야 하며 UCP 600 제31조가 적용된다.

ii. 분할청구나 분할선적이 허용되었다면, 당해 청구나 선적이 이루어져야 하는 각 최종일 이전에는 수차로 청구나 선적하는 것이 허용된다.

해설

신용장에서 각각의 기간과 수량을 지정한 할부선적을 요구한 경우, 송장은 각 지정된 기간과 수량의 할부계획에 따라 선적·작성하여야 하고, 이를 위반하면 해당 할부분과 이후 모든 할부분은 무효가 된다. 다만 개설은행이 이후 할부분에 대한 승인을 통지하고 지급하면, 신용장은 이후 할부분에 대하여 다시 유효하게 회생한다(ICC Publication 632, R. 290).

할부기간 내의 분할선적과 분할청구는 허용된다. 신용장에서 할부기간 내의 분할선적과 분할청구를 금지하지 않았다면 복수의 할부기간 내의 분할선적과 분할청구는 허용된다. 할부기간 내의 분할선적과 분할청구를 금지하려면 신용장에 반드시 할부기간 내의 분할선적과 분할청구를 금지한다는 조건이 있어야 한다.

(9) 상업송장 기재요령

① Shipper/Exporter

상업송장은 신용장의 Beneficiary가 발행해야 한다(UCP 600 제18조). 계약서 결제방식인 경우에는 계약서상의 Seller를 기재하며, 신용장방식일 경우에는 신용장상의 Beneficiary를 기재한다. 그러나 신용장상에 "third party documents is acceptable"

이라는 부가조건이 있으면 beneficiary 이외의 제3자가 발행하여도 무방하다.

② Buyer/Applicant

계약서 결제방식인 경우 계약서상의 Buyer를 기재한다. 한편 계약서나 신용장에서 수하인(consignee)의 이름을 명시하라는 요구가 있으면 송장 아무데나 수하인의 이름을 명시하면 된다. 신용장상에 특별한 요구가 없는 경우에는 Applicant를 기재해도 무방하다.

상업송장상에 Consignee 칸을 넣게 되면, 선하증권의 Consignee(개설은행의 지시식인 경우가 많음)와 상업송장의 Consignee(수입상인 경우가 많음)가 일치하지 않게 되고 서류의 기재내용의 불일치라는 불필요한 지급거절의 가능성을 불식시키기 위하여 상업송장에는 Consignee라는 제목의 칸을 만들지 않는 것이 바람직하다.

③ Notify party(화물도착통지처)

신용장 선하증권 조항의 "Full set of ...... notify party accountee"라는 문구에서 밑줄 친 부분을 기재하면 된다. 일반적으로 Applicant와 동일한 경우가 많으므로 일반적으로 "same as above"라고 기재한다.

상업송장상에 Notify party 칸을 넣게 되면, 선하증권의 Notify party 칸과 상업송장의 Notify party 칸이 일치하지 않는 경우에는 서류의 기재내용의 불일치라는 불필요한 지급거절의 가능성을 불식시키기 위하여 상업송장에는 Notify party 칸을 만들지 않는 것이 바람직하다.

④~⑥ Port of loading/Final destination/Carrier(선적지/도착지/운송수단명)

④ 선적지(항)를 기재한다.

⑤ 도착지(항)를 기재한다.

⑥ 운송수단의 이름을 기재한다. 선박이면 선박명, 항공기이면 Fight No.를 기재한다.

상업송장상에 "④~⑥ Port of loading/Final destination/Carrier(선적지/도착지/운송수단명)" 칸을 만들면, 선하증권의 "④~⑥ Port of loading/Final destination/Carrier(선적지/도착지/운송수단명)" 칸과 상업송장의 "④~⑥ Port of loading/Final destination/Carrier(선적지/도착지/운송수단명)" 칸이 일치하지 않는 경우에는 서류의 기재내용의 불일치라는 불필요한 지급거절의 가능성을 불식시키기 위하여 상업송장에는 "④~⑥ Port of loading/Final destination/Carrier(선적지/도착지/운송수단명)" 칸을 만들지 않는 것이 바람직하다.

⑦ Sailing on or about(선적일자)

운송서류상의 선적일자와 같아야 하나, 선적준비를 위해서는 송장을 미리 발행해야 하며 또 선적일자는 정확하게 예측할 수가 없으므로 신용장통일 규칙에서 규정하고 있는 “on or about”로 기재하여 선적일 전후 5일씩을 허용하는 내용으로 기재한다.

상업송장상에 Sailing on or about(선적일자) 칸을 넣게 되면, 선하증권의 Sailing on or about(선적일자) 칸과 상업송장의 Sailing on or about(선적일자) 칸이 일치하지 않는 경우에는 서류의 기재내용의 불일치라는 불필요한 지급거절의 가능성을 불식시키기 위하여 상업송장에는 Sailing on or about(선적일자) 칸을 만들지 않는 것이 바람직하다.

* 실무적 유의사항

상업송장의 ③ 내지 ⑦까지의 칸에 기재되는 내용은 선하증권의 해당 칸과 가능한 한 일치시키는 것이 서류 불일치라는 오해를 불식시키는 방법이다. 그러므로 신용장이나 계약서에서 ③ 내지 ⑦까지의 칸을 만들고 이 내용을 기재하라는 요구가 없을 경우에는 ③ 내지 ⑦ 칸은 없어도 무방하다.

⑧ No. and date of invoice(상업송장의 발행번호 및 일자)

수출상이 송장발행시 임의로 부여하는 일련번호 및 발행일자를 기재한다.

⑨~⑩ No. and date of L/C issuing bank

신용장의 발행일자와 은행 또는 계약서방식일 경우에는 계약서의 발행일자와 발행자를 기재한다.

⑪ Remarks(비고)

일반적으로 송장상의 명세에 대한 근거가 되는 계약서의 내용을 기재한다. 이는 계약위반에 대한 후일의 분쟁을 예방하기 위해서이다. 신용장거래는 계약서와는 별개의 독립적인 거래이므로 후일 분쟁을 대비하여 계약상의 내용에 대한 근거를 확보하기 위해서 명시하는 것이다. 특히 중동신용장은 일반적으로 송장의 기재내용 이외의 송장상에 명시하는 요구 조건들이 많으므로 이러한 조건들을 기재하면 된다.

⑫~⑯ Description of goods/Quantity/U.Price/Amount(물품명세/수량/단가/금액)

신용장상의 물품명세와 일치하도록 기재하되, 여기서 일치란 엄격일치성 원칙에 따른 거울의 법칙(Mirror Image Rule)을 말하는 것이 아니라 신용장의 내용이 송장상에 빠트림이 없고 모순되지 않도록 기재됨을 의미하며, 기재된 수량, 중량, 용적은 다른 서류의 내용과 같아야 한다.

송장상에는 신용장에서 명시하지 않은 선급금이나 할인 등의 차감금액을 표시하여도 상관없다.

예시

Auto Tire .... USD 1,000
Special discount .... USD 100

Total amount : USD 900.

신용장상에 "FOB Busan(Incoterms 2010)"과 같이 정형거래조건의 개정근거를 명시할 경우에는 상업송장 상에도 동일하게 표시해야 한다.

(10) 상업송장 사례 작성

예시 상업송장(COMMERCIAL INVOICE)

COMMERCIAL INVOICE

① Shipper/Exporter CHUNG CHOON COOPERATION 7-777, JONGNO 2 KA, JONG NO GU, SEOUL, KOREA	⑧ No. & date of invoice DHC06-24A JULY. 12. 2014 ⑨ No. & date of L/C S-015-2000620 DATED. 140712
② Buyer/Applicant YOUTH CONSTRUCTION MATERIALS CO., LTD. 8TH FLR, VIP TOWER, 1-1, UCHISAIWAI-CHO CHIYODAKU, TOKYO 100-0011, JAPAN	⑩ L/C issuing bank BOTKJPTXXX BANK OF TOKYO-MITUBISHI UFJ. LTD., THE TOKYO
③ Notify party YOUTH CONSTRUCTION MATERIALS CO., LTD. 8TH FLR, VIP TOWER, 1-1, UCHISAIWAI-CHO CHIYODAKU, TOKYO 100-0011, JAPAN TEL:03(3777)6710 MISS. TOMOMI KATASE	⑪ Remarks :
④ Port of loading: BUSAN, KOREA ⑤ Final destination: OSAKA, JAPAN	
⑥ Carrier: SUNNY LINDEN 615N ⑦ Sailing on or about: JUL. 24. 2014	

⑫ Marks and numbers of pkgs	⑬ Description of goods	⑭ Quantity/unit	⑮ Unit-price	⑯ Amount
NO MARKS	POLY FILM		CIF OSAKA, JAPAN	
	0.15×2000MM×50M(S)	300 ROLLS	JPY1,107	JPY332,100
	0.20×2000MM×50M(S)	100 ROLLS	1,480	148,000
	0.15×2000MM×50M(W)	1,500 ROLLS	892	1,338,000
	0.20×2000MM×50M(W)	200 ROLLS	1,480	296,000
	0.03×3600MM×100M(W)	100 ROLLS	1,323	132,300
	TOTAL	2,200 ROLLS		JPY2,246,400

//

CHUNG CHOON COOPERATION

⑰ P.O. BOX : C.P.O. BOX 777
HOME PAGE : WWW.GOODLUCK.CO.KR
TELEPHONE NO : (02) 712-7653~7, (02) 713-9876~8
FAX NO. : (02) 712-9879

⑱ Signed by JAE-SEUNG KIM
JAE-SEUNG KIM/PRESIDENT

3. 선하증권 서류검토실무

(1) 선하증권의 의의

선하증권(Bill of Lading: B/L)이란 선박회사와 화주간의 물품운송계약에 따라서 운송물품을 선적할 목적으로 인수한 사실과 그 운송물품을 지정된 목적지까지 운송하여 그 화물을 도착항에서 일정한 조건하에 수화인(Consignee) 또는 그 지시인에게 인도할 것을 약정한 유가증권(document of title)이며 운송계약의 증거(evidence of carriage contract)서류이다.

선하증권은 선박회사가 화주로부터 위탁받은 화물을 목적지의 양륙항까지 운송하여 그 증권의 소지자에게 증권과 상환으로 운송화물을 인도할 것을 약속하는 요식·요인증권이자 제시증권이다.

선하증권은 유가증권이므로 인도나 배서에 의하여 전매될 수 있고 소지인은 선적화물을 소유하고 있는 것과 동일한 효과를 지닌다.

선하증권은 증권상에 기재되어 있는 화물의 권리를 대체하는 유가증권으로 선화증권의 이전은 곧 화물에 대한 권리의 이전을 의미하므로 화물을 처분할 때에는 반드시 관련 선화증권을 소지하고 있어야 한다.

선하증권이 지니고 있는 가장 큰 권리는 당해 물품에 대한 소유권이며, 이외에도 선박회사에 대한 운송중지명령권, 운송화물반환청구권, 손해배상청구권 등을 갖고 있다.

화주의 선적요청서(Shipping Request or Application for Shipment)에 따라 선사가 현품을 확인하고 운송할 선박의 선적책임자(일등항해사) 앞으로 발행되는 화물적재지시서가 선적지시서(Shipping Order : S/O)로서 이것에 의해 본선적재가 이루어지고 본선수취증(Mate's Receipt)이 발급된다.

송화인(shipper)이 화물을 본선에 선적하여 선장으로부터 본선수취증(M/R ; mate's receipt; 화물을 본선에 적재한 후에 화주에게 발급되는 수취증)을 발급받은 후에 이것을 운임과 함께 선박회사에 제출하면 선하증권을 발행받게 되는데 만약 운임이 도착지불(freight collect : 운임 후불)인 경우에는 운임을 지급하지 않고도 선하증권이 발행되며, 화물이 본선에 선적되지 않아도 수취선하증권(Received Bill of Lading)이 발행되기도 한다.

선박회사는 선하증권을 발급할 때 송화인이 원본을 몇 통 발행해 달라고 구체적인 원본 통수를 명시하지 않는 경우에는 일반적으로 3통을 한 세트로 하여 선하증권 원본을 발행하는데 이 원본은 각각 선하증권이 대표하는 화물과 상환이 되는 유가증권으로 유통선하증권(Negotiable B/L)이라고 하며 신용장에서 요구하는 정당한 선하증권이다.

이에 비하여 선박회사가 발급하는 원본이외에 "Non-negotiable"이라는 표시가 찍혀서 발급되는 부본을 유통불능 선하증권(Non-negotiable B/L)이라고 한다.

(2) 선하증권의 특성

1) 요인증권(要因證券)으로 수표나 어음과는 달리 작성하였다는 사실만으로는 그 효력이 충분하지 않으며 반드시 화물의 운송계약에 의하여 선박회사가 운송화물을 수취한 후에 선적하였다는 원인이 필요하며, 화물의 수취나 선적을 하지 않으면 무효한 요인증권이다.
2) 요식증권(要式證券)으로 동 증권의 기재사항은 상법에 규정된 법정기재사항과 임의기재사항을 기재하고 발행자가 기명, 날인하는 법정의 형식을 갖추어야 하는 요식증권이다.
3) 문언증권(文言證券) 또는 문서증권(文書證券)으로 증권면에 기재된 권리의무는 문언에 따라 이행되어지므로 기재문언 이외의 사항에 대하여 어떤 일방이 상대방에게 요구할 수가 없다.
   다만 증권의 선의의 소지자는 기재된 문언에 따라서 운송인에 대하여 권리를 주장할 수 있으나 어떠한 사유에 대해서도 증권기재사항과 상이한 사항을 주장하며 증권소지자에게 대항할 수는 없는 문언증권이다.
4) 유통증권(流通證券)으로 화물의 소유권을 대표하는 유가증권으로 배서나 양도에 의하여 소유권이 이전되는 유통증권이므로 법률상 지시증권(指示證券)이다.
5) 화물의 소유권을 대표하는 대표증권(代表證券)으로 선적되어진 화물에 대한 권리가 화체(化體)되어 있으므로 선하증권의 인도는 화물의 인도와 동일하다고 할 수 있으므로 권리증권(權利證權)이며, 선하증권의 소지인이 선박회사에 화물의 인도를 청구할 수 있는 채권증권(債權證券)이다.
   선하증권을 사용하여 화물을 처분할 수 있는 처분증권(處分證權)이며, 화물의 인도청구시 선화증권을 제시하여야 하는 상환증권(償還證權)이다.

(3) 기재사항

1) 법정기재사항

선하증권에 반드시 기재하여야만 효력이 발생하는 사항이다.

선하증권의 표면(전면) 난에 기재되는 내용.

• 선하증권의 법정기재사항 : 물품의 명세(description of commodity : 운송물의 종류, 중량, 용적, 포장의 종류, 개수), 화인(shipping mark), 선박명칭, 선박의 국적 및 톤수(name of the ship, nationality and tonnage), 선장명(name of the master of vessel), 용선자 또는 송화인의 성명(name of the shipper), 수화인의 성명(name of the consignee), 선적항(port of shipment), 양륙항(port of discharge), 운임(freight), B/L의 발행일자 및 장소(place and date of B/L issue), 발행통수

(number of B/L issue), 작성지 및 작성연월일(place and date of B/L issue), 운송물의 외관상태 등.

2) 임의기재사항

임의기재사항에는 운송인과 송화인 사이의 특약사항으로 대부분이 운송인의 면책사항이 기재되어 있어, 본선항해번호(voyage No.), 화물도착통지처(notify party), 운임지급지 및 환율, 선하증권의 번호, 컨테이너 번호 및 봉인(Sealing) 번호, 선주의 면책조항(General Clause or Exceptions) 등이 있다. 면책조항에는 위험제외에 관한 사항으로 천재지변(Act of God) 및 해난(perils of the sea), 전쟁위험, 제3자의 행위에 기인하는 위험 등이 있으며, 책임의 면책에 관한 조항으로 과실조항(negligence clause), 잠재하자조항(latent defect clause), 이로조항(deviation clause), 부지조항(unknown clause), 파손 및 누손조항(breakage, leakage clause), 고가품 조항, 위험품 조항, 손해배상조항 등이 있으며, 기타 조항으로 뉴 제이슨 조항(new Jason clause), 공동해손조항 등이 있음.

(4) L/C의 B/L 조건 검토 요점

신용장에서 통상 명시되는 B/L 조항은 다음과 같이 검토한다.

예문 Full set of clean on board ocean Bills of Lading made out to our order marked "freight prepaid" and notify applicant.

① Full set : 통상 3통 발행하지만 B/L의 'Number of original B/L' 난에서 재확인한다. 만약 B/L에서 'Number of original B/L : 2(Two)'라고 기재되어 있는 경우에 Full set는 2통이며, 은행에 제시되는 Full set B/L 원본은 2통을 제시하여야 한다.

② Clean : B/L의 "... received/shipped in apparent good order and conditions unless otherwise specifically stated herein ..."이라는 문언이 있고 물품이나 포장에 결함이 있다는 별도의 부기가 없으면 Clean B/L이다.

③ On board : 'Shipped ...'라는 문언으로 시작되는 B/L의 문구가 있거나 'Received ...'로 시작되는 문구의 B/L 서식인 경우 별도의 "On board notation"을 부기하고 일자가 찍혀 있어야 한다.

④ Made out to our order : B/L의 Consignee 난에 'To order of (개설은행명)'로 기재되어야 한다.

⑤ Marked 'freight prepaid' : B/L에 'Freight Prepaid'라는 표시가 있어야 한다.

⑥ Marked notify applicant : B/L의 Notify party 난에 개설의뢰인의 명의가 기

재된다.

(5) B/L 조건 중 "Made out ......" 조항의 의미

B/L의 수하인(화물의 최초 소유권자) 난에 기재하는 내용을 지시하는 조항이다.

예문 Full set of clean on board ocean Bills of Lading made out to our order marked "freight prepaid" and notify applicant.

L/C 기재내용	B/L Consignee 기재 내용	B/L 제출시 배서 여부
Made out to order	to order	Shipper가 배서하여야 함
Made out to order of shipper	to order of shipper	Shipper가 배서하여야 함
Made out to our order	To order of (개설은행 명칭)	Shipper는 배서하면 안 됨
Made out to order of (개설은행)	To order of (개설은행 명칭)	Shipper는 배서하면 안 됨

(6) 선하증권 종류

1) 본선적재 여부에 따른 종류

① 선적선하증권(shipped or on board B/L)

선적선하증권(shipped or on board B/L)은 운송화물이 실제로 본선에 선적된 후에 발행되는 선하증권으로 특정의 선박에 선적되었다는 내용이 증권 면에 "shipped", "shipped on board", "loading on board" 등의 문구가 인쇄되어 표시된다.

국제무역거래에서 선적은 인도(delivery)의 개념으로 사용되므로 선적선하증권은 계약물품의 인도가 완료되었음을 의미하므로 모든 선하증권은 선적선하증권으로 발행되어야 하는 것이 원칙이다.

shipped B/L과 on board B/L의 차이점은 전자는 화주가 운송화물을 부두로 도착시키면 바로 선적된 후에 발행되는 선적선하증권이며, 후자는 일단 수취선하증권(received B/L)이 발행된 후에 선적하였음을 나타내는 on board notation이 증권상에 표기되면 "on board B/L"(본선적재선하증권)이 되는 것이다.

선적선하증권은 증권상에 "shipped on board the vessel in apparent good order and condition"이라는 내용이 기재되어 있으며 동 증권의 발행일자는 본선적재일자가 된다.

선하증권은 운송물품이 지정되어진 선박에 적재(loaded on board) 또는 선적(shipped)되었음을 명기하여야 하며, 운송인(carrier)이나 운송대리인을 대리하는 지정대리인(named agent for or on behalf of the carrier) 또는 선장(master)이나 선장을 대리하는 지정대리인에 의하여 서명되어야 한다.

② 수취선하증권(received B/L)

선하증권 양식 전문에 "received by the carrier ...." 등으로 인쇄되어 있어 운송화물이 본선에 적재되지 않은 상태에서 발행되는 일종의 부두수취증(dock receipt) 성질에 해당하는 것이 수취선하증권(received B/L)이다.

운송인이 선적을 약정한 운송화물을 화주가 지정된 창고에 입고시킨 후에 화주가 요구할 경우에 선적 전에 발행하는 증권으로 예정된 선박에 선적이 되지 않는 경우가 발생할 수도 있기 때문에 신용장상에 "received B/L acceptable" 또는 이에 상응하는 문구가 없으면 은행에서 매입을 거절할 수 있다.

정기선이나 컨테이너선의 경우 다수의 화주로부터 인수한 운송화물을 효율적으로 적재하기 위하여 일단 선박회사의 창고에 입고시킨 후에 수취선하증권을 발행한다.

수취선하증권의 형태에는 화물이 선박회사에 인도되어 있고 지정된 선박은 입항해 있지만 아직 화물이 본선에 적재되지 않은 경우에 발행되는 port B/L(항구선하증권)과 운송화물은 선박회사에 인도되어 있으나 아직 본선이 입항하지 않았을 경우에 발행되는 custody B/L(기탁선하증권) 등이 있다.

수취선하증권은 당해 운송화물이 본선에 적재될 경우 본선적재 부기(on board notation)를 증권상에 기재하여 "on board date"를 부기하면 본선적재 선하증권이 되며 선적선하증권과 동일한 효력을 지니게 되며, 본선적재부기는 본선에 적재되었다는 선적완료 문구와 본선적재일자가 있어야 한다.

③ On board B/L(본선적재 B/L)

수취선하증권의 양식을 이용하여 본선적재부기(on board notation)를 따로 표시하는 선하증권으로 선적선하증권과 법적인 효력이 동일하다.

본선적재부기는 ① 본선적재의 뜻과, ② 본선적재일이 그 구성요소가 되며, 운송인 또는 그 대리인의 정식 또는 약식서명이라는 요건이 삭제되었다.

본선적재 부기상의 일자를 선적일자로 간주한다. 그러나 다음과 같은 경우 본선적재 부기에 선박명 또는 선박명과 선적항이 추가로 표시되어야 한다.

- 선하증권에 선박과 관련하여 "intended vessel(예정된 선박)" 또는 이와 유사한 조건의 표시가 포함된 경우 물품이 "예정된 선박"으로 기명된 선박에 적재된 경우라 하더라도 물품이 적재된 선박의 명칭을 기재하여야 한다.
- 선하증권이 선적항과 다른 수취 또는 수탁장소를 표시하고 있는 경우 물품이 선화증권에 지정된 선박에 적재되었다 하더라도 신용장에 명시된 선적항과 물품이 적재된 선박명칭을 표시하여야 한다.

[표 12-1] 수취선하증권상의 본선적재 부기의 예시

선하증권상의 내용	본선적재 부기 요건
1. Port of Loading : BUSAN Vessel : NORASIA KIEL	On Board, 일자
2. Port of Loading : BUSAN Vessel : Intended	On Board, 일자, 선박명
3. Place of receipt : INCHEON Port of Loading : BUSAN Vessel : NORASIA KIEL	On Board, 일자, 선박명, 선적항

2) 무고장선하증권(clean B/L)과 고장부선하증권(dirty or foul B/L)

운송화물의 선적 당시에 화물의 포장상태 또는 수량에 어떠한 손상이나 과부족이 있으면 선하증권 여백의 비고(remarks) 난에 "1 case short in dispute", "three cartons broken", "1 bags torn", "2 boxes broken" 등과 같이 운송인은 사고의 표시를 기재하게 되며 이러한 사고의 표시가 있는 선화증권을 고장부(사고부) 선하증권(dirty or foul or claused or unclean B/L) 또는 하자 선하증권이라고 한다.

* 운송서류를 고장부(dirty or foul or claused)로 간주하게 되는 문구의 예

"Traces of hooks" – 직물류 선적에서 갈고리 자국

"Goods damaged or scratched" – 상품손상 또는 상품 긁힘

"Paint surface slightly scratched" – 자동차 선적에서 도장칠 훼손

"Packaging damaged–contents exposed" – 포장손상, 내용물 노출

"Slightly rusty" – 철강류 선적에서 약간 녹슬음

"Insufficient packaging" – 불충분한 포장

"Packaging soiled by contents" – 포장이 내용물에 의하여 오염됨

반면에 이러한 화물의 손상 및 과부족이 없이 발행되는 증권을 무고장(무사고) 또는 무하자 선하증권(clean B/L)이라고 하며 증권면에 "Shipped on board in apparent good order and condition"이라는 내용이 표시된 완전한 선하증권을 의미하며 이를 완전선하증권이라고도 한다.

수출상은 선적 당시에 포장상태가 불량한 경우에는 다시 재포장을 하여야 하는데 시간적인 여유가 없어서 선박회사가 foul B/L을 발행하는 경우에 매도인은 파손화물보상서(letter of indemnity : L/I : 선사가 수화인에게 손해배상을 청구당하더라도 선사는 면책된다는 요지를 명시한 서류)를 선박회사에 제출하고 clean B/L을 발급받을 수 있다.

3) 기명식선하증권(straight B/L)과 지시식선하증권(order B/L)

기명식선하증권(straight B/L)은 운송화물의 수령인인 수입상의 상호와 주소를 선하증권의 수화인(consignee) 난에 확실하게 명기한 선하증권으로 화물의 소유권은 특정인에게 귀속하게 된다.

수화인 란에 "consigned to xxx" 또는 "consignee xxx"로 표시되며 발행자가 배서를 금지한다는 것을 증권면에 명기하면 타인에게 양도할 수 없기 때문에 일반적으로 무역거래에서는 사용되지 않는다.

지시식선하증권(order B/L)은 수화인 란에 특정인을 기재하지 않고 "to order" 등과 같은 단순지시식 또는 "to the order of shipper" 등과 같은 기명지시식, "to the order of xxx bank or to order of xxx company" 등과 같은 선택지시식으로 지시인이 표시된 지시식으로 발행되는 선하증권이다.

단순히 "To Order, Order of Shipper"로 기재한 경우에는 수출업자는 증권 이면에 백지배서(blank endorsement)를 하여 증권의 소지인인 은행으로 상품의 소유권을 인도하게 되며 은행은 화물의 담보권을 취득하게 된다.

그리고 "Order of XXX Bank"로 기재된 경우에는 은행이 증권 이면에 백지배서만 하면 이 증권의 소지인이 화물에 대한 소유권을 갖도록 양도할 수 있는 선하증권을 의미한다.

4) 부지약관(不知約款) 선하증권(unknown clause B/L)

화물운송시에 컨테이너 등을 사용하지 않는 재래식의 개별운송인 경우에는 운송인이 화물의 내용을 증명할 수가 있어서 원칙적으로 선박회사가 화물의 내용, 중량 및 상태를 점검하고 그 내용에 대하여 책임을 부담하여야 하지만 container 또는 pallet(목재나 알루미늄으로 된 용기) 등의 단위화물은 송화인이 봉인하였기 때문에 그 내용물에 대하여는 송화인의 진술에 의존할 수밖에 없다.

따라서 선박회사는 운송물품에 대한 내용증명이 어렵게 되고 부지약관을 기재하는 관습이 발생하게 되었으며 "송화인 내용물 신고에 따름"의 의미로 "said by shipper to contain", "said to contain", "송화인의 무게 및 측정에 따름"의 의미로 "shipper's weight and measurement", "송화인의 적재 및 계측에 따름"의 의미로 "shipper's load and count" 등의 문구를 선하증권상에 기재하여 화물에 대하여 운송인의 진술에 의할 뿐, 실제로는 화물의 내용에 대하여는 알지 못한다는 부지약관을 기재하고 아무런 책임을 부담하지 않겠다는 선하증권을 부지약관선하증권(unknown clause B/L)이라고 한다.

부지약관은 통상적으로 선하증권에 운송약관으로 인쇄되어 있으며 신용장상에서 거절한다고 명시되어 있지 않은 경우에는 상기의 문구가 기재되어 있는 운송서류를 은행은 수리한다.

5) Switch B/L과 Surrendered B/L

Switch B/L은 중계무역에서 사용되는 것으로 선적지에서 발행된 B/L이 중계상 소재지에서 바뀌어 발행된 B/L이다.

그러므로 중계상 소재지에는 선적지에서 B/L을 발행한 선사의 대리점이 있어야 하며, 이러한 번거로움을 피하기 위하여 선적지에서 바로 중계상을 Shipper로 하여 B/L을 발행하기도 한다.

Surrendered B/L은 송화인이 B/L 송부를 선사나 운송중개인(포워더)에게 위임하는 선하증권으로 원본 B/L 없이 수입상(수화인)이 물품을 인수할 수 있게 하려는 목적으로 업계에서 편의상 이용하는 것으로 활용되고 있다.

그러므로 대금회수에 문제가 없는 거래관계나 신용관계가 있는 경우에만 이용될 수 있으며, Surrendered B/L은 송화인이 배서를 하여 운송인에게 반환하기 때문에 선하증권의 가장 중요한 성격중의 하나인 유통성이 소멸된 선화증권이다.

B/L에 “SURRENDERED”라고 표시되어있는 경우에는 실질적으로 원본의 교부없이 “SURRENDERED”라고 표기되어 있는 사본으로 통관절차를 진행한다.

이 방식은 수출자가 선적서류 원본을 보내는데 시간이 걸리고 수입지역에 선사 대리점이 수입자를 익히 잘 알고 있는 경우에 사용되며 통상 수출자로부터 FAX로 B/L을 받아서 통관처리를 하고 물품을 인수한다.

6) Sea-way Bill

Sea-way Bill은 해상화물 운송의 빈번한 발생과 기간의 단축으로 번거로운 선하증권 대신 이용되는 비유통성 해상화물 운송장을 말하고, 주로 기명식으로 발행되기 때문에 권리증권적인 성격은 지니고 있지 않으며, 보통은 본·지사간의 거래나, 신용이 두터운 거래선 사이에서 주로 이용된다.

(7) 운송서류 체크 항목

① 지정된 운송인 또는 그 대리인에 의해 발행되었는가?
② Shipped B/L(또는 On-board B/L)의 요건은 충족되었는가?
③ 신용장에서 요구하는 B/L인지의 여부 및 전통(full set)으로 구성되었는가?
④ 물품하자에 대한 부가조항이나 단서의 기재가 없는가?(clean B/L or Dirty B/L)
⑤ 수화인(consignee)의 기재는 신용장 조건과 동일하고 배서를 필요로 하는 경우 배서가 잘 되어 있는가? 예를 들면 수화인 난에 개설은행명이 기재되었을 경우,

수입화물의 소유주는 개설은행이 되며 수입상이 대금결제시까지 양도담보를 취득하게 된다.

⑥ 물품의 명세, 운임, 화인(shipping mark) 등은 신용장 조건과 일치하는가?

⑦ 통지처(notify party)의 기재는 신용장에서 지시한 대로 기재되었는가?

⑧ 가격조건에 따라서 운임의 지불여부가 상이하다. FOB 계통(FCA 등)의 경우에는 운임(freight)이 후지급(collect)이고, CIF 가격계통(CFR 등)의 경우에는 운임이 선지급(prepaid)되므로 가격조건과 운임지급방법이 상이한 점이 없는가를 확인한다.

⑨ 항공화물운송장(Airway Bill)의 경우에는 권리증권이 아니고 단순히 화물수취증에 불과하므로, 수화인이 개설은행으로 되어 있는지 여부를 검토하여야 한다.

⑩ 선하증권에 기재된 상품의 명세와 신용장상의 상품명세와의 일치여부를 확인한다.

⑪ 선적항과 양륙항이 신용장 조건과 일치하는지 여부를 확인한다.

⑫ 운송서류의 기재사항(법정기재사항)의 누락을 없으며 내용의 정정시 정정인은 있는가?

⑬ 선적지연 또는 제시기간의 경과에 해당되지는 않는가?

⑭ 분할선적, 할부선적 및 환적과 관련하여 신용장 조건과 일치하는가?

⑮ 복합운송서류가 제시되었을 경우 신용장상에 복합운송서류와 관련한 특별한 명시가 있는가?

⑯ 기타 운송서류의 제반 기재내용이 신용장 조건과 일치하고 다른 서류와 서로 모순되지 않는가?

* B/L의 배서 형식

① 기명식 배서(Full Endorsement or special Endorsement)

피배서인(Endorsee)의 성명 또는 상호를 기재하고 배서인(Endorser)이 서명하는 방법이다.

예 Endorsee : Deliver to ABC Co., LTD.
Endorser : Korea Trading Co., LTD.(Signature)

② 지시식 배서

피배서인으로 Order of ABC. Co., LTD.라고 기재하고 배서인이 서명한다.

③ 백지식 배서(Blank Endorsement)

피배서인명을 기재하지 않고 배서인이 서명하는 방법이다.

④ 선택 무기명식 배서

특정의 피배서인 또는 본권지참인이라고 기입하고 배서인이 서명하는 형식이다.

예 ABC. Co., LTD. or bona fide holder(bearer)
Korea Trading Co., LTD.(Signature)

(8) 선하증권 관련 UCP 600의 수리요건(제20조)

선하증권(bill of lading)은 그 명칭에 관계없이 다음과 같이 보여야 한다.

① 운송인 명칭이 표시되고, 운송인, 선장 또는 이들을 위한 또는 대리하는 기명대리인에 의하여 서명된 것이어야 한다.

운송인, 선장 또는 대리인의 서명은 운송인, 선장 또는 대리인의 서명이라는 것을 확인하고 있어야 한다.

대리인에 의한 모든 서명은 그 대리인이 운송인을 위하여 또는 대리하여 서명하였는지, 또는 선장을 위하여 또는 대리하여 서명하였는지를 표시하여야 한다(만약 대리인이 선장을 대신하여 선하증권에 서명한다면 UCP 600에서는 선장의 이름은 표시하지 않아도 된다. 그러나 이 경우에 운송인 명칭을 기재하지 않아 하자통지를 받는 경우가 있기 때문에 반드시 선하증권상에 운송인(carrier)이라는 단어와 함께 운송인 명칭이 기재되어 있어야 한다).

따라서, 운송인일 때에는 자격(Acting as a carrier)을 표시해야 하고 대리인일 때에는 명칭과 함께 누구의 agent임(표시 예 : as agent for the carrier, Logipia Co., Ltd.)을 명시해야 한다.

② 상품이 신용장에서 명기된 선적항에서 기명된 선박에 본선적재 되었다는 것을 다음과 같은 방법으로 표시하고 있어야 한다.

- 사전 인쇄된 문언, 또는
- 상품이 본선적재된 일자를 표시하고 있는 본선적재표기

만약 선하증권이 선적일자를 표시하는 본선적재표기를 포함하지 않았다면 선하증권 발행일자를 선적일로 간주하며, 선하증권에 본선적재표기가 된 경우에는 본선적재표기일자가 선적일로 간주된다.

본선적재부기는 본선적재표시와 본선적재일자가 기재되어 있으면 된다.

만약 선하증권이 선박의 명칭과 관련하여 "예정된 선박"(intended vessel) 또는 이와 유사한 표시가 포함된 경우에는, 선적일과 실제 선박의 명칭이 기재되어 있는 본선적재표기가 요구된다.

③ 신용장에 명기된 선적항으로부터 하역항까지의 선적을 표시하고 있어야 한다.

만약 선하증권이 신용장에 명기된 선적항을 선적항으로 표시하지 않는 경우 또는 선적항과 관련하여 "예정된"(intended)이라는 표시 또는 이와 유사한 제한의 표시가 된 경우에는, 신용장에 명기된 대로 선적항과 선적일 및 선적선박명이 기재된 본선적재표기가 요구된다.

이 조항은 비록 지정된 선박에의 본선적재 또는 선적이 선하증권상에 사전에 인쇄된 문언에 의하여 표시된 경우에도 적용된다.

그런데 선하증권상에 선적항과 수탁지(place of receipt)가 별도로 표시되었을 때

이 수탁지가 선적항과 다르더라도 상관이 없다.
또한 선적항 또는 양륙항과 관련하여 "intended(예정된)" 또는 이와 유사한 표시가 있어도 상관이 없다.

④ 유일한 선하증권 원본이거나 또는 원본이 한 통을 초과하여 발행된 경우에는, 선하증권에 표시된 대로 전통(full set)이어야 한다.
선하증권에서 해당 난을 보면 선하증권 원본의 발행 통수가 표시되어 있는데 여기에 표시된 통수 전부가 제시되어야 한다.

⑤ 운송의 제조건을 포함하고 있거나 또는 운송의 제조건을 포함하는 다른 출처를 언급하여야 한다(약식 또는 배면백지식 선하증권, short form or blank back bill of lading). 운송의 제조건의 내용은 심사되지 않는다.

⑥ 용선계약에 따른다는 어떠한 표시도 포함하지 않아야 한다.

⑦ 이 조항의 목적상, 환적이란 신용장에 명기된 선적항으로부터 하역항까지의 운송과정 중에 한 선박으로부터 양화되어 다른 선박으로 재적재되는 것을 의미한다.

⑧ 비록 신용장이 환적을 금지하더라도 상품이 선하증권에 의하여 입증된 대로 컨테이너, 트레일러, 래쉬 바지에 선적되었다는 것이 선하증권에 표시된 경우에는, 환적이 행해질 것이라거나 또는 환적이 행해질 수 있다고 표시가 된 선하증권은 수리될 수 있다. 다만, 전운송이 하나의 동일한 선하증권에 의해서 커버되어야 한다(UCP 600 제20조 c항).

⑨ 운송인이 환적할 권리를 갖고 있음을 기재한 선하증권의 조항은 무시되어야 하며 선하증권에 이러한 표현이 있다고 하더라도 하자가 아니다(UCP 600 제20조 d항).

(9) ISBP 745의 선하증권 내용

• Application of UCP 600 Article 20(UCP 600 제20조의 적용)

E 1. a. 신용장에서 그 명칭이 어떠하든지 간에 오직 항대항(항구에서 항구까지, port to port, 해상운송) 운송만을 커버하는 운송서류(transport document)를 제시하도록 요구하는 것이다. 즉, 신용장에서 수령지(a place of receipt), 수탁지(a place of taking in charge) 또는 최종목적지(a place of final destination)에 대하여 아무런 언급도 하지 않는 것은 그 서류심사에 UCP 600 제20조가 적용되어야 한다는 것을 의미한다.

b. 선하증권에는 G 2 (a)와 (b)항에서 규정하는 용선계약(charter party)에 대한 어떠한 표시도 포함되어서는 안 된다.

해설

a. 항구에서 항구까지의 운송(즉 해상운송)만을 커버한다는 것은 신용장의 운송지 조건에 있어서 선적항 이전의 수령지, 수탁지 혹은 발송지가 없다는 것을 의미하고, 또는 양륙항 이후의 다른 최종목적지도 존재하지 않는다는 의미이다.
신용장에서 해상운송만을 커버하는 운송서류를 요구하는 경우에는 그 운송서류를 심사하는 데 UCP 600 제20조를 적용해야 하므로, 만약 제시된 운송서류가 복합운송서류(combined transport document)라고 판단되더라도 그 운송서류를 심사하는데 UCP 600 제19조(복합운송서류)가 아닌 제20조(선하증권)를 적용해야 한다. 또한 해상운송만을 커버하는 운송서류가 제시된 경우에 무조건적으로 UCP 600 제20조를 적용해야 하는 것도 아니다. 예컨대, 복합운송서류를 요구하였는데 제시된 선적서류가 선하증권이라면, 은행은 신용장에서 요구된 운송서류인 복합운송서류와 관련되는 UCP 600 제19조(복합운송서류)를 적용해야 한다.

b. 선하증권에는 용선계약(charter party)에 대한 어떠한 표시도 포함되어서는 안 된다. 예컨대, 다음과 같은 표시가 있는 경우에 용선계약에 따르는 것으로 간주된다.
① 선하증권의 표제가 "charter party bill of lading"으로 표시된 경우
② 선하증권에 "freight payable as per charter party(운임지급은 용선계약에 따름)"와 같은 표시가 있는 경우
③ 선하증권에 "issued pursuant to charter party dated June 22, 2014 (2014년 6월 22일자 용선계약에 따라 발행됨)"과 같은 표시가 있는 경우
"issued pursuant to charter party dated ＿＿＿＿＿"와 같이 날짜 란이 있으나 그 날짜 란을 공난으로 한 경우에도 용선계약에 따른다는 표시로 간주된다.
④ 선하증권에 "to be used with charter parties(용선계약과 함께 사용됨)"와 같은 표시가 있는 경우
⑤ 선하증권에 "charter party contract No. 9876(용선계약서 번호 9876)"과 같은 표시가 있는 경우

E 2. 신용장에서 필요운송서류의 명칭으로 "해상선하증권(marine bill of lading)", "해양선하증권(ocean bill of lading)", "항대항 선하증권(port-to-port bill of lading)" 또는 이와 유사한 문구를 사용하더라도 선하증권은 그러한 제목일 필요가 없다.

해설

예컨대 신용장에서 "Ocean B/L"이 요구된 경우, "Combined Transport B/L" 또는 "Port-to-Port Shipment B/L" 또는 "Combined Transport Bill of Lading"나 "Multimodal Transport Document"란 제목의 서류도 UCP 600 제20조의 수리요건을 갖추고 있는 한, 이를 거절하여서는 안 된다(ICC Publication 459, Case No. 85).

• Issuance, carrier, identification of the carrier and signing of a bill of lading(선하증권의 발행, 운송인, 운송인의 확인 및 서명)

E 3. a. 선하증권은 UCP 600 제20조의 요건을 충족시킨다면 운송인(carrier) 또는 선장(master, captain) 이외의 자가 발행할 수 있다.

b. 신용장에서 "운송주선인 선하증권 수리가능(Freight Forwarder's Bill of Lading is acceptable)" 또는 "하우스 선하증권 수리가능(House Bill of Lading is acceptable)" 또는 이와 유사한 취지의 문구를 표시하는 경우에, 선하증권은 그 발행인(issuing entity)이 서명할 수 있으며, 그 서명에 서명자의 자격이나 운송인의 상호를 표시할 필요는 없다.

해설

선하증권은 운송인이나 선장뿐만 아니라 운송주선인, 선주, 용선자 등 누구든지 발행할 수 있어서 선하증권의 발행인에는 제한이 없다. 다만 UCP 600 제20조의 요건이 충족되어야 한다. 예컨대, 선박을 보유하지 않은 운송주선인인 "ABC Logistics"가 선하증권을 발행하였더라도, "ABC Logistics"가 운송인인 "DEF Shipping Line"이 대리인으로서 선하증권에 서명을 하고 그 선하증권에 "DEF Shipping Line"이 "Carrier(운송인)"라는 표시가 있다면(예: ABC Logistics, As Agent for Carrier, DEF Shipping Line) 선하증권상의 발행, 운송인 및 서명에 대한 요건은 충족된다.

E 4. 신용장에서 "운송주선인 선하증권 수리불능(Freight Forwarder's Bills of Lading are not acceptable)" 또는 이와 유사한 취지의 문구를 표시하는 것은 그 신용장에서 선하증권의 발행방법과 서명방법에 대한 더 이상의 상세한 요구사항이 없다면 선하증권의 제목(title)이나 형식(format), 내용(content) 또는 서명(signing)에 관하여 아무런 의미도 갖지 않는다. 이러한 요구사항이 없는 경우에 그러한 명시는 무시되고, 제시된 선하증권은 UCP 600 제20조의 요건에 따라 심사된다.

E 5. a. 선하증권은 UCP 600 제20조 제a항 제 i 호에 규정된 형태로 서명되어야 하고, 운송인의 상호(the name of the carrier)가 표시되고, 그 운송인은 운송인(carrier)으로 확인되어야 한다.

b. 운송인의 기명된 지점(named branch)이 선하증권에 서명한 경우에 서명은 운송인에 의한 것으로 간주된다.

c. 대리인이 운송인을 위하여 선하증권에 서명한 경우에 대리인의 이름이 표시되고, 추가적으로 "agent for (name), the carrier" 또는 "agent on behalf of (name), the carrier"(운송인(운송인의 상호)의 대리인) 또는 이

와 유사한 문구로써 그것이 대리인의 서명이라고 표시되어야 한다. 당해 서류의 다른 곳에서 운송인이 "운송인"인 것으로 확인되는 경우에 기명대리인은 다시 운송인의 상호를 기재함이 없이 예컨대 "agent for [or on behalf of] the carrier"("운송인의 대리인")로서 서명할 수 있다.

d. 선장(master or captain)이 선하증권에 서명하는 경우에, 선장의 서명은 "선장(master or captain)"의 것으로 확인되어야 한다. 선장의 성명(name)은 기재될 필요가 없다.

e. 대리인이 선장을 대리하여 선하증권에 서명하는 경우에, 대리인의 이름이 표시되고, 추가적으로 "agent for the master (or captain)" 또는 "agent on behalf of the master (or captain)"("선장의 대리인") 또는 이와 유사한 문구로써 그것이 대리인의 서명이라고 표시되어야 한다. 선장의 성명(name)은 기재될 필요가 없다.

• On board notation, date of shipment, pre-carriage, place of receipt and port of loading(본선적재부기, 선적일, 사전운송, 수령지 및 선적항)

E 6. a. 미리 인쇄된 "선적선하증권(shipped on board bill of lading)"이 제시되는 경우에, 별도의 일자부 본선적재부기(separate dated on board notation)가 없다면 발행일(issuance date)을 선적일(date of shipment)로 간주한다. 그러한 부기가 있다면, 그 일자가 선하증권의 발행일 전이든 또는 후이든 간에 선적일로 간주된다. 별도의 일자부 본선적재부기는 또한 지정된 난 또는 박스 내에 표시될 수 있다.

b. 신용장에서 항구 간 운송(port to port shipment)을 증명하는 선하증권을 요구하는 경우에,

i. 선하증권에 수령지(place of receipt)가 선적항(port of loading)과 동일하다고 표시되고, 예컨대, 수령지는 Rotterdam CY이고 선적항을 Rotterdam이라고 표시되고, [사전 운송란(pre-carriage field) 또는 수령지란(place of receipt field)에서] 사전운송수단(means of pre-carriage)에 관하여 아무런 표시가 없는 경우, 또는

ii. 선하증권에 수령지(place of receipt)가 선적항과 동일하다고 표시되고, 예컨대, 수령지는 Amsterdam이고 선적항을 Rotterdam이라고 표시되고, (사전 운송란 또는 수령지란에서) 사전운송수단에 관하여 아무런 표시가 없는 경우에,

(a) 선하증권에 "본선적재됨(shipped on board)"이라는 미리 인쇄된 문구가 있다면, 발행일이 선적일로 간주되고 더 이상의 본선적재부기(on board notation)가 필요 없다.

(b) 선하증권에 "선적을 위하여 수령됨(received for shipment)"이라는 미리 인쇄된 문구가 있다면, 일자부 본선적재부기(dated on board notation)가 요구되고, 그 부기에 나타나는 일자가 선적일로 간주된다. 본선적재일자는 지정된 난 또는 박스에 기재될 수 있다.

c. 신용장에서 항구 간 운송(port to port shipment)을 증명하는 선하증권을 요구하는 경우에,

i. 선하증권에 수령지(place of receipt)가 선적항(port of loading)과 다르다고 표시하고, 예컨대 수령지는 Amsterdam이고 선적항은 Rotterdam이라고 표시되고, (사전 운송란 또는 수령지란에서) 사전 운송수단에 관하여 표시가 있는 경우에, "본선적재됨(shipped on board)" 또는 "선적을 위하여 수령됨(received for shipment)"이라는 미리 인쇄된 문구가 있든지 없든지 간에, 그 선하증권에는 적재선박명(name of the vessel)과 신용장에 명시된 선적항(port of loading stated in the credit)을 표시하는 일자부 본선적재부기(dated on board notation)가 있어야 한다. 그 부기는 지정된 난 또는 박스에 표시될 수도 있다. 그러한 본선적재부기 혹은 지정된 난 또는 박스에 나타나는 일자가 선적일로 간주된다.

ii. 선하증권에 (사전 운송란 또는 수령지란에서) 사전운송수단에 관하여 표시가 있는 경우에, 수령지가 기재되어 있는지 또는 "본선적재됨(shipped on board)" 또는 "선적을 위하여 수령됨(received for shipment)"이라는 미리 인쇄된 문구가 있든지 여부에 관계없이, 그 선하증권에는 적재선박명(name of the vessel)과 신용장에 명시된 선적항(port of loading stated in the credit)을 표시하고 있는 일자부 본선적재부기(dated on board notation)가 있어야 한다. 그 부기는 지정된 난 또는 박스에 표시될 수도 있다. 그러한 본선적재부기 혹은 지정된 난 또는 박스에 나타나는 일자가 선적일로 간주된다.

d. 선하증권에 "만약 수령지란에 기입이 된다면, 본 선하증권상의 '본선적재' 또는 이와 유사한 취지의 문구에 의한 본선적재부기는 수령지(place of receipt)로부터 선적항(port of loading)까지 운송을 수행하는 운송수단에 적재된 것으로 본다"와 같은 문구 또는 이와 유사한 문구가 기재되어 있고, 또한 그 선하증권의 수령지 란이 기입되어 있는 경우에, 선하증권에는 일자부 본선적재부기가 있어야 한다. 일자부 본선 적재부기에는 또한 적재선박명과 신용장에 명시된 선적항이 표시되어야 한다. 그러한 부기는 지정된 난 또는 박스에 나타날 수도 있다. 그러한 본선적재부기 혹은 지정된 난 또는 박스에 나타나는 일자가 선적일로 간주된다.

e. 신용장에서 요구된 선적항은 선하증권의 선적항 란(port of loading field)

에 나타나야 한다. 그러나 물품이 수령지 또는 이와 유사한 문구로 기재된 항구에서 기명된 선박에 본선적재되었다는 일자부 본선적재부기가 있다면 "수령지" 또는 이와 유사한 문구의 제목을 가진 난에 기재될 수도 있다.

f. 선하증권에는 신용장에 명시된 선적항(port of loading stated in the credit)이 표시되어야 한다. 신용장에서 선적항을 명시하면서 그 선적항이 위치한 국가도 함께 명시한 경우에 국가명은 기재될 필요가 없다.

g. 신용장에서 선적항(port of loading)에 관하여 일정한 지리적 구역(geographical area) 또는 범위(range)[예컨대, "Any European Port"(유럽의 어느 항구) 또는 "Hamburg, Rotterdam, Antwerp Port"]를 표시하는 경우에, 선하증권에는 그러한 지리적 구역 또는 범위 내에 있는 실제의 선적항(actual port of loading)이 표시되어야 한다. 선하증권에 지리적 구역을 표시할 필요는 없다.

h. 선하증권에 복수의 선적항(more than one port of loading)이 표시된 경우에, "선적을 위하여 수령됨(received for shipment)" 또는 "본선적재됨(shipped on board)"이라는 미리 인쇄된 문구가 있는지 여부에 관계없이 각각의 선적항에 해당되는 본선적재일자가 있는 본선적재부기가 있어야 한다. 예컨대 선하증권에 Brisbane 및 Adelaide에서 선적이 이루어졌다는 표시가 있다면 Brisbane에 관한 일자부 본선적재부기(dated on board notation) 및 Adelaide에 관한 일자부 본선적재부기가 요구된다.

E 7. "외견상 양호한 상태로 선적됨(Shipped in apparent good order)", "본선적재됨(Laden on board)", "무고장 본선적재(clean on board)"와 같은 용어 또는 기타의 "선적됨(shipped)"이나 "본선적재(on board)"라는 표현을 내포하는 문구는 "Shipped on board(본선 적재됨)"라는 문구와 동일한 효력을 갖는다.

해설

선하증권은 물품이 "본선적재됨" 또는 "선적됨"이라는 사실을 입증하고 있어야 한다. 항대항선적의 해상선하증권상에 본선적재되었다는 기재가 없으면, 이는 수리거절의 사유가 된다(ICC Publication 459, Case No. 93).

• Port of discharge(양륙항)

E 8. a. 신용장에서 요구된 바에 따라, 선하증권의 양륙항(port of discharge) 란에는 기명된 양륙항이 나타나야 한다.

b. 그러나 양륙항이 "최종목적지(place of final destination)" 또는 이와 유사한 문구의 제목이 붙어있는 곳에 기재된 그것과 동일함을 나타내는 부기가

있는 때에는, 기명된 양륙항은 "최종목적지" 또는 이와 유사한 문구의 제목을 가진 난에 기재될 수 있다. 예컨대, 신용장에서 Felixstowe까지 운송될 것을 요구하였으나, Felixstowe가 양륙항이 아닌 최종목적지 난에 기재되어 있는 경우에, Felixstowe가 양륙항이라는 사실은 "Port of discharge Felixstowe"라는 부기에 의하여 증명될 수 있다.

E 9. 선하증권에는 신용장에 명시된 양륙항이 표시되어야 한다. 신용장에서 양륙항을 명시하면서 그 양륙항이 위치한 국가도 함께 명시한 경우에 국가명은 기재될 필요가 없다.

E 10. 신용장에서 양륙항에 관하여 일정한 지리적 구역(geographical area) 또는 범위(range)[예컨대, "Any European Port"(유럽의 어느 항구) 또는 "Hamburg, Rotterdam, Antwerp port"]를 표시하는 경우에, 선하증권에는 그러한 지리적 구역 또는 범위 내에 있는 실제의 양륙항(actual port of discharge)이 표시되어야 한다. 선하증권에 그러한 지리적 구역을 표시할 필요는 없다.

해설

만일 신용장에서 선적항과 양륙항이 실제의 항구 대신에 지리적 지역이나 범위(geographical area)로 기재된 경우에도, 선하증권의 선적항과 양륙항은 언급된 지역의 범위내에 있는 실제의 항구를 정확히 명시하여야 한다.

- Original bill of lading(원본 선하증권)

E 11. a. 선하증권에는 발행된 원본의 부수(number of originals)가 표시되어야 한다.
b. "제1원본"(first original), "제2원본"(second original), "제3원본"(third original), "원본"(original), "부본"(duplicate), "제3부본"(triplicate) 등의 표식 또는 이와 유사한 표현이 있는 선하증권은 모두 원본이다.

- Consignee, order party, shipper and endorsement, and notify party(수하인, 지시당사자, 선적인과 배서 그리고 통지처)

E 12. 신용장에서 선하증권이 특정한 기명인을 수하인으로 하여 발행될 것, 예컨대, "단순 지시식"(to order) 또는 "특정인 지시식"[to order of (named entity)]이 아니라 기명식[consigned to (named entity)](즉, 기명식 선하증권 또는 탁송장)으로 발행될 것을 요구하는 경우에, 선하증권에는 타자되었건 또는 미리 인쇄되었건 간에 그 기명인 앞에 "to order" 또는 "to order of"라는 표현이 기재되거나 그 기명인 뒤에 "or order"라는 표현이 기재되어서는 안 된다.

해설

신용장에서 ① 기명식 선하증권(straight B/L), 예컨대 "X은행에게 탁송할 것"(consigned to Bank X)이 요구된 경우, 선하증권은 결코 수하인(consignee)의 명의 앞부분에 "지시인에게"(to order) 등의 단어를 붙여 지시식으로 발행하여서는 아니 되며, 또 ② 지시식 선하증권(order B/L)이 요구된 경우, 선하증권의 수하인(consignee) 난에 특정인의 명의만을 기재하여 기명식으로 발행하여서는 아니 된다.

특히 선하증권의 수하인(consignee)으로서 개설의뢰인을 기명하도록 요구된 경우, 개설은행을 기명한 선하증권은 거절사유가 되고, 제시서류에 하자가 있는 한 은행은 지급의무를 지지 아니한다(ICC Publication 632, R. 99 and 69).

E 13. a. 선하증권이 단순 지시식(to order) 또는 선적인 지시식(to order of shipper)으로 발행되었다면, 선하증권은 선적인에 의하여 배서되어야 한다(to be endorsed by the shipper). 선적인을 대리하여 배서하는 때에는, 선적인 이외의 기명인이 배서할 수 있다.

b. 신용장에서 선하증권이 수하인에 관하여 특정인 지시식[to order of (named entity)]으로 발행될 것을 요구하는 경우에, 선하증권은 그러한 기명인을 수하인으로 하는 기명식으로 발행되어서는 안 된다.

E 14. a. 신용장에서 하나 또는 둘 이상의 통지처(one or more notify parties)의 세부정보를 명시하였다면 선하증권에는 하나 또는 둘 이상의 추가적 통지처의 세부정보가 표시될 수 있다.

b. ⅰ. 신용장에서 통지처(notify party)의 세부정보를 명시하지 않은 경우에 [E 14 (b) (ⅱ)항의 규정을 예외로 하고] 선하증권에는 어느 통지처의 세부정보가 표시될 수 있고 이는 어떤 방법으로도 표시될 수 있다.

ⅱ. 신용장에서 통지처의 세부정보를 명시하지 않았는데, 선하증권에 개설의뢰인의 세부정보가 통지처란에 나타나고, 이 세부정보에 개설의뢰인의 주소(address) 및 세부연락처(contact details)가 포함되어 있다면 이는 신용장에 명시된 그것과 저촉(conflict with)되지 않아야 한다.

E 15. 신용장에서 선하증권이 물품의 수하인에 관하여 "개설은행" 또는 "개설의뢰인" 기명식 또는 지시식으로 발행하였거나 그 통지처를 "개설의뢰인" 또는 "개설은행"으로 하여 발행되도록 요구하는 경우에, 선하증권에는 해당되는 개설은행 또는 개설의뢰인의 이름이 표시되어야 하나, 신용장에 명시된 그 각각의 주소(respective address)와 세부연락처(any contact details)는 기재할 필요가 없다.

E 16. 개설의뢰인의 주소와 세부연락처(address and contact details of the applicant)가 수하인(consignee) 또는 통지처(notify party)의 일부로 나타나는 경우에,

이는 신용장에 명시된 그것과 저촉되어서는 안 된다.

해설

신용장거래에서 요구서류 란에 선하증권의 수하인(consignee) 기재 사항이 "consigned to applicant"로 명시된 경우에 원칙적으로 제시되는 선하증권에 수하인의 주소나 세부연락처까지 표시할 필요는 없다. 그러나 만약 신용장에서 특별히 이러한 내용을 요구하는 경우에는 그에 따라야 한다. 다만 UCP 600 제14조 j항에서 규정하는 내용처럼, 신용장에서 요구하지 않았음에도 불구하고 개설의뢰인의 주소나 세부연락처를 기재한다면 신용장에 명시된 개설의뢰인의 주소 및 세부연락처의 내용과 동일하게 기재하여야 한다.

- Transhipment, partial shipment and determining the presentation period when multiples sets of bills of lading are presented(환적, 분할선적과 복수 세트의 선하증권이 제시되었을 때 제시기간의 결정)

E 17. 환적(transhipment)은 신용장에 명시된 선적항으로부터 양륙항까지 물품 운송 중에 한 선박으로부터 물품을 양하하여 다른 선박에 재적재하는 것이다. 선하증권에 그러한 두 항구 사이의 어떠한 양하(unloading) 및 재적재(reloading)가 표시되어 있지 않다면 이는 신용장과 UCP 600 제20조 제b항과 제c항에서 말하는 환적이 아니다.

E 18. 복수의 선박에 선적(shipment on more than one vessel)하는 것은 비록 각 선박이 동일한 일자에 동일한 목적지로 출항하더라도 분할선적(partial shipment)이 된다.

E 19. a. 신용장에서 분할선적을 금지하고(prohibit) 있고, 또한 단일 또는 복수의 선적항(신용장에서 특정적으로 허용되었거나 신용장에 명시된 지리적 구역이나 범위 내에 소재하는 것)에서 선적이 이루어진 운송을 커버하는 복수 세트의 선하증권 원본이 제시되는 경우에, 각 세트는 동일한 선박(same vessel)과 동일한 항로(same journey)에 의한 운송을 커버하고 있고 물품이 동일한 양륙항(the same port of discharge)을 향하고 있다고 표시되어야 한다.

b. 신용장에서 분할선적을 금지하고(prohibit) 있고, 또한 E 19 a항에 따라 복수 세트의 원본 선하증권이 제시되고, 그 복수의 세트에 선적일이 상이하게 기재되어 있는 경우에, 그 중의 최종일자(the latest of these dates)가 제시기간(presentation period)을 산정하는 데 사용되어야 하고, 그러한 최종일자는 신용장에서 정한 최종선적일과 같은 일자이거나 그 전의 일자(on or before the latest shipment date stated in the credit)이어야 한다.

c. 분할선적이 허용(allow)되고, 복수 세트의 원본 선하증권이 하나의 표지 서류(covering schedule or letter)하에서 단일한 제시의 일부로서 제시되고, 그 복수의 세트에 선적일이 상이하게 기재된 경우에, 이 일자 중 최초의 일자(the earliest of these dates)가 제시기간(presentation period)을 산정하는 데 사용되고, 이 각각의 일자는 신용장에서 정한 최종선적일과 같은 일자이거나 그 전의 일자(on or before the latest shipment date stated in the credit)이어야 한다.

• Clean bill of lading(무고장 선하증권)

E 20. 선하증권에는 물품 또는 포장의 결함을 명백히 표시하는 문구가 포함되지 않아야 한다. 예컨대,

a. "포장이 해상운송에 충분하지 않다"(Packing is not sufficient for the sea journey) 또는 이와 유사한 취지의 선하증권상의 문구는 포장의 결함을 명백하게 표시하는 문구의 예이다.

b. "포장이 해상운송에 충분하지 않을 수 있다"(Packing may not be sufficient for the sea journey) 또는 이와 유사한 취지의 선하증권상의 문구는 포장의 결함을 명백하게 표시하는 것이 아니다.

해설

선하증권상에 물품이나 포장의 하자를 명시적으로 나타내는 조항이나 특기가 있는 소위 "고장부 선화증권"(dirty B/L)은 수리되지 아니한다. 그러나 포장이 해상항해에 "불충분하다"(is not sufficient)는 기재는 하자상태의 명시적인 특기라고 보지만, 동 "불충분할 수 있다"(may not be sufficient)는 등의 기재는 불일치성을 구성하는 하자라고 볼 수 없다. 예컨대 선하증권상에 ① 화물이 "container said to contain (STC)"라는 내장신고물임을 기재한 경우, ② 화물명세에 위험물조항으로서 "corrosive liquid Nos"(부식성 액체) 라는 특기가 있는 경우, ③ 포장이 "open top container"라는 무개컨테이너임을 기재한 경우, ④ 포장이 종이자루로 이루어졌다는 "paper bag clause"(지물 포장 조항)가 있는 경우 등은 물품이나 포장의 하자에 관한 명시적인 특기라고 볼 수 없다(ICC Publication 459, Case Nos. 121 to 126).

E 21. a. 신용장에서 선하증권을 요구하면서 "무고장 본선적재"(clean on board) 또는 "무고장"(clean)이라는 표시를 하도록 요구하더라도 선하증권에 "무고장"이라는 단어가 나타날 필요는 없다.

b. 선하증권상 "무고장"이라는 단어가 삭제되더라도 이는 물품 또는 포장의 결함을 명백하게 표시하는 것이 아니다.

해설

선하증권상에 미리 타이핑된 "무결함"(clean)이란 단어가 삭제되어 있다는 사실만으로는, 물품이나 포장의 하자에 관한 명시적인 조항이나 특기가 없는 한, 이를 결함부(claused, foul, dirty, unclean) 선하증권으로 보아서는 아니 된다.

예컨대 운송인이 선하증권의 물품명세와 함께 "clean on board"를 타이핑한 후 "clean"이란 단어만 검은 펜으로 지웠을 뿐, 물품이나 포장의 하자에 관한 어떠한 특기도 없는 경우, 서류의 발행인이 "clean"이란 단어를 삭제하였다는 사실만으로는 거절사유가 될 수 없다(ICC Publication 459, Case No. 122).

- Goods description(물품명세)

E 22. 선하증권상 물품명세는 신용장의 물품명세와 저촉되지(conflict with) 않는 일반적인 용어(general terms)로 표시될 수 있다.

해설

상업송장의 물품명세는 신용장 명세와 엄격 일치하여야 하지만, 선하증권 등의 기타 모든 서류상의 물품명세는 신용장 명세와 모순되지 아니하는 일반용어로 표시하여도 된다.

예컨대 신용장의 물품명세가 "Clock Movement: 'O.K.' Brand Quartz Clock Movement with Switch"인 경우, 선하증권 등의 선적서류상의 물품명세가 앞부분의 물품명칭인 "Clock Movement"를 생략하고 물품의 세부명세인 "'O.K.' Brand Quartz Clock Movement with Switch"만으로 표시하는 것은 신용장 명세와 모순되지 아니하므로 이를 하자로 보지 아니한다(ICC Publication 632, R. 54).

- Indication of name and address of delivery agent at port of discharge (양륙항 착하인도 대리점의 이름과 주소 표시)

E 23. 신용장에서 양륙항 착하인도대리점(delivery agent at port of discharge)의 이름, 주소 및 세부연락처 또는 이와 유사한 취지의 문구가 선하증권에 표시되도록 요구하는 경우에, 그 주소는 양륙항에 소재하거나 양륙항이 속한 국가와 동일한 국가 내에 소재하는 것이 아니더라도 무방하다.

- Corrections and alterations ("corrections") (정정과 변경) ("정정")

E 24. 선하증권상 정보의 정정(any correction of data)은 인증되어야 한다. 그러한 인증은 운송인, 선장 또는 그 각 기명대리인(named agent)의 것으로 나타나야 하되, 그 대리인은 운송인 또는 선장의 대리인으로 확인되기만 한다면, 선하증권을 발행하거나 그에 서명한 대리인과 다를 수 있다.

해설

선하증권상의 수정과 변경은 반드시 이를 발행한 운송인이나 수권된 선장 또는 이들 대리인에 의한 인증이 나타나 있어야 한다. 인증은 이를 행한 주체의 표시와 서명이 있어야 하고, 특히 대리인의 경우 운송인이나 선장의 대리인이라는 자격의 확인이 있어야 한다.

예컨대 신용장에서 양륙항이 "Casablanca port"로 요구된 경우, 선하증권상에 선장이 서명하고 양륙항이 "Casablanca"로 기재된 내용을 신용장조건에 일치시키고자 운송인의 대리인이 "Port"라는 단어를 추가하여 "Casablanca Port"로 수정하고 인증하여 서명하는 것은 하자가 아니다(ICC Publication 632, R. 174).

E 25. 선하증권의 비유통성 사본(non-negotiable copies)에는 그 원본에 이루어진 어떠한 정정에 대한 인증이 포함될 필요가 없다.

해설

선하증권의 원본이 그 발행인이나 수권된 당사자의 인증에 의하여 변경 또는 수정되었다고 하여, 비유통성의 부본(copies)에 대한 변경이나 수정의 경우에도 어떠한 당사자의 서명이나 인증이 요구되는 것은 아니다.

• Freight and additional costs(운임과 추가비용)

E 26. 선하증권에 나타나는 운임지급을 표시하는 기재는 신용장에 명시된 것과 동일할 필요는 없으나, 그 서류나 기타 명시된 다른 서류 또는 신용장에 명시되는 그것과 저촉되지 않아야 한다. 예컨대 신용장에서 선하증권에 "운임은 목적지에서 지급될 것임"(freight payable at destination)을 표시할 것을 요구한 경우에 선하증권에는 "운임 후지급"(freight collect)으로 표시되어도 무방하다.

E 27. a. 신용장에서 운임에 추가되는 비용을 허용하지 않는 경우에, 선하증권에는 운임에 추가되는 비용이 있다거나 발생할 수 있다(costs additional to the freight have been or will be incurred)고 표시되지 않아야 한다.

b. 운임에 추가되는 비용에 관한 표시는 추가비용을 명시적으로 언급하는 방법에 의하거나 예컨대 선적비용 하주부담[Free in (FI)], 양륙비용 하주부담[Free Out (FO)], 선적·양륙비용 하주부담[Free in and Out(FIO)], 선적·양륙·적부비용 하주부담[Free in and Out Stowed(FIOS)]과 같은 물품의 선적 또는 양륙과 관련된 비용을 언급하는 정형거래조건을 사용하는 방법으로 할 수 있다.

c. 선하증권상 예컨대 물품의 양륙 중이나 후에 발생하는 지연 때문에 부과되는 비용(체선료, demurrage costs) 또는 컨테이너를 늦게 반납함으로써

부과되는 비용(지체료, detention costs)에 대한 언급은 운임에 추가되는 비용에 관한 표시로 보지 않는다.

해설

신용장에서 운임추가비용(additional costs)을 금지하는 경우, 선하증권상에 그 추가비용에 대한 명확한 기재 또는 적재·양하작업에 관련된 비용을 언급하는 FI·FO·FIO·FIOS 등의 운송조건으로 추가비용의 부과에 관하여 명시하여서는 안 된다. 다만 선하증권상에 물품의 양하지연이나 양하 후에 부과될 비용의 언급이 있는 것은 운임추가비용으로 보지 아니한다.

예컨대 신용장에서 "Costs additional to the freight charges are not acceptable."이라는 운임추가비용의 금지조항이 있더라도, 선하증권상에 양륙항에서의 체선료(demurrage)부담을 언급하는 것은 운임추가비용으로 보지 아니하지만(ICC Publication 459, Case No. 117), 양하작업은 화주의 위험과 비용부담으로 한다는 "Free Out"(FO) 운송조건을 언급하는 것은 신용장의 운임추가비용금지조건에 위배되는 서류로 본다(Publication 489, Case No. 249).

그러나 신용장에서 특별히 금지하지 아니하는 한, 적재·양하작업 등의 운임추가비용을 언급하는 선하증권은 수리된다(UCP 600 제26조).

- Release of goods with more than one bill of lading to be surrendered (복수의 선하증권이 제시되어야 하는 물품의 인도)

E 28. 선하증권에는 당해 선하증권이 하나 또는 둘 이상의 다른 선하증권과 함께 제시되는 때에만 그 선하증권에 의하여 커버되는 물품이 인도될 수 있다는 명시적 기재가 없어야 하되, 다만 그러한 다른 모든 선하증권이 동일한 신용장하에서 단일한 제시를 구성하는 경우에는 그러하지 아니하다.
예컨대, "컨테이너 XXXX는 선하증권 번호가 YYY와 ZZZ인 선하증권에 의하여 커버되고, 그 수하인인 상인의 모든 선하증권이 제시되는 때에만 그에게 인도될 수 있다(Container XXXX is covered by B/L No. YYY and ZZZ and can only be released to a single merchant upon presentation of all bills of lading of that merchant)"는 선하증권상의 기재는 그에 언급된 컨테이너 또는 포장단위에 관한 하나 또는 둘 이상의 다른 선하증권이 제시되어야만 비로소 수하인에게 물품이 인도된다는 취지의 명시적 기재로 간주된다.

해설

동일한 신용장에 따른 한 컨테이너 물품(FCL 또는 LCL)에 대하여 수출지의 운송사정이나 송화인(shipper)의 요구에 따라 복수의 선화증권이 발행되고 어느 선하증권상에 컨테이너 물품은 당해 선하증권뿐만 아니라 다른 선하증권에 의하여 취급되고 있다는 단어가 기재된 경우, 이는 컨테이너의 전체를 수하인에게 인도하여야 한다는 의미로 본다. 따라서 그러한 선하증권은 모든 선하증권이 동일한 서류의 일부를 구성하여 제시되어야만 수리될 수 있다.

즉, 동일한 신용장에 대하여 복수의 선하증권으로 취급되어진 컨테이너 물품의 경우, 모든 선하증권이 함께 제시되지 아니하는 한 수리되지 아니한다.

(10) 선적의뢰서(Shipping Request)

선복이 예약되어 있는 선사로 선적 대상 물품에 대한 상세명세를 하주가 송부하게 되는데, 보통은 Packing List(포장명세서)를 송부하지만, 별도의 선적의뢰서(Shipping Request or Application for Shipment)를 작성하여 제출하기도 하며, 이때, 수출신고서와 포장 단위가 많을 때에는 Weight List도 함께 제출하기도 한다.

수출물품을 선적하고 선하증권을 발행하는 선사는 신용장의 제조건이나 거래내역을 알 수 없기 때문에 선적 전에 운송사 지정, 특정 선사 또는 특정국가의 선박에는 선적 금지, 특정항구 경유금지 및 선령이 몇 년 이상 된 선박에는 선적 금지 등 신용장상 제한 문구를 잘 체크함은 물론이고, 선하증권 원본을 발행하기 전에 수출상에게 확인 용도로 선사가 미리 보내주는 CHECK B/L도 내용을 잘 검토해야 한다.

1) 선적의뢰서(Shipping Request) 상단부분

<table>
<tr><td colspan="2" rowspan="2">Shipper/Exporter
CHUNG CHOON COOPERATION
7-777, JONGNO 2 KA, JONG NO GU,
SEOUL, KOREA</td><td colspan="2">No.&date of invoice
DHC06-24A JULY. 12. 2014</td></tr>
<tr><td colspan="2">No.&date of L/C
S-015-2000620 DATED. 140712</td></tr>
<tr><td colspan="2" rowspan="2">Consignee
YOUTH CONSTRUCTION MATERIALS CO., LTD.
8TH FLR, VIP TOWER, 1-1, UCHISAIWAI-CHO
CHIYODAKU, TOKYO 100-0011, JAPAN</td><td rowspan="4">Overseas Transport</td><td>Shipping Co.,</td></tr>
<tr><td>Latest shipment</td></tr>
<tr><td colspan="2" rowspan="3">Notify party
YOUTH CONSTRUCTION MATERIALS CO., LTD.
8TH FLR, VIP TOWER, 1-1, UCHISAIWAI-CHO
CHIYODAKU, TOKYO 100-0011, JAPAN</td><td>Freight pay-condition
PREPAID [X] COLLECT [ ]</td></tr>
<tr><td>Transhipment
ALLOWED[ ] NOT ALLOWED[X]</td></tr>
<tr><td rowspan="3">In land Transport</td><td>Shipping method
CONTAINER [X] BULK [ ]</td></tr>
<tr><td>Port of loading
BUSAN PORT IN KOREA</td><td>Final destination
OSAKA, JAPAN</td><td>Accountee of charge
ORDER [X] MAKER [ ]</td></tr>
<tr><td>Carrier
SUNNY LINDEN 615 N</td><td>ETD
JUL. 24. 2011</td><td>Date of ex-factory</td></tr>
</table>

2) 선적의뢰서(Shipping Request) 하단부분

Marks and numbers	Description of Goods	Quantity	Net-weight	Gross-weight	Measurement
NO MARK	POLY FILM 2,200 ROLLS				
	CIF OSAKA JAPAN (INCOTERMS 2010)				
	0.15×2000MM×50M(S)	300 ROLLS	JPY1,107		JPY332,100
	0.20×2000MM×50M(S)	100 ROLLS	1,480		148,000
	0.15×2000MM×50M(W)	1,500 ROLLS	892		1,338,000
	0.20×2000MM×50M(W)	200 ROLLS	1,480		296,000
	0.03×3600MM×100M(W)	100 ROLLS	1,323		132,300
	TOTAL	2,200 ROLLS			JPY2,246,400

//////////////////////////////////////

CHUNG CHOON COOPERATION

Signed by *JAE-SEUNG KIM*

JAE-SEUNG KIM/PRESIDENT

P.O. BOX : **C.P.O. BOX 777**
HOME PAGE : **WWW.GOODLUCK.CO.KR**
TELEPHONE NO : **(02) 712-7653~7, (02) 713-9876~8**
FAX NO. : **(02) 712-9879**

XXXXXXXXXXXXXXXXXXXXXXXXXXXXXXXXXXXXXXXXXXXXXXXXXXXXXXXXXXXXXX

(11) 선적 통지서(Shipping Advice)

생산완료 후에 선박의 수배가 종료되면 매도인은 매수인에게 Shipping Advice를 송부한다.

매수인에게는 보험부보정보, 하역준비, 수입대금지급준비를 위하여 필요한 서류이다. FAX, TELEX로 송신하기도 하며, 최근에는 선적정보를 작성하여 e-mail로 송부한다.

예시 **선적통지서**

CHUNG CHOON COOPERATION

7-777, JONGNO 2 KA, JONG NO GU, SEOUL, KOREA
C.P.O. BOX 777, SEOUL, KOREA
HOME PAGE: WWW.GOODLUCK.CO.KR
TEL : (02) 712-7653~7, (02) 713-9876~8, FAX : (02) 712-9879

SHIPPING ADVICE

Date : July 24, 2014

TO : YOUTH CONSTRUCTION MATERIALS CO., LTD.

8TH FLR, VIP TOWER, 1-1, UCHISAIWAI-CHO
CHIYODAKU, TOKYO 100-0011, JAPAN

WE ARE PLEASED TO ADVISE SHIPPING DETAILS AS FOLLOWS

* D/C NUMBER : 015-2000620
* THE CARRYING VESSEL : SUNNY LINDEN 615 N
* DATE OF SHIPMENT : JULY 24, 2014
* INVOICE VALUE : JPY2,246,400
* QUANTITY : 2,200 ROLLS
* COMMODITY : POLY FILM

TRULY YOURS

CHUNG CHOON COOPERATION

Signed by JAE-SEUNG KIM

JAE-SEUNG KIM/PRESIDENT

(12) 실무사례의 실제 선하증권 검토

예시 **실무사례 L/C의 선하증권 조항**

2/3 SETS OF ORIGINAL CLEAN ON BOARD OCEAN BILL OF LADING AND TWO NON-NEGOTIABLE COPIES MADE OUT TO ORDER OF BANK OF TOKYO MITSUBISHI UFJ, LTD., THE TOKYO MARKED 'FREIGHT PREPAID' AND NOTIFY APPLICANT AND INDICATING THIS CREDIT NUMBER.

[BANK OF TOKYO MITSUBISHI UFJ, LTD., THE TOKYO은행의 지시식인 비유통성 선하증권 부본 2부 포함하여 무결함 본선적재 해양선하증권 원본 2/3 SET, 선하증권에는 '운임선불'로 표시되어 있어야 하며 통지처의 주소는 개설의뢰인으로, 그리고 이 신용장의 번호가 기재되어야 한다.]

1) 선하증권(Shipped Bill of Lading, 발행일이 선적일로 간주됨)

※ ① Shipped B/L : "Loaded on board …", "Laden on board …", "Loaded …"

※ ② Shipment date is JUL. 24. 2014

※ ③ If an on board date is stated JUL. 25. 2014,
Shipment date is deemed to be JAN. 25. 2014

예시 선적선하증권(Shipped Bill of Lading)

BILL OF LADING

B/L NO. HASCLPUS1779910050

CONSIGNOR/SHIPPER/EXPORTER
CHUNG CHOON COOPERATION
7-777, JONGNO 2 KA, JONG NO GU,
SEOUL, KOREA

CONSIGNEE
TO ORDER OF BANK OF TOKYO MITSUBISHI UFJ, LTD.,
THE TOKYO

NOTIFY PARTY
YOUTH CONSTRUCTION MATERIALS CO., LTD.
8TH FLR, VIP TOWER, 1-1, UCHISAIWAI-CHO
CHIYODAKU, TOKYO 100-0011, JAPAN
TEL:03(3777)6710 MISS. TOMOMI KATASE

PRE-CARRIAGE BY	PLACE OF RECEIPT
	BUSAN CY

VESSEL/VOYAGE NO.
SUNNY LINDEN 615 N

HEUNG A SHIPPING CO., LTD.

↑ ※ ①

Shipped on board the vessel named herein apparent good order and condition (unless otherwise indicated) the goods or packages specified herein and to be discharged at the above mentioned port of discharge or as near thereto as the vessel may safely get and be always afloat.

The weight, measure, marks, numbers, quality, contents and value, being particulars furnished by the Shipper, are not checked by the Carrier on loading. The Shipper, Consignee and the Holder of this Bill of Lading hereby expressly accept and agree to all printed, written or stamped provisions, exceptions and conditions of this Bill of Lading, including those on the back hereof. One of th Bills of Lading duly endorsed must be surrendered in exchange for the goods or delivery order.

In witness whereof, the Carrier or his Agents has signed Bills of Lading all of this tenor and date, one of which being accomplished, the others to stand void.

Shippers are requested to note particularly the exceptions and conditions of this Bill of Lading with reference to the validity of the insurance upon their goods.

(TERMS OF BILL OF LADING CONTINUED ON BACK HEREOF)

PORT OF LOADING	PLACE OF DISCHARGE	PLACE OF DELIVERY	FINAL DESTINATION
BUSAN, KOREA	OSAKA, JAPAN	OSAKA CY	

PARTICULARS FURNISHED BY CONSIGNOR/SHIPPER

CONTAINER NO. SEAL NO. MARKS & NOS.	NO. OF CONTAINER OR PKGS.	KIND OF PACKAGES : DESCRIPTION OF GOODS	GROSS WEIGHT	MEASUREMENT
HASU7230209 3721 NO MARK	1 ×20′ 2,200 ROLLS	"SHIPPER'S LOAD & COUNT" "SAID TO CONTAIN" 2,200 ROLLS OF POLY FILM L/C NO : S-015-2000620 "FREIGHT PREPAID"	13,500.00 KGS	24.000 CBM **ORIGINAL**

TOTAL NUMBER OF CONTAINERS OR PKGS
SAY : ONE (1) CONTAINER ONLY

FREIGHT CHARGES	RATE	UNIT	PREPAID	COLLECT
FREIGHT PREPAID AS ARRANGED.				

FREIGHT PREPAID AT	NUMBER OF ORIGINAL B/L	PLACE AND DATE OF ISSUE
SEOUL, KOREA	THREE (3)	SEOUL, KOREA JUL. 24. 2014 ⇒ ※ ②

LADEN ON BOARD THE VESSEL ⇒ ※ ③

By

SIGNATURE

By swayayay

HEUNG-A SHIPPING CO., LTD.

ACTING AS A CARRIER

2) 선하증권(Received Bill of Lading, 본선적재부기일이 선적일로 간주됨)

예시 본선적재선하증권(On board Bill of Lading) Sample
(Received Bill of Lading) + (On board notation)

CONSIGNOR/SHIPPER/EXPORTER
CHUNG CHOON COOPERATION
7-777, JONGNO 2 KA, JONG NO GU,
SEOUL, KOREA

BILL OF LADING

B/L NO. LOGITWT1969910050

CONSIGNEE
TO ORDER OF BANK OF TOKYO MITSUBISHI UFJ, LTD.,
THE TOKYO

HEUNG A SHIPPING CO., LTD.

Received by the Carrier from the shipper in apparent good order and condition unless otherwise indicated herein, the Goods, or the container(s) of package(s) said to contain the cargo herein mentioned, to be carried subject to all the terms and conditions proved for on the face and back of this Bill of Lading by the vessel named herein of any substitute at the Carrier's option and/or other means of transport, from the place of receipt or the port of loading to the port of discharge of the place of delivery shown herein and there to be delivered unto order or assigns.

If required by the Carrier, this Bill of Lading duly endorsed must be surrendered in exchange for the Goods or delivery order.

In accepting this Bill of Lading, the Merchant agrees to be bound by all the stipulations, exceptions, terms and condition on the face and back hereof, whether written, typed, stamped or printed, as fully as if signed by the Merchant, any to all custom or privilege to the contrary notwithstanding, and agrees that all agreements of freight engagements for and in connection with the carriage of the Goods are superseded by this Bill of Lading.

In witness whereof, the undersigned, on behalf of HEUNG-A SHIPPING Co., Ltd. the Master and the owner of the Vessel, has signed the number of Bill(s) of Lading stated under, all of this tenor and date, one of which being accomplished, the others to stand void.

(TERMS OF BILL OF LADING CONTINUED ON BACK HEREOF)

NOTIFY PARTY
YOUTH CONSTRUCTION MATERIALS CO., LTD.
8TH FLR, VIP TOWER, 1-1, UCHISAIWAI-CHO
CHIYODAKU, TOKYO 100-0011, JAPAN
TEL:03(3777)6710 MISS. TOMOMI KATASE

PRE-CARRIAGE BY	PLACE OF RECEIPT
	BUSAN, CY

VESSEL/VOYAGE NO.
SUNNY LINDEN 615 N

PORT OF LOADING	PLACE OF DISCHARGE	PLACE OF DELIVERY	FINAL DESTINATION
BUSAN PORT	OSAKA, JAPAN	OSAKA CY	

PARTICULARS FURNISHED BY CONSIGNOR/SHIPPER

CONTAINER NO. SEAL NO.	NO. OF CONTAINER OR PKGS.	KIND OF PACKAGES : DESCRIPTION OF GOODS	GROSS WEIGHT	MEASUREMENT
HASU7230209 3721 NO MARK	1 ×20′ 2,200 ROLLS	SHIPPER'S LOAD & COUNT SAID TO CONTAIN 2,200 ROLLS OF POLY FILM L/C NO : S-015-2000620 "FREIGHT PREPAID"	13,500.00 KGS	24.000 CBM **ORIGINAL**

TOTAL NUMBER OF CONTAINERS OR PKGS
SAY : ONE(20×1) CONTAINER ONLY

FREIGHT CHARGES	RATE	UNIT	PREPAID	COLLECT
FREIGHT PREPAID AS ARRANGED.				

FREIGHT PAYABLE AT	NUMBER OF ORIGINAL B/L	PLACE AND DATE OF ISSUE
SEOUL, KOREA	THREE(3)	SEOUL, KOREA JUL. 24. 2014

LADEN ON BOARD

Date : JUL. 24. 2014

Port of Loading : Busan, Korea ⇒ ※

Vessel : SUNNY LINDEN 615 N By Swayayay

SIGNATURE

Swayayay

HEUNG-A SHIPPING CO., LTD.

ACTING AS A CARRIER

4. 항공화물운송장과 보험서류 검토실무

(1) 항공화물운송장 실무 핵심

1) 의미와 B/L과의 차이점

① 항공운송장은 물품을 항공기로 운송하는 경우에 항공회사가 발행하는 운송장으로 "Air Way Bill" 또는 "Air Consignment Note"라고도 한다. "국제항공운송에 관한 왈소협약(Warszawa Convention)"에 근거를 두고 있고, 국제항공운송협회(IATA, International Air Transport Association)에서 제정한 서식을 사용한다. 항공회사에서 화물을 인수하는 시점에서 발급하는 운송서류이며, 단순한 탁송증거로서의 역할만 할 뿐 B/L과는 달리 유가증권으로서의 성질을 가지지 못하기 때문에 기명식, 수취식으로만 발행되어 유통불능의 성격을 지닌다.

② House AWB(air waybill)과 Master AWB이 있으며, 전자는 소량의 화물을 여러 선적인으로부터 수집하여 항공회사에 운송을 위탁하는 운송중개인(Consolidator, 혼재업자)이 송하인(여러 화주)에게 발행하는 것이고, 후자는 항공회사 또는 항공화물운송대리점(air cargo agent)이 운송중개인에게 발행하는 것이다.
House Air Waybill은 운송중개인이 발행한 것으로 L/C에서 특별히 허용하지 않으면 수리가 불가능하다. 그러나, House AWB을 발행한 운송중개인이 항공운송인 또는 그 대리인으로서 행동하고 있다는 표시가 있으면 수리가 가능하다.
항공회사의 대리점표시가 없는 단순한 House AWB은 은행이 수리를 거절한다.

③ 항공운송에서는 IATA규칙상 최종목적지에 도착할 때까지 중간기착지에서 화물의 환적이 일반화되어 있기 때문에 신용장에서 환적을 명문으로 금지하고 있더라도 전체 운송이 하나의 운송서류로 포괄되어 있으면 운송장상의 환적유보문언 여하에도 불구하고 은행은 이러한 운송서류를 수리한다.

④ 항공화물운송장과 선하증권의 비교

항공화물운송장(Air Waybill)	선하증권(Bill of Lading)
유가증권이 아닌 단순한 운송화물 수취증	물권적 권리를 표시하는 유가증권
수화인을 기명식으로 기재하여 발행되기 때문에 배서나 교부에 의하여 수화인의 권리가 양도될 수 없음	수화인을 지시식과 소지인식으로 기재하여 발행할 수 있기 때문에 수화인의 권리가 배서나 교부에 의해서 양도가능함
비유통성(Non Negotiable)	유통성(Negotiable)
창고에 반입되면 AWB 발행 (수취식, received bill)	수취식(Received B/L)인 경우도 있으나 선적후 선적선하증권 발행(일반적으로 본선적재식, on board B/L)
송화인이 작성함이 원칙이나 항공사나 항공사의 대리인이 보통 발행	운송인(선박회사)이 작성
항공운송장의 법적 성질 : 비유통성, 요식증권, 기명증권, 수취증권	

2) 기능

항공운송에 있어서 화물의 유통을 보장하는 가장 기본적인 운송서류인 항공화물운송장은 항공운송인의 청구에 따라 송하인이 작성하여 제출하는 것이 원칙이지만 항공사나 항공사의 권한을 위임받은 대리점(또는 항공운송주선업자)에 의하여 발행되는 것이 통례이며 항공운송장의 기능은 다음과 같다.

① 운송계약서

AWB는 송하인과 항공운송인간의 항공운송계약의 성립을 입증하는 운송계약서이다.

그러나 운송장은 12통(원본 3통 + 부본 9통)으로 구성되어 있어 그 전통(全通)이 모두 운송계약서는 아니며 송하인용 원본이 이에 해당된다.

신용장방식거래에서 AWB 전통(全通, Full set)을 요구하더라도 수출자는 네고시 1통의 AWB(Shipper용)만 제시하면 된다.

※ IATA Air Waybill 원본 3통의 기능 및 효력은 각각 다음과 같이 다르다.

- Original 1(for Carrier) : 운송회사 보관용
- Original 2(for Consignee) : 수화인용으로 물품과 함께 수입지 공항으로 송부
- Original 3(for Shipper or Consignor) : 송화인용으로 매입 의뢰시 매입은행에 제시

② 화물수취증

항공화물운송장은 항공운송인이 송하인으로부터 화물을 수취한 것을 증명하는 화물수령증이다.

③ 요금계산서

화물과 함께 목적지에 보내어져 수하인이 운임 및 요금을 계산하는 근거자료로서 사용된다.

④ 보험계약증서

송하인이 AWB에 보험금액 및 보험가액을 기재한 화주보험을 부보한 경우에는 AWB의 원본 No.3이 보험계약의 증거가 된다.

⑤ 세관신고서

수출입신고서 및 통관자료로서 사용된다.

⑥ 화물운송의 지시서

AWB에 송하인이 화물의 운송, 취급, 인도에 관한 지시를 기재할 수 있다.

3) UCP 600상 수리요건(제23조)

항공운송서류는 그 명칭에 관계없이 다음과 같이 나타나야 한다.

① 운송인의 명칭이 표시되고, 운송인 또는 운송인을 위한 또는 그를 대리하는 기명 대리인 운송인 또는 대리인에 의하여 서명된 것

② 상품이 운송을 위하여 인수되었다는 것을 표시하고 있는 것

③ 발행일자를 표시하고 있는 것. 항공운송서류에 실제 선적일에 대한 어떤 특정한 부기가 포함되어 있지 않다면 이 발행일자가 선적일이 됨. 항공운송서류에 실제 선적일에 대한 어떤 특정한 부기가 포함된 경우에는 부기일자가 선적일자로 간주됨. 운항번호와 일자와 관련하여 항공운송서류에 나타나는 그 밖의 모든 정보는 선적일을 결정할 때 고려되지 않는다.

④ 신용장에 명기된 출발공항과 도착공항을 표시하고 있는 것

⑤ 비록 신용장에서 원본 전통을 명시하고 있는 경우에도, 송하인 또는 선적인용 원본(the original for consignor or shipper)인 것

⑥ 운송의 제조건을 포함하고 있거나, 또는 운송의 제조건을 포함하는 다른 출처를 언급하고 있는 것. 운송조건의 내용은 심사하지 않는다.

⑦ 환적이란 신용장에 명기된 출발공항으로부터 도착공항까지의 운송과정 중에 한 항공기로부터의 양화하여 다른 항공기로의 재적재를 의미한다.

⑧ 비록 신용장이 환적을 금지하고 있는 경우에도, 환적이 행해질 것이라거나 또는 행해질 수 있다는 표시가 된 항공운송서류는 수리될 수 있다. 다만, 전운송이 하나의 동일한 항공운송서류에 의해서 커버되어야 한다.

⑨ HOUSE AWB을 발행한 운송중개인이 항공운송인 또는 그 대리인으로서 행동하고 있다는 표시 있으면 수리가능하다. 그러나 신용장에서 “House Air waybill not acceptable”라는 특별조항이 있는 경우에는 수출상이 House Air waybill을 제시하면 제23조의 요건을 충족시키더라도 하자가 된다.

⑩ 용선계약(charter party) 표시 항공운송장은 신용장에서 금지하지 않으면 용선계약 항공운송서류는 수리가 가능하다.

⑪ 약식 항공운송서류는 수리가 가능하다.

⑫ 항공운송서류는 양도가 불가능하기 때문에 수하인(Consignee)이 지시식(To Order)으로 발행될 수 없다.

⑬ L/C에 “Consignee to Issuing bank”로 요구한 경우 제시된 운송서류의 Consignee 난에 “Issuing bank”로 표기된 경우 하자가 되므로, 개설은행의 구체적인 이름을 표시하여야 한다(UCP 600 제28조 보험서류에도 동일하게 적용됨).

⑭ L/C에 기재된 다른 모든 조건을 충족하여야 한다.

4) ISBP 745의 항공운송서류 내용

- Application of UCP 600 article 23(UCP 600 제23조의 적용)

H 1. 신용장에서 그 명칭이 어떠하든지 간에 공항 간(airport-to-airport) 선적(shipment)을 커버하는 운송서류를 제시하도록 요구하는 것은 그 서류심사에 UCP 600 제23조가 적용되어야 한다는 것을 의미한다.

H 2. 신용장에서 필요운송서류의 명칭으로 "항공운송장"(air waybill), "항공화물탁송장"(air consignment note) 또는 이와 유사한 문구를 사용하더라도 항공운송서류가 반드시 그러한 제목을 가져야 하는 것은 아니다.

해설

신용장이 "항공화물운송장"(air waybill)이나 "항공화물탁송장"(air consignment note) 등의 운송서류를 요구하는 경우, UCP 600 제23조를 적용하여야 한다. 그러나 운송서류가 공대공선적(airport-to-airport shipment)의 항공운송을 증명하고 있는 한, "항공화물운송장", "항공화물탁송장" 등의 용어가 필수적인 것은 아니다. 즉 UCP 600 제23조는 서류의 명칭에 관계없이 공대공선적의 운송서류로서 열거된 요건을 갖춘 서류를 수리하도록 하고 있다.

- Issuance, carrier, identification of the carrier and signing of an sir transport document(항공운송서류의 발행, 운송인, 운송인의 확인 및 서명)

H 3. a. 항공운송서류는 UCP 600 제23조의 요건을 충족시킨다면 운송인 이외의 자가 발행할 수 있다.

b. 신용장에 "운송주선인의 항공운송서류 수리가능"(Freight Forwarder's air waybill is acceptable) 또는 "하우스(혼재업자) 항공운송서류 수리가능"(House air waybill is acceptable) 또는 이와 유사한 취지의 문구를 표시하는 경우에, 항공운송서류는 그 발행인(issuing entity)이 서명할 수 있으며, 그 서명에 서명자의 자격이나 운송인의 상호를 표시할 필요는 없다.

해설

신용장이 "혼재업자용 항공화물운송장"이나 "운송주선인 항공화물운송장"(forwarder's air waybill) 등도 허용한다는 특수조건이 있는 경우, 항공운송서류는 운송인의 명의 없이 운송주선인의 자격으로 서명하여도 된다.

그러나 신용장이 운송주선인 항공화물운송장의 제시를 허용한 경우에도, 항공운송서류로서 수리되기 위해서는 운송인이나 그 대리인으로서의 서명요건을 제외한 UCP 600 제23조 a항 ii호 내지 c항의 나머지 수리요건을 모두 충족하고 있어야 한다.

H 4. 신용장에서 "운송주선인 항공운송서류 수리불능"(Freight Forwarder's air waybill is not acceptable) 또는 "하우스 항공운송서류 수리불능"(House air waybill is not acceptable) 또는 이와 유사한 취지의 문구를 명시하는 것은 그 신용장에 항공운송서류의 발행방법과 서명방법에 대한 더 이상의 상세한 요구사항이 없다면 항공운송서류의 제목이나 형식, 내용 또는 서명에 관하여 아무런 의미도 갖지 않는다. 이러한 요구사항이 없는 경우에 그러한 명시는 무시되고, 제시된 항공운송서류는 UCP 600 제23조의 요건에 따라 심사되어야 한다.

H 5. a. 항공운송서류는 UCP 600 제23조 제a항 제 i 호에 규정된 형태로 서명되어야 하고, 운송인의 상호(name of the carrier)가 표시되고, 그 운송인은 운송인으로 확인되어야 한다.

b. 운송인의 기명된 지점(named branch of the carrier)이 항공운송서류에 서명한 경우에, 서명은 운송인에 의한 것으로 간주된다.

c. 운송인이라는 사실은 IATA(국제항공운송협회, International Air Transport Association) 항공사코드 대신에 그 운송인의 상호에 의하여, 예컨대, BA 대신에 British Airways, 혹은 LH 대신에 Lufthansa에 의하여 확인되어야 한다.

H 6. 대리인이 운송인을 대리하여 항공운송서류에 서명하는 경우에, 대리인의 이름이 표시되고, 추가적으로 "agent for (name), the carrier" 또는 "agent on behalf of (name), the carrier"[운송인(운송인의 상호)의 대리인] 또는 이와 유사한 문구로써 그것이 대리인의 서명이라고 표시되어야 한다. 당해 서류의 다른 곳에서 운송인이 "운송인"인 것으로 확인되는 경우에, 기명대리인을 다시 운송인의 상호를 기재함이 없이 예컨대 "agent for [or on behalf of] the carrier"(운송인의 대리인)로서 서명할 수 있다.

해설

항공운송서류 원본은 반드시 서명(signature) 및 운송인의 명의가 있어야 한다. 서명은 수기뿐만 아니라, 모사서명, 천공서명, 타인, 부호, 모든 전자방식이나 기계방식으로 할 수 있다. 또 운송인의 대리인(agent)이 서명하는 경우, 대리인이라는 자격과 문면상 어딘가에 운송인의 명의가 있어야 한다. 예컨대 ① 항공화물운송장의 문면상 항공사의 명의가 있고 운송인이 서명하는 경우, 서명 란에 "carrier"의 표시가 없어도 되지만, ② 대리인이 서명하는 경우, 문면상 "carrier"의 단어가 없으면 "ABC as agent for XYZ air, carrier(signature)"라고 서명하고, 문면상 "carrier"의 단어가 있으면 "ABC as agent for XYZ Air(signature)"라고 서명하여도 된다(ICC Publication 632, R. 200).

• Goods accepted for carriage, date of shipment and requirement for an actual date of shipment(운송을 위하여 수탁된 물품, 선적일 및 실제 선적일에 관한 요건)

H 7. 항공운송서류에는 물품이 운송을 위하여 수탁되었다(accepted for carriage)는 문구 또는 그와 유사한 취지의 문구가 표시되어야 한다.

해설

항공운송서류는 본선적재의 요건으로서, 반드시 물품이 운송을 위하여 인수되었다(accepted for carriage)는 사실의 표기가 있어야 한다(UCP 600 제 23조 a항 ii호). 운송을 위한 인수사실의 표기는 이를 발행하고 서명한 동일인뿐만 아니라, 수권된 대리인에 의하여도 정식 또는 약식으로 나타낼 수 있으며, 또 운송인의 서명을 요구하지 아니한다.

H 8. a. 항공운송서류에는 발행일(date of issuance)이 표시되어야 한다. 이 일자는 항공운송서류에 실제 선적일(actual date of shipment)에 대한 명확한 부기(specific notation)가 없다면 선적일로 간주된다. 만약 그러한 부기가 있다면, 그 부기상의 일자는 그것이 항공운송서류의 발행일 전이든 또는 후이든 간에 선적일로 간주된다.

b. 실제 선적일을 포함하는 명확한 부기가 없는 경우에, 선적정보와 관련되는 항공운송서류상의 다른 정보[예컨대, "운송인용"(For Carrier Use Only), "요구되는 비행일"(Required Flight Date) 또는 "항로 및 목적지"(Routing and Destination)라는 제목의 난에 기입되는 정보를 포함한다]는 선적일을 결정할 때 무시된다.

• Airports of departure and destination(출발공항과 도착공항)

H 9. 항공운송서류에는 신용장에 명시된 출발공항(airport of departure)과 도착공항(airport of destination)이 표시되어야 한다. 신용장에서 출발공항과 도착공항을 명시하면서 그 공항이 위치한 국가도 함께 명시한 경우에 국가명은 기재될 필요가 없다.

H 10. 출발공항과 도착공항은 공항명을 완전하게 표시하는 대신에 국제항공운송협회(IATA, International Air Transport Association) 코드를 사용하는 방법(예컨대 Los Angeles 대신에 LAX)으로 표시할 수 있다.

해설

항공운송서류는 반드시 신용장에 규정된 출발공항과 목적공항을 명시하고 있어야 하는데, 동 운송서류상의 공항명은 완전한 정식명칭 대신에 국제항공운송협회

(IATA)에 등록된 약식코드로 기재하여도 된다.

* 세계 주요 공항들의 IATA Code는 다음과 같다.

DTW : 디트로이트(Detroit) 공항 EWR : 뉴욕(New York) 뉴어크(Newark) 공항 IAD : 워싱턴(Washington D.C.) 공항 ICN : 영종도 인천 공항 JFK : 뉴욕(New York) 존에프케네디(JFK) 공항 LAX : 로스엔젤레스(Los Angeles) 공항 CDG : 파리 Charles Degaulle 공항 GVA : Switzerland, Geneva	LGA : 뉴욕(New York) 라구아디아(LaGuard ia) 공항 NRT : 일본 나리타(Narita) 공항 ORD : 시카고(Chicago) 오해어(O'Hare) 공항 PUS : 부산 김해 공항 SFO : 샌프란시스코(San Francisco) 공항 SIN : 싱가폴 창이(Changi) 공항 PEK : China, Beijing FRA : Germany, Frankfurt

H 11. 신용장에서 출발공항 또는 도착공항의 지리적 구역 또는 범위[예컨대 "Any Chinese Airport"(중국의 모든 공항) 또는 "Shanghai, Beijing, Guangzhou airport]를 명시하는 경우에 항공운송서류에는 공항의 지리적 구역 또는 범위 내에 있는 실제출발공항 또는 실제도착공항(actual airport of departure or destination)이 표시되어야 한다. 항공운송서류에 지리적 구역을 표시할 필요는 없다.

해설

신용장에서 출발공항과 목적 공항이 실제의 공항대신에 지리적 구역이나 지역(geographical area)으로 기재된 경우에도, 항공운송서류의 출발공항과 목적 공항은 인용된 지역의 범위 내에 있는 실제의 공항을 명시하여야 한다. 출발공항이나 목적 공항이 지리적 구역으로 요구된 항공운송서류에 관한 사례는 앞서 살펴본 해상선화증권의 경우와 같다.

• Original of an air transport document(항공운송서류의 원본)

H 12. 항공운송서류는 송하인용 원본(original for consignor) 또는 선적인용 원본(original for shipper)인 것으로 나타나야 한다. 신용장에서 원본 전통의 항공운송서류(full set of original air transport document)를 요구하는 경우에, 이는 송하인용 또는 선적인용 원본이라고 표시된 항공운송서류의 제시에 의하여 충족된다.

해설

신용장이 전통의 원본(full set of originals) 또는 이와 유사한 표현으로 항공운송서류를 요구하더라도, 항공운송서류에는 반드시 전면에 "송화인/선적인용 원본"(original for consignor/shipper)이란 표시가 있는 원본만 제시하면 된다. 즉, "전통의 원본"이란 요건은 '송화인용/선적인용' 원본을 제시하여야 충족된다. 항공운송서류는 관습상 "운송인용", "송화인용", "수화인용" 등의 3통 이상으로 발행되는데, 이중에 "송화인용" 원본만 제시되면 수리될 수 있다.

※ 항공운송서류는 보통 12부가 발급되며 이 중 원본은 3부가 발행되는데 통상 운송인용, 송화인용, 수화인용 3통의 원본과 여분의 부본으로 발행된다.

[실무상 유의점]

(1) IATA(국제항공운송협회) Air Waybill 양식의 구성

① Original 1 (For Issuing Carrier)
② Original 2 (For Consignee)
③ Original 3 (For Shipper or Consignor) 이며,
④ Copy 4 (Delivery Receipt) ⑤ Copy 5 (For Airport of Destination)
⑥ Copy 6 (For Third Carrier) ⑦ Copy 7 (For Second Carrier)
⑧ Copy 8 (For First Carrier) ⑨ Copy 9 (For Sales Agent)
⑩ Copy 10 (Extra Copy) ⑪ Copy 11 (Invoice)
⑫ Copy 12 (For Airport of Departure) 등으로 구성되어 있다.

(2) 개설신청인과 개설은행이 신용장에서 Air Waybill을 요구하는 경우 유의사항

① 한 통 이상의 원본을 요구하지 말 것.
② Full set of original Air Waybill이라는 문언을 사용하지 말 것.
③ Negotiable Air Waybill이라든지 consignee를 "to order of ..."와 같이 지시식으로 요구하지 말아야 한다. 왜냐하면 Air Waybill은 비유통(non-negotiable) 서류이므로 제3자에게 배서 또는 교부로 양도할 수 없기 때문이다.

• Consignee, order party and notify party(수하인, 지시당사자 및 통지처)

H 13. a. 신용장에서 항공운송서류가 수하인에 관하여 "특정인지시식"[to order of (named entity)]으로 발행될 것을 요구하는 경우에, 항공운송서류는 "to order of"라는 문구 없이 단순히 그러한 기명인을 수하인으로 하여 발행될 수 있다.

b. 신용장에서 항공운송서류가 수하인에 관하여 특정인지시식이 아니라 단순지시식(to order)으로 발행될 것을 요구하는 경우에, 항공운송서류는 단순히 개설은행이나 개설의뢰인을 수하인으로 하여 발행될 수 있으며, "to order"라는 문구는 필요 없다.

해설

항공운송서류는 특성상 유통성의 권리증권(document of title)이 아니기 때문에, 반드시 ① 기명식 항공운송서류(straight air waybill)의 형태로 발행하여야 하며,

또 ② 신용장에서 지시식 항공운송서류(order air waybill)가 요구되었더라도 "지시인에게"(to order) 등의 언급이 없이 수화인 란에 특정인의 명의를 기재한 기명식 운송서류를 제시하여도 하자가 되지 아니한다. 그러나 항공운송서류의 수화인으로서 개설의뢰인이 요구된 경우, 은행을 수화인으로 기명한 서류의 제시는 하자가 된다(ICC Publication 632, R. 76).

H 14. a. 신용장에서 하나 또는 둘 이상의 통지처(one or more notify parties)의 세부정보를 명시하였다면 항공운송서류에는 하나 또는 둘 이상의 추가적 통지처의 세부정보가 표시될 수 있다.

b. ⅰ. 신용장에서 통지처의 세부정보를 명시하지 않은 경우에, [H 14 (b) ⅱ항의 규정을 예외로 하고] 항공운송서류에는 어느 통지처의 세부정보가 표시될 수 있고 이는 어떤 방법으로도 표시될 수 있다.

ⅱ. 신용장에서 통지처의 세부정보를 명시하지 않았는데, 항공운송서류에 개설의뢰인의 세부정보가 통지처란에 나타나고, 이 세부정보에 개설의뢰인의 주소 및 세부연락처가 포함되어 있다면, 이는 신용장에 명시된 그것과 저촉되지 않아야 한다.

H 15. 신용장에서 항공운송서류가 "개설은행"(issuing bank)이나 "개설의뢰인"(applicant)을 물품의 수하인으로 하여 발행되거나, 그 통지처를 "개설의뢰인" 또는 "개설은행"으로 하여 발행되도록 요구하는 경우에, 항공운송서류는 해당되는 개설은행 또는 개설의뢰인의 이름을 표시하여야 하나, 신용장에 명시된 그 각각의 주소와 세부연락처를 기재할 필요는 없다.

H 16. 개설의뢰인의 주소와 세부연락처가 수하인 또는 통지처의 일부로 나타나는 경우에, 이는 신용장에 명시된 그것과 저촉되지(conflict with) 않아야 한다.

• Transhipment, partial shipment and determining the presentation period when multiple air transport documents are presented(환적, 분할선적 및 복수의 서류가 제시되었을 때 제시기간의 결정)

H 17. 환적은 신용장에 명시된 출발공항으로부터 도착공항까지 물품운송 중에 한 항공기로부터 물품을 양하하여 다른 항공기에 재적재하는 것이다. 항공운송서류에 그러한 두 공항 사이의 어떠한 양하(unloading) 및 재적재(reloading)가 표시되지 않는다면 이는 신용장과 UCP 600 제23조 제b항과 제c항에서 말하는 환적이 아니다.

H 18. 복수의 항공기에 적재하여 발송(dispatch on more than one aircraft)하는 것은 비록 각 항공기가 동일한 일자에 동일한 목적지로 출발하더라도 분할선적이 된다.

H 19. a. 신용장에서 분할선적을 금지(prohibit)하고 있고, 또한 단일 또는 복수의 출발공항(신용장에서 특정적으로 허용되었거나 신용장에 명시된 지리적 구역이나 범위 내에 소재하는 것)에서 발송되는 운송을 커버하는 복수의 항공운송서류가 제시되는 경우에, 각 항공운송서류에는 동일한 항공기와 동일항로에 의한 운송을 커버하고 있고 물품이 동일한 도착공항을 향하고 있다고 표시되어야 한다.

b. 신용장에서 분할선적을 금지(prohibit)하고 있고, 또한 H 19 (a)항에 따라 복수의 항공운송서류가 제시되고, 그 항공운송서류에 발송일이 상이하게 기재되어 있는 경우에, 그 중의 최종일자(the latest of these dates)가 제시기간(presentation period)을 산정하는 데 사용되어야 하고, 그러한 최종일자는 신용장에서 정한 최종선적일과 같은 일자이거나 그 전의 일자이어야 한다.

c. 분할선적이 허용(allowed)되고, 복수의 항공운송서류가 하나의 표지서류하에서 단일한 제시의 일부로서 제시되고, 그 항공운송서류에 발송일이나 비행일이 상이하게 기재된 경우에, 이러한 일자들 중의 최초의 일자(the earliest of these dates)가 제시기간을 산정하는 데 사용되고, 이러한 각각의 일자는 신용장에서 정한 최종선적일과 같은 일자이거나 그 전의 일자이어야 한다.

• Clean air transport document(무고장 항공운송서류)

H 20. 항공운송서류에는 물품 또는 포장의 결함을 명백히 표시하는 문구가 포함되지 않아야 한다. 예컨대,

a. "포장이 항공운송에 충분하지 않다"(packing is not sufficient for the air journey) 또는 이와 유사한 취지의 항공운송서류상의 문구는 포장의 결함을 명백하게 표시하는 문구의 예이다.

b. "포장이 항공운송에 충분하지 않을 수 있다"(packing may not be sufficient for the air journey) 또는 이와 유사한 취지의 항공운송서류상의 문구는 포장의 결함을 명백하게 표시하는 것이 아니다.

H 21. a. 신용장에서 "무고장"(clean)이라고 표시된 항공운송서류를 요구하더라도 항공운송서류에 "무고장"이라는 단어가 나타날 필요는 없다.

b. 항공운송서류상 "무고장"(clean)이라는 단어가 삭제되더라도 이는 물품 또는 포장의 결함을 명백하게 표시하는 것이 아니다.

• Goods description(물품명세)

H 22. 항공운송서류상 물품명세는 신용장의 물품명세와 저촉되지 않는(not in conflict

with) 일반적인 용어(general terms)로 표시될 수 있다.

• Corrections and alterations("corrections")(정정과 변경 "정정")

H 23. 항공운송서류상 정보의 정정(any correction of data)은 인증되어야 한다. 그러한 인증은 운송인이나 그의 기명대리인의 것으로 나타나야 하되, 그 대리인은 운송인의 대리인으로 확인되기만 한다면, 항공운송서류를 발행하거나 그에 서명한 대리인과 다를 수 있다.

H 24. 항공운송서류의 사본(copy)에는 그 원본에 이루어진 어떠한 정정에 대한 인증이 포함될 필요가 없다.

• Freight and additional costs(운임과 추가비용)

H 25. 항공운송서류에 나타나는 운임지급을 표시하는 기재는 신용장에 명시된 것과 동일할 필요는 없으나, 그 서류나 기타 명시된 다른 서류 또는 신용장에 명시되는 그것과 저촉되지 않아야 한다. 예컨대 신용장에서 항공운송서류에 "운임 후지급"(freight collect)을 표시할 것을 요구하는 경우에 항공운송서류에는 "운임은 목적지에서 지급될 것임"(freight payable at destination)으로 표시되어도 무방하다.

H 26. 항공운송서류에는 운임 "선지급"(prepaid)과 운임 "후지급"(collect)을 표시하는 미리 인쇄된 제목을 가진 별도의 난이 포함되어 있어도 무방하다.

a. 신용장에서 운임이 선지급되었음(freight has been prepaid)이 항공운송서류에 나타나도록 요구하는 경우에, 이는 "운임 선지급"(freight charges prepaid) 또는 이와 유사한 문구의 제목을 가진 곳에 운임을 표시함으로써 충족될 수도 있다.

b. 신용장에서 운임이 목적지에서 후지급되거나 지급될 것이라고 항공운송서류에 나타나도록 요구하는 경우에, 이는 "운임 후지급"(freight charges collect) 또는 이와 유사한 문구의 제목을 가진 곳에 운임을 표시함으로써 충족될 수도 있다.

H 27. a. 신용장에서 운임에 추가되는 비용을 허용하지 않는 경우에, 항공운송서류에는 운임에 추가되는 비용이 있다거나 발생할 수 있다고 표시되지 않아야 한다.

b. 항공운송서류상 예컨대 물품의 양하 중이나(in unloading the goods) 양하 후에(after the goods have been unloaded) 발생하는 지연 때문에 부과되는 비용에 대한 언급은 운임에 추가되는 비용에 관한 표시로 보지 않는다.

(5) 항공화물운송장 검토실무

1) 작성요령

① Airport of Departure
출발지 도시 또는 공항의 3-Letter Code를 기입한다.

② Shipper's Name and Address
송하인의 성명, 주소, 도시, 국명이 기입되며 전화번호가 있을 경우 같이 기입해 두는 것이 좋다.

③ Shipper's Account Number
AWB 발행 항공사의 임의로 사용된다.

④ Consignee's Name and Address
수하인의 성명, 주소, 도시, 국명, 전화번호 등을 기입한다.
어떠한 이유로 실제 수하인을 대신하여 은행이나 화물대리점이 수하인이 될 경우 실제 수하인은 Handling Information란에 기재되어야 한다.
이때 화물 인도항공사는 은행이나 대리점을 유일한 수하인으로 간주하며 본란에 명시된 수하인으로부터의 지시가 없이는 타인에게 인도하지 않는다(신용장방식거래에서 Consignee를 신용장개설은행으로 기재하도록 한 경우 나중에 개설은행은 AWB Original 2(for Consignee)에 배서하고 화물인도승락서를 발급하여 신용장 개설의뢰인(수입상)에게 화물의 수취를 위임하게 됨).
만약, 송하인이 특정의 개인이나 회사에게도 도착사실을 통보해 줄 것을 요청하면 그 주소를 Handling Information란에 기입하여야 한다.('also notify'라는 말로 표현)
AWB은 비양도성이기 때문에 'to order' 또는 'to order of the Shipper'라고 표현해서는 안 된다.
수하인이 화물인수의 편의를 위해 인도항공사나 호텔 또는 유사한 임시거처를 주소지로 할 경우 수하인 또는 그 친척의 집 주소를 Handling Information란에 '인도불가시의 연락처(In case of inability to deliver to consignee contract :)' 라는 표시와 함께 기입해야 한다.

⑤ Consignee's Account Number
고객 분류를 위한 부호를 기입하며, 인도항공사의 임의로 사용한다.

⑥ Issuing Carrier's Agent Name and City
AWB 발행 화물대리점의 이름 및 도시명을 기입한다.

⑦ Agent's IATA Code
대리점의 IATA Code를 기재한다.

⑧ Account Number

AWB 발행 항공사의 임의로 사용한다.

⑨ Airport of Departure(Address of First Carrier) and Requested Routing
출발지 공항과 운송구간을 기재한다. 3-Letter City Code의 사용도 가능하다.

⑩ Accounting Information
특별히 회계처리에 관한 내용을 기록한다. 예를 들어 운송료 지불방법(현금, 수표, MCO)이나 GBL번호, 기타 필요한 내용을 기록한다.

⑪ Routing and Destination
예약에 의한 첫 구간의 도착지와 수송 항공사명을 기입한다. 이때 항공사명은 Full Name을 적도록 한다.
최종목적지까지 2개 이상의 항공사가 수송에 개입할 경우 각 경유지와 해당구간을 수송하는 항공사명을 Code로 기입한다.
한 도시에 2개 이상의 공항이 있을 경우는 도착지 공항의 3-Letter Code를 기입한다.

⑫ Currency
AWB 발행국 화폐단위 Code를 기입하며 AWB에 나타난 모든 금액은 본란에 표시되는 화폐단위와 일치하는 것이어야 한다(단, 'Collect Charges in Destination Currency'란에 표시되는 금액은 제외). 자국 화폐단위 대신 영국 파운드(UKL) 또는 미국 달러(USD)를 현지통화로 간주하는 나라에서는 본란에 UKL 또는 USD를 표시해야 한다.

⑬ Charge Code
항공사의 임의로 사용된다.

⑭ Weight/Valuation, Charge-Prepaid/Collect
화물운임의 지불방식에 따라 선불(PPD) 또는 착지불(COLL)란에 '×'자로 표시한다.
화물운임과 종가요금은 둘 다 모두 선불 또는 착지불이어야 하며 화물운임은 선불, 종가요금은 착지불 등의 형태는 불가능하다.

⑮ Other Charges at Origin-Prepaid/Collect
화물운임과 종가요금을 제외한 출발지에서 발생된 기타요금을 지불방식에 따라 선불 또는 착지불란에 '×'자로 표시한다.
출발지에서 발생한 모든 기타요금은 전부 선불이거나 전부 착지불이어야 한다.

⑯ Declared Value for Carriage
송하인의 운송신고가격을 본란에 기재한다.
화물의 분실이나 파손인 경우 동 금액은 손해배상의 기준이 되며 종가요금 산정도 동 금액을 기준으로 계산된다.
가격신고 방법은 일정한 금액을 신고하는 것과 무가격신고(No Value Declared, NVD로 표시함)의 2가지 방법 중 하주가 임의로 선택할 수 있다.

⑰ Declared Value for Customs

세관통관 목적을 위해 송하인의 세관신고 가격을 기록한다. NCV(No Customs Value)도 가능하다.

⑱ Airport of Destination

최종 목적지인 공항이나 도시명을 Full Name으로 기록한다.

⑲ Flight/Date

하주가 요청한 예약편을 기입하는 것이 아니고 항공사 임의로 사용된다. 그러나 본란에 기입된 Flight가 확정된 것임을 의미하지는 않는다.

⑳ Amount of Insurance

하주가 보험에 부보하고자 하는 보험금액을 기록한다.

보험에 부보하는 금액은 대체로 운송신고가격과 일치하며 보험에 부보치 않을 때는 공백으로 남겨둔다.

㉑ Handling Information

AWB의 다른 란에 표시할 수 없는 각종 사항을 나타내기 위해 사용된다. 충분한 여백이 없을 때는 별도 용지의 사용이 가능하다.

㉒ Consignment Details and Rating

화물요금에 관련된 세부사항을 기록한다.

㉓ Weight Charge(Prepaid/Collect)

운임 지불방법에 따라 선불 또는 착지불란에 해당화물의 운임을 기입한다.

㉔ Valuation Charge(Prepaid/Collect)

하주의 신고가격에 따라 부과되는 종가금액을 지불방법에 따라 선불 또는 착지불란에 기입한다. 화물운임과 종가요금은 양자 모두가 선불이거나 또는 착지불이어야 한다. 즉, 운임선불, 종가요금은 착지불 또는 그 반대의 경우 등은 인정되지 않는다.

㉕ Other Charge

화물운임 및 종가요금을 제외한 기타비용의 명세 및 금액을 기입한다.

㉖ Total Other Charge

출발지에서 발생하여 ㉕란에 표시된 제비용은 모두가 선불이거나 또는 착지불이어야 한다.

i) Total Other Charges Due Agent(Prepaid/Collect) : AWB 발행 수수료가 대리점 몫일 경우 이 내용이 기입되어야 한다. 기타 출발지에서 징수되는(선불) '대리점 몫'의 제비용은 기입할 필요가 없으며, ㉕란에 표시되는 '대리점 몫'의 비용중 착지불 금액만 표시한다.

ii) Total Other Charge Due Carrier(Prepaid/Collect) : 운임이나 종가요금을 제외하고 ㉕란에 표시되는 비용중 '항공사 몫'에 해당하는 비용을 선불 또는 착지불란에 기재한다.

㉗ Total Prepaid

운임, 종가요금, 기타 제비용(항공사 몫, 대리점 몫 포함) 중 선불란에 표시된 금액의 합계를 기입한다.

㉘ Total Collect

운임, 종가요금, 기타 제비용 중 착지불란에 표시된 금액의 합계를 기입한다.

㉙ Shipper's Certification Box

송하인 또는 그 대리인의 서명(인쇄, 서명 또는 Stamp)이 표시된다.

㉚ Carrier's Execution Box

AWB 발행일자 및 장소, 항공사 또는 그 대리인의 서명이 표시된다. 월(月)의 표시는 영어로 Full Spelling 또는 약자를 사용할 수 있으나 숫자로 표시하는 것은 허용되지 않는다.

2) 항공화물운송장 양식

Shipper's Name and Address	Shipper's Account Number	Not negotiable Air Waybill *issued by* KOREAN AIR Copies 1, 2 and 3 of this Air Waybill are originals and have the same validity.
Consignee's Name and Address Telephone :	Consignee's Account Number	It is agreed that the goods described herein are accepted in apparent good order and condition (except as noted) for carriage SUBJECT TO THE CONDITIONS OF CONTRACT ON THE REVERSE HEREOF. THE SHIPPER'S ATTENTION IS DRAWN TO THE NOTICE CONCERNING CARRIER'S LIMITATION OF LIABILITY. Shipper may increase such limitation of liability by declaring a higher value for carriage and paying a supplemental charge if required.
Issuing Carrier's Agent Name and City		Accounting Information
Agent's IATA Code	Account No.	
Airport of Departure(Addr. of First Carrier) and Requested Routing		

TO	By First Carrier / Routing and Destination	to	by	to	by	Currency	CGS Code	WT/VAL PPD	WT/VAL COLL	Other PPD	Other COLL	Declared Value for Carriage	Declared Value for Customs

Airport of Destination	Flight/Date	For Carrier Use Only	Flight/Date	Amount of Insurance	INSURANCE–If Carrier offers Insurance, and such insurance is requested in accordance with conditions on reverse hereof, indicate amount to be insured in figures in box marked 'amount of Insurance'.

Handling Information

No. of Pieces RCP	Gross Weight	kg lb	Rate Class / Commodity item No.	Chargeable Weight	Rate / Charge	Total	Nature and Quantity of Goods (incl. Dimensions or Volume)

Prepaid	Weight Charge	Collect	Other Charges
	Valuation Charge		
	Tax		
	Total Other Charges Due Agent		Shipper certifies that the particulars on the face hereof are correct and that insofar as any part of the consignment contains dangerous goods, such part is properly described by name and is in proper condition for carriage by air according to the applicable Dangerous Goods Regulations.
	Total Other Charges Due Carrier		Signature of Shipper or his Agent
Total Prepaid		Total Collect	
Currency Conversion Rates		CC Charges In Dest. Currency	Executed on(date) at(place) Signature of Issuing Carrier or its Agent
For Carrier's Use Only at Destination		Charges at Destination	Total Collect Charges

ORIGINAL 3(FOR SHIPPER)

(2) 보험서류 검토실무 핵심

1) 의의

무역가격조건이 CIF 또는 CIP인 경우에는 수출자가 해상보험에 가입해야 하므로 L/C에 개설의뢰인이 요구하는 보험서류의 명세가 기재되며 보험서류에 관한 내용이 L/C조건의 일부를 구성한다.

보험서류(insurance documents)란 보험회사인 보험자가 무역물품의 운송도중에 발생할 수 있는 해난이나 기타의 사고로 인하여 보험목적물에 손해를 입게 될 경우에 그 손해를 보전할 것을 약속하고 피보험자는 그 대가로 보험료(insurance premium)를 불입할 것을 약정하는 증거서류를 의미한다.

일반적으로 신용장에서 요구하는 보험서류관련 문언의 기재 예시는 다음과 같다.

"Insurance policy or certificate in duplicate, endorsed in blank for 110% of in voice value. Insurance policies or certificates must be expressly stipulated that claims are payable in the currency of draft and must also indicate a claims settling agent in Korea. Insurance must include Institute Cargo Clauses(A/R) Institute War Clauses and Institute S.R.C.C. Clauses"

* S.R.C.C. : 동맹파업, 폭동, 소요(Strike, Riots and Civil Commotion)

보험 계약자의 신청을 보험자가 승낙하면 보험계약은 성립되며 보험자는 통상 보험증권(Insurance Policy : I/P)을 발행하며, 보험증권은 보험계약 성립의 증거로서 보험자가 피보험자의 청구에 의하여 교부하는 것으로 계약서는 유가증권이 아닌 단순한 증거증권인데 통상 배서 내지 인도에 의하여 양도된다.

2) 종류

① 보험증권(Insurance Policy)

보험가입자가 보험목적물 매건별로 보험회사 및 보험인수업자와 보험계약을 체결할 경우 보험회사 및 보험업자가 발급하는 보험계약증명서류로서 은행은 당연히 이러한 보험서류를 수리한다. 확정보험 사실을 보험회사에 부보하였음을 증명하는 서류로서 원칙적으로 양도가능한 유통증권이다.

② 보험증명서(Insurance Certificate)

수출업체가 매 수출 시마다 보험계약을 체결해야 하는 번거로움을 피하고 보험 비용도 절감하기 위하여 그 업체의 일정기간동안(6개월 또는 1년단위) 보험가입 예상 물동량을 산출하여 보험회사와 포괄예정보험계약(open cover, open policy)을 체결한 후,

실제로 보험가입필요가 발생할 때마다 포괄예정보험을 근거로 하여 보험회사로부터 그에 합당한 보험서류를 받게 되는데 이것을 보험증권과 구별하여 보험증명서 또는 보험확인서(Insurance Declaration, 보험확정통지서)라 한다.

보험증명서 또는 보험확인서의 법적 효력은 보험증권과 동일하므로 신용장에서 별도의 명시가 없으면 은행은 이를 수리한다.

③ 보험확인서(Insurance Declaration)

선박회사가 발행한 선적통지서에 보험회사가 포괄예정보험이 부보되었음을 배서한 서류이다.

④ 부보각서(Insurance Cover Note)

보험중개인(Insurance Broker)이 발행한 것으로 보험료의 수취증을 겸한 보험의 예약각서에 불과하며, 보험의 수혜자와 보험회사간의 법적 관계를 분명히 정하고 있지 않은 서류이다.

따라서 보험중개인이 발행한 보험인수증(cover notes)은 은행이 수리하지 않는다.

3) 보험서류 실무적 유의사항

① 보험서류는 발행된 원본 전통(full set)이 제시되어야 하며, 비록 L/C에서 원본 1본의 제시를 요구한 경우에 보험서류에 원본이 2부 발행된 것으로 표시되면 원본 2부를 모두 제시하여야 하자가 되지 않는다.
예컨대 L/C에서 보험서류를 "1 original and 1 copy"로 요구한 경우 Beneficiary는 원본 1부와 사본 1부가 제출되면 L/C 조건을 충족하는 것으로 판단하는데, 원본이 2부 발행된 경우에는 원본 2부와 사본 1부를 제출하여야 하자가 아니다. 따라서 신용장에서 보험서류 원본 1부를 요구한 경우에 Beneficiary는 보험회사에 원본을 1부만 발행해 줄 것을 요청하여야 한다(ICC Opinion R359).

② 보험중개인의 stationary로 작성되었고 보험회사, 보험인수업자 또는 그들의 대리인이 서명하였다면 수리할 수 있으며 보험중개인은 기명 보험회사 또는 기명 보험인수업자의 대리인으로서 서명할 수 있다(ISBP 745 K3).

③ L/C에서 부보금액을 상업송장금액의 110%를 요구한 경우에는 최소한 상업송장금액의 110% 이상을 부보하여야 한다.
L/C에서 정확하게(exactly) 상업송장금액의 110%를 부보하라는 조건이 명시되었다면 상업송장금액의 110%만 부보하여야 하지만, "정확하게(exactly)"라는 표현이 없다면 110% 이상을 부보하여도 하자가 아니며, 만약에 상업송장에 할인이나 선지급이 표시되어 상업송장 금액이 상품가치보다 적으면 상품가치를 기준으로 L/C에서 요구한 비율대로 부보하여야 한다(ICC Opinion R468).

④ L/C에서 구체적인 부보조건을 기재하지 않고 "all risk"를 요구하였다면 수출상이 제시한 보험서류에는 "all risk"라는 표제 또는 문구가 있거나 런던보험자협회(Institute of London Underwriters)가 제정한 협회적하약관(ICC, Institute cargo clauses)의 신약관 ICC(A)를 표시하고 있으면 된다(ISBP 745 K18). 이 경우에 어떤 위험들이 제외된다고 표시하고 있더라도 제시된 보험서류는 하자에 해당되지 않는다.

⑤ 일반적으로 L/C에서 보험서류의 요구시에는 "INSURANCE POLICY ISSUED OR ENDORSED TO ORDER OF ABC BANK"라는 조건을 자주 기재하여, 이 경우에 피보험자(Assured)는 수출상으로 기재할 수도 있고, 개설은행 지시식으로도 기재할 수 있다.

다만 피보험자를 수출상으로 한 경우에는 개설은행 지시식으로 배서를 해야 한다. 피보험자가 개설은행이나 개설의뢰인인 경우에는 수출상이 보험증권의 권리자가 아니기 때문에 수출상이 배서를 해서는 안 된다.

보험서류의 피보험자가 수출상이거나 to order인 경우에는 수출상이 백지배서를 하거나 신용장 요구에 따라서 배서를 하여야 한다.

그러나 선적서류 수하인을 to order로 기재한 경우에는 수출상이 배서를 하여야 하는 것으로 알고 있는데, 이것은 잘못된 관행으로 선적서류의 shipper가 배서를 해야 한다.

4) 보험서류 관련 UCP 600 제28조 보험서류와 보험가입범위 (Insurance Document and Coverage)

a. 보험증권(insurance policy), 포괄예정보험(open cover)에 의한 보험증명서(insurance certificate) 또는 확인서(declaration)와 같은 보험서류는 보험회사(insurance company), 보험인수인(underwriter) 또는 그들의 대리인(agent) 또는 수탁인(proxies)에 의하여 발행되고 서명된 것으로 나타나야 한다.

대리인(agent) 또는 수탁인(proxy)에 의한 모든 서명은 그 대리인 또는 수탁인이 보험회사를 대리하여 서명하였는지 또는 보험인수인을 대리하여 서명하였는지를 표시하여야 한다.

b. 보험서류가 원본이 한 통 이상으로 발행되었다고 표시하는 경우에는 모든 원본이 제시되어야 한다.

c. 잠정적 보험영수증(cover note, 부보각서)은 수리되지 않는다.

d. 보험증권은 포괄예정보험에 의한 보험증명서 또는 확인서를 대신하여 수리될 수 있다.

e. 보험서류에서 보험가입이 최소한 선적일자 이전에 효력이 발생함을 나타내고 있지 않는 한, 보험서류의 일자는 선적일보다 늦어서는 안 된다.

f. i. 보험서류는 보험가입금액을 표시하여야 하고 신용장의 통화와 동일한 통화로 표시되어야 한다.

ii. 신용장에 요구되는 보험가입금액의 표시가 없는 경우에는, 보험가입금액은 적어도 상품의 CIF 또는 CIP 가격의 110%이어야 하며, CIF 또는 CIP 금액을 서류상으로 결정할 수 없는 경우에는, 보험가입금액은 결제(honour) 또는 매입이 요청되는 금액 또는 상업송장에 나타난 상품 총금액 중에서 큰 금액을 기준으로 계산되어야 한다.

iii. 보험서류에는 위험들이 적어도 신용장에 기재된 수탁지 또는 선적지와 양륙지 또는 최종목적지 사이에서 담보된다고 표시하여야 한다.

g. 신용장은 요구된 보험의 종류를 명기하여야 하고 만일 보험에 가입되어야 할 추가 위험이 있다면 이것도 명기되어야 한다. 만약 신용장이 "통상의 위험(usual risks)" 또는 "관습적 위험(customary risks)"과 같은 부정확한 용어를 사용하는 경우에는, 보험서류는 보험가입이 되지 아니한 모든 위험에 관계없이 수리되어야 한다.

h. 신용장이 "모든 위험들(all risks)"에 대한 보험을 요구하고 있는 경우, "모든 위험들(all risks)"이라는 표제의 여부와 관계없이 "모든 위험들(all risks)"의 부기 또는 조항을 포함하고 있는 보험서류가 제시된 경우에는, 그 보험서류는 어떤 위험들은 제외된다고 명기된 것에 상관없이 수리되어야 한다.

i. 보험서류는 모든 면책조항에 대한 참조문언을 기재할 수 있다.

j. 보험서류에는 담보가 소손해면책률(franchise) 또는 초과(공제)면책률(excess deductible)을 조건으로 한다는 것을 표시할 수 있다.

* 소손해면책률(franchise) : 보상책임면제특권의 비율이 3%인 품목에서 3%까지 손해가 나면 아무런 보상을 하지 않으며, 3% 이상의 손해가 나면 3%도 공제하지 않고 3% 이상의 손해를 모두 보상해 주는 조건이다.

* 초과(공제)면책률(excess deductible) : 보상책임면제특권의 비율이 3%인 품목에서 3%까지 손해가 나면 아무런 보상을 하지 않으며, 3% 이상의 손해가 나면 3%는 공제하고 초과되는 손해만을 보상해 주는 조건이다.

* 보험서류 발행자 자격에 수탁인(proxy) 포함
보험서류 발행자 자격에 대리인과 유사한 수탁인(proxy)을 추가하였다. 수탁인이란 변호사처럼 특정사항에 대하여만 본인을 대리하는 자를 말한다.

5) 보험서류 관련 ISBP 745

• Application of UCP 600 article 28(UCP 600 제28조의 적용)

K 1. 신용장에서 보험증권(insurance policy)이나 포괄보험(open cover)상의 보험증명서(insurance certificate) 또는 확정통지서(insurance declaration)와 같

은 보험서류의 제시를 요구하는 것은 그 서류의 심사에 UCP 600 제28조가 적용되어야 함을 의미한다.

• Issuer, signing and original of an insurance document(보험서류의 발행인, 서명 및 원본)

K 2. a. 보험서류는 보험회사(Insurance company)나 보험인수인(underwriter) 또는 그 대리인(agent) 또는 수탁인(proxy)에 의하여 발행되고 서명된 것으로 나타나야 한다. 예컨대, "AA Insurance Ltd"가 발행하고 서명한 보험서류는 보험회사에 의하여 서명된 것으로 나타난다.

b. 발행인이 "보험자"(Insurer)인 것으로 확인된다면, 보험서류에서는 그 발행인이 보험회사(Insurance company)나 보험인수인(underwriter)이라고 표시될 필요가 없다.

해설

보험서류는 반드시 문면상 보험회사(insurance company), 보험업자(underwriter) 또는 이들 대리인이나 수임인(proxies) 발행하고 서명한 것으로 나타나 있어야 한다. 즉, 보험자나 그 대리인의 자격이 없는 자가 발행하는 어떠한 서류도 신용장거래에서 정당한 보험서류로서 수리될 수 없다.

예컨대 신용장에서 보험증명서가 요구된 경우, 로이즈 보험업자(Underwriters of Lloyds)로부터 위임받은 보험중개인(Company XXX)이 그를 대리하여 발행하고 서명한 보험증명서는 수리될 수 있다(ICC Publication 632, R. 212).

K 3. 보험서류는 또한 당해 서류가 보험회사(Insurance company)나 보험인수인(underwriter) 또는 그 대리인(agent) 또는 수탁인(proxy)에 의하여 서명된다고 한다면 보험중개인(Insurance broker)의 고유용지(stationary)로 발행될 수 있다. 보험중개인은 기명된 보험회사(named insurance company)나 기명된 보험인수인(named underwriter)의 대리인(agent)이나 수탁인(proxy)으로서 보험서류에 서명할 수 있다.

K 4. 대리인(agent)이나 수탁인(proxy)에 의하여 서명된 보험서류에서는 만약 보험회사나 보험인수인의 이름이 그 서류 내 어디에서도 확인되지 않는다면 그 대리인이나 수탁인이 대리해주는 보험회사나 보험인수인의 상호가 표시되어야 한다. 예컨대, "AA Insurance Ltd"가 보험자(Insurer)라고 확인이 되는 경우에, 그 서류는 "John Doe (by proxy) on behalf of the insurer" 또는 "John Doe (by proxy) on behalf of AA Insurance Ltd"의 방법으로 서명될 수 있다.

K 5. 당해 보험서류 자체에 의하여 서류에 발행인(the issuer)이나 피보험자(the insured) 또는 기명인(named entity)에 의한 부서(countersignature)가 필

요한 경우에, 보험서류는 부서되어야 한다.

K 6. 보험서류는 그 서류 내의 다른 어느 곳에서 그 회사가 보험회사라고 확인된다면, 예컨대, 보험서류의 서명 란에 "AA"가 서명하였는데, 그 서류의 다른 곳에서 "AA Insurance Ltd"라는 상호 및 그 회사의 주소와 연락처가 나타나는 경우에, 이 보험서류의 서명 란에는 보험회사의 상호만이 나타나더라도 무방하다.

K 7. a. 둘 이상의 보험자(more than one insurer)에 의하여 보험이 제공되는 것으로 표시된 보험서류는 모든 보험자를 대리하는 단일의 대리인이나 수탁인(single agent or proxy)에 의하여 서명되거나 모든 공동보험자를 대리하는 한 보험자에 의하여 서명될 수 있다. 후자의 예로서, 보험서류는 "AA Insurance Ltd, leading insurer for [or on behalf of] the co-insurers"(공동보험자들을 대표하는 대표보험자 AA Insurance Ltd)에 의하여 발행되고 서명될 수 있다.

b. K2항, K3항 및 K4항의 규정에도 불구하고, 둘 이상의 보험자(more than one insurer)에 의하여 보험이 제공되는 것으로 표시된 보험서류에는 각 보험자의 이름(the name of each insurer)이나 각 보험자의 보험비율(the percentage of cover of each insurer)이 나타나지 않아도 무방하다.

K 8. 신용장에서 2부 이상의 원본(in more than one original) 보험서류의 발행을 요구하거나 당해 보험서류에서 2부 이상의 원본이 발행된 것으로 나타나는 경우에, 모든 원본이 제시되어야 하고 또한 서명된 것으로 보여야 한다.

해설

보험서류는 문면상 필요하거나 신용장조건에서 요구된 경우, 원본은 모두 부서되어 있어야 한다. 예컨대 보험서류의 문면상 2통 이상의 원본이 발행되었다고 명시되어 있거나, 신용장에서 2통 이상의 원본이 요구된 경우, 전통의 서류에 원본(original)의 확인과 정당한 서명이 있어야 한다(UCP 600 제28조).

• Dates(일자)

K 9. 보험서류에서는 보험금 지급 청구를 위한 만료일(an expiry date for the presentation of any claims)이 표시되어 있지 않아야 한다.

K 10. a. 보험서류에는 선적일보다 후에(from a date later than the date of shipment) 위험담보가 개시된다고 표시되지 않아야 한다.

b. 보험서류의 발행일이 선적일(UCP 600 제19조~제25조 기준)보다 후일자로 표시된 경우에, 별도로 부기 또는 표시하는 방법으로 선적일보다 늦지 않은 일자부터(from a date not later than the date of shipment) 위

험담보가 개시되었다고 분명하게 표시되어야 한다.

c. 보험서류가 "창고부터 창고까지"(warehouse-to-warehouse) 또는 그와 유사한 취지의 문구로 위험담보가 제공되는 것으로 표시되고 그 발행일이 선적일보다 후일자인 경우에 이는 위험담보(coverage)가 선적일보다 늦지 않은 일자부터(from a date not later than the date of shipment) 개시되었음을 나타내는 것은 아니다.

K 11. 발행일(issuance date)이나 위험담보 개시일(effective date of insurance coverage)이라고 기재된 다른 어떤 일자도 없는 경우에, 부서일(countersignature date)이 위험담보 개시일의 증거로 간주된다.

• Amount of cover and percentage(보험금액과 비율)

K 12. 신용장에 보험금액(amount to be insured)이 표시되지 않은 경우에, 보험서류는 UCP 600 제28조 제f항 제ii호에서 규정하는 통화와 최소한의 보험금액으로 발행되어야 한다. 부보금액의 최대비율에 대한 제한은 없다.

해설

보험서류는 신용장과 동일한 통화단위와 최소한 신용장에서 요구된 부보금액(amount) 이상으로 발행되어야 한다. 다만 신용장에서 보험서류의 최소백분율금액이 기재되어 있지 아니한 경우, 최소한의 부보금액은 송장이나 기타 요구서류에 반영된 금액을 기준으로 결정되는 CIF 또는 CIP 가액의 110% 이상이어야 한다. 여기서 "110%보험" 등의 표현은 부보금액이 지정되지 아니한 경우 보험부보의 최소금액으로서, 정확히 110% 의 보험부보를 요구하지 아니하며, 기타 UCP상에는 최대백분율을 제한하지 아니한다(ICC Publication 632, R. 216). 신용장에서 "Insurance for 110% invoice value" 등의 표현으로 부보금액이 명시되어 있더라도, 이는 최소금액을 말한다. 부보금액을 표시숫자로 제한하려면 "exactly X%" 등의 명시적인 요구가 있어야 한다(Ibid., R. 216 and 289).

K 13. 부보범위가 소수점 세 자리 이상(more than two decimal places)으로 계산되어야 한다는 요건은 없다.

해설

예컨대, 부보금액의 기준이 되는 금액이 USD100,000.11인 경우에 부보되어야 하는 금액은 110%인 USD100,000.121 이상이 되어야 하지만 보험회사는 보험서류에 표시되는 금액을 소수점 둘째자리까지만 기재하는 것이 관행이기 때문에 USD100,000.12로 기재된 보험서류는 수리된다.

K 14. 보험서류는 부보범위가 소손해면책(franchise)이나 소율공제면책[excess (deductible)]의 적용을 받는 것으로 표시될 수 있다. 그러나 신용장에서 부보범위가 그러한 비율에 따른 면책을 불허하는 경우에, 보험서류에는 부보범위가 소손해면책이나 소율공제면책의 적용을 받는다는 조항이 들어 있지 않아야 한다. 보험서류는 “irrespective of percentage”(면책비율 적용금지)라고 기재될 필요가 없다.

해설

소손해면책(franchise 또는 non-deductible franchise)은 면책비율 미만의 청구는 불허하지만 면책비율을 초과하는 청구에 대해서는 전액을 보상해준다. 소율공제면책[excess (deductible)]은 일정비율의 청구금액이 공제되고 보상된다.

보험자 면책률조항(memorandum clause)이 있는 보험서류는 신용장에 별도의 규정이 없는 한 수리된다. 다만 신용장에서 보험자의 “면책률과 관계없는”(irrespective of percentage) 보험담보가 요구된 경우, 보험서류에는 보험담보의 소손해면책률, 초과공제면책률 등에 따른다는 조항이 있어서는 안 된다.

여기서 ① “소손해면책률”(franchise)이라 함은 일정비율 미만의 소손해는 면책되지만 이를 초과하면 전체 손해를 담보하는 조건을 말하고, ② “초과공제면책률”(excess deductible)이라 함은 일정비율 미만의 소손해뿐만 아니라 이를 초과하여도 면책비율만큼 공제하고 초과손해만을 담보하는 조건을 말한다.

예컨대 신용장에서 보험자 면책률조항을 금지하는 어떠한 규정도 없는 경우, 보험증권상에 30%의 소손해면책률조항이 삽입되어 있더라도 이는 수리될 수 있다. 즉, 소손해면책률의 상한에 대한 제한은 없다(ICC Publication 632, R. 217).

K 15. 지급청구금액이 [예컨대, 할인(discount)이나 선지급(pre-payment) 등에 의하여 또는 물품가액의 일부는 추후에 지급될 것이기 때문에] 총 물품가액의 일부에 해당한다는 것이 신용장이나 당해 제시로부터 명백한 경우에, 부보비율(calculation of insurance cover)은 송장이나 신용장에 나타나는 총 물품가액(full gross value of the goods)을 기초로 산정되어야 하고 또한 UCP 600 제28조 제f항 제 ii 호의 적용을 받는다.

해설

신용장이나 제시된 서류상으로 최종적인 송장금액이 당사자간의 대금의 할인·선지급·지급유예 등의 이유로 총 물품가액(gross value of goods)의 일정한 부분만을 표시하는 것이 명백하더라도, 보험서류상의 보험담보에 관한 계산기준은 반드시 총 물품가액의 전체에 기초하고 있어야 한다.

예컨대 신용장금액은 USD 10,000이지만 이중에 20%는 선지급하고 선적후 80%

만 청구하도록 요구된 경우, 수익자가 총 물품가액인 USD 10,000의 송장을 작성하고 선지급액을 공제한 USD 8,000을 하단에 기재하더라도, 부보금액의 계산기준은 총 물품가액인 USD 10,000이 된다(ICC Publication 632, R. 216).

K 16. 동일한 선적에 대한 동일한 위험을 담보하는 보험은 단일한 서류로 부보되어야 한다. 일부보험(partial cover)임을 나타내는 둘 이상의 보험서류가 제시되는 경우에, 각 보험서류는 명확하게 부보비율 또는 그 밖의 문구로 다음의 사항을 기재하여야 한다.

a. 각 보험자에 대한 부보금액(the value of each insurer's cover)

b. 각 보험자가 개별적으로 책임지분을 부담하고, 동일 선적분에 대한 다른 보험과 관련되는 전제조건은 없음

c. 보험서류들의 각 부보금액은 그 총액이 적어도 신용장 또는 UCP 600 제28조 제f항 제ⅱ호에서 요구되는 금액과 일치함

해설

원칙적으로 보험은 각각의 선적분에 대하여 각각 하나의 보험서류로써 증빙되어야 한다. 그러나 보험금액이 큰 경우 하나의 선적분에 대하여 여러 보험회사가 보험의 책임을 분할하여 부담하기로 하고 여러 개의 보험서류를 발행하는 경우도 있다. 이러한 경우, 각각의 보험서류가 자신의 책임부분을 명확하게 표시하고, "자신이 책임을 부담하기로 한 부분은 다른 보험회사의 책임부분과 상관없이 보상하겠다"는 언급이 있으면 수락한다.

• Risks to be covered(담보위험)

K 17. a. 보험서류는 신용장에서 요구하는 위험을 담보하는(cover the risks) 것이어야 한다.

b. 신용장에서 담보위험(risk to be covered)에 관하여 명시되어 있더라도 보험서류에는 면책위험조항(exclusion clauses)이 기재될 수 있다.

K 18. 신용장에서 "전위험"(all risks)의 부보를 요구하는 경우에, 이는 보험서류에 "전위험"(all risks)이라는 제목이 붙어 있는지를 불문하고 "전위험"(all risks)을 담보하는 약관(clause)이나 특기(notation)가 들어 있는 보험서류를 제시하는 것으로 충족되며, 또한 일부의 위험이 배제된다는 표시가 있어도 무방하다. 보험서류에서 협회적하약관 (A)[Institute Cargo Clauses (A)] 또는 협회적하약관 (항공)[Institute Cargo Clauses (Air)]으로 부보된 것으로 나타난다면 물품이 항공으로 발송된 경우에 이는 "전위험"(all risks)을 담보하는

약관(clause)이나 특기(notation)를 요구하는 신용장의 조건을 충족한다.

해설

보험서류는 신용장에서 요구된 모든 위험을 담보하고 있어야 하며, 신용장에서 담보위험으로서 요구된 위험에 관하여는 어떠한 면책사항도 있어서는 아니 된다. 신용장에서 담보위험을 특정하지 아니한 경우, 은행은 담보되지 아니한 어떠한 위험에 대하여 아무런 책임 없이 제시된 대로 보험서류를 수리하여야 한다. 특히 신용장에서 "전위험"(all risks) 담보가 요구된 경우, 일정한 위험이 면책된다는 기재가 있더라도, "전위험"의 표제와 관계없이 "전위험"이란 조항이나 표기가 있는 보험서류는 그 조건을 충족하는 것으로 본다.

• Insured party and endorsement(피보험자와 배서)

K 19. 보험서류는 신용장에서 요구하는 형식으로 발행되고, 필요하다면 배서권자나 보험금청구권자의 배서가 있어야 한다.

해설

보험서류는 신용장에서 요구된 형태(form)로 발행되어야 한다. 신용장에서 별도의 요구가 없는 경우, 보험서류는 매수인이나 기타 물품에 대한 피보험이익을 갖고 있는 제3자가 보험자에 대하여 직접 청구할 수 있도록 하는 것이어야 한다.(INCOTERMS 2010, CIF 제A3조 b항).

또 보험서류는 필요한 경우 보험금을 지급하도록 지시하는 당사자의 배서(endorsement)가 있어야 한다. 특히 신용장에서 백지식 배서나 그 반대의 기명식 배서가 요구된 경우, 지참인식의 보험서류도 수리될 수 있다.

예컨대 신용장에서 "Full set of insurance policy endorsed in blank"라고 요구된 경우, "bearer" 앞으로 발행된 보험증권은 소지인의 배서에 의한 권리양도와 동일한 효력을 가지므로 수리될 수 있다(ICC Publication 632, R. 68). 신용장이 피보험자가 무기명 배서한 보험서류를 요구하는데 보험서류가 소지인식으로 발행되어도 수리한다. 신용장이 소지인식으로 발행된 보험서류를 요구하는데 보험수혜자가 무기명 배서한 보험서류가 제시되어도 수리한다.

K 20. a. 신용장에서 보험서류가 소지인식(to bearer)이나 지시식(to order)으로 발행되도록 요구하여서는 안 된다. 신용장에는 피보험자의 이름(name of an insured party)이 표시되어야 한다.

b. 신용장에서 보험서류가 특정인지시식[to order of (named entity)]으로 발행되도록 요구한 경우에도, 그에 기명된 특정인이 피보험자로 나타나고 그가 보험금청구권을 가지며 배서에 의한 양도가 명시적으로 금지되지 않

않았다면 보험서류는 지시식(to order)으로 표시될 필요가 없다.

K 21. a. 신용장에서 피보험자(insured party)에 관하여 침묵한 경우에, 수익자에 의하거나 개설은행이나 개설의뢰인 이외의 자에 의한 백지배서(blank endorsement) 또는 개설은행이나 개설의뢰인을 피배서인으로 하는 배서가 있는 경우를 제외하고, 보험서류는 보험금(claims)이 수익자가 지시하는 자 또는 수익자에게 지급되도록 하거나 개설은행이나 개설의뢰인 이외의 자가 지시하는 자 또는 개설은행이나 개설의뢰인 이외의 자에게 지급되도록 개설되어서는 안 된다.

b. 보험서류는 보험금지급청구권(the right to receive payment)이 당해 보험서류의 교부와 동시에 또는 그 전에 양도되도록 발행되거나 배서되어야 한다.

• General Terms and Conditions of an Insurance(보험서류의 일반약관)

K 22. 은행은 보험서류상의 일반약관(general terms and conditions)을 심사하지 아니한다.

• Insurance Premium(보험료)

K 23. 보험서류에 보험료(insurance premium)가 지급되지 않으면 당해 보험서류가 효력이 없다는 표시와 함께 보험료가 지급되지 않았다는 표시가 있는 경우를 제외하고, 보험서류상 보험료의 지급에 관한 표시는 무시된다.

6) 보험서류 사례 검토실무

예시 실무사례 L/C의 보험서류 조항

INSURANCE POLICY OR CERTIFICATE ISSUED IN DUPLICATE DULY ENDORSED IN BLANK FOR FULL INVOICE VALUE PLUS 10 PERCENT WITH CLAIM PAYABLE IN JAPAN IN THE SAME CURRENCY AS THE DRAFT COVERING INSTITUTE CARGO CLAUSES (ALL RISKS) WAR CLAUSES SRCC CLAUSES

[ICC (ALL RISKS) 조건과 WAR CLAUSES SRCC CLAUSES 조건으로 보험에 가입되고 환어음의 통화와 동일한 통화로 일본에서 보험금이 지급될 수 있으며 상업송장금액의 110%에 대하여 부보되고 백지배서가 되어있는 보험증권 또는 보험증명서 2통]

예시 보험증권(Insurance Policy)

SAMSUNG FIRE & MARINE INSURANCE CO., LTD.

SAMSUNG INSURANCE BUILDING C.P.O BOX 469
87. EULJIRO 1 GA, CHOONG-KU FAX : 02-758-7815
SEOUL, KOREA

Marine Cargo Insurance Policy

Policy No. 100277700744500

Assured(s), etc
CHUNG CHOON COOPERATION

Ref No.
INVOICE NO. : DHC06-24A
L/C NO. : L/C NO : S-015-2000620

Claim, if any, payable at/in
CORNES & CO., LTD.
5TH FLOOR, MEIKAI BLDG., 32. AKASHI-MACHI, CHUO-KU, KOBE 650-0037
TEL : (78) - 332 - 3421, FAX : (78) - 332 - 3070

Claims are payable in JPY

Amount insured hereunder

JPY ******************2,471,040.00**
(JPY ******* 2,246,400.00 × 110.00 %)**
× 1.0000

Survey should approved by :
CORNES & CO., LTD.
5TH FLOOR, MEIKAI BLDG., 32. AKASHI-MACHI, CHUO-KU, KOBE 650-0037
TEL : (78) - 332 - 3421, FAX : (78) - 332 - 3070

Conditions:

- * INSTITUTE CARGO CLAUSES(ALL RISKS)
- * INSTITUTE WAR CLAUSES(CARGO)
- * INSTITUTE STRIKES RIOTS AND CIVIL COMMOTIONS CLAUSES
- * TERMINATION OF TRANSIT CLAUSE(TERRORISM)
- * ON-DECK CLAUSE(A)
- * SPECIAL REPLACEMENT CLAUSE
- * CLAIM PAYABLE IN JAPAN IN THE SAME CURRENCY AS THE DRAFT

Local Vessel or Conveyance	**From(interior port or place of loading)**
Ship or Vessel called the SUNNY LINDEN 615 N	**Sailing on or about** JUL. 24, 2014
at and from BUSAN, KOREA	**transhipped at**
arrived at OSAKA, JAPAN	**thence to**

SUBJECT TO THE FOLLOWING CLAUSE AS PER BACK HEREOF.
Institute Cargo Clauses specified above
On-Deck Clause
Special Replacement Clause(applying to machinery)
Institute Extended Radioactive Contamination Clause
Termination of Transit Clause(Terrorism)
Institute Chemical, Biological, Bio-Chemical Electromagnetic
Weapons and Cyber Attack Exclusion Clause
Transit Termination Clause(30days)(A)/(B)
(applicable only for cargoes imported to Korea)

Subject-matter Insured

POLY FILM 2,200 ROLLS

HS CODE :3920.10.0000

Marks and Numbers as per Invoice No. specified above

Place and Date signed in
SEOUL, KOREA ON JULY. 21. 2014

No. of Policies Issued
DUPLICATE

▫ *For the use only with the New Marine Policy Form*

Notwithstanding anything contained herein or attached hereto to the contrary, this insurance is understood and agreed to be subject to English law and practice only as to liability for and settlement of any and all claims.

This insurance does not cover any loss or damage to the property which at the time of the happening of such loss or damage is insured by or would but for the existence of this Policy be insured by any fire or other insurance policy or policies except in respect of any excess beyond the amount which would have been payable under the fire or other insurance policy or policies had this insurance not been effected.

We SAMSUNG *Insurance Company* hereby agree, in consideration of the payment to us by or on behalf of the Assured of the premium as arranged, to insure against loss damage liability or expense to the extent and in the manner

herein provided.

In witness whereof, I the Undersigned of SAMSUNG *Insurance Company* on behalf of the said company have subscribed My Name in the place specified as above to the policies, the issued numbers thereof being specified as above, of the same tenor and date, one of which being accomplished, the others to be void, as of the specified as

above.

▫ *For the use only with the Old Marine Policy Form*

1. Warranted free of capture, seizure, arrest restraint or detainment, and the consequences thereof or of any attempt thereat ; also from the consequences of hostilities or warlike operations, whether there be a declaration of war or not; but this warranty shall not exclude collision, contact with any fixed or floating object(other than a mine or torpedo), stranding, heavy weather or fire unless caused directly(and independently of the nature of the voyage or service which the vessel concerned or, in the case of a collision, and other vessel involved therein, is performing) by a hostile act by or against a belligerent power ; and for the purpose of this warranty "power" includes any authority maintaining naval, military or air forces in association with a power.

Further warranted free from the consequences of civil war, revolution, rebellion, insurrection, or civil strife arising therefrom, or piracy.

2. Warranted free of loss or damage

(a) Caused by strikers, locked workmen, or persons taking part in labour disturbances, riots or civil commotions.

(b) resulting from strikes, lock-outs, labour disturbances, riots or civil commotions.

3. (a) Should the risks excluded by Clause 1(F.C. & S. Clause) be reinstated in this Policy by deletion of the said Clause, or should the risks or any of them mentioned in that clause or the risks of mines, torpedoes, bombs or other engines of war be insured under this Policy, Clause (b) below shall become operative and anything contained in this contract which is inconsistent with Clause (b) or which affords more extensive protection against the aforesaid risks than that afforded by the Institute War Clauses relevant to the particular form of transit

covered by this insurance is null and void.

(b) This policy is warranted free of any claim based upon loss of, or frustration of, the insured voyage or adventure caused by arrests restraints or detainments of Kings Princes Peoples Usurpers or Persons attempting to usurp power.

This insurance does not cover any loss or damage to the property which at the time of the happening of such loss or damage is insured by or would but for the existence of this Policy be insured by any fore or other insurance policy or policies except in respect of any excess beyond the amount which would have been payable under the fire or other insurance policies had this insurance not been effected.

The descriptions to be inserted in the following clauses are shown as above. *Be it known that*

as well in his or their own Name, as for and in the Name and Names of all and every other Person or Persons to whom the same doth, may, or shall appertain, in part or in all, doth make Assurance, and cause himself or themselves and them and every of them to be Assured, lost or not lost, at and from ____ upon any kind of Goods and Merchandises, in the good Ship or Vessel called the ___ whereof is Master, for this present Voyage, ____ ____ or whosoever else shall go for Master in the said Ship, or by what so ever other Name or Names the said ship, or the Master thereof, is or shall be named or called, beginning the Adventure upon the said Goods and Merchandises from the loading thereof aboard the said ship, or the Master thereof, is or shall be named or called, beginning the Adventure upon the said Goods and merchandises from the loading thereof aboard the said ship as above, and shall so continue and endure during her abode there, upon the said Ship. & c: and further, until the said Ship, with all her Goods and Merchandises whatsoever, shall be arrived at ____ and upon the Goods and Merchandises until the same be there discharged and safely landed: and it shall be lawful for the said Ship. & c., in this Voyage to proceed and sail to and touch and stay at any Ports or Places whatsoever without Prejudice to this Assurance. The said Goods and Merchandises. & c., for so much as concerns the Assured by Agreement between the Assured and Assurers in this Policy are and shall be valued at _____ TOUCHING the Adventures and Perils which the said Company are contented to bear and do take upon themselves in this voyage, they are, of the Seas, Men-of-war, Fire, Enemies, Pirates, Rovers, Thieves, Jettisons, Letters of Mart and Countermart, Suprisals, Takings at Seas, Arrests, Restraints and Detainments of all Kings. Princes and People, of what Nation, Condition, or Quality soever, Barratry of the Master and Mariners, and of all other Perils, Losses and Misfortunes that have or shall come to the Hurt, Detriment or Damage of the said Goods and Merchandises. or any part thereof: and in case of any Loss or Misfortune, it shall be lawful to the Assured, his or their Factors, Servants and Assigns, to sue, labour and travel for, in and about the Defence. Safeguard and Recovery of the said Goods and Merchandises, or any part thereof, without Prejudice to this Assurance: to the charges whereof the said Company will contribute. And it is especially declared and agreed that no acts of the Assurer or Assured in recovering, saving, or preserving the property assured, shall be considered as a waiver or acceptance of abandonment. And it is agreed that this writing or Policy of Assurance shall be of as much Force and Effect as the surest Writing or Policy of Assurance made in London. And so the said Company are contented, and do hereby promise and bind Themselves to the Assured, his or their Executors, Administrators or Assigns, for the true Performance of the Premises: confessing themselves paid the Consideration due unto them for this Assurance, at

and after the rate of ___ as arranged ___ Percent.

N.B.-Corn, Fish, Salt, Fruit, Flour and Seed are warranted free from Average, unless general, or the Ship be stranded: Sugar Tobacco, Hemp, Flax, Hides and Skins are warranted free from Average, under Five Pounds per cent; and all other Goods, also the

Ship and Freight, are warranted free from Average, under Three Pounds percent, unless general, or the Ship be stranded, sunk or burnt.

All questions of liability arising under this policy are to be governed by the laws and customs of England.

IN WITNESS whereof, I the Undersigned of the SAMSUNG *Insurance Company* on behalf of the said Companies have subscribed My Name in the place specified as above to the Policies, the issued numbers thereof being specified as above, of the same tenor

and date, one of which being

accomplished, the others to be void, as of the date specified as above.

※ In the event of loss or damage arising under this Policy. no claims will be limited unless a survey has been held with the approval of this Company's they or Agents specified in this Policy.

In case of loss or damage, please follow the "IMPORTANT" clause printed on the back hereof.

For SAMSUNG FIRE & MARINE INSURANCE CO. LTD.

PRESIDENT Chung Chang Park

AUTHOTIZED SIGNATURE

5. 포장명세서와 원산지증명서 작성실무

(1) 포장명세서(packing list)

1) 의미

상품의 포장 속에 들어있는 상품의 목록을 기술한 서류를 포장명세서라고 하는데, 상업송장의 부속서류로 상업송장의 내용과 일치해야 하며 기재 내용은 수량, 순중량, 총중량, 용적 등에 관한 것이다.

신용장관련 기타 서류 중 상업송장과 운송서류와 함께 가장 요구하는 빈도가 많은 서류이며 규격단위와 상업송장 또는 운송서류상의 규격단위를 틀리지 않게 작성하여야 하며, 예컨대 상업송장에는 'M/T'로, 포장명세서에는 'kg'으로 기재하는 경우가 하자이다.

수입상이나 세관에서 화물을 확인할 때 상업송장만으로는 포장단위의 중량을 정확하게 알 수 없으므로 포장명세서를 작성하면 편리한 점이 있으며, 수입상품을 전매하거나 분할 판매하는 경우와 일괄적으로 수입하여 품목별로 각각 분산하는 경우에 포장명세서가 있으면 뜯지 않고도 서류에 의하여 포장단위별로 판매가 가능하다.

특히 분해 포장되어 수입되는 기계의 경우에 포장명세서가 있으면 해당부분을 쉽게 찾아내어 조립할 수 있기 때문에 매우 편리하다.

포장명세서의 내용은 선적화물의 포장 및 포장단위별 명세와 단위별 순중량, 총중량, 화인(shipping mark), 포장의 일련번호, 포장방법 등이 기재되며 포장과 운송, 통관상의 편의를 위하여 수출상이 수입상 앞으로 작성하는 계약관련 서류이다.

포장명세서는 공장에서 포장하면서 동시에 작성되거나, 포장명세서부터 먼저 작성하고 그 명세서의 내용에 따라서 공장에서 포장하기도 한다.

2) 포장명세서의 기능

상업송장과 같이 무역거래에 있어서 필수 서류는 아니지만, 포장, 중량 등 선적, 하역 및 운송에 필요한 세부사항이 명기되어 금액확인은 안 되지만 선적화물에 대한 포장, 운송 및 통관상 편의를 제공한다.

① 수출입통관 절차에서의 심사 자료로 활용되고 양륙지에서 화물의 처리(분류 및 판매)단계에서 이용
② 검수 또는 검량업자가 실제화물과 대조하는 참조자료로 이용
③ 개별 화물의 사고 발생분에 대한 확인자료로 사용
④ 중량 외에 각각의 용량이 표시되어 있으므로 선박회사가 운송계약을 체결할 때 이용

3) 포장명세서 관련 국제규칙(ISBP 745)

• Basic requirement and fulfilling its function(기본요건 및 기능충족)

M 1. 신용장에서 포장명세서의 제시를 요구하는 경우에, 이는 당해 서류가 물품의 포장에 관한 정보를 담고 있어서 포장명세서의 기능을 수행한다면(fulfill its function by containing any information as to the packing of the goods), 신용장에서 요구한 대로 제목이 붙거나(titled as called for in the credit) 그와 유사한 제목이 붙거나 혹은 제목이 없는(bearing a similar title or untitled) 서류의 제시로 충족된다.

• Issuer of a packing list(포장명세서의 발행인)

M 2. 포장명세서는 신용장에 명시된 자(entity stated in the credit)에 의하여 발행되어야 한다.

M 3. 신용장에서 발행인의 이름(name of issuer)을 표시하지 않은 경우에, 누구든지(any entity) 포장명세서를 발행할 수 있다.

• Content of packing list(포장명세서의 내용)

M 4. 신용장에서 포장에 관하여 특정한 요구사항(specific packing requirements)을 표시하면서 그 요건의 준수여부를 알 수 있는 서류를 명시하지 않은 경우에, 만약 포장명세서가 제시된다면, 그에 기재된 물품포장에 관한 정보는 신용장에 표시된 요구사항과 상충되지(conflict with) 않아야 한다.

M 5. 수익자(beneficiary)가 포장명세서의 발행인이 아니라면, 포장명세서에는 하나 또는 둘 이상의 명시된 다른 서류에(on one or more other stipulated) 나타나는 것과 상이한 송장번호와 송장일자, 운송항로(shipment routing)가 표시될 수 있다.

M 6. 은행은 총수량이나 총중량, 총부피, 포장의 총수(이러한 예시에 한정되지 않음)를 포함한 포장명세서상의 총액(total value)이 신용장이나 명시된 다른 서류에 나타나는 당해 총액이나 총수와 상충되지(conflict with) 않는지 여부만을 심사한다.

4) 포장명세서 기재요령

① Shipper/Exporter

포장명세서는 신용장의 Beneficiary가 발행한다. 계약서결제방식인 경우에는 계약서상의 Seller를 기재하며, 신용장방식일 경우에는 신용장상의 Beneficiary를 기재한다. 그러나 신용장상에 "third party documents is acceptable"이라는 부가조건이 있으면

beneficiary 이외의 제3자가 발행하여도 무방하다.

② Buyer/Applicant

계약서결제방식인 경우 계약서상의 Buyer를 기재한다. 한편 계약서나 신용장에서 수하인(consignee)의 이름을 명시하라는 요구가 있으면 포장명세서 아무데나 수하인의 이름을 명시하면 된다. 신용장상에 특별한 요구가 없는 경우에는 Applicant를 기재해도 무방하다.

포장명세서상에 Consignee 칸을 넣게 되면, 선하증권의 Consignee(개설은행의 지시식인 경우가 많음)와 상업송장의 Consignee(수입상인 경우가 많음)가 일치하지 않게 되고 서류의 기재내용의 불일치라는 불필요한 지급거절의 가능성을 불식시키기 위하여 상업송장에는 Consignee라는 제목의 칸을 만들지 않는 것이 바람직하다.

③ Notify party(화물도착통지처)

신용장 선하증권 조항의 “Full set of ...... notify party accountee”라는 문구에서 밑줄 친 부분을 기재하면 된다. 일반적으로 Applicant와 동일한 경우가 많으므로 “same as above”라고 기재한다.

포장명세서상에 Notify party 칸을 넣게 되면, 선하증권의 Notify party 칸과 포장명세서의 Notify party 칸이 일치하지 않는 경우에는 서류의 기재내용의 불일치라는 불필요한 지급거절의 가능성을 불식시키기 위하여 포장명세서에는 Notify party 칸을 만들지 않는 것이 바람직하다.

④~⑥ Port of loading/Final destination/Carrier(선적지/도착지/운송수단명)

－④ 선적지(항)를 기재한다.

－⑤ 도착지(항)를 기재한다.

－⑥ 운송수단의 이름을 기재한다. 선박이면 선박명, 항공기면 Fight No.를 기재한다.

포장명세서상에 “④~⑥ Port of loading/Final destination/Carrier(선적지/도착지/운송수단명)” 칸을 넣게 되면, 선하증권의 “④~⑥ Port of loading/Final destination/Carrier(선적지/도착지/운송수단명)” 칸과 포장명세서상의 “④~⑥ Port of loading/Final destination/Carrier(선적지/도착지/운송수단명)” 칸이 일치하지 않는 경우에는 서류의 기재내용의 불일치라는 불필요한 지급거절의 가능성을 불식시키기 위하여 포장명세서상에는 “④~⑥ Port of loading/Final destination/Carrier(선적지/도착지/운송수단명)” 칸을 만들지 않는 것이 바람직하다.

⑦ Sailing on or about(선적일자)

운송서류상의 선적일자와 같아야 하나, 선적준비를 위해서는 포장명세서를 미리 발행해야 하며 또 선적일자는 정확하게 예측할 수가 없으므로 신용장통일 규칙에서 규정하고 있는 "on or about"로 기재하여 선적일 전후 5일씩을 허용하는 내용으로 기재한다.

포장명세서상에 Sailing on or about(선적일자) 칸을 넣게 되면, 선하증권의 Sailing on or about(선적일자) 칸과 포장명세서상의 Sailing on or about(선적일자) 칸이 일치하지 않는 경우에는 서류의 기재내용의 불일치라는 불필요한 지급거절의 가능성을 불식시키기 위하여 포장명세서상에는 Sailing on or about(선적일자) 칸을 만들지 않는 것이 바람직하다.

* 실무적 유의사항

포장명세서의 ③ 내지 ⑦까지의 칸에 기재되는 내용은 선하증권의 해당 칸과 가능한 한 일치시키는 것이 서류 불일치라는 오해를 불식시키는 방법이다. 그러므로 신용장이나 계약서에서 포장명세서에 ③ 내지 ⑦까지의 칸을 만들고 이 내용을 기재하라는 요구가 없을 경우에는 ③ 내지 ⑦ 칸은 없어도 무방하다.

⑧ No. and date of invoice(포장명세서의 발행번호 및 일자)

수출상이 포장명세서 발행시 임의로 부여하는 일련번호 및 발행일자를 기재한다.

⑨ Remarks(비고)

일반적으로 포장명세서상의 명세에 대한 근거가 되는 계약서의 내용을 기재한다. 이는 계약위반에 대한 후일의 분쟁을 예방하기 위해서이다. 신용장거래는 계약서와는 별개의 독립적인 거래이므로 후일 분쟁을 대비하여 계약서상의 내용에 대한 근거를 확보하기 위해서 명시하는 것이다.

⑩ Shipping Marks and numbers of pkgs

화인(Shipping Marks)은 관련서류와 포장상품의 대조 점검을 용이하게 하고 화물을 도착지까지 신속하고 안전하게 운송할 수 있도록 간단하게 표시해야 한다.

- 기본화인(Main Marks)

  기본화인은 수입업자의 머리글자, 대조번호, 목적지, 포장번호, 총중량의 5가지 요소로 구성되며 제반 화인 관련서류의 Marks & No란에 기재되어 화물과 화인 관련서류의 대조점검(check)에 사용한다.

- 정보화인(Information Marks)

  정보화인은 원산지, 신용장번호, 수입허가 번호 등으로서 화물운송에 꼭 필요한 것은 아니지만 필요에 따라 기본화인과 구분하여 표시되는 것을 말하는데 이는 구매자의 요구가 있을 경우 화물의 포장에만 표시되고 화인 관련서류에는 표시되지 않는다.

- 화물취급표시(Cargo Handing Marks)

화물의 취급, 운송, 적재의 요령을 나타내는 일종의 주의표시(Cautionary Symbol)로서 일반화물 취급표시와 위험화물 경고표시로 구분된다.

* No. & Kind of pakgs

포장 종류당 화물의 개수를 기재하며, case, bundle, box 등 각 물품의 포장형태를 표기한다.

⑪ Description of goods(물품명세)

물품명세 란에는 규격(Specification)이나 품질(Quality) 뿐만 아니라 L/C No. 별 Model No. 별로도 정확하게 기재하여 해당 물품에 대한 성격별로 명확히 구분할 수 있어야 한다.

신용장 통일규칙상의 송장에 대한 요구 사항과는 달리, 신용장상의 표현과 완전히 일치할 필요는 없지만 신용장에서 언급하는 범위 내에서 가능한 한 일목요연하게 알아 볼 수 있도록 해야 한다.

특히 신용장이나 계약서상에서 'Full details Packing List'나 'Size & Color Assortment'를 요구하는 경우, Size와 Color를 별도로 정확히 분류하여 작성해야 한다.

또한 L/C상에서 포장방법(Packing Method)을 요구했을 경우는 특별한 규정이 없더라도 그 내용을 반드시 Packing List 상에 명기해야 한다.

⑫~⑬ Quantity or net weight(수량 또는 순중량)

물품의 수량을 각 포장 Case마다 구분하여 기재해야 하며 수량의 계산단위는 다음과 같이 개수 혹은 도량형에 의하여 계산된다.

i) 개수－상품수 : 개수(Piece), 조(Set), 다스(dozen) 등
　포장수 : 상자(Case), 포(Bale), 부대(Bag) 등
ii) 도량형－중량 : 톤(ton), 파운드(lb : libra), 킬로그램(kg)
　용적 : 입방피이트(cft : cubic feet), 용적톤(M/T : Measurement Ton)
　길이 : 야아드(Yard), 미터(Meter)
　면적 : 평방 피이트(SF : Square Feet)

⑭ Gross Weight

순중량에다 외부 포장재료(또는 포장용기)의 중량을 포함한 총중량으로 B/L상의 중량과 일치해야 한다.

무게를 표시하는 단위인 Ton도 양적으로 상이한 Gross Weight와 Net Weight를 구분하여 명시한다.

예를 들면 목재 Case 포장의 경우 목재 Case의 중량을 포함한 총중량에서 목재 Case 자체의 중량을 차감한 것이 순중량이 된다.

순중량에서 다시 충전물 내장 등의 중량을 뺀 상품만의 중량을 정순중량(Net Weight)이라 한다.

특히 Gross Weight는 실제 계량을 하고 Net Weight는 '단위당 중량×수량'으로 결정된다.

⑮ Measurement(용적)

선적물품의 부피를 나타내는데 이는 B/L상의 필수 기재사항인 Measurement와 일치해야 한다.

통상 용적(Measurement)의 계산단위는 CBM(Cubic Meter)을 주로 사용하며 1M/T(Measurement Ton) = 40 cubic feet이다.

또한 용적은 총중량 합계 및 순중량 합계와 함께 하단에 기재하는데 운송계약 체결이나 운임결정에 기본적인 자료가 된다.

⑯~⑰ Signed by

권한 있는 포장명세서 작성자가 서명 난에 서명한다.

포장명세서는 기본서류가 아니므로 신용장상에 발행인이 별도로 지정되지 아니하면 아무나 발행해도 상관이 없다. 따라서 송장상의 발행인 서명과 포장명세서상의 발행인 서명이 서로 다른 경우에도 이는 하자서류로 간주할 수 없다.

5) 포장명세서 사례 작성

예시 포장명세서(PACKING LIST)

PACKING LIST

① Shipper/Exporter CHUNG CHOON COOPERATION 7-777, JONGNO 2 KA, JONG NO GU, SEOUL, KOREA		⑧ No. & date of invoice DHC06-24A JULY. 12. 2014
② Buyer/Applicant YOUTH CONSTRUCTION MATERIALS CO., LTD. 8TH FLR, VIP TOWER, 1-1, UCHISAIWAI-CHO CHIYODAKU, TOKYO 100-0011, JAPAN		⑨ Remarks : No.& date of L/C S-015-2000620 DATED. 110712
③ Notify party YOUTH CONSTRUCTION MATERIALS CO., LTD. 8TH FLR, VIP TOWER, 1-1, UCHISAIWAI-CHO CHIYODAKU, TOKYO 100-0011, JAPAN TEL:03(3777)6710 MISS. TOMOMI KATASE		
④ Port of loading BUSAN, KOREA	⑤ Final destination OSAKA, JAPAN	
⑥ Carrier SUNNY LINDEN 615N	⑦ Sailing on or about JUL. 24. 2014	

⑩ Marks and numbers of pkgs	⑪ Description of goods	⑫ Quantity	⑬ Net Weight	⑭ Gross Weight	⑮ Measurement
NO MARKS	POLY FILM				
	0.15×2000MM×50M(S)	300 ROLLS			
	0.20×2000MM×50M(S)	100 ROLLS			
	0.15×2000MM×50M(W)	1,500 ROLLS			
	0.20×2000MM×50M(W)	200 ROLLS			
	0.03×3600MM×100M(W)	100 ROLLS			
	TOTAL	2,200 ROLLS		13,500.00 KGS	24.000 CBM

TOTAL : 2,200 ROLLS ONLY
////////////////////////////////////

CHUNG CHOON COOPERATION

⑰ Signed by *JAE-SEUNG KIM*

JAE-SEUNG KIM/PRESIDENT

⑯ P.O. BOX : **C.P.O. BOX 777**
HOME PAGE : **WWW.GOODLUCK.CO.KR**
TELEPHONE NO : **(02) 712-7653~7, (02) 713-9876~8**
FAX NO. : **(02) 712-9879**

(2) 원산지 증명서(Certificate of Origin)

1) 의미

산업통상자원부 고시 수출물품원산지증명발급규정에 의하면 원산지증명서는 "수출물품이 우리나라에서 재배, 사육, 제조 또는 가공된 것임을 증명하는 문서"를 의미한다.

이러한 원산지증명서는 화환어음의 부대서류로서 수출물품의 원산지를 확인하기 위한 통관 필요서류로서 적성국의 생산물인가를 판별할 목적으로 이용되기도 한다.

또한 수입국의 관세특혜 적용 여부에 따라 특혜원산지증명서와 비특혜원산지증명서로 구분된다.

원산지증명서는 수출입 물품의 실질적 원산지를 증명하는 자료로서, 당해 물품의 원산국 또는 선적국의 정부 및 정부가 인정하는 기관에서 발행한다.

최근에는 양자간 또는 지역간 자유무역협정에 의하여 지정된 양식에 수출기업이 자율적으로 작성하여 송부하기도 하며, 이 때 수출기업은 원산지발급에 관련된 근거서류 및 발급대장을 비치하여 보관. 관리해야 한다.

현재 일반원산지증명서(비특혜)는 전국 상공회의소에서 발급하고, 관세양허원산지증명서(특혜) 및 FTA 원산지증명서는 전국 상공회의소, 세관, 자유무역지역관리원 등에서 발급하고 있다.

2) 종류

① 일반(상공회의소)원산지증명서

상공회의소 규격양식으로 발행한 일반 원산지증명서를 말하며, 세관이나 정부기관에서 발급하는 국가도 있지만, 전세계적으로 상공회의소에서 발행하는 것이 일반적이다.

상공회의소에서는 웹인증시스템이나 EDI를 이용하여 전자문서로 원산지증명서를 발급하고 있다.

② 수출자(제조업자) 원산지증명서

수입자의 요청에 의하여 수출자 또는 제조업자가 자체 양식으로 작성한 원산지증명서로서, 상공회의소 양식과 상이하게 작성하되 원산지증명서의 중요한 항목은 빠짐없이 기재한 후 수출자(제조업자)가 서명하여 상공회의소 인증을 득한 후 송부한다.

※ 상공회의소 인증신청시 구비서류

ⓐ 증명서 발급신청서

ⓑ 인증받고자 하는 서류 및 사본 (상의보관용 1매 포함)

ⓒ 수출자 원산지증명서 요청사항에 대한 내용이 기재된 신용장 사본

ⓓ 수출신고필증 사본

③ 특정국 원산지 증명서

상공회의소의 소정양식이 아닌 특정국의 특정양식에 요청하는 원산지증명서이다.

상공회의소 웹인증시스템에서 지원하는 특정국 서식을 선택하여 신청하면 편리하며 웹인증시스템에 누락된 특정국의 원산지증명서 양식은 수입자에게 문의하여 서식을 송부받아 사용한다.

④ 남북교역물품 원산지증명서

"남북사이에 거래되는 물품의 원산지 확인절차에 관한 합의서" 채택에 따라 북한으로 반출되는 물품에 대하여 발행하는 것으로 원산지증명서는 한글 또는 한글과 영문을 함께 표기할 수 있고 전국상공회의소 및 세관에서 발급한다.

반출승인을 요하는 품목에 대해서는 통일부장관의 승인을 받아야 하며, 승인받은 사항을 변경하고자 할 경우에도 또한 같다.

남북교역물품 원산지증명서는 웹인증시스템에서 신청할 수 있으며 구비서류와 함께 원산지증명서에 필요하다고 인정되는 별도의 자료를 요청할 수 있다.

⑤ 제3국 원산지증명서

교토협약 원산지증명서류 관한 부속서 10조에 의거, 물품의 원산국으로부터 수입하여 제3국으로 수출하거나 중계무역일 경우, 물품 원산지에서 발행한 원산지증명서를 기초로 원산국 원산지증명서를 재발행할 수 있다.

제3국원산지증명서 발급신청은 웹인증시스템을 이용하여 일반원산지증명서 "Country of Origin"항에 실제 원산지국명(중국산인 경우 : The People's Republic of China)을 정확히 기재하여 발급받을 수 있다.

⑥ 관세양허 원산지증명서

관세 특혜를 받기 위한 원산지증명서로 시, 도에서 발급되던 것을 2003년 3월 1일부터 상공회의소 및 세관에서 발급하고 있다. 종류로는 GSP, GSTP, GATT, APTA 원산지증명서이며, 웹인증시스템으로 발급된다.

⑦ FTA 원산지증명서

FTA에 의해 발급되는 원산지증명서로 우리나라는 2004년 4월 1일 한·칠레 FTA를 시초로 발급되고 있다.

FTA원산지증명서는 협정국간 저율관세 및 무관세 혜택을 적용받는 특혜관세 원산지증명서로 협정국별 양식이 상이하므로 웹인증시스템을 이용하며, 협정에서 정해진 발급방식에 따라 기관의 인증(한·싱, 한·아세안 FTA 등)을 받거나 또는 자율발급(한·칠레, 한·EFTA FTA 등)하여 송부하여야 한다.

3) 원산지증명서 관련 국제규칙(신용장거래 기준, ISBP 745)

• Basic requirement and fulfilling its function(기본요건 및 기능충족)

L 1. 신용장에서 원산지증명서의 제시를 요구하는 경우에, 이는 송장상의 물품에 관련되고 그 원산지를 증명하는 것으로 보이면 서명된 서류의 제시(presentation of a signed document)에 의하여 충족된다.

해설

신용장에서 원산지증명서를 요구하는 경우에 다음의 조건들이 충족되어야 한다.

(1) 원산지증명서는 서명되어야(signed certificate of origin) 한다.

(2) 원산지증명서에는 송장에 기재된 물품과 관련된 품목(relate to the invoiced goods)이 표시되어야 한다.

(3) 원산지가 증명되어야(certifies their origin) 한다.

신용장에서 원산지증명서를 요구하는 경우, 원산지증명서는 물품의 원산지(origin of goods)를 증명하고 발행인의 서명과 일자가 있어야 한다. 원산지증명서는 본질적으로 서명이 있어야 하되, 그 발행일자는 선적일자 이후로 명시할 수 있다. 예컨대 원산지증명서의 물품명세 란에 "200 bales Sudan Raw Cotton"이라고 기재되고 S 국가의 상업회의소에서 발행되었다는 기재만 있고 수단(Sudan)이 원산지라는 명확한 표시가 없는 경우, 동 증명서의 물품명세 란에 있는 "Sudan Raw Cotton"이라는 단어는 특정제품의 브랜드나 상표일 수도 있기 때문에, 이는 물품의 원산지증명이 결여된 것으로 본다(ICC Publication 632 R, 66).

L 2. 신용장에서 일반특혜관세제도양식[GSP(generalized system of preferences) Form]과 같은 특정한 형식(specific form)의 원산지증명서의 제시를 요구하는 경우에, 그와 같은 특정한 형식의 서류가 제시되어야 한다.

• Issuer of a certificate of origin(원산지 증명서의 발행인)

L 3. a. 원산지증명서는 신용장에 명시된 자(entity stated in the credit)에 의하여 발행되어야 한다.

b. 신용장에서 발행인(issuer)의 이름을 표시하지 않은 경우에, 누구든지 원산지증명서를 발행할 수 있다.

c. i. 신용장에서 수익자(beneficiary)나 수출자(exporter) 또는 제조자(manufacturer)가 발행한 원산지증명서를 제시하도록 요구하는 경우에, 이 조건은 예컨대 산업회의소(Chamber of Industry), 산업협회(Association of Industry), 경제단체(Economic Chamber), 세관(Customs Authorities), 무역부(Department of Trade) 등과 같은 상업회의소(Chamber of Commerce) 등에 의하여 발행된 원산지증명서

의 제시에 의하여도 충족되지만, 다만 그 원산지증명서에는 사안에 따라(as the case may be) 수익자(beneficiary)나 수출자(exporter) 또는 제조자(manufacturer)가 표시되어야 한다.

ii. 신용장에서 상업회의소(Chamber of Commerce)에서 발행한 원산지증명서의 제시를 요구하는 경우에, 이 조건은 산업회의소(Chamber of Industry), 산업협회(Association of Industry), 경제단체(Economic Chamber), 세관(Customs Authorities), 무역부(Department of Trade) 등에 의하여 발행된 원산지증명서의 제시에 의하여도 충족된다.

해설

원산지증명서는 신용장에서 요구된 당사자가 발행한 것이어야 한다. 다만, 수익자, 수출자 또는 제조업자의 원산지증명서가 요구된 경우, 상업회의소(chamber of commerce)가 이를 발행하고 수익자, 수출자 또는 제조업자에 대한 명시적인 확인이 있는 서류도 수리될 수 있다.

예컨대 상업회의소가 발행한 원산지증명서가 요구된 경우, ① 수익자가 세부사항을 완성하더라도 해당 상업회의소의 표제나 지정된 양식을 사용하고 상업회의소가 서명하거나, 또는 ② 표제 없이 본문에 상업회의소가 이를 완성하고 서명한 증거가 있어야 한다(ICC Publication 632, R. 151).

또 신용장에서 원산지증명서의 발행인이 지정되지 아니한 경우, 원산지증명서는 수익자를 포함하여 어떠한 당사자가 발행하여도 수리될 수 있으며, 또 원산지증명서의 발행인은 원산지국가에 있지 아니하여도 된다.

예컨대 신용장에서 수출국가(E) 상업회의소의 원산지증명서가 요구된 경우, E국가 상업회의소가 발행한 원산지증명서상에 다른 제조국가(M)를 원산지로 표기하더라도 이는 신용장조건을 충족하는 것으로 본다(Ibid., R. 280).

• Content of a certificate of origin(원산지증명서의 내용)

L 4. 원산지증명서는 다음과 같은 방법에 의하여 송장상의 물품에 관한 것(relate to the invoiced goods)으로 보여야 한다.

a. 신용장에 명시된 물품명세와 상응하는(corresponds to) 물품명세 또는 신용장에 명시된 물품명세와 저촉되지(conflict with) 않는 일반용어(general terms)로 기재된 명세를 원산지증명서에 기재하는 방법, 또는

b. 다른 서류에 나타나는 물품명세나 원산지증명서에 첨부되거나 원산지증명서와 일체의 서류를 구성하는 서류에 나타나는 물품명세를 참조하는 방법

해설

원산지증명서는 반드시 송장물품에 관련이 있는 내용으로 나타나 있어야 한다. 특히 원산지증명서의 물품명세(goods description)는 신용장 명세와 모순되지 아니하는 일반용어로 표시하거나 또는 기타 요구된 서류상의 물품에 대한 관계를 명시하는 참조문언에 의하여 표시할 수 있다.

예컨대 원산지증명서의 물품명세는 송장명세와 동일하게 반복하지 아니하고 "as per details of invoice No. XXX"와 같이 송장명세에 대한 참조문언으로만 기재하여도, 동 증명서의 자료내용이 상업송장과 모순되지 아니하게 연계되어 있으면 기타 서류로서 수리될 수 있다.

L 5. 수하인정보(consignee information)가 나타나는 경우에 이는 운송서류(transport document)에 있는 수하인정보와 저촉되지(conflict with) 않아야 한다. 그러나 신용장에서 운송서류가 단순지시식(to order)이나 선적인지시식(to the order of shipper), 개설은행지시식(to order of issuing bank), 지정은행(또는 매입은행) 지시식[to order of nominated bank (or negotiating bank)], 또는 개설은행기명식(consigned to issuing bank)으로 발행되도록 요구하는 경우에, 원산지증명서에는 수익자 이외의 신용장에 기명된 어떤 자(any entity named in the credit except the beneficiary)가 수하인(consignee)으로 나타날 수 있다. 신용장이 양도된 경우에는, 제1수익자가 수하인으로 기재될 수 있다.

해설

원산지증명서의 수하인(consignee) 정보는 운송서류의 수하인 정보와 상충되지 아니하여야 한다. 다만 신용장에서 운송서류의 수하인을 송하인이나 개설은행의 지시식(order) 또는 개설은행의 기명식(straight)으로 요구하더라도, 원산지증명서의 수하인은 개설의뢰인이나 기타 신용장에 지정된 자를 표시할 수 있다. 또 신용장이 양도된 경우, 원산지증명서의 수하인은 운송서류의 수하인과 관계없이 제1수익자를 기명할 수 있다.

예컨대 신용장에서 "to order and blank endorsed", "to order of issuing bank" 등의 지시식 선하증권이 요구된 경우, 선하증권은 이와 일치한 지시식으로 발행되었으나 원산지증명서상의 수하인은 개설의뢰인이나 기타 신용장에 있는 최종수령인을 기명하여도 된다(ICC Publication 632, R. 139 and 217).

L 6. 원산지증명서에는 신용장 수익자 이외의 자 혹은 명시된 다른 서류상 선적인(shipper)으로 나타나는 자가 송하인(consignor)이나 수출자(exporter)로 표시될 수 있다.

L 7. 신용장에서 원산지증명서의 제시를 요구하지 않으면서 물품의 원산지를 표시한 경우에, 명시된 서류에 언급되는 원산지는 신용장에 명시된 원산지와 저촉되어서는(conflict with) 안 된다. 예컨대, 신용장에서 "origin of the goods: Germany"(물품의 원산지: 독일)라고 표시하면서 원산지증명서의 제시를 요구하지 않는 경우에, 명시된 다른 서류(any stipulated document)에 (독일이 아닌) 다른 원산지를 표시하는 기재가 있다면, 정보의 저촉(conflict of data)이 있는 것으로 간주한다.

L 8. 원산지증명서에 나타나는 수출자(exporter)나 송하인(consignor)이 수익자(beneficiary)가 아니라면, 원산지증명서에는 하나 또는 둘 이상이 명시된 다른 서류에 나타나는 것과 상이한 송장번호와 송장일자, 운송항로(shipment routing)가 표시될 수 있다.

해설

원산지증명서의 송하인(consignor)이나 수출상은 신용장 수익자나 운송서류상의 송하인과 다른 당사자로 표시할 수 있다. 예컨대 신용장 수익자가 이미 제조업자를 송하인으로 기재한 원산지증명서상의 물품을 구매하여 선적하는 경우, 선하증권과 원산지증명서상의 송하인은 서로 다를 수 있다.

신용장의 양도나 Back-to-back Credit을 발행하여 중계무역을 하는 경우에는, 신용장이 양도되어 제2수익자가 발행한 서류 중에서 상업송장과 환어음은 제1수익자의 것으로 대체되었으나 원산지증명서가 제2수익자에 의하여 제시된 것이 그대로 개설은행에 제시되는 경우에는 그 원산지증명서에는 제2수익자의 송장번호, 송장일자, 운송루트 등이 기재되어 있어 제1수익자가 발행한 송장과 송장번호, 송장일자 등이 다르게 기재된다.

4) 일반(상공회의소) 원산지증명서 기재요령

① 개요

상공회의소의 규격양식으로 발행한 일반 원산지 증명서를 말하며, 세관이나 정부기관에서 발급하는 국가도 있지만, 전 세계적으로 상공회의소에서 발행하는 것이 일반적이다.

상공회의소에서는 웹 인증시스템을 이용하여 전자문서로 원산지증명서를 발급하고 있다. 언어는 영어, 스페인어, 불어로 작성할 수 있으나 상품명은 반드시 영어로 기재해야 한다.

한국산 물품에 대한 원산지증명서는 국내 세관에서 발행한 "수출신고필증"을 근거로 발급하고 있다. 이에 샘플 또는 무상제공 물품인 경우에도 세관에 수출신고하여 "수출신고필증"을 발급받아야 한다.

② 기재요령

※ 항목별 공통사항 : 수출신고필증 및 상업송장, B/L과 일치하는 내용으로 작성한다.

- 1항 Exporter : 매도인 또는 송하인

원산지증명서 신청자와 수출자는 반드시 일치해야 하고, 수출자의 상호, 주소, 국가명을 기재한다. 국가명은 둘째 줄 주소 란에 함께 기재한다.

무역거래 형태가 중계(중개)무역으로 신용장 또는 계약서에 의해 수출자 란에 제3국 바이어 정보를 기재하려고 하는 경우에는 "on behalf of" 문구를 사용하여 우리 수출기업정보와 함께 병행하여 기재할 수 있다. 다만 해당 요구사항을 확인할 수 있는 관련 신용장 또는 계약서를 제출해야 한다.

* "on behalf of" 문구를 사용할 수 없는 경우
  - 국내업체간의 거래인 경우, 국내 다른 업체를 함께 기입하고자 할 때
  - 물품의 도착국가에 소재하는 다른 업체
  - 제3국 물품인 경우, 물품을 제조한 국가에 소재하는 업체

  "on behalf of"로 제3국 바이어 정보를 기재하려면 입력창 하단의 ☑에 표시하고 제3국 바이어 정보를 기재하면 하단과 같이 원산지증명서에 출력된다.

  예 Hong Kil Dong Co., Ltd. 주소, Korea (수출기업정보)
  on behalf of
  ABC CO. Ltd. 주소, 국가명 (외국기업정보)

- 2항 Consignee : 수하인

화물 수취인을 기재하며 신용장 거래일 경우 수하인은 일반적으로 신용장 개설은행이지만 수입자(Buyer)도 수하인이 될 수 있다.

수하인을 지시식(TO ORDER)으로 기재하려고 하는 경우에는 하단의 ☑에 체크하고 "TO ORDER" 등 관련 문구를 기재한다.

지시식으로 수하인을 기재하는 경우에도 수하인 란의 입력정보는 모두 기재하여야 한다. 다만, TO ORDER로 ☑ 한 경우에 원산지증명서에는 수하인 란의 입력정보가 출력되지 않는다.

신용장이나 선수출계약서(D/A, D/P)상에 수하인을 매수인(Buyer)으로 별도 명시하도록 요구하지 않았을 경우에는 운송서류인 선하증권(B/L)이나 항공화물상환증권(Air Way Bill)의 내용을 참조하여 기재한다.

예 선하증권의 경우 To Order
To the Order of Bank of America
To the Order of Jane Doe Hong Kong Ltd.
항공화물상환증권의 경우 Bank of America

Jane Doe Hong Kong Ltd.

※ 항공화물상환증권은 선하증권과 달리 양도가능한 화환어음이 아니므로 수하인을 지시식(TO ORDER 등)으로 기재할 수 없으며, 화물수취인을 정확히 기재해야 한다.

• 3항 Country of Origin : 원산지

해당상품의 원산지국명을 기재하고 우리나라에서 생산 또는 제조된 물품인 경우에는 "The Republic of Korea" 와 같이 국가를 나타내는 정식 영문명으로 기재한다.

원산지가 제3국인 경우에는 제3국가의 정식 국가명을 정확하게 기재해야 한다.

교토협약 원산지증명서류에 관한 부속서(D2) 10조에 의거, 물품의 원산국으로부터 수입하여 제3국으로 수출하거나 중개 무역일 경우, 물품 원산지에서 발행한 원산지증명서를 기초로 원산국 원산지증명서를 재발행 할 수 있다.

※ 구비서류

원산국 원산지 증명서 사본 1부. (원본은 신청기업 보관 필)

선하증권 (B/L) 사본 1부.

사유서 (선적지와 원산지가 상이한 경우) 1부

• 4항 Transport details : 운송에 관한 사항

상품의 선적지(국명, 지명), 최종도착지(경유지가 있는 경우에는 경유지도 기재), 선박 또는 항공기 등 운송수단의 명칭, 선적일자 등을 기재한다.

항구가 없는 국가로 수출되어 수입국이 아닌 다른 국가의 항구를 통해 하역된 뒤 내륙운송으로 물품이 이동하여 최종 목적지로 수출되는 경우에는 하역항구를 경유지로 기재한다.

예 From Busan, Korea
To Ethiopia Via Djibouti
By KINDIA 021W
On Jan 10, 2015

선적일정이 결정되지 않았을 경우에는 "By Sea" 또는 "By Air" 등으로 기재하며 선적일의 경우에는 "On or about" 라고 표기한 후 예상 선적일을 기재한다.

예 From Busan, Korea
To Jeddah, K.S.A.
By Sea
On or about Jan 1, 2015

• 5항 Remark : 비고

원산지증명서상의 항목 외에 추가사항을 표기하는 항으로 신청자가 자유롭게 기재할 수 있으며, 추가사항 기재 시에는 기재내용의 제목을 명기해야 하고 기재사항이 없는 경우에는 공란으로 남겨두어도 된다.

예 Buyer : Alamo Co., Ltd.
350 Fifth Avenue Suite 8020
New York, N.Y. 10118 U.S.A.
Invoice No. & Date : ABC 12-1, Jan 6, 2015
L/C No. & Date : HKBC0102, Dec 1, 2014
기재사항이 없을 경우에는 아무 것도 기재하지 않아도 된다.

• 6항 Marks & numbers : 상품명세

당해 화물의 포장표면 또는 용기 등에 표시된 화인(Shipping Mark) 및 화물번호를 기재하며 Container 선적 등으로 특별한 화인이 없는 경우에는 "In Container", 특수포장 없이 선적된 경우에는 "In Bulk" 또는 "No Mark(N/M)", 우편발송인 경우에는 "As Addressed"라고 기재하는 등 포장명세서(Packing List)에 기재된 내용과 동일하게 기재한다.

수출물품의 품명은 수출신고필증의 품명 또는 거래품명과 동일해야 한다. 업체의 Buyer요청으로 품명을 상품의 약어 또는 모델명만 기재하는 경우 발급이 되지 않는다. 예를 들면 자동차를 수출하는데 SONATAⅢ, PRIDE 등 널리 알려진 모델명인 경우에도 NEW CAR, USED CAR, AUTOMOBILE, MOTOR CAR 등과 같이 품명을 명확하게 기재해야 한다.

수출물품의 HS Code를 추가로 입력하는 경우에는 수출신고필증의 HS Code 6단위까지는 동일해야 한다. HS Code 6단위가 다른 경우, 해당 HS Code를 기입할 수 없으므로 Buyer와의 거래계약 시 주의하여야 한다.

• 7항 Quantity : 수량

상품의 수량 및 무게(중량) 등을 기재한다.

상품의 수량 단위(piece, set, dozen, metric ton, yard, meter 등)를 정확하게 기재해야 하는데 수량단위란 상품의 단가를 결정하는 기준단위를 말하며 원산지증명서의 수량단위와 상업송장상의 단가 기준 단위는 일치해야 한다.

상품이 무게로서 단가가 결정되는 경우에는 반드시 순중량(Net Weight), 총중량(Gross Weight)을 동시에 기재한다.

상품이 여러 종류일 경우에는 하단부에 총계를 기재한다.

무게로서 단가가 결정되는 상품이 아닌 경우라도 상품의 총중량을 기재하면 통관 상 유리하다.

• 8항 Declaration by the Exporter : 수출자 선서

수출자(신청기업)가 당해 수출물품을 제3항의 원산지 국가에서 생산 또는 제조하였다는 사실을 선서하는 난으로 서명등록 시 상공회의소에 등록된 서명권자의 서명과 서명자의 영문성명, 직위 등을 기재한다. 을지서식을 사용하였을 경우에는 을지에도 동일한 서명이 있어야 한다.

서명고무인을 등록하였을 경우에는 고무인으로도 가능하나, 고무인에 서명자의 영문성명, 직위 등이 없을 경우에는 이를 추가로 기재한다.

바이어가 상공회의소 발급자의 실서명을 요구하는 경우에는 기업 서명권자의 서명도 특별한 경우를 제외하고는 실서명으로 진행하는 것이 좋다.

• 9항 Certification: 인증

상공회의소의 인증인 및 발급번호가 부여되는 난이므로 공란으로 신청되며 동 난이 훼손될 경우에는 증명서가 발급되지 않는다.

5) 일반(상공회의소) 원산지증명서 양식

1. Exporter(Name, address, country)	ORIGINAL **CERTIFICATE OF ORIGIN** issued by THE KOREA CHAMBER OF COMMERCE & INDUSTRY Seoul, Republic of Korea
2. Consignee(Name, address, country)	3. Country of Origin
4. Transport details	5. Remarks
6. Marks & numbers ; number and kind of packages ; description of goods	7. Quantity
8. Declaration by the Exporter The undersigned, as an authorized signatory, hereby declares that the above-mentioned goods were produced or manufactured in the country shown in box 3. (Signature) (Name)	9. Certification The undersigned authority hereby certifies that the goods described above originate in the country shown in box 3 to the best of its knowledge and belief. Authorized Signatory
	Certificate No.

6. 수익자 증명서 작성실무

(1) 의미

수익자 증명서(beneficiary certificate)는 수출업자가 수입업자가 요구하는 특정한 서류를 미리 송부하였음을 통지하는 서류이며 이를 통하여 수입업자는 서류를 인수하기 위한 준비절차를 마련하게 된다.

(2) 수익자증명서 관련 국제규칙(신용장거래 기준, ISBP 745)

• Basic requirement and fulfilling its function(기본요건 및 기능충족)

P 1. 신용장에서 수익자증명서를 제시하도록 요구하는 경우에, 이는 당해 서류가 신용장에서 요구하는 정보와 증명사항을 담고 있어서 증명서의 기능을 수행한다면(fulfil its function by containing the data and certification required by the credit), 신용장에서 요구하는 제목을 가진 서명된 서류(signed document titled as called for in the credit)나 혹은 요구된 종류의 증명을 반영하는 제목을 갖거나 제목이 없는(bearing a title reflecting the type of certification that has been requested or untitled) 서류의 제시로 충족된다.

• Signing of a beneficiary' s certificate(수익자증명서의 서명)

P 2. 수익자의 증명서는 수익자(beneficiary)나 그 대리인[for (or on behalf of)]에 의하여 서명되어야 한다.

• Content of a beneficiary' s certificate(수익자증명서의 내용)

P 3. 수익자의 증명서에 기재되는 정보는 신용장의 요건과 상충되지(conflict with) 않아야 한다.

P 4. 수익자의 증명서에 기재되는 정보(data)나 증명사항(certification)은
  a. 신용장에서 요구되는 것과 동일할 필요가 없으나(need not be identical), 신용장에 명시된 요건이 충족되었음이 명백하게 표시되어야 한다.
  b. 물품명세를 포함하거나 신용장 또는 명시된 다른 서류에 대한 참조를 포함할 필요가 없다.

(3) 실무사례의 실제 수익자증명서 작성

예시 **실무사례 L/C의 수익자증명서 요구 조항**

BENEFICIARY'S CERTIFICATE STATING THAT ONE ORIGINAL B/L AND ONE COMPLETE SET OF NON-NEGOTIABLE SHIPPING DOCUMENTS HAVE BEEN SENT BY DHL TO APPLICANT DIRECTLY WITHIN 5 DAYS AFTER SHIPMENT.

[1통의 원본 선화증권과 비유통성 선적서류의 완전한 세트 1통이 선적 후 5일 이내에 직접 개설의뢰인에게 DHL로 발송되었다고 기재된 수익자증명서]

(4) 실무 사례 수익자 증명서

예시 **수익자 증명서**

CHUNG CHOON COOPERATION
7-777, JONGNO 2 KA, JONG NO GU, SEOUL, KOREA
C.P.O. BOX 777, SEOUL, KOREA
HOME PAGE : WWW.GOODLUCK.CO.KR
TEL : (02) 712-7653~7, (02) 713-9876~8, FAX : (02) 712-9879

BENEFICIARY'S CERTIFICATE

Date : July 24, 2014

WE CERTIFY THAT ONE ORIGINAL B/L AND ONE COMPLETE SET OF NON-NEGOTIABLE SHIPPING DOCUMENTS HAVE BEEN SENT BY DHL TO APPLICANT DIRECTLY WITHIN 5 DAYS AFTER SHIPMENT.

* L/C Number : 015-2000620

TRULY YOURS

CHUNG CHOON COOPERATION
Signed by JAE-SEUNG KIM
JAE-SEUNG KIM/PRESIDENT

7. 증명서(CERTIFICATE) 작성실무

(1) 검사증명서(I/C : INSPECTION CERTIFICATE)

수출상품의 완전함을 증명하는 서류로서 보통 수입자의 수출국 주재 대리인이나 제3의 검사기관이 작성한다.

수입자가 확실한 품질의 상품을 수입하고자 할 때 요구하는 서류이며 검사의 공정성을 기하기 위하여 검사인(inspector)을 수입자가 지정하거나 전문검사기관의 검사증을 첨부하도록 하는 경우가 많다.

수입상이 지정하는 사적검사인이나 공적 검사기관 또는 국제검정기관의 증명으로 발급되는 경우가 많으며 경우에 따라서는 수출상 자신이 작성하는 경우도 있다.

검사증명서는 신용장 상에서 요구하고 있는 검사기관에서 발행되어야 하며 그 내용은 상업송장의 내용과 일치하여야 한다.

(2) 중량, 용적, 품질, 분석증명서 (CERTIFICATE OF WEIGHT, MEASUREMENT, QUALITY, ANALYSIS)

제품의 내용을 증명하는 서류로서 수익자가 직접 작성하는 경우와 제3자가 작성하는 경우가 있다. 이 서류들은 포장명세서와 함께 상업송장을 보조하는 서류로서 상업송장상의 제품의 내용을 증명하고 확인할 목적으로 요구하는 보충서류이다.

중량증명의 경우 L/C에서 검사기관을 별도로 정하지 않고 단순히 중량증명서만을 요구한 때에는 운송인에 의한 서류상의 중량표시 스템프 또는 문자표기를 그 증명으로 갈음할 수 있다.

작성시 유의할 사항은 너무 자세한 내용을 기재하느라고 기본서류(환어음, B/L, 보험증권, 송장)와 상호 모순되는 사항을 노출시키지 말아야 한다는 것이다.

① 중량 및 용적증명서(certificate of weight & measurement)

상품의 중량이나 용적에 관한 증명서이며 상업송장에 총괄적으로 기재한 것을 보충하여 보다 더욱 상세하게 기재한 서류이다.

② 품질증명서(quality certificate)

동일한 종류의 상품이라도 규격이나 무게에 따라서 품질이 상이할 수 있기 때문에 농수산물과 같은 자연산품인 경우에 이들의 등급을 산정하여 그 계통의 공인검사관에 의하여 판정되고 그 결과에 따라서 품질증명서가 작성되어 발행된다.

③ 분석증명서(certificate of analysis)

분석증명서(certificate of analysis)는 의약품이나 광산물의 경우에 원료구성을 분석하여 증명하는 서류이다.

알루미늄의 원료인 bauxite는 철광석과 같이 채굴되며 여기에는 소량의 금이 섞여 있다고 하는데 이러한 경우에 선적된 광석이 어느 정도 순도인가를 분석하여 증명하는 것이 필요하게 되며 의약품인 경우에도 어떠한 약의 구성원소를 분석한 공신력 있는 공적기관이나 사적인 전문가가 발행하는 분석증명서가 요구되는 것이다.

(3) 위생증명서와 검역증명서

① 위생증명서(health certificate)

식료품, 화장품, 육류, 의약품 등을 수출하는 경우에 수입국에서 규정한 기준에 합격되어야 하며 무균, 무해하다는 것을 증명하는 서류를 위생증명서(health certificate)라고 한다. 예를 들면 미국은 FDA(food and drug administration)에서 규정한 기준에 합치된다는 것을 증명하는 내용을 요구한다.

② 검역증명서(certificate of quarantine)

검역증명서(certificate of quarantine)는 동식물을 수출하는 경우에 전염성 균이 묻어 들어가는 것을 방지하기 위하여 해당 물품을 격리되어진 장소에서 일정기간 동안 장치하여 검역을 실시한 후에 발행되어지는 서류이다.

그 외에도 Phytosanitary or Plant Health Certificate (식물검역증명서),
Veterinary or Animal Health Certificate (동물검역증명서)
Sanitary Certificate (식품위생증명서)
Fumigation Certificate (방역처리증명서) 등이 있다.

(4) 증명서 관련 국제규칙(신용장거래 기준, ISBP 745)

ANALYSIS, INSPECTION, HEALTH, PHYTOSANITARY, QUANTITY, QUALITY AND OTHER CERTIFICATES(“Certificate”)(분석증명서, 검사증명서, 위생증명서, 검역증명서, 수량증명서, 품질증명서 및 기타증명서(“증명서”)

• Basic requirement and fulfilling its function(기본요건 및 기능충족)

Q 1. 신용장에서 이러한 증명서의 제시(presentation of such a certificate)를 요구하는 경우에, 이는 당해 서류가 예컨대 분석(analysis) 또는 검사(inspection)의 결과나 위생(health)이나 검역(phytosanitary), 수량(quantity) 또는 품질(quality)의 평가결과와 같이 요구된 당해 조치의 결과를 증명함으로써 증명서의 기능을 수행한다면, 신용장에서 요구한 대로 제목이 붙거나(titled as called for in the credit) 그와 유사한 제목이 붙거나 혹은 제목이 없는(bearing a similar title or untitled) 서명된 서류의 제시로 충족된다.

Q 2. 신용장에서 선적일이나 그 전에 수행되어야 하는 조치에 관한 증명서(certificate that relates to an action required to take place on or prior to the date of shipment)를 제시하도록 요구하는 경우에, 증명서는 다음을 표시하여야 한다.

a. 선적일보다 늦지 않는 발행일(an issuance date that is no later than the date of shipment) 또는

b. 조치가 선적일이나 그 전에 수행되었다는 취지의 문구. 다만 이 경우에, 만약 발행일도 표시된다면 발행일은 선적일보다 후일자일 수 있으나 그 증명서의 제시일보다 이전의 일자이어야 한다. 또는

c. "선적전검사증명서"(Pre-shipment Inspection Certificate)의 예와 같이 당해 사건을 표시하는 제목

• Issuer of a certificate(증명서의 발행인)

Q 3. 증명서는 신용장에 명시된 자에(entity stated in the credit) 의하여 발행되어야 한다.

Q 4. 신용장에서 발행인의 이름을 표시하지 않은 경우에 수익자를 포함하여(including the beneficiary) 누구든지 발행할 수 있다.

Q 5. 신용장에서 증명서의 발행인을 명시하면서 "독립적"(independent), "공식적"(official), "자격있는"(qualified) 또는 그와 유사한 취지의 문구(words of similar effect)를 사용한 경우에, 증명서는 수익자를 제외한(except the beneficiary) 어떠한 자에 의하여 발행되어도 무방하다.

• Contents of a certificate(증명서의 내용)

Q 6. 증명서에는 다음과 같이 표시될 수 있다.

a. 오직 요구된 물품의 샘플만 시험되거나 분석 또는 검사되었음(has been tested, analyzed or inspected)

b. 신용장에 명시된 수량이나 명시된 다른 서류에 기재된 수량보다 많은 수량

c. 선하증권이나 용선계약부 선하증권에 기재된 것보다 많은 수의 선창(hold), 격실(compartment) 또는 탱크(tank)

Q 7. 신용장에서 분석이나 검사, 위생, 검역, 수량 또는 품질의 평가 등에 관하여 특정한 요구사항을 표시하면서 그 요건의 준수여부를 알 수 있는 서류를 명시하지 않은 경우에, 그 증명서나 명시된 다른 서류에 기재된 분석이나 검사, 위생, 검역, 수량 또는 품질의 평가 등에 관한 정보는 신용장에 표시된 요구사항과 상충되지(conflict with) 않아야 한다.

Q 8. 분석이나 검사 또는 품질평가의 결과를 결정하는 데 사용되어야 하는 기준(이

러한 기준에 한정되지 않음)을 포함하는 특정한 내용(specific content)이 증명서에 나타나야 하는지에 관하여 신용장에서 아무런 언급이 없는 경우에, 증명서에는 "사람의 식용으로 부적합함"(not fit for human consumption)이나 "화학 성분이 필요를 충족하지 못함"(chemical composition may not meet required needs) 또는 그와 유사한 취지의 문구가 기재되어도 무방하되, 다만 그러한 기재가 신용장이나 명시된 다른 서류 또는 UCP 600과 상충(conflict with)되어서는 안 된다.

Q 9. 수하인 정보가 나타나는 경우에 이는 운송서류에 있는 수하인정보와 상충되지(conflict with) 않아야 한다. 그러나 신용장에서 운송서류가 지시식(to order)이나 선적인지시식(to the order of shipper), 개설은행지시식(to order of issuing bank), 지정은행(또는 매입은행) 지시식(to order of nominated bank (or negotiating bank)) 또는 개설은행기명식(consigned to issuing bank)으로 발행되도록 요구하는 경우에, 증명서에는 수익자 이외의 신용장에 기명된 어떤 실체가 수하인으로 나타날 수 있다(a certificate may show the consignee as any entity named in the credit except the beneficiary). 신용장이 양도된 경우에는, 제1수익자가 수하인으로 기재될 수 있다.

Q 10. 증명서에는 신용장 수익자 이외의 자(entity other than the beneficiary of the credit) 혹은 명시된 다른 서류상 선적인(shipper)으로 나타나는 자가 송하인(consignor)이나 수출자로 표시될 수 있다.

Q 11. 증명서에 나타나는 수출자나 송하인(consignor)이 수익자(beneficiary)가 아니라면, 증명서에는 하나 또는 둘 이상의 명시된 다른 서류에 나타나는 것과 상이한 송장번호와 송장일자, 운송항로(shipment routing)가 표시될 수 있다.

제 5 부

국제팩터링과 포페이팅 결제방식

제 13 장

국제팩터링

제 1 절 국제팩터링의 개요

1. 의미

국제팩터링(International Factoring)은 국제팩터링기구에 가입한 회원(팩터)의 신용을 바탕으로 이루어지는 무신용장방식의 거래로서, 팩터링회사(Factor)가 수출상과 수입상의 사이에서 신용조사 및 신용위험의 인수(지급보증), 전도금융의 제공, 외상채권의 기일관리 및 대금회수, 기타 업무대행 등의 서비스를 제공하는 일련의 금융서비스를 의미한다.

국제팩터링은 무신용장방식의 외상수출입거래(O/A, D/A거래 등)에 수입팩터의 '신용승인'이 첨가되는 거래이며, 신용승인(Credit Approval)이란 수입상이 자금부족, 파산 등의 재무상 이유로 수입팩터링 채무를 이행하지 못하는 경우에 수입팩터가 그 대금을 대신하여 지급할 것임을 약속하는 일종의 보증서를 말한다.

2. 거래당사자

① 팩터링 회사들은 FCI(Factors Chain International), IFG(International Factors Group) 등의 팩터링기구에 가입되어 국제적인 회원망으로 서로 연결되어 있다.

② 수입팩터(Import factor) : 수입국에서 수입자와 국제팩터링계약을 체결하고 수입자의 외상수입을 위하여 신용승낙의 위험을 인수하고 팩터링채권을 회수하여 수출팩터에게 송금하는 팩터링회사이다.

③ 수출팩터(Export factor) : 수출국에서 수출자와 국제팩터링계약을 체결하고 수출자의 팩터링채권의 대외양도 및 추심, 전도금융제공, 매출채권의 관리 및 장부정리를 해주는 팩터링회사이다.

④ 수출자(seller) : 매매계약상 매도인으로 물품을 외상으로 수출하는 조건으로 선적

하고 송장 및 선적서류를 수출팩터에게 양도하고 전도금을 제공받는다.

⑤ 수입자(debtor) : 매매계약상 매수인으로 수입팩터의 신용승낙(credit approval)으로 물품을 외상수입하는 당사자이다. 만기일에 대금을 지급할 의무가 있으며 채권의 양도·양수에 따라 지급할 의무를 부담하는 채무자(debtor)이다.

3. 수입상의 이점

① 별도담보가 없이 본인 신용만으로 기한의 이익을 향유하여 외상수입이 가능하다.

② 신용장개설에 따른 개설수수료 등의 부담이 없으므로 비용을 경감할 수 있다.

③ 물품수령 후 일정기간 내에 수입대금을 결제하면 되므로 자금부담이 경감되고 수입결제자금의 부족시 금융수혜가 가능하다.

④ 수입대금의 결제 전에 물품의 품질 등을 확인할 수 있어 신용장방식의 약점(제시된 서류가 신용장의 제조건에 일치하는 한 물품상의 하자에도 불구하고 대금을 지급하여야 하는 불합리성)을 제거할 수 있다.

⑤ 수입팩터로부터 만기일 관리 회계관리서비스를 제공받는다.

4. 수출상의 이점

① 수입팩터로부터 수입상에 대한 신용승인이 이루어지면, 수입상의 클레임이 제기되지 않는 한 수출상은 해당 신용승인 한도 내에서 그 대금지급을 보장받게 된다.

② 따라서 수출상은 외상수출로 인한 대금회수 불안을 제거할 수 있으며 당해 매출채권을 수출팩터에게 양도함으로써 수출대전을 조기에 즉시 현금화할 수 있다.

③ 수출상은 수입상에게 신용장거래보다 유리한 조건으로 제시할 수도 있게 되어 대외경쟁력을 확보할 수 있으며, 신용장거래를 원하지 않는 수입상과의 거래도 가능하므로 새로운 시장개척이 용이하다.

④ 팩터링거래를 통하여 본인의 지명도를 제고할 수 있으며, 전세계에 걸친 팩터의 회원망을 통하여 해외시장 정보를 신속·정확하게 입수할 수 있다.

⑤ 신용장방식과는 달리 서류작성에 대한 과도한 부담없이 간편하게 실무를 처리할 수 있으며, 추심방식(D/P·D/A NEGO)과는 달리 외상채권을 양도할 때 별도의 담보를 제공할 필요가 없으므로 담보부족으로 인한 곤란을 겪지 않는다(수입팩터의 신용승인 통보가 곧 담보역할임).

⑥ 대금회수 및 수출채권의 기일관리 등 제반 회계업무의 부담에서 벗어나 생산 및 판매에만 전념함으로써 원가절감과 생산성 증대를 실현할 수 있다.

제 2 절 국제팩터링 거래의 흐름

국제팩터링방식에 의한 매매당사자와 거래과정 및 무역대금 결제과정은 다음과 같다.

1. 국제팩터링 방식 거래흐름도(제휴방식)

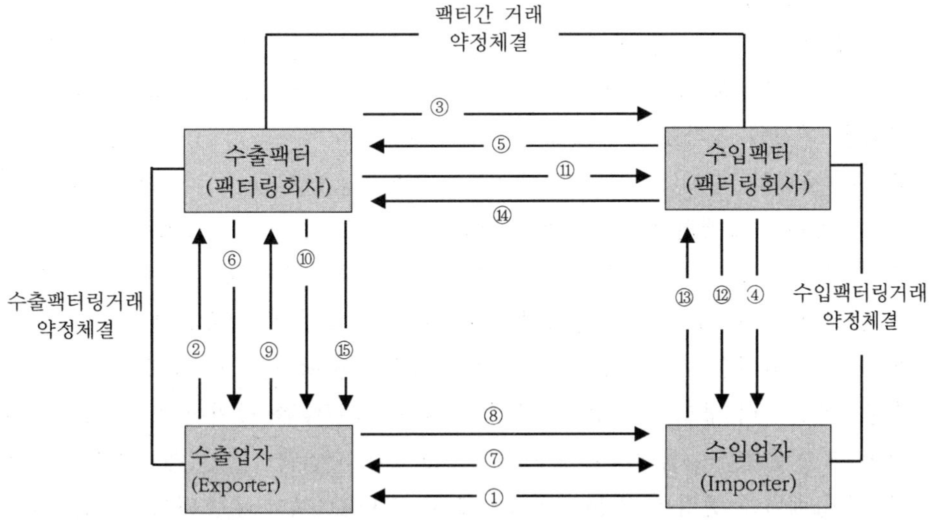

① 물품주문 : 수출상은 수입상으로부터 물품을 주문받고 거래조건 및 거래내용 등에 관하여 상담을 하고 수출팩터에 수출팩터링을 신청한다.

② 신용승인 의뢰(수입상의 신용조사 의뢰) : 수출상은 먼저 수출팩터에게 수입상에 대한 신용조사를 팩터의 소정양식인 신용승인신청서에 의하여 의뢰한다.

③ 신용승인 요청(신용조사 및 신용한도 요청) : 수출팩터는 수출상으로부터 접수한 수입상에 대한 신용승인신청서에 따라 수입국의 거래팩터에게 수입상에 대한 신용조사 및 수입팩터가 지급보증 할 수 있는 신용한도(Credit Line 또는 Individual Credit Approval)를 요청한다.

④ 신용조사 실시 : 수입팩터는 수입상에 대한 신용을 객관적 자료 또는 접촉을 통하여 신용조사를 실시한다.

⑤ 신용조사결과 및 승인통지 : 수입팩터는 수입상의 신용상태를 조사하여 신용승인 여부를 결정한 후 신용승인의 요청을 받은 날로부터 14일 이내에 신용조사의 결과 및 승인을 수출팩터에게 통지한다.

⑥ 신용승인통지 및 지원 : 수출팩터는 수입팩터로부터 접수된 수입상의 신용승인 내용을 검토하고 수출상에게 통지하며, 팩터링방식으로 수출할 수 있도록 지원한다.

⑦ 수출·수입계약 체결 : 수출상은 신용승인 내용을 근거로 수입상과 국제팩터링방식 수출입 계약을 체결한다.

⑧ 물품 선적 인도 : 수출상은 수입상과의 계약내용에 따라 물품을 선적한다.

⑨ 송장 등 수출채권 양도 : 수출상은 선적 후 수출팩터에게 송장 및 운송서류 등을 제출하여 수출채권을 양도한다. 작성된 원본송장(original invoice)에 수입팩터의 지시에 따른 송장의 '양도날인문언'을 표시하고 양도통지문구가 인쇄된 제작한 스티커를 부착하거나 고무인을 날인하여 수입상에게 직접 송부하고 2개의 사본은 양도통지서(NTR)와 함께 수출팩터에게 양도하여 전도금융을 요청한다.

⑩ 전도(선지급)금융 제공 및 수수료 청구 : 수출팩터는 결제(선적)서류를 확인한 후 송장금액의 100% 이내에서 수출상에게 전도금융을 제공한다. 이때 수출팩터는 전도금융 이자인 환가료{할인료 : 연 Libor + (0.50%~1.00%)}와 수출팩터링수수료(수출채권의 약 0.4%~0.8% 내외)를 수출기업으로부터 선취한다. 수출팩터링수수료에는 수출팩터수수료(수출채권의 0.05%~0.20%)와 수입팩터수수료(수출채권의 약 0.35%~0.60% 내외)가 해당된다. 수입팩터수수료는 차후에 수입팩터에게 송금하는 수수료이며 수입팩터사에서 통보된 요율이 적용된다.

⑪ 송장 등 매출채권 권리양도 및 수수료 송금 : 수출팩터는 전도금융제공의 대가로 수출상으로부터 양도받은 수출채권상에 채권양도문구를 날인한 후 양도장을 첨부하여 매출채권을 수입팩터에게 재양도함으로써 수입팩터에게 대금회수를 요청한다. 수출팩터는 송장의 원본 및 사본에 수입팩터로부터 우송되어 온 양도문언을 첨가하여, 원본은 수입상에게 우송하고 사본은 수입팩터에게 양도한다. 이때 양도문언의 내용은 채권자인 수출상의 권리가 수입팩터에게 양도되었으며, 수입상은 수입에 따른 채무를 반드시 수입팩터에게 지급하여야 한다는 것으로 통상 수입국의 언어로 인쇄되어 있다.

⑫ 선적서류 인도 : 수출팩터로부터 선적서류을 접수한 수입팩터는 이를 수입상에게 인도한다.

⑬ 만기일 대금지급 : 수입상은 수입대금의 지급기일이 되면 수입대금을 수입팩터에게 지급한다.

⑭ 수출대금 송금 : 수입팩터는 수입상으로부터 대금을 영수하면 즉시 수출팩터의 지정된 구좌로 송금하고 대금결제통지서를 수출팩터에게 송부한다. 만일 수입상이 재정상의 이유로 수입대금을 결제하지 못할 경우, 수입팩터는 신용승인 내용에 따라 만기일로부터 90일째 되는 날에 대지급하여야 한다. 그러나 물품의 하자 또는 계약조건의 위반 등 수출상의 귀책사유에 따른 클레임으로 인하여 수입상이 대금지급을 거절하는 경우, 수입팩터는 물품대금을 대신 지급하지 않는다.

⑮ 수출대금 지급 및 전도금융 상계 : 수출팩터는 수입팩터로부터 송금되어 온 수출대금을 수출상에게 지급하게 된다. 이때 수출팩터는 수출상에게 전도(선지급)금융

한 금액과 수입팩터로부터 송금되어 온 수출대금을 서로 상계하여 정산한다.

2. 국제팩터링 방식 거래흐름도(직접방식)

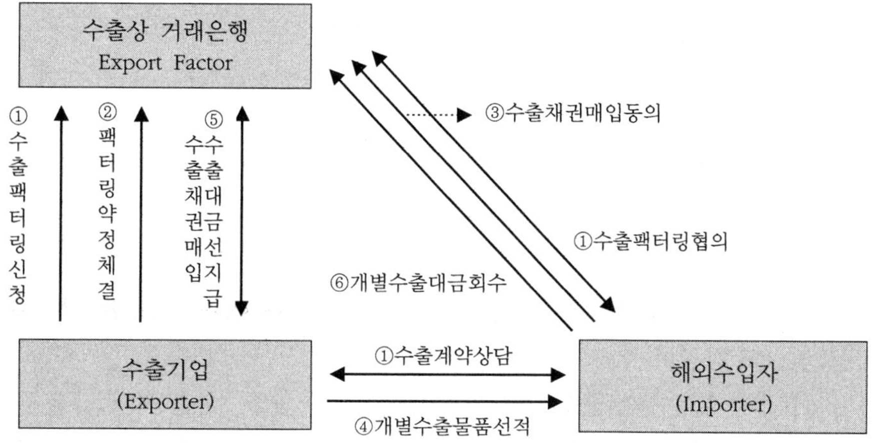

① 수출기업이 해외수입자와의 사후송금방식 수출거래에 대하여 거래은행(export factor)에 수출팩터링금융을 신청한다.
② export factor와 수출기업간에 수출팩터링약정을 체결한다.
③ export factor는 수출기업을 통해 해외수입자로부터 수출채권매입동의서를 받는다.
④ 수출기업이 수출물품을 선적한다.
⑤ 수출기업이 수출채권매입신청서와 함께 상업송장과 선적서류를 제시하면 export factor는 수출대금을 지급한다.
⑥ export factor는 만기에 해외수입자로부터 수출대금을 회수한다.

[표 13-1] 결제방식별 거래의 비교

구분	신용장	D/P, D/A	송금	국제팩터링
거래의 근거	신용장	매매계약서	매매계약서	매매계약서
수입상 자금결제	일람지급, 기한부지급	일람지급, 기한부지급	선지급, 후지급	기한부지급
수입상 비용부담	L/C 개설수수료	추심수수료	송금수수료	팩터링수수료
대금지급확약	은행	수입상	수입상	팩터
대금회수위험	안전	불안	불안	안전
결제자금융통	무역금융	무역금융	필요없음	가능
절차상 편리성	번잡	간편	간편	간편

3. 국제팩터링 활용사례

(1) 중견 중소기업 A사는 2년전 휴대용 전자제품을 신규 개발하여 국내시판을 거쳐, 1년전부터 유럽지역에 신용장방식으로 수출을 시작하였으며 동사의 제품은 선진국 제품과 비교하여 품질은 비슷한 수준이데 20% 정도 낮은 가격에 수출되고 있었다. 최근 유럽지역에서 동사 제품에 대한 인지도가 높아지면서 5개 전자제품 판매기업으로부터 선적후 90일 경과시점에 T/T 방식결제조건으로 연간 2천만불 규모의 수출주문을 받았다.

L/C 방식으로만 수출을 하던 A사는 사후송금방식의 거래제의를 받고 이 계약을 체결할 것인지에 대하여 걱정되었다. 해외수입자가 수출대금을 만기에 상환할 것인지에 대하여 확신할 수 없었으며, 동시에 선적후 수출대금이 결제될 때까지 90일간을 기다려야 되기 때문에 동 수출주문을 제대로 처리하기 위해서는 3백만불 정도의 운전자금이 추가로 필요했기 때문이다.

이러한 경우에 수출팩터링금융제도를 활용할 수 있다. 수출팩터링금융은 수출기업으로부터 수출채권을 상환청구권없이 매입하여 수출기업이 수출대금 회수에 대한 우려없이 수출거래를 추진할 수 있도록 할 뿐만 아니라, 수출대금을 조기에 회수할 수 있도록 지원함으로써 추가 운전자금 부담도 덜어준다. A사는 국내 OOO 은행에 5개 해외수입자와의 수출거래에 대하여 수출팩터링을 신청하였으며, 국내 OOO 은행은 이중에서 4개 해외수입자와의 수출거래에 대하여 수출채권 매입이 가능하다는 통지를 보내왔다. A사는 수출물품을 선적한 후 국내 OOO 은행에 수출채권매입을 신청하여 대금을 회수하였다.

(2) 중견기업 B사는 미국 통신회사에 D/A방식으로 휴대폰을 수출하고 있는데 최근 해외수입자로부터 새로운 요구를 받았다. 해외수입자가 재고부담을 덜기 위해 B사에게 미국에 재고를 확보하고 있다가 주문 즉시 물품을 공급하고 60일 후에 결제하는 방식으로 전환할 것을 요구하고 있다. 해외수입자의 요구를 수용하려면 B사는 미국에 현지법인을 설립하고, 현지법인을 통해 해외수입자에게 휴대폰을 공급해야만 한다. 이러한 경우에 수출팩터링금융을 통하여 해외현지법인의 사후송금방식 수출채권도 매입이 가능하다.

해외수입자의 신용이 우량한 경우 국내 팩터링취급은행이 해외수입자의 신용위험을 직접 인수하는 방식으로 수출팩터링금융이 가능하고, 할인료도 해외수입자의 신용도를 기준으로 부과되기 때문에 거래은행의 수출환어음 매입 환가료와 비교하여 상당히 낮게 적용되어 금융비용을 절감할 수 있는 효과도 거둘 수 있다.

제 14 장

포페이팅

제 1 절 포페이팅의 개요

1. 의미

① Forfaiting : 현금을 대가로 미리 받고 외상채권을 포기·양도한다는 의미이다.

② 수출거래에서 생성되는 환어음이나 채무증서인 약속어음 등 청구권이 자유롭게 유통가능한 증서(freely negotiable instruments)를 이전의 어음소지인에게 상환 소구권을 청구함이 없이(without recourse : 수입상(또는 거래은행)이 지급하지 않는 경우에 수출업자에게 기 지급된 대금을 상환청구하지 않는 것을 의미함) 어음의 만기일까지에 해당하는 이자를 고정이자율에 의해 할인 매입하는 방식으로 포페이팅을 취급하는 전문금융회사인 포페이터(forfaiter)가 매입하는 무역관련 금융기법이다.

③ 수출(선적)시점부터 만기 수출대금의 회수기간까지의 기간이 길고, 수입국가의 위험이 높은 개도국으로의 수출이 빈번한 수출기업에 Forfaiting 활용효과가 가장 높다.

2. 특징

① 포페이터는 소구권(상환청구권)이 없는 조건으로 채권을 매입하며, 수출상은 수입상(또는 거래은행)이 만기에 대금을 결제하지 않는 경우 대금을 반환할 책임이 없다.

② 포페이터는 수입상의 거래은행이 별도로 발행하는 지급보증서나 또는 환어음(또는 약속어음)에 추가하는 지급확약(Aval)을 담보로 활용하며, 수출상에게는 별도의 보증이나 담보제공 등을 요구하지 않는다.
'Aval'이란 일종의 어음보증을 말하는 것으로 수입상의 거래은행이 환어음(약속어

음)에 지급보증의 문언을 표시하고 서명하는 행위이며, Aval은 별도의 지급보증서를 발행하는 것보다 그 절차가 간단 명료하고 간편하여 Forfaiting 거래에 많이 활용된다.

③ Forfaiting 거래에서는 환어음과 약속어음만을 그 할인대상으로 하며 기타의 증권 또는 채권을 취급되지 않는다. 이유는 그 취득에 관한 복잡한 법률적 문제로 인하여 분쟁 가능성이 높고 그 해결이 어렵기 때문이다.

④ Forfaiting 거래의 할인대상은 통상 1~10년의 중장기 어음이며, 고정금리부로 할인이 이루어지기 때문에 수출상은 계약 전에 미리 그 할인비용을 확정할 수 있으며, 이를 상품가격에 반영시킴으로써 금융비용을 수입상에게 전가할 수 있다. 그리고 중장기 거래에 따른 환리스크도 모두 포페이터가 부담하게 된다.

⑤ Forfaiting 할인료율 = 통화별 LIBOR + 결제기간별 조달비용률(0.10%~0.20%) + 신용위험가산율(수입국가 및 해외은행위험, 0.25%~2.0%)

3. 장점

① 위험으로부터의 회피 : 신용위험(credit risk : 채무자/보증인의 지급불능위험), 국가위험(country risk : 국가지급불능위험), 통화위험(currency risk, 환율변동위험), 금리위험(interest risk, 이자율변동위험) 등으로부터 수출자는 벗어나 포페이터에게 이들 위험이 이전된다.

② 자금 확보의 신속성 : 다수의 전문금융회사(forfaiter)에서는 수출업자가 서류를 제시하여 신청하면 약 2일 이내에 자금을 제공하기 때문에 신속한 현금 확보로 인하여 자금회전의 원활함으로 인한 매출과 이익의 증대 등 수출자의 재무구조를 개선할 수 있으며, 수출업자의 기존 거래은행과의 대출한도와 재무제표에 영향을 미치지 않고 자금을 확보할 수 있다.

③ 거래 서류의 간결성 : 필요서류가 비교적 간편하기 때문에 수출업자의 입장에서 시간과 비용의 절감이 가능하다(지급방법에 대한 계약서 부본, 서명된 상업송장 부본, 운송서류 부본, 국제적으로 인정되는 보증은행의 보증서 등의 서류가 필요함).

④ 경쟁업체에 대한 비교우위 확보 : 수출업자로 하여금 해외구매자에게 최장 10년까지 장기적인 신용을 제공해 줄 수 있기 때문에 금융상의 비교우위를 확보할 수 있으며 국가 위험도가 높은 신흥시장을 개척하기 위한 금융 조달이 가능하다.

제 2 절 포페이팅 거래의 흐름

1. 신용장방식 포페이팅 거래 흐름

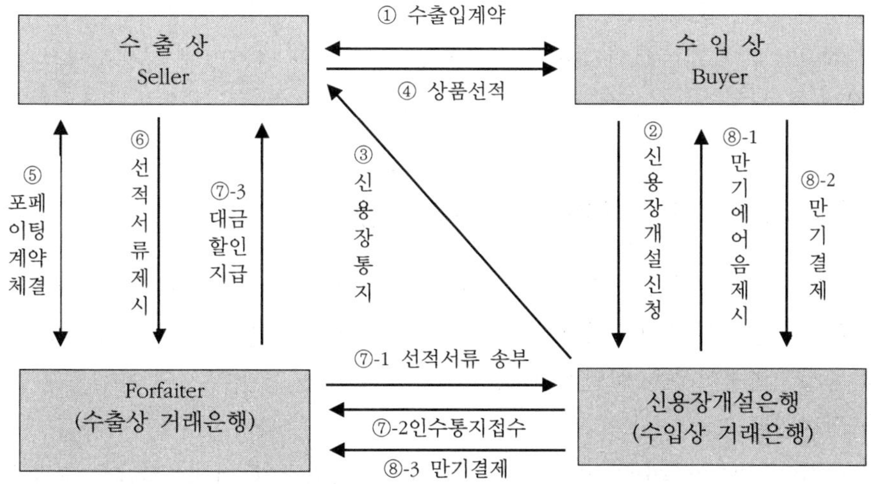

[그림 14-1] Forfaiting 거래 절차(신용장거래)

① 수출상과 수입상이 Forfaiting 거래 내용에 합의하고 수출입계약을 체결한다. 수입상이 Usance L/C로 거래를 원하는 경우 수출자는 포페이팅 수출금융이 가능한 국가와 은행에 해당되는지 여부를 우선적으로 확인한다.

② 수입상은 수입국가 소재의 은행에서 신용장을 개설하게 된다.

③ 개설된 신용장이 통지은행을 통하여 수출상에게 통지된다.

④ 수출상은 수출계약조건대로 수출물품의 선적을 이행한다.

⑤ 수출상은 Forfaiter와 Forfaiting 계약을 체결한다.

* 이 단계에서 각종 수수료 및 이자(할인료, 약정수수료)가 결정되며, 계약을 체결하기 전에 수출상은 Forfaiter 앞으로 미리 Preliminary offer를 제시하여 비용 등에 관한 문의를 하고, 이에 따라서 Forfaiter가 수출상에게 Firm offer를 제시하고 수출상이 이에 동의하면 계약이 성립된다. 특히 Forfaiting 계약에서는 할인대금에 대한 소구권부인(without recourse) 조항이 삽입되어야 한다.

⑥ 수출물품 선적 후 수출자는 환어음 및 선적서류를 신용장조건과 일치하도록 작성하여 Forfaiter에게 제시한다.

⑦ 원칙적으로는 선적서류를 접수하는 즉시 수출대금을 지급한다. Forfaiter가 대금을 지급할 때에는 수입국가의 국가위험, 신용장개설은행 및 신용장의 종류, 수출

자의 신용위험 등을 감안한다. 수출상에 대한 소구권(상환청구권) 조건이 무소구권(무상환청구권) 조건으로 전환되는 시점은 선적서류를 접수한 수입국 신용장개설은행이 선적서류에 대한 인수의사를 통보하는 시점이다. 수출상의 신용, 거래성격 등에 따라서는 선적서류를 송부하고 신용장개설은행으로부터 인수통지를 받는 시점에 대금이 지급될 수도 있다.

⑧ 신용장개설은행으로부터 선적서류의 인수가 이루어지면 수출상은 모든 대금회수 위험으로부터 자유로워지며 Forfaiter는 환어음의 만기일에 신용장개설은행(수입상)으로부터 수출대금을 회수하는 책임을 지게 된다.

2. 보증(Aval)에 의한 포페이팅 거래 흐름

포페이팅의 관계당사자는 비교적 간결하다. 수출업자, 수입업자, 수입업자의 거래은행(보증은행), 할인은행(포페이터)의 네 당사자가 있으며, 할인은행인 forfaiter는 수출업자의 중장기연불어음을 할인매입하는 자로 주로 금융기관(투자신탁회사, 은행)이 그 역할을 담당한다.

보증은행(avalising/guaranteeing bank)은 수입업자의 거래은행으로서 연불 수출입거래에서 발생한 환어음이나 약속어음 뒷면에 "Aval"을 하거나 지급보증서를 발행하여 forfaiter가 안심하고 연불채권을 매입할 수 있도록 하는 역할을 한다.

수출업자는 자신이 직접적으로 포페이터와 거래하는 경우도 있으며 수출업자의 거래은행이 수출업자와 포페이터를 연결하여 포페이팅을 주선할 수도 있고 자신이 매입한 기한부 환어음을 포페이터와 직접적으로 거래할 수도 있다. 그 절차를 살펴보면 다음과 같다.

① 수출업자와 수입업자가 수출입계약을 체결하고 수출업자는 수출물품을 수입업자에게 인도한다. 수출업자가 수입업자로부터 신용공여를 요청받았거나 자금사정이 여의치 않을 경우 수출계약 체결 전에 포페이터와 협의하여 포페이팅 비용을 고려, 수출계약금액을 결정한다.

② 수입업자는 지급보증은행에 어음을 제출하고 지급보증은행은 수출업자에게 보증된 어음을 인도한다. 즉, 수출업자는 수출계약 체결 후 포페이팅 거래를 약정하고 상품을 선적한 후 보증된 약속어음 또는 환어음을 보증은행을 통하여 수취한다.

③ 수출업자는 수취한 어음을 forfaiter에게 할인 매각하여 수출대금을 조기에 회수한다. 즉, 수출업자는 forfaiter와 포페이팅계약을 체결하고 forfaiter는 수출업자에게 어음대금을 할인하여 지급한다.

④ forfaiter는 매입어음을 유통시장에서 다른 forfaiter에게 재매각하거나 어음을 만기일까지 보유하여 보증은행으로부터 어음금액을 상환받는다.

위에서와 같이 수출자가 forfaiter와 직접 포페이팅계약을 체결하는 경우도 있지만 수출자의 거래은행이 forfaiter와 포페이팅계약을 체결하여 포페이팅 편의를 제공하는 경우도 있다. 예컨대 한국의 수출자 A가 자기거래은행인 B에게 포페이팅을 의뢰하고 B 은행이 forfaiter인 C에게 포페이팅을 의뢰하는 것이다. 이러한 포페이팅을 복합 포페이팅(synthetic forfaiting)이라 한다.

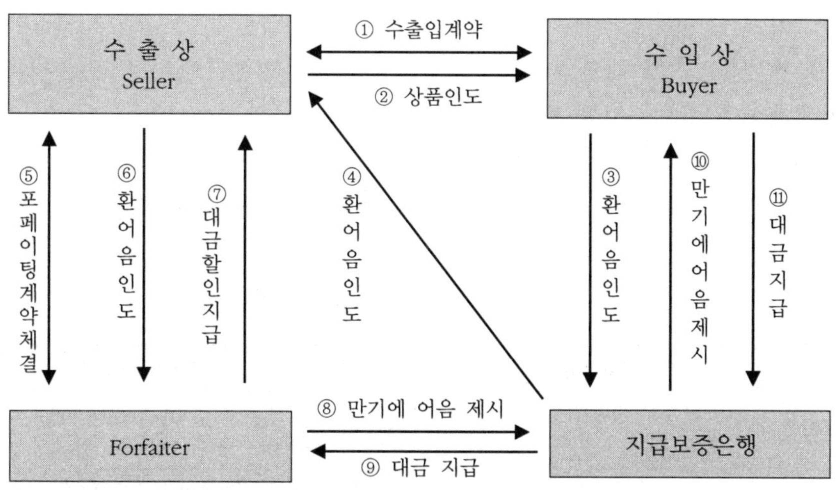

[그림 14-2] 보증(Aval)에 의한 Forfaiting 거래 절차

① 수출상과 수입상이 Forfaiting 거래 내용에 합의하고 수출입계약을 체결한다.

② 계약조건에 따라서 수출상이 수입상 앞으로 상품을 선적하여 인도한다.

③ 수입상은 수출상이 자신 앞으로 발행한 환어음 또는 수입상이 발행한 약속어음을 거래은행으로 제출하여 보증해 줄 것을 요구한다.

④ 수입상의 거래은행(지급보증은행)은 어음의 뒷면에 "Aval"을 하거나, 별도의 지급보증서를 작성하여 어음 또는 지급보증서를 수출상에게 송부한다.

* Aval은 수입상거래은행이 은행지급보증서 대신에 사용하는 간단한 형식의 보증을 가리킨다. 보증인이 약속어음 또는 환어음에 보증한다는 뜻을 기입하여 채무를 성실히 이행할 것을 보증하는 취소불능의 무조건 보증을 말한다. Aval은 수출상이 발행한 환어음이나 수입상이 발행한 약속어음 뒷면에 수입상 거래은행이 지급을 보증한다는 문구를 기입한 문서로서, 수입상거래은행이 forfaiter에게 별도로 지급보증서를 발행하는 것보다 절차가 간편하여 Forfaiting 거래에 많이 사용된다. Aval은 Approval의 약어이다.

⑤ 수출상은 Forfaiter와 Forfaiting 계약을 체결한다.

* 이 단계에서 각종 수수료 및 이자(할인료, 약정수수료 등)가 결정되며, 계약을 체결하기 전에 수출상은 Forfaiter 앞으로 미리 Preliminary offer를 제시하

여 비용 등에 관한 문의를 하고, 이에 따라서 Forfaiter가 수출상에게 Firm offer를 제시하고 수출상이 이에 동의하면 계약이 성립된다. 특히 Forfaiting 계약에서는 할인대금에 대한 소구권부인(without recourse) 조항이 삽입되어야 한다.

⑥ 계약체결시에 수출상은 보증은행에서 받은 지급보증서 또는 "Aval"을 Forfaiter에게 넘겨준다.

⑦ Forfaiter는 환어음 등을 인도받는 즉시 할인 대금을 수출상에게 지급한다.

⑧ 어음기간의 만기가 되면 Forfaiter가 수출상에게 받은 "Aval" 또는 지급보증은행이 발행한 지급보증서를 보증은행에 제시한다.

⑨~⑪ 보증은행이 어음상의 금액을 Forfaiter에게 지급한다. 지급보증은행은 수입상에게 어음을 제시하여 수입상이 대금을 지급하면 거래가 종료된다.

[표 14-1] Factoring과 Forfaiting의 비교

구분	Factoring 거래	Forfaiting 거래
1. 거래금액	일반적으로 소액(USD 30만 미만) 거액도 취급가능함	비교적 거액(USD 100만 이상), 소액(USD 1만 이상)도 취급가능함
2. 외상기간	단기(1년 이내, 3개월 미만이 대부분)	비교적 장기(2년 이상 10년 이내), 단기(30일 이상 2년 미만)도 취급가능
3. 소구권	with recourse, without recourse 둘 다 가능	without recourse 조건만 가능
4. 금리	제한이 없음	고정금리로만 할인
5. 지급근거	수입 factor의 신용승인	수입상 거래은행의 지급보증 또는 Aval
6. 거래방식	송금하는 방식이 가장 많음	환어음 또는 약속어음의 매개체
7. 통화	제한이 없음	USD, 유러화 등 주요 국제통화
8. 대상채권	현재뿐만 아니라 미래에 발생할 매출채권까지 포함될 수 있음	개별적으로 확정된 매출채권에만 국한

3. 포페이팅 활용사례

(1) 중견수출기업 A사는 태국, 인도네시아 등 동남아국가에 연간 USD 7천만의 기계설비를 수출하고 있으며, 최근에 카자흐스탄의 새로운 Buyer와 USD 100만 규모의 신용장방식수출계약(Usance 360일)을 체결하였다. L/C 개설은행은 카자흐스탄의 OOO Bank로 이 은행은 S&P 등급상 B 수준으로 투자부적격은행이지만, 카자흐스탄 국내에서는 상위 3대 은행에 속하는 국영은행이다. A사는 최근 카자흐스탄의 국가신용도가 종전보다 하락하여 다른 기업들도 국내 거래은행에서 선

적서류매입을 거절당하는 사례가 있다는 사실을 알게 되었다. 비록 매입이 가능하다 하더라도 높은 수수료를 부담하여야 하며, 수입국 은행이 만기에 상환을 하지 않으면 매입시 수취하였던 대금을 다시 돌려주어야 하는 부담도 발생하게 된다.

이러한 경우 Forfaiting 수출금융제도를 활용하면 소구권이 없는 조건으로 선적서류매입이 가능하여 만기에 카자흐스탄 은행이 상환을 하지 않아도 매입대금을 반환해야 하는 걱정이 없다. 또한 사전에 환가료율이 확정되기 때문에 A사는 포페이팅에 따르는 비용을 계약금액에 포함시켜 금융비용을 상당히 경감할 수 있게 된다.

(2) 중국에 연간 USD 5천만 이상 휴대폰과 그 부속품을 수출하는 중소기업 B사는 최근 중국시장의 호황으로 수출물량이 더욱 증가할 것으로 예상하고 있다. USD 50만의 90일 결제기간의 신용장방식(개설은행 중국 OOO Bank)으로 수출을 하는데, 기업규모에 비하여 수출계약금액이 커서 다소 부담이 되기 시작하였다. 중국시장이 위축될 수도 있다는 전망도 발표되었기 때문에 만기에 신용장개설은행이 결제를 늦추기라도 한다면, 거래은행에 불필요한 연체료를 지불해야 하고 유동성측면에서 곤란한 상황이 발생할 수도 있기 때문이다. 이런 경우 만기 수출대금 회수위험을 제거할 수 있는 포페이팅을 이용하면 만기까지 기다릴 필요가 없이 매입의뢰후 약2주 정도면 회수위험으로부터 완전히 자유로워질 수 있다.

(3) 중동지역은 중소기업은 물론이고, 대기업도 쉽게 접근하기 어려운 시장 중의 하나이다. 특히 이란은 미국의 경제제재를 받고 있는 등 수출거래를 하기가 매우 어려운 국가 중의 하나이다. C사는 대기업 계열의 종합상사로서 연 USD 20억 이상 전세계를 대상으로 수출을 하고 있는 기업이다. 최근 이란의 Buyer로부터 연 USD 1천만 규모의 180일 결제조건의 신용장 수출계약 제의를 받고, C사는 국내금융기관에 수출채권 매입의사를 타진해보았으나 국내금융기관 중에는 거래은행에서도 한도설정금액 이내에서만 가능하다고 할 뿐 타은행들도 난색을 표했다. 이란의 수출계약건을 거의 포기하려던 중에 이란의 국영은행 중 하나인 Bank Mellat의 Seoul 지점이 최근에 설립되었다는 사실을 알게 되어 Mellat은행에서 상담을 하던 중 국내의 OOO Bank와 Mellat은행이 포페이팅 협약이 체결되었다는 것을 알게 되었다. 국내의 OOO Bank는 Mellat은행으로부터 이란으로 수출하는 모든 거래에 대하여 대외위험, 즉 이란계 은행의 미결제위험 및 이란의 국가위험을 모두 인수하고 있다는 것이었다. C사는 Mellat은행을 통한 국내의 OOO Bank의 포페이팅 수출금융이 이란 지역 수출을 더욱 활성화시키는 원동력이 되고, 향후 중동의 다른 국가들로 진출할 수 있는 교두보가 될 것으로 직감하고 즉시 이란의 Buyer에게 연락하여 수출제의에 신속하게 대응할 수 있었다.

참고문헌

I. 단행본

(1) 국내문헌

강갑선 역, 무역결제론, Johannes C.D. Zahn 저, 법문사, 1977.

강원진, 신용장론, 박영사, 2014.

김선광, 무역사례연구, 동성출판사, 1992.

김덕권, 최신무역실무, 신영사, 2000

______, 무역결제론, 법경사, 2000.

______, 수출입대금결제, 무역아카데미, 2014.

남풍우, 무역결제론, 두남, 2015.

박대위, 신용장, 법문사, 2001.

대한상공회의소, UCP 600 공식번역 및 해설서, 대한상공회의소, 2007.

______________, Incoterms 2010, 대한상공회의소, 2010.

______________, 국제표준은행관행 ISBP 745, 대한상공회의소, 2013.

양영환 외, 신용장론, 삼영사, 2013.

임홍근, 화환신용장의 법적구조, 삼지원, 1991.

한국무역협회, 신용장, 한국무역협회 무역연수원, 1993.

(2) 구미문헌

Davis, A.G., *The Law Relating to Commercial Letters of Credit*, 3rd ed. Sir Issac & Sons Ltd, 1965.

Dekker, J., *Case Studies on Documentary Credits (ICC pub. No. 459)*, 1988.

Dolan, John F., *The Law of Letters of Credit*, Warren, Gorham & Lamont, 1990.

Ellinger, E.P., *Documentary Letters of Credit*, University of Singapore Press, 1970.

Finkelstein N. Herman., *Legal Aspect of commercial Letter of Credit*, Columbia University Press, N.Y. 1930.

Gutteridge H.C. and Maurice Megrah, *The Law of Bankers Commercial Credits*, 7th. ed, 1984.

Harfield, Henry, *Bank Credits and Acceptances*, 5th ed., The Ronald Press Company, 1974.

International Chamber of Commerce, *More Case Studies on Documentary Credits*, ICC Publishing SA, 1991.

International Chamber of Commerce, ICC Banking commission Collected Opinions 1995-2001, Gary Collyer and Ron Katz, 2002 Edition

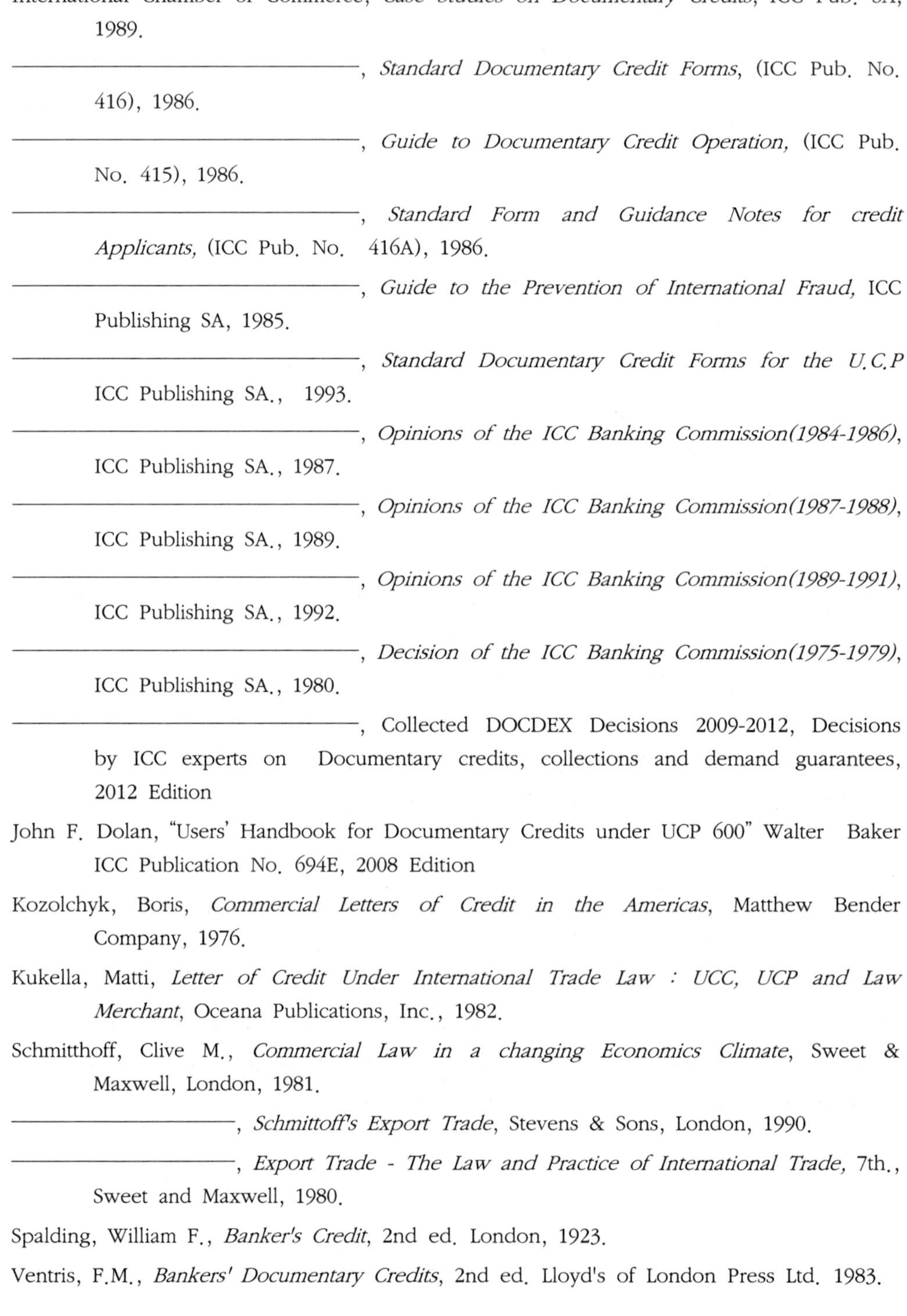

International Chamber of Commerce, *Case Studies on Documentary Credits*, ICC Pub. SA, 1989.

——————————, *Standard Documentary Credit Forms*, (ICC Pub. No. 416), 1986.

——————————, *Guide to Documentary Credit Operation,* (ICC Pub. No. 415), 1986.

——————————, *Standard Form and Guidance Notes for credit Applicants,* (ICC Pub. No. 416A), 1986.

——————————, *Guide to the Prevention of International Fraud,* ICC Publishing SA, 1985.

——————————, *Standard Documentary Credit Forms for the U.C.P* ICC Publishing SA., 1993.

——————————, *Opinions of the ICC Banking Commission(1984-1986),* ICC Publishing SA., 1987.

——————————, *Opinions of the ICC Banking Commission(1987-1988),* ICC Publishing SA., 1989.

——————————, *Opinions of the ICC Banking Commission(1989-1991),* ICC Publishing SA., 1992.

——————————, *Decision of the ICC Banking Commission(1975-1979),* ICC Publishing SA., 1980.

——————————, Collected DOCDEX Decisions 2009-2012, Decisions by ICC experts on Documentary credits, collections and demand guarantees, 2012 Edition

John F. Dolan, "Users' Handbook for Documentary Credits under UCP 600" Walter Baker ICC Publication No. 694E, 2008 Edition

Kozolchyk, Boris, *Commercial Letters of Credit in the Americas*, Matthew Bender Company, 1976.

Kukella, Matti, *Letter of Credit Under International Trade Law : UCC, UCP and Law Merchant*, Oceana Publications, Inc., 1982.

Schmitthoff, Clive M., *Commercial Law in a changing Economics Climate*, Sweet & Maxwell, London, 1981.

——————————, *Schmittoff's Export Trade*, Stevens & Sons, London, 1990.

——————————, *Export Trade - The Law and Practice of International Trade,* 7th., Sweet and Maxwell, 1980.

Spalding, William F., *Banker's Credit*, 2nd ed. London, 1923.

Ventris, F.M., *Bankers' Documentary Credits*, 2nd ed. Lloyd's of London Press Ltd. 1983.

(3) 일본문헌

東京銀行編, 貿易と 信用狀, 實業之日本社, 1987.

桐谷芳和, 貿易取引と 信用狀, 經濟法令研究會, 1988

小峯 登, 信用狀統一規則(上), 外國爲替貿易研究會, 1977.
———, 信用狀統一規則(下), 外國爲替貿易研究會, 1979.
小峯 登 譯, 銀行商業信用狀に 關する 法律, 外國爲替貿易研究會, 1982.
伊澤孝平, 商業信用狀論, 有斐閣, 1962.
ICC日本國內委員會, 朝岡良平 監修, 實務家の たぬの 逐條解說 信用狀統一規則, 金融財 政事情硏究會, 1985.

Ⅱ. 연구논문 및 자료

(1) 국내문헌

김원기, "신용장거래시 은행의 조사의무", 법학연구 제12집, 전북대학교, 1985.
김헌무, "신용장 매입은행의 조사의무의 내용", 사법행정 제1292-1293, 1979, 11. 대한상사 중재원, 중재, 각호.
문철한, "수출신용장의 제조건에 관한 실증적 연구", 강원대학교 논문집, 1980.
———, "매입은행의 권리와 의무에 관한 연구", 학술발표대회논문집, 한국무역학회, 1984. 6.
———, "화환신용장의 세가지 유형에 관한 연구", 무역학회지 제7집, 한국무역학회, 1982. 2.
박병규, "화환신용장에 관한 분쟁사례 및 그 예방책", 수출보험, 한국수출입은행, 1982, 박준서, "신용장 매입의 법률관계", 사법논집 제11집, 1980.
———, "신용장 매입은행의 지위", 법조 제28권 7호, 법조협회, 1978. 9.
———, "은행의 신용장조사의무", 법조 제29권 4호, 법조협회, 1979. 4.
———, "신용장당사자의 법률관계", 중재, 1979년 9-10월호.
박태범, "신용장 매입은행의 조사의무", 석사학위논문, 서울대학교 대학원, 1983.
송상현, "보증신용장의 독립성에 관한 소고", 법학 제26권, 서울대 법학연구소, 1985.
양승규, "신용장에 의한 환어음 매입은행의 조사의무", 법학 제20권 2호, 서울대 법학연 구소, 1980.
오병선, "국제 L/C 및 L/G거래에 있어서 지급거절과 Fraud Rule", 중재, 제121호, 대한 상사중재원, 1982, 2.
이재홍, "신용장거래의 분쟁실태", 사법행정, 1986, 4.
———, "신용장조건에 불합치한 선적서류", 판례월보, 제181호.
임홍근, "영미판례 신용장(1-22)", 중재, 1984년 1월-1986년 12월.
주종훈, "신용장의 독립성과 은행의 서류실질조사의 면책에 관한 연구", 무역학회지 제 10권, 대한무역학회, 1985.

(2) 외국문헌

Barret, "Bank Regulatory Aspects of Letter of Credit". *Letter of Credit and Bankers' Acceptance,* 1985.
Backus, C.W & Harfield, H., "Custom and Letters of Credit: The Dixon, Iramos case", 52

Columbia Law Review, 1952.

Berger, Steven R., "The effects of Issuing Bank Insolvency on Letter of Credit", vol.21 *Harvard International Law Journal*, Winter, 1980.

Carolyn Hotchkiss, "Strict Compliance in Letter of Credit Law : How Uniform Commercial Code Uniform?", *UCCLJ,* vol.23, 1991.

Colon Edgardo E., "Letters of Credit in Times of Business and Bank Failure", *Banking Law Journal*, vol.107, 1990.

David J. Hennah, "ICC Guide to the Uniform Rules for Bank Payment Obligations", ICC Publication No. 751E, 2013 Edition.

David, "Rise and Fall of Strict Compliance Doctrine - A Banker's Thoughts", *Letter of Credit Updte,* vol.13, 1988.

Dean Pawlowic, "Standby Letter of Credit: Review and Update", *UCCLJ*, vol.23, 1991.

Dolan, John F., "The Correspondent Bank in the letter-of-credit Transaction", *Banking Law Journal*, vol.109, 1992.

Harfield, Henry, "An Agnostic View", *Brooklyn Law Review*, vol.56, 1990.

Hotchkiss, Carolyn, "Strict Compliance in Letter-of-Credit Law: How Uniform Is the Uniform commercial Code?", *Uniform Commercial Code Law Journal*, vol.23, 1991.

ICC, "International Standard Banking Practice", ISBP 745 2013 Edition.

ICC, "Collected DOCDEX Decisions 2009-2012", Decisions by ICC experts on Documentary credits, collections and demand guarantees, 2012 Edition.

ICC, "ICC Banking Commission Opinions 2009-2011", New Opinions on UCP 600, ISBP 681, UCP 500, URC 522 and URDG 758, 2012 Edition.

ICC, "Guide to ICC Uniform Rules for Demand Guarantees" (URDG 758) Dr. Georges Affaki, Sir Roy Goode, 2011 Edition.

ICC, "ICC Uniform Rules for Bank-to-Bank Reimbursements under Documentary Credits", 2008 Edition.

ICC, "Commentary on UCP 600", Article Analysis by the UCP 600 Drafting Group 2007 Edition.

ICC, "ISP 98- International Standby Practices", 1998 Edition.

Kozolchyk, Boris, "Bank Guarantee Law Reconsidered", *Letter of Credit Update*, January, 1989.

McJohn, Stephen M., "Assignability of letter of Credit Proceeds: Adopting the Code to New Commercial Practices", *Uniform Commercial Code Law Journal*, vol.25, 1992.

Prof. Fabio Bortolotti, "Drafting and Negotiating International Commercial Contracts", A Practical Guide ICC Publication No. 743E, 2013 Edition.

Roeland F. Bertrams, "Bank Guarantees in International Trade" ICC, 2013 Edition.

Rosenblith, Robert M., "Letter of Credit Practice: Revisiting Ongoing Problems", *Uniform Commercial Code Law Journal*, vol. 24, 1991.

――――――――, "Seeking a Waiver of Documentary Discrepancies from the Account Party: Unexplored Legal Problems", *Brooklyn Law Review*, vol.56, 1990.

(3) 국제무역법규

Incoterms 2010, 2010.

International Standard Banking Practice, 2013.

Uniform Commercial Code, 1995.

Uniform Customs and Practice for Documentary Credits, 2007.

Uniform Rules for Collections, 1995.

(4) Internet URL

http://www.iccwbo.org

http://www.kita.or.kr

http://www.ktnet.co.kr

https://www.gov.uk/guidance/letters-of-credit-for-importers-and-exporters

http://www.collyerconsulting.com

https://www.barclayscorporate.com

https://www.credit-suisse.com

www.citigroup.com

www.coastlinesolutions.com

www.iccwbo.org News and Media Articles

공저자 약력

김 석 민

- 아주대학교(공학사)
- 조선대학교(경영학 석사)
- 조선대학교(경영학 박사)
- 중국길림대학교(경제학 박사)
- 현) 조선대학교 경상대학 무역학과 부교수
  안전행정부 국가직 5급 출제위원
  국제지역학회 부회장
  한국동북아학회, 한국국제상학회 이사
  중국광동외어외무대학 교수

[논문 및 저서]
- 무역클레임과 국제상사중재론, 도서출판 두남, 2014
- 중국 반덤핑제도의 이론과 실제, 한림, 2005
- 중국통상정보론, 한림, 2005
- 글로벌시대의 인재경영론, 한림, 2005
- 국제 시사통상용어 해설, 한림, 2004

김 덕 권

- 한국외국어대학교 무역학과 졸업(경영학사)
- 고려대학교 대학원 국제재무관리학과 졸업(경영학 석사)
- 경희대학교 대학원 무역학과 졸업(경제학 박사)
- 국민은행 국제부, 국제영업부, 국제금융부, 인사부 등 근무
- 국민은행 연수원 무역실무·외환실무 담당교수 역임
- 무역관련 자격시험 출제 및 감수위원
- 무역실무 컨설턴트 및 전문강사
- 삼성, LG, 현대, 롯데, 대우, 상공회의소, KOTRA, 포스코, 한전,
- STX, 방위사업청, 범한판토스 등 다수의 무역기업 출강
- 정보처리기사, 신용분석사, 무역영어 1급 및 2급 자격취득
- 국제무역사, 사이버무역사 자격취득
- 한국무역협회 무역아카데미 교수
- 현, 조선대학교 무역학과 초빙객원교수

[논문 및 저서]
- 화환신용장거래의 조건일치성에 관한 연구
- EDI 시스템의 법리적 문제에 관한 연구
- 화환신용장거래의 엄격일치원칙과 상당일치원칙에 관한 연구
- 국제무역의 사기와 지급거절 예방에 관한 고찰 외 다수
- 최신 무역실무, 신영사
- 최신 무역결제론, 법경사
- 국제금융론, 법경사
- 무역영어, 법경사
- 국제무역법규, 법경사
- 국제무역사 기출문제 해설서, 무역아카데미
- 국제무역사 무역실무 해설서, 무역아카데미
- 수출입대금결제, 무역아카데미
- BEST 국제무역사, 무역아카데미

무역결제와 신용장론

초 판 1쇄 발행 —— 2016년 2월 20일
초 판 2쇄 발행 —— 2018년 2월 5일
지은이 —— 김 석 민·김 덕 권
펴낸이 —— 전 두 표
펴낸곳 —— 도서출판 **두남**
서울시 강동구 성내로6길 34-16 두남빌딩
신 고 : 제25100-1988-9호
TEL : 02) 478-2065, 2066, 2067, 2311
FAX : 02) 478-2068
E-mail : dunam1@unitel.co.kr
http://www.dunam.co.kr

정가 30,000원

ISBN 978-89-6414-664-4 93320